한끝

KB276164

이 책의 구성과 활용법

STEP 1

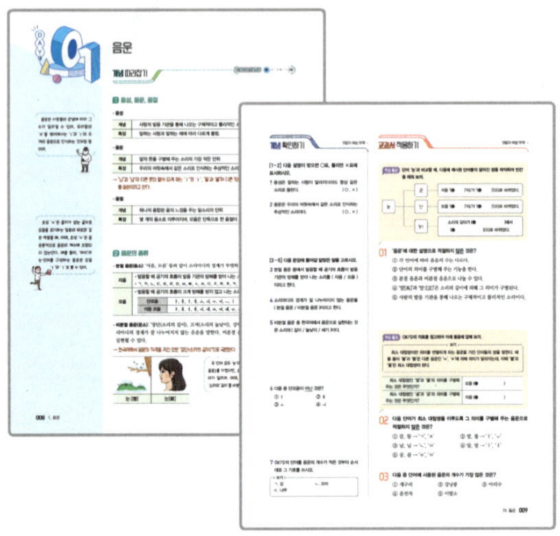

STEP 2

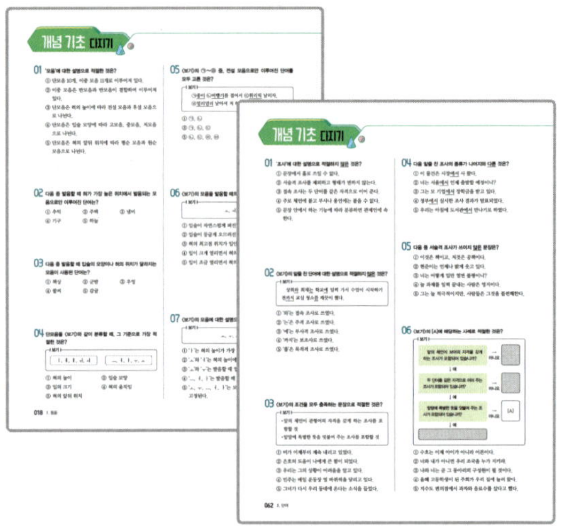

개념 따라잡기 를 읽으며 문법 영역에서 꼭 알아야 하는 개념을 꼼꼼하게 학습해요. 하루에 하나씩 부담 없이 학습해요.

개념 확인하기 는 O/X 문제, 빈칸 채우기 문제, 선 긋기 문제, 단답형 문제 등 간단한 형식의 문제로 구성했어요. 문제를 풀며 개념을 다시 한 번 점검해요.

교과서 적용하기 는 교과서 학습 활동과 이를 적용한 내신 문제로 구성했어요. 앞에서 배운 개념을 적용하며 문제를 푸는 훈련을 해요.

개념 기초 다지기 는 개념을 확실하게 이해할 수 있도록 시험에 나올 만한 문제들을 엄선했어요. 문제를 풀며 부족한 부분을 채우고 문법 실력을 다져요.

개념 기초 다지기 는 앞에서 정리한 개념을 확인할 수 있도록 개념 순서대로 문제를 구성했어요.

시대는 빠르게 변해도
배움의 즐거움은
변함없어야 하기에

어제의 비상은
남다른 교재부터
결이 다른 콘텐츠
전에 없던 교육 플랫폼까지

변함없는 혁신으로
교육 문화 환경의 새로운 전형을
실현해왔습니다.

비상은 오늘, 다시 한번
새로운 교육 문화 환경을 실현하기 위한
또 하나의 혁신을 시작합니다.

오늘의 내가 어제의 나를 초월하고
오늘의 교육이 어제의 교육을 초월하여
배움의 즐거움을 지속하는 혁신,

바로, 메타인지 기반 완전 학습을.

상상을 실현하는 교육 문화 기업 비상

메타인지 기반 완전 학습

초월을 뜻하는 meta와 생각을 뜻하는 인지가 결합한 메타인지는
자신이 알고 모르는 것을 스스로 구분하고 학습계획을 세우도록 하는
궁극의 학습 능력입니다. 비상의 메타인지 기반 완전 학습 시스템은
잠들어 있는 메타인지를 깨워 공부를 100% 내 것으로 만들도록 합니다.

+ STEP 3 +

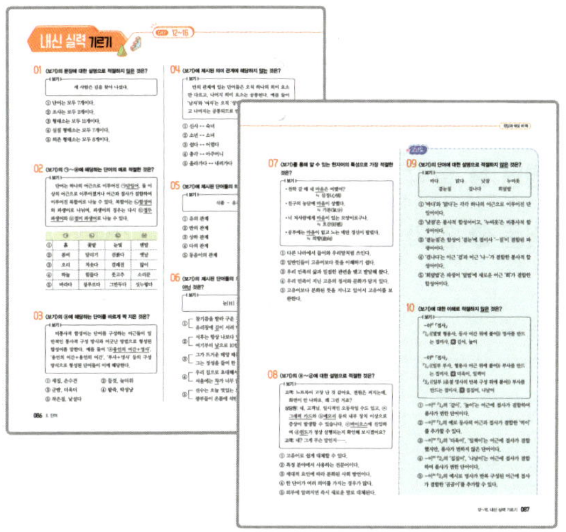

+ STEP 4 +

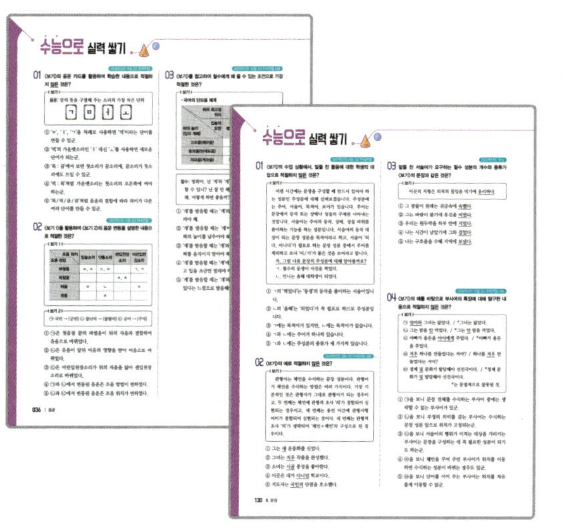

내신 실력 기르기 는 여러 개념을 종합하여 조금 더 어려운 문제들로 꾸렸어요.

내신 실력 기르기 의 마지막 코너인 고난도 문제까지 풀어 보면서 문법 실력을 키우고 내신을 확실하게 내비해요.

수능으로 실력 쌓기 는 수능에 대한 감을 익힐 수 있도록 전국연합학력평가, 모의평가, 수능 기출문제를 선별하여 문제를 구성했어요.

수능으로 실력 쌓기 로 내신뿐만 아니라 수능 시험을 대비할 수 있게 실력을 쌓아요.

부록

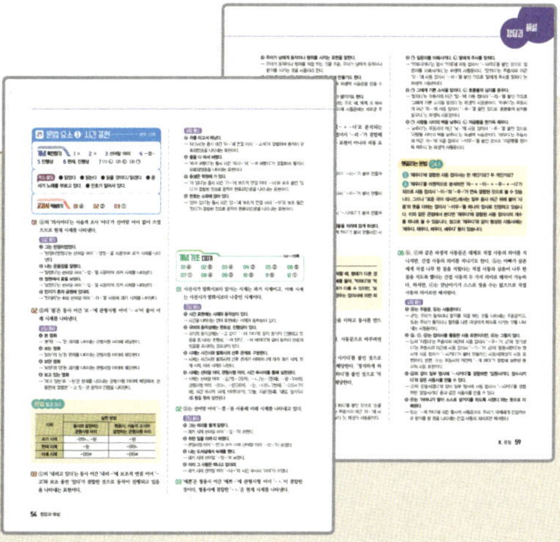

정답과 해설 에는 상세한 정답 해설은 물론 선지에 대한 오답 풀이를 제공하여 문제 해결 능력을 키울 수 있어요.

문법 짚고 가기 로 문제와 관련하여 알아 두어야 할 문법 지식을 다시 한 번 확인해요.

헷갈리는 문법 Q & A 로 알쏭달쏭한 문법에 대한 궁금증을 해결해요.

이 책의 차례

Ⅰ 음운

DAY 01	음운	008
DAY 02	자음	012
DAY 03	모음	016
내신 실력 기르기		020
DAY 04	음운의 변동 ❶: 교체	022
DAY 05	음운의 변동 ❷: 탈락	026
DAY 06	음운의 변동 ❸: 첨가, 축약	030
내신 실력 기르기		034
수능으로 실력 쌓기		036

Ⅱ 단어

DAY 07	품사	044
DAY 08	품사의 종류 ❶: 체언	048
DAY 09	품사의 종류 ❷: 용언	052
DAY 10	품사의 종류 ❸: 수식언	056
DAY 11	품사의 종류 ❹: 관계언, 독립언	060
내신 실력 기르기		064
DAY 12	단어의 형성 ❶: 단어와 형태소	066
DAY 13	단어의 형성 ❷: 단어의 구성	070
DAY 14	단어의 형성 ❸: 단어의 유형	074
DAY 15	단어의 의미 관계	078
DAY 16	어휘의 종류와 양상	082
내신 실력 기르기		086
수능으로 실력 쌓기		088

Ⅲ 문장

DAY 17	문장 성분	094
DAY 18	문장의 짜임	098
내신 실력 기르기		102
DAY 19	문법 요소 ❶: 종결 표현	104
DAY 20	문법 요소 ❷: 높임 표현	108
DAY 21	문법 요소 ❸: 시간 표현	112
DAY 22	문법 요소 ❹: 피동 표현	116
DAY 23	문법 요소 ❺: 사동 표현	120
DAY 24	문법 요소 ❻: 부정 표현, 인용 표현	124
내신 실력 기르기		128
수능으로 실력 쌓기		130

Ⅳ 국어의 규범

DAY 25	한글 맞춤법 ❶: 소리, 형태에 관한 것	138
DAY 26	한글 맞춤법 ❷: 띄어쓰기	142
DAY 27	표준어 규정	146
내신 실력 기르기		150
수능으로 실력 쌓기		152

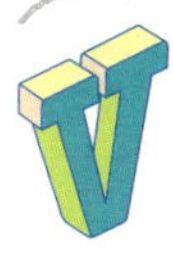

Ⅴ 국어의 역사

DAY 28	중세 국어 ❶: 훈민정음 창제 원리	158
DAY 29	중세 국어 ❷: 음운, 표기, 어휘	162
DAY 30	중세 국어 ❸: 문법	166
내신 실력 기르기		170
수능으로 실력 쌓기		172

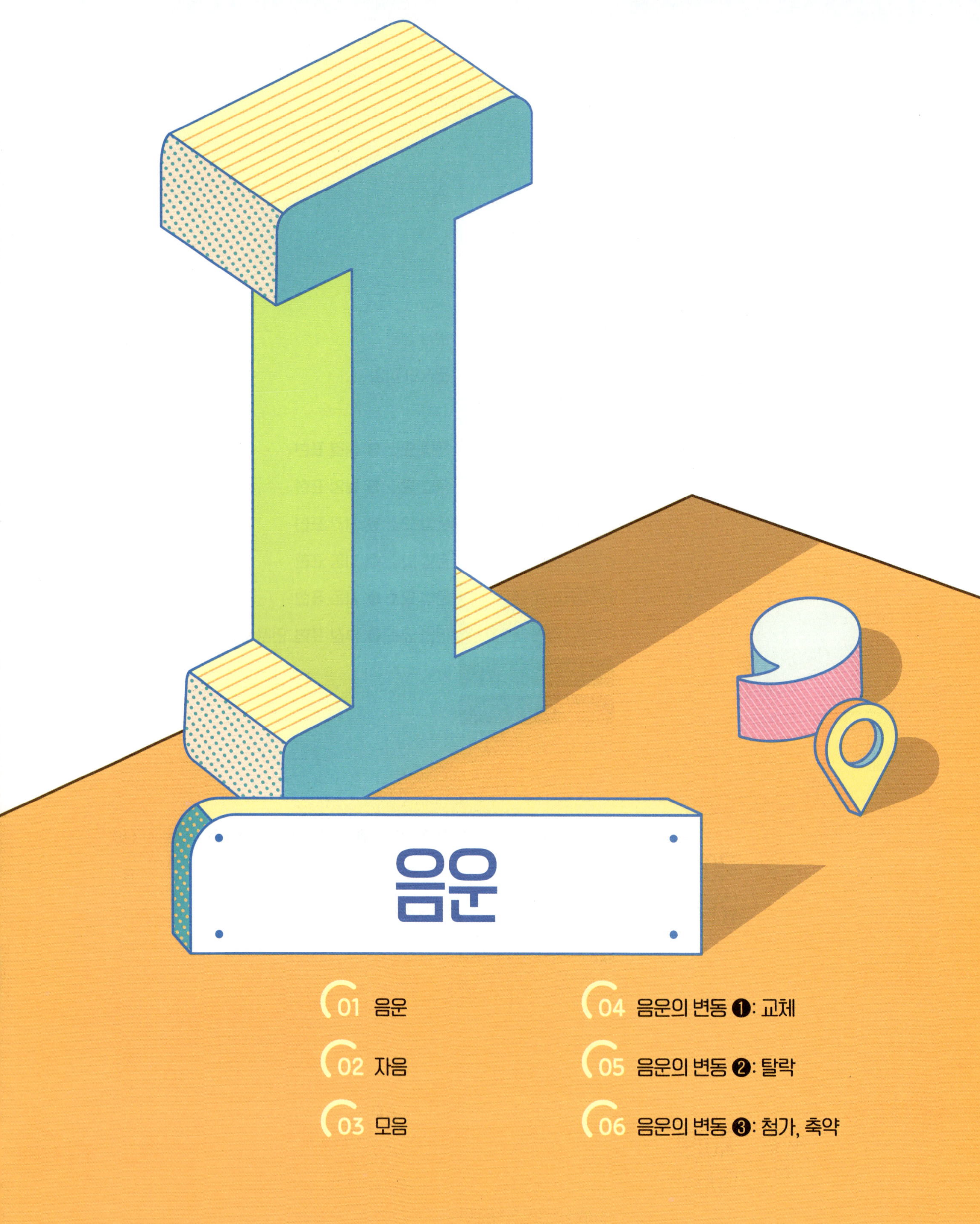

음운

01 음운

02 자음

03 모음

04 음운의 변동 ❶: 교체

05 음운의 변동 ❷: 탈락

06 음운의 변동 ❸: 첨가, 축약

✦ 무엇을 배울까?

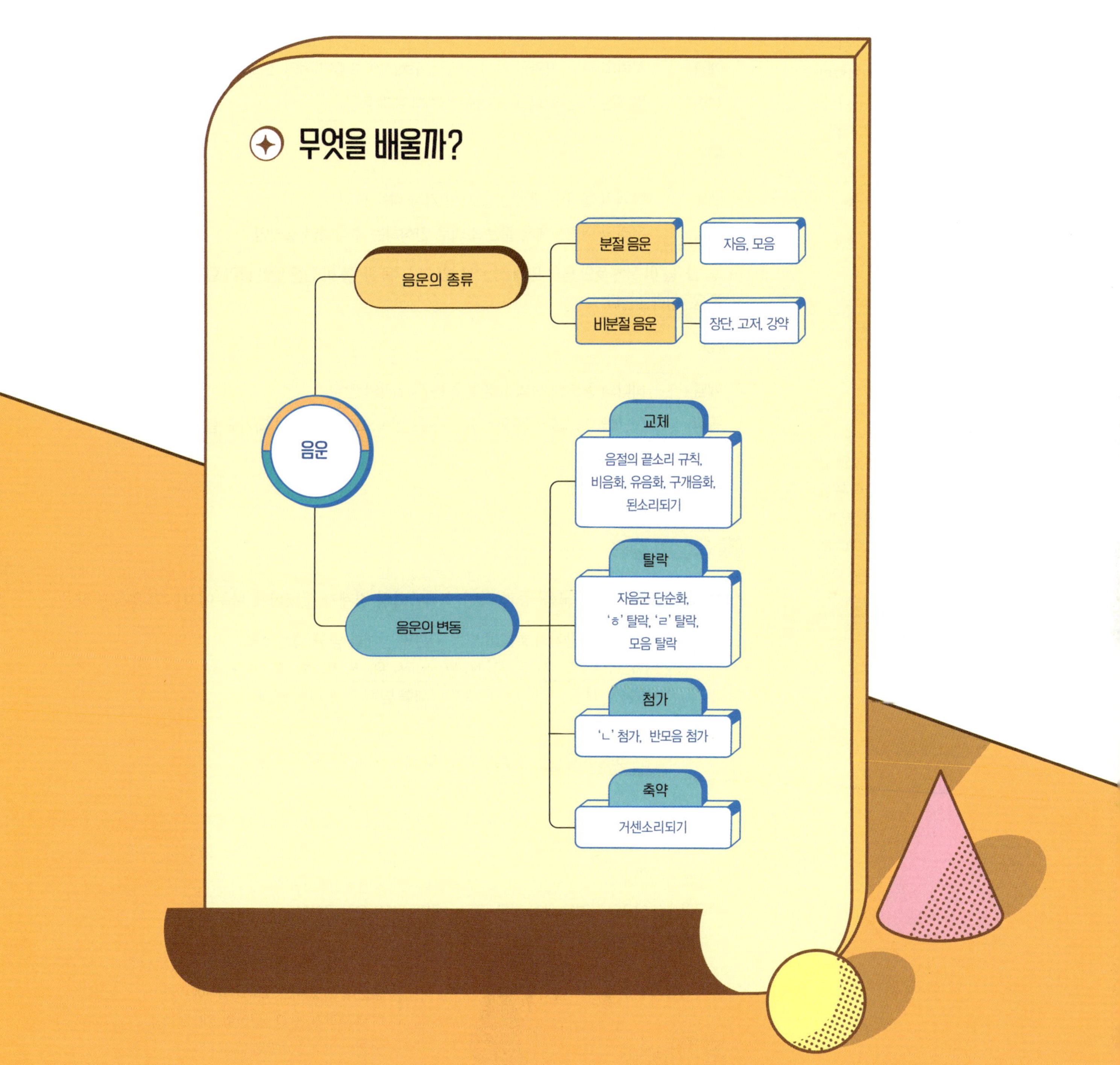

음운

개념 따라잡기

음운은 사람들의 관념에 따라 그 수가 달라질 수 있어. 우리말의 'ㄹ'을 영어에서는 'l'과 'r'의 두 개의 음운으로 인식하는 것처럼 말이야.

1 음성, 음운, 음절

• **음성**

개념	사람의 발음 기관을 통해 나오는 구체적이고 물리적인 소리
특징	말하는 사람과 말하는 때에 따라 다르게 들림.

• **음운**

개념	말의 뜻을 구별해 주는 소리의 가장 작은 단위
특징	우리의 머릿속에서 같은 소리로 인식하는 추상적인 소리임.

→ '님'과 '남'이 다른 뜻의 말이 되게 하는 'ㅣ'와 'ㅏ', '물'과 '불'이 다른 뜻의 말이 되게 하는 'ㅁ'과 'ㅂ' 따위를 음운이라고 한다.

• **음절**

개념	하나의 종합된 음의 느낌을 주는 말소리의 단위
특징	몇 개의 음소로 이루어지며, 모음은 단독으로 한 음절이 되기도 함.

초성 'ㅇ'은 음가가 없는 글자로 모음을 표기하는 일종의 부호와 같은 역할을 해. 이때, 초성 'ㅇ'은 음운론적으로 음운의 개수에 포함되지 않는단다. 예를 들어, '아이'라는 단어를 구성하는 음운은 모음 'ㅏ'와 'ㅣ'로 볼 수 있어.

2 음운의 종류

• **분절 음운(음소)**: '자음, 모음' 등과 같이 소리마디의 경계가 뚜렷하게 나누어지는 음운을 말한다.

자음	• 발음할 때 공기의 흐름이 발음 기관의 방해를 받아 나는 소리
	• ㄱ, ㄲ, ㄴ, ㄷ, ㄸ, ㄹ, ㅁ, ㅂ, ㅃ, ㅅ, ㅆ, ㅇ, ㅈ, ㅉ, ㅊ, ㅋ, ㅌ, ㅍ, ㅎ
모음	• 발음할 때 공기의 흐름이 크게 방해를 받지 않고 나는 소리

모음	단모음	ㅏ, ㅐ, ㅓ, ㅔ, ㅗ, ㅚ, ㅜ, ㅟ, ㅡ, ㅣ
	이중 모음	ㅑ, ㅒ, ㅕ, ㅖ, ㅘ, ㅙ, ㅛ, ㅝ, ㅞ, ㅠ, ㅢ

• **비분절 음운(운소)**: '장단(소리의 길이), 고저(소리의 높낮이), 강약(소리의 세기)' 등과 같이 소리마디의 경계가 잘 나누어지지 않는 음운을 말한다. 비분절 음운은 분절 음운에 얹혀서만 실현될 수 있다.

→ 한국어에서 음운의 자격을 가진 것은 '장단(소리의 길이)'으로 국한된다.

눈:[雪]	눈[眼]

두 단어 모두 '눈'이라는 같은 소리(동일한 분절 음운)를 가졌지만, 소리의 길이에 따라 단어의 의미가 달라져. 이때, 단어의 의미를 구별해 주는 '소리의 길이'를 비분절 음운이라고 해.

[1~2] 다음 설명이 맞으면 ○표, 틀리면 ×표에 표시하시오.

1 음성은 말하는 사람이 달라지더라도 항상 같은 소리로 들린다.   (○ , ×)

2 음운은 우리의 머릿속에서 같은 소리로 인식하는 추상적인 소리이다.   (○ , ×)

[3~5] 다음 문장에 들어갈 알맞은 말을 고르시오.

3 분절 음운 중에서 발음할 때 공기의 흐름이 발음 기관의 방해를 받아 나는 소리를 (자음 / 모음)이라고 한다.

4 소리마디의 경계가 잘 나누어지지 않는 음운을 (분절 음운 / 비분절 음운)이라고 한다.

5 비분절 음운 중 한국어에서 음운으로 실현되는 것은 소리의 (길이 / 높낮이 / 세기)이다.

6 다음 중 단모음이 <u>아닌</u> 것은?

① ㅏ   ② ㅐ
③ ㅗ   ④ ㅢ

7 〈보기〉의 단어를 음운의 개수가 적은 것부터 순서대로 그 기호를 쓰시오.

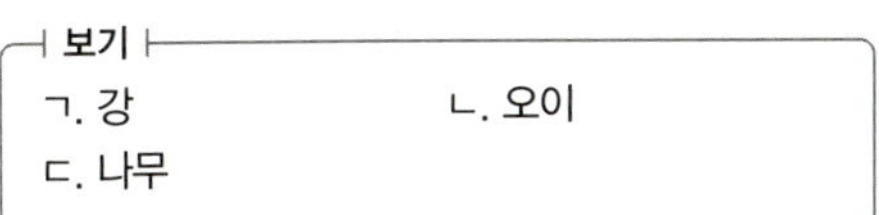

학습 활동 단어 '눈'과 비교할 때, 다음에 제시된 단어들의 달라진 점을 파악하여 빈칸을 채워 보자.

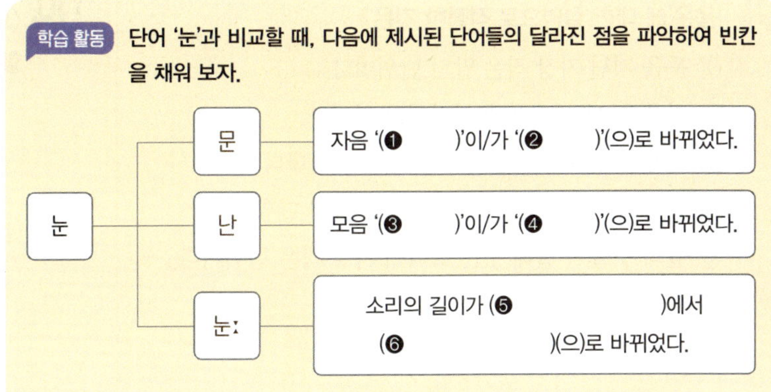

01 '음운'에 대한 설명으로 적절하지 <u>않은</u> 것은?

① 각 언어에 따라 음운의 수는 다르다.

② 단어의 의미를 구별해 주는 기능을 한다.

③ 분절 음운과 비분절 음운으로 나눌 수 있다.

④ '말[馬]'과 '말:[言]'은 소리의 길이에 의해 그 의미가 구별된다.

⑤ 사람의 발음 기관을 통해 나오는 구체적이고 물리적인 소리이다.

학습 활동 〈보기〉의 자료를 참고하여 아래 물음에 답해 보자.

| 보기 |

최소 대립쌍이란 의미를 변별하게 하는 음운을 가진 단어들의 쌍을 말한다. 예를 들어 '불'과 '풀'은 다른 음운인 'ㅂ', 'ㅍ'에 의해 의미가 달라지는데, 이때 '불'과 '풀'은 최소 대립쌍이 된다.

최소 대립쌍인 '말'과 '물'의 의미를 구별해 주는 것은 무엇인가?	모음 (❼)
최소 대립쌍인 '공'과 '곰'의 의미를 구별해 주는 것은 무엇인가?	자음 (❽)

02 다음 단어가 최소 대립쌍을 이루도록 그 의미를 구별해 주는 음운으로 적절하지 <u>않은</u> 것은?

① 감, 참 → 'ㄱ', 'ㅊ'   ② 말, 물 → 'ㅏ', 'ㅜ'
③ 남, 님 → 'ㄴ', 'ㅁ'   ④ 담, 덤 → 'ㅏ', 'ㅓ'
⑤ 공, 곰 → 'ㅇ', 'ㅁ'

03 다음 중 단어에 사용된 음운의 개수가 가장 많은 것은?

① 개구리   ② 강낭콩   ③ 아리수
④ 운전자   ⑤ 이발소

01 '음운'에 대한 설명으로 적절한 것은?

① 뜻을 지닌 가장 작은 말의 단위이다.

② 말을 할 때 나오는 물리적인 소리이다.

③ 물체에서 나오는 소리와 그 울림을 말한다.

④ 분리하여 자립적으로 쓸 수 있는 말의 단위이다.

⑤ 말의 뜻을 구별해 주는 소리의 가장 작은 단위이다.

02 〈보기〉에서 음운의 종류에 대한 설명으로 적절한 것을 골라 바르게 묶은 것은?

┤ 보기 ├
ㄱ 자음은 단독으로 한 음절을 이룰 수 있다.
ㄴ 모음은 단독으로 한 음절을 이룰 수 있다.
ㄷ 분절 음운과 비분절 음운으로 나눌 수 있다.
ㄹ 분절 음운은 비분절 음운이 있어야만 실현될 수 있다.

① ㄱ, ㄴ   ② ㄱ, ㄷ   ③ ㄴ, ㄷ
④ ㄴ, ㄹ   ⑤ ㄷ, ㄹ

03 〈보기〉를 설명한 내용으로 가장 적절한 것은?

┤ 보기 ├

① 두 학생의 음성은 물리적으로 동일하다.

② 두 학생의 음성은 같은 소리로 인식된다.

③ 두 학생이 한 말은 동일하다고 인식된다.

④ '딸기네'는 머릿속에서 다른 소리로 인식된다.

⑤ '딸기네'는 서로 다른 음운으로 구성되어 있다.

04 〈보기〉와 같이 최소 대립쌍인 단어를 이어 말하는 게임을 할 때, 빈칸에 들어갈 단어로 적절한 것은?

┤ 보기 ├
달 → 쌀 → 말 → □ → 굴

① 물   ② 몸   ③ 골
④ 국   ⑤ 발

05 다음 중 단어와 음운의 개수가 바르게 연결된 것은?

① 수학 – 5개

② 아이 – 4개

③ 쌍방 – 7개

④ 공놀이 – 6개

⑤ 어제오늘 – 9개

06 〈보기〉를 이해한 내용으로 적절하지 <u>않은</u> 것은?

┤ 보기 ├
음운이 모여서 이루어지는 소리의 결합체를 음절이라고 한다. 현대 국어의 음절 유형은 다음 네 가지로 나눌 수 있다.
• 중성으로만 이루어진 음절
• 초성과 중성으로 이루어진 음절
• 중성과 종성으로 이루어진 음절
• 초성, 중성, 종성으로 이루어진 음절

① '에'는 중성으로만 이루어진 음절이다.

② '소'는 초성과 중성으로 이루어진 음절이다.

③ '웅'은 중성과 종성으로 이루어진 음절이다.

④ 중성인 모음이 없으면 음절을 이룰 수 없다.

⑤ '억'은 초성, 중성, 종성으로 이루어진 음절이다.

07 다음 중 음운의 개수가 나머지와 <u>다른</u> 것은?

① 운동장 ② 책걸상 ③ 학급비
④ 마늘빵 ⑤ 해바라기

08 다음 문장의 음절 수로 적절하지 <u>않은</u> 것은?

① 눈이 내린다. – 5개
② 하늘이 맑다. – 6개
③ 길을 건너세요. – 6개
④ 고양이가 나타났다. – 8개
⑤ 그대를 사랑합니다. – 8개

09 분절 음운에 대한 설명으로 적절하지 <u>않은</u> 것은?

① 소리마디의 경계가 뚜렷하다.
② 대표적으로 자음과 모음이 있다.
③ 하나 이상이 모여서 음절을 이룬다.
④ 소리의 장단, 고저, 강약으로 나뉜다.
⑤ 더는 나눌 수 없는 음운론상의 최소 단위이다.

10 〈보기〉의 밑줄 친 두 단어를 이해한 내용으로 적절하지 <u>않은</u> 것은?

┤ 보기 ├

<u>말[馬]</u>은 <u>말:[言]</u>을 하지 못한다.

① 두 단어는 분절 음운의 개수가 동일하다.
② 두 단어는 서로 다른 의미를 지니고 있다.
③ 두 단어는 동일한 분절 음운으로 구성되어 있다.
④ 두 단어는 비분절 음운에 의해 의미가 구별된다.
⑤ 두 단어는 소리의 높낮이에 따라 의미가 달라진다.

11 〈보기 1〉을 참고할 때, 〈보기 2〉에 대한 설명으로 적절한 것은?

┤ 보기 1 ├

다음은 소리의 길이에 따라 의미가 달라진다.
• 눈 → 눈:[雪] / 눈[眼]
• 굴 → 굴:[窟] / 굴[石花]
• 밤 → 밤:[栗] / 밤[夜]
단, 소리의 길이는 단어의 첫음절에서만 구별되며, 둘째 음절부터는 짧게 발음된다.

┤ 보기 2 ├

ㄱ. 첫눈이 내리다.
ㄴ. 알밤을 주웠다.
ㄷ. 한눈에 반하다.
ㄹ. 눈보라가 몰아치다.
ㅁ. 굴속에서 굴을 먹다.

① ㄱ의 '첫눈'의 '눈'은 길게 발음한다.
② ㄴ의 '알밤'의 '밤'은 길게 발음한다.
③ ㄷ의 '한눈'의 '눈'은 길게 발음한다.
④ ㄹ의 '눈보라'의 '눈'은 길게 발음한다.
⑤ ㅁ의 '굴속'과 '굴을'의 '굴'은 길이가 같게 발음한다.

12 〈보기〉의 단어에 대한 설명으로 적절하지 <u>않은</u> 것은?

┤ 보기 ├

장미[장미]

① '장미'에는 분절 음운만 나타난다.
② '장미'의 음운은 5개이고, 음절은 2개이다.
③ '장미'라고 부르는 음성은 사람마다 다르다.
④ '장미'는 자음 3개와 모음 2개로 구성된 단어이다.
⑤ '장미'를 발음할 때는 공기의 흐름이 방해를 받지 않는다.

자음

개념 따라잡기

✦ 자음이 소리 나는 위치

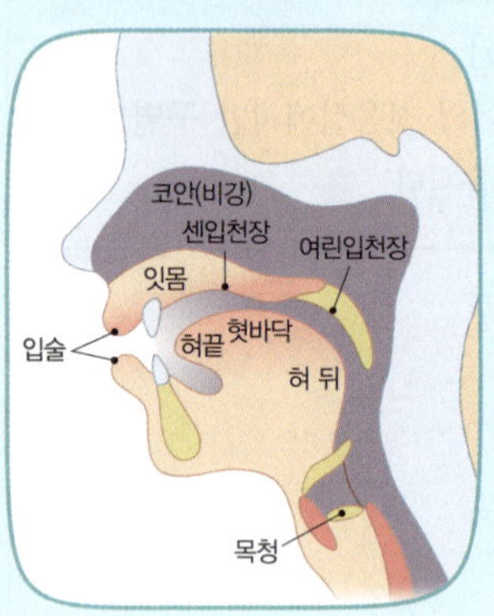

자음은 발음할 때 공기의 흐름에 방해가 일어나는 위치(조음 위치)와 방해가 일어나는 방법(조음 방법)에 따라 분류할 수 있어.

1 자음의 분류

조음 위치에 따른 분류	입술소리(양순음)	두 입술 사이에서 나는 소리	ㅂ, ㅃ, ㅍ, ㅁ
	잇몸소리(치조음)	혀끝이 윗잇몸에 닿아서 나는 소리	ㄷ, ㄸ, ㅌ, ㅅ, ㅆ, ㄴ, ㄹ
	센입천장소리 (경구개음)	혓바닥과 센입천장(경구개) 사이에서 나는 소리	ㅈ, ㅉ, ㅊ
	여린입천장소리 (연구개음)	혀의 뒷부분과 여린입천장(연구개) 사이에서 나는 소리	ㄱ, ㄲ, ㅋ, ㅇ
	목청소리(후음)	목청(성대) 사이에서 나는 소리	ㅎ
조음 방법에 따른 분류	파열음	폐에서 나오는 공기의 흐름을 막았다가 즉각적으로 터뜨려 내는 소리	ㅂ, ㅃ, ㅍ, ㄷ, ㄸ, ㅌ, ㄱ, ㄲ, ㅋ
	파찰음	폐에서 나오는 공기의 흐름을 막았다가 터뜨릴 때 마찰을 일으켜 내는 소리	ㅈ, ㅉ, ㅊ
	마찰음	공기가 흐르는 통로를 좁혀서 마찰을 일으켜 내는 소리	ㅅ, ㅆ, ㅎ
	비음(콧소리)	공기를 코로 내보내면서 내는 소리	ㄴ, ㅁ, ㅇ
	유음(흐름소리)	혀끝을 윗잇몸에 살짝 대었다가 떼거나 혀끝을 윗잇몸에 댄 채 혀의 양옆으로 공기를 내보내면서 내는 소리	ㄹ

자음은 동일한 조음 위치에서 같은 조음 방식으로 발음되더라도, 예사소리, 된소리, 거센소리로 나눌 수 있어.

공기가 성대를 통과할 때 목 근육을 긴장시키지도 않고 많은 양의 공기를 내보내지도 않으면 예사소리, 목 근육에 힘을 주었다가 긴장을 풀면서 순간적으로 적은 양의 공기를 내보내면 된소리가 돼.

그리고 거센소리는 성대 안의 통로를 넓게 열어 많은 양의 공기를 내보내면서 내는 소리야.

2 자음의 체계

조음 방법	조음 위치	입술소리	잇몸소리	센입천장소리	여린입천장소리	목청소리
파열음	예사소리	ㅂ	ㄷ		ㄱ	
	된소리	ㅃ	ㄸ		ㄲ	
	거센소리	ㅍ	ㅌ		ㅋ	
파찰음	예사소리			ㅈ		
	된소리			ㅉ		
	거센소리			ㅊ		
마찰음	예사소리		ㅅ			
	된소리		ㅆ			ㅎ
	거센소리					
비음		ㅁ	ㄴ		ㅇ	
유음			ㄹ			

[1~2] 다음 설명이 맞으면 ○표, 틀리면 ×표에 표시하시오.

1 자음은 발음할 때 공기의 흐름에 방해가 일어나는 위치와 방해가 일어나는 방법에 따라 분류할 수 있다. (○, ×)

2 자음은 조음 방법에 따라 입술소리, 잇몸소리, 센입천장소리, 여린입천장소리, 목청소리로 나뉜다. (○, ×)

[3~5] 다음 문장에 들어갈 알맞은 말을 고르시오.

3 폐에서 나오는 공기의 흐름을 막았다가 즉각적으로 터뜨려 내는 소리를 (파열음 / 파찰음)이라고 한다.

4 자음 'ㄴ'은 혀끝이 윗잇몸에 닿아서 나는 소리인 (잇몸소리 / 여린입천장소리)에 해당한다.

5 공기를 코로 내보내면서 내는 소리를 (비음 / 유음)이라고 한다.

[6~7] 〈보기〉를 바탕으로 물음에 답하시오.

| 보기 |
| 아리랑 아리랑 아라리요 |

6 〈보기〉에 사용된 자음 중 비음을 쓰시오. ( )

7 〈보기〉에 사용된 자음 중 유음을 쓰시오. ( )

학습 활동 조음 위치에 유의하며 자음을 발음해 보면서, 빈칸에 들어갈 알맞은 자음을 써 넣어 보자.

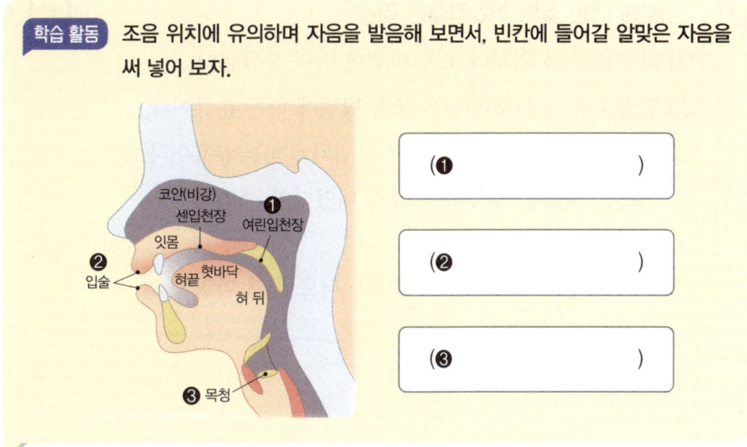

01 다음 중 제시된 조음 위치에서 소리 나는 자음이 <u>아닌</u> 것은?

① 두 입술: ㅁ
② 혀끝, 윗잇몸: ㅇ
③ 목청 사이: ㅎ
④ 혓바닥, 센입천장: ㅊ
⑤ 혀 뒤, 여린입천장: ㄲ

학습 활동 각 단어에 쓰인 자음을 제시된 기준에 따라 분류해 보자.

	마을		후기	
자음	ㅁ	(❹)	ㅎ	ㄱ
조음 위치	입술소리	잇몸소리	(❺)	여린입천장소리
조음 방법	비음	(❻)	마찰음	파열음

02 다음 중 거센소리가 사용되지 <u>않은</u> 단어는?

① 주차장
② 타악기
③ 수수께끼
④ 김치찌개
⑤ 플래카드

03 〈보기〉에 대한 설명으로 적절하지 <u>않은</u> 것은?

| 보기 |
| 입   바다   순무 |

① '입'에 사용된 자음은 'ㅂ'이다.
② '바다'에 사용된 자음은 'ㅂ'과 'ㄷ'이다.
③ '순무'에 사용된 비음은 'ㄴ'과 'ㅁ'이다.
④ 'ㅂ'과 'ㅅ'은 조음 위치는 다르지만 조음 방법이 같다.
⑤ 'ㅂ'과 'ㅁ'은 조음 방법은 다르지만 조음 위치가 같다.

01 '자음'에 대한 설명으로 적절한 것은?

① 자음은 조음 위치와 조음 방법에 따라 분류된다.
② 입술소리, 잇몸소리 등은 조음 방법에 따른 분류이다.
③ 파열음, 마찰음, 비음 등은 조음 위치에 따른 분류이다.
④ 비음은 혀끝을 윗잇몸에 살짝 대었다가 떼면서 나는 소리이다.
⑤ 유음은 공기의 흐름을 막았다가 터트릴 때 마찰을 일으켜 내는 소리이다.

02 다음 자음에 대한 설명으로 적절하지 <u>않은</u> 것은?

① 'ㅎ'은 목청에서 나는 소리이다.
② 'ㅂ, ㅃ, ㅍ'은 두 입술 사이에서 나는 소리이다.
③ 'ㅈ, ㅉ, ㅊ'은 혓바닥과 센입천장 사이에서 나는 소리이다.
④ 'ㄷ, ㄸ, ㅌ, ㅅ, ㅆ'은 혀끝과 윗잇몸 사이에서 나는 소리이다.
⑤ 'ㅇ, ㅁ, ㄴ'은 혀의 뒷부분과 여린입천장 사이에서 나는 소리이다.

03 〈보기〉의 ㉠과 ㉡에 들어갈 말로 적절한 것은?

┤보기├

(㉠)은 혀끝을 윗잇몸에 살짝 대었다가 떼거나 혀끝을 윗잇몸에 댄 채 혀의 양옆으로 공기를 내보내면서 내는 소리로, 자음 (㉡)이 여기에 해당한다.

	㉠	㉡
①	비음	ㄴ
②	비음	ㄹ
③	유음	ㄴ
④	유음	ㄹ
⑤	유음	ㅇ

04 〈보기〉에 사용된 자음의 종류가 <u>아닌</u> 것은?

┤보기├

아름다운 산과 바다

① 파열음　　② 파찰음　　③ 마찰음
④ 비음　　　⑤ 유음

05 〈보기〉의 밑줄 친 부분에 대한 설명으로 적절하지 <u>않은</u> 것은?

┤보기├

ⓐ도서관에서 ⓑ책을 ⓒ봐.

① ⓐ에는 공기를 코로 내보내면서 내는 소리가 있다.
② ⓐ에는 혀끝이 윗잇몸에 닿아서 나는 소리가 있다.
③ ⓑ에는 공기가 흐르는 통로를 좁혀서 마찰을 일으켜 내는 소리가 있다.
④ ⓑ에는 공기의 흐름을 막았다가 터뜨릴 때 마찰을 일으켜 내는 소리가 있다.
⑤ ⓒ에는 두 입술 사이에서 나는 소리가 있다.

06 〈보기〉에 사용된 자음에 대한 설명으로 적절하지 <u>않은</u> 것은?

┤보기├

얄리얄리 얄랑셩 얄라리 얄라

– 「청산별곡」

① 'ㄹ'은 혀끝이 윗잇몸에 닿아서 나는 소리이다.
② 'ㅇ'은 공기를 코로 내보내면서 내는 소리이다.
③ 'ㅇ'은 혓바닥과 센입천장 사이에서 나는 소리이다.
④ 'ㄹ'은 예사소리, 된소리, 거센소리로 구분되지 않는다.
⑤ 'ㅇ'은 예사소리, 된소리, 거센소리로 구분되지 않는다.

07 〈보기〉의 ㉠~㉣ 중, '마찰음'이 포함된 단어를 바르게 묶은 것은?

┤ 보기 ├

　　㉠햇살이 눈부신 여름날, 친구들과 함께 바닷가에 놀러 가서 저녁까지 ㉡수영을 즐겼다. 다음 날, 나는 ㉢감기에 걸려 ㉣병원을 찾았다.

① ㉠, ㉡　　　② ㉠, ㉢　　　③ ㉡, ㉢
④ ㉡, ㉣　　　⑤ ㉢, ㉣

08 〈보기〉의 조건을 모두 충족하는 자음에 해당하는 것은?

┤ 보기 ├

- 혀끝이 윗잇몸에 닿아서 나는 소리이다.
- 공기가 흐르는 통로를 좁혀서 마찰을 일으켜 내는 소리이다.
- 목 근육을 긴장시키지도 않고 많은 양의 공기를 내보내지도 않는 소리이다.

① ㄴ　　　　② ㄷ　　　　③ ㅂ
④ ㅅ　　　　⑤ ㅆ

09 〈보기〉의 문장에 사용된 자음에 대한 설명으로 적절한 것은?

┤ 보기 ├

　　그림 같은 집에서 살고 싶구나.

① 'ㄹ'은 입술소리이면서 유음이다.
② 'ㅅ'은 목청소리이면서 마찰음이다.
③ 'ㄱ'은 잇몸소리이면서 파열음이다.
④ 'ㄴ'은 여린입천장소리이면서 비음이다.
⑤ 'ㅈ'은 센입천장소리이면서 파찰음이다.

10 〈보기〉의 밑줄 친 부분에 쓰인 자음에 대한 설명으로 적절한 것은?

┤ 보기 ├

- 소식이 <u>감</u>감하다.
- 골방이 <u>깜</u>깜하다.
- 앞길이 <u>캄</u>캄하다.

① 'ㄱ', 'ㄲ', 'ㅋ'은 모두 두 입술 사이에서 나는 소리이다.
② 'ㄱ', 'ㄲ', 'ㅋ'은 조음 위치는 같지만, 조음 방법이 서로 다르다.
③ 'ㄱ', 'ㄲ', 'ㅋ'은 조음 방법은 같지만, 조음 위치가 서로 다르다.
④ 'ㄱ', 'ㄲ', 'ㅋ'은 조음 위치와 조음 방법이 모두 같은 소리이다.
⑤ 'ㄱ', 'ㄲ', 'ㅋ'은 모두 혓바닥과 센입천장 사이에서 나는 소리이다.

11 〈보기〉의 ⓐ와 ⓑ를 비교한 내용으로 적절하지 <u>않은</u> 것은?

┤ 보기 ├

　　ⓐ ㄱ　　　　　ⓑ ㅃ

① ⓐ와 ⓑ는 모두 공기를 코로 내보내지 않는 소리이다.
② ⓐ와 ⓑ는 모두 공기의 흐름을 막았다가 즉각적으로 터뜨려 내는 소리이다.
③ ⓐ와 ⓑ는 공기의 흐름에 방해가 일어나는 위치는 다르나 방해가 일어나는 방법은 같다.
④ ⓐ와 ⓑ는 모두 목 근육에 힘을 주었다가 긴장을 풀면서 순간적으로 적은 양의 공기를 내보내는 소리이다.
⑤ ⓐ는 혀의 뒷부분과 입천장 뒤쪽의 연한 부분 사이에서 나는 소리인 반면에, ⓑ는 두 입술 사이에서 나는 소리이다.

모음

개념 따라잡기

1 모음의 분류

- 모음은 크게 단모음과 이중 모음으로 분류할 수 있다. 우리말에는 모음 21개가 있는데, 소리를 낼 때 입술이나 혀가 고정되어 움직이지 않는 모음을 '단모음'이라고 하고, 소리를 낼 때 입술이나 혀가 움직이는 모음을 '이중 모음'이라고 한다.

단모음	• 발음할 때 입술의 모양이나 혀의 위치가 달라지지 않는 모음 • ㅏ, ㅐ, ㅓ, ㅔ, ㅗ, ㅚ, ㅜ, ㅟ, ㅡ, ㅣ
이중 모음	• 발음할 때 입술의 모양이나 혀의 위치가 달라지는 모음 • ㅑ, ㅒ, ㅕ, ㅖ, ㅘ, ㅙ, ㅛ, ㅝ, ㅞ, ㅠ, ㅢ

2 모음의 체계

- 단모음

혀의 앞뒤 위치 혀의 높이　　입술 모양	전설 모음		후설 모음	
	평순 모음	원순 모음	평순 모음	원순 모음
고모음	ㅣ	ㅟ	ㅡ	ㅜ
중모음	ㅔ	ㅚ	ㅓ	ㅗ
저모음	ㅐ		ㅏ	

> 입천장의 중간을 기준으로 발음할 때 혀의 최고점이 입안의 앞쪽에 있으면 전설 모음, 뒤쪽에 있으면 후설 모음이야. 그리고 발음할 때 입술을 동그랗게 오므리면 원순 모음, 자연스럽게 펴면 평순 모음이야. 발음할 때 입이 조금 열려서 혀의 위치가 높으면 고모음, 입이 조금 더 열려서 혀의 위치가 중간이면 중모음, 입이 크게 열려서 혀의 위치가 낮으면 저모음이란다.

- **이중 모음**: 반모음과 단모음이 결합하여 이루어지는 것으로, 이중 모음을 길게 끌어서 발음을 하면 단모음의 발음으로 끝난다.
  - **반모음**: 음성의 성질로 보면 발음 기관의 장애를 받지 않는다는 점에서 모음에 가깝지만, 쓰임새를 보면 홀로 자립하지 못하고 반드시 다른 모음(단모음)에 붙어서 쓰인다는 점에서 자음과 같다. 'ㅣ[j]'와 'ㅗ/ㅜ[w]'가 있으며, 온전한 모음이 아니므로 반달표(ˇ)를 하여 표시한다.
  - 이중 모음의 종류

반모음 'ㅣ[j]' + 단모음	ㅑ, ㅕ, ㅛ, ㅠ, ㅒ, ㅖ
반모음 'ㅗ/ㅜ[w]' + 단모음	ㅘ, ㅙ, ㅝ, ㅞ
예외	ㅢ('ㅡ'와 'ㅣ' 중 어느 것이 반모음인지 판단하기 어려움.)

✦ 모음 사각도

단모음을 발음할 때 입안에서 혀의 최고점의 위치가 어떠한지를 간략하게 구조화한 것이다.

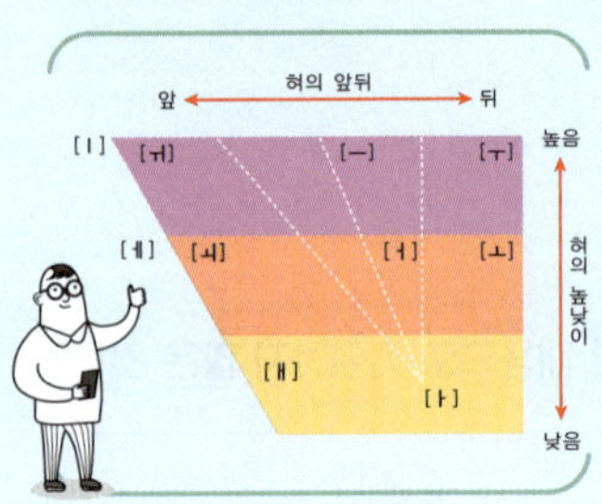

✦ 혀의 최고점

혀의 특정 부분이 입천장에 근접하여 올라가 혀와 입천장 사이가 가장 가깝게 좁혀진 지점이다.

[1~3] 다음 문장에 들어갈 알맞은 말을 고르시오.

1 (단모음 / 이중 모음)은 발음할 때 입술의 모양이나 혀의 위치가 달라지지 않는 모음이다.

2 입이 조금만 열려서 혀의 위치가 입천장 가까이에 있을 때 소리 나는 모음은 (고모음 / 저모음)이다.

3 발음할 때 입술을 동그랗게 오므리는 모음은 (평순 모음 / 원순 모음)이다.

4 다음 중 이중 모음이 <u>아닌</u> 것은?

① ㅑ   ② ㅒ
③ ㅚ   ④ ㅝ

5 단모음을 나누는 기준이 <u>아닌</u> 것은?

① 혀의 높이
② 입술 모양
③ 목의 울림
④ 혀의 앞뒤 위치

[6~7] 다음 빈칸에 들어갈 알맞은 말을 쓰시오.

6 이중 모음은 (   )와/과 단모음이 결합하여 이루어진다.

7 모음 '(   )'는 후설 모음, 원순 모음, 고모음이다.

학습 활동 〈보기〉에 제시된 모음을 발음해 보고, 단모음과 이중 모음으로 구분해 빈칸을 채워 보자.

／ 보기 ／

ㅏ, ㅐ, ㅑ, ㅒ, ㅓ, ㅔ, ㅕ, ㅖ, ㅗ, ㅘ, ㅙ, ㅚ, ㅛ, ㅜ, ㅝ, ㅞ, ㅟ, ㅠ, ㅡ, ㅢ, ㅣ

| 단모음 | ❶ |
| 이중 모음 | ❷ |

01 '단모음'에 대한 설명으로 적절하지 <u>않은</u> 것은?

① 우리말의 단모음은 모두 10개이다.
② 발음할 때 입술의 모양이나 혀의 위치가 달라진다.
③ 입술 모양에 따라 평순 모음과 원순 모음으로 나뉜다.
④ 혀의 앞뒤 위치에 따라 전설 모음과 후설 모음으로 나뉜다.
⑤ 혀의 최고점의 높이에 따라 고모음, 중모음, 저모음으로 나뉜다.

학습 활동 〈보기〉에 제시된 단모음을 발음해 보면서 입술의 모양에 따라 구분해 보자.

／ 보기 ／

ㅏ, ㅐ, ㅓ, ㅔ, ㅗ, ㅚ, ㅜ, ㅟ, ㅡ, ㅣ

입술을 둥글게 오므린 상태에서 소리 내는 모음	입술이 평평한 상태에서 소리 내는 모음
❸	❹

02 〈보기〉의 조건을 모두 만족하는 단모음에 해당하는 것은?

／ 보기 ／

후설 모음, 평순 모음, 중모음

① ㅣ   ② ㅐ   ③ ㅡ
④ ㅓ   ⑤ ㅏ

03 다음 중 반모음 'ㅣ[j]'와 결합하여 이루어진 이중 모음이 <u>아닌</u> 것은?

① ㅑ   ② ㅒ   ③ ㅠ
④ ㅛ   ⑤ ㅞ

01 '모음'에 대한 설명으로 적절한 것은?

① 단모음 10개, 이중 모음 11개로 이루어져 있다.
② 이중 모음은 반모음과 반모음이 결합하여 이루어져 있다.
③ 단모음은 혀의 높이에 따라 전설 모음과 후설 모음으로 나뉜다.
④ 단모음은 입술 모양에 따라 고모음, 중모음, 저모음으로 나뉜다.
⑤ 단모음은 혀의 앞뒤 위치에 따라 평순 모음과 원순 모음으로 나뉜다.

02 다음 중 발음할 때 혀가 가장 높은 위치에서 발음되는 모음으로만 이루어진 단어는?

① 추억   ② 주택   ③ 냄비
④ 기구   ⑤ 하늘

03 다음 중 발음할 때 입술의 모양이나 혀의 위치가 달라지는 모음이 사용된 단어는?

① 책상   ② 군밤   ③ 우엉
④ 팔찌   ⑤ 감귤

04 단모음을 〈보기〉와 같이 분류할 때, 그 기준으로 가장 적절한 것은?

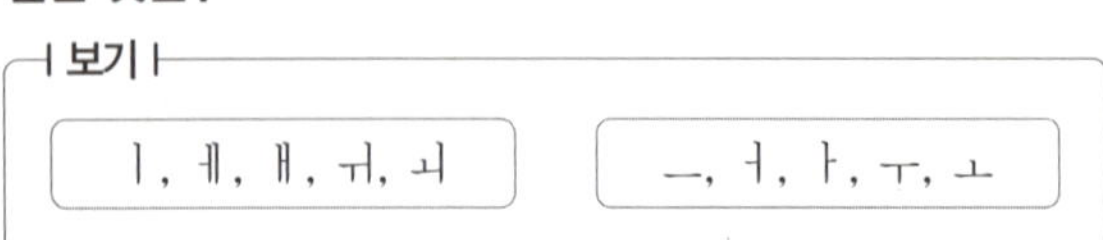

① 혀의 높이   ② 입술 모양
③ 입의 크기   ④ 혀의 움직임
⑤ 혀의 앞뒤 위치

05 〈보기〉의 ㉠~㉢ 중, 전설 모음으로만 이루어진 단어를 모두 고른 것은?

│ 보기 │
㉠종이 ㉡비행기를 접어서 ㉢휘리릭 날리자.
㉣멀리멀리 날아서 저 하늘까지 가면 ㉤좋겠네.

① ㉠, ㉡   ② ㉡, ㉢
③ ㉠, ㉡, ㉢   ④ ㉠, ㉡, ㉣, ㉤
⑤ ㉡, ㉢, ㉣, ㉤

06 〈보기〉의 모음을 발음할 때의 공통점으로 적절한 것은?

│ 보기 │
ㅗ, ㅚ, ㅜ, ㅟ

① 입술이 자연스럽게 펴진다.
② 입술이 둥글게 오므려진다.
③ 혀의 최고점 위치가 입안의 뒤쪽에 있다.
④ 입이 크게 열리면서 혀의 위치가 낮아진다.
⑤ 입이 조금 열리면서 혀의 위치가 높아진다.

07 〈보기〉의 모음에 대한 설명으로 적절하지 <u>않은</u> 것은?

│ 보기 │
ㅗ, ㅜ, ㅡ, ㅓ, ㅏ

① 'ㅏ'는 혀의 높이가 가장 낮은 저모음이다.
② 'ㅗ'와 'ㅓ'는 혀의 높이에 따라 중모음에 속한다.
③ 'ㅗ'와 'ㅜ'는 발음할 때 입술이 평평하게 펴진다.
④ 'ㅡ, ㅓ, ㅏ'는 발음할 때 혀의 높낮이가 서로 다르다.
⑤ 'ㅗ, ㅜ, ㅡ, ㅓ, ㅏ'는 모두 발음할 때 입술이나 혀가 고정된다.

08 〈보기〉의 ㉠~㉤에 들어갈 말로 적절하지 <u>않은</u> 것은?

	혀의 앞뒤 위치	혀의 높이	입술 모양
ㅗ	㉠	중모음	㉡
ㅜ	후설 모음	㉢	원순 모음
ㅚ	전설 모음	㉣	㉤

① ㉠: 후설 모음   ② ㉡: 평순 모음
③ ㉢: 고모음   ④ ㉣: 중모음
⑤ ㉤: 원순 모음

09 〈보기〉의 모음 사각도를 참고하여 단모음을 이해한 내용으로 적절하지 <u>않은</u> 것은?

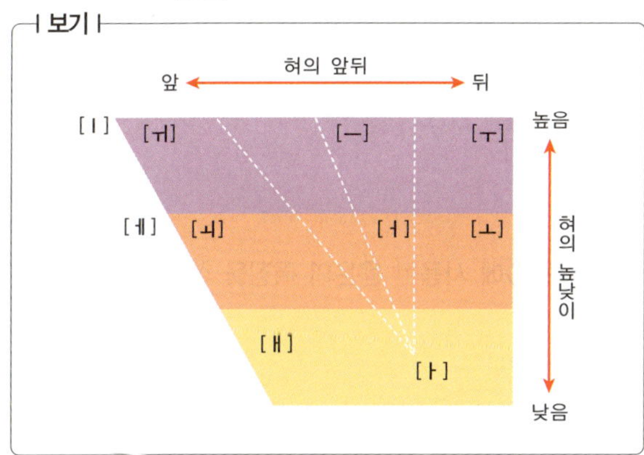

① 'ㅣ'를 발음할 때 혀의 최고점은 입천장의 앞쪽에 위치한다.
② 'ㅜ'를 발음할 때 혀의 최고점은 입천장의 뒤쪽에 위치한다.
③ 'ㅚ'를 발음할 때는 'ㅟ'를 발음할 때보다 혀를 아래로 더 낮춰야 한다.
④ 'ㅓ'를 발음할 때는 'ㅏ'를 발음할 때보다 입은 덜 벌리고 혀를 위로 더 높여야 한다.
⑤ 'ㅐ'를 발음할 때는 혀의 최고점의 위치가 입천장의 앞쪽에 와야 하며, 'ㅔ'보다 입을 덜 벌리고 혀를 높여야 한다.

10 다음 중 원순 모음이 쓰이지 <u>않은</u> 것은?

① 부끄럼   ② 그리움   ③ 기다림
④ 고마움   ⑤ 외로움

11 〈보기〉의 상황에서 '수지'의 발음과 관련하여 조언할 수 있는 내용으로 가장 적절한 것은?

> 수지: 저기 세[새] 집이 있었네!
> 민수: 새 집이라고? 오래된 집처럼 보이는데.

① 입술의 모양을 둥글게 해서 발음해야 해.
② 혀의 높이를 좀 더 높게 하여 발음해야 해.
③ 공기가 입안에서 장애를 받도록 발음해야 해.
④ 혀의 최고점이 입천장 뒤쪽에 있도록 발음해야 해.
⑤ 발음하는 도중에 입술이나 혀의 모양이 변하도록 발음해야 해.

12 다음 중 음운이 결합한 형태가 나머지와 <u>다른</u> 것은?

① ㅘ   ② ㅙ   ③ ㅝ
④ ㅞ   ⑤ ㅖ

13 〈보기〉의 조건을 모두 충족하는 단어에 해당하는 것은?

> • 첫음절의 모음은 후설 모음, 평순 모음, 고모음이다.
> • 둘째 음절의 모음은 반모음 'ㅗ/ㅜ[w]'가 결합한 이중 모음이다.

① 금별   ② 인쇄   ③ 키위
④ 우화   ⑤ 응원

01 〈보기〉에 제시된 국어와 영어의 자음 체계를 참고할 때, 설명으로 적절하지 <u>않은</u> 것은?

| 보기 |

국어			영어	
예사소리	된소리	거센소리	무성음	유성음
ㄱ	ㄲ	ㅋ	k	g
[고기]			[kogi]	

① 국어의 음운 체계와 영어의 음운 체계는 서로 다르게 구성되어 있다.

② 국어는 '고기'에서 '고'에 사용된 자음 'ㄱ'과 '기'에 사용된 자음 'ㄱ'을 같은 소리로 인식한다.

③ 영어는 '고기'에서 '고'에 사용된 ㄱ은 유성음으로, '기'에 사용된 'ㄱ'을 무성음으로 구분하여 인식한다.

④ 국어에서 외래어 표기를 할 때 'gas'를 '까스'가 아니라 '가스'로, 'bus'를 '뻐스'가 아니라 '버스'로 표기한다.

⑤ 영어는 된소리가 음운으로 존재하지 않기 때문에, 영어권 사람들은 '빵[빵]'과 '방[방]'이라는 발음을 들었을 때 동일한 말로 인식한다.

02 단어 '페이크'에서 음가가 있는 자음의 공통점을 〈보기〉에서 찾아 바르게 묶은 것은?

| 보기 |

㉠ 두 입술 사이에서 나는 소리

㉡ 공기를 코로 내보내면서 내는 소리

㉢ 공기의 흐름을 막았다가 터뜨리며 내는 소리

㉣ 혀의 뒷부분과 여린입천장 사이에서 나는 소리

㉤ 공기가 성대를 통과할 때 많은 양의 공기를 내보내면서 내는 소리

① ㉠, ㉡

② ㉠, ㉢

③ ㉡, ㉣

④ ㉢, ㉤

⑤ ㉣, ㉤

03 〈보기〉에 대한 설명으로 적절하지 <u>않은</u> 것은?

| 보기 |

ⓐ 졸랑졸랑 – 쫄랑쫄랑 – 촐랑촐랑

ⓑ 단단하네 – 딴딴하네 – 탄탄하네

① ⓐ에 사용된 'ㅈ', 'ㅉ', 'ㅊ'은 모두 센입천장소리이면서 파찰음이다.

② ⓑ에 사용된 'ㄷ', 'ㄸ', 'ㅌ'은 모두 잇몸소리이면서 파열음이다.

③ ⓐ와 ⓑ의 단어들은 모두 거센소리–된소리–예사소리의 순서로 나열되어 있다.

④ ⓐ의 'ㅉ'과 ⓑ의 'ㄸ'은 성대를 긴장시켰다가 풀면서 순간적으로 적은 양의 공기를 내보내는 소리이다.

⑤ ⓐ는 '줄렁줄렁 – 쭐렁쭐렁 – 출렁출렁'으로, ⓑ는 '든든하네 – 뜬뜬하네 – 튼튼하네'와 같이 모음을 바꾸어도 느낌의 변화는 유사하다.

04 〈보기〉에 사용된 음운의 특징을 설명한 내용으로 적절한 것은?

| 보기 |

학교 종이 땡땡땡, 어서 모이자.
선생님이 우리를 기다리신다.

① '학교'에는 목청소리이자 마찰음인 'ㅎ'과, 여린입천장소리이자 파열음인 'ㄱ'이 사용된다.

② '땡땡땡'에는 센입천장소리이자 된소리인 'ㄸ'과, 전설 모음이자 저모음인 'ㅐ'가 사용된다.

③ '어서'의 음운 개수는 4개이며, 후설 모음이자 평순 모음인 'ㅓ'가 사용된다.

④ '선생님'에는 여린입천장소리이자 파찰음인 'ㅅ'과, 잇몸소리이자 비음인 'ㄴ'이 사용된다.

⑤ '우리를'에는 여린입천장소리이자 비음인 'ㅇ'과, 잇몸소리이자 유음인 'ㄹ'이 사용된다.

05 〈보기〉의 ㉠~㉤이 사용된 단어로 적절한 것은?

	전설 모음		후설 모음	
	평순	원순	평순	원순
고모음	㉠			㉡
중모음	㉢		㉣	
저모음			㉤	

① ㉠과 ㉡의 모음이 모두 사용된 단어는 '희망'이다.
② ㉠과 ㉢의 모음이 모두 사용된 단어는 '가지'이다.
③ ㉡과 ㉢의 모음이 모두 사용된 단어는 '우산'이다.
④ ㉡과 ㉤의 모음이 모두 사용된 단어는 '가게'이다.
⑤ ㉣과 ㉤의 모음이 모두 사용된 단어는 '마법'이다.

06 〈보기 1〉과 〈보기 2〉에 드러난 원칙을 참고할 때, 다음 단어에 쓰인 '의'의 발음으로 적절하지 <u>않은</u> 것은?

┤ 보기 1 ├

　표준 발음법 제2장 제5항을 보면, 'ㅑ, ㅒ, ㅕ, ㅖ, ㅘ, ㅙ, ㅛ, ㅝ, ㅞ, ㅠ, ㅢ'는 이중 모음으로 발음한다고 되어 있다. 따라서 '의사'의 경우, 규정에 따라 [의사]라고 발음해야 한다. '으이사'를 조금 빠르게 발음하면 쉽다.

┤ 보기 2 ├
〈'의'의 발음 원칙〉
• 자음을 첫소리로 가지고 있는 음절의 'ㅢ'는 [ㅣ]로 발음한다.
• 단어의 첫음절 이외의 '의'는 [ㅣ]로, 조사 '의'는 [ㅔ]로 발음함도 허용한다.

① 의장[의장]
② 민주주의[민주주이]
③ 나의 희망[나에 히망]
④ 우리의 사명[우리의 사:명]
⑤ 모임의 의의[모임에 이:의]

★ 고난도

07 〈보기〉의 조건을 모두 충족하는 단어는?

┤ 보기 ├
• 첫소리: 윗잇몸과 혀끝에서 발음되는 마찰음이다.
• 가운뎃소리: 입술을 평평하게 하고 발음하는 소리이다.
• 끝소리: 공기를 코로 내보내면서 내는 소리이다.

① 땅　　　② 쌈　　　③ 손
④ 들　　　⑤ 낫

08 〈보기〉를 참고하여 탐구한 내용으로 적절하지 <u>않은</u> 것은?

┤ 보기 ├

　모음은 발음할 때 공기의 흐름이 크게 방해를 받지 않고 나는 소리를 말한다. 발음 도중 입술 모양이나 혀의 위치가 달라지지 않는 단모음, 발음 도중 입술 모양이나 혀의 위치가 달라지는 이중 모음으로 나뉜다.
　반모음은 발음 기관의 장애를 받지 않는다는 점에서는 모음과 비슷하지만 홀로 발음되지 못하고 반드시 다른 모음에 붙어야만 발음된다. 이때 반모음과 단모음이 결합한 모음이 이중 모음이다.
　국어의 반모음에는 두 가지가 있다. 하나는 반모음 'ㅣ[j]'이고, 다른 하나는 반모음 'ㅗ/ㅜ[w]'이다. 한편 이중 모음 'ㅢ'는 'ㅡ'와 'ㅣ' 중 어느 것이 반모음인지 판단하기 어렵다.

① '귤'에 사용된 이중 모음 'ㅠ'는 반모음 'ㅣ'와 단모음 'ㅜ'가 결합한 것으로 볼 수 있다.
② '용과'에 사용된 이중 모음 'ㅛ'는 반모음 'ㅣ'와 단모음 'ㅗ'가 결합한 것으로 볼 수 있다.
③ '참외'에 사용된 이중 모음 'ㅚ'는 반모음 'ㅗ'와 단모음 'ㅣ'가 결합한 것으로 볼 수 있다.
④ '사과'에 사용된 이중 모음 'ㅘ'는 반모음 'ㅗ/ㅜ'와 단모음 'ㅏ'가 결합한 것으로 볼 수 있다.
⑤ '천혜향'에 사용된 이중 모음 'ㅑ'는 반모음 'ㅣ'와 단모음 'ㅏ'가 결합한 것으로 볼 수 있다.

음운의 변동 ① : 교체

개념 따라잡기

1 교체의 개념

음운이 일정한 환경에 따라 다르게 발음되는 현상을 음운 변동이라고 한다. 음운 변동에는 교체, 탈락, 첨가, 축약이 있으며, 이 중에서 교체는 한 음운이 다른 음운으로 바뀌는 현상을 말한다.

2 교체의 유형

- **음절의 끝소리 규칙**: 음절의 끝에 'ㄱ, ㄴ, ㄷ, ㄹ, ㅁ, ㅂ, ㅇ' 이외의 자음이 오면 'ㄱ, ㄷ, ㅂ' 중 하나로 바뀌어 발음되는 현상이다.
  - 음절 끝에 오는 'ㄲ, ㅋ'은 [ㄱ]으로 발음된다. 예 밖[박], 부엌[부억]
  - 음절 끝에 오는 'ㅅ, ㅆ, ㅈ, ㅊ, ㅌ, ㅎ'은 [ㄷ]으로 발음된다. 예 빗[빋], 솥[솓], 히읗[히읃]
  - 음절 끝에 오는 'ㅍ'은 [ㅂ]으로 발음된다. 예 잎[입]

- **비음화**: 앞에 오는 음절의 끝소리 'ㄱ, ㄷ, ㅂ'이 그 뒤에 오는 음절의 첫소리로 비음 'ㄴ, ㅁ'을 만나 비음으로 바뀌어 발음되는 현상이다. 'ㄱ'은 비음 앞에서 [ㅇ]으로, 'ㄷ'은 비음 앞에서 [ㄴ]으로, 'ㅂ'은 비음 앞에서 [ㅁ]으로 발음된다. 예 국내[궁내], 닫는[단는], 읍내[음내]

- **유음화**: 'ㄴ'이 'ㄹ'의 앞이나 뒤에서 'ㄹ'의 영향을 받아 유음 'ㄹ'로 바뀌어 발음되는 현상이다.
  예 실내[실래], 관리[괄리]

'공권력 [공꿘녁]'이나 '의견란 [의:견난]'처럼, 일부 한자어에서 'ㄴ'과 'ㄹ'이 만나도 [ㄹㄹ]이 아닌 [ㄴㄴ]으로 발음되는 유음화의 예외 사례가 있어.

- **구개음화**: 실질 형태소의 받침에 오는 'ㄷ, ㅌ'이 모음 'ㅣ'나 반모음 'ㅣ [j]'로 시작하는 형식 형태소 앞에서 'ㅈ, ㅊ'으로 바뀌어 발음되는 현상이다. 구개음화는 인접한 두 음운의 조음 위치를 비슷하게 만들어 더 편하게 발음하기 위해 일어난다.
  예 해돋이 → [해도디] → [해도지], 같이 → [가티] → [가치]

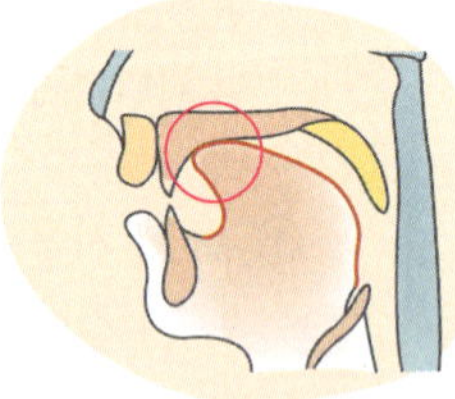 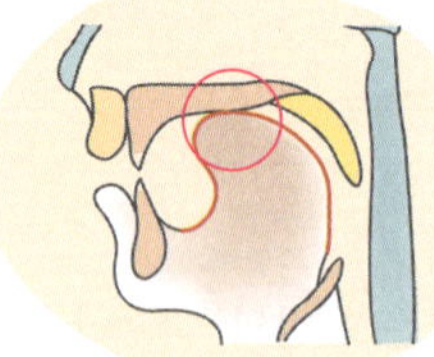 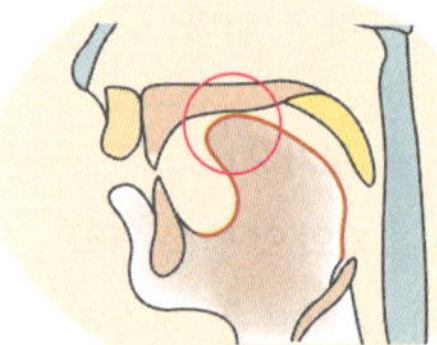

▲ 'ㄷ, ㅌ'을 발음할 때　　▲ 'ㅈ, ㅊ'을 발음할 때　　▲ 'ㅣ'를 발음할 때

- **된소리되기**: 특정한 환경에서 예사소리 'ㄱ, ㄷ, ㅂ, ㅅ, ㅈ'이 된소리인 'ㄲ, ㄸ, ㅃ, ㅆ, ㅉ'으로 바뀌어 발음되는 현상이다.
  - 받침 'ㄱ, ㄷ, ㅂ' 뒤에 'ㄱ, ㄷ, ㅂ, ㅅ, ㅈ'이 올 때의 된소리되기 예 국밥[국빱], 낮잠[낟짬]
  - 용언의 어간 받침 'ㄴ, ㅁ' 뒤에 첫소리가 'ㄱ, ㄷ, ㅅ, ㅈ'인 어미가 올 때의 된소리되기
    예 신고[신:꼬], 앉고[안꼬], 젊지[점:찌]
  - 한자어에서의 받침 'ㄹ' 뒤에 'ㄷ, ㅅ, ㅈ'이 올 때의 된소리되기 예 갈등[갈뜽], 걸작[걸짝]
  - 관형사형 어미 '-(으)ㄹ' 뒤에 'ㄱ, ㄷ, ㅂ, ㅅ, ㅈ'이 올 때의 된소리되기
    예 갈 곳[갈꼳], 살 데가[살떼가], 만날 사람[만날싸람]

✦ 'ㄹ'의 비음화
- 'ㄹ'을 제외한 자음 뒤에서 'ㄹ'이 비음 [ㄴ]으로 바뀌는 현상을 말함.
  예 염려[염:녀], 종로[종노]
- 음절의 끝소리 'ㄱ, ㅂ' 뒤에서 'ㄹ'이 [ㄴ]으로 발음되는 경우는 그 [ㄴ] 때문에, 'ㄱ, ㅂ'이 다시 [ㅇ, ㅁ]으로 발음됨.
  예 막론[막논 → 망논], 협력[협녁 → 혐녁]

[1~2] 다음 설명이 맞으면 ○표, 틀리면 ×표에 표시하시오.

1 한 음운이 일정한 환경에 따라 다르게 발음되는 현상을 음운 변동이라고 한다. (○ , ×)

2 음운 변동 중 교체가 발생하면 음운의 개수가 줄어든다. (○ , ×)

[3~5] 다음 빈칸에 들어갈 알맞은 말을 쓰시오.

3 음절의 끝에 'ㄱ, ㄴ, ㄷ, ㄹ, ㅁ, ㅂ, ㅇ' 이외의 자음이 오면 'ㄱ, ㄷ, ㅂ' 중 하나로 바뀌어 발음되는 현상을 ( )(이)라고 한다.

4 앞에 오는 음절의 끝소리 'ㄱ, ㄷ, ㅂ'이 그 뒤에 오는 음절의 첫소리로 비음 'ㄴ, ㅁ'을 만나 비음으로 바뀌어 발음되는 현상을 ( )(이)라고 한다.

5 실질 형태소의 받침에 오는 'ㄷ, ㅌ'이 모음 'ㅣ'나 반모음 'ㅣ[j]'로 시작하는 형식 형태소를 만나 'ㅅ, ㅈ'으로 발음되는 현상을 ( )(이)라고 한다.

6 다음 그림에서 ㉠에 들어갈 발음을 쓰시오.

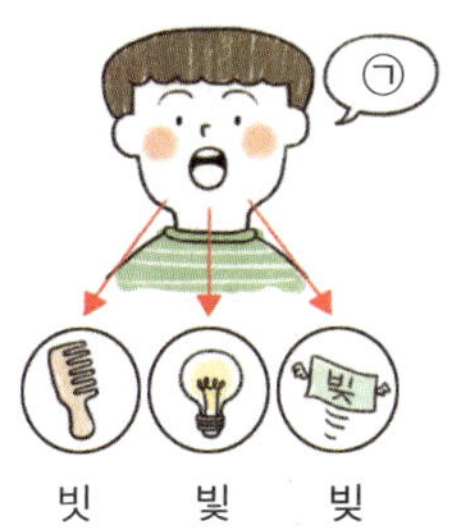

학습 활동 다음 단어가 어떻게 발음되는지 적어 보자.

국물	[궁물]	먹는다	(❶)
맏며느리	(❷)	믿는다	[민는다]
잡는다	[잠는다]	밥물	(❸)

01 다음 중 발음할 때 비음화가 일어나는 것은?

① 난로 ② 능력 ③ 설날
④ 실내 ⑤ 천리

학습 활동 다음 문장의 밑줄 친 부분에서 구개음화가 적용되는 예를 골라 쓰시오.

> 배 위에서 조금만 버티고 견디면 뭍이 보일 거야.

(❹   )

02 〈보기〉와 같은 음운의 변동이 일어나지 <u>않는</u> 것은?

> ┤ 보기 ├
> 같이 → [가티] → [가치]

① 굳이 ② 해돋이 ③ 피붙이
④ 잔디 ⑤ 닫힌

학습 활동 밑줄 친 부분이 어떻게 발음되는지 적어 보자.

같이 국밥을 먹자.	(❺)	걷기는 몸에 좋아.	[걷:끼]
밥상을 다 차렸다.	[밥쌍]	인형을 안고 있다.	(❻)
친구와 갈등이 있다.	(❼)	함께 갈 곳이 있다.	[갈꼳]

03 밑줄 친 부분에서 된소리되기가 일어나지 <u>않는</u> 것은?

① 저녁으로 <u>국수</u>를 먹었다.
② 선을 <u>넘지</u> 않도록 조심해.
③ 이 방은 <u>입구</u>를 찾기 어렵다.
④ 그는 연극에 엄청난 <u>열정</u>을 보인다.
⑤ 수상한 사람이 보이면 빨리 경찰에 <u>신고</u>하자.

01 〈보기〉의 단어들을 발음할 때, 공통적으로 일어나는 음운 변동에 대한 설명으로 적절한 것은?

┤ 보기 ├

옷 안[오단]　　부엌[부억]　　앞[압]

① 'ㄴ'이 'ㄹ'의 앞이나 뒤에서 'ㄹ'로 변하는 현상이다.
② 음절의 끝소리 'ㄱ, ㄷ, ㅂ' 뒤에서 'ㄱ, ㄷ, ㅂ, ㅅ, ㅈ'이 된소리로 변하는 현상이다.
③ 음절의 끝소리 'ㄱ, ㄷ, ㅂ'이 뒤에 오는 음절의 첫소리로 'ㄴ, ㅁ'을 만나 비음으로 바뀌는 현상이다.
④ 음절의 끝에서 7개의 대표음이 발음되고, 이 외의 자음은 'ㄱ, ㄷ, ㅂ' 중 하나로 바뀌어 발음되는 현상이다.
⑤ 앞말의 끝소리 'ㄷ, ㅌ'이 모음 'ㅣ'나 반모음 'ǐ'로 시작하는 형식 형태소를 만나 'ㅈ, ㅊ'으로 변하는 현상이다.

02 〈보기〉의 ㈎, ㈏, ㈐에 해당하는 단어를 바르게 짝 지은 것은?

┤ 보기 ├

㈎ 앞 음절의 끝소리 'ㄱ, ㄷ, ㅂ'이 뒤에 오는 비음 'ㄴ, ㅁ'의 영향으로 비음으로 바뀌는 현상
㈏ 앞 음절의 끝소리 'ㅇ, ㅁ' 뒤에 오는 'ㄹ'이 'ㄴ'으로 바뀌는 현상
㈐ 앞 음절의 끝소리 'ㄱ, ㅂ' 뒤에서 'ㄹ'이 'ㄴ'으로 바뀐 후, 바뀐 'ㄴ' 때문에 앞의 'ㄱ, ㅂ'이 비음으로 바뀌는 현상

	㈎	㈏	㈐
①	국물	백로	종로
②	읍내	염려	각론
③	삼림	산림	협력
④	국내	밥맛	담력
⑤	신라	앞날	격려

03 〈보기〉의 밑줄 친 부분과 같은 음운 변동이 일어나는 단어는?

┤ 보기 ├

한라산[할:라산]에 가고 싶다.

① 먹물　　② 중력　　③ 톱밥
④ 집념　　⑤ 칼날

04 〈보기〉는 표준 발음법의 구개음화 관련 규정이다. 밑줄 친 부분이 이에 해당하지 않는 것은?

┤ 보기 ├

제17항　받침 'ㄷ, ㅌ(ㄾ)'이 조사나 접미사의 모음 'ㅣ'와 결합되는 경우에는, [ㅈ, ㅊ]으로 바꾸어서 뒤 음절 첫소리로 옮겨 발음한다.

① 내가 우리 집의 맏이이다.
② 바닥에 구멍이 뚫려서 밑이 다 보인다.
③ 동네 꽃밭에 아름다운 장미가 활짝 피었다.
④ 종이 조각을 풀로 다시 붙여 보는 것이 좋겠다.
⑤ 이 집은 모든 문이 미닫이로 되어 있어서 불편하다.

05 〈보기〉의 ㉠~㉢ 중, 구개음화가 일어나는 것을 바르게 묶은 것은?

┤ 보기 ├

가영: 안녕? 잘 있지? 너와 ㉠같이 지냈던 좋은 기억들도 많은데, 작은 오해로 멀어진 것 같아서……. ㉡굳이 자존심을 세워서 그때는 정말 미안했어.
나영: 아냐. 나도 잘한 건 없어. 퉁명스럽게 건넨 말이 ㉢끝인사가 될 줄이야. 아! 방학이 끝나면 ㉣곧이어 축제를 준비한다고 하던데, 우리 전처럼 또 힘을 합쳐 보는 건 어때?
가영: 좋아! 왠지 우리가 일등을 할 것 ㉤같은 기분이 드는데! 새 학기를 준비하느라 분주한 친구들의 굳은 표정을 신나게 풀어 줘 볼까?

① ㉠, ㉡　　② ㉠, ㉢　　③ ㉡, ㉢
④ ㉡, ㉣　　⑤ ㉢, ㉤

06 〈보기〉의 ㈎, ㈏, ㈐에 해당하는 단어를 바르게 짝 지은 것은?

| 보기 |

㈎ 'ㄱ, ㄷ, ㅂ' 뒤에 오는 'ㄱ, ㄷ, ㅂ, ㅅ, ㅈ'이 된소리로 발음되는 현상
㈏ 용언 어간의 받침 'ㄴ, ㅁ' 뒤에 오는 어미의 첫소리가 'ㄱ, ㄷ, ㅅ, ㅈ'이면 된소리로 발음되는 현상
㈐ 한자어의 'ㄹ' 받침 뒤에 오는 'ㄷ, ㅅ, ㅈ'이 된소리로 발음되는 현상

	㈎	㈏	㈐
①	곱셈	신다	절경(絕景)
②	입구	먹다	열정(熱情)
③	책상	알다	집결(集結)
④	국수	넘다	물질(物質)
⑤	문법	안다	실수(失手)

07 〈보기〉의 ⓐ~ⓔ 중에서 된소리되기가 일어나는 단어를 모두 고른 것은?

| 보기 |

ⓐ학습자의 ⓑ발달 과정에 ⓒ맞게 ⓓ적절한 학습 내용과 ⓔ과제를 제시해야 합니다.

① ⓐ
② ⓐ, ⓑ
③ ⓐ, ⓑ, ⓒ
④ ⓐ, ⓑ, ⓒ, ⓓ
⑤ ⓐ, ⓑ, ⓒ, ⓓ, ⓔ

08 〈보기〉의 단어가 발음되는 과정에 대한 설명으로 적절한 것은?

| 보기 |

덮개 → [덥개] → [덥깨]

① 비음화가 일어난 뒤 된소리되기가 일어났다.
② 된소리되기가 일어난 뒤 유음화가 일어났다.
③ 음절의 끝소리 규칙이 일어난 뒤 비음화가 일어났다.
④ 음절의 끝소리 규칙이 일어난 뒤 구개음화가 일어났다.
⑤ 음절의 끝소리 규칙이 일어난 뒤 된소리되기가 일어났다.

09 〈보기〉의 두 단어에서 일어난 음운 변동을 비교하여 이해한 내용으로 적절한 것은?

| 보기 |

꽃다발[꼳따발]　　　　꽃말[꼰말]

① '꽃다발'은 '꽃말'과 달리 비음화가 일어났다.
② '꽃다발'은 '꽃말'과 달리 유음화가 일어났다.
③ '꽃다발'은 '꽃말'과 달리 구개음화가 일어났다.
④ '꽃다발'은 '꽃말'과 달리 된소리되기가 일어났다.
⑤ '꽃다발'은 '꽃말'과 달리 음절의 끝소리 규칙에 의해 음운이 바뀌었다.

10 〈보기〉의 밑줄 친 단어와 그 발음이 바르게 연결되지 <u>않은</u> 것은?

| 보기 |

　교실에서 조용히 혼자 음악을 ㉠듣는 학생도 있고 친구와 ㉡작게 이야기를 나누는 ㉢학생도 있다. 운동장 쪽 정원에서 ㉣농작물을 키우는 학생도 있고, 강당에서 ㉤심리 토론을 하는 학생도 있다.

① ㉠: [든는]
② ㉡: [작ː께]
③ ㉢: [학쌩]
④ ㉣: [농장물]
⑤ ㉤: [심니]

11 〈보기〉의 밑줄 친 부분을 설명한 내용으로 적절하지 <u>않은</u> 것은?

| 보기 |

　'바다 숲'이 무엇인지 <u>아십니까</u>? '바다 숲'은 육지의 숲과 같이 바닷속에서 해조류와 해초류가 무성하게 자란 곳을 말합니다. 많은 어류가 봄철에 알을 낳는 <u>산란기</u>를 <u>맞이</u>하는데요. 이때 어류들은 바다 숲에서 알을 낳고, 다시 깊은 바다로 돌아갑니다. 알에서 깨어난 어린 물고기는 바다 숲에서 성장합니다. 최근 바다 숲은 이산화 탄소를 <u>흡수</u>하는 기능으로도 주목을 <u>받고</u> 있습니다.

① '맞이'는 구개음화가 일어나 [마지]로 발음된다.
② '받고'는 된소리되기가 일어나 [받꼬]로 발음된다.
③ '흡수'는 된소리되기가 일어나 [흡쑤]로 발음된다.
④ '산란기'는 유음화가 일어나 [살ː란기]로 발음된다.
⑤ '아십니까'는 비음화가 일어나 [아심니까]로 발음된다.

음운의 변동 ② : 탈락

개념 따라잡기

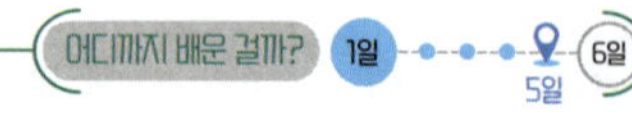

1 탈락의 개념

음운 변동의 유형 중 하나인 탈락은 두 음운 중 하나의 음운이 발음되지 않는 현상을 말한다.

'흙[흑]'은 겹받침의 'ㄹ'이 발음되지 않아. 이와 같이 두 음운 중 하나의 음운이 발음되지 않는 현상을 '탈락'이라고 한단다.

2 탈락의 유형

'읽어[일거]', '넓어[널버]'와 같이, 겹받침 뒤에 모음으로 시작하는 형식 형태소가 오게 되면 두 겹받침 모두 발음된단다.

- **자음군 단순화**: 음절의 끝에 자음이 두 개 연결된 자음군(겹받침)이 올 때, 두 자음 중 하나가 탈락하고 하나만 발음되는 현상이다.

겹받침 중 뒤 자음이 탈락하는 경우	ㄳ, ㄵ, ㄼ, ㄽ, ㄾ, ㅄ	예 몫[목], 앉지[안찌], 섧대[설:따], 외곬[외골/웨골], 핥고[할꼬], 없대[업:따]
겹받침 중 앞 자음이 탈락하는 경우	ㄺ, ㄻ, ㄿ	예 흙[흑], 삶[삼:], 읊대[읍따]

- **'ㅎ' 탈락**: 'ㅎ'으로 끝나는 용언의 어간 뒤에 모음으로 시작하는 형식 형태소가 올 때 'ㅎ'이 탈락하는 현상이다.
  예 좋아[조:아], 낳으니[나으니], 끓이다[끄리다]

'ㅎ' 탈락은 음운 탈락이 표기에 반영되지 않고 발음에서만 반영돼. 하지만 'ㄹ' 탈락, 모음 탈락은 음운 탈락이 표기에도 반영된다는 점을 기억해 둬.

- **'ㄹ' 탈락**: 'ㄹ'로 끝나는 용언의 어간이 몇몇 어미와 결합할 때 탈락하는 현상으로, 대체로 'ㄴ'으로 시작하는 어미와 'ㅅ'으로 시작하는 어미 앞에서 탈락한다.
  예 살-+-는 → [사:는], 알-+-시-+-고 → [아:시고]

→ '알다'나 '알지'와 같이 다른 자음으로 시작하는 어미 앞에서는 'ㄹ'이 탈락하지 않는다.

- **모음 탈락**: 두 모음이 이어질 때 둘 중 하나가 탈락하여 발음되지 않는 현상으로, 'ㅡ' 탈락과 동음 탈락이 있다.

'ㅡ' 탈락	모음 'ㅡ'로 끝나는 용언의 어간이 모음 'ㅏ/ㅓ'로 시작하는 어미 앞에서 탈락하는 현상	예 크-+-어 → [커], 잠그-+-아 → [잠가]
동음 탈락	모음 'ㅏ/ㅓ'로 끝나는 용언의 어간이 같은 모음 'ㅏ/ㅓ'로 시작하는 어미와 결합할 때 둘 중 하나가 탈락하는 현상	예 가-+-아 → [가], 건너-+-어도 → [건너도]

◆ 겹받침 발음의 예외

- 'ㄺ'은 'ㄹ'이 탈락하는 것이 원칙이나, 'ㄱ'으로 시작하는 어미가 뒤에 올 때는 'ㄱ'이 탈락한다.
  예 읽대[익따], 읽고[일꼬], 읽지[익찌] / 맑대[막따], 맑고[말꼬], 맑지[막찌]
- 'ㄼ'은 'ㅂ'이 탈락하는 것이 원칙이나, '밟-'과 '넓-'의 일부 단어에서 예외적으로 'ㄹ'이 탈락한다.
  예 밟대[밥:따], 밟고[밥:꼬], 밟아[발바] / 넓대[널따], 넓지[널찌], 넓죽하다[넙쭈카다], 넓둥글다[넙뚱글다], 넓적하다[넙쩌카다]

[1~2] 다음 설명이 맞으면 ○표, 틀리면 ×표에 표시하시오.

1 음운의 변동 중 탈락은 두 음운 중 하나의 음운이 발음되지 않는 현상을 말한다.   (○ , ×)

2 자음군 단순화는 음절 끝에 겹받침이 올 때 두 자음 중 하나만 발음되는 현상이다.   (○ , ×)

[3~4] 다음 문제를 읽고, 물음에 답하시오.

몫	없다	앉다
밟다	흙	삶

3 발음할 때 겹받침 중 뒤 자음이 탈락하는 단어를 모두 찾아 쓰시오.
    (   )

4 발음할 때 겹받침 중 앞 자음이 탈락하는 단어를 모두 찾아 쓰시오.
    (   )

[5~8] 다음 밑줄 친 단어에서 탈락이 일어난 자음이나 모음을 알맞게 연결하시오.

5 닭이 알을 낳·   ·'ㄹ'
앗네.

6 하늘을 나는·   ·'ㅎ'
새.

7 문을 꼭 잠가·   ·'ㅓ'
야 해.

8 길을 건너도·   ·'ㅡ'
되나요?

학습 활동 다음 문장에서 밑줄 친 부분의 표준 발음과 적용된 음운 변동 현상을 쓰시오.

> 밥 먹기 싫어 우는 아이를 굶길 수는 없다.

단어의 활용형	표준 발음	음운 변동 현상
싫어	(❶)	(❷)
우는	(❸)	(❹)
굶길	(❺)	(❻)

01 다음 중 겹받침을 올바르게 발음한 것은?

① 외곬[외골]   ② 읊다[을따]   ③ 넓다[넙따]
④ 읽고[익꼬]   ⑤ 맑다[말따]

02 밑줄 친 부분에서, 'ㄹ' 탈락이 일어나지 않은 것은?

① 그 사람을 잘 안다.
② 물건을 잘 사는 편이다.
③ 하늘을 나는 비행기가 보인다.
④ 우는 아이에게 떡 하나 더 준다.
⑤ 요리의 마지막에 간 마늘을 넣어라.

학습 활동 다음 일기장에서 밑줄 친 단어와 그 활용형을 비교해 보고, 탈락한 모음을 쓰시오.

> 오늘은 체육 대회가 열린 날. 맨 앞에 서서 우리 반을 응원하고 있었는데, 현기증이 나서 그 자리에 주저앉았다. 얼른 보건실로 가라는 선생님의 말씀을 따라 보건실에서 안정을 취했다. 몸이 아파 끝까지 응원하지 못해 속상하다.

단어의 활용형		탈락한 모음
서서: 서- + -어서	나서: 나- +(❼)	'ㅓ, (❽)'
따라: 따르- + -아	아파: (❾) + -아	'(❿)'

03 다음 중 모음 탈락이 일어나는 단어가 아닌 것은?

① 잠가   ② 따라   ③ 담가
④ 좋아   ⑤ 모아서

01 다음 중 자음군 단순화가 일어나는 단어로 보기 어려운 것은?

① 없다　　　② 났다　　　③ 읽다

④ 핥다　　　⑤ 앉다

02 〈보기〉의 ㉠, ㉡, ㉢에 해당하는 발음을 바르게 정리한 것은?

┤보기├

　사촌 조카는 올해 ㉠여덟 살이다. 어릴 때부터 책을 ㉡읽고 그림 그리는 것을 좋아했다. 좋아하는 음식은 ㉢닭. 닭이 들어간 것이면 튀김이든 찜이든 뭐든지 잘 먹는다.

	㉠	㉡	㉢
①	[여덜]	[익꼬]	[달]
②	[여덜]	[일꼬]	[닥]
③	[여덜]	[일꼬]	[달]
④	[여덥]	[익꼬]	[달]
⑤	[여덥]	[일꼬]	[닥]

03 밑줄 친 단어 중, 〈보기〉와 같은 음운 변동 현상이 일어나지 않는 것은?

┤보기├

　'ㅎ(ㄶ, ㅀ)' 뒤에 모음으로 시작된 어미나 접미사가 결합되는 경우에는, 'ㅎ'을 발음하지 않는다.

① 손이 <u>닿아</u> 있다.

② 과일이 <u>많이</u> 있다.

③ 하기 <u>싫어도</u> 해야 한다.

④ 일이 <u>쌓이기</u> 전에 미리 해.

⑤ 옷을 가져다 <u>놓고</u> 오느라 늦었다.

04 〈보기〉의 설명을 참고하여 탐구한 내용으로 적절하지 않은 것은?

┤보기├

　'ㄹ'로 끝나는 용언의 어간이 몇몇 어미와 결합할 때 탈락하는 현상으로, 대체로 'ㄴ'으로 시작하는 어미와 'ㅅ'으로 시작하는 어미 앞에서 탈락한다.

① '새가 하늘을 납니다.'에서는 '날다'의 'ㄹ'이 탈락되었다.

② '새가 구슬프게 웁니다.'에서는 '울다'의 'ㄹ'이 탈락되었다.

③ '다양한 물품을 삽니다.'에서는 '살다'의 'ㄹ'이 탈락되었다.

④ '답을 아는 사람은 손을 들렴.'에서는 '알다'의 'ㄹ'이 탈락되었다.

⑤ '이제 먼 길을 떠나야 한다.'에서는 '멀다'의 'ㄹ'이 탈락되었다.

05 〈보기〉의 ⓐ에 해당하는 예로 적절한 것은?

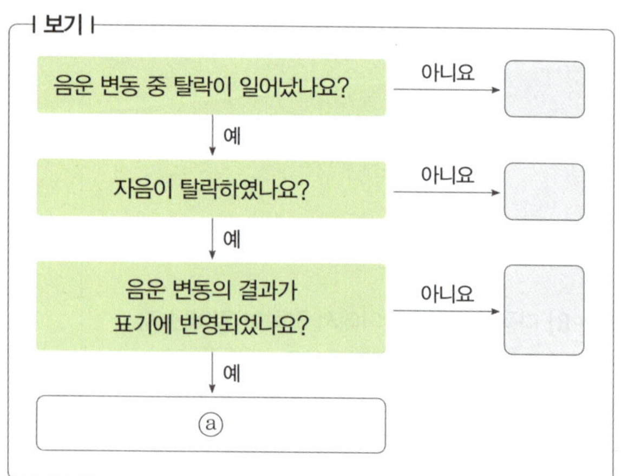

① 쓰-+-어 → 써

② 낳-+-은 → 낳은

③ 차-+-아서 → 차서

④ 만들-+-는 → 만드는

⑤ 미루-+-어서 → 미뤄서

06 〈보기〉에서 'ㄹ' 탈락이 일어나는 단어의 개수로 적절한 것은?

┤보기├

　　아침에 일어나니 눈이 쌓여 온 세상이 하얗게 변해 있었다. 입김을 불며 언 손을 녹일 정도로 좀 추웠지만, 이미 운동장에는 눈싸움을 하며 노는 아이들이 많았다. 나는 운동장 계단에 앉아 하늘을 가르며 나는 비행기를 바라보았다. 문득 멀리 살고 계신 할머니가 보고 싶었다. 나는 할머니께서 한국에 돌아와 사셨으면 좋겠다고 생각했다.

① 1개　　　　② 2개　　　　③ 3개
④ 4개　　　　⑤ 5개

07 〈보기〉의 밑줄 친 단어에 대한 설명으로 적절한 것은?

┤보기├

아이들은 선생님을 <u>따라</u> 교실로 들어갔다.

① 음절 끝에 겹받침이 올 때 두 자음 중 하나가 탈락하고 하나만 발음된다.
② 용언의 어간 끝에 위치한 'ㅎ'의 뒤에 모음으로 시작하는 형식 형태소가 오면 'ㅎ'이 탈락한다.
③ 모음 'ㅡ'로 끝나는 용언의 어간이 'ㅏ/ㅓ'로 시작되는 어미와 결합할 때 모음 'ㅡ'가 탈락한다.
④ 모음 'ㅏ/ㅓ'로 끝나는 용언의 어간 뒤에 'ㅏ/ㅓ'로 시작하는 어미가 오면 한쪽의 'ㅏ/ㅓ'가 탈락한다.
⑤ 용언의 어간 끝에 위치한 'ㄹ'이 'ㄴ, ㅅ' 따위와 같은 자음으로 시작하는 어미와 결합할 때 'ㄹ'이 탈락한다.

08 다음 중 음운 변동의 결과로 탈락한 모음이 나머지와 <u>다른</u> 하나는?

① 모자를 잘 <u>써라</u>.
② 김치를 <u>담가</u> 먹는다.
③ 수도꼭지를 잘 <u>잠가</u> 둬.
④ 옷이 너무 <u>커서</u> 안 어울린다.
⑤ 미리 <u>가서</u> 문을 열도록 하자.

09 〈보기〉의 ㉠~㉤에 대한 설명으로 적절한 것은?

┤보기├

　　오늘 아침에 하늘이 참 ㉠맑고, 바람도 선선하게 ㉡붑니다. 이런 날에는 ㉢좋아하는 책 한 권을 들고 공원에 ㉣나가서 시간을 보내는 것이 어떨까요? 오랜만에 흙을 ㉤밟고 걷는 것도 추천합니다.

① ㉠: 겹받침 중 하나가 탈락하여 [막꼬]로 발음한다.
② ㉡: 어간 끝의 'ㄹ'이 모음으로 시작하는 어미를 만나 탈락한다.
③ ㉢: 어간 끝의 'ㅎ'이 자음으로 시작하는 어미를 만나 탈락한다.
④ ㉣: 어간 끝의 'ㅏ'가 'ㅏ'로 시작하는 어미를 만나 둘 중 하나가 탈락한다.
⑤ ㉤: 겹받침 중 하나가 탈락하여 [발꼬]로 발음한다.

10 〈보기〉의 ⓐ, ⓑ, ⓒ에 해당하는 예로 적절한 것은?

┤보기├

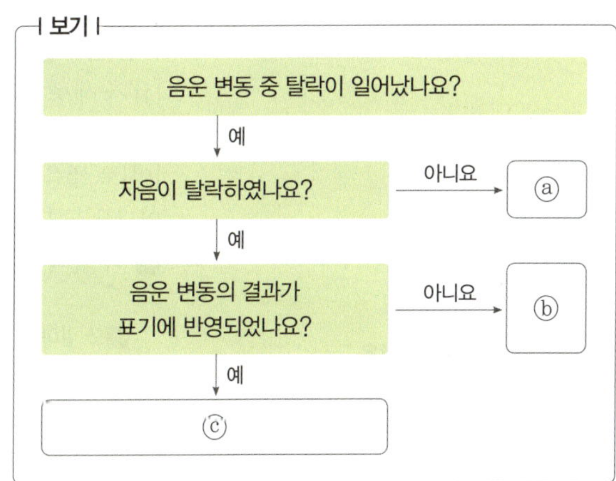

	ⓐ	ⓑ	ⓒ
①	기쁘-+-어 → 기뻐	닳-+-아 → 닳아	솔+나무 → 소나무
②	놓-+-으니 → 놓으니	뜨-+-어서 → 떠서	바늘+-질 → 바느질
③	말+소 → 마소	가늘-+-ㄴ → 가는	달+달+-이 → 다달이
④	멀-+-ㄴ → 먼	않-+-은 → 않은	버들+나무 → 버드나무
⑤	끓-+-어 → 끓어	모으-+-아 → 모아	열-+달-+-이 → 여닫이

음운의 변동 ❸ : 첨가, 축약

개념 따라잡기

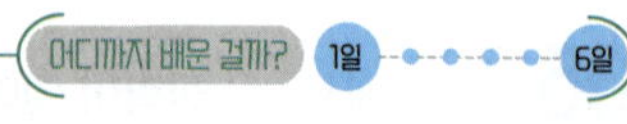

① 첨가, 축약의 개념

첨가는 두 음운 사이에 새로운 음운이 추가되는 현상을, 축약은 서로 다른 두 개의 음운이 합쳐져 새로운 하나의 음운이 되는 현상을 말한다.

한여름[한녀름]

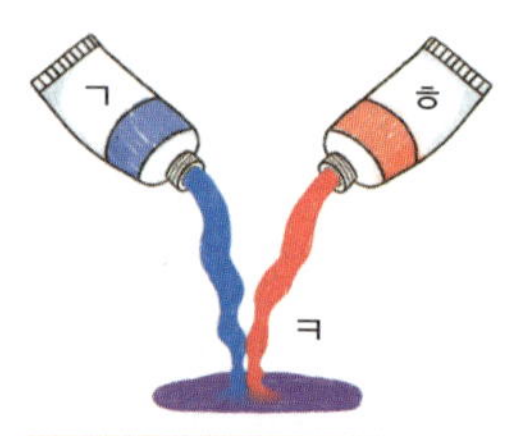

국화[구콰]

② 첨가의 유형

- **'ㄴ' 첨가**: 합성어와 파생어에서, 자음으로 끝나는 말 뒤에 모음 'ㅣ'나 반모음 'ㅣ[j]'로 시작하는 말이 결합할 때 'ㄴ'이 덧붙어 발음되는 현상이다.
  - 예 솜이불[솜ː니불], 맨입[맨닙], 한여름[한녀름], 막일 → [막닐]('ㄴ' 첨가) → [망닐](비음화), 물엿 → [물녇]('ㄴ' 첨가, 음절의 끝소리 규칙) → [물렫](유음화)

- **반모음 첨가**
  - 모음으로 끝나는 용언의 어간 뒤에 모음 'ㅓ, ㅗ'로 시작하는 어미가 결합할 때 반모음 'ㅣ[j]'가 새로 생겨 발음되는 현상이다.
  - 일반적으로 반모음 첨가는 표준 발음으로 인정하지 않는다. 다만 '되어, 피어'의 어미는 [어]로 발음하는 것을 원칙으로 하되, [여]로 발음하는 것도 허용한다. 이에 준하여 '이오, 아니오'도 [이요], [아니요]로 발음하는 것을 허용한다.
  - 예 되어[되어/되여], 기어[기어/기여], 피어[피어/피여]

③ 축약의 유형

- **거센소리되기**: 예사소리 'ㄱ, ㄷ, ㅂ, ㅈ'이 'ㅎ'과 만나 거센소리 'ㅋ, ㅌ, ㅍ, ㅊ'으로 바뀌어 발음되는 현상이다. 거센소리되기는 'ㄱ, ㄷ, ㅂ, ㅈ' 앞이나 뒤에 'ㅎ'이 놓이는 경우에 일어난다.

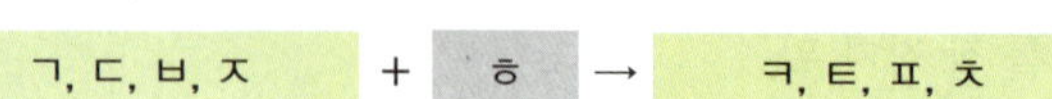

ㄱ, ㄷ, ㅂ, ㅈ	+	ㅎ	→	ㅋ, ㅌ, ㅍ, ㅊ

예 축하[추카], 좋다[조ː타], 덥히면[더피면], 앉히다[안치다]

- '맞히다'는 'ㅈ'과 'ㅎ'이 만나서 거센소리 [ㅊ]이 되므로 [마치다]로 발음된다.
- '묻히다'는 먼저 'ㄷ'과 '히'의 'ㅎ'이 [ㅌ]으로 축약되는데, 이에 구개음화가 적용되어 [ㅊ]이 되므로 [무치다]로 발음된다.

'ㄱ, ㄷ, ㅂ, ㅈ'뿐만 아니라 'ㄷ'으로 발음되는 'ㅅ, ㅈ, ㅊ, ㅌ'의 경우도 'ㅎ'과 만나면 거센소리되기가 일어나. '숱하다'를 보면, 'ㅌ'이 음절의 끝소리 규칙에 따라 'ㄷ'으로 바뀐 뒤 'ㅎ'과 합쳐져 [수타다]로 발음된단다.

[1~2] 다음 설명이 맞으면 ○표, 틀리면 ×표에 표시하시오.

1 첨가는 두 음운 사이에 새로운 음운이 추가되는 현상을 말한다.　　　　　　　　　(○ , ×)

2 축약은 두 음운 중 한 음운이 없어지는 현상을 말한다.　　　　　　　　　　　　(○ , ×)

[3~4] 다음 빈칸에 들어갈 알맞은 말을 쓰시오.

3 합성어나 파생어에서 자음으로 끝나는 말 뒤에 모음 'ㅣ'나 반모음 'ㅣ[j]'로 시작하는 말이 결합할 때 '(　　　　)'이/가 첨가된다.

4 모음으로 끝나는 용언의 어간 뒤에 모음 'ㅓ, ㅗ'로 시작하는 어미가 결합할 때 반모음 'ㅣ[j]'가 새로 생겨 발음되는 현상을 (　　　　)(이)라고 한다.

[5~7] 다음 문장에 들어갈 알맞은 말을 고르시오.

5 '피어'를 [피여]로 발음하는 것은 표준 발음으로 (허용된다 / 허용되지 않는다).

6 예사소리 'ㄱ, ㄷ, ㅂ, ㅈ'이 'ㅎ'과 만나 거센소리 'ㅋ, ㅌ, ㅍ, ㅊ'으로 변하는 현상을 (구개음화 / 거센소리되기)라고 한다.

7 '물약'과 '막일'에서 공통으로 일어나는 음운 변동 현상은 ('ㄴ' 첨가 / 반모음 첨가)이다.

학습 활동　다음 단어가 어떻게 발음되는지 적어 보자.

- 맨입 → [❶　　　　]
- 솜이불 → [❷　　　　]
- 한여름 → [❸　　　　]
- 식용유 → [❹　　　　]

01 다음 중 'ㄴ' 첨가 현상이 일어나지 <u>않는</u> 것은?

① 겉옷　　　　② 담요　　　　③ 색연필
④ 영업용　　　⑤ 꽃잎

02 밑줄 친 단어의 발음 표기가 표준 발음이 <u>아닌</u> 것은?

① 당신의 평생소원은 <u>무엇이오</u>[무어시오]?
② 봄이 되어 개나리가 활짝 <u>피었다</u>[피연따].
③ 어제는 비가 오더니, 오늘은 날이 <u>개었다</u>[개연따].
④ 그는 차에서 내리자마자 집으로 마구 <u>뛰었다</u>[뛰언따].
⑤ <u>보아라</u>[보아라], 저 들판에서 익어 가는 벼들의 숭고함을.

학습 활동　〈보기〉에서 밑줄 친 단어의 발음을 쓰고, 어떤 음운 변동 현상이 일어나는지 알아보자.

─ 보기 ─

손에서 책을 <u>놓지</u> <u>않던</u> 우리 형 대학교 <u>입학</u>을 <u>축하해</u>!

단어의 발음		음운 변동 결과
• 놓지[노치]　• 않던[❺　　] • 입학[❻　　]　• 축하[추카]		'ㄱ, ㄷ, ㅂ, ㅈ'과 '(❼　　　　)'이 만나면 각각 'ㅋ, ㅌ, ㅍ, ㅊ'의 (❽　　　　)로 축약되어 소리 난다.

03 〈보기〉의 밑줄 친 단어와 같은 음운 변동 현상이 일어나지 <u>않는</u> 것은?

─ 보기 ─

그럼 앞으로 <u>어떡하지</u>?

① 좋다　　　　② 많고　　　　③ 좁히면
④ 꽂이다　　　⑤ 밟히다

01 다음 밑줄 친 단어 중 발음할 때 음운의 수가 표기된 음운의 수보다 늘어나는 것은?

① 엄마, 홑이불 없어요?
② 추운데 난로에 불을 지펴 주세요.
③ 병원 문이 닫히기 전에 얼른 가 보자.
④ 음, 아드님이 감기 기운이 약간 있네요.
⑤ 요즘 입맛이 없는지 밥도 잘 안 먹어요.

02 다음 중 음운 변동의 결과 축약이 일어나는 것은?

① 솜사탕
② 굵기다
③ 살피다
④ 닫히다
⑤ 낯설다

03 〈보기〉의 밑줄 친 ⓐ~ⓔ 중에서 음운 변동의 결과 음운의 개수가 줄어드는 것은?

┤ 보기 ├
• 혹시 ⓐ무릎 담요 필요하니?
• ⓑ입학 선물로 색연필을 줄게.
• 그 ⓒ학생은 수영에 매우 자신이 있다.
• ⓓ맨입에 김치만 먹었더니 속이 아프다.
• ⓔ실내 온도가 낮게 설정되어 있어 춥다.

① ⓐ 무릎 → [무릅]
② ⓑ 입학 → [이팍]
③ ⓒ 학생 → [학쌩]
④ ⓓ 맨입 → [맨닙]
⑤ ⓔ 실내 → [실래]

04 〈보기〉의 표준 발음법 제29항을 적용한 예로 가장 적절한 것은?

┤ 보기 ├
제29항 합성어 및 파생어에서, 앞 단어나 접두사의 끝이 자음이고 뒤 단어나 접미사의 첫음절이 '이, 야, 여, 요, 유'인 경우에는, 'ㄴ' 음을 첨가하여 [니, 냐, 녀, 뇨, 뉴]로 발음한다.
[붙임 1] 'ㄹ' 받침 뒤에 첨가되는 'ㄴ' 음은 [ㄹ]로 발음한다.
[붙임 2] 두 단어를 이어서 한 마디로 발음하는 경우에도 이에 준한다.

① 각하[가카]   ② 석류[성뉴]   ③ 칼날[칼랄]
④ 할 일[할릴]   ⑤ 할 바[할빠]

05 〈보기〉의 밑줄 친 단어를 발음할 때 일어나는 음운 변동 현상에 대한 설명으로 적절한 것은?

┤ 보기 ├
언제나 힘이 되어 주는 친구

① 'ㄴ' 첨가에 해당한다.
② 모음 탈락에 해당한다.
③ 거센소리되기에 해당한다.
④ [되여]로 발음하는 것이 허용된다.
⑤ 표기에 반영되는 음운 변동에 해당한다.

06 반모음을 첨가하여 발음한 단어 중, 표준 발음에 해당하는 것은?

① 그는 잠이 깨어[깨여] 눈을 떴다.
② 아주 솔직히 그냥 네가 참 좋아[조:와].
③ 아이가 방 안에서 엉금엉금 기어[기여] 다닌다.
④ 목이 부어[부워] 밥을 목구멍으로 넘기지 못한다.
⑤ 광주에[광주예] 사시는 할머니께서 우리 집에 오셨다.

07 다음 밑줄 친 단어에서 공통적으로 일어나는 음운 변동에 대한 설명으로 적절한 것은?

① 'ㄴ'이 'ㄹ'의 앞이나 뒤에서 'ㄹ'로 변하는 현상이다.
② 예사소리 'ㄱ, ㄷ, ㅂ, ㅈ'이 'ㅎ'과 만나 거센소리 'ㅋ, ㅌ, ㅍ, ㅊ'로 변하는 현상이다.
③ 음절의 끝소리 'ㄱ, ㄷ, ㅂ'이 뒤에 오는 음절의 첫소리로 'ㄴ, ㅁ'을 만나 비음으로 바뀌는 현상이다.
④ 음절의 끝에서 7개의 대표음이 발음되고, 이 외의 자음은 'ㄱ, ㄷ, ㅂ' 중 하나로 바뀌어 발음되는 현상이다.
⑤ 앞말의 끝소리 'ㄷ, ㅌ'이 모음 'ㅣ'나 반모음 'ǐ'로 시작하는 형식 형태소를 만나 구개음인 'ㅈ, ㅊ'으로 변하는 현상이다.

08 〈보기〉의 ㉠, ㉡, ㉢의 발음으로 적절한 것은?

| 보기 |

날씨가 추워지니 ㉠담요나 ㉡솜이불을 준비해서 대비하면 ㉢좋지요.

	㉠	㉡	㉢
①	[다:묘]	[소:미불]	[존:찌요]
②	[다:묘]	[솜:니불]	[조:치요]
③	[담:뇨]	[소:미불]	[존:찌요]
④	[담:뇨]	[솜:니불]	[조:치요]
⑤	[담:뇨]	[솜:니불]	[존:찌요]

09 〈보기〉의 밑줄 친 단어와 동일한 음운 변동으로 보기 어려운 것은?

| 보기 |

시야를 넓혀서 다양한 일을 경험해 보자.

① 멀지 않다면 한번 들러라.
② 같이 밥이라도 먹으면 좋지.
③ 어둠을 밝히는 등불이 되어라.
④ 그 많던 싱아는 어디로 갔을까.
⑤ 머리에 숱이 참 많았었는데 아쉽다.

10 다음 중 음운의 첨가와 축약 현상이 일어나는 단어의 예로 적절하지 <u>않은</u> 것은?

	첨가	축약
①	한 일	못하다
②	식용유	잡히다
③	가랑잎	꽂히다
④	월요일	밭이랑
⑤	급행열차	깨끗하다

11 〈보기〉의 ⓐ, ⓑ에 대한 설명으로 적절한 것은?

| 보기 |

ⓐ꽃잎에 ⓑ맺힌 이슬이 참 아름다웠다.

① ⓐ와 ⓑ에서는 모두 음운의 첨가 현상이 일어났다.
② ⓐ와 ⓑ에서는 모두 음운의 축약 현상이 일어났다.
③ ⓐ에서는 음운의 첨가, ⓑ에서는 음운의 축약이 일어났다.
④ ⓐ에서는 음운의 축약, ⓑ에서는 음운의 첨가가 일어났다.
⑤ ⓐ와 ⓑ에서는 모두 음운의 교체 이후 음운의 탈락이 일어났다.

01 '음운의 변동'에 대한 설명으로 적절하지 <u>않은</u> 것은?

① 표기와 발음을 일치시키기 위한 자연스러운 현상이다.

② 음운이 일정한 환경에 따라 다르게 발음되는 현상이다.

③ 음운 변동은 모든 언어에서 나타나는 보편적인 현상이다.

④ 음운의 변동은 크게 교체, 탈락, 첨가, 축약의 네 가지로 나뉜다.

⑤ 음운 변동의 결과로 표기와 발음할 때의 음운의 개수가 달라지기도 한다.

02 〈보기〉를 참고하여 음운 변동 사례에 대해 이해한 것으로 적절하지 <u>않은</u> 것은?

┤보기├

　음운의 변동은 한 음운이 다른 음운으로 바뀌는 교체, 한 음운이 없어지는 탈락, 새로운 음운이 생기는 첨가, 두 음운이 하나의 음운으로 합쳐지는 축약으로 구분된다. 한 단어가 발음될 때 이 네 가지 변동 중 둘 이상이 나타나는 경우도 있고, 하나의 음운이 두 번 이상의 음운 변동을 겪기도 한다.

① '밥물[밤물]'이 발음될 때에는 'ㅂ'이 'ㅁ'의 영향을 받아 'ㅁ'으로 교체되는 현상이 일어난다.

② '대관령[대:괄령]'이 발음될 때에는 'ㄴ'이 'ㄹ'의 영향을 받아 'ㄹ'로 교체되는 현상이 일어난다.

③ '내복약[내:봉냑]'이 발음될 때에는 첨가되는 'ㄴ'으로 'ㄱ'이 'ㅇ'으로 교체되는 현상이 일어난다.

④ '낳아[나아]'가 발음될 때에는 모음으로 시작되는 어미와 만나 'ㅎ'이 탈락하는 현상이 일어난다.

⑤ '옷 한 벌[오탄벌]'이 발음될 때에는 'ㅅ'이 탈락한 후 첨가되는 'ㄷ'이 'ㅎ'과 만나 'ㅌ'으로 축약되는 현상이 일어난다.

03 〈보기〉의 단어에 대한 설명으로 적절하지 <u>않은</u> 것은?

┤보기├

대통령, 밭을, 급류, 밭입니다, 밭이랑

① '대통령'은 'ㅇ' 뒤에 연결되는 'ㄹ'에 비음화가 일어나 [대:통녕]이 된다.

② '밭을'은 '을'이 조사이므로 모음 앞의 받침을 본음대로 연음하여 [바틀]로 발음된다.

③ '급류'는 'ㅂ' 뒤에서 'ㄹ'이 'ㄴ'으로 바뀌고, 바뀐 'ㄴ'의 영향으로 'ㅂ'이 비음화되어 [금뉴]로 발음된다.

④ '밭입니다'는 받침 'ㅌ'이 'ㅣ'로 시작하는 조사와 만나 [바팁니다]가 되고 'ㅂ'이 'ㄴ' 앞에서 'ㅁ'으로 바뀌므로 [바팀니다]로 발음된다.

⑤ '밭이랑'은 '이랑'이 명사일 때 음절의 끝소리 규칙에 의해 '받'이 되고 'ㄴ' 첨가 현상과 비음화 현상이 일어나므로 [반니랑]으로 발음된다.

04 〈보기〉의 표준 발음법 규정을 바탕으로 이해한 내용으로 적절한 것은?

┤보기├

제10항　겹받침 'ㄳ', 'ㄵ', 'ㄼ, ㄽ, ㄾ', 'ㅄ'은 어말 또는 자음 앞에서 각각 [ㄱ, ㄴ, ㄹ, ㅂ]으로 발음한다. 다만, '밟-'은 자음 앞에서 [밥]으로 발음한다.

제11항　겹받침 'ㄺ, ㄻ, ㄿ'은 어말 또는 자음 앞에서 각각 [ㄱ, ㅁ, ㅂ]으로 발음한다.
　다만, 용언의 어간 말음 'ㄺ'은 'ㄱ' 앞에서 [ㄹ]로 발음한다.

제14항　겹받침이 모음으로 시작된 조사나 어미, 접미사와 결합되는 경우에는, 뒤엣것만을 뒤 음절 첫소리로 옮겨 발음한다.(이 경우, 'ㅅ'은 된소리로 발음함.)

① '밟지'는 제10항에 의거하여 [발:찌]로 발음해야겠군.

② '읊다'는 제11항에 의거하여 [을따]로 발음해야겠군.

③ '읽다'는 제11항에 의거하여 [일따]로 발음해야겠군.

④ '흙을'은 제14항에 의거하여 [흘글]로 발음해야겠군.

⑤ '없어'는 제14항에 의거하여 [업:서]로 발음해야겠군.

05

〈보기 1〉의 규칙을 바탕으로 놀이를 진행할 때, 〈보기 2〉에서 민영이와 서진이가 받을 점수로 적절한 것은?

┤보기 1├

[규칙 1] 음운의 교체가 일어날 때에는 +2점, 탈락이 일어날 때에는 +1점, 첨가가 일어날 때에는 -1점, 축약이 일어날 때에는 -2점을 받는다.

[규칙 2] 한 단어 안에서 나타나는 음운 변동 양상이 한 개 이상인 경우에는 이를 모두 적용하여 합산한다.

┤보기 2├

민영: 미닫이 → 솜이불 → 물약

서진: 색연필 → 젊다 → 넓죽하다

① 민영, 5 　 ② 민영, 6 　 ③ 민영, 7
④ 서진, 5 　 ⑤ 서진, 6

06

〈보기〉를 바탕으로 음운 현상에 대해 대화한 내용으로 적절한 것은?

┤보기├

자음이나 모음이 어떤 환경에서 없어지는 탈락 현상에는 자음군 단순화, 'ㅎ' 탈락, 'ㄹ' 탈락, 모음 탈락 등이 있다.

① 철수: 자음군 단순화는 '흙[흑]', '값이[가비]'와 같이 음절 끝의 두 자음 중 하나가 탈락하고 하나만 소리 나는 현상이야.

② 영희: 'ㅎ' 탈락은 용언의 어간 끝소리인 'ㅎ'이 'ㄱ, ㄷ, ㅂ, ㅈ'으로 시작하는 자음을 만나 탈락하는 현상이야.

③ 영수: 'ㅎ' 탈락의 예로는 '좋고[조:코]', '놓다[노타]', '쌓지[싸치]' 등이 있어.

④ 철희: '열-+-니 → 여니'처럼 용언의 어간 끝소리인 'ㄹ'이 몇몇 어미와 결합할 때 탈락하기도 해.

⑤ 영철: '아프다', '아파서', '아팠다'는 용언의 어간 끝소리인 'ㅡ'가 모음으로 시작하는 어미 앞에서 탈락한 거야.

07

〈보기 1〉의 탐구 과정을 바탕으로 〈보기 2〉의 ⓐ~ⓓ를 바르게 분류한 것은?

┤보기 1├

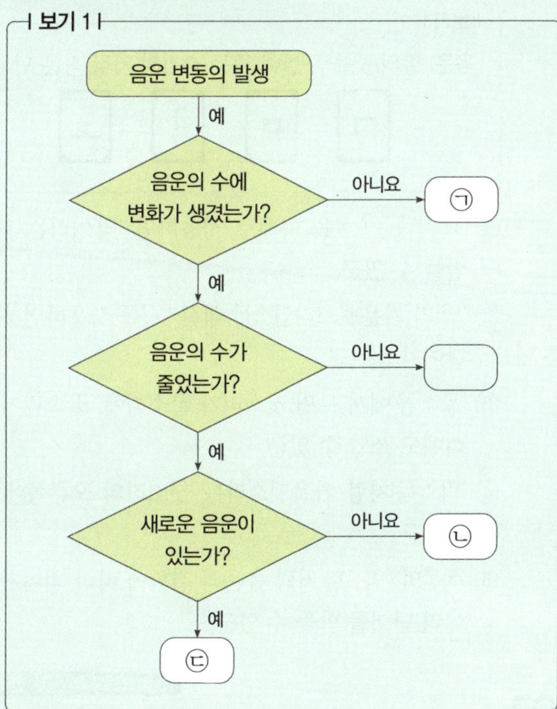

┤보기 2├

ⓐ앞마당에 눈이 ⓑ쌓이는 밤은 고요하다. 생명력이 넘치는 한여름과 달리, 고독하기 마련이다. 그러나 그 고독은 삭막하거나 허전하기보다는 ⓒ흐뭇한 기분을 갖게 한다. 고요 속에서 나는 나 자신을, 우리는 우리 자신을 새삼 의식하게 되고 오랫동안 잊고 지냈던 옛일과 과거의 자신을 다시금 발견하고 생각히게 된다.

	㉠	㉡	㉢
①	ⓐ	ⓑ	ⓒ
②	ⓐ	ⓒ	ⓑ
③	ⓑ	ⓐ	ⓒ
④	ⓑ	ⓒ	ⓐ
⑤	ⓒ	ⓐ	ⓑ

01 2014학년도 9월 고1 전국연합

〈보기〉의 음운 카드를 활용하여 학습한 내용으로 적절하지 <u>않은</u> 것은?

┤보기├

음운: 말의 뜻을 구별해 주는 소리의 가장 작은 단위

① 'ㅁ', 'ㅓ', 'ㄱ'을 차례로 사용하면 '먹'이라는 단어를 만들 수 있군.
② '먹'의 가운뎃소리인 'ㅓ' 대신 'ㅗ'를 사용하면 새로운 단어가 되는군.
③ '목 : 곰'에서 보면 첫소리가 끝소리에, 끝소리가 첫소리에도 쓰일 수 있군.
④ '먹 : 목'처럼 가운뎃소리는 첫소리의 오른쪽에 써야 하는군.
⑤ '목 / 먹 / 곰 / 검'처럼 음운의 결합에 따라 의미가 다른 여러 단어를 만들 수 있군.

02 2017학년도 6월 고2 전국연합

〈보기 1〉을 활용하여 〈보기 2〉의 음운 변동을 설명한 내용으로 적절한 것은?

┤보기 1├

조음 위치 조음 방법	입술소리	잇몸소리	센입천장 소리	여린입천 장소리
파열음	ㅂ, ㅍ	ㄷ, ㅌ		ㄱ, ㅋ
파찰음			ㅈ, ㅊ	
비음	ㅁ	ㄴ		ㅇ
유음		ㄹ		

┤보기 2├

㉠ 국민 → [궁민] ㉡ 물난리 → [물랄리] ㉢ 굳이 → [구지]

① ㉠은 첫음절 끝의 파열음이 뒤의 자음과 결합하여 유음으로 바뀌었다.
② ㉡은 유음이 앞뒤 비음의 영향을 받아 비음으로 바뀌었다.
③ ㉢은 여린입천장소리가 뒤의 자음을 닮아 센입천장소리로 바뀌었다.
④ ㉠과 ㉡에서 변동된 음운은 조음 방법이 변하였다.
⑤ ㉡과 ㉢에서 변동된 음운은 조음 위치가 변하였다.

03 2013학년도 10월 고3 전국연합 A형

〈보기〉를 참고하여 철수에게 해 줄 수 있는 조언으로 가장 적절한 것은?

┤보기├

• 국어의 단모음 체계

혀의 최고점 위치 혀의 높이 (입의 개폐)	전설 모음		후설 모음	
입술의 모양	평순	원순	평순	원순
고모음(폐모음)	ㅣ	ㅟ	ㅡ	ㅜ
중모음(반개모음)	ㅔ	ㅚ	ㅓ	ㅗ
저모음(개모음)	ㅐ		ㅏ	

철수: 영희야, 넌 '게'와 '개'를 정확하게 구분해서 발음할 수 있니? 난 잘 안 돼서 말할 때마다 머뭇거리게 돼. 어떻게 하면 좋을까?

① '개'를 발음할 때는 '게'와 달리 입술을 둥그렇게 오므려야 해.
② '개'를 발음할 때는 '게'에 비해 입을 더 크게 벌려서 혀의 높이를 낮추어야 해.
③ '게'를 발음할 때는 '개'와 달리 소리 내는 동안 입술과 혀를 움직이지 말아야 해.
④ '개'를 발음할 때는 '게'에 비해 입술을 더 평평하게 하고 입을 조금만 벌려야 해.
⑤ '게'를 발음할 때는 '개'와 달리 혀의 최고점이 앞쪽에 있다는 느낌으로 발음해야 해.

04~05 다음 글을 읽고 물음에 답하시오.

모음은 크게 두 부류로 나눌 수 있다. 발음할 때 입술 모양이나 혀의 위치가 변하지 않는 모음을 단모음이라 한다. '표준어 규정'은 원칙적으로 'ㅏ, ㅐ, ㅓ, ㅔ, ㅗ, ㅚ, ㅜ, ㅟ, ㅡ, ㅣ'를 단모음으로 발음할 것을 규정하고 있다.

입술 모양이나 혀의 위치가 발음 도중에 변하는 모음은 '이중 모음'이라 하는데, 이중 모음은 홀로 쓰일 수 없는 소리인 '반모음'이 단모음과 결합한 모음이다. 예를 들어 이중 모음인 'ㅑ'의 발음은, 'ㅣ'를 짧게 발음하는 것과 유사한 소리인 반모음 '[j]' 뒤에서 'ㅏ'가 결합한 소리이다. 'ㅑ'와 마찬가지로 'ㅒ, ㅕ, ㅖ, ㅛ, ㅠ, ㅢ'의 발음은, 각각 반모음 '[j]'와 단모음 'ㅐ, ㅓ, ㅔ, ㅗ, ㅜ, ㅡ'가 결합한 소리이다. 'ㅗ'나 'ㅜ'를 짧게 발음하는 것과 유사한 반모음 '[w]'도 있는데 'ㅘ, ㅙ, ㅝ, ㅞ'의 발음은 각각 반모음 '[w]'와 단모음 'ㅏ, ㅐ, ㅓ, ㅔ'가 결합한 소리이다. 반모음이 단모음 뒤에서 결합한 소리인 'ㅢ'를 제외하고, 이중 모음의 발음은 모두 반모음이 단모음 앞에서 결합한 소리이다.

'ㅚ'와 'ㅟ'는 단모음으로 발음하는 것이 원칙이지만 현실에서 이중 모음으로 발음하는 경우가 많다. 'ㅚ'를 이중 모음으로 발음할 경우에는 반모음 '[w]'와 'ㅔ' 소리를 연속하여 발음하며, 'ㅟ'를 이중 모음으로 발음힐 경우에는 반모음 '[w]'와 'ㅣ' 소리를 연속하여 발음한다. '표준어 규정'에서도 현실 발음을 고려하여 이와 같이 'ㅚ'와 'ㅟ'를 이중 모음으로 발음하는 것을 허용하고 있다.

04 윗글에 대한 이해로 적절하지 <u>않은</u> 것은?

① 'ㅠ'는 발음할 때 입술 모양이나 혀의 위치가 변한다.

② 'ㅐ'는 발음할 때 입술 모양이나 혀의 위치가 변하지 않는다.

③ 'ㅖ'의 발음은 반모음 '[j]' 뒤에서 단모음 'ㅔ'가 결합한 소리이다.

④ 'ㅘ'의 발음은 단모음 'ㅗ' 뒤에서 반모음 '[j]'가 결합한 소리이다.

⑤ 반모음 '[w]'는 홀로 쓰일 수 없고 단모음과 결합하여 이중 모음을 이룬다.

05 〈보기〉는 학생들의 대화이다. 윗글을 바탕으로 할 때 〈보기〉의 ㉠, ㉡에 들어갈 내용으로 적절한 것은?

┤ 보기 ├

학생 1: '표준어 규정'에 따르면 'ㅚ'는 단모음으로 발음하는 것이 원칙이지만 이중 모음으로 발음하는 것도 허용하더라고. 그러면 참외는 [차뫼]로 발음하는 것이 원칙이지만, ____㉠____로 발음하는 것도 허용한다고 할 수 있겠어.

학생 2: 그래, 맞아. '표준어 규정'에서는 'ㅟ'도 이중 모음으로 발음하는 것을 허용하고 있어. 이에 따른 'ㅟ'의 이중 모음 발음은 'ㅑ, ㅒ, ㅕ, ㅖ, ㅘ, ㅙ, ㅛ, ㅝ, ㅞ, ㅠ, ㅢ'의 발음 중에 ____㉡____.

	㉠	㉡
①	[차뭬]	포함되어 있지 않아
②	[차뭬]	'ㅢ' 소리에 해당해
③	[차뫠]	'ㅝ' 소리에 해당해
④	[차메]	포함되어 있지 않아
⑤	[차메]	'ㅢ' 소리에 해당해

2013학년도 3월 고3 전국연합 A형

06 〈보기〉의 ⓐ와 동일한 과정으로 설명할 수 있는 단어는?

┤ 보기 ├

　　오늘 국어 시간에 두 가지 음운 규칙을 배웠다. 음절의 끝소리 규칙은 '잎'이 [입]으로 소리 나는 것처럼 우리말 받침으로 소리 나는 자음은 'ㄱ, ㄴ, ㄷ, ㄹ, ㅁ, ㅂ, ㅇ'의 일곱 개라는 것이다.

　　또 하나의 규칙은 비음화인데 '밥만'이 [밤만]이 되는 것처럼 'ㄱ, ㄷ, ㅂ'이 'ㄴ, ㅁ' 앞에서 비음으로 소리 나는 것이다.

　　이제 ⓐ'꽃눈'이 [꼰눈]으로 소리 나는 현상은 이렇게 설명할 수 있다.

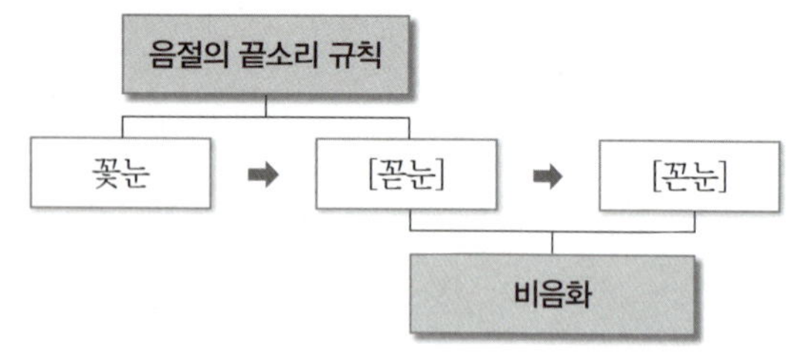

① 끝까지[끋까지]　　② 부엌도[부억또]
③ 눈약[눈냑]　　④ 놓는[논는]
⑤ 덮밥[덥빱]

2013학년도 9월 고2 전국연합 B형

07 다음은 표준 발음법 수업의 일부이다. ㉠의 사례와 같은 것은?

　　선생님: '내복약'은 [내ː봉냑]으로 발음됩니다. 이렇게 발음되는 이유는 'ㄴ' 첨가 현상과 비음화 현상이 일어났기 때문입니다. 'ㄴ' 첨가 현상은 단어와 단어가 결합할 때, 뒤 단어의 첫소리가 '이, 야, 여, 요, 유'인 경우에는, 'ㄴ' 음을 첨가하여 [니, 냐, 녀, 뇨, 뉴]로 발음하는 현상입니다. 비음화 현상은 'ㄱ, ㄷ(ㅅ, ㅊ), ㅂ'이 'ㄴ, ㅁ' 앞에서 [ㅇ, ㄴ, ㅁ]으로 발음되는 현상이고요. 그래서 ㉠내복약은 [내ː복약 → 내ː복냑 → 내ː봉냑]으로 발음하게 되는 겁니다.

① 꽃-망울[꼰망울]　　② 눈-요기[눈뇨기]
③ 영업-용[영엄뇽]　　④ 툇-마루[퇻ː마루]
⑤ 휘발-유[휘발류]

2015학년도 3월 고1 전국연합

08 〈보기〉의 설명에 따를 때, ㉠에 들어갈 수 있는 단어로 적절한 것은?

┤ 보기 ├

　　자음 두 개가 음절 끝에 놓일 때, 둘 중에서 하나의 자음이 탈락하는 현상을 '자음군 단순화'라고 한다. 다음 그림은 '칡'([칡] → [칙])과 같이 끝소리에 위치한 두 자음 중 앞에 있는 자음(자음²)이 탈락하여 뒤에 있는 자음(자음³)만 발음되는 현상을 시각화한 것이다.

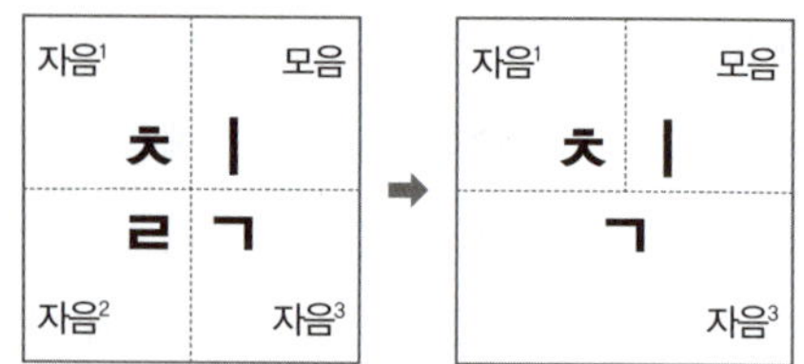

　　반면, 다음 그림은 ㉠과 같이 끝소리에 위치한 두 자음 중 뒤에 있는 자음(자음³)이 탈락하여 앞에 있는 자음(자음²)만 발음되는 현상을 시각화한 것이다.

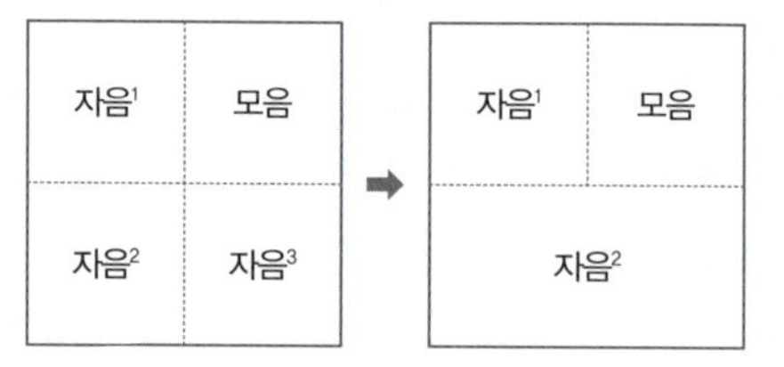

① 값, 넋　　② 값, 닭　　③ 값, 삶
④ 넋, 삶　　⑤ 닭, 삶

09 다음 탐구 과정에서 ㉠에 들어갈 사례로 적절한 것은?

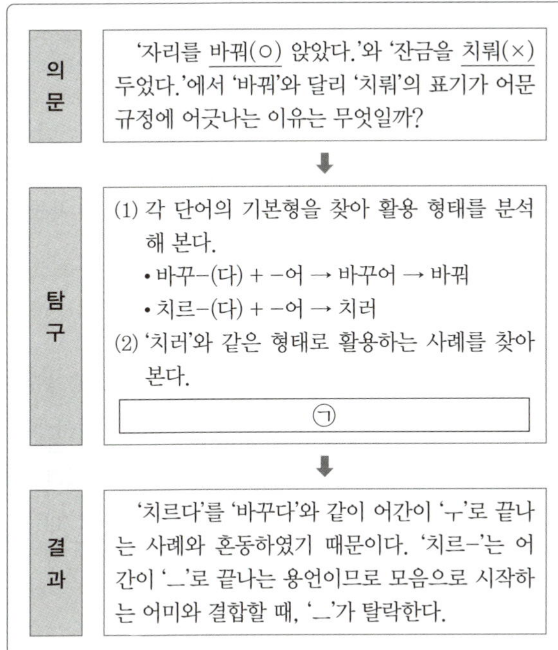

① 할머니께서 아침에 동생을 깨워 주셨다.

② 그는 자물쇠로 책상 서랍을 잠가 놓았다.

③ 오늘은 가족과 함께 고기를 구워 먹었다.

④ 언니의 얼굴이 오늘따라 몹시 하얘 보였다.

⑤ 오빠가 하는 이야기를 자세히 들어 보았다.

10 〈보기〉의 음운 변동을 분석한 것으로 적절하지 않은 것은?

┤보기├

㉠ 흙일 → [흥닐]
㉡ 닳는 → [달른]
㉢ 발야구 → [발랴구]

① ㉠~㉢은 각각 2회 이상의 음운 변동이 일어났다.

② ㉠~㉢에 공통적으로 일어난 음운 변동은 첨가이다.

③ 음운 변동의 결과 음운의 개수에 변화가 없는 것은 ㉠이다.

④ ㉡과 ㉢에서 일어난 음운 변동의 횟수는 같다.

⑤ ㉢에서 첨가된 음운은 ㉠에서 첨가된 음운과 같다.

11 〈보기〉의 설명에 따를 때, 음운 변동 ⓐ, ⓑ가 모두 일어나는 단어로 적절한 것은?

┤보기├

다음은 '맨입'과 '국민'을 발음할 때에 일어나는 음운 변동을 나타낸 것이다. '맨입'은 음운 변동 ⓐ가 일어나 [맨닙]으로 발음되고, '국민'은 음운 변동 ⓑ가 일어나 [궁민]으로 발음된다.

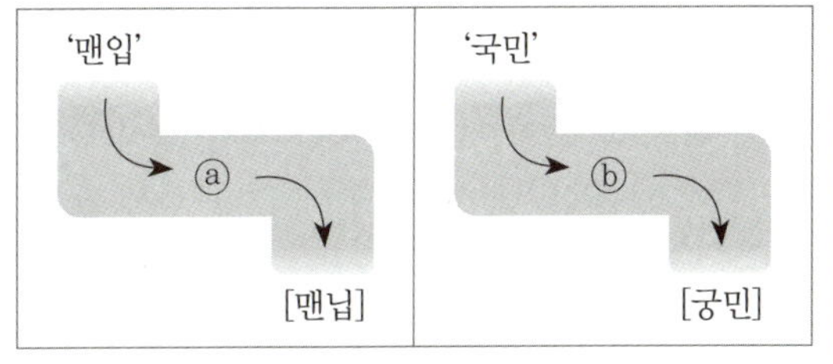

① 막일　　② 담요　　③ 낙엽

④ 곡물　　⑤ 강약

12 〈보기〉를 바탕으로 음운 변동 사례에 대해 이해한 내용으로 적절한 것은?

┤보기├

교체, 탈락, 축약, 첨가의 음운 변동이 일어나는 경우 음운 개수의 변화가 나타나기도 한다.

먼저 '집일[짐닐]'은 첨가 및 교체가 일어나 음운의 개수가 늘었다. 그런데 '닭만[당만]'은 탈락 및 교체가 일어나 음운의 개수가 줄었고, '뜻하다[뜨타다]'는 교체 및 축약이 일어나 음운의 개수가 줄었다. 한편 '맞는[만는]'은 교체가 두 번 일어나 음운의 개수가 변하지 않았다.

① '흙하고[흐카고]'는 탈락 및 축약이 일어나 음운의 개수가 두 개 줄었군.

② '저녁연기[저녕년기]'는 첨가 및 교체가 일어나 음운의 개수가 두 개 늘었군.

③ '부엌문[부엉문]'과 '볶는[봉는]'은 교체가 한 번 일어나 음운의 개수가 변하지 않았군.

④ '엎지[언찌]'와 '묽고[물꼬]'는 교체 및 축약이 일어나 음운의 개수가 각각 한 개 줄었군.

⑤ '넓네[널레]'와 '밝는[방는]'은 탈락 및 교체가 일어나 음운의 개수가 각각 두 개 줄었군.

13

다음은 된소리되기와 관련한 수업의 일부이다. [A]에 들어갈 말로 적절하지 <u>않은</u> 것은?

┤ 보기 ├

선생님: 오늘은 표준 발음을 대상으로 용언의 활용에서 나타나는 된소리되기를 알아봅시다. '(신발을) 신고[신ː꼬]'처럼 용언의 활용에서는 마지막 소리가 'ㄴ, ㅁ'인 어간 뒤에 처음 소리가 'ㄱ, ㄷ, ㅅ, ㅈ'인 어미가 결합하면 어미의 처음 소리가 된소리로 바뀌어요.

학생: 아, 그렇군요. 그런데 선생님, 국어에서 'ㄱ, ㄷ, ㅅ, ㅈ'이 'ㄴ, ㅁ' 뒤에 이어지면 항상 된소리로 바뀌나요?

선생님: 항상 그런 것은 아니에요. 표준 발음에서는 용언 어간에 피·사동 접사가 결합하거나 어미끼리 결합하거나 체언과 조사가 결합하는 경우에는 된소리되기가 일어나지 않아요. 그리고 '먼지[먼지]'처럼 하나의 형태소 안에서 'ㄴ, ㅁ' 뒤에 'ㄱ, ㄷ, ㅅ, ㅈ'이 있는 경우에도 된소리되기가 일어나지 않아요. 그럼 다음 ⓐ~ⓔ의 밑줄 친 말에서 'ㄴ'이나 'ㅁ' 뒤의 소리가 된소리로 바뀌지 않는 이유를 설명해 볼까요?

ⓐ 피로를 <u>푼다</u>[푼다]	ⓑ 더운 <u>여름도</u>[여름도]
ⓒ 대문을 <u>잠가</u>[잠가]	ⓔ 품에 <u>안겨라</u>[안겨라]
ⓓ 학교가 <u>큰지</u>[큰지]	

학생: 그 이유는 [A] 때문입니다.

선생님: 네, 맞아요.

① ⓐ의 'ㄴ'과 'ㄷ'이 모두 어미에 속해 있는 소리이기

② ⓑ의 'ㅁ'과 'ㄷ'이 체언과 조사가 결합하면서 이어진 소리이기

③ ⓒ의 'ㅁ'과 'ㄱ'이 모두 하나의 형태소 안에 속해 있는 소리이기

④ ⓓ의 'ㄴ'과 'ㄱ'이 어미끼리 결합하면서 이어진 소리이기

⑤ ⓔ의 'ㄴ'과 'ㅈ'이 어간과 어미가 결합하면서 이어진 소리가 아니기

14

〈보기〉의 ⓐ~ⓒ에 들어갈 말로 적절한 것은?

┤ 보기 ├

• **탐구 과제**

　겹받침을 가진 용언을 발음할 때 어떤 음운 변동이 나타나야 표준 발음에 맞는지 혼동되는 경우가 있다. 자음군 단순화, 된소리되기, 비음화, 유음화, 거센소리되기 등의 음운 변동으로 비표준 발음과 표준 발음을 설명해 보자.

• **탐구 자료**

	비표준 발음	표준 발음
㉠ 긁는	[글른]	[긍는]
㉡ 짧네	[짬네]	[짤레]
㉢ 끊기고	[끈기고]	[끈키고]
㉣ 뚫지	[뚤찌]	[뚤치]

• **탐구 내용**

　㉠의 비표준 발음과 ㉡의 표준 발음에는 자음군 단순화 후 (ⓐ)가 나타난다. 이에 비해, ㉠의 표준 발음과 ㉡의 비표준 발음에는 자음군 단순화 후 (ⓑ)가 나타난다. ㉢과 ㉣의 표준 발음은 (ⓒ)만 일어난 발음이다.

	ⓐ	ⓑ	ⓒ
①	유음화	비음화	거센소리되기
②	유음화	비음화	된소리되기
③	비음화	유음화	거센소리되기
④	비음화	유음화	된소리되기
⑤	비음화	된소리되기	거센소리되기

15 다음의 ⓐ에 해당하는 것을 ㉠~㉣ 중에서 바르게 고른 것은?

원격 수업에서 활용하기 위해 우리말 음성을 한글로 변환하는 프로그램이 개발되고 있다. 아래는 이 프로그램의 개발자가 쓴 일지의 일부이다.

• **프로그램의 원리**

사용자가 한글 맞춤법에 맞게 표기된 자료를 표준 발음법에 따라 발음하면, 프로그램은 그 발음에 나타난 음운 변동 현상을 분석해 본래의 표기된 자료로 출력한다.

• **확인된 문제**

프로그램이 입력된 발음을 본래의 자료로 출력하지 못한 사례가 확인되었다. 아래의 잘못 출력된 사례에서 한글 맞춤법에 맞게 표기된 자료와 출력된 자료를 대조해 ㉠교체, ㉡탈락, ㉢첨가, ㉣축약 중 ⓐ프로그램이 분석하지 못한 음운 변동 현상이 무엇인지 알아봐야겠다.

표기된 자료	표준 발음	출력된 자료
끊어지다	[끄너지다]	끄너지다
없애다	[업:쌔다]	업쌔다
피붙이	[피부치]	피부치
웃어른	[우더른]	우더른
암닭	[암탁]	암탁

① ㉠, ㉡   ② ㉠, ㉣   ③ ㉡, ㉢

④ ㉡, ㉣   ⑤ ㉢, ㉣

16 〈학습 활동〉을 수행한 결과로 적절한 것은?

〈학습 활동〉

'교체, 탈락, 첨가, 축약과 같은 네 가지 유형의 음운 변동을 탐구해 보면, 한 단어에서 서로 다른 유형의 음운 변동이 일어나기도 하고 같은 유형의 음운 변동이 두 번 이상 일어나기도 한다.

• 한 단어에 음운 변동이 한 번 일어난 예
예 빗[빋], 여덟[여덜], 맨입[맨닙], 축하[추카]
• 한 단어에 서로 다른 유형의 음운 변동이 일어난 예
예 밟는[밤:는], 닭장[닥짱]
• 한 단어에 같은 유형의 음운 변동이 두 번 이상 일어난 예
예 앞날[암날], 벚꽃[벋꼳]

이를 참고하여 ㉠~㉤에 해당하는 예를 두 개씩 생각해 보자.

㉠ '교체가 한 번, 탈락이 한 번' 일어난 것
㉡ '교체가 한 번, 첨가가 한 번' 일어난 것
㉢ '교체가 한 번, 축약이 한 번' 일어난 것
㉣ '교체가 두 번, 탈락이 한 번' 일어난 것
㉤ '교체가 두 번, 첨가가 한 번' 일어난 것

① ㉠: 재밌는[재민는], 얽매는[엉매는]

② ㉡: 불이익[불리익], 견인력[겨닌녁]

③ ㉢: 똑같이[똑까치], 파묻힌[파무친]

④ ㉣: 읊조려[읍쪼려], 겉늙어[건늘거]

⑤ ㉤: 버들잎[버들립], 덧입어[던니버]

단어

07 품사

08 품사의 종류 ❶: 체언

09 품사의 종류 ❷: 용언

10 품사의 종류 ❸: 수식언

11 품사의 종류 ❹: 관계언, 독립언

12 단어의 형성 ❶: 단어와 형태소

13 단어의 형성 ❷: 단어의 구성

14 단어의 형성 ❸: 단어의 유형

15 단어의 의미 관계

16 어휘의 종류와 양상

◈ 무엇을 배울까?

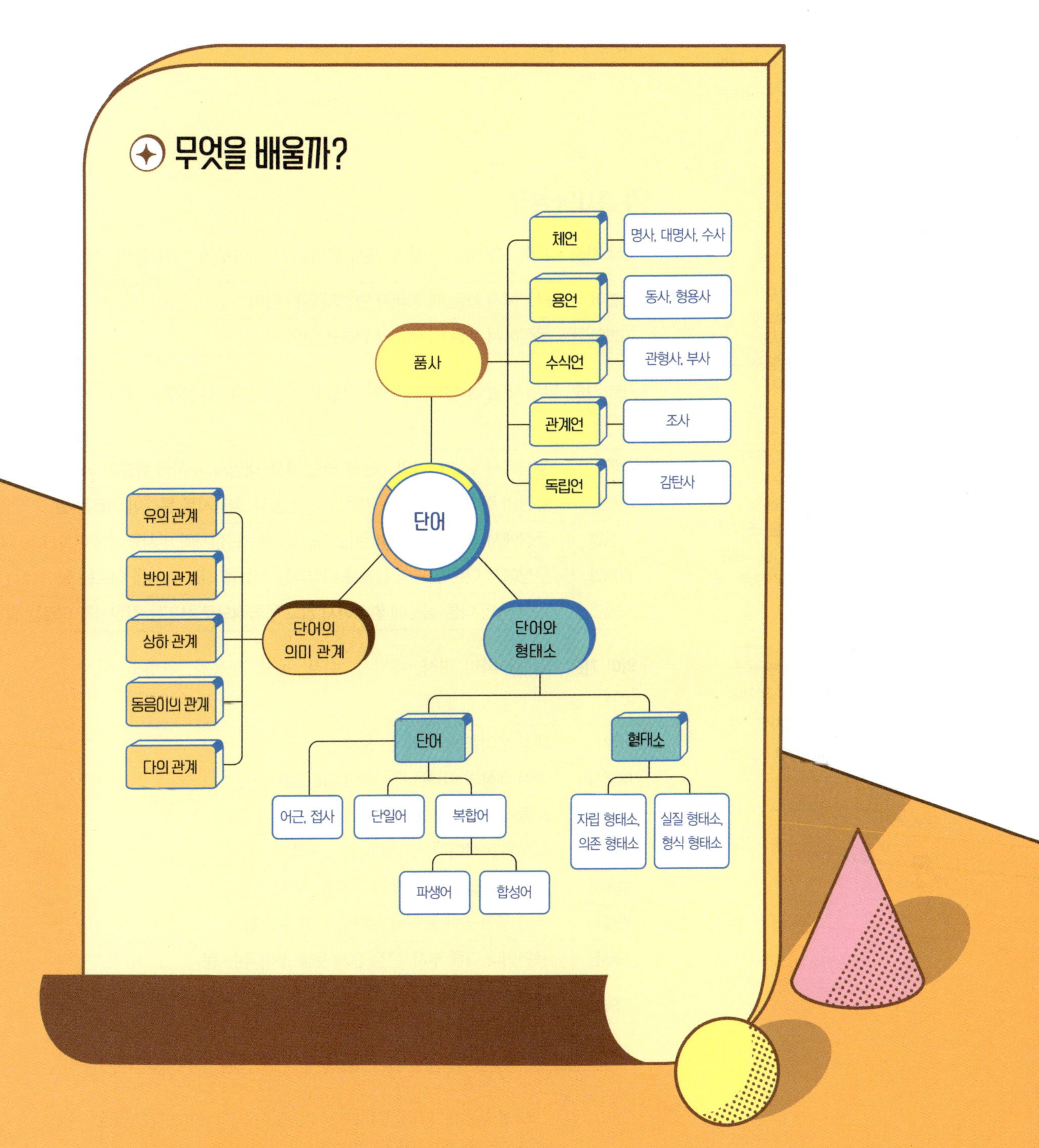

품사
체언
명사, 대명사, 수사
용언
동사, 형용사
수식언
관형사, 부사
관계언
조사
독립언
감탄사
단어
유의 관계
반의 관계
상하 관계
동음이의 관계
다의 관계
단어의 의미 관계
단어와 형태소
단어
어근, 접사
단일어
복합어
파생어
합성어
형태소
자립 형태소, 의존 형태소
실질 형태소, 형식 형태소

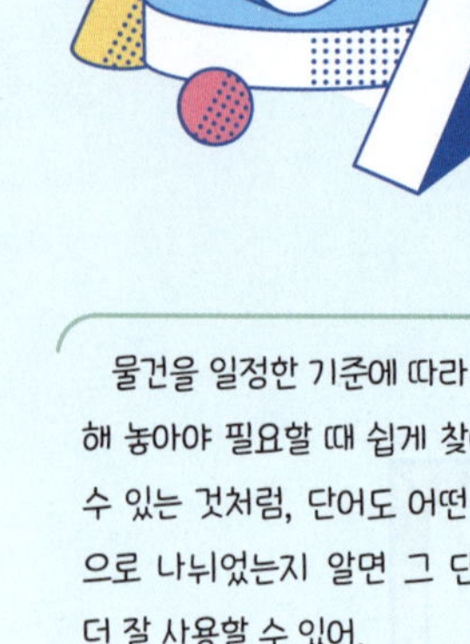

품사

개념 따라잡기

✦ 품사의 분류 체계

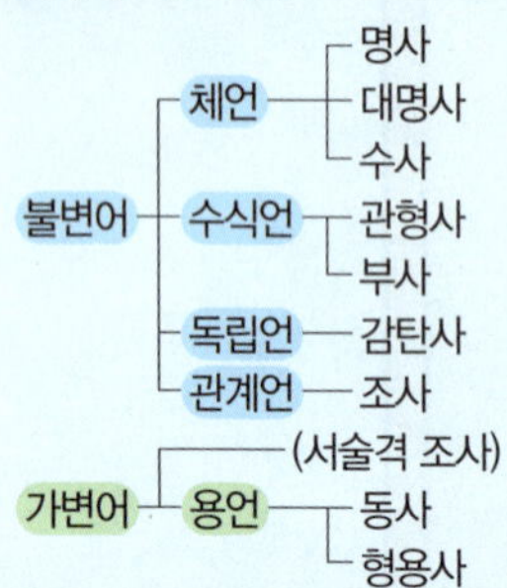

서술격 조사 '이다'는 다른 조사와
달리 문장 안에서 '이고, 이니, 이며'
등으로 형태가 변한다. 그러므로 가
변어에 해당한다.

1 품사의 개념

성질이 공통된 단어끼리 모아 분류한 것을 품사라고 하며, 국어의 품사는 9개로 분류한다.

2 품사의 분류

• **형태 기준**: 단어의 형태가 문장 안에서 변하는지의 여부에 따라 불변어와 가변어로 나눈다.

불변어	문장에서 쓰일 때 형태가 변하지 않는 단어
가변어	문장에서 쓰일 때 형태가 변하는 단어

• **기능 기준**: 단어가 문장 안에서 어떤 기능을 하는지에 따라 체언, 용언, 수식언, 관계언, 독립언으로 나눈다.

체언	문장에서 주로 주어의 기능을 하는 명사, 대명사, 수사를 통틀어 이르는 말
용언	문장의 주어를 서술하는 기능을 하는 동사, 형용사를 통틀어 이르는 말
수식언	문장에서 다른 말을 꾸며 주는 기능을 하는 관형사와 부사를 통틀어 이르는 말
관계언	문장에서 다른 말과의 관계를 나타내는 기능을 하는 조사를 이르는 말
독립언	문장 속의 다른 성분에 얽매이지 않고 독립적으로 쓰이는 감탄사를 이르는 말

• **의미 기준**: 의미에 따라 명사, 대명사, 수사, 동사, 형용사, 관형사, 부사, 조사, 감탄사로 나눈다.

명사	대상의 이름을 나타내는 품사
대명사	어떤 대상의 이름을 대신하여 가리키는 품사
수사	사물의 수량이나 순서를 나타내는 품사
동사	대상의 동작이나 작용을 나타내는 품사
형용사	대상의 성질이나 상태를 나타내는 품사
관형사	주로 체언 앞에 놓여서 체언을 꾸며 주는 품사
부사	용언이나 다른 부사, 문장 전체 등을 꾸며 주는 품사
조사	주로 체언 뒤에 붙어서 그 말과 다른 말의 문법적 관계를 나타내거나 특별한 뜻을 더해 주는 품사
감탄사	말하는 사람의 느낌이나 놀람, 부름, 대답 등을 나타내는 품사

'의미'를 기준으로 단어를 분류한다는 것은 같은 품사의 단어가 지닌 공통된
의미에 따라 품사를 나누는 것을 뜻한단다.

개념 확인하기

[1~2] 다음 설명이 맞으면 ○표, 틀리면 ×표에 표시하시오.

1 성질이 공통된 단어끼리 모아 분류한 것을 품사라고 한다. (○, ×)

2 문장에서 쓰일 때 형태가 변하지 않는 단어를 가변어라고 한다. (○, ×)

[3~4] 다음 문장에 들어갈 알맞은 말을 고르시오.

3 국어의 품사는 (기능 / 의미)을/를 기준으로 9가지로 나눌 수 있다.

4 문장에서 주로 주어의 기능을 하는 단어를 (체언 / 용언)이라고 한다.

[5~7] 다음 설명에 해당하는 품사를 〈보기〉에서 찾아 쓰시오.

┤ 보기 ├
명사	대명사	수사	동사
형용사	관형사	감탄사	

5 대상의 이름을 나타내는 품사를 가리킨다.
( )

6 주로 체언 앞에 놓여서 체언을 꾸며 주는 품사를 가리킨다. ( )

7 대상의 성질이나 상태를 나타내는 품사를 가리킨다. ( )

교과서 적용하기

학습 활동 〈보기〉의 문장을 이루는 단어를 형태가 변하지 않는 단어와 형태가 변하는 단어로 분류해 보자.

┤ 보기 ├
동생이 새 필통을 열었다.

형태가 변하지 않는 단어	❶
형태가 변하는 단어	❷

01 〈보기〉의 문장을 분석한 내용으로 적절하지 <u>않은</u> 것은?

┤ 보기 ├
동생은 헌 신발을 신고도 잘 뛰었다.

① '동생'은 문장에서 쓰일 때 형태가 변하지 않는 단어이다.

② '헌'은 문장에서 쓰일 때 형태가 변하는 단어이다.

③ '신발'은 문장에서 쓰일 때 형태가 변하지 않는 단어이다.

④ '잘'은 문장에서 쓰일 때 형태가 변하지 않는 단어이다.

⑤ '뛰었다'는 문장에서 쓰일 때 형태가 변하는 단어이다.

학습 활동 〈보기〉의 밑줄 친 단어를 제시된 의미에 따라 분류해 보자.

┤ 보기 ├
(1) <u>선수</u>가 운동장을 <u>달렸다</u>.
(2) 꽃이 <u>예쁘다</u>.

이름을 나타내는 단어	❸
동작이나 작용을 나타내는 단어	❹
상태나 성질을 나타내는 단어	❺

02 다음 중 대상의 이름을 나타내는 단어가 <u>아닌</u> 것은?

① 가다   ② 학교   ③ 책상
④ 학생   ⑤ 교과서

03 다음 중 대상의 동작이나 작용을 나타내는 단어가 <u>아닌</u> 것은?

① 달리다   ② 만들다   ③ 푸르다
④ 두드리다   ⑤ 흩어지다

01 '품사'에 대한 설명으로 가장 적절한 것은?

① 단어를 소릿값을 기준으로 분류한 것이다.

② 단어를 성질이 공통된 것끼리 모아 분류한 것이다.

③ 단어를 두 가지의 세부적인 기준에 따라 분류한 것이다.

④ 단어를 문장에서의 기능에 따라 불변어와 가변어로 나눈 것이다.

⑤ 여러 단어가 이루는 구나 절을 의미가 유사한 속성끼리 묶어 놓은 것이다.

02 다음 중 문장에서 쓰일 때 형태가 변하는 단어끼리 묶인 것은?

① 구름, 처음

② 굳이, 바라다

③ 불다, 슬프다

④ 그녀, 어이쿠

⑤ 게다가, 짓밟다

03 다음 중 문장 안에서 〈보기〉와 같은 기능을 하는 품사끼리 바르게 묶은 것은?

┤ 보기 ├

　문장 속의 다른 성분에 얽매이지 않고 독립적으로 쓰인다.

① 첫, 사랑, 당신

② 즉, 빨리, 지나가다

③ 빛깔, 그립다, 붉히다

④ 밖에, 여러, 나풀나풀

⑤ 앗, 어머나, 여보세요

04 다음 밑줄 친 단어 중 〈보기〉의 설명에 해당하지 <u>않는</u> 것은?

┤ 보기 ├

• 문장에서 쓰일 때 형태가 변하지 않음.

• 문장에서 주로 주어의 기능을 함.

① <u>나</u>는 산길을 올랐다.

② <u>이서</u>가 포도를 먹는다.

③ 집에 들어오자마자 <u>양말</u>을 벗었다.

④ 그 가게는 매월 <u>첫째</u> 주 월요일에 쉰다.

⑤ 민지는 달리기 시합에서 <u>셋째</u>로 들어왔다.

05 〈보기〉의 ㉠과 ㉡에 대한 설명으로 적절하지 <u>않은</u> 것은?

┤ 보기 ├

• 강아지가 사료를 ㉠먹는다.

• 강아지의 발바닥이 ㉡말랑하다.

① ㉠은 주어 '강아지'의 동작이나 작용을 나타내는 말이다.

② ㉡은 주어 '발바닥'의 상태를 나타내는 말이다.

③ ㉠과 ㉡은 각 문장의 주어를 서술하는 기능을 한다.

④ ㉠과 ㉡은 기능에 따라 분류하면 수식언에 해당한다.

⑤ ㉠과 ㉡은 문장에서 사용될 때 그 형태가 변하는 가변어이다.

06 다음 중 수식언에 해당하는 단어끼리 바르게 묶은 것은?

① 경제, 야호, 찾다

② 모든, 깊다, 하얗다

③ 바람, 께서, 건너다

④ 벌써, 온갖, 째깍째깍

⑤ 에게, 다행히, 멋지다

07 '관계언'에 대한 설명으로 가장 적절한 것은?

① 관계언에 속하는 모든 단어는 불변어이다.

② 관계언에 속하는 모든 단어는 문장 내에서 독립적으로 쓰인다.

③ 관계언에 속하는 모든 단어는 결합한 체언이 주어임을 드러낸다.

④ 관계언에 속하는 모든 단어는 특별한 뜻을 더해 주는 역할을 한다.

⑤ 관계언에 속하는 모든 단어는 의미를 기준으로 할 때 조사로 분류된다.

08 다음 단어에 대한 설명으로 적절하지 <u>않은</u> 것은?

① '너'는 사람의 이름을 대신하여 가리키는 대명사이다.

② '새롭다'는 주로 체언 앞에 놓여 체언을 꾸며 주는 수식언이다.

③ '천천히'는 문장에서 쓰일 때 다른 형태로 변하지 않는 불변어이다.

④ '빠르다'는 문장에서 쓰일 때 '빠르고', '빠른' 등으로 형태가 변하는 가변어이다.

⑤ '에서'는 주로 체언과 결합하여 그 말과 다른 말의 문법적 관계를 나타내는 조사이다.

09 〈보기〉에 대한 설명으로 적절하지 <u>않은</u> 것은?

| 보기 |
> 그 사람은 늘 나보다 빠르게 학교에 도착한다.

① '그'는 '사람'과 같은 체언을 꾸며 주는 수식언이다.

② '은'은 '에'와 마찬가지로 체언에 결합하는 관계언이다.

③ '나'는 '학교'와 같이 대상의 이름을 나타내는 명사이다.

④ '도착한다'는 문장에서 쓰일 때 형태가 변하는 가변어이다.

⑤ '늘'은 '보다'와 마찬가지로 문장에서 쓰일 때 형태가 변하지 않는 불변어이다.

10 다음 중 수식언, 관계언, 독립언이 모두 포함된 문장으로 적절한 것은?

① 한 사람밖에 오지 않았네.

② 그래, 이제부터가 시작이야.

③ 설날에 새 옷을 선물 받았어.

④ 아, 옛 친구와의 추억들이 자꾸 떠올라.

⑤ 이번 방학에는 꼭 한국사를 공부해야지.

11 〈보기〉의 ㉠~㉢에 대한 설명으로 적절하지 <u>않은</u> 것은?

| 보기 |
> ㉠ 그 학생은 필통에서 볼펜 하나를 꺼냈다.
> ㉡ 그녀는 매우 슬픈 표정을 지었다.
> ㉢ 와! 세 사람이 일을 전부 끝냈어?

① ㉠에서 체언은 총 네 개가 있다.

② ㉡에서 관계언은 총 두 개가 있다.

③ ㉢에서 가변어는 총 한 개가 있다.

④ ㉠에는 수사가 있지만, ㉢에는 수사가 없다.

⑤ ㉠에는 관형사가 없지만, ㉡에는 관형사가 있다.

12 〈보기〉의 조건을 모두 충족하는 품사가 쓰인 문장이 <u>아닌</u> 것은?

| 보기 |
> • 형태상 불변어에 해당한다.
> • 기능상 수식언에 해당한다.
> • 주로 용언이나 다른 부사, 문장 전체 등을 꾸며 주는 역할을 한다.

① 그가 사과를 사각사각 먹는다.

② 그녀가 있는 곳으로 빨리 뛰어갔다.

③ 그것은 새 상품이 아니어서 값이 싸다.

④ 어머니는 나보다 둘째를 더 걱정하신다.

⑤ 상자를 바로 열어서 선물을 넣어 두었다.

품사의 종류 ❶ : 체언

개념 따라잡기

체언은 주로 주어 자리에 오지만, 때로는 목적어나 보어 자리에 오기도 해.

❶ 체언: 체언은 문장에서 주로 주어의 기능을 하는 단어를 말한다. 체언에는 명사, 대명사, 수사가 있는데, 이들은 주로 조사와 결합하며 형태가 변하지 않는다.

❷ 명사: 사람, 사물, 장소 등 구체적인 대상의 이름을 나타내는 단어를 말한다.

의미의 특성에 따라	고유 명사	특정 대상을 다른 개체와 구별하기 위해 붙인 이름 예 독도, 이순신, 세종 대왕
	보통 명사	공통된 특성을 지닌 대상들을 아울러 대표하는 이름 예 하늘, 바다, 산
자립성 여부에 따라	자립 명사	자립적으로 쓰일 수 있는 명사 예 마을, 사람, 연필
	의존 명사	관형어나 그 밖의 수식어가 선행되어야만 쓰일 수 있는 명사 예 바, 데, 뿐

✦ 의존 명사의 예
- 네가 본 대로 말해 보아라.
- 노력한 만큼 대가가 따른다.
- 맡은 바 책임을 다해야 한다.
- 책을 읽는 데 열 시간이 걸렸다.
- 그녀는 듣고만 있을 뿐 말이 없다.
- 그는 소식을 듣고 당황할 따름이었다.

❸ 대명사: 어떤 대상의 이름을 대신하여 가리키는 단어를 말한다.

지시 대명사		사물이나 장소의 이름을 대신하여 가리키는 대명사 예 이것, 그것, 저것(사물을 가리킴.) / 여기, 거기, 저기(장소를 가리킴.)
인칭 대명사	1인칭	말하는 사람이 자신을 가리킴. 예 나, 저, 우리, 저희, 소인, 짐
	2인칭	말하는 사람이 청자를 가리킴. 예 너, 자네, 그대, 당신, 너희, 여러분
	3인칭	말하는 사람이 자신과 청자를 제외한 나머지를 가리킴. 예 그, 이분, 그분, 저분, 이이, 그이, 저이
	재귀칭	문장 안에서 앞에 나온 체언을 가리킴. 예 저, 자기, 당신
	미지칭	모르는 대상을 가리킴. 예 누구, 무엇, 어디
	부정칭	특정 대상을 가리키지 않음. 예 무엇, 아무, 아무개

✦ 대명사 '당신'의 쓰임
- 2인칭으로 쓰이는 경우
  예 이 일을 한 사람이 당신이오?
- 재귀칭으로 쓰이는 경우
  예 할아버지께서는 생전에 당신의 책을 소중히 다루셨다.

재귀칭 또는 재귀 대명사는 앞에 나온 체언이 되풀이되는 것을 피하기 위해 쓰이는 인칭 대명사야. 예를 들면 '그는 자기 생각대로 일을 했다.'에서 '자기'는 '그'를 도로 가리키고 있으므로 재귀 대명사라고 할 수 있어.

❹ 수사: 사물의 수량이나 순서를 나타내는 단어를 말한다.

양수사	수량을 나타내는 수사 예 하나, 둘, 셋, 일, 이, 삼
서수사	순서를 나타내는 수사 예 첫째, 둘째, 셋째, 제일, 제이, 제삼

[1~2] 다음 설명이 맞으면 ○표, 틀리면 ×표에 표시하시오.

1 체언은 조사와 결합할 수 있으며 일반적으로 형태의 변화가 없다. (○ , ×)

2 명사는 문장에서 주어 외에 목적어나 보어로도 쓰인다. (○ , ×)

[3~4] 다음 문장에 들어갈 알맞은 말을 고르시오.

3 특정 대상을 다른 개체와 구별하기 위해 붙인 이름을 (고유 명사 / 보통 명사)라고 한다.

4 관형어나 그 밖의 수식어가 선행되어야만 쓰일 수 있는 명사를 (자립 명사 / 의존 명사)라고 한다.

[5~6] 다음 빈칸에 들어갈 알맞은 말을 쓰시오.

5 사물이나 장소의 이름을 대신하여 가리키는 대명사를 (   ) 대명사라고 한다.

6 '이분, 그분, 저분'과 같이 말하는 사람이 자신과 청자를 제외한 나머지를 가리키는 인칭 대명사는 (   ) 대명사이다.

[7~8] 다음 설명에 해당하는 단어를 〈보기〉에서 찾아 쓰시오.

보기			
너희	아무	제삼	하나

7 특정 대상을 가리키지 않는 부정칭 대명사에 해당한다. (   )

8 순서를 나타내는 수사에 해당한다. (   )

학습 활동 〈보기〉의 단어를 다음 질문에 따라 빈칸에 적어 보자.

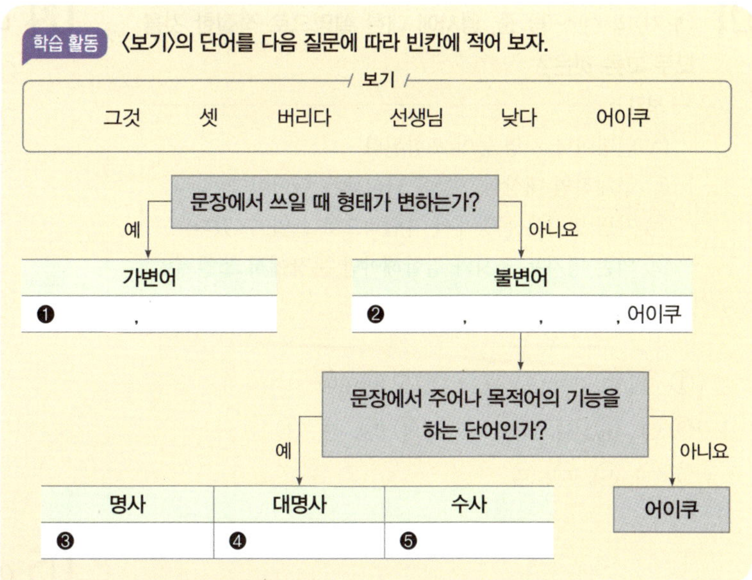

01 다음 밑줄 친 단어가 체언에 해당하지 <u>않는</u> 것은?

① <u>기차</u>가 빠르게 달린다.

② <u>저</u> 신발은 어머니의 것이다.

③ 책상 위에 공책 한 <u>권</u>이 놓여 있다.

④ <u>이것</u>이 우리가 간절히 원하던 결과이다.

⑤ 우리 반의 규칙은 <u>첫째</u>도 성실, 둘째도 성실이다.

학습 활동 〈보기〉에서 다음 기준에 맞는 단어를 찾아 써 보자.

보기
비 오는 날, 창밖을 내다보니 파란 우산 하나, 빨간 우산 둘이 나란히 걸어간다. 이렇게 비가 많이 오는 날은 길이 미끄러우니 첫째도 안전, 둘째도 안전!

수량을 나타내는 단어	❻ .
순서를 나타내는 단어	❼ .

02 '수사'에 대한 설명으로 적절하지 <u>않은</u> 것은?

① 수량이나 순서를 나타내는 단어이다.

② 조사가 덧붙어 격이 표시되는 단어이다.

③ 문장에서 형태가 변하지 않는 불변어이다.

④ 다른 단어를 수식하여 의미를 더하는 단어이다.

⑤ 문장 내에서 주어의 기능을 할 수 있는 단어이다.

01 〈보기〉의 ㉠~㉢ 중, 명사에 대한 설명으로 적절한 것을 모두 고른 것은?

┤ 보기 ├

㉠ 인명이나 지명 등이 포함된다.
㉡ 구체적인 대상의 이름을 나타내는 단어이다.
㉢ 자립 명사는 문장에서 자립적으로 쓰일 수 있다.
㉣ 의존 명사는 조사와 결합해야만 문장에서 쓰일 수 있다.

① ㉠, ㉢
② ㉡, ㉢
③ ㉠, ㉡, ㉢
④ ㉡, ㉢, ㉣
⑤ ㉠, ㉡, ㉢, ㉣

02 〈보기〉의 단어에 대한 설명으로 적절하지 <u>않은</u> 것은?

┤ 보기 ├

것, 뿐, 한강, 학자, 수도, 정약용

① 문장에서 주어, 목적어, 보어 자리에 올 수 있는 단어들이다.
② 문장에서 주로 조사와 결합하며 형태가 변하지 않는 단어들이다.
③ '것'과 '뿐'은 꾸며 주는 말이 있어야만 쓰일 수 있는 단어들이다.
④ 단어가 문장에서 하는 기능에 따라 나누면 모두 체언에 해당한다.
⑤ '한강, 수도'는 고유 명사, '학자, 정약용'은 보통 명사에 해당한다.

03 다음 중 의존 명사가 쓰인 문장이 <u>아닌</u> 것은?

① 머리 아픈 데 먹는 약 있니?
② 거기서 주는 만큼 받아 오렴.
③ 지금 당장 네가 본 대로 말해라.
④ 항상 맡은 바에 책임을 다해야 한다.
⑤ 그는 그 소식을 듣고도 아무 말이 없다.

04 '대명사'에 대한 설명으로 적절하지 <u>않은</u> 것은?

① 어떤 대상의 이름을 대신하여 가리키는 단어이다.
② 자립성 여부에 따라 두 개의 종류로 나눌 수 있다.
③ 대명사 중에는 특정 대상을 가리키지 않는 것도 있다.
④ 문장 내에서 주어, 목적어, 보어 등의 기능을 할 수 있다.
⑤ 사물이나 장소를 대신하여 가리키는 것은 지시 대명사이다.

05 〈보기〉에서 설명하고 있는 단어가 쓰인 문장으로 적절한 것은?

┤ 보기 ├

문장이나 담화 속에서 앞에 나온 체언을 다시 가리키는 대명사이다.

① 저에게 먼저 말씀해 주세요.
② 당신은 언제 여기에 도착했나요?
③ 철수는 아직 어려서 자기만 안다.
④ 그녀는 여전히 이곳으로 돌아오지 않았다.
⑤ 저희 회사에서 이번에 개발한 신제품입니다.

06 〈보기〉의 ⓐ~ⓒ에 대한 설명으로 적절하지 <u>않은</u> 것은?

┤ 보기 ├

ⓐ 많은 학생이 그곳에 모여 있다.
ⓑ 색연필을 모아서 상자 하나에 넣자.
ⓒ 우리는 부산에 기차를 타고 가기로 했다.

① ⓐ와 ⓑ에는 모두 보통 명사가 있다.
② ⓐ와 ⓒ에는 모두 지시 대명사가 있다.
③ ⓑ와 ⓒ에는 모두 명사가 두 개씩 있다.
④ ⓐ와 달리 ⓒ에는 고유 명사가 있다.
⑤ ⓒ와 달리 ⓑ에는 양수사가 있다.

07 〈보기〉의 ⓐ~ⓖ에 대한 설명으로 적절하지 <u>않은</u> 것은?

> **보기**
>
> 미래: 오랜만에 산에 오니까 좋지? ⓐ저것 좀 봐. 솔방울이 많이 떨어져 있네.
>
> 현재: 그러게. ⓑ여기 공기가 정말 맑다. 오늘 오길 잘한 것 같아. 그런데, ⓒ우리 얼마나 더 올라가야 하지?
>
> 미래: 음, 한 시간 정도 더 올라가야 할 것 같아. 혹시 목말라? 목마르면 ⓓ이것 마셔.
>
> 현재: 고마워. ⓔ나도 ⓕ너처럼 갈증을 해소할 것 좀 챙겨 왔어야 했구나.
>
> 미래: 괜찮아. 충분히 가지고 왔어. 같이 마시고 어서 ⓖ저곳까지 올라가 보자!

① ⓐ가 가리키는 대상은 '미래'의 말에서 무엇인지 확인할 수 있다.

② ⓑ가 가리키는 대상은 ⓖ가 가리키는 대상과 다르다.

③ ⓒ가 가리키는 대상에는 ⓔ가 포함된다고 할 수 있다.

④ ⓓ가 가리키는 대상은 '미래'보다 '현재'와 더 가까이 있다.

⑤ ⓕ는 '현재'가 발화를 전달하고 있는 청자를 가리키는 말이다.

08 〈보기〉의 ㉠과 ㉡에 대한 설명으로 적절한 것은?

> **보기**
>
> • 아직 ㉠아무도 오지 않았다.
> • 저 사람은 ㉡누구지?

① ㉠과 ㉡은 모두 지시 대명사이다.

② ㉠은 특정한 대상을 가리키지 않는다.

③ ㉡은 화자가 알고 있는 대상을 가리킨다.

④ ㉠은 ㉡과 달리 수식하는 말이 필수적으로 선행되어야 한다.

⑤ ㉡은 ㉠과 달리 화자와 청자를 모두 포함하는 말이다.

09 다음 밑줄 친 단어의 품사가 나머지 넷과 <u>다른</u> 것은?

① 사과 <u>두</u> 개를 먹었다.

② 오늘은 <u>다섯</u>이나 지각을 했다.

③ 필통에서 연필 <u>하나</u>를 꺼냈다.

④ 우산 <u>셋</u>이 나란히 걸어가고 있다.

⑤ 그 학생은 <u>여섯째</u>로 학교에 등교했다.

10 〈보기〉의 밑줄 친 단어의 공통점으로 적절하지 <u>않은</u> 것은?

> **보기**
>
> • 하얀 <u>구름</u>이 둥실둥실 떠다닌다.
> • 사람이 이 방에는 모두 <u>일곱</u>이 있다.
> • 이 사실은 김 <u>아무개</u>만 알고 있는 비밀이다.

① 체언에 해당한다.

② 불변어에 해당한다.

③ 주로 조사와 결합한다.

④ 주로 주어, 목적어 등으로 쓰인다.

⑤ 구체적인 대상의 이름을 나타낸다.

11 〈보기〉의 밑줄 친 부분에 해당하는 단어끼리 묶인 것은?

> **보기**
>
> 명사는 구체성 유무에 따라 서로 나눌 수 있는데, 보통 우리가 직접 눈으로 볼 수 있거나 손으로 만질 수 있는 것을 나타내는 단어를 '구체 명사'라고 하고, 직접 눈으로 볼 수 없거나 손으로 만질 수 없는 것을 나타내는 단어를 '추상 명사'라고 한다. 예를 들어 '나무'는 구체 명사, '사랑'은 추상 명사라고 할 수 있다.

① 겁, 책상, 호박

② 구리, 분노, 희망

③ 시간, 우정, 두려움

④ 성실, 풍선, 자신감

⑤ 안경, 정직, 머리카락

품사의 종류 ② : 용언

개념 따라잡기

✦ 동사와 형용사의 구별
- 현재 시제 선어말 어미 '-ㄴ/는-'이 결합할 수 있으면 동사, 그렇지 않으면 형용사임.
  - 예 먹는다(○) → 동사
    예쁜다(×) → 형용사
- 관형사형 어미 '-는'이 결합할 수 있으면 동사, 그렇지 않으면 형용사임.
  - 예 먹는(○) → 동사
    예쁘는(×) → 형용사
- 의도나 목적을 뜻하는 어미 '-러/려'가 결합할 수 있으면 동사, 그렇지 않으면 형용사임.
  - 예 먹으러, 먹으려(○) → 동사
    예쁘러, 예쁘려(×) → 형용사
- 명령형 어미 '-아라/어라' 또는 청유형 어미 '-자'가 결합할 수 있으면 동사, 그렇지 않으면 형용사임.
  - 예 먹어라, 먹자(○) → 동사
    예뻐라, 예쁘자(×) → 형용사

✦ 국어 어미의 체계
① 선어말 어미: 어말 어미 앞에 나타나는 어미
  - 주체 높임 선어말 어미: '-시-'
  - 시제 선어말 어미: '-았/었-'(과거), '-ㄴ/는-'(현재), '-겠-'(미래)
② 어말 어미: 활용 어미의 맨 뒤에 오는 어미
  - 종결 어미: 평서형 어미, 감탄형 어미, 의문형 어미, 명령형 어미, 청유형 어미
  - 연결 어미: 대등적 연결 어미('-고', '-든지' 등), 종속적 연결 어미('-(으)면', '-아서/어서' 등), 보조적 연결 어미('-아/어', '-지' 등)
  - 전성 어미: 명사형('-(으)ㅁ', '-기'), 관형사형('-(으)ㄴ', '-(으)ㄹ' 등), 부사형('-게', '-도록' 등)

---

1 용언: 용언은 문장의 주어를 서술하는 기능을 하는 단어를 말한다. 용언에는 동사와 형용사가 있는데, 이들은 다른 품사와 달리 문장에서 사용할 때 그 형태가 변한다.

2 동사: 사람 또는 사물의 동작이나 작용을 나타내는 단어를 말한다.

자동사	동작이나 작용이 주어에만 미치는 동사 예 꽃이 핀다.
타동사	동작의 대상이 되는 목적어를 필요로 하는 동사 예 밥을 먹다.

3 형용사: 사람 또는 사물의 성질이나 상태를 나타내는 단어를 말한다.

성상 형용사	사물의 성질이나 상태를 나타내는 형용사 예 좋다, 기쁘다, 노랗다
지시 형용사	사물의 성질, 시간, 수량 따위가 어떠하다는 것을 지시하는 형용사 예 이렇다, 그렇다, 저렇다

4 본용언과 보조 용언: 용언을 본용언과 보조 용언으로 나누기도 하는데, 본용언은 문장 안에서 자립적으로 사용되지만 보조 용언은 홀로 쓰이지 않고 본용언 뒤에 붙어서 의미를 더해 주는 역할만 한다.

- 보조 용언의 종류

보조 동사	• 완료 예 약속을 받아 냈다. • 유지 예 음식을 남겨 두고 나왔다.	• 진행 예 일이 끝나 간다. • 부정 예 그곳에 가지 않았다.
보조 형용사	• 추측 예 비가 올 듯하다. • 가능성 예 눈이 내릴 법한 날씨다.	• 소망 예 나는 빵이 먹고 싶다.

5 용언의 활용: 용언이 문장에서 쓰일 때 형태가 변하지 않고 고정된 부분을 어간이라고 하고, 그 뒤에 붙어서 변하는 부분을 어미라고 한다. 이렇게 어간에 여러 어미가 번갈아 결합하는 현상을 활용이라고 한다.

규칙 활용	• 어간과 어미의 형태가 변하지 않는 경우 예 벗다, 벗어, 벗으니 • 어간과 어미의 형태가 변하더라도 일반적인 음운 규칙으로 설명할 수 있는 경우 예 갈다, 갈아, 가니('ㄹ' 탈락)
불규칙 활용	• 어간이 변하는 경우: 'ㅅ' 불규칙(예 짓다 → 지어), 'ㄷ' 불규칙(예 걷대[步] → 걸어), 'ㅂ' 불규칙(예 곱다 → 고와), '르' 불규칙(예 흐르다 → 흘러), '우' 불규칙(예 푸다 → 퍼) • 어미가 변하는 경우: '여' 불규칙(예 하다 → 하여), '러' 불규칙(예 이르대[至] → 이르러) • 어간과 어미가 모두 변하는 경우: 'ㅎ' 불규칙(예 파랗다 → 파래)

[1~2] 다음 설명이 맞으면 ○표, 틀리면 ×표에 표시하시오.

1 용언에서 동작이나 작용을 나타내는 단어를 동사, 성질이나 상태를 나타내는 단어를 형용사라고 한다.　　　　　　　　　(○ , ×)

2 용언이 활용할 때 형태가 변하는 부분을 어간, 변하지 않는 부분을 어미라고 한다.　(○ , ×)

[3~4] 다음 문장에 들어갈 알맞은 말을 고르시오.

3 동사 '부르다'는 '나는 노래를 부른다.'와 같이 동작의 대상이 되는 (목적어 / 보어)가 필요하므로 타동사이다.

4 '크다, 높다'는 사물의 성질이나 상태를 나타내는 (성상 형용사 / 지시 형용사)이다.

[5~6] 다음 빈칸에 들어갈 알맞은 말을 쓰시오.

5 용언에서 (　　　　)은 문장 안에서 자립적으로 사용되지만, (　　　　)은 홀로 쓰이지 않고 의미를 더해 주는 역할만 한다.

6 동사와 형용사의 어간에 여러 어미가 번갈아 결합하는 현상을 (　　　　)(이)라고 한다.

7 다음 중 규칙 활용을 하는 용언인 것은?

① 맑다 → 맑고, 맑아
② 줍다 → 주워, 주으니
③ 낫다 → 나아, 나으니
④ 까맣다 → 까매, 까마니

학습 활동 다음 문장에서 동작이나 작용을 나타내는 단어와 상태나 성질을 나타내는 단어를 찾아 분류해 보자.

- 누리와 마리가 공원에 갔다.
- 누리와 마리가 함께 아이스크림을 먹는다.
- 아이스크림이 차갑다.
- 누리의 아이스크림이 마리의 아이스크림보다 작다.

동작이나 작용을 나타내는 단어	상태나 성질을 나타내는 단어
❶	❷

01 다음 중 동작이나 작용을 나타내는 단어로 적절하지 <u>않은</u> 것은?

① 비다　　　　② 무섭다　　　　③ 마시다
④ 작성하다　　⑤ 헤엄치다

학습 활동 다음 단어 중에서 〈보기〉와 같이 형태를 바꾸었을 때 어색한 단어를 찾고, 그 단어의 품사가 무엇인지 써 보자.

/ 보기 /

입다 → 입어, 입으니, 입는

웃다　　　젊다　　　일어나다　　　따뜻하다

(❸　　　　　　　　　　　　　　)

02 다음 중 형용사 어간에 결합할 수 없는 어미는?

① -고　　② -게　　③ -네　　④ -었-　　⑤ -자

03 용언의 활용 현상을 정리한 내용으로 적절하지 <u>않은</u> 것은?

	용언	활용형	규칙, 불규칙 여부
①	푸다	퍼	규칙
②	같다	같아	규칙
③	곱다	고와	불규칙
④	흐르다	흘러	불규칙
⑤	차분하다	차분하여	불규칙

01 '용언'에 대한 설명으로 가장 적절한 것은?

① 용언에 속하는 단어 중 일부는 불변어이다.

② 용언의 어간에 '−다'가 붙은 형태를 활용형이라고 한다.

③ 형용사는 동사와 달리 주어의 동작이나 작용을 나타낸다.

④ 용언에 속하는 단어는 모두 어간과 어미가 결합한 형태이다.

⑤ 동사는 형용사와 달리 문장의 주어를 서술하는 기능을 한다.

02 다음 중 밑줄 친 단어의 품사가 나머지 넷과 다른 것은?

① 철수가 공원을 걷고 있다.

② 준호가 배구공을 힘차게 던졌다.

③ 동생이 책을 열심히 읽게 하였다.

④ 창문에는 얼음이 녹아 흐르고 있었다.

⑤ 바깥에 피어 있는 벚꽃이 정말 아름답다.

03 다음 중 〈보기〉의 밑줄 친 '자동사'에 해당하는 단어로 적절한 것은?

┤보기├

　동사는 사물의 동작이나 작용을 나타내는 품사이다. 형용사, 서술격 조사와 함께 활용을 하며, 그 뜻과 쓰임에 따라 본동사와 보조 동사, 성질에 따라 자동사와 타동사, 어미의 변화 여부에 따라 규칙 동사와 불규칙 동사로 나뉜다.

① 찾다　　② 뛰다　　③ 입다

④ 부르다　　⑤ 생각하다

04 〈보기〉의 밑줄 친 부분에 해당하는 단어를 바르게 묶은 것은?

┤보기├

　형용사는 사람 또는 사물의 성질이나 상태를 나타내는 단어이다. 형용사에는 사물의 성질이나 상태를 나타내는 성상 형용사가 있고, 사물의 성질이나 시간, 수량 따위가 어떠하다는 것을 지시하는 지시 형용사가 있다.

① 좋다, 모질다

② 다르다, 그러하다

③ 아프다, 달콤하다

④ 이렇다, 시큼하다

⑤ 저렇다, 어떠하다

05 〈보기〉를 참고하여 다음 단어가 동사인지 형용사인지 판단할 때, 그 내용으로 적절하지 않은 것은?

┤보기├

　용언에 속하는 동사와 형용사는 활용의 방식에서 차이를 보인다. 동사 어간에는 현재 시제 선어말 어미 '−ㄴ/는−' 또는 관형사형 어미 '−는'이 결합할 수 있지만, 형용사 어간에는 결합할 수 없다. 또한 동사 어간에는 명령형 어미 '−아라/어라' 또는 청유형 어미 '−자'가 결합할 수 있지만, 형용사 어간에는 결합할 수 없다.

① '씻다'는 '씻는'과 같이 어간이 어미 '−는'과 결합할 수 있는 것으로 보아 동사이다.

② '삼키다'는 '삼킨다'와 같이 어간이 어미 '−ㄴ−'과 결합할 수 있는 것으로 보아 동사이다.

③ '닳다'는 '닳아라'와 같이 어간이 어미 '−아라'와 결합할 수 있는 것으로 보아 형용사이다.

④ '뜨겁다'는 '뜨겁자'와 같이 어간이 어미 '−자'와 결합할 수 없는 것으로 보아 형용사이다.

⑤ '푸르다'는 '푸른다'와 같이 어간이 어미 '−ㄴ−'과 결합할 수 없는 것으로 보아 형용사이다.

06 〈보기〉의 밑줄 친 단어들의 공통점으로 적절한 것은?

┤ 보기 ├
- 그가 사과를 먹어 버렸다.
- 나는 그 옷을 입어 보았다.
- 나는 그 친구를 보고 싶다.

① 문장에서 동사처럼 활용되는 보조 동사이다.
② 문장에서 형용사처럼 활용되는 보조 형용사이다.
③ 문장에서 늘 기본형으로 쓰이며 활용되지 않는다.
④ 문장에서 홀로 쓰여 단독으로 의미를 드러낼 수 있다.
⑤ 다른 용언 뒤에 붙어서 의미를 더해 주는 역할을 한다.

07 〈보기〉에 제시된 단어를 어간과 어미로 구분할 때, 적절하지 <u>않은</u> 것은?

┤ 보기 ├
그립다 부딪친 짓눌러 바라보면 흩어지고

	단어	어간	어미
①	그립다	그립–	–다
②	부딪친	부딪치–	–ㄴ
③	짓눌러	짓누르–	–어
④	바라보면	바라–	–보면
⑤	흩어지고	흩어지–	–고

08 다음 밑줄 친 두 용언의 활용 형태가 서로 <u>다른</u> 것은?

① ┌ 벽지가 <u>울다</u>.
  └ 아기가 <u>울다</u>.
② ┌ 버스를 <u>타다</u>.
  └ 장작이 활활 <u>타다</u>.
③ ┌ 동생의 병이 <u>낫다</u>.
  └ 동생이 형보다 <u>낫다</u>.
④ ┌ 길이 활처럼 <u>굽다</u>.
  └ 고구마를 화롯불에 <u>굽다</u>.
⑤ ┌ 아직 포기하기에는 너무 <u>이르다</u>.
  └ 선생님이 학생에게 주의할 점을 <u>이르다</u>.

09 〈보기〉의 밑줄 친 단어에 대한 설명으로 적절한 것은?

┤ 보기 ├
나는 어제 집까지 <u>걸어서</u> 갔다.

① 주어의 성질이나 상태를 나타내는 형용사이다.
② 어간에 ‘–으니’가 결합하는 경우 ‘빨래를 걷다.’의 ‘걷다’와 같은 활용형을 가진다.
③ 어간에 모음으로 시작하는 어미가 붙어 활용할 때 어간의 형태만 변하는 경우이다.
④ 어간에 모음으로 시작하는 어미가 붙어 활용할 때 어미의 형태만 변하는 경우이다.
⑤ 어간에 모음으로 시작하는 어미가 붙어 활용할 때 어간과 어미의 형태가 모두 변하는 경우이다.

10 〈보기〉의 ㉠과 ㉡에 대한 설명으로 적절한 것은?

┤ 보기 ├
- 땅을 파고 추억을 담은 상자를 ㉠묻다.
- 선생님께 모르는 문제를 가져가 ㉡묻다.

① ㉠과 ㉡은 모두 형용사이다.
② ㉠은 ㉡과 달리 전성 어미가 결합하지 않는다.
③ ㉠은 ㉡과 달리 선어말 어미가 결합할 수 있다.
④ ㉡은 ㉠과 달리 주어를 서술하는 기능을 하지 않는다.
⑤ ㉡은 ㉠과 달리 활용할 때 달라진 형태를 일정한 규칙으로 설명할 수 없다.

11 다음 중 밑줄 친 단어의 품사가 나머지와 <u>다른</u> 것은?

① 소나무가 <u>푸르다</u>.
② 빗방울이 제법 <u>굵다</u>.
③ 호두는 껍질이 <u>단단하다</u>.
④ 진주가 밥을 맛있게 <u>먹는다</u>.
⑤ 이번 여름은 유독 덥고 <u>습하다</u>.

품사의 종류 ③ : 수식언

개념 따라잡기

1 수식언: 수식언은 문장에서 뒤에 오는 다른 말을 꾸며 주는 기능을 하는 단어를 말한다. 수식언에는 관형사와 부사가 있는데, 이들은 형태가 변하지 않는다.

2 관형사: 주로 체언 앞에 놓여서 체언(명사, 대명사, 수사)을 꾸며 주는 단어를 말한다.

지시 관형사	어떤 대상을 가리키는 관형사 예 이, 그, 저
성상 관형사	사물의 성질이나 상태를 나타내는 관형사 예 새, 헌, 온갖
수 관형사	수량, 순서와 같은 수 개념을 나타내는 관형사 예 한, 두, 세

3 부사: 주로 용언(동사, 형용사)을 꾸며 주는 단어이지만, 다른 부사나 관형사, 체언, 나아가 문장 전체를 꾸며 주기도 한다.

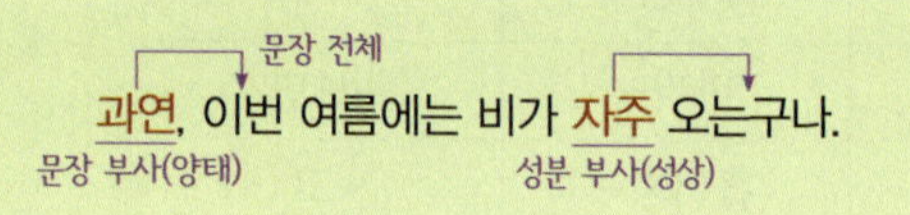

• **성분 부사**: 문장에서 어느 한 성분을 꾸며 주는 부사

성상 부사	모양, 상태, 성질을 한정하여 꾸미는 부사 예 잘, 매우, 자주
지시 부사	처소나 시간을 가리켜 한정하거나 앞의 이야기에 나온 사실을 가리키는 부사 예 이리, 그리, 어제, 내일
부정 부사	부정의 뜻을 지닌 부사 예 못, 아니(안)

• **문장 부사**: 문장 전체를 꾸며 주는 부사

양태 부사	말하는 이의 태도를 나타내는 부사 예 과연, 설마, 제발
접속 부사	체언이나 문장을 이어 주는 부사 예 그리고, 그러나, 그런데

✦ 관형사와 대명사의 구별

• 조사가 붙을 수 없고 뒤에 체언이 오면 관형사이고, 뒤에 조사가 붙거나 붙을 수 있으면 대명사이다.

예 • 그 책을 도서관에 반납해야 해.
　　체언 '책'을 꾸며 주는 관형사
　• 그는 선미의 동생이다.
　　대명사

✦ 관형사와 수사의 구별

• 조사가 붙을 수 없고 뒤에 체언이 오면 관형사이고, 뒤에 조사가 붙거나 붙을 수 있으면 수사이다.

예 • 새 한 마리가 날다.
　　　체언 '마리'를 꾸며 주는 관형사
　• 학생 하나가 손을 들었다.
　　　수사

✦ 품사의 통용

하나의 단어는 기본적으로 하나의 품사 부류에 속한다. 그런데 두 가지 품사 부류에 소속되고, 사전에서도 두 가지 품사를 지닌 것으로 처리하는 단어들이 있다. 이러한 경우를 '품사의 통용'이라고 한다.

[1~2] 다음 설명이 맞으면 ○표, 틀리면 ✕표에 표시하시오.

1 관형사와 부사는 다른 말을 꾸며 주는 기능을 하는 품사이다. (○, ✕)

2 수식언은 형태의 변화 여부에 따라 분류하면 불변어에 속한다. (○, ✕)

[3~4] 다음 문장에 들어갈 알맞은 말을 고르시오.

3 관형사는 주로 (체언 / 용언) 앞에 놓여서 그것을 꾸며 주는 단어이다.

4 부사는 주로 (체언 / 용언)을 꾸며 주지만, 다른 부사나 관형사, 문장 전체를 꾸며 주기도 한다.

[5~6] 다음 빈칸에 들어갈 알맞은 말을 쓰시오.

5 '한, 두, 세'는 수량, 순서와 같은 (   ) 개념을 나타내는 관형사이다.

6 '그리고, 그런데, 그러나'와 같이 체언이나 문장을 이어 주는 부사를 (   ) 부사라고 하며, 이는 문장 부사에 속한다.

7 다음 문장에서 밑줄 친 단어의 품사를 쓰시오.

(1) 이리 가까이 앉아라. (   )

(2) 나는 다른 일에는 관심이 없다. (   )

학습 활동 다음 문장에서 다른 말을 꾸며 주는 단어를 찾아 쓰고, 관형사와 부사로 구분해 보자.

온 세상의 어린이를 다 만나고 오겠네.	➡ ❶
옛 사진을 보니 그때가 몹시 그리웠다.	➡ ❷
설마 그에게 무슨 일이 생긴 것은 아니겠지?	➡ ❸

01 다음 밑줄 친 단어 중에서 관형사가 아닌 것은?

① 네가 말한 색깔이 저런 색깔이니?

② 나는 그 요리에 온갖 정성을 기울였다.

③ 이번 엑스포는 여러 나라에서 참가했다.

④ 그 그림은 대한민국의 화가가 그린 것이다.

⑤ 나의 소원은 첫째 대학 합격이고, 둘째 독립이다.

학습 활동 다음 글에서 밑줄 친 단어를 관형사와 부사로 나누고 해당하는 단어를 종류별로 분류해 보자.

　가슴 설레며 맞이했던 새 학기도 끝났다. 그리고 방학이 찾아왔다. 머지않아 우리는 정든 이 학교를 떠나 사회에 한 걸음, 두 걸음 차근차근 나아가게 될 것이다. 과연 우리는 앞으로 어떻게 살아가게 될까?

관형사	부사
• 성상 관형사: ❹ ________	• 성분 부사: ❼ ________
• 지시 관형사: ❺ ________	• 문장 부사: ❽ ________
• 수 관형사: ❻ ________	

02 다음 밑줄 친 단어가 〈보기〉에서 설명하는 부사에 해당하는 것은?

┤ 보기 ├

　문장에서 어느 한 성분을 꾸며 주는 부사이며, 모양이나 상태, 성질을 한정하여 꾸미는 역할을 한다.

① 지금은 밖에 비가 안 와.

② 학교에 간다. 그리고 공부를 한다.

③ 설마 그걸 전부 먹겠다는 건 아니지?

④ 지난달에 심은 화초가 무럭무럭 자란다.

⑤ 주문하신 물건을 즉시 그리 보내겠습니다.

01 '수식언'에 대한 설명으로 적절한 것은?

① 문장에서 주로 주어의 기능을 한다.

② 문장의 주어를 서술하는 기능을 한다.

③ 문장에서 다른 말을 꾸며 주는 기능을 한다.

④ 문장에서 다른 말과의 관계를 나타내는 기능을 한다.

⑤ 문장 속의 다른 성분에 얽매이지 않고 독립적으로 쓰인다.

02 다음 중 〈보기〉에서 설명하는 품사가 쓰인 문장으로 적절한 것은?

┤ 보기 ├
- 단어의 기능에 따라 분류하면 수식언에 해당한다.
- 주로 체언을 꾸며 주는 역할을 한다.
- 뒤에 조사가 붙을 수 없다.

① 그의 취미는 축구이다.

② 그녀는 무슨 일이든 이루어 냈다.

③ 나는 어제 너의 새로운 모습을 보았다.

④ 철수는 오늘까지 할 일을 모두 끝냈다.

⑤ 민아는 잡고 있던 막대기를 바닥에 내려놓았다.

03 다음 중 〈보기〉에서 설명하는 품사가 쓰이지 <u>않은</u> 문장은?

┤ 보기 ├
수량, 순서와 같은 수 개념을 나타내는 관형사이다.

① 일곱에서 셋을 빼면 넷이 된다.

② 학생 세 명이 모여서 팀을 이루었다.

③ 식당에 가서 국밥을 한 그릇씩 먹었다.

④ 연필 두 자루를 가방 하나에 넣어 두었다.

⑤ 우리 동네 목욕탕은 매월 둘째 주 화요일에 쉰다.

04 〈보기〉의 문장에 대한 설명으로 가장 적절한 것은?

┤ 보기 ├
이 책을 어서 저 도서관에 반납하렴.

① 수 관형사 1개가 사용되었다.

② 지시 관형사 1개가 사용되었다.

③ 성상 관형사 2개가 사용되었다.

④ '이'는 '책'을 가리키는 역할을 한다.

⑤ '저'는 문장 전체를 꾸며 주는 역할을 한다.

05 다음 중 부사가 포함된 문장으로 적절한 것은?

① 새 학기가 시작되었다.

② 행복이란 이런 것이다.

③ 그는 매우 멀리 떠났다.

④ 세상의 모든 어머니는 위대하다.

⑤ 네 사람이 모여 서로의 생각을 나누었다.

06 〈보기〉의 ㉠과 ㉡에 대한 설명으로 적절하지 <u>않은</u> 것은?

┤ 보기 ├
㉠ 과연, 이번 여름에는 비가 정말 많이 오는구나.
㉡ 나는 결백해. 그런데 설마 너까지 나를 의심하는 거니?

① ㉠의 '과연'은 문장 전체를 수식하는 문장 부사이다.

② ㉠의 '정말'은 문장에서 용언을 수식하고 있다.

③ ㉠의 '많이'는 문장에서 용언을 수식하고 있다.

④ ㉡의 '그런데'는 앞 문장과 뒤 문장을 이어 주는 접속 부사이다.

⑤ ㉡의 '설마'는 문장 전체를 수식하는 문장 부사이다.

07 〈보기〉의 ⓐ~ⓕ에 대한 설명으로 적절하지 <u>않은</u> 것은?

┤ 보기 ├
ⓐ <u>이</u> 사과가 맛있게 생겼다.
ⓑ <u>이</u>는 그자가 배신한 증거이다.
ⓒ 학생 <u>하나</u>가 손을 번쩍 들었다.
ⓓ 책 <u>한</u> 권이 책상에 놓여 있었다.
ⓔ 학생 중 열의 <u>여덟</u>은 아직 공원에 남아 있다.
ⓕ 나는 어제 친구 <u>여덟</u> 명과 만나서 운동을 했다.

① ⓐ의 '이'는 ⓑ의 '이'와 달리 체언을 꾸며 주는 기능을 한다.
② ⓐ의 '이'는 ⓓ의 '한'과 달리 사물의 성질이나 상태를 나타낸다.
③ ⓒ의 '하나'는 ⓓ의 '한'과 달리 조사가 결합할 수 있다.
④ ⓓ의 '한'과 ⓕ의 '여덟'은 모두 의존 명사를 꾸미고 있다.
⑤ ⓔ의 '여덟'과 ⓕ의 '여덟'은 형태가 같지만 품사가 다르다.

08 〈보기〉에 대한 이해로 적절하지 <u>않은</u> 것은?

┤ 보기 ├
ㄱ. 가게의 물건이 마음에 들었다.
ㄴ. 솔직히 그 가게의 모든 물건이 꼭 마음에 들었다.

① ㄱ에는 수식언이 사용되지 않았고, ㄴ에는 수식언이 네 개 사용되었다.
② ㄱ에 비해 ㄴ이 상황을 더 구체적이고 분명하게 전달한다.
③ ㄴ에서 '그'와 '모든'은 각각 '가게'와 '물건'을 꾸며 주는 관형사이다.
④ ㄴ에서 '솔직히'는 문장 전체를 꾸며 주는 문장 부사이다.
⑤ ㄴ에서 '꼭'은 '마음'을 꾸며 주는 성분 부사이다.

09 다음 중 관형사와 부사가 모두 쓰인 것은?

① 그녀는 항상 웃는다.
② 그 사람은 밥을 먹고 있다.
③ 민혜는 새 옷을 백화점에서 잔뜩 샀다.
④ 영서는 동생과 할머니 댁에 방문하였다.
⑤ 나는 헌 옷을 버리기 위해 밖으로 나갔다.

10 〈보기〉의 ㉠, ㉡과 같은 품사가 쓰인 문장으로 적절한 것은?

┤ 보기 ├
집으로 ㉠하루빨리 가고 싶었지만, 대표는 ㉡온갖 핑계를 대며 일정을 계속 늦추었다.

① ┌ ㉠: 내가 몹시 잘못했다.
　└ ㉡: 나는 축구를 아주 열심히 했다.
② ┌ ㉠: 강아지가 멀리 뛰어갔다.
　└ ㉡: 하루에 한 가지 소원을 들어주지.
③ ┌ ㉠: 그녀는 책을 천천히 읽었다.
　└ ㉡: 친구가 그 소식을 듣고 매우 기뻐했다.
④ ┌ ㉠: 오늘 하루도 조용히 지나갔다.
　└ ㉡: 오늘은 아침부터 날씨가 정말 춥구나.
⑤ ┌ ㉠: 그는 어느 날 갑자기 나에게 말을 걸었다.
　└ ㉡: 몇몇 친구는 아직도 내 별명을 부르곤 한다.

11 〈보기〉의 조건을 모두 충족하는 문장으로 적절한 것은?

┤ 보기 ├
• 어떤 대상을 가리키는 관형사를 포함할 것
• 모양, 상태, 성질을 한정하여 꾸미는 부사를 포함할 것

① 나는 옷 두 벌을 세탁해야 한다.
② 그는 앞으로 실수를 안 한다고 약속했다.
③ 그녀는 저 사람을 보자마자 엄청 화냈다.
④ 그 사람이 여기에 도착하는 시간을 모른다.
⑤ 우리가 빨리 출발한다면 30분 만에 도착할 것이다.

품사의 종류 ④ : 관계언, 독립언

개념 따라잡기

1 관계언: 관계언은 문장에서 다른 말과의 관계를 나타내는 기능을 하는 단어로, 조사가 이에 속한다.

2 조사: 주로 체언 뒤에 붙어서 그 말과 다른 말의 문법적 관계를 나타내거나 특별한 뜻을 더해 주는 단어를 말한다.

• **격 조사**: 체언과 결합하여 앞말이 문장 안에서 일정한 자격을 갖도록 해 주는 조사

> **진수가** 학교에서 친구의 공부를 도와주었다.
> 주격 조사 부사격 조사 관형격 조사 목적격 조사

주격 조사	앞의 체언이 주어의 자격을 갖게 하는 조사 예 이/가, 에서, 께서
목적격 조사	앞의 체언이 목적어의 자격을 갖게 하는 조사 예 을/를
관형격 조사	앞의 체언이 관형어의 자격을 갖게 하는 조사 예 의
부사격 조사	앞의 체언이 부사어의 자격을 갖게 하는 조사 예 에, 에서, 에게, (으)로, (으)로써
보격 조사	앞의 체언이 보어의 자격을 갖게 하는 조사 예 이/가 ← 서술어 '되다/아니다' 앞에 옴.
호격 조사	앞의 체언이 독립어의 자격을 갖게 하는 조사 예 아/야, 이여
서술격 조사	앞의 체언이 서술어의 자격을 갖게 하는 조사 예 이다 ← 용언과 같이 다양하게 활용함.

• **접속 조사**: 두 단어를 같은 자격으로 이어 주는 조사 예 와/과, (이)랑, 하고

> 그와/랑/하고 그녀는 독서 토론에 참여했다.

• **보조사**: 앞말에 특별한 뜻을 덧붙여 주는 조사 예 은/는, 만, 도, 부터, 요

> 이 빵만 맛있는 줄 알았는데 저 빵도 맛있다.
> '한정, 강조, 유일'의 의미를 덧붙이는 보조사   '더함, 역시'의 의미를 덧붙이는 보조사

3 독립언: 독립언은 문장 속의 다른 성분에 얽매이지 않고 독립적으로 쓰이는 단어로, 감탄사가 이에 속한다.

> 야, 나 좀 보자. / 응, 알겠어.

4 감탄사: 말하는 사람의 느낌이나 놀람, 부름, 대답 등을 나타내는 단어를 말한다.

> 아 참, 손님이 오셨던데요. / 아이코, 반가운 사람이 왔네.

조사는 홀로 쓰일 수 없고 다른 말에 붙어서 사용된다. 주로 체언에 붙지만 부사나 용언에도 붙을 수 있고, 여러 개의 조사와 결합하기도 해. 그리고 서술격 조사를 제외하고는 형태가 고정되어 활용하지 않아.

✦ **보조사가 앞말에 더해 주는 뜻의 예**

은/는	대조, 강조	인생은 짧고 예술은 길다.
뿐	한정, 강조	가진 것은 이것뿐이다.
부터	시작, 먼저	너부터 먼저 먹어라.
(이)나	선택	영화나 볼까?
밖에	그것 말고는	공부밖에 모르는 학생
마다	낱낱이 모두	날마다 책을 읽는다.
까지	범위의 끝	그를 역까지 바래다주었다.
요	존대	재미가 없어요.

독립성이 강해 단독으로도 문장을 이룰 수 있는 감탄사는 일반적으로 조사와 결합하지 않지만, '글쎄요.'와 같이 보조사 '요'가 결합하는 경우도 있어.

[1~2] 다음 설명이 맞으면 ○표, 틀리면 ×표에 표시하시오.

1 모든 조사는 문장에서 쓰일 때 형태가 변하지 않는다. (○, ×)

2 감탄사는 문장 속의 다른 성분에 얽매이지 않고 독립성을 가진다. (○, ×)

[3~4] 다음 문장에 들어갈 알맞은 말을 고르시오.

3 (격 조사 / 접속 조사)는 앞에 오는 체언이 문장 안에서 일정한 자격을 갖도록 해 준다.

4 앞말에 특별한 뜻을 덧붙여 주는 조사 중 '만'은 (한정 / 높임)의 의미를 덧붙인다.

[5~6] 다음 빈칸에 들어갈 알맞은 말을 쓰시오.

5 앞의 체언이 부사어의 자격을 갖게 하는 조사를 (   ) 조사라고 한다.

6 감탄사는 말하는 이의 (   )이나 놀람, 부름, 대답 등을 나타내는 단어이다.

7 다음 대화에서 조사와 감탄사를 모두 찾아 쓰시오.

> **영철**: 와, 창밖을 봐. 눈이 내려.
> **소라**: 이런, 길이 미끄럽겠다.
> **영철**: 아이고, 넘어졌구나.

(1) 조사: ______________________________

(2) 감탄사: ______________________________

학습 활동 다음 문장에서 홀로 쓰이지 못하고 다른 단어에 붙어서만 쓰이는 단어를 찾아보자.

> ㉠ 시우가 운동장에서 축구를 한다.
> ㉡ 동생은 초등학생이고 나는 중학생이다.

㉠	❶
㉡	❷

01 〈보기〉의 ⓐ~ⓔ 중, 격 조사가 포함되지 않은 것은?

> ┤ 보기 ├
> 그가 방에서 형의 책을 열심히 읽고 있다.
> ⓐ　ⓑ　ⓒ　ⓓ　ⓔ

① ⓐ　　② ⓑ　　③ ⓒ　　④ ⓓ　　⑤ ⓔ

02 〈보기〉의 밑줄 친 보조사의 의미로 적절한 것은?

> ┤ 보기 ├
> 하루 종일 먹기만 하는구나.

① 대조　　② 선택　　③ 시작　　④ 존대　　⑤ 한정

학습 활동 다음 대화의 밑줄 친 단어를 아래와 같이 분류해 보자.

> **수현**: 여보세요? 나 지금 막 도착했는데, 너는 어디야?
> **유진**: 앗! 빌씨? 나는 횡단보도만 건너면 돼. 지희는 왔어?
> **수현**: 아니, 아직 안 왔어. 너 뛰어오는 거 보인다. 니 보여?
> **유진**: 오, 저기 보인다. 얏! 끊을게!
> **수현**: 그래!

느낌이나 놀람을 나타내는 단어	❸
부름을 나타내는 단어	❹
대답을 나타내는 단어	❺

03 다음 밑줄 친 단어가 감탄사가 아닌 것은?

① 아, 그렇게 하면 되겠구나.

② 예끼, 고얀 놈 같으니라고!

③ 저 바다는 정말 푸르구나!

④ 여보, 딸 생일이니 일찍 오세요.

⑤ 세상이 불안해서 어디 살겠어요.

01 '조사'에 대한 설명으로 적절하지 <u>않은</u> 것은?

① 문장에서 홀로 쓰일 수 없다.

② 서술격 조사를 제외하고 형태가 변하지 않는다.

③ 접속 조사는 두 단어를 같은 자격으로 이어 준다.

④ 주로 체언에 붙고 부사나 용언에는 붙을 수 없다.

⑤ 문장 안에서 하는 기능에 따라 분류하면 관계언에 속한다.

02 〈보기〉의 밑줄 친 단어에 대한 설명으로 적절하지 <u>않은</u> 것은?

┤ 보기 ├

　　상희와 희재는 학교에 일찍 가서 수업이 시작하기 전까지 교실 청소를 깨끗이 했다.

① '와'는 접속 조사로 쓰였다.

② '는'은 주격 조사로 쓰였다.

③ '에'는 부사격 조사로 쓰였다.

④ '까지'는 보조사로 쓰였다.

⑤ '를'은 목적격 조사로 쓰였다.

03 〈보기〉의 조건을 모두 충족하는 문장으로 적절한 것은?

┤ 보기 ├

• 앞의 체언이 관형어의 자격을 갖게 하는 조사를 포함할 것

• 앞말에 특별한 뜻을 덧붙여 주는 조사를 포함할 것

① 비가 어제부터 계속 내리고 있었다.

② 은호의 도움이 나에게 큰 힘이 되었다.

③ 우리는 그의 상황이 어려움을 알고 있다.

④ 민주는 매일 운동장 열 바퀴씩을 달리고 있다.

⑤ 그녀가 다시 우리 동네에 온다는 소식을 들었다.

04 다음 밑줄 친 조사의 종류가 나머지와 <u>다른</u> 것은?

① 이 물건은 시장<u>에서</u> 사 왔다.

② 너는 서울<u>에서</u> 언제 출발할 예정이니?

③ 그는 모 기업<u>에서</u> 장학금을 받고 있다.

④ 정부<u>에서</u> 실시한 조사 결과가 발표되었다.

⑤ 우리는 아침에 도서관<u>에서</u> 만나기로 하였다.

05 다음 중 서술격 조사가 쓰이지 <u>않은</u> 문장은?

① 이것은 책이고, 저것은 공책이다.

② 현준이는 언제나 밝게 웃고 있다.

③ 너는 어떻게 입만 열면 불평이니?

④ 늘 과제를 일찍 끝내는 사람은 영지이다.

⑤ 그는 늘 적극적이지만, 사람들은 그것을 불편해한다.

06 〈보기〉의 [A]에 해당하는 사례로 적절한 것은?

┤ 보기 ├

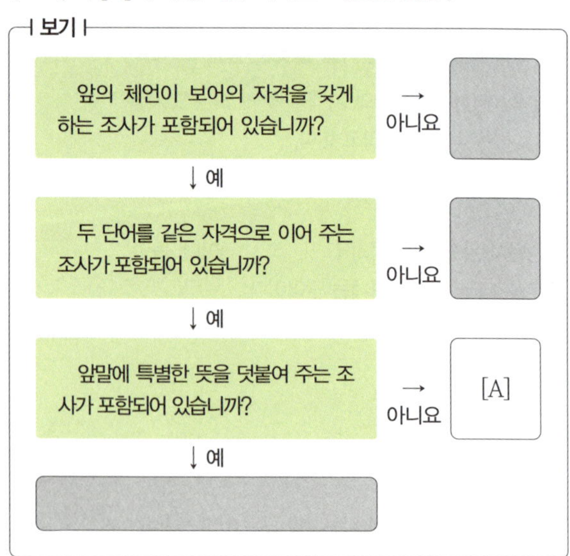

① 수호는 이제 아이가 아니라 어른이다.

② 너와 내가 아니면 우리 조국을 누가 지키랴.

③ 나와 너는 곧 그 동아리의 구성원이 될 것이다.

④ 올해 고등학생이 된 주희가 우리 집에 놀러 왔다.

⑤ 지수도 편의점에서 과자와 음료수를 샀다고 했다.

07 다음 중 접속 조사가 쓰이지 <u>않은</u> 문장은?

① 배하고 사과하고 감을 가져오너라.

② 나의 취미는 동생의 취미와 다르다.

③ 여름이 되면 수박과 참외를 먹을 수 있다.

④ 우리는 자유와 평등의 실현을 위해 싸웠다.

⑤ 오늘 나는 영희랑 철수랑 영수를 집에 초대했다.

08 다음 밑줄 친 부분이 보조사가 <u>아닌</u> 것은?

① 이것은 그것<u>보다</u> 크다.

② 너<u>도</u> 결국 나를 떠나는구나.

③ 형님<u>조차</u> 시험에 떨어지고 말았다.

④ 이 작은 시골에서 장관<u>까지</u> 나오다니.

⑤ 소설<u>만</u> 읽지 말고 다른 책도 읽어 보아라.

09 〈보기〉의 ㉠~㉢을 품사의 기능과 의미에 따라 바르게 분류한 것은?

┤ 보기 ├

장미<u>랑</u> 튤립이 예쁘게<u>도</u> 피었구나.
　　　㉠　　　　　㉡　　　　㉢

	㉠	㉡	㉢
①	격 조사	보조사	접속 조사
②	보조사	접속 조사	격 조사
③	보조사	격 조사	접속 조사
④	접속 조사	보조사	격 조사
⑤	접속 조사	격 조사	보조사

10 〈보기〉의 밑줄 친 단어에 대한 설명으로 적절한 것은?

┤ 보기 ├

<u>아차</u>, 카페에 우산을 놓고 왔어.

① 생략해도 문장이 성립한다.

② 단어들의 관계를 나타내 준다.

③ 뒤에 오는 다른 말을 꾸며 준다.

④ 문장에서 쓰일 때 형태가 변한다.

⑤ 앞말에 특별한 뜻을 덧붙여 준다.

11 〈보기〉의 밑줄 친 부분에 해당하는 감탄사가 쓰인 것은?

┤ 보기 ├

감탄사는 <u>말하는 사람의 느낌, 부름, 대답 등을 나타내는 단어</u>를 말한다.

① 예, 알겠습니다.

② 그래, 알아들었어.

③ 야, 빨리 일어나라.

④ 아, 세월이 정말 빠르구나.

⑤ 여보게, 이게 얼마 만인가?

12 다음 중 감탄사가 쓰이지 <u>않은</u> 문장은?

① 네, 좋습니다.

② 민결아, 학교 가자.

③ 어머나, 벌써 꽃이 피었네.

④ 어, 이러다가 버스 놓치겠다.

⑤ 아이고, 우리 조금만 쉬었다 가자.

01 '품사의 분류'에 대한 설명으로 적절하지 <u>않은</u> 것은?

① 품사는 형태에 따라 불변어와 가변어로 나뉜다.
② 체언을 의미에 따라 분류하면 명사, 대명사, 수사로 나뉜다.
③ 품사를 기능에 따라 분류할 때 관형사와 부사는 같은 부류로 묶을 수 있다.
④ 문장에서 쓰일 때 형태가 변하는 품사는 동사, 형용사, 서술격 조사가 있다.
⑤ 관계언을 그 의미적 특성이 유사한 것끼리 분류하면 조사와 감탄사로 나뉜다.

02 〈보기〉의 ㉠~㉤에 대한 설명으로 적절하지 <u>않은</u> 것은?

| 보기 |

민하: 아빠, 혹시 ㉠여기에 제가 둔 상자 보셨어요?
아빠: 응, 아빠가 자동차에 실어 놓았어. ㉡그거 할아버지께 드리는 거 맞지?
민하: 네, 맞아요. 이번 가족 행사에 ㉢우리 말고 또 누가 와요?
아빠: 응, 고모네랑 큰아버지네도 오실 거야. 그런데 ㉣너 할아버지께 뭐 드리는 거야?
민하: 아, 지난번에 할아버지와 통화했을 때, ㉤당신께서 요즘에 등산을 자주 다닌다고 하셔서 등산화를 선물로 준비했어요.
아빠: 그렇구나. 할아버지께서 많이 좋아하시겠다.

① ㉠은 장소의 이름을 대신하여 가리키는 지시 대명사이다.
② ㉡은 사물의 이름을 대신하여 가리키는 지시 대명사이다.
③ ㉢은 화자가 자신과 청자를 포함하는 대상을 가리키는 1인칭 대명사이다.
④ ㉣은 화자가 청자를 가리키는 2인칭 대명사이다.
⑤ ㉤은 화자가 청자를 높여 가리키는 2인칭 대명사이다.

03 〈보기〉의 밑줄 친 단어에 대한 설명으로 적절하지 <u>않은</u> 것은?

| 보기 |

• 치과에 가서 사랑니를 <u>뽑았다</u>.
• 하늘이 정말 <u>파래서</u> 사진을 찍었다.
• 그들은 나무로 직접 집을 <u>지어</u> 산다.
• 뱃머리를 남쪽으로 돌리자고 <u>하여라</u>.
• 남을 <u>도우며</u> 산다는 것은 큰 즐거움이다.

① '뽑았다'는 어간과 어미의 형태가 변하지 않는 규칙 활용을 한다.
② '파래서'는 어간과 어미의 형태가 모두 변하는 불규칙 활용을 한다.
③ '지어'는 어간의 형태가 변하는 불규칙 활용을 한다.
④ '하여라'는 어미의 형태가 변하는 불규칙 활용을 한다.
⑤ '도우며'는 어간의 형태가 변하지만 일정한 규칙으로 설명할 수 있는 규칙 활용을 한다.

04 〈보기〉의 ⓐ~ⓔ에 쓰인 부사에 대한 설명으로 적절하지 <u>않은</u> 것은?

| 보기 |

부사는 주로 용언(동사, 형용사)을 꾸며 주는 단어이지만, 다른 부사나 관형사, 체언, 나아가 문장 전체를 꾸며 주기도 한다.

ⓐ 어휴, 빨리도 온다.
ⓑ 그녀는 너무 착하다.
ⓒ 비행기가 높이 날았다.
ⓓ 그 사람은 아주 헌 가방을 메고 다녔다.
ⓔ 과연 그가 그 시험에 합격할 수 있을까?

① ⓐ에 쓰인 부사는 보조사를 취하고 있다.
② ⓑ에 쓰인 부사는 형용사를 수식하고 있다.
③ ⓒ에 쓰인 부사는 동사를 수식하고 있다.
④ ⓓ에 쓰인 부사는 다른 부사를 수식하고 있다.
⑤ ⓔ에 쓰인 부사는 문장 전체를 수식하고 있다.

05

〈보기〉의 문장을 분석한 내용으로 적절하지 <u>않은</u> 것은?

| 보기 |

응, 그 일은 영하랑 지후가 맡아서 하기로 했어.

① 감탄사는 1개이다.
② 보조사는 1개이다.
③ 접속 조사는 1개이다.
④ 주격 조사는 2개이다.
⑤ 부사격 조사는 1개이다.

06

〈보기〉의 조건을 모두 충족하는 속담으로 적절한 것은?

| 보기 |

• 사물의 수량이나 순서와 같은 수를 나타내는 단어가 포함된 문장
• 사람이나 사물의 성질이나 상태를 나타내는 단어가 포함된 문장

① 미운 아이 떡 하나 더 준다.
② 셋이 먹다가 둘이 죽어도 모른다.
③ 평안 감사도 저 싫으면 그만이다.
④ 가는 말이 고와야 오는 말이 곱다.
⑤ 열 손가락 깨물어 안 아픈 손가락 없다.

07

〈보기〉의 ⓐ~ⓒ에 대한 설명으로 적절하지 <u>않은</u> 것은?

| 보기 |

ⓐ 너 혹시 이 그림을 누가 그렸는지 아니?
ⓑ 한 사람만 더 오면 경기를 바로 시작하자.
ⓒ 우아, 산에 올라와서 보니 경치가 매우 아름다워.

① ⓐ의 '그림'은 자립 명사이자 보통 명사이다.
② ⓑ의 '시작하자'는 문장에서 서술어의 기능을 하는 동사이다.
③ ⓒ의 '우아'는 말하는 사람의 느낌을 나타내는 감탄사이다.
④ ⓐ와 ⓑ에서 관계언은 각각 2개씩이다.
⑤ ⓑ와 ⓒ에서 수식언은 각각 2개씩이다.

08

〈보기 1〉을 참고하여 〈보기 2〉를 이해할 때, 그 내용으로 적절하지 <u>않은</u> 것은?

| 보기1 |

본용언과 본용언이 결합한 경우에는 각각의 용언이 주어와 호응하며, 두 용언 사이에 다른 문장 성분이 올 수 있다. 반면 본용언과 보조 용언이 결합한 경우에는 두 용언 사이에 다른 문장 성분이 올 수 없으며, 앞의 용언만으로 문장이 성립되고, 뒤의 용언만으로는 문장이 성립되지 않는다.

| 보기2 |

• 영수에게 내가 책을 ㉠들고 갔다고 ㉡전해 줘.
• 그는 그 소식을 ㉢듣고 나서 밖으로 ㉣나가 버렸다.
• 민호는 등산하기 전에 아침을 든든히 ㉤먹어 두었다.

① ㉠은 본용언과 본용언이 결합한 형태이다.
② ㉡은 본용언과 본용언이 결합한 형태이다.
③ ㉢은 본용언과 보조 용언이 결합한 형태이다.
④ ㉣은 본용언과 보조 용언이 결합한 형태이다.
⑤ ㉤은 본용언과 보조 용언이 결합한 형태이다.

09

다음 밑줄 친 두 단어가 〈보기〉에서 설명하는 '품사의 통용'에 해당하는 것은?

| 보기 |

하나의 단어가 두 가지 품사 부류에 소속되어 사전에서도 두 가지 품사를 지닌 것으로 처리하는 경우를 '품사의 통용'이라고 한다.

① ┌ 나는 소설을 <u>정말</u> 좋아해.
   └ 내가 지금 한 말은 <u>정말</u>이야.
② ┌ 그에겐 <u>오직</u> 그녀뿐이다.
   └ 나는 <u>오직</u> 성공을 위해 달린다.
③ ┌ 햇살이 <u>밝게</u> 비추었다.
   └ 새로 설치한 조명이 아주 <u>밝다</u>.
④ ┌ 연필 <u>다섯</u> 자루만 빌려 줘.
   └ 미호가 사과를 <u>다섯</u> 개나 먹었다.
⑤ ┌ 노력한 <u>만큼</u> 대가를 얻을 거야.
   └ 내 숨소리가 들릴 <u>만큼</u> 사방이 조용했다.

단어의 형성 ① : 단어와 형태소

개념 따라잡기

1 단어

단어는 자립할 수 있는 말 또는 자립할 수 있는 형태소에 붙어서 쉽게 분리할 수 있는 말들을 의미한다.

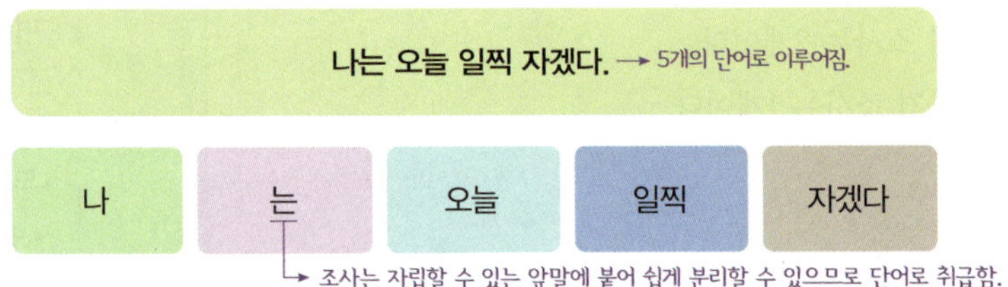

2 형태소

형태소는 일정한 뜻을 가진 가장 작은 말의 단위를 말한다. 자립성 유무에 따라 자립 형태소와 의존 형태소로, 의미의 유형에 따라 실질 형태소와 형식 형태소로 분류한다.

• **자립성 유무에 따른 분류**

자립 형태소	다른 말에 의존하지 않고 혼자 쓰일 수 있는 형태소 예 산, 고양이, 무척, 사랑
의존 형태소	혼자 쓰일 수 없고 다른 말에 의존하여 쓰이는 형태소 예 이/가, 을/를, 먹-, 예쁘-, -시-, -다

• **의미의 유형에 따른 분류**

실질 형태소	실질적인 의미를 나타내는 형태소 예 산, 고양이, 무척, 사랑, 먹-, 예쁘-
형식 형태소	형식적인 의미, 즉 문법적인 의미를 나타내는 형태소 예 이/가, 을/를, -시-, -다

나는 오늘 일찍 자겠다.

자립 형태소	의존 형태소	실질 형태소	형식 형태소
나, 오늘, 일찍	는, 자-, -겠-, -다	나, 오늘, 일찍, 자-	는, -겠-, -다

◆ 어절

문장을 구성하고 있는 각각의 마디. 문장 성분의 최소 단위로서 띄어쓰기의 단위가 된다.

문장	나는 귤을 먹는다.		
어절	나는	귤을	먹는다
단어	나 : 는	귤 : 을	먹는다
형태소	나 : 는	귤 : 을	먹 : 는 : 다

'뛰었다'는 '뛰-+-었-+-다'로 분석할 수 있는데, 자립성 유무로 보면 의존 형태소로만 이루어진 단어지. 그런데 이를 의미의 유형에 따라 분류하면 '뛰-'는 실질 형태소, '-었-'과 '-다'는 형식 형태소야.

◆ 어휘 형태소와 문법 형태소

실질 형태소를 '어휘 형태소'라고도 하고, 형식 형태소를 '문법 형태소'라고도 한다.

[1~2] 다음 설명이 맞으면 ○표, 틀리면 ×표에 표시하시오.

1 자립할 수 있는 말 또는 자립할 수 있는 형태소에 붙어서 쉽게 분리할 수 있는 말을 단어라고 한다.

(○ , ×)

2 형태소는 말의 뜻을 구별하여 주는 소리의 가장 작은 단위이다.

(○ , ×)

[3~4] 다음 문장에 들어갈 알맞은 말을 고르시오.

3 형태소는 (자립성 유무 / 의미의 유형)에 따라 자립 형태소와 의존 형태소로 나뉜다.

4 '바위, 하늘'과 같이 실질적인 의미를 나타내는 형태소를 (실질 형태소 / 형식 형태소)라고 한다.

[5~6] 다음 빈칸에 들어갈 알맞은 말을 쓰시오.

5 의존 형태소이자 형식 형태소인 (   ) 은/는 자립할 수 없는 말이지만 예외적으로 단어로 인정한다.

6 '–다'와 같은 어미는 (   ) 형태소이자 (   ) 형태소에 해당한다.

7 〈보기〉의 문장에서 자립 형태소이자 실질 형태소를 모두 찾아 쓰시오.

| 보기 |

나는 어머니랑 밥을 먹었다.

(   )

학습 활동 다음은 제시된 문장을 단어 단위로 분석한 것이다. 이를 '뜻을 지닌 가장 작은 말의 단위'로 다시 분석해 보자.

나무는 덕을 지녔다.				
나무	는	덕	을	지녔다

↓

❶	❷	❸	❹	❺	❻	❼

01 〈보기〉의 문장에 대한 설명으로 적절하지 <u>않은</u> 것은?

| 보기 |

우리는 모두 공을 차며 놀았다.

① '우리'는 혼자 쓰일 수 있는 단어이다.
② '는'은 의존 형태소이자 형식 형태소이다.
③ '모두'는 의존 형태소이자 실질 형태소이다.
④ '공'은 실질적인 의미를 나타내는 형태소이다.
⑤ '놀았다'를 이루는 형태소들은 모두 의존 형태소이다.

학습 활동 다음 문장을 형태소로 나누어 보자.

하늘이 푸르다.

↓

형태소		하늘	이	푸르–	–다
형태소의 종류	의미의 유형	실질 형태소	형식 형태소	❽	❾
	자립성 유무	❿	⓫	의존 형태소	의존 형태소

02 〈보기〉의 ⓐ~ⓔ 중, 자립 형태소로 이루어진 단어가 <u>아닌</u> 것은?

| 보기 |

저 사람은 친구들과 자주 길을 떠났다.
ⓐ ⓑ   ⓒ ⓓ   ⓔ

① ⓐ   ② ⓑ   ③ ⓒ   ④ ⓓ   ⑤ ⓔ

01 '형태소'에 대한 설명으로 적절하지 <u>않은</u> 것은?

① 의미를 가진 가장 작은 말의 단위이다.

② 더 이상 나누면 그 의미를 잃어버리게 되는 말이다.

③ 의존 형태소는 다른 말의 도움을 받아야 쓰일 수 있다.

④ 문법적인 의미를 지닌 형태소는 자립 형태소가 될 수 없다.

⑤ 문장에서 혼자 쓰일 수 있는 형태소를 실질 형태소라고 한다.

02 〈보기〉의 문장에 대한 설명으로 적절하지 <u>않은</u> 것은?

┤ 보기 ├

산에 꽃이 피었다.

① 총 5개의 단어로 이루어진 문장이다.

② 총 7개의 형태소로 이루어진 문장이다.

③ '피었다'는 하나의 형태소이면서 단어이다.

④ '산'과 '꽃'은 자립 형태소이자 실질 형태소이다.

⑤ '에'와 '이'는 자립할 수 있는 형태소에 붙어 쉽게 분리할 수 있는 단어이다.

03 〈보기〉의 문장에 대한 설명으로 적절한 것은?

┤ 보기 ├

그는 그녀를 만나서 책을 주었다.

① 총 4개의 자립 형태소가 있다.

② 총 8개의 의존 형태소가 있다.

③ 총 7개의 실질 형태소가 있다.

④ 총 5개의 형식 형태소가 있다.

⑤ 총 7개의 단어로 이루어져 있다.

04 〈보기〉의 ㉠~㉢에 쓰인 실질 형태소를 바르게 분류한 것은?

┤ 보기 ├

㉠ 벌써 새벽이 밝아 오네.

㉡ 그는 물로 그릇을 헹궜다.

㉢ 며칠째 고기 한 점 못 먹었다.

㉣ 아버지의 말씀이 나에게 힘이 되었다.

㉤ 그녀는 먼지 묻은 손을 바지에 쓱 닦았다.

① ㉠: 벌써, 새벽, 이, -네

② ㉡: 그, 는, 물, 로, 그릇

③ ㉢: 며칠, -째, 고기, 먹-

④ ㉣: 아버지, 말씀, 나, 힘, 되-

⑤ ㉤: 그녀, 먼지, 묻-, 손, 에, 쓱, 닦-

05 〈보기〉의 문장에서 의존 형태소이자 형식 형태소에 해당하는 것을 모두 고른 것은?

┤ 보기 ├

하늘에 구름이 잔뜩 끼었다.

① 에, 잔-, 끼-

② 이, 끼-, -었-

③ 구름, 잔뜩, 끼-

④ 에, 이, -었-, -다

⑤ 에, 이, 끼-, -었-, -다

06 〈보기〉의 문장에서 의존 형태소이자 실질 형태소에 해당하는 것은?

┤ 보기 ├

동생과 함께 시골에 갔다.

① 동생　　② 함께　　③ 시골　　④ 에　　　⑤ 가-

07 〈보기〉의 문장을 단위에 따라 분석한 내용으로 적절한 것은?

┤ 보기 ├

길었던 여름이 끝났다.

	단위	분석
①	단어	길었던, 여름이, 끝났다
②	자립 형태소	여름, 이, 끝
③	형식 형태소	길-, -었-, -던, -다
④	실질 형태소	길-, 여름, 끝, 나-
⑤	의존 형태소	-었-, -던, 끝, -았-

08 〈보기〉의 문장에 대한 설명으로 적절한 것은?

┤ 보기 ├

해가 솟을 때 그의 얼굴을 봤다.

① '해가'는 3개의 형태소로 구성되어 있다.

② '봤다'는 2개의 형태소로 구성되어 있다.

③ '가'와 '을'은 모두 의존 형태소이자 실질 형태소이다.

④ '솟을 때'는 1개의 자립 형태소와 2개의 의존 형태소로 구성되어 있다.

⑤ '그의 얼굴'은 1개의 실질 형태소와 2개의 형식 형태소로 구성되어 있다.

09 다음 밑줄 친 부분의 형태소가 나머지 넷과 다른 것은?

① <u>여기</u>에서 떠날 때가 되었다.

② 두 사람은 <u>작은</u> 일로 다투었다.

③ 제발 다른 사람을 <u>존중</u>해 주길 바란다.

④ 유치원 선생님이 아이들에게 <u>노래</u>를 가르쳤다.

⑤ <u>그녀</u>의 얼굴에는 눈물을 흘린 흔적이 남아 있었다.

10 〈보기 1〉의 탐구 과정에 따라 〈보기 2〉의 ㉠~㉤을 분류할 때, (가)와 (나)에 해당하는 것을 바르게 분류한 것은?

┤ 보기 1 ├

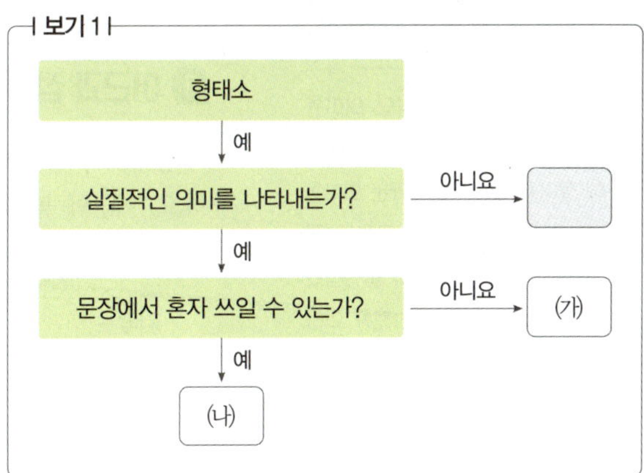

┤ 보기 2 ├

• 나는 주말마다 ㉠시를 읽는다.

• 저 멀리서 ㉡웃고 있는 사람이 보인다.

• 어제 어머니께서 ㉢새 신발을 사 주셨다.

• 그는 연필로 글씨를 ㉣예쁘게 쓰는 솜씨를 지녔다.

• 그 일을 떠올리니 가슴에 무언가 ㉤뜨겁게 차올랐다.

	(가)	(나)
①	㉠, ㉣	㉡, ㉢, ㉤
②	㉡, ㉣	㉠, ㉢, ㉤
③	㉠, ㉣, ㉤	㉡, ㉢
④	㉡, ㉢, ㉣	㉠, ㉤
⑤	㉡, ㉣, ㉤	㉠, ㉢

11 〈보기〉의 문장에 대한 설명으로 적절하지 <u>않은</u> 것은?

┤ 보기 ├

꽃나무에 잎이 돋았다.

① 자립 형태소는 모두 3개이다.

② 형식 형태소는 모두 5개이다.

③ 의존 형태소는 모두 5개이다.

④ 실질 형태소이면서 자립 형태소는 모두 3개이다.

⑤ 실질 형태소이면서 의존 형태소는 모두 2개이다.

단어의 형성 ② : 단어의 구성

개념 따라잡기

'풋사과'에서 실질적인 의미를 나타내는 '사과'는 어근이고, 여기에 붙어서 '덜 익었다'라는 의미를 더하는 '풋-'은 접사야. 그런데 '꽃길'은 '꽃'과 '길' 각각이 실질적인 의미를 나타내고 있고, 전체 의미도 이 둘의 의미가 합쳐진 것이기 때문에 '꽃'과 '길' 모두 어근이라고 할 수 있어.

1 어근과 접사

형태소가 결합하여 단어를 형성할 때 실질적인 의미를 나타내는 중심 부분을 어근이라고 하고, 어근에 붙어 그 뜻을 제한하거나 문법적 역할을 하는 주변 부분을 접사라고 한다.

지우개		풋사과		꽃길	
지우-	-개	풋-	사과	꽃	길
어근	접사	접사	어근	어근	어근

2 어근과 어간

어근	• 실질적 의미를 나타내는 중심이 되는 부분 • 단어의 형성과 관련된 개념 • 다른 어근 또는 접사와 결합하여 쓰임. 예 '논밭'의 '논'과 '밭' / '덮개'의 '덮-' / '어른스럽다'의 '어른'
어간	• 용언이 활용할 때에 변하지 않는 부분 • 용언의 활용과 관련된 개념 • 어미와 결합하여 쓰임. 예 '보다', '보니', '보고'에서의 '보-' / '먹다', '먹니', '먹고'에서의 '먹-'

3 접사의 종류

• **접두사**: 어근의 앞에 붙어서 그 어근에 뜻을 더하거나 제한하는 접사

> • 맨-: 맨손, 맨발, 맨입, 맨주먹
> • 헛-: 헛웃음, 헛기침, 헛수고, 헛디디다
> • 날-: 날것, 날김치, 날강도, 날밤
> • 한-: 한시름, 한가운데, 한낮, 한여름
> • 풋-: 풋고추, 풋과일, 풋감, 풋사랑
>
> • 햇-: 햇감자, 햇과일, 햇병아리
> • 알-: 알밤, 알감, 알항아리, 알부자
> • 맏-: 맏며느리, 맏사위, 맏손자, 맏나물
> • 개-: 개떡, 개살구, 개꿈, 개망나니
> • 들-: 들끓다, 들볶다, 들쑤시다

접미사는 어근과 결합하여 품사를 바꾸기도 해. 명사인 '생각'에 접미사 '-하다'가 결합하여 '생각하다'라는 동사를 만들고, 명사인 '사랑'에 '-스럽다'가 결합하여 형용사를 만들어 주지. 반면 품사를 바꾸지 않는 접미사도 있어. 명사 '소리'에 접미사 '-꾼'이 결합하여도 품사는 그대로 명사인 것처럼 말이야.

• **접미사**: 어근의 뒤에 붙어서 그 어근에 뜻을 더하거나 때로는 품사를 바꾸기도 하는 접사

> • -쟁이: 겁쟁이, 고집쟁이, 떼쟁이
> • -이: 길이, 먹이, 깊이, 미닫이
> • -질: 가위질, 걸레질, 망치질, 곁눈질
> • -꾸러기: 장난꾸러기, 욕심꾸러기, 잠꾸러기, 말썽꾸러기
> • -님: 선생님, 사장님, 별님, 해님
>
> • -개: 날개, 덮개, 지우개
> • -히: 조용히, 무사히, 나란히, 영원히
> • -거리다: 까불거리다, 반짝거리다, 방실거리다, 출렁거리다
> • -롭다: 명예롭다, 신비롭다, 자유롭다
> • -다랗다: 가느다랗다, 굵다랗다, 기다랗다

[1~2] 다음 설명이 맞으면 ○표, 틀리면 ×표에 표시하시오.

1 단어를 형성할 때 실질적인 의미를 나타내는 중심 부분을 어근이라고 한다. (○, ×)

2 어간에 붙어 그 뜻을 제한하거나 문법적 역할을 하는 주변 부분을 접사라고 한다 (○, ×)

[3~4] 다음 문장에 들어갈 알맞은 말을 고르시오.

3 '봄바람'은 (한 / 두) 개의 어근으로 이루어진 단어이다.

4 '먹다'의 '먹–'은 용언이 활용할 때에 변하지 않는 (어간 / 어미)이다.

[5~6] 다음 빈칸에 들어갈 알맞은 말을 쓰시오.

5 어근의 앞에 붙어서 그 어근에 뜻을 더하거나 제한하는 접사를 ( )(이)라고 한다.

6 접미사는 어근의 뒤에 붙어서 그 뜻을 더하거나 때로는 ( )을/를 바꾸기도 하는 접사이다.

[7~9] 다음 단어에 사용된 접사를 쓰시오.

7 웃음 → ( )

8 맨얼굴 → ( )

9 향기롭다 → ( )

> **학습 활동** 〈보기〉의 단어들을 어근과 접사로 나누어 보자.
>
> | 보기 |
> | 손질 맏아들 생고기 복스럽다 |

| 손질 | 손+–질 | 맏아들 | (❶) |
| 생고기 | (❷) | 복스럽다 | (❸) |

01 '어근과 접사'에 대한 설명으로 적절하지 <u>않은</u> 것은?

① 어근은 단어의 실질적인 의미를 나타내는 중심 부분이다.

② 접사는 어근에 붙는 위치에 따라 접두사와 접미사로 나뉜다.

③ 접두사는 어근에 특정한 뜻을 더하거나 제한하는 역할을 한다.

④ 접미사는 일반적으로 접두사와 달리 어근의 품사를 바꾸기도 한다.

⑤ 접미사는 새 단어를 파생할 때 접두사와 달리 어근에 뜻을 더하지 않는다.

02 〈보기〉의 단어에 대한 설명으로 적절하지 <u>않은</u> 것은?

| 보기 |
| 밥 꽃잎 민낯 얼음 헛소문 |

① 접두사가 결합한 단어는 1개이다.

② 접미사가 결합한 단어는 1개이다.

③ 하나의 어근으로만 이루어진 단어는 1개이다.

④ 둘 이상의 어근으로 이루어진 단어는 1개이다.

⑤ 품사를 바꾸는 접사가 결합한 단어는 1개이다.

03 다음 중 단어의 구성을 분석한 내용으로 적절하지 <u>않은</u> 것은?

① 날개: 날–(어근)+–개(접사)

② 햇사과: 햇–(어근)+사과(접사)

③ 생고생: 생–(접사)+고생(어근)

④ 욕심쟁이: 욕심(어근)+–쟁이(접사)

⑤ 말썽꾸러기: 말썽(어근)+–꾸러기(접사)

01 다음 중 어근과 접사의 결합으로 구성된 단어가 <u>아닌</u> 것은?

① 개꿈
② 돌다리
③ 녹음기
④ 슬기롭다
⑤ 사랑하다

02 다음 중 접두사가 포함되지 <u>않은</u> 것은?

① 덧신
② 낚시질
③ 설익다
④ 들쑤시다
⑤ 햇병아리

03 다음 중 접미사가 포함되지 <u>않은</u> 것은?

① 놀이
② 달님
③ 정성껏
④ 참사랑
⑤ 걱정스럽다

04 다음 중 접사가 결합하면서 품사가 바뀐 것은?

① 넓이
② 맨다리
③ 날달걀
④ 풋사랑
⑤ 옹기장이

05 〈보기〉의 단어를 분석한 내용으로 적절하지 <u>않은</u> 것은?

┤ 보기 ├
| 노랗다 | 뒤섞다 | 밟히다 |

① '노랗다'는 어간과 어미로 이루어진 단어이다.
② '뒤섞다'의 어간은 '뒤섞-'이다.
③ '뒤섞다'는 접사가 어근 앞에 붙어서 이루어진 단어이다.
④ '밟히다'의 어간은 '밟-'이다.
⑤ '밟히다'의 '-히-'는 접사이다.

06 〈보기〉의 ㉠~㉢에 들어갈 예로 적절한 것은?

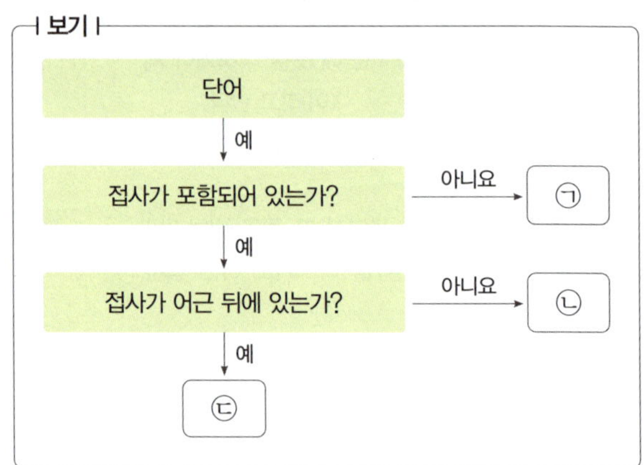

	㉠	㉡	㉢
①	먹보	한여름	햇과일
②	좋다	구경꾼	눈물
③	호시절	새해	밤낮
④	책가방	풋사과	무사히
⑤	알밤	사랑	맨손

07 다음 단어에 결합된 접두사의 뜻으로 적절하지 <u>않은</u> 것은?

	단어	접두사	어근에 더하는 뜻
①	날밤[夜]	날-	부질없이
②	맨눈	맨-	다른 것이 없는
③	풋잠	풋-	미숙한, 깊지 않은
④	들오리	들-	무리하게 힘을 들여
⑤	헛고생	헛-	이유 없는, 보람 없는

08 다음 단어에 결합된 접미사의 뜻으로 적절하지 <u>않은</u> 것은?

	단어	접미사	어근에 더하는 뜻
①	꾀보	-보	그것을 특성으로 지닌 사람
②	떼쟁이	-쟁이	그것이 나타내는 속성을 많이 가진 사람
③	사장님	-님	높임
④	칠장이	-장이	그것과 관련된 기술을 가진 사람
⑤	잠꾸러기	-꾸러기	그것이 부족한 사람

09 다음 중 단어의 구성 방식이 〈보기〉의 단어와 같은 순서로 연결된 것은?

┌ 보기 ┐

한가운데 - 욕심꾸러기

① 숲속 - 홑몸
② 봄볕 - 헛수고
③ 단벌 - 알부자
④ 개살구 - 조용히
⑤ 아름답다 - 가느다랗다

10 다음 중 단어의 구성을 분석한 내용이 적절하지 <u>않은</u> 것은?

① 믿음: 믿-(어근) + -음(접미사)
② 햇밤: 햇-(접두사) + 밤(어근)
③ 군소리: 군-(어근) + -소리(접미사)
④ 짓찧다: 짓-(접두사) + 찧-(어근) + -다(어미)
⑤ 헛살다: 헛-(접두사) + 살-(어근) + -다(어미)

11 다음 중 밑줄 친 형태소의 성격이 <u>다른</u> 하나는?

① 날<u>개</u>　　② 덮<u>개</u>　　③ 물<u>개</u>
④ 병따<u>개</u>　　⑤ 지우<u>개</u>

12 〈보기〉를 참고할 때, 단어를 분석한 내용이 적절하지 <u>않은</u> 것은?

┌ 보기 ┐

　접미사는 어근의 품사를 바꾸기도 한다. 예를 들어, 명사 어근 '사랑'에 접미사 '-스럽다'가 결합하여 '사랑스럽다'라는 형용사를 만들고, '사랑스럽다'는 문장에서 다양하게 활용된다. 그러나 접미사가 반드시 품사를 바꾸지는 않는다. 예를 들어, 명사 어근 '실림'에 접미사 '-꾼'이 결합한 '살림꾼'은 명사이다.

① 먹이: 동사 어근 '먹-'에 접미사 '-이'가 결합하여 품사가 명사로 바뀌었다.
② 깊숙이: 형용사 어근 '깊숙-'에 접미사 '-이'가 결합하여 품사가 부사로 바뀌었다.
③ 나란히: 형용사 어근 '나란-'에 접미사 '-히'가 결합하여 품사가 부사로 바뀌었다.
④ 고집쟁이: 명사 어근 '고집'에 접미사 '-쟁이'가 결합하여 품사가 대명사로 바뀌었다.
⑤ 자유롭다: 명사 어근 '자유'에 접미사 '-롭다'가 결합하여 품사가 형용사로 바뀌었다.

단어의 형성 ③ : 단어의 유형

'해, 별, 바람, 먹-, 좋-'은 모두 하나의 어근이야. '눈물, 책가방'은 각각 '눈'과 '물', '책'과 '가방'이라는 두 개의 어근으로 이루어져 있고, '짓누르다, 구경꾼'은 각각 '누르다', '구경'이라는 어근과 '짓-', '-꾼'이라는 접사가 결합되어 있어.

1 단일어와 복합어

단일어	하나의 어근으로 이루어진 단어 예 해, 별, 바람, 먹다, 좋다
복합어	둘 이상의 어근으로 이루어졌거나 어근과 접사가 결합하여 이루어진 단어로, 파생어와 합성어로 나뉜다. 예 눈물, 책가방, 짓누르다, 구경꾼

2 파생어의 개념과 종류

- **파생어의 개념**: 어근과 접사가 결합하여 만들어진 단어
- **파생어의 종류**

접두 파생어	어근 앞에 접두사가 붙어서 이루어진 단어로, 이때 접두사는 어근에 특정한 뜻을 더하거나 의미를 강조하는 역할을 한다. 예 한여름, 헛고생, 맨땅, 되묻다
접미 파생어	어근 뒤에 접미사가 붙어서 이루어진 단어로, 이때 접미사는 어근에 특정한 뜻을 더하거나 품사를 바꾸는 등의 역할을 한다. 예 손질, 딸랑이, 무사히, 건강하다

3 합성어의 개념과 종류

- **합성어의 개념**: 접사 없이 둘 이상의 어근이 결합하여 만들어진 단어
- **합성어의 종류**

통사적 합성어와 비통사적 합성어를 구분할 때, 우리말에서 조사가 생략되는 것은 일반적인 문장 구성법이므로 통사적 합성어라고 보고, 어미가 생략되는 것은 일반적인 문장 구성법이 아니므로 비통사적 합성어로 본다는 점을 기억해.

구성 방식	통사적 합성어	우리말의 어순이나 단어 배열 방식과 같은 방법으로 형성된 합성어 • 명사+명사 예 밤낮, 돌다리, 논밭 • 관형사+명사 예 새해, 첫사랑, 옛날 • 용언의 관형사형+명사 예 작은집, 큰아버지, 뜬소문 • 주어+서술어 예 낯설다, 겁나다, 힘들다 • 목적어+서술어 예 본받다, 힘쓰다, 등지다, 선보다 • 부사어+서술어 예 잘되다, 그만두다, 바로잡다, 가로막다 • 용언의 연결형(어간+연결 어미)+용언 예 뛰어가다, 들어가다, 갈고닦다 • 부사+부사 예 곧잘, 더욱더, 잘못, 이리저리
	비통사적 합성어	우리말의 어순이나 단어 배열 방식에 맞지 않는 방법으로 형성된 합성어 • 어간+명사 예 덮밥, 꺾쇠, 검버섯, 들것 • 부사+명사 예 산들바람, 딱성냥, 척척박사 • 부사성 어근+명사 예 곱슬머리, 보슬비, 물렁뼈 • 어간+어간 예 감싸다, 굶주리다, 날뛰다, 빼앗다
의미 관계	대등 합성어	두 어근의 본래의 의미를 가지고 대등한 자격으로 연결되는 합성어 예 앞뒤(앞과 뒤), 흑백(흑과 백), 오가다(오고 가다)
	종속 합성어	한쪽의 어근이 다른 한쪽의 어근을 수식하는 합성어 예 산길(산에 나 있는 길), 돌다리(돌로 만든 다리)
	융합 합성어	어근과 어근이 결합할 때 각각의 어근이 가진 원래 의미를 벗어나 새로운 의미를 나타내는 합성어 예 피땀(피와 땀 → 노력), 밤낮(밤과 낮 → 항상)

[1~2] 다음 설명이 맞으면 ○표, 틀리면 ×표에 표시하시오.

1 하나의 어근으로 이루어진 단어를 단일어라고 한다.   (○ , ×)

2 둘 이상의 어근 또는 어근과 접사로 이루어진 단어를 복합어라고 한다.   (○ , ×)

[3~4] 다음 빈칸에 들어갈 알맞은 말을 쓰시오.

3 파생어는 어근에 접사가 붙는 위치가 어디인지에 따라 (　　　　) 파생어와 (　　　　) 파생어로 나눌 수 있다.

4 둘 이상의 어근이 접사 없이 결합하여 만들어진 단어를 (　　　　)(이)라고 한다.

5 다음 단어의 형성 방식에 해당하는 단어를 알맞게 연결하시오.

(1) 어근＋어근　•　　　　•　눈사람

(2) 접두사＋어근　•　　　　•　영원히

(3) 어근＋접미사　•　　　　•　헛디디다

6 〈보기〉의 합성어를 구성 방식에 따라 분류하시오.

┌ 보기 ┐
곧잘, 논밭, 부슬비, 먹거리

(1) 통사적 합성어: ＿＿＿＿＿＿＿＿＿＿

(2) 비통사적 합성어: ＿＿＿＿＿＿＿＿＿＿

학습 활동 다음 단어들을 접두 파생어와 접미 파생어로 분류해 보자.

| 들끓다 | 선생님 | 일꾼 | 참뜻 | 새파랗다 | 멋쟁이 |

접두 파생어	❶
접미 파생어	❷

01 다음 중 접두 파생어인 것은?

① 망치질　　② 딸랑이　　③ 명예롭다

④ 새빨갛다　　⑤ 까불거리다

02 다음 중 접미 파생어인 것은?

① 참말　　② 나무꾼　　③ 되묻다

④ 한시름　　⑤ 샛노랗다

학습 활동 다음 단어들을 통사적 합성어와 비통사적 합성어로 분류해 보자.

| 뛰놀다 | 젊은이 | 잡아먹다 | 굳세다 | 오르내리다 | 작은아버지 |

통사적 합성어	비통사적 합성어
❸	❹

03 다음 단어의 형성 방식에 대한 설명으로 적절하지 <u>않은</u> 것은?

① '별자리'는 명사와 명사가 결합하여 만들어진 통사적 합성어이다.

② '주름살'은 명사와 명사가 결합하여 만들어진 통사적 합성어이다.

③ '날뛰다'는 어간과 어간이 직접 결합하여 만들어진 비통사적 합성어이다.

④ '선보다'는 어간과 어간이 직접 결합하여 만들어진 비통사적 합성어이다.

⑤ '굶주리다'는 어간과 어간이 직접 결합하여 만들어진 비통사적 합성어이다.

01 '복합어'에 대한 설명으로 적절하지 <u>않은</u> 것은?

① 복합어는 합성어와 파생어로 분류할 수 있다.

② 합성어는 접사 없이 둘 이상의 어근이 결합하여 만들어진 단어이다.

③ 합성어는 결합되는 각각의 어근의 원래 의미가 유지되는 경우만을 뜻한다.

④ 파생어는 접사를 통해 새로운 의미를 가지거나 문법적인 변화가 일어난 것이다.

⑤ 파생어는 파생 접사의 결합 위치에 따라 접두 파생어와 접미 파생어로 나눌 수 있다.

02 다음 중 단어의 형성 방식과 그에 따른 예를 바르게 제시하지 <u>못한</u> 것은?

① 단일어 – 읽다

② 합성어 – 찬밥

③ 합성어 – 되감다

④ 파생어 – 군침

⑤ 파생어 – 자랑스럽다

03 다음 단어의 유형에 해당하는 단어의 예를 바르게 정리한 것은?

	단일어	파생어	합성어
①	춤	맨땅	물렁뼈
②	많이	군말	마소
③	구석	헐뜯다	풋나물
④	기쁘다	날고기	드넓다
⑤	학교	시꺼멓다	산들바람

04 다음 중 파생어의 종류가 <u>다른</u> 하나는?

① 기쁨

② 덮개

③ 돌배

④ 손님

⑤ 겁쟁이

05 〈보기〉의 ⓐ～ⓔ에 대한 설명으로 적절하지 <u>않은</u> 것은?

┤ 보기 ├

ⓐ 날강도   ⓑ 덧대다   ⓒ 달리기
ⓓ 신비롭다   ⓔ 고요히

① ⓐ와 ⓑ는 접두사와 어근이 결합한 접두 파생어이다.

② ⓐ의 '날–'과 ⓓ의 '–롭다'는 어근에 일정한 뜻을 더해 준다.

③ ⓑ와 ⓒ는 접사가 단어의 품사를 바꾼 경우에 해당한다.

④ ⓒ와 ⓔ는 어근과 접미사가 결합한 접미 파생어이다.

⑤ ⓓ의 '–롭다'는 형용사, ⓔ의 '–히'는 부사를 만드는 접사이다.

06 다음 단어에 결합된 접사의 뜻으로 적절한 것은?

① 풋감: 싱그러운

② 군식구: 덧붙은

③ 돌미역: 단단한

④ 한겨울: 하나의

⑤ 치받다: 아래로 향하게

07 〈보기〉에서 설명하는 합성어에 해당하지 <u>않는</u> 것은?

┌ 보기 ├
어근과 어근의 연결이 우리말의 일반적인 단어 배열 방식과 일치하는 것을 통사적 합성어라고 한다.
└

① 접칼
② 큰집
③ 길바닥
④ 작은형
⑤ 알아듣다

08 〈보기〉의 ㉠에 해당하는 단어의 예로 적절한 것은?

┌ 보기 ├
통사적 합성어는 우리말의 어순이나 단어 배열과 같은 방법으로 형성된 합성어이다. 명사와 명사가 결합한 경우, ㉠용언의 관형사형과 명사가 결합한 경우, 용언의 연결형과 용언이 결합한 경우, 명사와 용언 사이의 조사가 생략된 채 결합한 경우 등이 있다.
└

① 나팔꽃, 어린이
② 굳은살, 큰아버지
③ 빛나다, 걸어가다
④ 뜬소문, 강아지풀
⑤ 바로잡다, 높푸르다

09 〈보기〉의 설명을 참고할 때, 밑줄 친 단어의 구성 방식과 같은 것은?

┌ 보기 ├
우리말의 어순이나 단어 배열 방식에 맞지 않는 방법으로 형성된 합성어를 비통사적 합성어라고 한다. 예를 들어 '검버섯'은 동사 어간 '검-'에 관형사형 어미 '-은' 없이 바로 명사 '버섯'이 연결되어 있으므로, 비통사적 합성어로 볼 수 있다.
└

① 꺾쇠
② 새집
③ 첫사랑
④ 가시방석
⑤ 쫓아가다

10 〈보기〉의 밑줄 친 단어에 대한 설명으로 적절하지 <u>않은</u> 것은?

┌ 보기 ├
ⓐ 열심히 <u>산길</u>을 올랐다.
ⓑ 마을에는 작은 <u>돌다리</u>가 있다.
ⓒ 그녀는 <u>피땀</u> 어린 노력을 했다.
ⓓ <u>흑백</u>의 조화를 이룬 그림이 걸려 있다.
ⓔ 우리 마을 <u>앞뒤</u>로 맑은 강물이 흐른다.
└

① ⓐ의 '산길'은 '산'이 '길'을 수식하므로 종속 합성어이다.
② ⓑ의 '돌다리'는 '돌'이 '다리'를 수식하므로 종속 합성어이다.
③ ⓒ의 '피땀'은 각각의 어근이 가진 본래의 의미와는 다른 의미로 쓰였으므로 융합 합성어이다.
④ ⓓ의 '흑백'은 각각의 어근이 가진 본래의 의미와는 다른 의미로 쓰였으므로 융합 합성어이다.
⑤ ⓔ의 '앞뒤'는 두 어근이 본래의 의미를 가지고 대등한 자격으로 연결되므로 대등 합성어이다.

11 〈보기〉의 ㉠~㉤에 대한 설명으로 적절하지 <u>않은</u> 것은?

┌ 보기 ├
㉠ 짓밟다, 짓누르다
㉡ 잠, 슬픔
㉢ 공부하다, 생각하다
㉣ 갈고닦다, 뛰어가다
㉤ 감싸다, 검푸르다
└

① ㉠: 어근의 앞에 접사가 결합한 파생어로 '짓이기다'를 추가할 수 있다.
② ㉡: 접미사가 결합하여 어근의 품사를 바꾼 경우로 '삶'을 추가할 수 있다.
③ ㉢: 명사 어근에 접사가 결합하면서 동사가 된 파생어로 '건강하다'를 추가할 수 있다.
④ ㉣: 용언의 연결형과 용언이 결합한 합성어로 '들어가다'를 추가할 수 있다.
⑤ ㉤: 용언의 어간과 어간이 결합한 합성어로 '여닫다'를 추가할 수 있다.

단어의 의미 관계

개념 따라잡기

1 유의 관계

  말소리는 다르지만 의미가 거의 같거나 비슷한 단어들의 관계를 유의 관계라고 하고, 이러한 관계에 있는 단어들을 유의어라고 한다. 유의 관계에 있는 단어들은 그 의미가 매우 비슷하여 대치하여 사용할 수 있지만, 의미가 비슷한 정도에는 차이가 있기 때문에 대치할 수 없는 경우도 있다.
예 꿈틀대다 – 꿈틀거리다 / 속 – 안 / 견디다 – 참다

2 반의 관계

  서로 의미가 반대되거나 대립되는 단어들을 반의 관계에 있다고 하고, 이러한 관계에 있는 단어들을 반의어라고 한다. 반의 관계가 성립되려면 한 쌍의 반의어 사이에 하나의 의미 요소만 다르고 나머지 의미 요소는 공통적이어야 한다.
예 소년 ↔ 소녀 / 남자 ↔ 여자 / 처녀 ↔ 총각

3 상하 관계

  한쪽이 의미상 다른 쪽을 포함하거나 다른 쪽에 포함되는 의미 관계를 상하 관계라고 한다. 이때 포함하는 단어가 상의어, 포함되는 단어가 하의어이다. 상의어일수록 일반적·포괄적 의미를, 하의어일수록 개별적·한정적 의미를 지닌다.
예 동물 ⊃ 개 / 개 ⊃ 삽살개

4 동음이의 관계

  소리는 같지만 의미가 다른 단어 간의 관계를 동음이의 관계라고 하고, 이러한 관계의 단어를 동음이의어라고 한다. 동음이의어는 소리만 같을 뿐, 서로 다른 단어이므로 사전에 별개의 단어로 각각 등재된다.
예 손^1(사람 신체의 일부분.) / 손^2(다른 곳에서 찾아온 사람.) / 손^5(한 손에 잡을 만한 분량을 세는 단위.)

5 다의 관계

  하나의 소리에 두 가지 이상의 여러 가지 의미를 가진 단어의 관계를 다의 관계라고 한다. 하나의 중심적 의미와 여러 개의 주변 의미를 가지며, 사전에는 하나의 표제어로 등재된다.

중심적 의미	다의어의 의미 중 가장 기본적이고 핵심적인 의미 예 손^{1}의 「1」 사람의 팔목 끝에 달린 부분.
주변적 의미	다의어에서 중심적 의미가 확장된 의미 예 손^{1}의 「3」 일손. / 손^{1}의 「4」 어떤 일을 하는 데 드는 사람의 힘이나 노력, 기술.

[1~3] 다음 설명이 맞으면 ○표, 틀리면 ×표에 표시하시오.

1 유의 관계에 있는 단어들은 어느 경우에나 서로 바꿔서 사용할 수 있다. 　　　　　　(○ , ×)

2 반의 관계에 있는 두 단어는 하나의 의미 요소만 같고, 나머지 의미 요소들은 다르다는 특성이 있다. 　　　　　　　　　　　　(○ , ×)

3 상의어일수록 일반적인 의미를 나타내고, 하의어 일수록 개별적인 의미를 나타낸다. 　　(○ , ×)

[4~5] 다음 빈칸에 들어갈 알맞은 말을 쓰시오.

4 (　　　　) 관계에 있는 단어는 한 단어에 여러 개의 단어가 대립할 수 있다.

5 소리는 같지만 의미가 서로 다른 단어 간의 관계를 (　　　　) 관계라고 하고, 하나의 소리에 두 가지 이상의 관련된 의미가 결합된 관계를 (　　　　) 관계라고 한다.

[6~8] 다음 문장에 들어갈 알맞은 말을 고르시오.

6 '얼굴'과 '낯'은 서로 (유의 관계 / 반의 관계)에 있는 단어이다.

7 '손님'의 뜻인 '손'과 '고등어 한 손'이라고 할 때의 '손'은 (유의어 / 다의어 / 동음이의어)이다.

8 다의어 '손[手]'의 의미 중 '사람의 팔목 끝에 달린 부분'이라는 뜻은 (중심적 / 주변적) 의미이다.

학습 활동 〈보기〉에서 '기쁨'의 유의어, 반의어, 상의어를 찾아 써 보자.

보기
즐거움　슬픔　감정　쾌락　희열　환희　괴로움

	유의어	❶
기쁨	반의어	❷
	상의어	❸

01 다음 중 유의 관계를 이루는 단어의 쌍이 아닌 것은?

① 이 – 치아　　　　② 생물 – 식물
③ 기쁨 – 즐거움　　④ 옥수수 – 강냉이
⑤ 가끔 – 드문드문

02 다음 중 〈보기〉의 밑줄 친 단어들의 의미 관계와 가장 유사한 것은?

보기
가는 날이 장날

① 뜨다 – 지다　　　　② 뛰다 – 달리다
③ 높이다 – 낮추다　　④ 이동하다 – 걷다
⑤ 요리하다 – 조리하다

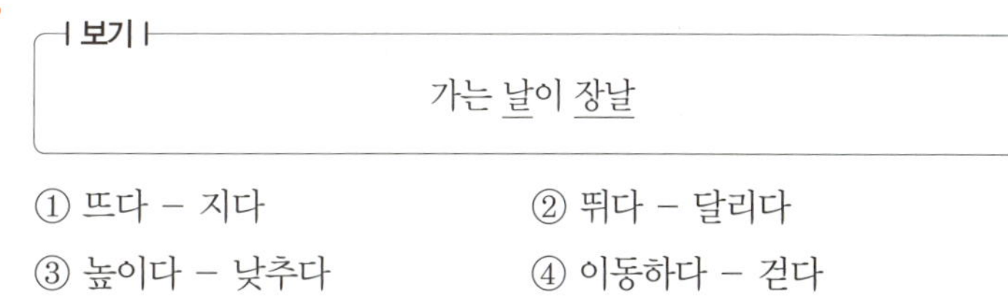

학습 활동 다음 문장의 밑줄 친 단어들이 각각 어떤 관계인지 써 보자.

- 약이 쓰다.
- 글씨를 쓰다. → ❹

- 이불을 덮고 깊이 잠들다.
- 그의 짧은 일생이 영원히 잠들다. → ❺

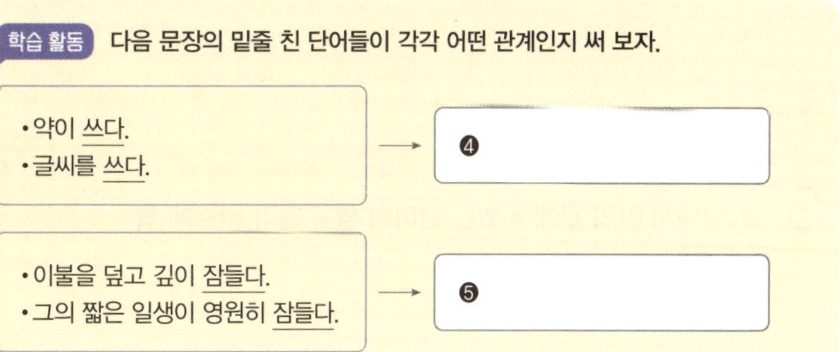

03 다음 밑줄 친 단어 중에서 중심적 의미로 쓰인 것은?

① 재희는 발이 참 넓다.
② 이것은 장롱의 발이다.
③ 혜수가 축구공을 발로 찼다.
④ 그는 발이 매우 빠른 선수이다.
⑤ 순미는 너무 놀라 한 발 뒤로 물러섰다.

01 '단어의 의미 관계'에 대한 설명으로 적절하지 <u>않은</u> 것은?

① 하나의 단어가 여러 가지 의미를 갖는 경우도 있다.

② 동음이의 관계에 있는 단어들은 사전에 하나의 단어로 등재된다.

③ 둘 이상의 단어가 서로 짝을 이루어 대립하는 의미 관계를 반의 관계라고 한다.

④ 상하 관계의 단어 중 상의어는 포괄적인 의미를 지니며 여러 개의 하의어를 가질 수 있다.

⑤ 유의 관계에 있는 단어들은 의미가 비슷한 정도에 차이가 있어 대치할 수 없는 경우도 있다.

02 〈보기〉의 ㉠을 대체할 수 있는 단어로 가장 적절한 것은?

┤보기├

횡단보도 앞에 자동차가 ㉠섰다.

① 성립됐다

② 정지했다

③ 곧추섰다

④ 무뎌졌다

⑤ 곤두섰다

03 〈보기〉에서 반의 관계에 있는 단어의 쌍을 골라 바르게 묶은 것은?

┤보기├

㉠ 속 – 안 ㉡ 참 – 거짓 ㉢ 길다 – 짧다
㉣ 사다 – 팔다 ㉤ 견디다 – 참다

① ㉠, ㉡, ㉢

② ㉠, ㉢, ㉣

③ ㉡, ㉢, ㉣

④ ㉡, ㉢, ㉤

⑤ ㉢, ㉣, ㉤

04 '벗다'에 대해 탐구한 내용으로 적절하지 <u>않은</u> 것은?

① '옷을 벗다.'에서 '벗다'의 반의어는 '입다'가 되겠군.

② '누명을 벗다.'에서 '벗다'의 반의어는 '쓰다'가 되겠군.

③ '혐의를 벗다.'에서 '벗다'는 '씻다'와 바꾸어 쓸 수 있겠군.

④ '가방을 벗다.'에서 '벗다'는 '없애다'와 바꾸어 쓸 수 있겠군.

⑤ '책임을 벗다.'에서 '벗다'는 '면하다'와 바꾸어 쓸 수 있겠군.

05 〈보기〉의 ⓐ～ⓒ에 해당하는 단어의 예로 적절한 것은?

┤보기├

서로 짝을 이루어 의미상 대립하는 관계에 있는 반의어는 대략 세 종류로 살펴볼 수 있다. '살다 – 죽다'와 같이 개념적 영역이 상호 배타적이어서 중립 상태가 없는 반의어를 ⓐ상보 반의어라고 하고, '많다 – 적다'와 같이 정도나 등급을 나타내는 반의어를 ⓑ등급 반의어라고 하며, '형 – 아우'와 같이 방향상의 대립 관계를 나타내는 반의어를 ⓒ방향 반의어라고 한다.

① ⓐ: 덥다 – 춥다   ② ⓐ: 가다 – 오다

③ ⓑ: 좋다 – 싫다   ④ ⓑ: 주다 – 받다

⑤ ⓒ: 여성 – 남성

06 〈보기〉에 제시된 단어들의 의미 관계에 대한 설명으로 적절하지 <u>않은</u> 것은?

┤보기├

음식   중식   한식   비빔밥   햄버거

① '음식'과 '중식'은 상하 관계에 있다.

② '음식'은 '한식'과 '중식'의 상의어이다.

③ '중식'의 하의어로 '한식'이 올 수는 있다.

④ '비빔밥'은 '한식'의 하의어지만, '음식'의 하의어는 아니다.

⑤ '음식'은 '햄버거'의 상의어이지만, '중식'은 '햄버거'의 상의어가 아니다.

07 〈보기〉의 문장을 이루는 단어에 대한 설명으로 적절하지 않은 것은?

┤ 보기 ├

우리는 배를 타고 바다를 건너는 중에 아침으로 사과를 먹었다.

① '배'는 '보기만 해도 배가 부르다.'의 '배'와 동음이의 관계에 있다.

② '타고'는 '장작이 활활 타고 있다.'의 '타고'와 동음이의 관계에 있다.

③ '아침'은 '조식'과 유의 관계에 있으므로 '아침'을 '조식'으로 대체할 수 있다.

④ '사과'는 '과일'과 상하 관계에 있으며, 의미상 '과일'보다 구체적인 의미를 나타낸다.

⑤ '먹다'는 '복용하다'와 유의 관계에 있으므로 '먹었다'를 '복용했다'로 대체할 수 있다.

08 다음 밑줄 친 두 단어가 〈보기〉에서 설명하는 동음이의 관계에 있는 것은?

┤ 보기 ├

소리는 같지만 의미가 다른 단어 간의 관계를 동음이의 관계라고 하고, 이러한 관계의 단어를 동음이의어라고 한다.

① ┌ 다리에 쥐가 나다.
   └ 의자의 다리가 하나 부러졌다.

② ┌ 한 수만 물러 주게.
   └ 단감이 물러 연시처럼 되었다.

③ ┌ 옷에 풀기가 죽었다.
   └ 애써 피운 장작불이 죽었다.

④ ┌ 좁은 길로 다니지 마라.
   └ 한평생 살아온 길을 돌아보았다.

⑤ ┌ 그 방에는 볕이 잘 들었다.
   └ 어제는 사랑에 손님이 들었다.

09 다음 밑줄 친 두 단어가 다의 관계가 아닌 것은?

① ┌ 그녀는 머리가 정말 좋다.
   └ 에어컨 바람을 너무 오래 쐬서 머리가 아프다.

② ┌ 그는 아침마다 카페에 간다.
   └ 날이 더우니 사소한 일에도 신경이 간다.

③ ┌ 갑자기 바람이 세차게 불었다.
   └ 누나가 나에게 놀자며 바람을 집어넣었다.

④ ┌ 아저씨는 종이에 기름을 먹였다.
   └ 감기가 심한 동생에게 약을 먹였다.

⑤ ┌ 너무 피곤하여 밤 열 시에 잠이 들었다.
   └ 아버지는 제사상에 올릴 밤을 까고 계셨다.

10 〈보기〉의 ㉠~㉤에 들어갈 예문으로 적절하지 않은 것은?

┤ 보기 ├

보다¹

[Ⅰ]「동사」

「1」 눈으로 대상의 존재나 형태적 특징을 알다.
　　예 수상한 사람을 보면 신고하시오.

「2」 눈으로 대상을 즐기거나 감상하다.
　　예 ＿＿＿＿＿㉠＿＿＿＿＿

「3」 책이나 신문 따위를 읽다.
　　예 ＿＿＿＿＿㉡＿＿＿＿＿

「4」 대상의 내용이나 상태를 알기 위하여 살피다.
　　예 ＿＿＿＿＿㉢＿＿＿＿＿

「5」 일정한 목적 아래 만나다.
　　예 ＿＿＿＿＿㉣＿＿＿＿＿

「6」 맡아서 보살피거나 지키다.
　　예 ＿＿＿＿＿㉤＿＿＿＿＿

① ㉠: 그는 텔레비전을 보다가 잠이 들었다.

② ㉡: 여가 시간에 책을 보는 습관을 들였다.

③ ㉢: 현미경을 보며 세포 조직을 관찰했다.

④ ㉣: 그의 사정을 보니 딱하게 되었다.

⑤ ㉤: 나는 아이를 봐 줄 사람을 구했다.

어휘의 종류와 양상

우리말 어휘는 상황에 따라 다양하게 나타나. 따라서 고유어, 한자어, 외래어의 특성을 고려하여 상황에 맞는 어휘를 적절하게 사용해야 해.

1 어휘의 종류

고유어	개념	우리말에 본디부터 있던 말이나 그것에 기초하여 새로 만들어진 말 예 구름, 마음, 바다, 무지개
	특성	• 우리 민족 특유의 문화와 정서가 잘 반영됨. • 일상생활에서 자주 쓰이다 보니 대개 하나의 낱말이 지닌 의미의 폭이 넓음.
한자어	개념	한자를 바탕으로 만들어진 말 예 친구(親舊), 학생(學生), 자동차(自動車), 개과천선(改過遷善)
	특성	• 고유어에 비해 뜻이 구체적인 경우가 많아 고유어를 보완하는 역할을 함. • 세부적인 의미를 정확하게 전달할 수 있어 학술 용어나 전문 용어로 많이 쓰임. • 중국에서 들어온 말, 일본에서 만들어진 후 우리나라로 들어온 말, 우리 스스로 만들어 낸 말 등이 있음.
외래어	개념	다른 나라에서 들어와 우리말처럼 쓰이는 말 예 컵(cup), 빌딩(building), 피아노(piano), 컴퓨터(computer)
	특성	• 외국과의 문화적 교류 과정에서 함께 들어온 새로운 사물이나 현상을 나타내는 말이 많고, 그 수가 점점 늘어나고 있음. • 우리말 어휘를 풍부하게 해 주는 한편, 지나치게 사용할 경우 우리말의 정체성을 위협할 수 있음.

2 어휘의 양상

한 언어에서, 사용 지역 또는 사회 계층에 따라 달라진 말을 방언이라고 하는데, 크게 지역 방언과 사회 방언으로 분류할 수 있다.

지역 방언	개념	지역에 따라 다르게 쓰는 말 예 부추−정구지('부추'의 방언으로, 경상, 전북, 충청 지역에서 사용함.)
	특성	• 해당 지역의 고유한 정서와 문화를 담고 있으며, 같은 말을 사용하는 사람들 사이에 친근감과 유대감을 느끼게 함. • 공적인 상황에서는 주로 표준어를 사용하지만, 사적인 상황에서는 지역 방언을 사용하는 경우가 많음. • 해당 지역의 향토색을 느낄 수 있어 문학 작품 등에서 특정 분위기를 형성할 때에 사용하기도 함. • 우리말의 어휘를 풍부하게 해 주며, 우리말의 다양성을 보여 주는 소중한 언어 자료임. • 옛말의 자취가 남아 있어 우리말의 역사를 연구하는 데 도움을 줌.
사회 방언	개념	성별, 세대, 직업 등의 사회적 요인에 따라 다르게 쓰는 말 예 트리플렛(셋잇단음표), 싱커페이션(당김음) → 음악과 관련된 직업을 가진 사람들이 주로 사용함.
	특성	• 같은 사회 집단 내에서 의사소통의 효율성을 높이며, 구성원 간의 소속감과 친밀감을 형성함. • 우리말의 어휘를 다양하게 함. • 다른 사회 집단에서 사용하면 의사소통에 어려움이 생길 수 있음.

✦ **전문어와 사고 도구어**
• 전문어: 학술이나 기타 전문 분야에서 특별한 뜻으로 쓰는 말로 사회 방언의 한 종류이다. 뜻이 정밀하고 다의성이 적어 같은 집단 내에서 사용 시 의사소통의 효율성을 높여 준다. 다만 대부분 전문어에 대응하는 일반 어휘가 없어, 일반인은 의사소통에 어려움을 겪을 수 있다.
• 사고 도구어: 학술 분야에서 일반적으로 쓰이는 기본 어휘를 말한다. 교과서에서 많이 쓰이는 '개념, 전제, 추론, 분석' 등을 예로 들 수 있다. 사고 도구어는 논리 및 사고 전개 과정을 드러내어, 이를 적절히 사용하면 사고를 정교하게 표현할 수 있다.

학술적인 글이나 담화에서 의미를 명료하게 전달하기 위해 전문어나 사고 도구어를 사용하는 경우가 많아.

[1~3] 다음 설명이 맞으면 ○표, 틀리면 ×표에 표시하시오.

1 우리말 어휘는 고유어, 한자어, 외래어로 나눌 수 있다.　　　　　　　　　　　　　(○ , ×)

2 한 언어에서 사용 지역 또는 사회 계층에 따라 달라진 말을 표준어라고 한다.　　　　(○ , ×)

3 성별, 세대, 직업 등의 요인에 따라 다르게 쓰는 말을 사회 방언이라고 한다.　　　　(○ , ×)

[4~6] 다음 문장에 들어갈 알맞은 말을 고르시오.

4 우리말에 본디부터 있던 말이나 그것에 기초하여 새로 만들어진 말을 (고유어 / 한자어)라고 한다.

5 '수학(數學), 학교(學校)'와 같이 한자를 바탕으로 만들어진 말을 (한자어 / 외래어)라고 한다.

6 사회 방언 중 (전문어 / 사고 도구어)는 학술이나 기타 전문 분야에서 특별한 뜻으로 쓰이는 말이다.

7 〈보기〉와 같이 의사소통에 차이가 나는 요인은?

> **보기**
> **할아버지:** 자네 자당은 별고 없으신가?
> **남학생:** 자당은 무슨 말을 줄인 거예요?

① 세대　　　　　② 직업
③ 지역　　　　　④ 성별
⑤ 학력

학습 활동 다음 ㉠~㉽을 어휘의 종류에 따라 분류해 보자.

> ㉠버스 창 너머의 하늘은 하루의 피로를 잊게 해 준다. ㉡발그레한 노을로 가득한 하늘은 ㉢찬란한 빛깔로, 인간의 언어로는 ㉣형언하기 어려운 아름다움으로 물든다. 나는 하차 ㉤벨을 누르는 것도 잊고, ㉥우두커니 바라보고 있었다.

고유어	한자어	외래어
❶	❷	❸

01 다음 중 한자어와 외래어가 모두 쓰인 문장은?

① 오늘 저녁은 피자를 먹어야겠어.
② 집 앞 카페에는 내가 좋아하는 빵을 판다.
③ 집안일을 마치고 학교에 가서 친구를 만났다.
④ 우리 중에서 그녀가 피아노 연주를 제일 잘한다.
⑤ 그에게 받은 케이크를 다른 사람들과 나누어 먹었다.

학습 활동 다음 상황을 살펴보고, 사회 방언이 나타나는 까닭을 찾아 연결해 보자.

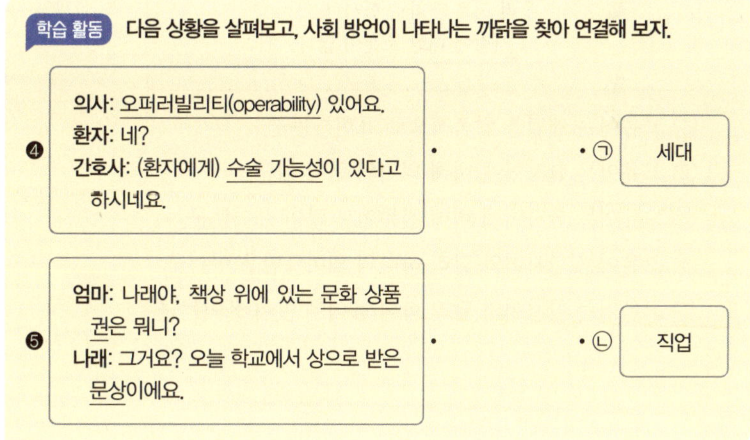

02 전문어에 대한 설명으로 적절하지 <u>않은</u> 것은?

① 한자어, 외래어, 외국어가 많다.
② 직업의 특성이 반영된 용어이다.
③ 많은 사람들이 일상적으로 쓰는 용어이다.
④ 짧은 말로도 명확한 의미를 전달할 수 있게 한다.
⑤ 사용하는 구성원 간의 소속감과 친밀감을 형성하게 한다.

01 〈보기〉의 단어를 어휘의 종류에 맞게 분류한 것은?

┤ 보기 ├

김　나물　두유　볼펜　주스　필통

	고유어	한자어	외래어
①	김, 두유	나물, 볼펜	필통, 주스
②	김, 나물	두유, 주스	볼펜, 필통
③	김, 나물	두유, 필통	볼펜, 주스
④	나물, 두유	김, 필통	볼펜, 주스
⑤	나물, 두유	김, 볼펜	필통, 주스

02 〈보기〉를 통해 알 수 있는 고유어의 특성으로 가장 적절한 것은?

┤ 보기 ├

고치다	• 옷을 수선하다. • 병을 치료하다. • 건물을 수리하다.
말	• 내가 발언할 차례이다. • 우리 서로 대화로 합시다. • 그 사람에 대한 소문이 많다.

① 고유어는 개념을 압축적으로 표현하는군.

② 고유어는 한자어에 비해 의미의 폭이 넓군.

③ 고유어는 한자어에 비해 전문어로 많이 쓰이는군.

④ 고유어는 한자어와 달리 하나의 의미로만 쓰이는군.

⑤ 고유어는 한자어와 달리 학술 용어에 많이 쓰이는군.

03 〈보기〉의 밑줄 친 단어를 대체할 수 있는 단어로 가장 적절한 것은?

┤ 보기 ├

여행 갈 마음은 있니?

① 감정(感情)　② 기분(氣分)　③ 심정(心情)

④ 의향(意向)　⑤ 호감(好感)

04 '외래어'에 대한 설명으로 적절하지 <u>않은</u> 것은?

① 다른 나라에서 들어와 우리말처럼 쓰인다.

② 고유어나 한자어로 쉽게 바꾸어 쓸 수 있다.

③ 새로운 사물이나 현상을 나타내는 말들이 많이 사용된다.

④ 다른 나라와의 사회적·문화적 교류 과정을 통해 많이 들어왔다.

⑤ 무분별하게 사용할 경우 우리말의 정체성을 위협할 수도 있으므로 유의해야 한다.

05 〈보기〉의 밑줄 친 단어를 바르게 분류한 것은?

┤ 보기 ├

일요일 아침이 되었다. 어젯밤 늦게까지 게임을 했지만 엄마가 깨우는 소리에 일찍 일어났다. 얼른 샤워를 하고 친구와 약속한 장소로 출발했다.

	고유어	한자어	외래어
①	아침, 소리	일요일, 친구	게임, 샤워
②	아침, 샤워	소리, 게임	일요일, 친구
③	일요일, 아침	소리, 친구	게임, 샤워
④	일요일, 샤워	아침, 게임	소리, 친구
⑤	게임, 친구	일요일, 샤워	아침, 소리

06 한자어와 외래어의 공통점으로 가장 적절한 것은?

① 맛, 모양 등을 생생하게 표현한다.

② 사회적 요인에 따라 분화된 말이다.

③ 우리 스스로 만들어 낸 말들이 많다.

④ 우리말 어휘를 풍부하게 만들어 준다.

⑤ 오늘날 우리 민족의 정서를 잘 드러내 준다.

07 '지역 방언'에 대한 설명으로 적절하지 <u>않은</u> 것은?

① 공적인 상황보다는 사적인 상황에서 사용하는 경우가 많다.

② 의미가 매우 정밀하여 일반적인 표현으로 바꾸어 쓰기 어렵다.

③ 같은 지역 사람들끼리 사용하면 친근감과 유대감을 느낄 수 있다.

④ 다른 지역 사람들이 들을 때 그 내용을 이해하기 어려울 수도 있다.

⑤ 우리 옛말의 자취가 남아 있어서 국어의 역사를 연구하는 데 도움을 준다.

08 '표준어 – 지역 방언'의 순서가 <u>아닌</u> 것은?

① 감자 – 감재　　　② 부추 – 정구지
③ 겁나게 – 매우　　④ 할머니 – 할매
⑤ 기다리다 – 기둘리다

09 〈보기〉는 문학 작품의 일부를 제시한 것이다. ㉠을 ㉡과 같이 바꾸었을 때의 표현 효과로 가장 적절한 것은?

┤ 보기 ├

㉠ "소가 토끼냐? 사고 싶다고 달랑 사게. 당장 저 도짓소라도 없으면 너하고 네 형, 학교도 끝이야. 그런다고 네가 목에다가 멍에를 걸 거냐?"

㉡ "소가 토깽이냐? 사고 잡다고 달랑 사게. 당장 저 도짓소라도 읎으믄 니하고 니 성, 핵교도 끝이여. 그란다고 니놈이 목에다가 멍에를 걸그냐?"

– 전성태, 「소를 줍다」

① 등장인물의 성격을 드러낼 수 있다.

② 특정 상황을 더욱 전문적으로 표현할 수 있다.

③ 상황을 더 자세하고 정확하게 전달할 수 있다.

④ 독자가 등장인물의 말에 더욱 깊이 공감할 수 있다.

⑤ 작품이 배경으로 하는 지역의 고유한 정서를 잘 느낄 수 있다.

10 사회 방언에 영향을 미치는 요인이 <u>아닌</u> 것은?

① 성별　　　② 세대　　　③ 지역
④ 직업　　　⑤ 계층

11 〈보기〉의 대화가 원활하지 않은 이유로 적절한 것은?

┤ 보기 ├

할아버지: 공부하느라 고생이 많겠구나. 얼마 전에 치른 시험은 어땠니?

손자: 네. 이번에는 인강 들으면서 열심히 공부했어요. 성적이 오르면 삼촌이 생선으로 컴퓨터를 사 주신다고 했거든요.

할아버지: 뭘 했다고? 인강? 생선으로 컴퓨터는 또 어떻게 사냐?

① 손자가 외래어를 사용했기 때문이다.

② 손자가 전문어를 사용했기 때문이다.

③ 손자가 지역 방언을 사용했기 때문이다.

④ 손자가 어려운 한자어를 사용했기 때문이다.

⑤ 손자가 또래끼리 쓰는 줄임말을 사용했기 때문이다.

12 〈보기〉의 단어들의 공통점으로 적절하지 <u>않은</u> 것은?

┤ 보기 ├

• 레가토(legato): 악보에서, 둘 이상의 음을 이어서 부드럽게 연주하라는 말.

• 트리플렛(triplet): 잇단음표의 하나. 이등분하여야 할 음표를 삼등분하여 한데 묶어 나타낸 것으로, '3' 자와 연결선을 기입하여 표시한다.

• 싱커페이션(syncopation): 한 마디 안에서 센박과 여린박의 규칙성이 뒤바뀌는 현상.

① 대부분 대응하는 일반 어휘가 있다.

② 단어의 뜻이 정밀하여 다의성이 적다.

③ 사회적인 요인으로 인해 분화된 단어들이다.

④ 전문적인 작업을 효과적으로 수행하도록 돕는다.

⑤ 해당 분야의 종사자가 아닌 사람에게 사용하면 의사소통에 어려움이 생긴다.

01 〈보기〉의 문장에 대한 설명으로 적절하지 <u>않은</u> 것은?

┤ 보기 ├

세 사람은 길을 찾아 나섰다.

① 단어는 모두 7개이다.
② 조사는 모두 2개이다.
③ 형태소는 모두 11개이다.
④ 실질 형태소는 모두 7개이다.
⑤ 의존 형태소는 모두 8개이다.

02 〈보기〉의 ㉠~㉣에 해당하는 단어의 예로 적절한 것은?

┤ 보기 ├

단어는 하나의 어근으로 이루어진 ㉠단일어, 둘 이상의 어근으로 이루어졌거나 어근과 접사가 결합하여 이루어진 복합어로 나눌 수 있다. 복합어는 ㉡합성어와 파생어로 나뉘며, 파생어의 경우는 다시 ㉢접두 파생어와 ㉣접미 파생어로 나눌 수 있다.

	㉠	㉡	㉢	㉣
①	흙	꽃밭	눈빛	맨발
②	봄비	달리기	검붉다	옛날
③	오리	치솟다	걸레질	많이
④	하늘	힘들다	풋고추	소리꾼
⑤	바라다	짙푸르다	그만두다	싯누렇다

03 〈보기〉의 ⓐ에 해당하는 단어를 바르게 짝 지은 것은?

┤ 보기 ├

비통사적 합성어는 단어를 구성하는 어근들이 일반적인 통사적 구성 방식과 어긋난 방법으로 형성된 합성어를 말한다. 예를 들어 '@용언의 어간＋명사', '용언의 어간＋용언의 어간', '부사＋명사' 등의 구성 방식으로 형성된 단어들이 이에 해당한다.

① 새집, 손수건
② 들것, 늦더위
③ 군밤, 더욱더
④ 팥죽, 딱성냥
⑤ 작은집, 낯설다

04 〈보기〉에 제시된 의미 관계에 해당하지 <u>않는</u> 것은?

┤ 보기 ├

반의 관계에 있는 단어들은 오직 하나의 의미 요소만 다르고, 나머지 의미 요소는 공통된다. 예를 들어 '남자'와 '여자'는 오직 '성별'이라는 의미 요소만 다르고 나머지는 공통되므로 반의 관계이다.

① 신사 ↔ 숙녀
② 소년 ↔ 소녀
③ 쉽다 ↔ 어렵다
④ 총각 ↔ 아주머니
⑤ 올라가다 ↔ 내려가다

05 〈보기〉에 제시된 단어들의 의미 관계로 적절한 것은?

┤ 보기 ├

식품 – 유제품 – 버터

① 유의 관계
② 반의 관계
③ 상하 관계
④ 다의 관계
⑤ 동음이의 관계

06 〈보기〉의 제시된 단어들의 의미 관계에 해당하는 사례가 <u>아닌</u> 것은?

┤ 보기 ├

눈[目] – 눈[雪]

① 참기름을 발라 구운 김에 밥을 싸서 먹었다.
   유리창에 김이 서려 밖이 잘 보이지 않는다.
② 서후는 항상 나보다 남을 먼저 생각한다.
   여기부터 남으로 10킬로미터는 더 가야 한다.
③ 그가 뜨거운 태양 때문에 땀을 뻘뻘 흘렸다.
   그는 정성을 들여 한 땀 한 땀 바느질을 했다.
④ 우리 집으로 초대해서 함께 차 한 잔 해야겠다.
   서울에는 차가 너무 많아서 교통 체증이 심하다.
⑤ 진수는 오늘 멋있는 모자를 쓰고 왔다.
   광부들이 온몸에 석탄가루를 까맣게 쓰고 있었다.

07

〈보기〉를 통해 알 수 있는 한자어의 특성으로 가장 적절한 것은?

| 보기 |

- 전학 갈 때 네 <u>마음</u>은 어땠어?
  ≒ 심정(心情)
- 친구의 농담에 <u>마음</u>이 상했다.
  ≒ 기분(氣分)
- 너 저사람에게 <u>마음</u>이 있는 모양이로구나.
  ≒ 호감(好感)
- 공부에는 <u>마음</u>이 없고 노는 데만 정신이 팔렸다.
  ≒ 의향(意向)

① 다른 나라에서 들어와 우리말처럼 쓰인다.

② 일반인들이 고유어보다 뜻을 이해하기 쉽다.

③ 우리 민족의 삶과 밀접한 관련을 맺고 발달해 왔다.

④ 우리 민족이 지닌 고유의 정서와 문화가 담겨 있다.

⑤ 고유어보다 분화된 뜻을 지니고 있어서 고유어를 보완한다.

08

〈보기〉의 ⓐ~ⓓ에 대한 설명으로 적절한 것은?

| 보기 |

고객: 노트북이 고장 난 것 같아요. 전원은 켜지는데, 화면이 안 나와요. 왜 그런 거죠?

상담원: 네, 고객님. 일시적인 오동작일 수도 있고, ⓐ<u>그래픽 카드</u>와 ⓑ<u>메모리</u> 등의 내부 장치 이상으로 증상이 발생할 수 있습니다. ⓒ<u>바이오스</u>에 진입하여 ⓓ<u>윈도</u>가 정상 실행되는지 확인해 보시겠어요?

고객: 네? 그게 무슨 말인지…….

① 고유어로 쉽게 대체할 수 있다.

② 특정 분야에서 사용하는 전문어이다.

③ 세대적 요인에 따라 분화된 사회 방언이다.

④ 한 단어가 여러 의미를 가지는 경우가 많다.

⑤ 외부에 알려지면 즉시 새로운 말로 대체된다.

09

〈보기〉의 단어에 대한 설명으로 적절하지 <u>않은</u> 것은?

| 보기 |

| 바다 | 맑다 | 낮잠 | 누비옷 |
| 곁눈질 | 겁나다 | 회덮밥 | |

① '바다'와 '맑다'는 각각 하나의 어근으로 이루어진 단일어이다.

② '낮잠'은 통사적 합성어이고, '누비옷'은 비통사적 합성어이다.

③ '곁눈질'은 합성어 '곁눈'에 접미사 '−질'이 결합된 파생어이다.

④ '겁나다'는 어근 '겁'과 어근 '나−'가 결합한 통사적 합성어이다.

⑤ '회덮밥'은 파생어 '덮밥'에 새로운 어근 '회'가 결합한 합성어이다.

10

〈보기〉에 대한 이해로 적절하지 <u>않은</u> 것은?

| 보기 |

−이[27] 「접사」

「1」 ((몇몇 형용사, 동사 어간 뒤에 붙어)) 명사를 만드는 접미사. 예 길이, 높이

−이[30] 「접사」

「1」 ((일부 부사, 형용사 어근 뒤에 붙어)) 부사를 만드는 접미사. 예 더욱이, 일찍이

「2」 ((일부 1음절 명사의 반복 구성 뒤에 붙어)) 부사를 만드는 접미사. 예 집집이, 나날이

① −이[27] 「1」의 '길이', '높이'는 어근에 접사가 결합하여 품사가 변한 단어이다.

② −이[27] 「1」의 예로 동사의 어근과 접사가 결합한 '먹이'를 추가할 수 있다.

③ −이[30] 「1」의 '더욱이', '일찍이'는 어근에 접사가 결합했지만, 품사가 변하지 않은 단어이다.

④ −이[30] 「2」의 '집집이', '나날이'는 어근에 접사가 결합하여 품사가 변한 단어이다.

⑤ −이[30] 「2」의 예시로 명사가 반복 구성된 어근에 접사가 결합한 '곰곰이'를 추가할 수 있다.

수능으로 실력 쌓기

01 〈보기〉의 [A]에 들어갈 말로 적절하지 <u>않은</u> 것은?

┌ 보기 ├

선생님: 단어는 다음과 같이 세 가지 기준으로 분류될 수 있습니다.

기준	분류
㉠	가변어, 불변어
㉡	용언, 체언, 수식언, 관계언, 독립언
㉢	동사, 형용사, 명사, 대명사, 수사, 관형사, 부사, 조사, 감탄사

자, 이제 아래 문장의 단어들을 탐구해 봅시다.

> 음, 우리가 밝은 곳에서 그 나비 하나를 또 잡았어.

학생: [A]

선생님: 네, 맞아요.

① '나비 하나를 또 잡았어'는 ㉠에 따라 분류하면 가변어 한 개, 불변어 네 개를 포함합니다.

② '나비 하나를'은 ㉡에 따라 분류하면 체언 두 개, 관계언 한 개를 포함합니다.

③ '음, 우리가 밝은 곳에서 그 나비 하나를 또 잡았어'는 ㉢에 따라 분류하면 아홉 개의 품사를 모두 포함합니다.

④ '밝은'과 '잡았어'는 ㉡이나 ㉢ 중 어느 것에 따라 분류하더라도 서로 다른 부류로 분류됩니다.

⑤ '그'와 '또'는 ㉡에 따라 분류하면 수식언이고, ㉢에 따라 분류하면 각각 관형사, 부사입니다.

02 〈보기〉의 밑줄 친 단어의 품사에 대한 이해로 적절하지 <u>않은</u> 것은?

┌ 보기 ├

ㄱ. <u>그곳</u>에서는 <u>빵</u>을 <u>아주</u> <u>쉽게</u> <u>구울</u> 수 있다.

ㄴ. <u>그</u> 사람은 자기<u>가</u> 잠을 <u>잘</u> 잤다고 말했다.

ㄷ. <u>멋진</u> 형이 근처 식당<u>에서</u> 밥을 <u>지어</u> 왔다.

① ㄱ의 '그곳'과 ㄴ의 '그'는 어떤 처소나 대상을 지시하는 대명사이다.

② ㄱ의 '아주'와 ㄴ의 '잘'은 용언 앞에 놓여서 그 뜻을 한정하는 부사이다.

③ ㄱ의 '구울'과 ㄷ의 '지어'는 용언의 어간이 불규칙적으로 활용되는 동사이다.

④ ㄱ의 '쉽게'와 ㄷ의 '멋진'은 어떤 대상의 성질이나 상태를 나타내는 형용사이다.

⑤ ㄴ의 '가'와 ㄷ의 '에서'는 앞말과 다른 말과의 문법적인 관계를 나타내는 조사이다.

03 〈보기〉는 문법 수업의 일부이다. 선생님의 설명에 따라 밑줄 친 단어를 이해한 내용으로 적절하지 <u>않은</u> 것은?

┌ 보기 ├

선생님: 관형사는 체언을 꾸며 주는 품사로 뒤에 오는 체언의 성질이나 상태를 분명하게 해 주는 성상 관형사, 구체적인 대상을 지시해 주는 지시 관형사, 수량을 나타내는 수 관형사로 구분할 수 있습니다. 이러한 관형사는 형태가 변하지 않고 어떤 조사와도 결합하지 않는 특징이 있습니다.

ㄱ. <u>이</u> 상점, <u>두</u> 곳에서는 <u>헌</u> 물건을 판다.

ㄴ. 우리 <u>다섯</u>이 <u>새로</u> 산 구슬을 나눠 가지자.

ㄷ. 나는 오늘 어머니께 드릴 <u>새</u> 옷 <u>한</u> 벌을 샀다.

① ㄱ에서 '이'는 '상점'을 꾸며 주는 지시 관형사이다.

② ㄱ에서 '헌'은 체언인 '물건'의 상태를 드러내 준다.

③ ㄴ의 '다섯'은 조사와 결합하는 것을 보니 관형사가 아니다.

④ ㄱ의 '두'와 ㄷ의 '한'은 수량을 나타내는 수 관형사이다.

⑤ ㄴ의 '새로'와 ㄷ의 '새'는 형태가 변하지 않는 성상 관형사이다.

04 〈보기 1〉의 ㉠~㉣에 해당하는 가장 적절한 예를 〈보기 2〉에서 고른 것은?

┤보기 1├

　용언의 활용은 규칙 활용과 불규칙 활용으로 나눌 수 있다. ㉠규칙 활용은 용언이 활용될 때 어간과 어미의 기본 형태가 바뀌지 않거나, 어간이나 어미의 기본 형태가 바뀌는 모습을 일정한 규칙으로 설명할 수 있다. 한편 불규칙 활용은 용언이 활용될 때 어간이나 어미의 기본 형태가 바뀌는 이유를 일정한 규칙으로 설명할 수 없다. 불규칙 활용에는 ㉡어간이 불규칙적으로 바뀌는 경우, ㉢어미가 불규칙적으로 바뀌는 경우, ㉣어간과 어미가 모두 불규칙적으로 바뀌는 경우가 있다.

┤보기 2├

• 놀이터에서 놀다 보니 옷에 흙이 <u>묻었다</u>.
• 나는 동생에게 출발 시간을 <u>일러</u> 주었다.
• 우리는 한라산 정상에 <u>이르러</u> 잠시 쉬었다.
• 드디어 사람들은 그를 <u>우러러</u> 섬기게 되었다.
• 하늘은 맑고 강물은 <u>파래</u> 기분이 정말 상쾌했다.

	㉠	㉡	㉢	㉣
①	묻었다	이르러	일러, 우러러	파래
②	일러	이르러, 파래	묻었다	우러러
③	이르러	묻었다, 우러러	파래	일러
④	묻었다, 우러러	일러	이르러	파래
⑤	일러, 우러러	묻었다	파래	이르러

05 〈보기〉의 ⓐ~ⓔ에 대한 이해로 적절한 것은?

┤보기├

　국어의 어미는 용언 어간에 붙어 여러 가지 문법적인 기능을 수행한다. 어미는 선어말 어미와 어말 어미로 나누어진다. 선어말 어미는 용언 어간과 어말 어미 사이에 들어가는 것으로 시제나 높임과 같은 문법적 의미를 나타낸다. 선어말 어미는 하나 혹은 둘 이상이 쓰일 수도 있고 아예 쓰이지 않을 수도 있다. 한편 어말 어미에는 종결 어미, 연결 어미, 전성 어미가 있다. 어말 어미는 선어말 어미와 달리 하나만 붙고, 반드시 있어야 한다.

• 머무시는 동안 ⓐ<u>즐거우셨길</u> 바랍니다.
• 이 부분에서 물이 ⓑ<u>샜을</u> 가능성이 높다.
• ⓒ<u>번거로우시겠지만</u> 서류를 챙겨 주세요.
• 시원한 식혜를 먹고 갈증이 싹 ⓓ<u>가셨겠구나</u>.
• 항구에 ⓔ<u>다다른</u> 배는 새로운 항해를 준비했다.

① ⓐ: 선어말 어미 두 개와 연결 어미가 사용되었다.
② ⓑ: 선어말 어미 없이 전성 어미가 사용되었다.
③ ⓒ: 선어말 어미 세 개와 연결 어미가 사용되었다.
④ ⓓ: 선어말 어미 두 개와 종결 어미가 사용되었다.
⑤ ⓔ: 선어말 어미 한 개와 전성 어미가 사용되었다.

06 〈보기〉의 ㉠과 ㉡에 모두 해당하는 단어로 적절한 것은?

┤보기├

　복합어는 어근과 어근이 결합되거나 어근에 접사가 결합되어 만들어진다. 이런 결합 관계는 여러 번에 걸쳐 일어나기도 해서, ㉠<u>어근과 어근이 결합한 데 다시 접사가 붙는 경우</u>도 있고, 어근과 접사가 결합한데 다시 접사가 붙는 경우도 있다. 이때 ㉡<u>접사가 결합되어 어근의 품사가 변하는 경우</u>도 있다.

① 군것질　　② 바느질　　③ 겹겹이
④ 다듬이　　⑤ 헛웃음

07 〈학습 활동〉을 수행한 결과로 적절한 것은?

〈학습 활동〉

형태소는 자립성의 유무와 의미의 유형에 따라 다음과 같이 구분된다.

자립성의 유무 / 의미의 유형	자립 형태소	의존 형태소
실질 형태소	㉠	㉡
형식 형태소	✕	㉢

다음 문장의 형태소를 ㉠, ㉡, ㉢으로 분류한 후, 그 결과를 정리해 보자.

우리는 비를 맞고 바람에 맞서다가 드디어 길을 찾아냈다.

① '우리는'의 '우리'와 '드디어'는 ㉡에 속한다.

② '비를'과 '길을'에는 ㉠과 ㉡에 속하는 형태소만 있다.

③ '맞고'의 '맞-'과 '맞서다가'의 '맞-'은 모두 ㉢에 속한다.

④ '바람에'에는 ㉡과 ㉢에 속하는 형태소만 있다.

⑤ '찾아냈다'에는 ㉡과 ㉢에 속하는 형태소만 있다.

08 〈보기〉의 ㉠에 해당하는 예로 적절한 것은?

보기

셋 이상의 형태소로 이루어진 단어의 구조를 파악하기 위해서는 먼저 그 단어를 직접 이루고 있는 두 요소를 파악해야 한다. 예컨대 '볶음밥'은 의미상 '볶음'과 '밥'으로 먼저 나뉜다. '볶음'은 다시 '볶-'과 '-음'으로 나뉜다. 따라서 '볶음밥'은 ㉠'(어근＋접미사)＋어근'의 구조로 된 합성어이다.

① 집안일　　② 내리막　　③ 놀이터

④ 코웃음　　⑤ 울음보

09 〈보기〉의 탐구 활동을 수행한 결과로 적절한 것만 고른 것은?

보기

[탐구 과제]

다음을 참고하여 [탐구 자료] ㉠～㉣을 [A], [B]로 구분하고, 그렇게 구분한 근거를 적어 보자.

어근에 파생 접사가 결합하여 새로운 단어가 형성될 때 [A]품사가 바뀌는 경우도 있고, [B]품사가 바뀌지 않는 경우도 있다. 예를 들어, 명사 '마음'에 접사 '-씨'가 결합하여 '마음씨'가 될 때는 품사가 바뀌지 않지만, 형용사 '넓다'의 어근 '넓-'에 접사 '-이'가 결합하여 '넓이'가 될 때는 품사가 명사로 바뀐다.

[탐구 자료]

• 예술에 대한 안목을 ㉠높이다.
• 그는 모자를 ㉡깊이 눌러썼다.
• 오랫동안 ㉢딸꾹질이 멈추지 않았다.
• 그런 일은 ㉣일찍이 경험하지 못했던 일이다.

[탐구 결과]

탐구 자료	구분	근거	
㉠	[B]	형용사 '높다'의 어근 '높-'에 접사 '-이-'가 결합하여 형용사가 됨.	… ⓐ
㉡	[A]	형용사 '깊다'의 어근 '깊-'에 접사 '-이'가 결합하여 명사가 됨.	… ⓑ
㉢	[A]	부사 '딸꾹'에 접사 '-질'이 결합하여 명사가 됨.	… ⓒ
㉣	[B]	부사 '일찍'에 접사 '-이'가 결합하여 부사가 됨.	… ⓓ

① ⓐ, ⓑ　　② ⓐ, ⓓ　　③ ⓑ, ⓒ

④ ⓑ, ⓓ　　⑤ ⓒ, ⓓ

• 정답과 해설 42쪽

10

2020학년도 10월 고3 전국연합

〈보기〉의 ㉠~㉣을 바르게 분류한 것은?

┤ 보기 ├

※ 다음 밑줄 친 단어를 통해 합성어의 형성 과정을 탐구해 보자.

- 이곳은 ㉠이른바 우리나라의 곡창 지대이다.
- 붕대로 ㉡감싼 상처가 정말 심각해 보였다.
- 집행부가 질서를 ㉢바로잡을 계획을 세웠다.
- 대학교에 가려면 ㉣건널목을 건너야만 한다.

[탐구 과정]

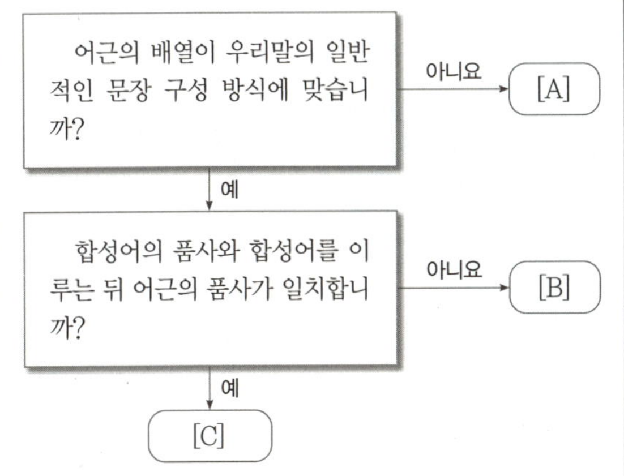

	[A]	[B]	[C]
①	㉠	㉡, ㉣	㉢
②	㉠, ㉢	㉡	㉣
③	㉡	㉠	㉢, ㉣
④	㉡	㉢	㉠, ㉣
⑤	㉡, ㉣	㉢	㉠

11

2022학년도 9월 모의평가

〈보기〉의 ㉮에 들어갈 말로 적절하지 <u>않은</u> 것은?

┤ 보기 ├

선생님: 다음은 접사의 특징을 확인하기 위해 수집한 파생어들이에요. ㉠~㉤에서 각각 확인되는 접사의 공통점을 설명해 보세요.

㉠ 넓이, 믿음, 크기, 지우개
㉡ 끄덕이다, 출렁대다, 반짝거리다
㉢ 울보, 낚시꾼, 멋쟁이, 장난꾸러기
㉣ 밀치다, 살리다, 입히다, 깨뜨리다
㉤ 부채질, 풋나물, 휘감다, 빼앗기다

학생: 예, 접사가 ┌ ㉮ ┐는 공통점이 있습니다.

① ㉠에서는 용언에 결합하여 명사를 만든다
② ㉡에서는 부사에 결합하여 동사를 만든다
③ ㉢에서는 사람을 가리키는 의미의 단어를 만든다
④ ㉣에서는 주동사에 결합하여 사동사를 만든다
⑤ ㉤에서는 어근과 품사가 동일한 단어를 만든다

12

2022학년도 6월 모의평가

〈보기〉를 바탕으로 할 때, ㉠~㉢에 해당하는 단어가 사용된 예로 적절한 것은?

┤ 보기 ├

선생님: 신체 관련 어휘는 ㉠신체 부위를 나타내는 중심적 의미가 ㉡주변적 의미로 확장될 수 있어요. 이때 ㉢소리는 같지만 중심적 의미가 다른 단어와 잘 구분해야 합니다. 그럼 아래에서 이러한 의미 관계를 확인해 봅시다.

코[1] • 포유류의 얼굴 중앙에 튀어나온 부분.
　　 • 콧구멍에서 흘러나오는 액체.
코[2] • 그물이나 뜨개질한 물건의 눈마다의 매듭.

① ㉠: 묽은 코가 옷에 묻어 휴지로 닦았다.
② ㉠: 어부가 쳐 놓은 어망의 코가 끊어졌다.
③ ㉡: 코끼리는 긴 코를 자유자재로 사용한다.
④ ㉡: 동생이 갑자기 코를 다쳐서 병원에 갔다.
⑤ ㉢: 어머니께서 목도리를 한 코씩 떠 나가셨다.

문장

17 문장 성분

18 문장의 짜임

19 문법 요소 ❶: 종결 표현

20 문법 요소 ❷: 높임 표현

21 문법 요소 ❸: 시간 표현

22 문법 요소 ❹: 피동 표현

23 문법 요소 ❺: 사동 표현

24 문법 요소 ❻: 부정 표현, 인용 표현

✦ 무엇을 배울까?

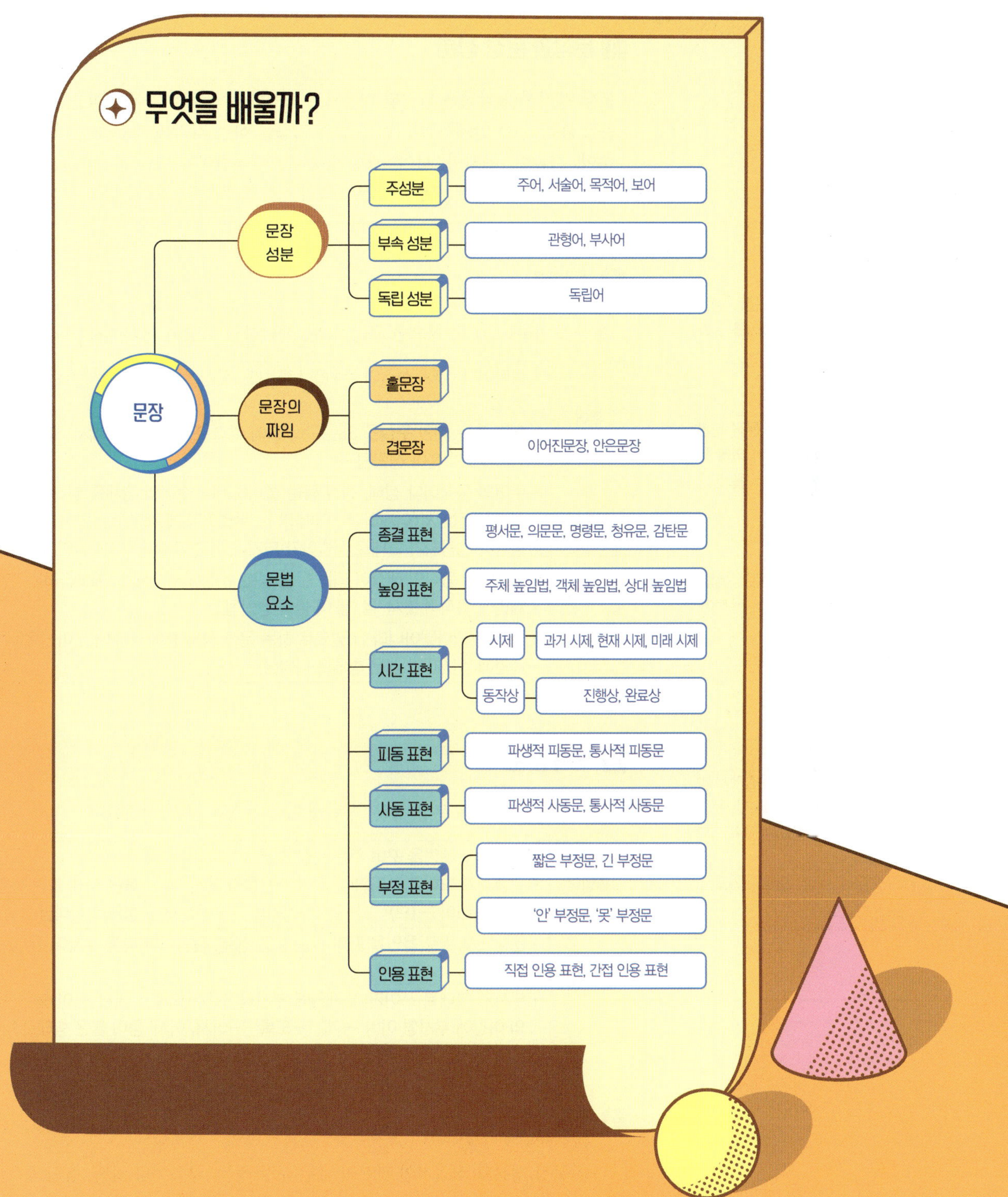

문장
문장 성분
주성분
주어, 서술어, 목적어, 보어
부속 성분
관형어, 부사어
독립 성분
독립어
문장의 짜임
홑문장
겹문장
이어진문장, 안은문장
문법 요소
종결 표현
평서문, 의문문, 명령문, 청유문, 감탄문
높임 표현
주체 높임법, 객체 높임법, 상대 높임법
시간 표현
시제
과거 시제, 현재 시제, 미래 시제
동작상
진행상, 완료상
피동 표현
파생적 피동문, 통사적 피동문
사동 표현
파생적 사동문, 통사적 사동문
부정 표현
짧은 부정문, 긴 부정문
'안' 부정문, '못' 부정문
인용 표현
직접 인용 표현, 간접 인용 표현

문장 성분

개념 따라잡기

1 문장과 문장 성분

- **문장**: 생각이나 감정을 완결된 내용으로 표현하는 최소의 언어 형식을 말한다.
- **문장 성분**: 문장 안에서 일정한 문법적 기능을 하는 각각의 부분들을 말한다. 문장 성분에는 주어, 서술어, 목적어, 보어, 관형어, 부사어, 독립어가 있는데, 이들은 문장 안에서의 역할에 따라 크게 '주성분', '부속 성분', '독립 성분'으로 묶을 수 있다.

2 주성분

문장을 이루는 데 꼭 필요한 문장 성분. 생략하면 문장이 어색해지거나 성립되지 않는다.

주어	• 동작이나 상태, 성질의 주체를 나타내는 문장 성분. 문장에서 '누가', '무엇이'에 해당하는 말 • 체언 또는 체언 구실을 하는 구나 절에 주격 조사 '이/가', '께서', '에서(단체를 나타내는 명사 뒤)'가 붙어 성립됨.
서술어	• 주어의 동작이나 상태, 성질 등을 풀이하거나 주어의 정체를 밝히는 기능을 하는 문장 성분. 문장에서 '어찌하다', '어떠하다', '무엇이다'에 해당하는 말 • 동사나 형용사가 그대로 서술어가 되거나, 체언에 서술격 조사 '이다'가 붙어 성립됨.
목적어	• 서술어의 동작의 대상이 되는 문장 성분. 문장에서 '무엇을'에 해당하는 말 • 체언에 목적격 조사 '을/를'이 붙어 성립됨.
보어	• 서술어 '되다', '아니다'가 필요로 하는 문장 성분 중에서 주어가 아닌 것에 해당하는 말 • 체언에 '이/가'가 붙은 형태로 나타남.

3 부속 성분

주성분을 꾸며 주는 문장 성분. 생략해도 그 문장은 대개 성립한다.

관형어	• 문장에서 체언을 꾸며 주는 문장 성분 • 관형사가 그대로 쓰이거나, 체언에 관형격 조사 '의'가 붙은 형태 또는 용언의 어간에 관형사형 어미 '-(으)ㄴ', '-는', '-(으)ㄹ', '-던'이 붙은 형태로 나타남.
부사어	• 문장에서 주로 용언을 꾸며 주는 문장 성분. 관형어나 다른 부사어, 문장 전체를 꾸미기도 함. • 부사가 그대로 쓰이거나, 체언에 부사격 조사 '(으)로', '에서' 등이 붙은 형태 또는 용언의 어간에 부사형 어미 '-게', '-도록', '-아서/어서' 등이 붙은 형태로 나타남.

4 독립 성분

다른 문장 성분과 직접적인 관련이 없는 문장 성분. 부름이나 감탄, 응답 등을 나타낸다.

독립어	• 문장의 어느 성분과도 직접적인 관련 없이 독립적으로 쓰이는 문장 성분 • 감탄사가 그대로 쓰이거나, 체언에 호격 조사 '아/야', '(이)여' 등이 붙은 형태로 나타남.

✦ **서술어의 자릿수**
- 한 자리 서술어: 필수적 문장 성분이 한 개인 서술어로 주어를 필요로 함.
  - 예 <u>꽃이</u> 피었다.
    주어
- 두 자리 서술어: 필수적 문장 성분이 두 개인 서술어로 주어 외에 목적어, 보어, 부사어 중 하나를 필요로 함.
  - 예 <u>그는</u> <u>영화를</u> 보았다.
    주어 목적어
- 세 자리 서술어: 필수적 문장 성분이 세 개인 서술어로 주어, 목적어, 부사어를 필요로 함.
  - 예 <u>그가</u> <u>내게</u> <u>선물을</u> 주었다.
    주어 부사어 목적어

✦ **필수적 부사어**
부속 성분인 부사어는 문장에서 반드시 필요한 성분은 아니지만, 문장을 구성하는 데 꼭 필요한 필수적 부사어도 있다.
- 예 주다, 넣다, 두다, 같다, 비슷하다, 닮다, 다르다

[1~2] 다음 설명이 맞으면 ○표, 틀리면 ✕표에 표시하시오.

1 문장 성분은 문장 안에서의 역할에 따라 크게 주성분, 부속 성분, 독립 성분으로 묶인다. (○ , ✕)

2 문장의 주성분에는 주어, 서술어, 목적어, 독립어가 있다. (○ , ✕)

[3~4] 다음 문장에 들어갈 알맞은 말을 고르시오.

3 주어는 동작이나 상태, 성질의 (주체 / 객체)를 나타내는 문장 성분으로 문장에서 '누가', '무엇이'에 해당한다.

4 (서술어 / 목적어 / 보어)는 주어의 동작, 상태, 성질 등을 풀이하거나 주어의 정체를 밝히는 기능을 하는 문장 성분이다.

5 〈보기〉를 참고하여 빈칸에 들어갈 알맞은 말을 쓰시오.

┌─ 보기 ┐
|　　　　푸른 바다가 보고 싶다.　　　　|
└─────────────────────────┘

〈보기〉에서 '푸른'은 '푸르다'가 기본형으로 품사는 형용사에 해당한다. 하지만 뒤에 오는 '바다'를 꾸며 주는 기능을 하고 있으므로 문장 성분은 (　　　　)이다.

[6~7] 다음 빈칸에 들어갈 알맞은 말을 쓰시오.

6 부속 성분은 주성분을 꾸며 주는 문장 성분으로 관형어와 (　　　　)이/가 이에 해당한다.

7 (　　　　)은/는 문장의 어느 성분과도 직접적인 관련 없이 독립적으로 쓰이는 문장 성분이다.

학습 활동 문장 성분의 종류를 아래의 표에 정리해 보자.

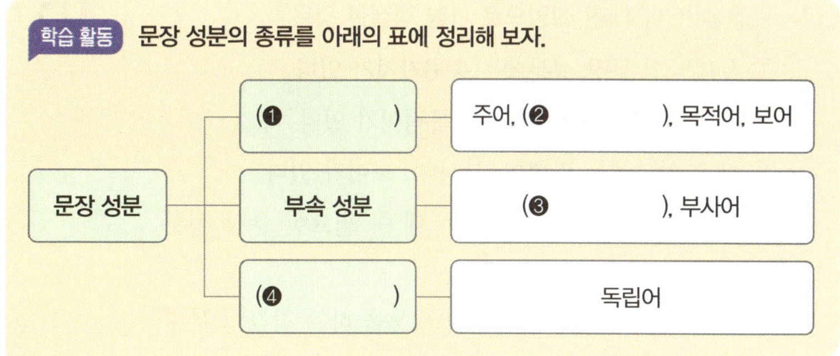

01 다음 중 문장의 주성분에 속하지 <u>않는</u> 것은?

① 주어　　　　② 보어　　　　③ 목적어
④ 관형어　　　⑤ 서술어

02 다음 밑줄 친 부분이 보어에 해당하는 것은?

① <u>미소가</u> 학교에 간다.
② <u>정윤아</u>, 너 밥 먹었니?
③ 그는 결국 <u>경찰관이</u> 되었다.
④ <u>할머니께서는</u> 귀가 밝으시다.
⑤ 며칠이 지나자 아이의 볼에 <u>발진이</u> 생겼다.

학습 활동 다음 문장에서 서술어가 필수적으로 요구하는 문장 성분을 찾고, 서술어의 자릿수를 정리해 보자.

문장	서술어가 필요로 하는 문장 성분	서술어의 자릿수
영수는 맛있는 빵을 먹었다.	❺	❻
붉은 꽃이 아름답게 피었다.	❼	❽

03 다음 중 한 자리 서술어가 쓰인 것은?

① 아기가 운다.
② 나는 바보가 아니다.
③ 그녀는 간식을 먹는다.
④ 민지는 나에게 선물을 주었다.
⑤ 영식이는 어머니와 매우 닮았다.

개념 기초 다지기

01 '문장 성분'에 대한 설명으로 가장 적절한 것은?

① 우리말의 문장 성분에는 총 6가지가 있다.

② 주성분에는 주어, 서술어, 목적어가 있다.

③ 부속 성분에는 관형어, 부사어, 보어가 있다.

④ 독립 성분은 문장을 이루는 데 꼭 필요한 문장 성분이다.

⑤ 문장 안에서 일정한 문법적 기능을 하는 각각의 부분들을 의미한다.

02 다음 밑줄 친 부분이 주성분에 해당하지 <u>않는</u> 것은?

① 그는 <u>학교에</u> 간다.

② <u>아름다운</u> 꽃이 피었다.

③ 동생은 <u>떡볶이를</u> 좋아한다.

④ 나는 <u>그녀와</u> 생각이 다르다.

⑤ <u>겨울이</u> 오고 날씨가 추워진다.

03 〈보기〉에 사용된 주성분의 개수를 바르게 제시한 것은?

┤ 보기 ├

너는 항상 나에게 많은 도움을 주었다.

① 1개 　　② 2개 　　③ 3개
④ 4개 　　⑤ 5개

04 다음 밑줄 친 부분이 〈보기〉에서 설명하는 문장 성분에 해당하는 것은?

┤ 보기 ├

주어의 동작이나 상태, 성질 등을 풀이하거나 주어의 정체를 밝히는 기능을 한다.

① <u>철수는</u> 노래를 잘한다.

② 민규는 <u>선생님이</u> 되었다.

③ 나는 네가 <u>기다리던</u> 사람이다.

④ 그는 왔던 길로 <u>다시</u> 돌아갔다.

⑤ 앞으로도 <u>많은</u> 도움을 주십시오.

05 다음 밑줄 친 부분이 〈보기〉의 ㉠에 해당하는 것은?

┤ 보기 ├

문장에서 '어찌하다', '어떠하다', '무엇이다'에 해당하는 말로, 동사나 형용사가 그대로 서술어가 되거나, ㉠체언에 서술격 조사 '이다'가 붙어 성립된다.

① 오랜 열애 끝에 그들은 <u>결혼했다</u>.

② 장군님은 진정한 저의 <u>영웅이십니다</u>.

③ 그는 나에게 숨기고 있던 비밀을 <u>말했다</u>.

④ 그녀는 아무리 봐도 평범한 인물이 <u>아니다</u>.

⑤ 비가 갠 후의 밤하늘은 유난히 <u>아름답습니다</u>.

06 〈보기〉를 참고하여 서술어의 자릿수를 탐구한 내용으로 적절한 것은?

┤ 보기 ├

서술어는 그 성격에 따라 필요로 하는 문장 성분의 개수가 다른데, 이를 '서술어의 자릿수'라고 한다.

① '예쁜 꽃이 피었다.'의 서술어는 주어만을 필요로 한다.

② '내가 신발을 산다.'의 서술어는 목적어만을 필요로 한다.

③ '그는 의사가 되었다.'의 서술어는 보어만을 필요로 한다.

④ '학교의 건물이 멋있다.'의 서술어는 주어와 보어를 필요로 한다.

⑤ '그녀는 어머니와 꽤 닮았다.'의 서술어는 주어와 목적어를 필요로 한다.

07 〈보기〉에 사용된 부속 성분의 개수를 바르게 제시한 것은?

┤ 보기 ├

아, 저는 정말 당신의 말을 모두 기억합니다.

① 2개 　　② 3개 　　③ 4개
④ 5개 　　⑤ 6개

08 〈보기〉를 참고하여 부속 성분에 대해 탐구한 내용으로 적절하지 <u>않은</u> 것은?

| 보기 |

　　다른 성분을 수식하는 부속 성분에는 관형어와 부사어가 있다. 관형어는 체언을 수식하고 부사어는 용언, 관형어, 부사어, 문장 전체 등을 수식한다.

① '철수가 새 옷을 입었다.'의 '새'는 체언을 수식하는 관형어이다.

② '음식이 엄청나게 맛있다.'의 '엄청나게'는 용언을 수식하는 부사어이다.

③ '나는 방을 깨끗이 정리했다.'의 '깨끗이'는 관형어를 수식하는 부사어이다.

④ '드디어 그가 한국에 돌아왔다.'의 '드디어'는 문장 전체를 수식하는 부사어이다.

⑤ '육상 선수가 매우 높이 뛰어 올랐다.'의 '매우'는 부사어를 수식하는 부사어이다.

09 다음 밑줄 친 부분이 독립 성분에 해당하는 것은?

① <u>아</u>, 날씨가 참 좋다.

② 그녀는 <u>드디어</u> 도착했다.

③ <u>멋지구나</u>, 서울이란 곳은.

④ 너도 그 <u>영화를</u> 보고 싶었어.

⑤ <u>아무리</u> 강조해도 지나치지 않는다.

10 다음 밑줄 친 부분의 문장 성분이 나머지와 <u>다른</u> 하나는?

① <u>이리로</u> 와서 내 말을 들어 보렴.

② 그는 그 옷이 <u>아주</u> 마음에 들었다.

③ 아버지께서는 <u>조용히</u> 방을 나가셨다.

④ 학생들은 <u>교실에서</u> 열심히 공부한다.

⑤ 그녀는 <u>공무원이</u> 되려고 노력하고 있다.

11 다음 문장의 문장 성분을 바르게 정리한 것은?

① 꽃이 활짝 피었다. → 주어, 관형어, 서술어

② 나는 간식을 좋아한다. → 주어, 목적어, 서술어

③ 어머나, 하늘이 파랗네! → 관형어, 주어, 서술어

④ 그는 패션모델이 되었다. → 주어, 부사어, 서술어

⑤ 운동장에서 학생들이 운동한다. → 주어, 보어, 독립어

12 〈보기〉의 ㉠~㉤에 대한 설명으로 적절하지 <u>않은</u> 것은?

| 보기 |

㉠하늘을 ㉡바라보니 ㉢붉은 ㉣노을이 ㉤아름답다.

① ㉠: 문장의 주성분인 목적어이다.

② ㉡: 문장의 주성분인 서술어이다.

③ ㉢: 문장의 부속 성분인 관형어이다.

④ ㉣: 문장의 부속 성분인 부사어이다.

⑤ ㉤: 문장의 주성분인 서술어이다.

13 〈보기〉의 ⓐ~ⓔ에 대한 설명으로 적절한 것은?

| 보기 |

찬	공기가	물러가고	봄이	되었다
ⓐ	ⓑ	ⓒ	ⓓ	ⓔ

① ⓐ는 문장의 부속 성분인 부사어이다.

② ⓐ와 ⓑ는 문장의 주성분인 보어이다.

③ ⓑ와 ⓓ는 문장의 주성분인 주어이다.

④ ⓒ와 ⓓ는 문장의 부속 성분인 관형어이다.

⑤ ⓒ와 ⓔ는 문장의 주성분인 서술어이다.

문장의 짜임

개념 따라잡기

문장을 홑문장과 겹문장으로 구별하는 것은 문장의 길이가 아니라 '주술 관계의 개수'에 근거해. 단, 겹문장에서 주어나 서술어가 같으면 동일한 주어나 서술어가 생략될 수 있으니 주의해야 해. '나는 빵을 먹고(본용언) 싶다(보조 용언).'와 같이 본용언과 보조 용언은 하나의 서술어로 본다는 것도 꼭 기억해.

1 문장의 종류

홑문장		주어와 서술어의 관계가 한 번만 나타나는 문장
겹문장		주어와 서술어의 관계가 두 번 이상 나타나는 문장
	이어진문장	둘 이상의 홑문장이 대등하거나 종속적으로 이어지는 문장
	안은문장	다른 홑문장을 절의 형식으로 안고 있는 문장

2 이어진문장

✦ 대등하게 이어진문장은 앞 절과 뒤 절의 위치를 바꿔도 의미가 달라지지 않는다. 반면, 종속적으로 이어진문장은 앞 절과 뒤 절의 위치를 바꾸면 의미가 달라진다.

대등하게 이어진문장	• 앞 절과 뒤 절의 의미 관계가 '나열, 대조, 선택' 등과 같이 대등하게 연결된 문장 • 대등적 연결 어미 '-고, -(으)며'(나열), '-(으)나, -지만'(대조), '-거나, -든지'(선택)에 의해 이어짐. 예 비가 오거나 눈이 온다.(선택)
종속적으로 이어진문장	• 앞 절과 뒤 절의 의미 관계가 독립적이지 못하고 '원인, 조건, 의도, 배경, 양보' 등과 같이 종속적인 관계에 있는 문장 • 종속적 연결 어미 '-아서/어서'(원인), '-(으)면, -거든'(조건), '-(으)려고'(의도), '-는데, -ㄹ진대'(배경), '-(으)ㄹ지라도, -더라도'(양보) 등에 의해 이어짐. 예 봄이 오면 꽃이 핀다.(조건)

3 안은문장

✦ 절

둘 이상의 어절이 어울려 하나의 의미 단위를 이룬 것으로 주어와 서술어의 관계를 갖추고 있지만, 독립하여 쓰이지 못하고 문장의 한 성분으로 기능한다.

명사절을 가진 안은문장	문장에서 명사처럼 쓰여 주어, 목적어, 부사어 등의 기능을 하는 명사절을 안고 있는 문장. 명사형 어미 '-(으)ㅁ', '-기'가 붙어서 실현됨. 예 아이들이 움직이기가 쉽지 않다.
관형사절을 가진 안은문장	문장에서 관형어로 쓰여 체언을 꾸미는 기능을 하는 관형사절을 안고 있는 문장. 관형사형 어미 '-(으)ㄴ', '-는', '-(으)ㄹ', '-던'이 붙어서 실현됨. 예 내가 쓴 편지가 없어졌다.
부사절을 가진 안은문장	문장에서 서술어를 꾸미는 부사어의 기능을 하는 부사절을 안고 있는 문장. '-아서/어서', '-이', '-게', '-도록' 등이 붙어서 실현됨. 예 나는 나무가 잘 자라도록 거름을 주었다.
서술절을 가진 안은문장	문장에서 서술어의 기능을 하는 서술절을 안고 있는 문장. 절을 표시하는 어미나 조사가 붙지 않으며, '주어+주어+서술어'의 구조를 지님. 예 코끼리는(주어) 코가(주어) 길다(서술어).
인용절을 가진 안은문장	화자의 생각이나 느낌, 다른 사람의 말을 인용한 인용절을 안고 있는 문장 • 직접 인용: 인용절에 큰따옴표를 하여 표시하고 큰따옴표 뒤에 인용격 조사 '라고'를 씀. 예 그는 "어서 가자."라고 재촉했다. • 간접 인용: 인용절에 따옴표를 쓰지 않고 해당 인용절 뒤에 조사 '고'를 씀. 예 그는 어서 가자고 재촉했다.

한 문장이 하나의 성분처럼 기능하는 다른 문장을 안고 있을 때 그것을 '안은문장'이라 하고, 이때 하나의 성분처럼 기능하는 문장을 '안긴문장'이라고 한단다.

[1~2] 다음 설명이 맞으면 ○표, 틀리면 ×표에 표시하시오.

1 주어와 서술어의 관계가 한 번만 나타나는 문장을 홑문장이라고 한다. (○, ×)

2 안은문장은 둘 이상의 홑문장이 대등하거나 종속적으로 이어지는 문장이다. (○, ×)

[3~4] 다음 문장에 들어갈 알맞은 말을 고르시오.

3 앞 절과 뒤 절의 의미 관계가 나열, 대조, 선택 등과 같이 대등하게 연결된 문장을 (대등하게 이어진문장 / 종속적으로 이어진문장)이라고 한다.

4 다른 문장 속에서 하나의 문장 성분처럼 쓰이는 홑문장을 (안은문장 / 안긴문장)이라고 한다.

[5~6] 다음 빈칸에 들어갈 알맞은 말을 쓰시오.

5 ( )은/는 문장에서 명사처럼 쓰여 주어, 목적어, 부사어 등의 기능을 한다.

6 관형사절은 관형사형 어미가 붙어서 실현되며 문장에서 관형어로 쓰여 ( )을/를 꾸미는 기능을 한다.

7 〈보기〉의 밑줄 친 절이 문장에서 하는 역할이 무엇인지 각각 쓰시오.

┌ 보기 ┐
㉠ 푸른 하늘이 아름답다.
㉡ 그가 범인임이 밝혀졌다.
㉢ 지금은 학교에 가기에 이른 시간이다.
㉣ 그는 불현듯 자신이 사랑에 빠졌음을 느꼈다.

• ㉠: ( ) 기능
• ㉡: ( ) 기능
• ㉢: ( ) 기능
• ㉣: ( ) 기능

학습 활동 다음 문장을 대등하게 연결된 이어진문장과 종속적으로 연결된 이어진문장으로 나누어 보자.

┌ 보기 ┐
㉠ 사공이 많으면 배가 산으로 간다.
㉡ 가는 말이 고와야 오는 말이 곱다.
㉢ 낮말은 새가 듣고 밤말은 쥐가 듣는다.
㉣ 절약은 부자를 만드나 절제는 사람을 만든다.

대등하게 연결된 이어진문장	종속적으로 연결된 이어진문장
❶	❷

01 다음 중 이어진문장이 <u>아닌</u> 것은?

① 식사를 하며 대화를 했다.
② 인생은 짧고 예술은 길다.
③ 우리의 소원은 합격뿐이다.
④ 너는 가더라도 나는 남는다.
⑤ 착한 사람이면 복을 받는다.

학습 활동 다음 문장에서 안겨 있는 절을 찾아 밑줄을 긋고, 문장의 종류를 바르게 연결해 보자.

❸ 코끼리는 코가 길다. •   • ㉠ 명사절을 가진 안은문장

❹ 민지는 너무 춥다고 말했다. •   • ㉡ 관형사절을 가진 안은문장

❺ 그는 그림 그리기를 좋아한다. •   • ㉢ 부사절을 가진 안은문장

❻ 나는 발에 땀이 나도록 뛰었다. •   • ㉣ 서술절을 가진 안은문장

❼ 내가 어제 읽은 책이 더 재밌다. •   • ㉤ 인용절을 가진 안은문장

02 〈보기〉에 쓰인 안긴문장의 종류로 적절한 것은?

┌ 보기 ┐
너는 눈이 참 예쁘구나.

① 명사절   ② 관형사절   ③ 부사절
④ 서술절   ⑤ 인용절

01 ‘문장의 종류’에 대한 설명으로 적절하지 <u>않은</u> 것은?

① 주어와 서술어의 관계가 한 번만 나타나는 문장은 홑문장이다.

② 주어와 서술어의 관계가 두 번 이상 나타나는 문장은 겹문장이다.

③ 둘 이상의 홑문장이 대등하게 연결된 문장은 이어진문장이다.

④ 둘 이상의 홑문장이 종속적으로 연결된 문장은 안긴문장이다.

⑤ 다른 홑문장을 절의 형식으로 안고 있는 문장은 안은문장이다.

02 주어와 서술어의 관계가 한 번만 나타나는 문장은?

① 토끼는 귀가 길다.

② 고양이와 호랑이는 다르다.

③ 얼룩말을 보려고 동물원에 갔다.

④ 원숭이가 귀엽다는 소문을 들었다.

⑤ 기린은 목이 길고 코끼리는 코가 길다.

03 다음 중 홑문장들의 의미 관계가 대등한 것은?

① 비가 와서 늦게 왔다.

② 운동을 하니까 건강해졌다.

③ 등산을 하려고 아침 일찍 일어났다.

④ 집에 가는데 누군가가 나를 불렀다.

⑤ 내일 소풍을 가든지 영화를 보든지 하자.

04 〈보기〉에 나타나는 앞 절과 뒤 절의 의미 관계로 가장 적절한 것은?

| 보기 |
나는 오늘 동생과 싸워서 어머니께 혼났다.

① 나열   ② 대조   ③ 선택

④ 조건   ⑤ 원인

05 다음 중 이어진문장의 종류가 나머지와 <u>다른</u> 것은?

① 집에 가거든 먼저 손부터 씻어라.

② 언니는 공부를 하려고 주말마다 도서관에 간다.

③ 친구들이 전학을 가서 내 마음이 매우 허전하다.

④ 너는 운동을 하거나 친구를 좀 만나야 할 것 같다.

⑤ 물건을 팔지 못하는 한이 있더라도 가격은 깎아 줄 수 없다.

06 〈보기〉를 참고하여 문장을 탐구한 내용으로 적절한 것은?

| 보기 |
대등하게 이어진문장은 앞 절과 뒤 절의 위치를 바꿔도 의미가 달라지지 않지만, 종속적으로 이어진문장은 앞 절과 뒤 절의 위치를 바꾸면 의미가 달라진다. 또한 대등하게 이어진문장은 앞 절과 뒤 절의 서술어가 동일할 경우 하나의 서술어를 생략할 수 있지만, 종속적으로 이어진문장은 서술어를 생략할 수 없다.

① ‘날씨가 춥고 바람이 분다.’는 앞 절과 뒤 절의 순서를 바꾸면 의미가 변한다.

② ‘그녀는 책을 읽고 그는 신문을 읽는다.’는 앞 절과 뒤 절의 서술어를 생략할 수 없다.

③ ‘눈이 와서 길이 미끄럽다.’는 앞 절과 뒤 절의 순서를 바꾸어도 의미가 변하지 않는다.

④ ‘꽃이 피고 새가 지저귄다.’는 앞 절과 뒤 절의 서술어가 달라서 서술어를 생략할 수 없다.

⑤ ‘시험에 합격하려고 열심히 공부한다.’는 앞 절과 뒤 절의 순서를 바꾸어도 의미가 변하지 않는다.

07 다음 중 명사절을 가진 안은문장이 <u>아닌</u> 것은?

① 계획을 세우기가 복잡하다.

② 우리는 그가 도착했음을 알았다.

③ 그 책은 아이들이 읽기에 어렵다.

④ 영희는 민지가 도착했다는 소식을 들었다.

⑤ 선생님께서는 우리가 공부하기를 바라셨다.

08 〈보기〉의 ㉠~㉤에 대한 설명으로 적절하지 <u>않은</u> 것은?

┤ 보기 ├

　　명사절은 용언의 어간에 명사형 어미 '-(으)ㅁ', '-기'가 붙어 실현되며, 명사와 마찬가지로 문장에서 다양한 문장 성분으로 사용된다.

㉠ <u>침대 없이 자기</u>가 불편하다.
㉡ 우리는 <u>그가 옳았음</u>을 깨달았다.
㉢ <u>그가 말하기</u> 전에 소식을 들었다.
㉣ 이 놀이터는 <u>아이들이 놀기</u>에 위험하다.
㉤ <u>운동을 꾸준히 실천하기</u> 원한다면 계획을 세워야 한다.

① ㉠의 '침대 없이 자기'는 조사와 결합하여 주어로 쓰였다.
② ㉡의 '그가 옳았음'은 조사와 결합하여 목적어로 쓰였다.
③ ㉢의 '그가 말하기'는 조사와 결합하여 부사어로 쓰였다.
④ ㉣의 '아이들이 놀기'는 조사와 결합하여 부사어로 쓰였다.
⑤ ㉤의 '운동을 꾸준히 실천하기'는 조사와 결합하지 않고 목적어로 쓰였다.

09 다음 중 관형사절을 가진 안은문장에 해당하는 것은?

① 나는 그가 도착하기를 기다렸다.
② 철수가 지각한 사실을 아무도 모른다.
③ 우리는 기약이 없이 헤어지고 말았다.
④ 민수는 여름을, 현아는 겨울을 좋아한다.
⑤ 요즘 우리나라 여름이 길어지고 있다고 한다.

10 다음 중 서술절을 가진 안은문장에 해당하는 것은?

① 그는 범인이 아니다.
② 너의 생각을 말해 보거라.
③ 그는 생각이 매우 특이하다.
④ 의견이 달라서 회의가 어렵다.
⑤ 생각을 바꿔야 한다는 의견이 있다.

11 〈보기〉의 ⓐ에 해당하는 예로 적절한 것은?

┤ 보기 ├

　　'그는 그녀가 지나가게 비켜 주었다.'라는 문장에서 '그녀가 지나가게'는 뒤에 오는 서술어를 수식하는데, 이처럼 ⓐ부사절은 절 전체가 서술어를 수식하는 부사어로 기능한다.

① 그런 일을 하기란 쉽지 않다.
② 밥을 먹는 아이의 모습이 정말 귀엽다.
③ 언니는 <u>반드시 신념을 지키겠다</u>고 말했다.
④ 엄마의 얼굴은 <u>눈이 부시도록</u> 아름다웠다.
⑤ 나는 <u>민수가 준</u> 편지를 아직도 가지고 있다.

12 〈보기〉의 (가)와 (나)에 대한 설명으로 적절하지 <u>않은</u> 것은?

┤ 보기 ├

(가) 언니는 내게 "도서관에 가자."라고 제안했다.
(나) 언니는 내게 도서관에 가자고 제안했다.

① (가)에는 직접 인용절이 안겨 있다.
② (나)에는 간접 인용절이 안겨 있다.
③ (가)의 인용절에는 조사 '라고'가 붙어 있다.
④ (나)의 인용절에는 조사 '고'가 붙어 있다.
⑤ (가)와 (나) 모두 주어와 서술어의 관계가 한 번만 나타나고 있다.

13 〈보기〉의 ㉠~㉤에 대한 설명으로 적절하지 <u>않은</u> 것은?

┤ 보기 ├

㉠ 봄이 가고 여름이 왔다.
㉡ 그가 떠났다는 소식을 들었다.
㉢ 내가 어제 읽은 책이 더 재미있다.
㉣ 배가 불러서 더 이상은 못 먹겠다.
㉤ 봄이 오면 산에는 온갖 나물이 자란다.

① ㉠은 대등하게 이어진문장이다.
② ㉡은 인용절을 가진 안은문장이다.
③ ㉢은 관형사절을 가진 안은문장이다.
④ ㉣은 종속적으로 이어진문장이다.
⑤ ㉤은 종속적으로 이어진문장이다.

내신 실력 기르기

01 〈보기〉에 대한 설명으로 적절하지 <u>않은</u> 것은?

┤보기├
여름이 지났지만 여전히 날씨가 덥다.

① '여름이'와 '날씨가'는 주성분이다.
② '여전히'를 생략해도 문장은 성립한다.
③ '지났지만'은 한 자리 서술어이다.
④ '덥다'는 주어와 부사어를 필요로 한다.
⑤ 앞 절과 뒤 절이 이어진 문장에 해당한다.

02 〈보기〉의 ㉠~㉢에 대한 설명으로 적절하지 <u>않은</u> 것은?

┤보기├
㉠ 나는 그녀의 말을 믿었다.
㉡ 지혜가 민수에게 간식을 주었다.
㉢ 다행히 크게 다친 사람은 없었다.

① ㉡의 '민수에게'와 ㉢의 '다행히'는 부사어에 해당한다.
② ㉠의 '믿었다'는 주어와 목적어를 필요로 하는 서술어이다.
③ ㉠의 '그녀의'와 ㉡의 '민수에게'는 문장 성립에 필수적인 성분이 아니다.
④ ㉠의 '그녀의'와 ㉢의 '다행히', '크게'는 모두 문장의 부속 성분에 해당한다.
⑤ ㉠의 '나는'과 ㉡의 '지혜가', 그리고 ㉢의 '사람은'은 모두 문장의 주성분에 해당한다.

03 〈보기〉의 ⓐ와 ⓑ에 대한 설명으로 적절하지 <u>않은</u> 것은?

┤보기├
ⓐ 얼음이 녹아서 물이 되었다.
ⓑ 녹은 물을 다시 얼리려고 한다.

① ⓐ의 '되었다'는 두 자리 서술어이다.
② ⓐ는 종속적으로 이어진문장이다.
③ ⓐ의 '얼음이'는 주어, '물이'는 보어에 해당한다.
④ ⓑ의 '녹은'은 관형사절에 해당한다.
⑤ ⓑ의 '얼리려고'는 주어만을 필요로 하는 서술어이다.

04 〈보기〉의 (가)와 (나)에 대한 설명으로 적절한 것은?

┤보기├
(가) 내 동생은 아버지와 많이 닮았다.
(나) 나는 동생이 만든 떡볶이를 좋아한다.

① (가)는 홑문장, (나)는 겹문장이다.
② (가)는 안은문장, (나)는 이어진문장이다.
③ (가)는 부사절을, (나)는 서술절을 가진 안은문장이다.
④ (가)는 대등하게, (나)는 종속적으로 이어진문장이다.
⑤ (가)는 명사절을, (나)는 관형사절을 가진 안은문장이다.

05 다음과 같이 이어진문장을 만들 때, 그 종류가 나머지와 <u>다른</u> 것은?

	홑문장	연결 어미	홑문장
①	비가 오다.	-고	번개가 친다.
②	배가 아프다.	-(아)서	병원에 간다.
③	국민이 없다.	-(으)면	나라가 없다.
④	까마귀가 날다.	-자	배가 떨어진다.
⑤	화장실을 닦는다.	-아도	악취가 난다.

06 다음 안은문장의 종류에 해당하는 예로 적절하지 <u>않은</u> 것은?

	안은문장	예
①	서술절을 가진 안은문장	토끼가 앞발이 짧다.
②	관형사절을 가진 안은문장	저곳이 내가 선물을 산 상점이다.
③	명사절을 가진 안은문장	아이가 옷이 젖도록 즐겁게 놀았다.
④	부사절을 가진 안은문장	승미가 버스를 눈이 빠지게 기다렸다.
⑤	인용절을 가진 안은문장	학생들은 "선생님, 안녕하세요?"라고 인사했다.

07 홑문장이 모여 겹문장이 되는 과정을 정리한 결과가 바르지 <u>않은</u> 것은?

① 꽃이 피었다. 꽃이 예쁘다. → 예쁜 꽃이 피었다.(관형사절을 가진 안은 문장)

② 나는 무섭다. 나는 공포 영화를 본다. → 나는 공포 영화를 보기가 무섭다.(명사절을 가진 안은문장)

③ 너는 군대를 가라. 너는 유학을 가라. → 너는 군대를 가거나 유학을 가라.(대등하게 이어진문장)

④ 호랑이는 죽어서 가죽을 남긴다. 사람은 죽어서 이름을 남긴다. → 호랑이는 죽어서 가죽을 남기지만 사람은 죽어서 이름을 남긴다.(대등하게 이어진문장)

⑤ 에머슨은 말했다. "위대한 사람은 기회가 없다고 원망하지 않는다." → 에머슨은 위대한 사람은 기회가 없다고 원망하지 않는다라고 말했다.(인용절을 가진 안은문장)

08 〈보기〉의 기준에 따라 문장을 분류한 결과로 적절한 것은?

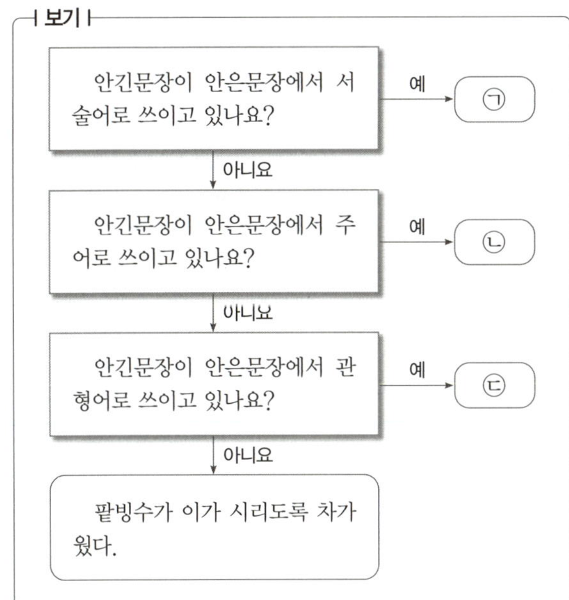

① ㉠: 그는 바보가 아니다.

② ㉠: 비가 소리도 없이 내린다.

③ ㉡: 그 사람이 범인임이 밝혀졌다.

④ ㉡: 모두가 시험에 합격하기를 바랍니다.

⑤ ㉢: 할머니께서 집에 누가 오느냐고 물으셨다.

09 〈보기〉의 빈칸에 들어갈 문장 성분이 쓰인 문장으로 적절한 것은?

┤ 보기 ├

문장을 이루는 데 꼭 필요한 성분을 주성분이라고 하는데, '주어, 서술어, 목적어, 보어'가 이에 해당한다. 이 중에서 '□□□□□'는 주어와 서술어만으로는 뜻이 완전하지 못한 문장에서, 그 불완전한 곳을 보충하여 뜻을 완전하게 하는 역할을 한다.

① 고래는 포유류이다.

② 동생이 과자를 먹는다.

③ 나는 공책을 가방에 넣었다.

④ 아, 까만 눈동자가 초롱초롱 빛난다.

⑤ 그가 결국 꿈을 이루어 선생님이 되었다.

10 〈보기〉의 ⓐ~ⓔ에 대한 설명으로 적절하지 <u>않은</u> 것은?

┤ 보기 ├

ⓐ 공을 차는 아이가 내 동생이다.
ⓑ 우리는 그가 정당했음을 깨달았다.
ⓒ 지금은 집에 가기에 이른 시간이다.
ⓓ 언니는 그가 착한 사람이라고 속삭였다.
ⓔ 우리 집 마당에는 감이 탐스럽게 열려 있었다.

① ⓐ: '공을 차다.'라는 홑문장에 어미 '-는'이 붙어 뒤에 오는 체언을 꾸며 주고 있다.

② ⓑ: 명사절에 목적격 조사 '을'이 결합하여 안은문장의 목적어로 쓰이고 있다.

③ ⓒ: 명사절에 부사격 조사 '에'가 결합하여 안은문장의 부사어로 쓰이고 있다.

④ ⓓ: 인용한 문장에 따옴표를 쓰지 않고 인용격 조사 '고'가 붙어 실현된 직접 인용절을 안고 있다.

⑤ ⓔ: '감이 탐스럽다.'라는 홑문장에 어미 '-게'가 붙어 뒤에 오는 용언을 꾸며 주고 있다.

문법 요소 ① : 종결 표현

개념 따라잡기

1 종결 표현의 개념

문장의 종결 어미를 통해 화자가 청자에게 자신의 생각이나 느낌을 여러 가지 방식으로 나타내는 것을 말한다. 국어의 문장은 종결 어미에 따라 평서문, 의문문, 명령문, 청유문, 감탄문으로 나뉜다.

2 종결 표현의 유형

유형	개념	종결 어미
평서문	화자가 청자에게 특별히 요구하는 바 없이 하고 싶은 말을 단순하게 진술하는 문장 예 조금만 더 놀다 갈게요.	'−다', '−아/어', '−아요/어요', '−지', '−네' 등
의문문	대개 화자가 청자에게 질문하여 대답을 요구하는 문장 예 자, 이제 교실로 갈까?	'−느냐', '−냐', '−(으)니', '−는가', '−(으)ㅂ니까', '−(으)ㄹ까', '−지', '−아요/어요' 등
명령문	화자가 청자에게 어떤 행동을 하도록 강하게 요구하거나 제안하는 문장 예 그만, 이리 와라.	'−아라/어라', '−게', '−오', '−(으)십시오', '−(ㅂ)시오', '−구려' 등
청유문	화자가 청자에게 어떤 행동을 함께하도록 요청하는 문장 예 빨리 가자.	'−자', '−세', '−(으)ㅂ시다', '(−으)시지요' 등
감탄문	화자가 청자를 별로 의식하지 않거나 거의 독백하는 상태에서 자기의 느낌을 표현하는 문장 예 여기서 놀고 있었구나!	'−(는)구나', '−군', '−구먼', '−구려', '−도다', '−아라/어라' 등

이러한 문장의 종류가 실제 언어생활에서의 기능과 반드시 일치하는 것은 아니야. "교실로 갈까?"의 경우 실제로는 교실로 가자는 청유 혹은 교실로 가라는 명령의 의도를 담고 있더라도 의문형 종결 어미를 사용했기 때문에 의문문에 해당해. 그렇기 때문에 우리는 문장이 실제 사용되는 맥락에서 어떤 기능을 하는지 파악할 필요가 있어.

✦ **종결 어미**

한 문장을 끝맺어 주는 기능을 하는 어말 어미를 말하며, 화자는 적절한 종결 어미를 선택하여 자신의 생각이나 느낌을 표현할 수 있다.

우리말은 끝까지 들어 봐야 안다는 말, 알고 있니? 이것은 국어의 문장에서 제일 마지막에 오는 종결 표현이 중요하다는 것을 강조한 말이야. 우리말은 서술어의 종결 어미에 의해 종결 표현이 결정되며, 이에 따라 문장 전체의 의미가 좌우된단다.

✦ **의문문의 유형**
- 설명 의문문: 일정한 설명을 요구하는 의문문
  예 어떻게 된 일이에요?
- 판정 의문문: 단순히 긍정이나 부정의 대답을 요구하는 의문문
  예 내일 만날까요?
- 수사 의문문: 청자의 답변을 요구하지 않고 서술이나 명령, 감탄의 효과를 내는 의문문
  예 빨리 들어오지 못해?

✦ **명령문과 청유문의 문법적 제약**

명령문과 청유문은 서술어로 동사만 올 수 있다는 공통점을 지닌다. 그러나 명령문의 주어는 청자이고, 청유문의 주어는 화자와 청자가 모두 포함되어야 한다는 점에서 차이가 있다.

[1~2] 다음 설명이 맞으면 ○표, 틀리면 ×표에 표시하시오.

1 국어의 문장은 종결 어미에 따라 평서문, 의문문, 명령문, 청유문, 감탄문으로 나뉜다. (○ , ×)

2 화자가 청자에게 특별히 요구하는 바 없이 하고 싶은 말을 단순하게 진술하는 문장을 평서문이라고 한다. (○ , ×)

[3~4] 다음 문장에 들어갈 알맞은 말을 고르시오.

3 의문문 중에서 청자의 대답을 요구하지 않고 서술이나 명령, 감탄의 효과를 내는 의문문을 (설명 / 판정 / 수사) 의문문이라고 한다.

4 화자가 청자에게 어떤 행동을 하도록 강하게 요구하는 문장을 (명령문 / 청유문)이라고 한다.

[5~6] 다음 빈칸에 들어갈 알맞은 말을 쓰시오.

5 (   )은/는 화자가 청자에게 어떤 행동을 함께하도록 요청하는 문장이다.

6 (   )은/는 화자가 청자를 별로 의식하지 않거나 거의 독백하는 상태에서 자기의 느낌을 표현하는 문장이다.

7 다음 문장의 유형을 쓰시오.

(1)	종현이가 뛴다.	
(2)	종현이가 뜁니까?	
(3)	종현이가 뛰는구나!	

학습 활동 다음 문장을 의문문, 명령문, 청유문, 감탄문으로 바꾸어 보자.

> 식당에서 밥을 먹다.

의문문	식당에서 밥을 (❶)
명령문	식당에서 밥을 (❷)
청유문	식당에서 밥을 (❸)
감탄문	식당에서 밥을 (❹)

01 〈보기〉의 문장이 해당하는 문장의 유형은?

┌ 보기 ┐
우리 함께 집에 가자.

① 평서문   ② 의문문   ③ 명령문
④ 청유문   ⑤ 감탄문

02 다음 중 종결 어미의 성격이 나머지와 다른 하나는?

① −다   ② −느냐   ③ −는가
④ −(으)ㅂ니까   ⑤ −(으)ㄹ까

학습 활동 다음 문장의 형식과 기능을 써 보자.

문장	형식	기능
내가 너한테 차 한 잔 못 사 줄까?	❺	❻
창문 좀 열어 줄래요?	❼	❽

03 〈보기〉에 제시된 문장의 형식과 기능을 쓰시오.

┌ 보기 ┐
아들, 오늘 설거지 좀 할래?

• 형식: _______________________________

• 기능: _______________________________

01 다음 중 평서문에 해당하는 것은?

① 학생들이 정말 열심히 공부하는구나!

② 이번 주에 제출해야 할 수행 평가가 많아.

③ 시험 기간이니 조용히 해 주면 안 되겠니?

④ 몸이 아프면 이따가 병원에 다녀오십시오.

⑤ 함께 토의해서 체험 학습 장소를 결정해 보자.

02 〈보기〉와 종결 표현의 유형이 같은 것은?

┤ 보기 ├

추우니까 두꺼운 외투를 입는 것이 좋겠다.

① 준호가 교실에서 책을 읽고 있어.

② 영호는 지금 도서관에 가고 있니?

③ 민서가 운동장에서 산책을 하고 있구나.

④ 선미야, 지금 교실에 가서 빨리 책을 갖고 와라.

⑤ 희주야, 힘들더라도 조금만 참고 같이 걸어가 보자.

03 〈보기〉를 참고하여 문장을 이해한 내용으로 가장 적절한 것은?

┤ 보기 ├

의문문에는 일정한 설명을 요구하는 설명 의문문, 단순히 긍정이나 부정의 대답을 요구하는 판정 의문문, 굳이 대답을 요구하지 않고 서술이나 명령의 효과를 나타내는 수사 의문문이 있다.

① '혜미가 언제 온다고 했지요?'는 수사 의문문에 해당한다.

② '오늘 급식 메뉴는 무엇이니?'는 판정 의문문에 해당한다.

③ '정원의 장미가 얼마나 아름답니?'는 설명 의문문에 해당한다.

④ '교실에서 시끄럽게 떠든 사람이 현희니?'는 판정 의문문에 해당한다.

⑤ '앞으로는 좀 더 조용히 해 주면 안 되겠니?'는 설명 의문문에 해당한다.

04 다음 중 명령문이 <u>아닌</u> 것은?

① 자네, 이리로 오게.

② 하늘이 참 아름답구나.

③ 빨리 준비하고 나와라.

④ 준비물을 꼭 챙기십시오.

⑤ 앞으로는 늦지 않도록 하시오.

05 〈보기〉의 밑줄 친 부분의 예로 적절하지 <u>않은</u> 것은?

┤ 보기 ├

명령문은 화자가 청자에게 어떤 행동을 하도록 강하게 요구하는 문장이다. <u>명령문의 서술어로는 동사만이 올 수 있다.</u>

① 여기에서 잠시 쉬어라.

② 맛있는 음식을 먹으니 좋아라.

③ 일이 끝나면 바로 집으로 와라.

④ 대출한 책은 기한 내에 반납하십시오.

⑤ 좋은 일이 생기면 반드시 내게도 말하게.

06 다음 중 청유문에 해당하는 것은?

① 우리 다 같이 춤을 추자.

② 식사를 할 때는 잡담을 삼가시오.

③ 이제 교실로 들어가는 게 어떨까?

④ 조금만 더 이야기를 나누어 보고 싶다.

⑤ 그동안 네 능력을 몰라봐서 너무나 미안하구나!

07 다음 중 감탄문이 <u>아닌</u> 것은?

① 정말로 아름답구나.

② 꽃이 아름답게도 지는군.

③ 기쁨을 말로 표현할 수 없도다.

④ 사양 말고 마음껏 먹고 가시구려.

⑤ 구름 한 점 없는 하늘이 참 예뻐라.

08 〈보기〉에 대한 설명으로 적절한 것은?

┤ 보기 ├

자네 딸은 정말 노래를 잘하는구먼.

① 화자가 청자에게 질문하여 대답을 요구하는 문장이다.
② 화자가 청자에게 어떤 행동을 함께하도록 요청하는 문장이다.
③ 화자가 청자에게 어떤 행동을 하도록 강하게 요구하는 문장이다.
④ 화자가 청자에게 특별히 요구하는 바 없이 하고 싶은 말을 단순히 진술하는 문장이다.
⑤ 화자가 청자를 별로 의식하지 않거나 거의 독백하는 상태에서 자신의 느낌을 표현하는 문장이다.

09 〈보기〉의 ㉠~㉤에 대한 설명으로 적절하지 **않은** 것은?

┤ 보기 ├

아빠: 민결아, ㉠벌써 해가 중천에 떴다.
민결: 아빠, 5분만요.
아빠: ㉡빨리 일어나지 못하겠니?
민결: 어? ㉢된장찌개 끓이셨어요?
아빠: 그래, 네가 좋아하는 된장찌개 끓여 놨어. 그러니 얼른 일어나렴.
민결: 네. ㉣이제 일어났어요.
아빠: 그래, 빨리 씻고 와. ㉤같이 밥 먹자.

① ㉠: 평서문이지만 명령의 의미를 담고 있다.
② ㉡: 의문문이지만 감탄의 의미를 담고 있다.
③ ㉢: 판정 의문문으로 청자에게 긍정 혹은 부정의 대답을 요구한다.
④ ㉣: 평서문으로 청자에게 특별히 요구하는 바 없이 하고 싶은 말을 단순하게 진술한다.
⑤ ㉤: 청유문으로 화자가 청자에게 어떤 행동을 함께하도록 요청한다.

10 다음 중 종결 표현에 따른 종결 어미의 예로 적절하지 **않은** 것은?

	종결 표현	종결 어미
①	평서문	'-다', '-네'
②	의문문	'-느냐', '-(으)ㄹ까?'
③	명령문	'-게', '-(ㅂ)시오'
④	청유문	'-자', '-(으)ㅂ시다'
⑤	감탄문	'-(는)구나', '-세'

11 〈보기〉를 참고할 때, 밑줄 친 부분의 표현 방식이 나머지와 다른 것은?

┤ 보기 ├

화자는 자신의 의도를 직접적으로 표현하기도 하고 간접적으로 표현하기도 한다. 예를 들어 누군가와 식사를 하자고 요청할 때, "밥 먹으러 가자."처럼 청유형 어미 '-자'를 사용하여 직접적으로 의도를 표현할 수 있으며, "벌써 식사 시간이네."처럼 평서형 어미 '-네'를 사용하여 간접적으로 표현할 수 있다.

① (귀가한 후 어머니에게)
　아들: 어머니, 저 배고파요.
　엄마: 조금만 기다려. 저녁 금방 줄게.
② (추운 교실에 창문이 열려 있을 때)
　학생 1: 너무 춥지 않니?
　학생 2: 알았어, 지금 닫을게.
③ (손님을 맞이하며 다과를 대접하는 상황)
　주인: 여기 따뜻한 차입니다.
　손님: 잘 마시겠습니다.
④ (처음 타는 버스를 탈 때)
　승객: 이 버스, 시청 쪽으로 가나요?
　기사: 네, 갑니다. 타세요.
⑤ (매일 지각하는 학생에게)
　선생님: 어이구, 오늘도 늦었구나!
　학생: 죄송해요. 내일은 일찍 올게요.

문법 요소 ② : 높임 표현

개념 따라잡기 

1 높임 표현의 개념

말하는 대상이나 상대, 행위의 대상에 따라 화자가 그의 높고 낮은 정도를 달리하여 언어적으로 구별하는 방식이나 체계를 말한다.

> 높임 표현은 나이나 지위, 친소 관계, 심리적 거리감, 상황의 격식성 등 다양한 요인으로 결정된단다.

2 높임 표현의 유형

✦ 직접 높임과 간접 높임

직접 높임	주어에 나타나는 주체를 직접 높이는 것 예 할머니께서 웃으신다.
간접 높임	주체와 관련된 대상(신체의 일부, 소유물, 생각 등)을 높여 주체를 간접적으로 높이는 것 예 할머니께서는 귀가 밝으시다.

> 간접 높임의 경우 직접 높임에 사용되는 특수 어휘를 사용하지 않아.
> • 선생님 말씀이 계셨어.(×)
> • 선생님 말씀이 있으셨어.(○)

주체 높임법	• 문장에서 서술의 주체(문장의 주어가 지시하는 대상)를 높이는 방법 • 용언의 어간에 선어말 어미 '-(으)시-'가 붙어 실현되고, 주격 조사 '이/가' 대신 '께서'를 사용하기도 함. • '주무시다, 계시다' 등의 특수 어휘를 통해 실현되기도 함. 예 선생님께서 교무실에 계신다.
객체 높임법	• 서술의 객체(문장에서 목적어나 부사어가 지시하는 대상)를 높이는 방법 • '뵈다, 드리다, 모시다, 여쭈다' 등의 특수 어휘를 통해 실현되고, 부사격 조사 '에게' 대신 '께'를 사용하기도 함. 예 나는 엄마께 선물을 드렸다.

상대 높임법: 화자가 청자(대화의 상대)를 높이거나 낮추어 말하는 방법으로 주로 종결 어미로 실현됨.

		평서문	의문문	명령문	청유문	감탄문
격식체	하십시오체 (아주높임)	가십니다	가십니까?	가십시오	(가시지요)	–
	하오체 (예사 높임)	가(시)오	가(시)오?	가(시)오	갑시다	가는구려
	하게체 (예사 낮춤)	가네, 감세	가는가?, 가나?	가게	가세	가는구먼
	해라체 (아주낮춤)	간다	가냐?, 가니?	가(거)라, 가렴	가자	가는구나
비격식체	해요체 (두루높임)	가요	가요?	가(세/셔)요	가(세/셔)요	가(세/셔)요
	해체 (두루낮춤)	가, 가지	가, 가지?	가, 가지	가, 가지	가, 가지

> 상대 높임법은 높임의 정도에 따라 여섯 등급으로 나뉘며, 크게 격식체와 비격식체로 구분돼. 격식체는 주로 공식적인 상황에서 사용되어 청자와의 심리적 거리감을 나타내고, 비격식체는 비공식적이고 사적인 상황에서 사용되어 청자와의 심리적 거리가 가까움을 나타낸단다.

정답과 해설 52쪽 •

[1~2] 다음 설명이 맞으면 ○표, 틀리면 ×표에 표시하시오.

1 주체 높임법은 화자가 청자를 높이거나 낮추어 말하는 방법이다. (○ , ×)

2 주체 높임법은 용언의 어간에 선어말 어미 '-(으)시-'가 붙어 실현되고, 주격 조사 '이/가' 대신 '께서'를 사용하기도 한다. (○ , ×)

[3~4] 다음 문장에 들어갈 알맞은 말을 고르시오.

3 객체 높임법은 문장에서 (주어 / 목적어)나 부사어가 지시하는 대상, 즉 서술의 객체를 높이는 방법이다.

4 객체 높임법은 '께'와 같은 조사나 '뵈다, 드리다, 여쭈다' 등의 (선어말 어미 / 특수 어휘)를 통해 실현된다.

[5~6] 다음 빈칸에 들어갈 알맞은 말을 쓰시오.

5 상대 높임법은 화자가 청자를 높이거나 낮추어 말하는 방법으로 주로 (   )(으)로 실현된다.

6 상대 높임법은 크게 공식적인 상황에서 사용되는 (   )와/과 비공식적이고 사적인 상황에서 사용되는 비격식체로 나뉜다.

7 〈보기〉에서 높임의 대상을 찾아 쓰시오.

┌ 보기 ├
선생님, 민수가 다쳤어요.

(   )

정답과 해설 52쪽 •

학습 활동 〈보기〉를 참고하여 다음 문장의 빈칸에 들어갈 말을 써 보자.

／ 보기 ／

나는 책을 읽었다.
➡ 어머니 [께서] 책을 [읽으셨다].

• 동생이 일찍 잔다.
➡ 할아버지 [❶   ] 일찍 [❷   ].

• 나는 친구에게 모르는 문제를 물어보았다.
➡ 나는 선생님 [❸   ] 모르는 문제를 [❹   ].

01 다음 중 높임의 대상이 서술의 주체가 <u>아닌</u> 것은?
① 할머니께서는 감을 좋아하신다.
② 그 일은 아버님께 여쭙겠습니다.
③ 아버지께서 걱정거리가 있으시다.
④ 선생님께서는 학생들을 아끼십니다.
⑤ 어머니께서는 안방에서 주무십니다.

02 다음 중 높임의 대상이 서술의 객체인 것은?
① 지금 할머니 댁에 계시니?
② 할머니께서는 방에 계십니다.
③ 할머니께서는 다리가 아프시다.
④ 할머니를 모시고 빨리 병원에 가 보자.
⑤ 할머니께서 일어나시면 바로 연락할게요.

03 빈칸에 들어갈 대상을 고려할 때, 가장 상위자에 대한 발언으로 적절한 것은?
① [   ], 밥 먹어.
② [   ], 건강하게 지내라.
③ [   ], 몸은 좀 괜찮으십니까?
④ [   ], 저기 비행기가 날아간다.
⑤ [   ], 앞으로 친하게 지냅시다.

04 다음 중 상대 높임법의 비격식체에 해당하는 것은?
① 해요체　　② 해라체　　③ 하게체
④ 하오체　　⑤ 하십시오체

01 '높임 표현'에 대한 설명으로 적절하지 <u>않은</u> 것은?

① 주체 높임법은 문장의 주어가 지시하는 대상을 높이는 방법이다.

② 주체 높임법은 주로 선어말 어미 '-(으)시-'를 통해 높임이 실현된다.

③ 객체 높임법은 '주무시다, 계시다'와 같은 특수 어휘를 통해 실현된다.

④ 객체 높임법은 문장의 목적어나 부사어가 지시하는 대상을 높이는 방법이다.

⑤ 상대 높임법은 대화의 상대를 높이는 방법으로 크게 격식체와 비격식체로 나뉜다.

02 다음 중 주체 높임법의 종류가 나머지와 <u>다른</u> 것은?

① 곧 아버지께서 오실 거다.

② 큰형수님, 친정에 다녀오셨어요?

③ 선생님은 우리를 무척 사랑하신다.

④ 할머니께서는 근심거리가 생기셨다.

⑤ 어머니께서는 늘 정직하라고 말씀하셨다.

03 〈보기〉의 밑줄 친 부분의 예로 적절한 것은?

┤보기├

국어에서 높임 표현의 유형은 높임의 대상에 따라 주체 높임법, 객체 높임법, 상대 높임법으로 나뉜다.

① 아버지께서는 댁에 계십니다.

② 어머니께서는 눈이 밝으시다.

③ 나는 할아버지께 선물을 드렸다.

④ 할머니께서는 올해 팔순이 되셨다.

⑤ 선생님께서 국어 숙제를 내 주셨다.

04 '상대 높임법'에 대한 설명으로 적절하지 <u>않은</u> 것은?

① 높임의 정도에 따라서 여섯 등급으로 나뉜다.

② 화자가 청자를 높이거나 낮추어 말하는 방법이다.

③ 주로 종결 어미로 실현되며 선어말 어미로 실현되기도 한다.

④ 격식체는 주로 공식적인 상황에 사용하며 청자와의 심리적 거리감을 나타낸다.

⑤ 비격식체는 비공식적이고 사적인 상황에 사용하며 청자와의 심리적 거리가 가까움을 나타낸다.

05 〈보기〉의 ㉠~㉤에 대한 설명으로 적절한 것은?

┤보기├

㉠ 고객님, 지금 어디에 계십니까?

㉡ 자네, 서두르지 말고 여기 앉게.

㉢ 원하는 만큼 천천히 둘러보오.

㉣ 아버지, 점심 식사는 하셨어요?

㉤ 유라야, 이 선물을 집에 가서 풀어 봐라.

① ㉠: 비격식체 중 '하십시오체'를 사용하였다.

② ㉡: 비격식체 중 '하게체'를 사용하였다.

③ ㉢: 비격식체 중 '하오체'를 사용하였다.

④ ㉣: 격식체 중 '해요체'를 사용하였다.

⑤ ㉤: 격식체 중 '해라체'를 사용하였다.

06 〈보기〉의 높임 표현에 대한 설명으로 적절하지 <u>않은</u> 것은?

┤보기├

아버지, 어머니께서는 아침 일찍 출근하셨습니다.

① 종결 어미 '-습니다'를 사용하여 청자를 높이고 있다.

② 주격 조사 '께서'를 사용하여 서술의 주체를 높이고 있다.

③ 선어말 어미 '-시-'를 사용하여 서술의 주체를 높이고 있다.

④ 특수 어휘 '출근하시다'를 사용하여 서술의 주체를 높이고 있다.

⑤ 서술의 주체인 '어머니'와 대화의 상대인 '아버지'를 함께 높이고 있다.

07 다음 중 문장에 쓰인 높임 표현의 종류가 나머지와 <u>다른</u> 하나는?

① 할머니께서는 방에서 주무신다.
② 외할머니를 모시고 공원에 갔다.
③ 선생님께 감사의 카드를 드렸다.
④ 궁금한 것을 교수님께 여쭈어보았다.
⑤ 아버지를 뵙길 청하는 사람들이 많다.

08 〈보기〉의 ㉠~㉢에 제시된 높임의 대상을 바르게 파악한 것은?

> ┤보기├
> ㉠ 아버지, 할아버지께서는 어디 가셨습니까?
> ㉡ 그는 스승께 떠나겠다고 아뢰었다.
> ㉢ 형이 할머니를 모시고 병원에 갔어요.

	㉠	㉡	㉢
①	청자	주체, 청자	주체
②	청자	객체	객체
③	주체, 청자	청자	객체, 청자
④	객체, 청자	주체	주체, 청자
⑤	주체, 청자	객체	객체, 청자

09 〈보기〉의 높임 표현을 바르게 분석한 것은?

> ┤보기├
> 할머니께서는 연세가 많으셔서 제가 대신 당신을 뵈러 왔습니다.

	주체 높임		객체 높임	상대 높임
	직접 높임	간접 높임		
①	○	×	×	×
②	×	○	○	○
③	○	×	○	×
④	×	○	×	○
⑤	○	×	×	○

10 〈보기 1〉을 참고할 때, 〈보기 2〉의 높임의 양상을 분석한 것으로 가장 적절한 것은?

> ┤보기1├
> 국어의 높임 표현은 높임의 대상이 무엇이냐에 따라 크게 셋으로 나뉜다. 주체 높임법에서는 문장의 주어가 지시하는 대상, 객체 높임법에서는 문장의 목적어나 부사어가 지시하는 대상, 상대 높임법에서는 말을 듣는 상대 즉 청자가 높임의 대상이 된다. 그런데 실제 국어 생활에서는 두세 가지의 높임법이 동시에 사용되곤 한다. 존대를 [+]로, 비존대를 [−]로 나타낼 때, '민철아, 아버지 오셨어?'와 같은 문장은 [주체 높임 +], [객체 높임 −], [상대 높임 −]로 나타낼 수 있다.

> ┤보기2├
> 상희는 할머니를 모시고 병원에 갔습니다.

① [주체 높임 +], [객체 높임 +], [상대 높임 +]
② [주체 높임 −], [객체 높임 +], [상대 높임 +]
③ [주체 높임 +], [객체 높임 −], [상대 높임 +]
④ [주체 높임 −], [객체 높임 −], [상대 높임 +]
⑤ [주체 높임 +], [객체 높임 −], [상대 높임 −]

11 〈보기〉의 ⓐ~ⓔ에 대한 설명으로 적절한 것은?

> ┤보기├
> 은주: 민솔아, ⓐ지금 어디 가는 길이니?
> 민솔: 아, 은주구나. 지금 ⓑ담임 선생님께 가는 길이야.
> 은주: 맞다, 아까 ⓒ선생님께서 너를 찾으시더라.
> 민솔: 그런데 너는 무슨 할 말 있니?
> 은주: 이따 방과 후에 같이 도서관에 가는 거 어때?
> 민솔: 오늘은 못 갈 것 같아. ⓓ할아버지께서 편찮으셔서 바로 집으로 가야 해.
> 은주: 그렇구나. 그럼 다음에 ⓔ같이 가도록 하자.

① ⓐ: 비격식체인 '해체'가 사용되었다.
② ⓑ: 특수 어휘를 사용한 주체 높임법이 실현되었다.
③ ⓒ: 선어말 어미를 사용한 객체 높임법이 실현되었다.
④ ⓓ: 특수 어휘를 사용한 주체 높임법이 실현되었다.
⑤ ⓔ: 격식체인 '하게체'가 사용되었다.

문법 요소 ③ : 시간 표현

개념 따라잡기

1 시간 표현의 개념

시간을 언어적으로 표현한 것을 말한다. 시간 표현에는 시제와 동작상이 있다.

2 시제의 개념과 유형

- **개념**: 화자가 말하는 시점을 기준으로 어떤 사건이 일어난 시간 선상의 위치를 표시하는 문법 범주
- **유형**

과거 시제	개념	사건이 일어난 시점이 화자가 말하는 시점보다 앞서는 시제
	실현 방법	• 선어말 어미 '-았/었-'을 통해 실현됨. • 선어말 어미 '-더-'를 통해 과거의 일이나 경험을 회상하는 의미를 덧붙임. • 선어말 어미 '-았었/었었-'을 통해 과거에 있었던 상황이면서 현재와 다르거나 단절된 상황을 나타냄. • 관형사형 어미는 동사의 경우 '-(으)ㄴ'과 '-던'을, 형용사와 서술격 조사의 경우 '-던'을 씀. • '어제, 아까, 이미' 등과 같은 부사어를 쓰기도 함.
현재 시제	개념	사건이 일어난 시점이 화자가 말하는 시점과 일치하는 시제
	실현 방법	• 선어말 어미 '-ㄴ/는-'이 동사에 붙어 실현됨. 형용사와 서술격 조사의 경우 현재 시제를 표시하는 선어말 어미가 없음. • 관형사형 어미는 동사의 경우 '-는'을, 형용사와 서술격 조사의 경우 '-(으)ㄴ'을 씀. • '지금, 현재' 등과 같은 부사어를 쓰기도 함.
미래 시제	개념	사건이 일어난 시점이 화자가 말하는 시점보다 나중인 시제
	실현 방법	• 선어말 어미 '-겠-'이나 '-(으)ㄹ'에 의존 명사 '것'이 결합된 '-(으)ㄹ 것'을 씀. • 관형사형 어미 '-(으)ㄹ'을 씀. • '내일, 장차' 등과 같은 부사어를 쓰기도 함.

3 동작상의 개념과 유형

- **개념**: 시간의 흐름 속에서 동작이 일어나는 모습을 나타내는 문법 범주
- **유형**

진행상	• 동작이 계속되고 있음을 나타냄. • 주로 보조 용언 '-고 있다' 또는 '-아/어 가다' 등을 통해 실현됨.
완료상	• 동작이 이미 끝났거나 그 결과가 지속되고 있음을 나타냄. • 주로 보조 용언 '-아/어 있다' 또는 '-아/어 버리다' 등을 통해 실현됨.

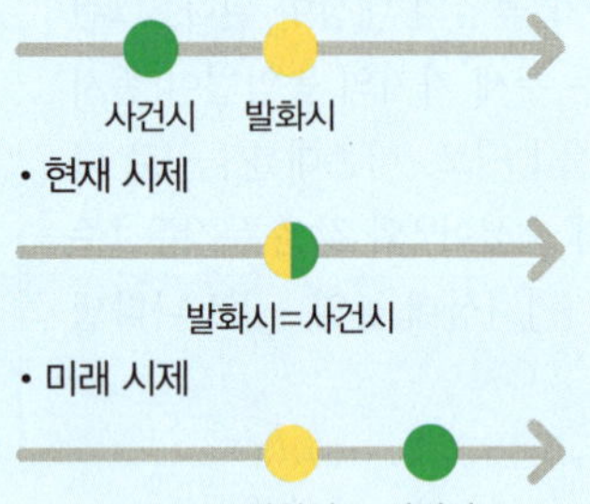

✦ 사건시와 발화시

사건시는 동작이나 상태가 일어난 시점을 말하고, 발화시는 화자가 말하는 시점을 말한다.

- 과거 시제

사건시　발화시

- 현재 시제

발화시＝사건시

- 미래 시제

발화시　사건시

✦ 선어말 어미 '-았/었-'의 의미

'-았/었-'은 일반적으로 과거 시제를 나타내지만, 완결된 상황이 지속되거나 미래 일의 실현에 대한 확신이 있을 때에도 사용된다.

例 • 저는 엄마를 닮았어요.
- 숙제를 안 했으니 넌 내일 학교에 가면 혼났다.

✦ 현재 시제의 또 다른 쓰임

시제는 현재이지만 발화시와 사건시가 일치하지 않는 경우가 있다. 가까운 미래를 이야기하거나 보편적인 사실을 진술할 때 예외적으로 현재 시제가 쓰일 수 있다.

例 • 나는 내일 아침 미국에 간다.
- 지구는 태양 주위를 돈다.

✦ 선어말 어미 '-겠-'의 의미

- 추측(추정)의 의미

　例 내일은 비가 오겠다.

- 의지(의도)의 의미

　例 이 일은 내가 꼭 하겠다.

- 가능성(확신)의 의미

　例 헤리는 벌써 도착했겠다.

[1~2] 다음 설명이 맞으면 ○표, 틀리면 ×표에 표시하시오.

1 사건이 일어난 시점이 화자가 말하는 시점보다 앞서는 시제를 미래 시제라고 한다.　(○ , ×)

2 과거 시제는 서술어가 동사일 때 관형사형 어미 '–(으)ㄴ'만 붙을 수 있다.　(○ , ×)

[3~4] 다음 문장에 들어갈 알맞은 말을 고르시오.

3 형용사와 서술격 조사의 경우 현재 시제를 표시하는 (선어말 어미 / 관형사형 어미)가 없다.

4 미래 시제는 선어말 어미 '(–는– / –겠–)'이 붙어 실현된다.

[5~6] 다음 빈칸에 들어갈 알맞은 말을 쓰시오.

5 시간의 흐름 속에서 동작이 계속되고 있음을 나타내는 동작상은 (　　　　)이다.

6 '바람이 세게 불고 있다.'라는 문장의 시제는 (　　　　) 시제이고, 동작상은 (　　　　) 이다.

7 다음 시간 표현에 알맞은 예를 연결하시오.

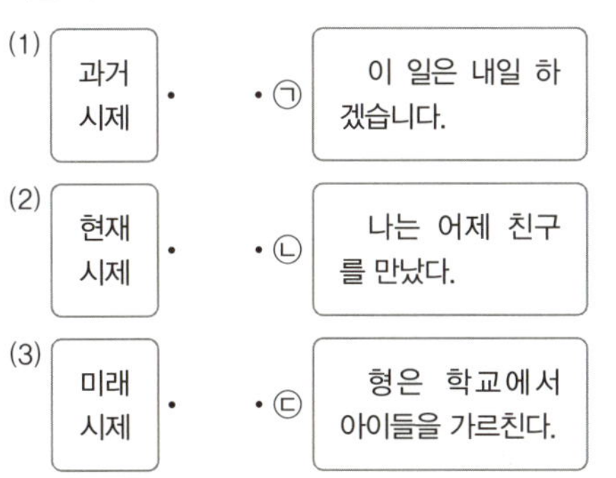

학습 활동 다음 단어를 시제에 맞게 바꾸어 써 보자.

• **과거 시제** 지난주에 도서관에서 책을 **❶** ______ . (← 읽다)

• **현재 시제** 지금 도서관에서 책을 **❷** ______ . (← 읽다)

• **미래 시제** 내일 도서관에서 책을 **❸** ______ . (← 읽다)

01 다음 중 사건시가 발화시보다 앞서는 시제가 쓰이지 <u>않은</u> 것은?

① 그는 반장이었었다.

② 나는 운동장을 달렸다.

③ 정원에서 꽃을 보았다.

④ 그녀는 훌륭한 의사이다.

⑤ 민지가 혼자 공원에 있더라.

02 다음 중 미래 시제를 나타내는 관형사형 어미가 쓰인 것은?

① 본 영화　　　② 볼 영화　　　③ 보는 영화

④ 보던 영화　　　⑤ 보고 있는 영화

학습 활동 다음 문장을 주어진 동작상에 맞게 표현해 보자.

• 윤서가 노래를 부르다.

➡ 진행상: **❹** ______

• 민호가 일어서다.

➡ 완료상: **❺** ______

03 다음 중 진행상이 나타나는 것은?

① 눈이 내리고 있다.

② 차를 타고서 떠났다.

③ 물을 다 마셔 버렸다.

④ 동생은 학원에 가 있다.

⑤ 현호는 소파에 앉아 있다.

01 '시간 표현'에 대한 설명으로 적절하지 <u>않은</u> 것은?

① 시간 표현에는 시제와 동작상이 있다.

② 국어의 동작상에는 완료상, 진행상이 있다.

③ 시제는 사건시와 발화시의 선후 관계로 구분한다.

④ 사건시가 발화시보다 앞서는 시제는 미래 시제이다.

⑤ 시제는 선어말 어미, 관형사형 어미, 시간 부사어를 통해 실현된다.

02 다음 문장이 과거 시제가 <u>아닌</u> 것은?

① 그는 머리를 짧게 잘랐다.

② 하던 일을 아까 다 마쳤다.

③ 나는 도서실에서 숙제를 했다.

④ 이미 그 사람은 떠나고 없더라.

⑤ 제가 잠시 후에 그리로 가겠습니다.

03 〈보기〉의 ㉠∼㉤의 예로 적절하지 <u>않은</u> 것은?

┤보기├

　과거 시제를 나타내는 대표적인 방법은 ㉠선어말 어미 '-았/었-'을 사용하는 방법이다. 이때 ㉡'-았었/었었-'과 같이 선어말 어미를 두 번 겹쳐 쓰게 되면 현재와 단절된 과거의 사건을 의미하게 된다. 또한 ㉢선어말 어미인 '-더-'는 과거 경험한 일을 회상할 때 쓰인다. ㉣동사에 관형사형 어미 '-(으)ㄴ'이 결합하면 과거 시제가 되며, ㉤형용사나 서술격 조사 다음에 오는 '-던'은 과거 시제를 나타내는 관형사형 어미로 사용된다.

① ㉠: 어제 시험을 <u>봤</u>다.

② ㉡: 저 선수는 금메달을 <u>땄었다</u>.

③ ㉢: 민서는 카페에서 책을 <u>읽더라</u>.

④ ㉣: 내 신발 중 가장 <u>예쁜</u> 신발이었다.

⑤ ㉤: 매우 <u>친절하던</u> 친구였는데 많이 변했어.

04 〈보기〉의 밑줄 친 부분과 동일한 의미의 '-었-'이 사용된 것은?

┤보기├

　선어말 어미 '-았/었-'은 여러 가지 의미를 지닌다. 사건이나 상태가 과거의 것임을 나타내기도 하고, <u>과거에 일어난 사건의 결과가 현재까지 지속되고 있음</u>을 나타내기도 한다. 그리고 미래의 일을 확정적인 사실로 받아들임을 나타내기도 한다.

① 어제는 하루 종일 친구와 놀았다.

② 감기에 걸려서 아직도 목이 잠겼다.

③ 지난주 소풍날에는 날씨가 매우 나빴다.

④ 내일 있을 과제를 준비하려면 오늘 잠은 다 잤다.

⑤ 다음 주에 있을 할머니 생신을 위해 선물을 사러 갔다.

05 '현재 시제'에 대한 설명으로 적절하지 <u>않은</u> 것은?

① 동사의 경우 관형사형 어미 '-는'을 사용한다.

② 형용사의 경우 관형사형 어미 '-던'을 사용한다.

③ '지금, 현재' 등과 같은 시간 부사어를 사용할 수 있다.

④ 사건이 일어나는 시점이 화자가 말하는 시점과 일치한다.

⑤ 형용사와 서술격 조사는 선어말 어미 없이 기본형으로 나타낸다.

06 〈보기〉의 밑줄 친 부분의 예로 적절한 것은?

┤보기├

　현재 시제는 사건시와 발화시가 일치하는 시제를 말한다. 그러나 시제는 현재이지만 발화시와 사건시가 일치하지 않는 경우가 있다. <u>가까운 미래를 이야기하거나 보편적인 사실을 진술할 때 예외적으로 현재 시제가 쓰일 수 있다.</u>

① 민규는 사진을 잘 찍는다.

② 광장이 시민들로 꽉 찬다.

③ 내일이면 그녀가 도착한다.

④ 그녀는 꽃을 매우 좋아한다.

⑤ 해는 언제나 동쪽에서 떠오른다.

07 다음 중 미래 시제가 나타나는 것은?

① 서희는 이따가 올 거야.

② 내 둘째 동생은 중학생이다.

③ 얼룩말이 사자에게 잡아먹혔다.

④ 유리는 어제 도서관에서 공부하더라.

⑤ 나는 언제나 정직한 사람을 존경한다.

08 〈보기〉의 밑줄 친 부분과 동일한 의미의 '-겠-'이 사용된 것은?

| 보기 |

　　선어말 어미 '-겠-'은 미래 시제를 나타내는 것 이외에 추측이나 의지, <u>가능성</u> 등의 의미를 나타낼 때에도 쓰인다.

① 이 일은 제가 꼭 해내겠습니다.

② 지금쯤은 고향에 도착했겠네요.

③ 사장님의 말씀이 있으시겠습니다.

④ 이 문제는 어린아이라도 풀겠어요.

⑤ 앞으로 제가 문제를 처리하겠습니다.

09 〈보기〉의 ㉠과 ㉡에 해당하는 시제로 적절한 것은?

| 보기 |

　　나는 어제 ㉠읽은 책을 곧 도서관에 ㉡반납할 것 이다.

	㉠	㉡
①	과거 시제	현재 시제
②	과거 시제	미래 시제
③	현재 시제	과거 시제
④	현재 시제	미래 시제
⑤	미래 시제	과거 시제

10 〈보기〉의 ㉠~㉤에 대한 설명으로 적절하지 않은 것은?

| 보기 |

　　작년에 같은 ㉠반이었던 지수와 오랜만에 연락이 ㉡닿았다. 그래서 당장 ㉢내일 만나기로 약속했다. 지수를 ㉣만날 생각을 하니 벌써 ㉤기쁘다.

① ㉠: 과거 시제를 나타내는 관형사형 어미가 사용되 었다.

② ㉡: 과거 시제를 나타내는 선어말 어미가 사용되었다.

③ ㉢: 미래 시제를 나타내는 시간 부사어가 사용되었다.

④ ㉣: 미래 시제를 나타내는 관형사형 어미가 사용되 었다.

⑤ ㉤: 현재 시제를 나타내는 선어말 어미가 사용되었다.

11 다음 중 완료상이 나타나는 것은?

① 거의 끝나 가.

② 지금 가고 있어.

③ 옷이 다 말라 간다.

④ 그녀는 뒷산을 걷는 중이다.

⑤ 주미는 이미 자리에 앉아 있다.

12 〈보기〉의 ㉠과 ㉡에 해당하는 예를 바르게 짝 지은 것은?

| 보기 |

　　시간의 흐름 속에서 동작의 양상을 표현하는 방법 으로 동작상이 있다. 동작상에는 동작이 계속되고 있 음을 나타내는 ㉠진행상과, 동작이 이미 끝났거나 그 결과가 지속되고 있음을 나타내는 ㉡완료상이 있다.

	㉠	㉡
①	밥을 먹고 있다.	꽃이 피어 있다.
②	집에 다 와 간다.	비가 내리고 있다.
③	옷을 벗고서 나갔다.	눈이 쌓이고 있다.
④	의자에 앉아 있다.	서류를 태워 버렸다.
⑤	밥을 다 먹어 버렸다.	책을 거의 읽어 간다.

문법 요소 ❹ : 피동 표현

개념 따라잡기

✦ 피동 표현을 사용하는 경우

- 동작이나 행위의 주체가 확실하지 않을 때
  예 화가 풀렸다.
- 동작이나 행위의 주체를 밝히지 않고자 할 때
  예 이곳에는 유리병 반입이 허용되지 않습니다.
- 동작이나 행위를 당하는 대상을 강조하고자 할 때
  예 차가 나뭇가지에 긁혔다.
- 내용에 객관성을 높일 때
  예 이번 화재의 원인은 전기 누전 때문으로 밝혀졌습니다.
- 내용에 대한 책임을 회피하고자 할 때
  예 꽃병이 깨졌어요.

✦ 피동문의 부사어

피동문의 부사어는 '에게', '한테', '에', '에 의해서'가 붙어서 이루어지곤 한다.

---

1 피동 표현의 개념

주어가 다른 주체에 의해 어떤 동작이나 행위를 당함을 나타내는 표현을 말한다.

2 능동문과 피동문

능동문	제힘으로 움직이는 행위의 주체가 주어인 문장 예 엄마가 아기를 안았다.
피동문	행위의 주체가 아닌 행위의 대상이 주어인 문장 예 아기가 엄마에게 안겼다.

3 피동 표현의 실현 방법

파생적 피동문	• 능동사의 어근에 피동 접미사 '-이-, -히-, -리-, -기-'를 붙임. 예 꽃이 꺾이다. / 도둑이 경찰에게 잡히다. 　버스에서 사람들에게 밀리다. / 시간에 쫓기다. • 일부 명사에 피동 접미사 '-되다, -받다, -당하다'를 붙임. 예 섬과 육지 사이에 다리가 건설되다. / 친구들에게 사랑받다. / 그에게 거절당하다.
통사적 피동문	능동사의 어간에 '-아지다/어지다'를 붙임. 예 나의 소원이 이루어지다.

4 능동문을 피동문으로 바꿀 때의 변화

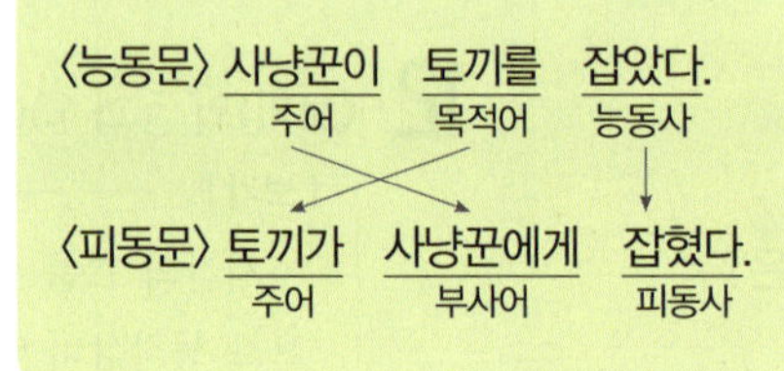

능동문이 피동문으로 바뀔 때 능동문의 주어(사냥꾼이)는 피동문의 부사어(사냥꾼에게)가 되고, 능동문의 목적어(토끼를)는 피동문의 주어(토끼가)가 돼.

5 잘못된 피동 표현

잘못된 피동 표현	올바른 피동 표현	잘못된 피동 표현	올바른 피동 표현
믿겨지다	믿기다	잊혀지다	잊히다
	믿어지다		잊어지다
끊겨지다	끊기다	쓰여지다	쓰이다
	끊어지다		써지다

→ 피동 접미사가 결합된 동사에 다시 '-아지다/어지다'를 결합하여 피동 표현을 중복으로 사용한 것을 이중 피동이라고 한다. 이중 피동은 국어 문법에 어긋난 표현이므로 사용하지 않아야 한다.

[1~2] 다음 설명이 맞으면 ○표, 틀리면 ×표에 표시하시오.

1 제힘으로 움직이는 행위의 주체가 주어인 문장을 피동문이라고 한다. (○ , ×)

2 피동 표현은 동작이나 행위를 당하는 대상을 강조하고자 할 때 사용된다. (○ , ×)

[3~4] 다음 문장에 들어갈 알맞은 말을 고르시오.

3 '꺾이다'는 능동사의 어근에 피동 접미사 '(−이− / −히− / −리− / −기−)'가 결합한 피동문이다.

4 '−아지다/어지다'가 결합한 피동문을 (파생적 피동문 / 통사적 피동문)이라고 한다.

[5~6] 다음 빈칸에 들어갈 알맞은 말을 쓰시오.

5 능동문을 피동문으로 바꿀 때 능동문의 주어는 피동문의 부사어가 되고, 능동문의 (   ) 은/는 피동문의 주어로 바뀐다.

6 피동 접미사가 결합하여 이루어진 피동사에 다시 '−아지다/어지다'가 결합한 표현을 (   ) (이)라고 하는데, 이는 국어 문법에 어긋난 표현이다.

7 〈보기〉에서 잘못 쓰인 피동문을 고르시오.

> ┤ 보기 ├
> ㉠ 결과가 뒤집혔다.
> ㉡ 대문이 굳게 잠겨졌다.
> ㉢ 계속된 실패에 의지가 꺾였다.

> **학습 활동** 다음 능동문을 피동문으로 바꾸어 써 보자.

능동문			피동문
모기가 형을 물었다.	……	피동 접미사 사용 →	❶
새로운 유물을 발굴했다.	……	'−되다' 사용 →	❷
동생이 꽃병을 깼다.	……	'−아지다/어지다' 사용 →	❸

01 다음 중 피동 표현의 실현 방법이 나머지와 다른 것은?

① 닭이 개에게 쫓긴다.
② 게시판에 글이 쓰였다.
③ 아기가 모기에게 물렸다.
④ 문화재가 훼손되고 있다.
⑤ 슬픔은 시간에 의해 잊어진다.

> **학습 활동** 다음 말에서 잘못된 피동 표현을 찾아 적절하게 고쳐 써 보자.

> 여러분의 따뜻한 인정이 누군가에게는 삶의 희망이 될 것으로 생각되어집니다. 모여진 성금은 어려운 이웃들의 겨울나기에 큰 도움이 되니, 그냥 지나치지 마시고 관심 부탁드립니다.

잘못된 피동 표현	적절한 표현
❹	❺
❻	❼

02 다음 중 피동 표현이 잘못된 것은?

① 문이 바람에 닫혀졌다.
② 땅에 웅덩이가 파였다.
③ 아이스크림이 잘 팔린다.
④ 그의 말이 옳다고 여겨졌다.
⑤ 그녀의 작품이 널리 읽힌다.

01 '피동 표현'에 대한 설명으로 적절하지 <u>않은</u> 것은?

① 동작이나 행위의 주체를 강조하는 경우에 사용한다.

② 능동사의 어간에 '-아지다'나 '-어지다'를 붙여 만든다.

③ 일부 명사에 피동 접미사 '-되다, -받다, -당하다' 등을 붙여 만든다.

④ 능동사의 어근에 피동 접미사 '-이-, -히-, -리-, -기-'를 붙여 만든다.

⑤ 주어가 다른 주체에 의해 어떤 동작이나 행위를 당하는 것을 말한다.

02 다음 중 파생적 피동문이 <u>아닌</u> 것은?

① 바람에 꽃이 꺾였다.

② 도둑이 경찰에게 잡혔다.

③ 그의 능력이 잘 쓰이고 있다.

④ 결과가 쉽게 믿어지지 않는다.

⑤ 연락이 끊긴 친구에게 연락했다.

03 〈보기〉의 ㉠~㉤ 중, 피동 표현의 실현 방법이 나머지와 <u>다른</u> 것은?

| 보기 |

어머니: 어제 현장 체험 학습은 재미있었니?

학생: 네! 경치도 아름답고 좋았는데, ㉠버려진 쓰레기가 많이 ㉡보이더라고요.

어머니: 아이고, 그래서 너희가 치웠니?

학생: 네, 그런데 ㉢준비된 도구가 없어서 그냥 손으로 주웠어요.

어머니: 나도 요즘 길거리에 음료가 ㉣담긴 채 버려지는 일회용 플라스틱 컵이 걱정스럽더구나.

학생: 저도 그래요. 그래서 우리 학교에서는 플라스틱 사용 자제를 위한 캠페인이 자주 ㉤열려요.

어머니: 그거 참 좋은 행사로구나.

① ㉠ 　　　② ㉡ 　　　③ ㉢

④ ㉣ 　　　⑤ ㉤

04 〈보기〉의 ⓐ~ⓓ를 탐구한 결과로 적절하지 <u>않은</u> 것은?

| 보기 |

ⓐ 보물이 묻히다.

ⓑ 그 산이 보이다.

ⓒ 줄이 발에 감기다.

ⓓ 운동화 끈이 풀어지다.

① ⓐ~ⓓ는 모두 파생적 피동문이다.

② ⓐ는 능동사의 어근에 '-히-'가 결합하여 실현된 피동문이다.

③ ⓑ는 능동사의 어근에 '-이-'가 결합하여 실현된 피동문이다.

④ ⓒ는 능동사의 어근에 '-기-'가 결합하여 실현된 피동문이다.

⑤ ⓓ는 능동사의 어간에 '-어지다'가 결합하여 실현된 피동문이다.

05 〈보기〉의 ㉠과 ㉡에 해당하는 예로 적절한 것은?

| 보기 |

피동문을 만드는 방법은 다음과 같다. 능동사의 어근에 피동 접미사를 붙이거나 일부 명사에 피동 접미사를 붙여 ㉠파생적 피동문을 만든다. 또는 '-아지다/어지다'를 붙여 ㉡통사적 피동문을 만든다.

	㉠	㉡
①	숨겨진 보물을 찾아보자.	들판이 눈에 덮인다.
②	내일은 비가 올 것으로 예상된다.	구들장이 일꾼에게 뜯겼다.
③	매우 기쁜 소식이 전해졌다.	장학금은 좋은 일에 사용된다.
④	동생에게 사탕을 빼앗겼다.	동생이 갑자기 나에게 안겼다.
⑤	태풍에 건물이 마구 흔들린다.	그녀는 운명의 소용돌이에 던져졌다.

06 〈보기〉의 ㉠과 ㉡에 대한 설명으로 적절하지 <u>않은</u> 것은?

| 보기 |

㉠ 모기가 아이를 물었다.
㉡ 아이가 모기에게 물렸다.

① ㉠을 ㉡으로 바꿀 때, 목적어는 생략된다.
② ㉠을 ㉡으로 바꿀 때, 주어는 부사어가 된다.
③ ㉠을 ㉡으로 바꿀 때, 능동사의 어근에 접미사 '-리-'를 붙인다.
④ ㉠은 주어가 동작이나 행위를 스스로 하는 것을 나타내는 문장이다.
⑤ ㉡은 주어가 다른 대상에 의해 동작이나 행위를 당했음을 나타내는 문장이다.

07 〈보기〉를 참고하여 능동문을 피동문으로 바꾼 결과로 적절하지 <u>않은</u> 것은?

| 보기 |

능동문을 피동문으로 바꿀 때, 능동문의 주어는 피동문의 부사어가 되고 능동문의 목적어는 피동문의 주어가 된다. 또한, 능동문의 서술어는 피동 접미사나 '-아지다/어지다'가 붙어 피동문의 서술어가 된다.

① 고양이가 쥐를 물었다.
　→ 쥐가 고양이에게 물렸다.
② 폭풍이 마을을 휩쓸었다.
　→ 마을이 폭풍에 휩쓸렸다.
③ 어부가 물고기를 잡았다.
　→ 물고기가 어부에게 잡혔다.
④ 제비뽑기로 당번을 정했다.
　→ 제비뽑기로 당번이 정해졌다.
⑤ 적군이 아군을 포위했다.
　→ 아군이 적군에게 포위되어졌다.

08 다음 중 능동문을 피동문으로 바꾸지 <u>못한</u> 것은?

① 컵을 깼다. → 컵이 깨졌다.
② 아이가 잔다. → 아이를 재운다.
③ 개가 닭을 쫓는다. → 닭이 개에게 쫓긴다.
④ 그가 소식을 끊었다. → 그에게서 소식이 끊겼다.
⑤ 농장에서 소를 사육한다. → 농장에서 소가 사육된다.

09 다음 밑줄 친 부분이 〈보기〉에서 설명하는 ⓐ의 예가 <u>아닌</u> 것은?

| 보기 |

'믿겨지지 않는 이야기'와 같이 일상생활에서 ⓐ피동 표현을 겹쳐 사용하는 경우가 있다. 이와 같은 이중 피동 표현은 대개 피동 접미사가 붙어 피동사가 된 것에 다시 피동문을 만드는 '-아지다/어지다'가 붙어 만들어지는데, 의도하는 바를 간단하고 분명하게 전달하기 위해서는 가급적 사용하지 않아야 한다.

① 운동장 한가운데 <u>놓여진</u> 의자.
② 그 일은 오랫동안 <u>잊혀지지</u> 않을 거야.
③ 그 문제는 너무 어려워서 <u>풀리지</u> 않았다.
④ 이 종이는 얼마나 질긴지 <u>잘려지지</u> 않는다.
⑤ 돈이 좀 <u>모여지면</u> 작은 가게라도 차리면 어떨까?

10 〈보기〉의 문장을 제시된 〈조건〉을 충족하는 피동문으로 바꾸어 쓰시오.

| 보기 |

그 옷감은 쉽게 찢겨지지 않는다.

| 조건 |

• 잘못된 피동 표현을 올바른 피동 표현으로 바꿀 것
• 파생적 피동문으로 바꿀 것

문법 요소 ⑤ : 사동 표현

개념 따라잡기

① 사동 표현의 개념

주어가 남에게 동작이나 행위를 시키는 것을 나타내는 표현을 말한다.

② 주동문과 사동문

주동문	주어가 동작이나 행위를 직접 하는 것을 나타내는 문장 예 주희가 동생을 안았다.
사동문	주어가 남에게 동작이나 행위를 시키는 것을 나타내는 문장 예 엄마가 주희에게 동생을 안겼다.

③ 사동 표현의 실현 방법

파생적 사동문	• 주동사의 어근에 사동 접미사 '-이-, -히-, -리-, -기-, -우-, -구-, -추-'를 붙임. 예 남을 속이다. / 음식을 익히다. / 소식을 알리다. / 신발을 신기다. 　　쓰레기통을 비우다. / 무쇠를 달구다. / 자세를 낮추다. • 일부 명사에 사동 접미사 '-시키다'를 붙임. 예 차를 정지시키다.
통사적 사동문	주동사의 어간에 '-게 하다'를 붙임. 예 아이가 밥을 먹게 하다.

④ 파생적 사동문과 통사적 사동문의 차이

파생적 사동문	대체로 직접 사동의 의미를 지니나, 간접 사동의 의미를 지니기도 함. 예 엄마가 딸에게 옷을 입혔다. 　→ 엄마가 직접 딸에게 옷을 입힌 경우(직접 사동) 　→ 딸이 스스로 옷을 입도록 시킨 경우(간접 사동)
통사적 사동문	간접 사동의 의미만을 지님. 예 엄마가 아이에게 우유를 먹게 한다. 　→ 아이가 스스로 우유를 먹도록 시킨 경우(간접 사동)

⑤ 주동문을 사동문으로 바꿀 때의 변화

〈주동문〉 아이가　밥을　먹는다.
　　　　　주어　목적어 서술어(주동사)

〈사동문〉 아버지가　아이에게　밥을　먹인다.
　　　　　새로운　　부사어　　목적어　서술어
　　　　　주어　　　　　　　　　　　(주동사)

주동문이 사동문으로 바뀔 때 주동문의 주어(아이가)는 사동문의 목적어나 부사어(아이에게)가 되고, 주동문의 목적어(밥을)는 그대로 목적어(밥을)가 돼. 사동문의 주어(아버지가)는 새로 도입된단다.

피동문은 원래의 문장(능동문)이 타동사(목적어를 필요로 하는 동사) 서술어를 가진 경우에만 만들 수 있어. 그러나 사동문은 원래의 문장(주동문)이 타동사 서술어를 가진 때는 물론, 자동사나 형용사 서술어를 가진 경우에도 만들 수 있단다.

✦ 주동사가 자동사나 형용사일 경우, 주동문을 사동문으로 바꿀 때의 변화

• 새로운 주어(사람들이)가 생김.
• 주동문의 주어(길이)가 사동문의 목적어(길을)가 됨.
• 주동사(넓다)가 사동사(넓혔다)가 됨.

✦ 사동문의 부사어
주동문의 주어가 변하여 된 사동문의 부사어는 주로 '에', '에게', '로 하여금'이 붙어서 이루어진다.

[1~2] 다음 설명이 맞으면 ○표, 틀리면 ×표에 표시하시오.

1 주어가 동작이나 행위를 직접 하는 것을 나타내는 문장을 사동문이라고 한다. (○ , ×)

2 사동문은 주동문이 타동사 서술어를 가진 때뿐만 아니라, 자동사나 형용사 서술어를 가진 경우에도 만들 수 있다. (○ , ×)

[3~5] 다음에 제시된 문장이 주동문인지 사동문인지 고르시오.

3 동생이 생글생글 웃는다.

(주동문 / 사동문)

4 어머니께서 집을 비우셨다.

(주동문 / 사동문)

5 삼촌이 조카에게 영화를 보게 했다.

(주동문 / 사동문)

[6~8] 다음 문장에 들어갈 알맞은 말을 고르시오.

6 주동사의 어근에 사동 접미사가 붙어 만들어진 사동문을 (파생적 사동문 / 통사적 사동문)이라고 한다.

7 (파생적 사동문 / 통사적 사동문)은 대체로 직접 사동의 의미를 지니나, 간접 사동의 의미를 지니기도 한다.

8 주동사의 어간에 '-게 하다'가 붙은 사동문은 (직접 사동 / 간접 사동)의 의미만을 지닌다.

학습 활동 다음 주동문을 사동문으로 바꾸어 써 보자.

주동문		사동문
얼음이 녹는다.	…… 사동 접미사 사용 →	❶
다툰 친구들이 서로 화해했다.	…… '-시키다' 사용 →	❷
연주가 짐을 졌다.	…… '-게 하다' 사용 →	❸

01 다음 중 사동 표현의 실현 방법이 나머지와 <u>다른</u> 것은?

① 연을 날리다.
② 손을 씻게 하다.
③ 적군을 항복시키다.
④ 어두운 방을 밝히다.
⑤ 약속 시간을 늦추다.

학습 활동 다음 문장에 해당하는 의미를 선택하고, 그 결과를 바탕으로 파생적 사동문과 통사적 사동문의 의미 차이를 살펴보자.

❹ 할머니께서 손주에게 한복을 입히셨다. •	• ㉠ 할머니가 직접 손주에게 한복을 입힌다는 의미
❺ 할머니께서 손주에게 한복을 입게 하셨다. •	• ㉡ 할머니가 손주 스스로 옷을 입도록 했다는 의미

➡ (❻)적인 행위를 한 것만을 나타내는 통사적 사동문과 달리, 대개 파생적 사동문은 주어가 객체에게 (❼)적인 행위를 한 것도 나타낸다.

02 다음 중 간접 사동의 의미만을 지니는 것은?

① 아들이 어머니를 웃겼다.
② 그는 결과를 나에게 알렸다.
③ 엄마가 아이에게 밥을 먹였다.
④ 언니는 친구에게 선물을 안겼다.
⑤ 아버지가 동생에게 책을 읽게 했다.

01 '사동 표현'에 대한 설명으로 적절하지 <u>않은</u> 것은?

① 주동사의 어근에 사동 접미사를 결합하여 만들 수 있다.

② 주어가 남에게 동작이나 행위를 시키는 표현을 말한다.

③ 일부 명사에 사동 접미사 '-시키다'를 붙여 만들기도 한다.

④ 주동문을 사동문으로 바꿀 때 새로운 주어가 생기기도 한다.

⑤ 주동문을 사동문으로 바꿀 때 목적어는 생략되거나 부사어로 바뀐다.

02 다음 중 사동 표현이 쓰이지 <u>않은</u> 것은?

① 3월의 햇살이 남아 있는 눈을 녹인다.

② 나는 아픈 동생에게 죽과 약을 먹였다.

③ 어머니께서 날뛰는 강아지를 진정시키셨다.

④ 거리에 사람이 너무 많아서 우리는 이리저리 밀렸다.

⑤ 수업이 시작하자 선생님이 돌아다니는 아이들을 자리에 앉게 하셨다.

03 다음 중 사동사를 만드는 접미사에 해당하지 <u>않는</u> 것은?

① -이- ② -리- ③ -우-

④ -되다 ⑤ -시키다

04 다음 중 주동문을 사동문으로 바꾼 것이 <u>아닌</u> 것은?

① 모기를 잡다. → 모기가 잡혔다.

② 감기가 옮다. → 감기를 옮기다

③ 자리가 차다. → 자리를 채우다.

④ 온도가 낮다. → 온도를 낮추다.

⑤ 휴지통이 비다. → 휴지통을 비우다.

05 〈보기〉의 ㉠과 ㉡에 해당하는 예문을 바르게 짝 지은 것은?

| 보기 |

사동문은 다음과 같은 방법으로 만들 수 있다. 주동사의 어근에 사동 접미사를 붙이거나 일부 명사에 사동 접미사를 붙여 ㉠파생적 사동문을 만든다. 또는 주동사의 어간에 '-게 하다'를 붙여 ㉡통사적 사동문을 만든다.

	㉠	㉡
①	손을 들게 하다.	꽃을 피우다.
②	방을 청소시키다.	차를 정지하게 하다.
③	질문자를 이해시키다.	딸에게 주사를 맞히다.
④	그에게 기쁜 소식을 알리다.	호롱불의 심지를 돋우다.
⑤	사람들 사이의 벽을 낮추다.	저금통을 한가득 채우다.

06 〈보기〉의 ⓐ~ⓔ에 대한 설명으로 적절하지 <u>않은</u> 것은?

| 보기 |

ⓐ 삼촌이 나무 한 짐을 진다.
ⓑ 아빠가 삼촌에게 나무 한 짐을 지운다.
ⓒ 할머니께서 갓난아기를 씻기셨다.
ⓓ 나는 동생을 운동시켰다.
ⓔ 어머니가 딸에게 설거지를 하게 했다.

① ⓐ는 주동문, ⓑ는 사동문이다.

② ⓑ, ⓒ는 모두 직접 사동과 간접 사동의 두 가지 의미로 해석할 수 있다.

③ ⓑ, ⓒ, ⓓ는 접미사를 활용한 사동문이지만, ⓔ는 그렇지 않다.

④ ⓓ와 같이 일부 명사에 '-시키다'를 결합하면 '입원시키다, 오염시키다'와 같은 사동사를 만들 수 있다.

⑤ ⓔ는 '어머니가 딸이 스스로 설거지를 하도록 시켰다.'라는 뜻으로 이해된다.

07 〈보기〉의 ㉠~㉢에 들어갈 예로 가장 적절한 것은?

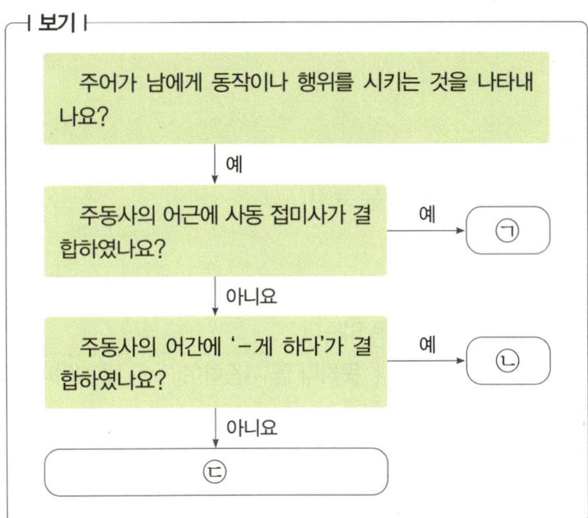

	㉠	㉡	㉢
①	소식을 알리다.	천장을 높게 하다.	학생을 교육시키다.
②	양말을 신기다.	장소를 옮기다.	연을 날리다.
③	자세를 낮추다.	팽이를 돌리다.	빨래를 말리다.
④	적군을 항복시키다.	아이를 집에 오게 하다.	손을 녹이다.
⑤	겉옷을 입게 하다.	연탄불을 피우다.	군중을 진정시키다.

08 〈보기〉의 문장을 제시된 〈조건〉을 충족하는 사동문으로 바꾸어 쓰시오.

┤ 보기 ├

진희가 책을 읽는다.

┤ 조건 ├

• '엄마'를 주어로 하는 문장으로 바꿀 것
• 직접 사동의 의미를 지니는 사동문으로 바꿀 것

09 다음 중 주동문을 사동문으로 바꿀 때 〈보기〉의 ⓐ에 해당하지 <u>않는</u> 것은?

┤ 보기 ├

ⓐ서술어가 자동사나 형용사인 주동문을 사동문으로 바꿀 때, 주동문의 주어가 사동문의 목적어가 되며 사동문의 주어는 새로 생긴다.

	주동문	사동문
①	담장이 낮다.	사람들이 담장을 낮추었다.
②	내 방이 더럽다.	동생이 내 방을 더럽혔다.
③	개가 간식을 먹었다.	딸이 개에게 간식을 먹였다.
④	뜨거운 찌개가 식는다.	형이 뜨거운 찌개를 식힌다.
⑤	학생들이 교실에 남았다.	선생님이 학생들을 교실에 남겼다.

10 〈보기〉의 (가)와 (나)를 바탕으로 사동문의 형성 과정을 분석한 것으로 적절하지 <u>않은</u> 것은?

┤ 보기 ├

(가) 동호가 시계를 봤다.
　　→ 나는 동호에게 시계를 보게 했다.
(나) 순진한 사람들이 속다.
　　→ 사기꾼이 순진한 사람들을 속였다.

① (가)와 (나) 모두 사동문에서 새로운 주어가 도입되었다.
② (가)는 주동문의 주어가 사동문의 부사어로 바뀌었다.
③ (나)는 주동문의 주어가 사동문의 목적어로 바뀌었다.
④ (가)는 주동문의 목적어가 사동문에서 그대로 유지되었다.
⑤ (가)와 (나)는 모두 주동사의 성격이 같지만, 사동문의 형성 과정에는 차이가 있다.

문법 요소 ❻ : 부정 표현, 인용 표현

개념 따라잡기

✦ 부정 표현의 중의성

세희가 꽃을 안 샀다.

① 부정 대상이 '세희'인 경우: 꽃을 산 사람이 세희가 아니다.
② 부정 대상이 '꽃'인 경우: 세희가 '꽃'이 아닌 다른 것을 샀다.
③ 부정 대상이 '사다'라는 행위인 경우: 세희가 꽃을 사지 않고 받았거나 심었다.

↓

해결 방법

부정의 대상이 되는 부분에 강세를 주어 구별하거나 보조사를 사용함.

↓

적용

① 세희는 꽃을 사지 않았다.
② 세희가 꽃은 사지 않았다.
③ 세희가 꽃을 사지는 않았다.

---

1 부정 표현의 개념과 유형

- **개념**: 문장이 표현하는 내용을 의미적으로 부정하는 표현
- **유형**

길이에 따라	짧은 부정문	부정 부사 '안'이나 '못'으로 실현되는 부정문 예 물이 안 흐른다. / 밥을 못 먹는다.
	긴 부정문	• 부정 용언 '않다(아니하다)'나 '못하다'를 사용하여 '−지 않다(아니하다)'나 '−지 못하다'로 실현되는 부정문 예 물이 흐르지 않는다. / 밥을 먹지 못한다. • 명령문은 '−지 마/마라', 청유문은 '−지 말자'로 실현됨. 예 밥을 먹지 마라. / 밥을 먹지 말자.
의미에 따라	'안' 부정문	부정 부사 '안'이나 '−지 않다(아니하다)'로 실현되는 부정문. 단순 부정 또는 주체의 의지에 의한 부정을 표현함. 예 • 단순 부정: 비가 안 내린다. / 비가 내리지 않는다. • 의지 부정: 약속 장소에 안 갔다. / 약속 장소에 가지 않았다.
	'못' 부정문	부정 부사 '못'이나 '−지 못하다'로 실현되는 부정문. 주체의 능력 부족 또는 상황에 의한 부정을 표현함. 예 • 능력 부정: 일찍 못 일어났다. / 일찍 일어나지 못했다. • 상황에 의한 부정: 아파서 못 잤다. / 아파서 자지 못했다.

의지 부정이나 능력 부정은 동사 중에서도 의지적으로 할 수 있는 동작 동사에만 적용돼. 형용사나 '이다' 같은 경우는 의지나 능력이라는 표현 자체를 쓸 수 없지. 따라서 '장미가 예쁘지 않다.'와 같이 형용사가 서술어로 쓰인 부정 표현의 경우 '−지 않다'는 단순 부정을 나타내.

---

2 인용 표현의 개념과 유형

- **개념**: 다른 사람의 말이나 글을 직접 또는 간접으로 자신의 말이나 글 속에 끌어다 쓰는 표현
- **유형**

직접 인용 표현	• 다른 사람의 말이나 글을 원래의 내용과 형식을 그대로 유지한 채 인용하는 표현 • 인용절에 큰따옴표를 하여 표시하고 큰따옴표 뒤에 인용격 조사 '라고'를 씀. 예 그는 나에게 "너는 참 예뻐."라고 말했다. • 간접 인용보다 직접 말을 하는 듯한 현장감과 생동감을 줄 수 있음.
간접 인용 표현	• 다른 사람의 말이나 글을 내용만 끌어다 쓰고 그 형식은 유지하지 않은 채 인용하는 표현 • 인용절에 따옴표를 쓰지 않고 해당 인용절 뒤에 조사 '고'를 씀. 예 그는 나에게 내가 참 예쁘다고 말했다. • 직접 인용보다 매끄럽고 간결한 느낌을 줄 수 있음.

✦ 직접 인용 표현을 간접 인용 표현으로 바꿀 때에는 인용절의 시간 표현, 높임 표현, 종결 표현, 지시 표현, 인칭 대명사 등을 문장에 맞게 바꾸어야 한다.

✦ 인용 표현의 사용 효과

인용 표현을 사용하면 내용의 객관성과 신뢰성을 높이고, 내용을 충실히 구성하는 데 도움이 된다.

[1~2] 다음 설명이 맞으면 ○표, 틀리면 ×표에 표시하시오.

1 짧은 부정문은 부정 부사 '안', '못'을 사용하여 실현한다.　　　　　　　　　　(○ , ×)

2 '물이 흐르지 않는다.'는 '안' 부정문이자 긴 부정문이다.　　　　　　　　　　(○ , ×)

[3~4] 다음 문장에 들어갈 알맞은 말을 고르시오.

3 '(안 / 못)' 부정문은 주체의 능력 부족 또는 상황에 의한 부정을 표현한다.

4 '비가 안 내린다.'는 단순히 사실을 부정하는 표현이므로 (단순 부정 / 의지 부정 / 능력 부정)에 해당한다.

[5~6] 다음 빈칸에 들어갈 알맞은 말을 쓰시오.

5 직접 말을 하는 듯한 현장감과 생동감을 줄 수 있는 인용 표현은 (　　　　) 표현이다.

6 (　　　　) 표현은 다른 사람의 말이나 글을 내용만 끌어다 쓰고 그 형식은 유지하지 않은 채 인용하는 표현이다.

[7~8] 다음 문장이 직접 인용문이면 '직', 간접 인용문이면 '간'이라고 쓰시오.

7 그는 나에게 그 사실을 아느냐고 물었다.
　　　　　　　　　　　　　　(　　　　)

8 친구는 나에게 "전할 말이 있어."라고 말했다.
　　　　　　　　　　　　　　(　　　　)

교과서 적용하기　　　　　　　　정답과 해설 60쪽 ·

학습 활동　〈보기〉의 문장들을 다음 항목에 따라 구분해 보자.

／ 보기 ／
ㄱ 동생이 책을 읽지 않았다.
ㄴ 태서가 오늘 음료수를 안 마셨다.
ㄷ 못 가 본 길이 더 아름다운 법이다.
ㄹ 그 선수는 부상으로 결국 경기에 나가지 못했다.

의미에 따라 ＼ 길이에 따라	짧은 부정문	긴 부정문
'안' 부정문	❶	❷
'못' 부정문	❸	❹

01 다음 중 긴 부정문에 해당하는 것은?

① 밥을 안 먹었다.　　　② 소화가 안 된다.
③ 병원에 못 갔다.　　　④ 잠이 오지 않는다.
⑤ 수줍어 말을 못 했다.

02 〈보기〉에 쓰인 직접 인용 표현을 간접 인용 표현으로 바꾸어 쓰시오.

ㅓ 보기 ㅣ
철호는 선생님께 "먼저 들어갑니다."라고 했다.

학습 활동　다음 문장에 쓰인 인용 표현을 조건에 맞게 바꾸어 써 보자.

• 영서가 경호에게 자기도 같이 가고 싶다고 말했다.

➡ 직접 인용 표현: ❺

• 선생님께서 우리에게 "거기에 앉으세요."라고 말씀하셨다.

➡ 간접 인용 표현: ❻

03 다음 중 직접 인용 표현이 쓰인 것은?

① 수호는 자기가 먼저 간다고 말했다.
② 승아는 자신이 먼저 발표를 하겠다고 했다.
③ 세미는 아버지께 자기도 가야 하냐고 물었다.
④ 간호사는 나에게 "거기서 기다리세요."라고 말했다.
⑤ 그는 중간중간 미안하다는 말을 여러 번 되풀이했다.

01 '부정 표현'에 대한 설명으로 적절하지 <u>않은</u> 것은?

① 명령문의 부정 표현은 긴 부정문으로 실현된다.

② 청유문의 부정 표현은 짧은 부정문으로 실현된다.

③ 의미에 따라 '안' 부정문과 '못' 부정문으로 나눌 수 있다.

④ 부정 부사 '안'이나 '못'을 사용한 부정문을 짧은 부정문이라 한다.

⑤ 부정 용언 '않다'나 '못하다'를 사용한 부정문을 긴 부정문이라 한다.

02 '못' 부정문에 대한 설명으로 적절하지 <u>않은</u> 것은?

① '문제를 풀지 못하다.'와 같이 부정 용언 '못하다'를 사용한다.

② '못 학생답다.'와 같이 부정하려는 말 앞에 부정 부사 '못'을 사용한다.

③ '나는 언제나 영수를 이기지 못했다.'와 같이 능력 부정을 표현한다.

④ '배고파서 수업에 집중을 못했다.'와 같이 상황에 의한 부정을 표현한다.

⑤ '공을 못 던졌다.'는 짧은 부정문이고, '공을 던지지 못했다.'는 긴 부정문이다.

03 〈보기〉의 ㉠과 ㉡에 들어갈 말로 적절하지 <u>않은</u> 것은?

┤ 보기 ├

선생님: 지혜랑 민욱이는 숙제를 해 왔니?

지혜: 선생님, 저는 안 했어요. (㉠).

민욱: 선생님, 저는 못 했어요. (㉡).

① ㉠: 아무것도 하기가 싫은 날이었어요.

② ㉠: 숙제를 하는 대신 잠을 자기로 했거든요.

③ ㉠: 어제 할머니 댁에 갔다가 너무 늦게 와서요.

④ ㉡: 깜빡하고 책을 학교에 두고 갔거든요.

⑤ ㉡: 어제 갑자기 배가 많이 아파서 약을 먹고 일찍 잤거든요.

04 〈보기〉의 ㄱ～ㅁ에 대한 설명으로 적절한 것은?

┤ 보기 ├

ㄱ. 하늘이 파랗지 않다.

ㄴ. 그녀는 노래를 안 불렀다.

ㄷ. 이 요리는 그렇게 맛있지 않다.

ㄹ. 영수는 늦잠을 자서 학교에 일찍 못 갔다.

ㅁ. 기자의 질문은 사건의 핵심을 찌르지 못했다.

① ㄱ은 주체의 능력 부족을 드러내는 '안' 부정문이자 긴 부정문이다.

② ㄴ은 상황에 의한 부정을 표현하는 '안' 부정문이자 짧은 부정문이다.

③ ㄷ은 단순 부정을 표현하는 '안' 부정문이자 긴 부정문이다.

④ ㄹ은 주체의 의지를 드러내는 '못' 부정문이자 짧은 부정문이다.

⑤ ㅁ은 부정 부사 '안'이나 '못'을 사용하지 않는 긴 부정문이다.

05 〈보기〉의 ⓐ～ⓒ에 들어갈 말로 적절한 것은?

┤ 보기 ├

부정문은 부정어 해석의 초점에 따라 중의성을 갖는 경우가 있다. 예를 들어 '영호가 버스를 타지 않았다.'에서 '(ⓐ)'를 부정하면 '버스를 탄 사람은 영호가 아니다.'의 의미로, '(ⓑ)'를 부정하면 '영호가 탄 것은 버스가 아니다.'의 의미로, '(ⓒ)'를 부정하면 '영호가 버스를 타지는 않았다.'의 의미로 해석된다.

	ⓐ	ⓑ	ⓒ
①	버스	타다	영호
②	타다	영호	버스
③	타다	버스	영호
④	영호	타다	버스
⑤	영호	버스	타다

06 다음 중 인용 표현이 쓰이지 <u>않은</u> 것은?

① 상미가 같이 밥을 먹자고 말했다.

② 정무는 혼자 집에 가고 싶다고 중얼거렸다.

③ 혜지는 시험이 끝났다는 사실을 알려 주었다.

④ 승호는 나에게 "하늘이 정말 파래!"라고 소리쳤다.

⑤ 민서는 어머니와 함께 공원에 갔느냐고 물어보았다.

07 〈보기 1〉을 참고할 때, 〈보기 2〉의 ⓐ와 ⓑ에 들어갈 말로 적절한 것은?

┌ 보기 1 ├

　　간접 인용 표현은 화자의 현재 관점에서 기술되기 때문에, 직접 인용을 간접 인용으로 바꿀 때에는 인용절 속의 시간 표현과 높임 표현 등을 문장에 맞게 바꾸어야 한다.

┌ 보기 2 ├

직접 인용 표현	딸이 어제 나에게 "내일은 집에 계세요."라고 말했다.

↓

간접 인용 표현	딸이 어제 나에게 (ⓐ) 집에 (ⓑ)고 말했다.

	ⓐ	ⓑ
①	오늘은	계시라
②	어제는	계시라
③	내일은	계시라
④	어제는	있으라
⑤	오늘은	있으라

08 다음 중 직접 인용 표현을 간접 인용 표현으로 바꾼 결과가 적절하지 <u>않은</u> 것은?

① 주애가 "잘 먹었다."라고 말했다.

　→ 주애가 잘 먹었다고 말했다.

② 그가 "잘 다녀왔니?"라고 말했다.

　→ 그가 잘 다녀왔느냐고 말했다.

③ 영국에 간 진희가 "난 이곳이 좋아."라고 했다.

　→ 영국에 간 진희가 자기는 이곳이 좋다고 했다.

④ 나는 지혜에게 "철호가 너를 좋아해."라고 말했다.

　→ 나는 지혜에게 철호가 그녀를 좋아한다고 말했다.

⑤ 민주가 어제 주혜에게 "내일 놀래?"라고 물었습니다.

　→ 민주가 어제 주혜에게 오늘 놀 거냐고 물었습니다.

09 〈보기 1〉의 (가)와 (나)에 대한 설명으로 적절한 것을 〈보기 2〉에서 골라 바르게 묶은 것은?

┌ 보기 1 ├

(가) 그 사람은 "제가 잘못했습니다."라고 사과했다.

(나) 현지는 나에게 "지도 청소를 해야 해요?"라고 물었다.

┌ 보기 2 ├

㉠ (가)를 간접 인용 표현으로 바꿀 때, 인용절의 주어 '제가'는 '내가'로 바꿀 수 있다.

㉡ (나)를 간접 인용 표현으로 바꿀 때, 인용절의 의문형 종결 어미를 '-냐'로 바꿀 수 있다.

㉢ (가)와 (나)를 간접 인용 표현으로 바꿀 때, 인용절의 큰따옴표를 그대로 사용할 수 있다.

㉣ (가)와 (나)를 간접 인용 표현으로 바꿀 때, (가)와 (나)에 붙은 인용격 조사 '라고'는 '고'로 바뀐다.

① ㉠, ㉡　　　　② ㉠, ㉢　　　　③ ㉡, ㉢

③ ㉡, ㉣　　　　⑤ ㉢, ㉣

01 〈보기〉의 문장을 종결 표현의 유형에 따라 설명할 때 가장 적절한 것은?

┤ 보기 ├
> 너는 참 요리를 잘하는구나.

① 화자가 사건의 내용을 객관적으로 진술하는 문장이다.
② 화자가 청자에게 함께 행동할 것을 요청하는 문장이다.
③ 화자가 청자에게 질문해 그 대답을 요구하는 문장이다.
④ 화자가 청자에게 어떤 행동을 하도록 요구하는 문장이다.
⑤ 화자가 거의 독백 상태에서 자신의 느낌을 표현하는 문장이다.

02 〈보기〉의 ㉠에 들어갈 문장으로 가장 적절한 것은?

┤ 보기 ├
> 국어의 높임 표현은 높임의 대상이 무엇이냐에 따라 크게 주체 높임법, 객체 높임법, 상대 높임법으로 나뉜다. 그런데 실제 국어 생활에서 높임 표현이 실현되는 양상은 복합적이다. 예를 들면 "소희야, 선생님께서 찾으셔."는 상대는 낮추고 주체는 높이는 표현이다. 반면, ［ ㉠ ］는 상대를 높이고 객체도 높이는 표현이다.

① 영미는 외할머니를 뵈러 시골에 갔다.
② 제주도에서 방금 할머니를 모시고 왔습니다.
③ 이 목도리와 장갑을 할아버지께 얼른 갖다드려.
④ 어머니께서 아버지께 따뜻한 바지를 만들어 드렸다.
⑤ 경수가 수희를 데리고 가까운 병원에 입원시켰습니다.

03 〈보기〉의 문장을 의문문으로 바꾸어 쓰시오.(단, '아주높임' 등급의 종결 어미를 사용할 것)

┤ 보기 ├
> 철수는 내일 미국에 가요.

04 〈보기〉의 ⓐ~ⓔ에 나타난 시제와 그 실현 방법에 대한 설명이 적절하지 <u>않은</u> 것은?

┤ 보기 ├
> 기상 캐스터: 오늘의 날씨에 이어 내일의 날씨를 전해 드리겠습니다.
> 　　내일도 꽃샘추위가 ⓐ계속되겠습니다. 아침 기온은 3도 안팎으로, ⓑ추웠던 작년 이맘때와 비슷하게 늦겨울 한기가 ⓒ이어질 것으로 보입니다. 일교차 큰 날씨가 ⓓ지속되는 가운데 목요일쯤 기온이 더 떨어질 것으로 예상됩니다.
> 　　지금까지 날씨 정보를 전해 ⓔ드렸습니다.

① ⓐ: 선어말 어미 '-겠-'을 사용해 사건이 아직 일어나지 않았음을 표현하고 있다.
② ⓑ: 선어말 어미 '-었-'과 관형사형 어미 '-던'을 사용해 과거의 일을 표현하고 있다.
③ ⓒ: 선어말 어미 '-ㄹ'에 의존 명사 '것'이 결합한 '-ㄹ 것'을 사용해 미래 시제를 나타내고 있다.
④ ⓓ: 동사 어간에 관형사형 어미 '-는'을 결합해 과거의 상태를 나타내고 있다.
⑤ ⓔ: 선어말 어미 '-었-'을 사용해 과거 시제를 나타내고 있다.

05 〈보기〉의 조건을 모두 충족하는 문장으로 적절한 것은?

┤ 보기 ├
> • 평서문으로 종결할 것
> • 격식체를 사용해 청자를 높일 것
> • 동작상 중 진행상이 나타날 것

① 동생이 빵을 다 먹어 버렸어.
② 흰 구름이 하늘에 떠가는구려.
③ 아이가 지금 책을 읽고 있어요.
④ 학생들이 강당에 모여 있습니다.
⑤ 아내는 유자차를 마시고 있습니다.

06 〈보기〉의 ㉠~㉤에 대한 설명으로 적절하지 <u>않은</u> 것은?

┤ 보기 ├

㉠ 아직도 내 귓전에는 새들의 지저귐이 <u>들린다</u>.

㉡ 어미 새는 새끼 새가 제힘으로 <u>날아가게 하였다</u>.

㉢ 어미 새가 이따금씩 먹이를 물어 와 새끼 새에게 <u>먹였다</u>.

㉣ 나는 새끼 새의 일에 마음이 <u>쓰여</u> 둥지를 살펴보았다.

㉤ 새들이 둥지를 떠난 지 오래지만, 어미 새와 새끼 새의 일이 <u>잊혀지지</u> 않는다.

① ㉠: 사동사의 어근 '들–'에 사동 접미사 '–리–'가 붙어서 만들어진 사동사이다.

② ㉡: '새끼 새가 제힘으로 날아갔다.'라는 주동문을 통사적 사동문으로 바꾼 것이다.

③ ㉢: '먹–+–이–+–었–+–다'로 분석되는데, '–이–'는 사동 접미사이다.

④ ㉣: '쓰–+–이–+–어'로 분석되는데, '–이–'는 피동 접미사이다.

⑤ ㉤: '잊–+–히–+–어지–+–지'로 분석되며, 이중 피동 표현에 해당한다.

07 〈보기〉의 ⓐ~ⓔ에 대한 설명으로 적절하지 <u>않은</u> 것은?

┤ 보기 ├

어머니: 성연아, ⓐ오늘 학교에 안 가니?

성연: 가요. ⓑ새벽까지 공부하다 잤더니 일찍 못 일<u>어났어요</u>.

어머니: ⓒ너무 늦게까지는 공부하지 마라.

성연: ⓓ이틀 전에는 누나가 "공부 좀 해라."라고 했어요.

어머니: ⓔ누나가 공부 좀 하라고 한 건 맞아. 그런데 등교 전 새벽 늦게까지 공부하라는 건 아니었어.

① ⓐ는 주체의 의지에 의한 부정을 표현하는군.

② ⓑ는 상황에 의한 부정을 표현하는군.

③ ⓒ는 명령문의 부정을 표현하는 짧은 부정문이군.

④ ⓓ는 현장감과 생동감을 주는 인용 표현이 쓰였군.

⑤ ⓔ는 매끄럽고 간결한 느낌을 주는 인용 표현이 쓰였군.

08 〈보기 1〉을 바탕으로 〈보기 2〉의 (가)~(마)를 탐구한 내용으로 적절하지 <u>않은</u> 것은?

┤ 보기 1 ├

서술어로 사용된 용언에 선어말 어미나 접미사를 결합하여 사동이나 피동 표현, 높임 표현, 시간 표현, 주체의 심리적 태도 등 다양한 문법 요소를 실현할 수 있다.

┤ 보기 2 ├

(가) 아버지께서 책을 <u>읽으신다</u>.

(나) 복도에서 발소리가 나더니 문이 살짝 <u>열렸다</u>.

(다) 고개를 들면 푸른 하늘이 <u>보인다</u>.

(라) 유명 가수의 공연을 가서 참 <u>좋았겠구나</u>.

(마) 나는 젖은 옷을 햇볕에 짱짱하게 <u>말렸다</u>.

① (가)의 서술어에는 주체인 아버지를 높이는 선어말 어미인 '–으시–'와 현재 시제를 나타내는 선어말 어미 '–ㄴ–'이 결합하였다.

② (나)의 서술어에는 주어가 다른 주체에 의해 어떤 동작이나 행위를 당함을 나타내는 접미사 '–리–'가 결합하였다.

③ (다)의 서술어에는 주어가 남에게 동작이나 행위를 시키는 것을 나타내는 접미사 '–이–'가 결합하였다.

④ (라)의 서술어에는 과거 시제를 나타내는 선어말 어미 '–았–'과 추측이라는 심리적인 태도를 나타내는 선어말 어미 '–겠–'이 결합하였다.

⑤ (마)의 서술어에는 사동 접미사 '–리–'와 사건시가 발화시보다 앞서는 것을 나타내는 선어말 어미 '–었–'이 결합하였다.

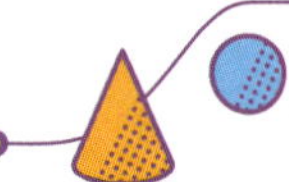

2017학년도 6월 고2 전국연합

01 〈보기〉의 수업 상황에서, 밑줄 친 물음에 대한 학생의 대답으로 적절하지 <u>않은</u> 것은?

┤ 보기 ├

　　이번 시간에는 문장을 구성할 때 반드시 있어야 하는 성분인 주성분에 대해 살펴보겠습니다. 주성분에는 주어, 서술어, 목적어, 보어가 있습니다. 주어는 문장에서 동작 또는 상태나 성질의 주체를 나타내는 것입니다. 서술어는 주어의 동작, 상태, 성질 따위를 풀이하는 기능을 하는 성분입니다. 서술어의 동작 대상이 되는 문장 성분을 목적어라고 하고, 서술어 '되다, 아니다'가 필요로 하는 문장 성분 중에서 주어를 제외하고 조사 '이/가'가 붙은 것을 보어라고 합니다.
　　<u>자, 그럼 다음 문장의 주성분에 대해 알아볼까요?</u>
　　ㄱ. 철수의 동생이 사진을 찍었다.
　　ㄴ. 언니는 올해 대학생이 되었다.

① ㄱ의 '찍었다'는 '동생'의 동작을 풀이하는 서술어입니다.
② ㄴ의 '올해'는 '되었다'가 꼭 필요로 하므로 주성분입니다.
③ ㄱ에는 목적어가 있지만, ㄴ에는 목적어가 없습니다.
④ ㄱ과 ㄴ에는 주어가 하나씩 있습니다.
⑤ ㄱ과 ㄴ에는 주성분의 종류가 세 가지씩 있습니다.

2014학년도 9월 고2 전국연합 A형

02 〈보기〉의 예로 적절하지 <u>않은</u> 것은?

┤ 보기 ├

　　관형어는 체언을 수식하는 문장 성분이다. 관형어가 체언을 수식하는 방법은 여러 가지이다. 가장 기본적인 것은 관형사가 그대로 관형어가 되는 경우이고, 두 번째는 체언에 관형격 조사 '의'가 결합되어 실현되는 경우이고, 세 번째는 용언 어간에 관형사형 어미가 결합되어 실현되는 것이다. 네 번째는 관형격 조사 '의'가 생략되어 '체언+체언'의 구성으로 된 경우이다.

① 그는 <u>새</u> 운동화를 신었다.
② 그녀는 <u>겨우</u> 작품을 완성했다.
③ 소녀는 <u>시골</u> 풍경을 좋아한다.
④ 이곳은 내가 <u>다니던</u> 학교이다.
⑤ 지도자는 <u>국민의</u> 단결을 호소했다.

2022학년도 수능

03 밑줄 친 서술어가 요구하는 필수 성분의 개수와 종류가 〈보기〉의 문장과 같은 것은?

┤ 보기 ├

　　이곳의 지형은 외적의 침입을 막기에 <u>유리하다</u>.

① 그 광물이 원래는 귀금속에 <u>속했다</u>.
② 그는 바람이 불기에 옷깃을 <u>여몄다</u>.
③ 우리는 원두막을 하루 만에 <u>지었다</u>.
④ 나는 시간이 남았기에 그와 <u>걸었다</u>.
⑤ 나는 구호품을 수해 지역에 <u>보냈다</u>.

2014학년도 11월 고2 전국연합 A형

04 〈보기〉의 예를 바탕으로 부사어의 특징에 대해 탐구한 내용으로 적절하지 <u>않은</u> 것은?

┤ 보기 ├

㉠ <u>엄마와</u> 그녀는 닮았다. / *그녀는 닮았다.
㉡ 그는 밥을 <u>안</u> 먹었다. / *그는 안 밥을 먹었다.
㉢ 아빠가 용돈을 <u>아이에게</u> 주었다. / *아빠가 용돈을 주었다.
㉣ <u>겨우</u> 하나를 만들었다는 거야? / 하나를 <u>겨우</u> 만들었다는 거야?
㉤ 경제 <u>및</u> 문화가 발달해야 선진국이다. / *경제 문화가 <u>및</u> 발달해야 선진국이다.
　　　　　　　　　*는 문법적으로 잘못된 것.

① ㉠을 보니 문장 전체를 수식하는 부사어 중에는 생략할 수 없는 부사어가 있군.
② ㉡을 보니 부정의 의미를 갖는 부사어는 수식하는 문장 성분 앞으로 위치가 고정되는군.
③ ㉢을 보니 서술어의 행위가 미치는 대상을 가리키는 부사어는 문장을 구성하는 데 꼭 필요한 성분이 되기도 하는군.
④ ㉣을 보니 체언을 꾸며 주던 부사어가 위치를 이동하면 수식하는 성분이 바뀌는 경우도 있군.
⑤ ㉤을 보니 단어를 이어 주는 부사어는 위치를 자유롭게 이동할 수 없군.

05~06 다음 글을 읽고 물음에 답하시오.

일반적으로 문장은 주어와 서술어의 관계에 따라 홑문장과 겹문장으로 나눌 수 있다. 홑문장은 '주어-서술어'의 관계가 한 번만 나타나는 문장이고, 겹문장은 '주어-서술어'의 관계가 두 번 이상 나타나는 문장이다. 겹문장은 문장의 짜임새에 따라 다시 안은문장과 이어진문장으로 나뉜다.

다른 문장 속에 들어가 하나의 성분처럼 쓰이는 문장을 안긴문장이라고 하며, 이 문장을 포함한 문장을 안은문장이라고 한다. 안긴문장은 문법 단위로는 '절'에 해당하며, 이는 크게 명사절, 관형절, 부사절, 서술절, 인용절의 다섯 가지로 나뉜다.

명사절은 '우리는 <u>그가 돌아오기를</u> 기다린다.'의 밑줄 친 부분과 같이 절 전체가 명사처럼 쓰이는 것으로, 문장에서 주어, 목적어, 보어, 부사어 등의 역할을 한다. 관형절은 절 전체가 관형어의 기능을 하는 것으로, '<u>아이들이 들어오는</u> 소리를 들었다.'의 밑줄 친 부분과 같이 체언 앞에 위치하여 체언을 수식하는 역할을 한다. 부사절은 절 전체가 부사어의 기능을 하는 것으로, '하늘이 <u>눈이 시리도록</u> 푸르다.'의 밑줄 친 부분과 같이 서술어를 수식하는 역할을 한다. 서술절은 '나는 <u>국어가 좋아.</u>'의 밑줄 친 부분과 같이 절 전체가 서술어의 기능을 하는 것이다. 인용절은 '담당자가 <u>"서류는 내일까지 제출하세요."라고</u> 말했다.'의 밑줄 친 부분과 같이 화자의 생각 혹은 느낌이나 다른 사람의 말을 인용한 것이 절의 형식으로 안기는 경우로, '고', '라고'와 결합하여 나타난다.

이어진문장은 둘 이상의 절이 연결 어미에 의해 결합된 문장을 말한다. 절이 이어지는 방법에 따라 대등하게 이어진문장과 종속적으로 이어진문장으로 나뉜다. 대등하게 이어진문장은 앞 절과 뒤절이 '-고', '-지만' 등의 연결 어미에 의해 이어지며, 각각 '나열', '대조' 등의 대등한 의미 관계로 해석된다. 종속적으로 이어진문장은 앞 절과 뒤 절이 '-아서/-어서', '-(으)면', '-(으)러' 등의 연결 어미에 의해 이어지며, 앞 절이 뒤 절에 대해 각각 '원인', '조건', '목적' 등의 종속적인 의미 관계로 해석된다.

05 윗글을 바탕으로 〈보기〉를 탐구한 내용으로 적절하지 <u>않은</u> 것은?

┤ 보기 ├

㉠오랫동안 여행을 떠났던 친구가 ㉡자신이 돌아왔음을 알리며 ㉢곧장 나를 만나러 오겠다고 ㉣기분 좋게 약속해서 나는 ㉤마음이 설렜다.

① ㉠은 뒤에 오는 명사 '친구'를 수식하므로 관형절로 안긴문장으로 볼 수 있군.
② ㉡은 서술어 '알리며'의 부사어 역할을 하므로 명사절로 안긴문장으로 볼 수 있군.
③ ㉢은 '고'를 사용하여 친구의 말을 인용하고 있으므로 인용절로 안긴문장으로 볼 수 있군.
④ ㉣은 서술어 '약속해서'를 수식하고 있으므로 부사절로 안긴문장으로 볼 수 있군.
⑤ ㉤은 주어 '나'의 상태를 서술하는 역할을 하므로 서술절로 안긴문장으로 볼 수 있군.

06 윗글을 바탕으로 이어진문장을 구분한 내용으로 적절한 것은?

	예문	종류	의미 관계
①	무쇠도 갈면 바늘이 된다.	종속	목적
②	하늘도 맑고, 바람도 잠잠하다.	대등	대조
③	나는 시험공부를 하러 학교에 간다.	종속	조건
④	함박눈이 내렸지만 날씨가 따뜻하다.	대등	나열
⑤	갑자기 문이 열려서 사람들이 놀랐다.	종속	원인

07 다음 글을 읽고 물음에 답하시오.

의문문은 일반적으로 화자가 청자에게 질문하여 대답을 요구하는 문장이다. 의문문은 상대 높임에 따라 다양한 의문형 종결 어미로 표현되며, 의문사가 함께 나타나기도 한다. 의문문의 가장 대표적인 유형이 판정 의문문과 설명 의문문이다.

판정 의문문은 화자의 질문에 대하여 긍정이나 부정의 대답을 요구하는 의문문이다. 판정 의문문이 부정문일 때는 질문하는 사람에 긍정적이면 '응/예/네'로, 부정적이면 '아니(요)'로 대답한다. 판정 의문문 중 화자가 이미 알고 있거나 믿고 있는 사실에 대하여 청자의 동의를 구하거나 확인을 할 때는 어미 '-지' 또는 '-지 않-'을 활용한다. 예를 들어, 청자가 밥을 먹은 것을 확인하기 위해, "밥은 먹었지?" 또는 "밥은 먹었지 않니?"라는 의문문을 쓸 수 있다. 한편 "너는 학교에 갔니 안 갔니?"처럼 선택을 요구하는 의문문도 가부의 답변을 요구한다는 점에서 판정 의문문에 포함한다.

설명 의문문은 주로 의문사가 사용되어 그 의문사가 가리키는 내용에 대하여 청자가 구체적으로 설명해 주기를 요구하는 의문문이다. 의문사에는 '누구, 무엇, 어디, 언제' 등의 의문 대명사, '몇, 어떤'과 같은 의문 관형사, '왜, 어찌'와 같은 의문 부사, '어떠하다, 어찌하다'와 같은 의문 용언 등이 있다. 예를 들어, "어디 가니?"의 경우, "학교 가요."와 같은 대답을 요구하면 설명 의문문이다. 의문 대명사가 포함된 의문문의 경우, 상황에 따라 판정 의문문으로 사용되기도 한다.

이때의 의문 대명사는 정해지지 아니한 사람, 물건, 방향, 장소 따위를 가리키는 부정칭 대명사로 볼 수 있다. 앞의 "어디 가니?"의 경우, "예." 또는 "아니요."의 대답을 요구하면 판정 의문문이 되며, 이때의 '어디'는 부정칭 대명사로 사용된 것이다.

한편, 중세 국어에서는 현대 국어에서와 달리 보조사를 사용해서도 의문문을 만들 수 있었다. 즉, 의문사나 '-녀', '-뇨'와 같은 종결 어미 외에도 '가'와 '고'와 같은 보조사를 이용하여 의문문을 만들었다.

07 윗글을 바탕으로 〈보기〉를 탐구한 내용으로 적절하지 <u>않</u>은 것은?

┤ 보기 ├

• **일찍 등교한 친구끼리 교실에서**
  A: 왜 이리 힘이 없어. ㉠아침 못 먹었어?
  B: 응, ㉡너도 못 먹었지? 매점 가서 해결하자.

• **함께 하교하는 친구끼리 버스 안에서**
  A: ㉢너 오늘 저녁에 무엇을 하니?
  B: 아니. ㉣넌 무엇을 하니?

• **친구끼리 길을 걸으면서**
  A: ㉤아까부터 왜 자꾸 웃기만 하는 거야?
  B: 어제 본 영화가 자꾸 생각이 나서.

① ㉠: 청자의 반응으로 보아 청자에게 긍정이나 부정의 대답을 요구하는 것으로 볼 수 있다.

② ㉡: 자신이 믿고 있는 사실을 청자에게 확인하려는 것으로 볼 수 있다.

③ ㉢: 이어지는 대답에 따르면 의문사가 가리키는 내용을 설명해 달라는 의도를 드러낸 것으로 볼 수 있다.

④ ㉣: 청자가 긍정이나 부정의 대답을 하면 의문사를 부정칭 대명사로 사용한 것으로 볼 수 있다.

⑤ ㉤: 청자의 반응으로 보아 화자는 의문의 초점에 대해 구체적인 설명을 요청하는 것으로 볼 수 있다.

08 다음은 높임 표현에 대한 탐구 학습지이다. ㉮에 들어갈 내용으로 적절하지 <u>않은</u> 것은?

2019학년도 6월 고1 전국연합

▶ 높임 표현의 종류와 실현 방식에 대해 이해하고 〈보기〉 문장에 나타난 높임 표현을 설명해 보자.

종류	실현 방식
상대 높임	• 대화의 상대, 즉 듣는 이를 높이거나 낮춤. • 종결 어미 '-습니다', '-다', '-(으)십시오', '-(아/어)라' 등을 사용
주체 높임	• 서술의 주체, 즉 문장의 주어를 높임. • 선어말 어미 '-(으)시-' 결합 • 주격 조사 '께서' 사용 • 특수 어휘 '계시다', '주무시다' 등 사용
객체 높임	• 서술의 객체, 즉 문장의 목적어나 부사어를 높임. • 부사격 조사 '께' 사용 • 특수 어휘 '드리다', '뵙다' 등 사용

┤ 보기 ├

㉠ 채윤아, 할아버지께 물 좀 갖다 드려라.

㉡ 선생님, 어제 부모님께서 할머니를 모시고 여행을 가자고 말씀을 하셨습니다.

㉮ ________________

① ㉠은 종결 어미 '-어라'를 사용하여 대화 상대인 '채윤'을 낮추고 있다.

② ㉠은 부사격 조사 '께'를 사용하여 서술의 객체인 '할아버지'를 높이고 있다.

③ ㉡은 특수 어휘 '말씀'을 사용하여 서술의 객체인 '할머니'를 높이고 있다.

④ ㉡은 종결 어미 '-습니다'를 사용하여 대화 상대인 '선생님'을 높이고 있다.

⑤ ㉡은 주격 조사 '께서'와 선어말 어미 '-시-'를 사용하여 서술의 주체인 '부모님'을 높이고 있다.

09 〈보기〉의 ㉠, ㉡이 모두 사용된 문장은?

2014학년도 수능

┤ 보기 ├

우리말에서는 일반적으로 선어말 어미나 종결 어미, 조사 등을 통해 높임을 표현하지만, 어휘를 통해 높임을 표현하는 경우도 있다. 높임 표현에 쓰이는 어휘들은 다음과 같이 분류할 수 있다.

• 주체를 높이는 용언 (예 계시다) ……………… ㉠
• 객체를 높이는 용언 (예 드리다)
• 높여야 할 인물을 직접 높이는 명사 (예 선생님)
• 높여야 할 인물과 관련된 것을 높이는 명사 (예 진지) ……………… ㉡

① 나는 아직 그분의 성함을 기억하고 있다.

② 누나는 여쭐 것이 있다며 할머니 댁에 갔다.

③ 연세가 많으신 할머니께서는 홍시를 잘 잡수신다.

④ 우리는 부모님을 모시고 바닷가로 여행을 떠났다.

⑤ 어머니께서는 몹시 피곤하셨는지 거실에서 주무신다.

10 〈보기〉는 과거 시제를 표현하는 방법에 대해 조사한 것이다. ㄱ~ㅁ에 해당하는 예로 적절하지 <u>않은</u> 것은?

2014학년도 10월 고3 전국연합 A형

┤ 보기 ├

ㄱ. 과거 시제란 사건시가 발화시보다 앞서 있는 시제로, 주로 과거 시제 선어말 어미 '-았/었-'을 통해 실현된다.

ㄴ. '-았었/었었-'은 발화시보다 전에 발생하여 현재와는 단절된 사건을 표현하는 데 쓰일 수 있다.

ㄷ. '-더-'는 과거 어느 때의 일이나 경험을 회상할 때에 사용하기도 한다.

ㄹ. 동사 어간에 붙는 관형사형 어미 '-(으)ㄴ'은 과거 시제를 표현하는 데 사용하기도 한다.

ㅁ. 관형사형 어미 '-던'은 과거 시제를 표현하는 데 사용하기도 한다.

① ㄱ: 너는 이제 집에 돌아오면 혼났다.

② ㄴ: 나는 예전에 그 집에 살았었다.

③ ㄷ: 지난여름에는 정말 덥더라.

④ ㄹ: 방학 동안 읽은 책이 제법 여러 권이다.

⑤ ㅁ: 여름에 푸르던 산이 붉게 물들었다.

11 밑줄 친 말에 주목하여 〈보기〉의 ㉠～㉤에 대해 탐구한 결과로 적절하지 <u>않은</u> 것은?

┤ 보기 ├
㉠ 거기에는 눈이 <u>왔겠다</u>. / 지금 거기에는 눈이 <u>오 겠지</u>.
㉡ 그가 집에 <u>갔다</u>. / 막차를 놓쳤으니 나는 집에 다 <u>갔다</u>.
㉢ 내가 <u>떠날</u> 때 비가 올 것이다. / 내가 <u>떠날</u> 때 비 가 왔다.
㉣ 그는 지금 학교에 <u>간다</u>. / 그는 내년에 <u>진학한다</u>고 한다.
㉤ 오늘 보니 그는 키가 <u>작다</u>. / 작년에 그는 키가 <u>작 았다</u>.

① ㉠을 보니, 선어말 어미 '-겠-'이 미래의 사건을 추측하는 데에 쓰이고 있군.

② ㉡을 보니, 선어말 어미 '-았-'이 과거 시제를 나타내지 않는 경우도 있군.

③ ㉢을 보니, 관형사형 어미 '-ㄹ'이 붙을 때 미래의 사건을 나타내지 않는 경우도 있군.

④ ㉣을 보니, 현재 시제 선어말 어미 '-ㄴ-'이 미래의 사건을 나타낼 때도 쓰이고 있군.

⑤ ㉤을 보니, 형용사에서 현재 시제를 나타낼 때 시제 선어말 어미가 나타나지 않고 있군.

12 〈보기〉의 [조건]이 모두 실현된 문장으로 적절한 것은?

┤ 보기 ├
[조건]
• 안긴절이 한 번만 나타날 것.
• 안긴절에는 짧은 부정 표현이 나타날 것.
• 안은문장은 사건시가 발화시보다 앞설 것.

① 그는 한동안 차갑지 않은 음식만 먹었었다.

② 그는 바쁜 업무들이 안 끝났다고 통보했다.

③ 나는 결코 포기를 하지 않겠다고 결심했다.

④ 나는 그 버스가 제때 못 올 것을 예상한다.

⑤ 나는 그가 못 읽은 소설을 이미 다 읽었다.

13 다음 ㉠～㉢에 대한 설명으로 적절하지 <u>않은</u> 것은?

	주동문	사동문
㉠	철수가 집에 가다.	내가 철수를 집에 가게 하다.
㉡	동생이 밥을 먹다.	누나가 동생에게 밥을 먹이다.
㉢	*이삿짐이 방으로 옮다.('*'는 비문임을 나타냄.)	인부들이 이삿짐을 방으로 옮기다.

① ㉠의 주동문은 ㉡과 달리 사동 접미사를 활용하여 사동문을 만들 수 없다.

② ㉢의 사동문에서 사동 접미사 대신 '-게 하다'를 활용할 경우 어색한 문장이 된다.

③ ㉠과 ㉡은 모두 주동문의 주어가 사동문의 목적어로 바뀐 경우이다.

④ ㉠과 ㉡은 모두 주동문이 사동문이 될 때, 사동문에는 새로운 주어가 생겼다.

⑤ ㉠, ㉡과 달리 ㉢은 사동문에 대응하는 주동문이 없는 경우이다.

14 〈보기〉를 참고할 때, ⓐ의 예로 적절하지 <u>않은</u> 것은?

┤ 보기 ├
학생: 선생님, '잊혀진 계절'과 '잊힌 계절'의 차이점이 뭔가요?
선생님: '잊혀진'은 피동 표현을 두 번 겹쳐 쓴 ⓐ<u>이중 피동 표현</u>이야. 피동 접미사 '-이-', '-히-', '-리-', '-기-'와 '-아/어지다'를 같이 쓰는 경우가 많이 있어. '잊혀진'의 경우 기본형 '잊다'의 어근 '잊-'에 피동 접미사 '-히-'만 붙어도 피동의 의미를 드러낼 수 있는데, '-어지다'까지 불필요하게 붙여 쓰고 있는 거지.

① 안개에 가려진 풍경이 서서히 드러났다.

② 칠판에 쓰여진 글씨가 잘 보이지 않는다.

③ 예쁜 그릇에 담겨진 음식이 먹음직스럽다.

④ 아이는 살짝 열려진 문틈에 바짝 다가섰다.

⑤ 스크린을 통해 보여진 그 풍경은 아름다웠다.

15 <보기>를 참고할 때, ㉠~㉢을 이해한 내용으로 적절하지 않은 것은?

2019학년도 9월 고1 전국연합

┤ 보기 ├

　다른 사람의 말이나 생각 등을 원래의 내용과 형식 그대로 옮겨 표현하는 것을 '직접 인용', 원래의 내용을 전달하되 말하는 사람의 관점에서 표현하는 것을 '간접 인용'이라 한다.

　직접 인용은 큰따옴표와 종결 표현에 따른 문장 부호를 사용하고, 조사 '라고'를 붙여 표현한다. 간접 인용은 문장 부호 없이, 앞말의 종결 어미에 조사 '고'를 붙여 표현한다. 간접 인용문은 화자의 관점에서 표현하기 때문에 직접 인용문과 비교할 때 인칭, 지시 표현, 높임 표현, 시간 표현, 종결 표현 등에서 변화가 나타나기도 한다.

㉠ 어제 진우는 "내일 떠나고 싶다."라고 했다.
　→ 어제 진우는 오늘 떠나고 싶다고 했다.
㉡ 아들이 나에게 "잠시만 집에 계세요."라고 했다.
　→ 아들이 나에게 잠시만 집에 있으라고 했다.
㉢ 그 바다에서 아영이는 "나는 이곳이 마음에 들어."라고 했다.
　→ 그 바다에서 아영이는 자기는 그곳이 마음에 든다고 했다.

① ㉠: 직접 인용문에서 쓰인 조사 '라고'가 간접 인용문에서 '고'로 달라졌다.

② ㉠: 직접 인용문에서 쓰인 시간 표현 '내일'이 간접 인용문에서 '오늘'로 달라졌다.

③ ㉡: 직접 인용문에서 실현된 주체 높임 표현이 간접 인용문에서 객체 높임 표현으로 바뀌었다.

④ ㉢: 직접 인용문에서 쓰인 1인칭이 간접 인용문에서 3인칭으로 바뀌었다.

⑤ ㉢: 직접 인용문에서 쓰인 지시 표현 '이곳'이 간접 인용문에서 '그곳'으로 달라졌다.

16 <보기>의 ㉠, ㉡에 해당하는 예끼리 묶인 것으로 적절한 것은?

2023학년도 9월 모의평가

┤ 보기 ├

　국어의 부정에는 '안'이나 '-지 않다'를 사용하는 '의지 부정'과 '못'이나 '-지 못하다'를 사용하는 '능력 부정'이 있다고 알려져 있다. 그러나 '안'이나 '-지 않다'가 사용된 부정문이 주어의 의지와 무관한 '단순 부정'을 나타내는 경우도 많다. ㉠형용사가 서술어로 쓰이면 '안'이나 '-지 않다'는 단순 부정을 나타낸다. 형용사가 나타내는 성질이나 상태에는 주어의 의지가 작용할 수 없기 때문이다. ㉡동사가 서술어로 쓰이는 경우에도 주어가 의지를 가지지 못하는 무정물이면 '안'이나 '-지 않다'가 단순 부정을 나타낸다. 또한 동사가 서술어로 쓰이고 주어가 유정물이더라도 '나는 깜빡 잊고 약을 안 먹었다.'에서와 같이 '안'이 단순 부정을 나타낼 수 있다.

① ┌ ㉠: 옛날엔 통신 기술이 발달하지 않았다.
　└ ㉡: 주문한 옷이 아직도 도착하지 않았다.

② ┌ ㉠: 이 문제집은 별로 어렵지 않더라.
　└ ㉡: 저는 이 은혜를 잊지 않겠습니다.

③ ┌ ㉠: 나는 그 이야기가 궁금하지 않아.
　└ ㉡: 동생이 오늘 우산을 안 가져갔어.

④ ┌ ㉠: 내 얘기에 고모는 놀라지 않았다.
　└ ㉡: 이 물질은 전기가 통하지 않는다.

⑤ ┌ ㉠: 밤바다가 그리 고요하지는 않네.
　└ ㉡: 아주 오래간만에 비가 안 온다.

국어의 규범

25 한글 맞춤법 ❶: 소리, 형태에 관한 것

26 한글 맞춤법 ❷: 띄어쓰기

27 표준어 규정

무엇을 배울까?

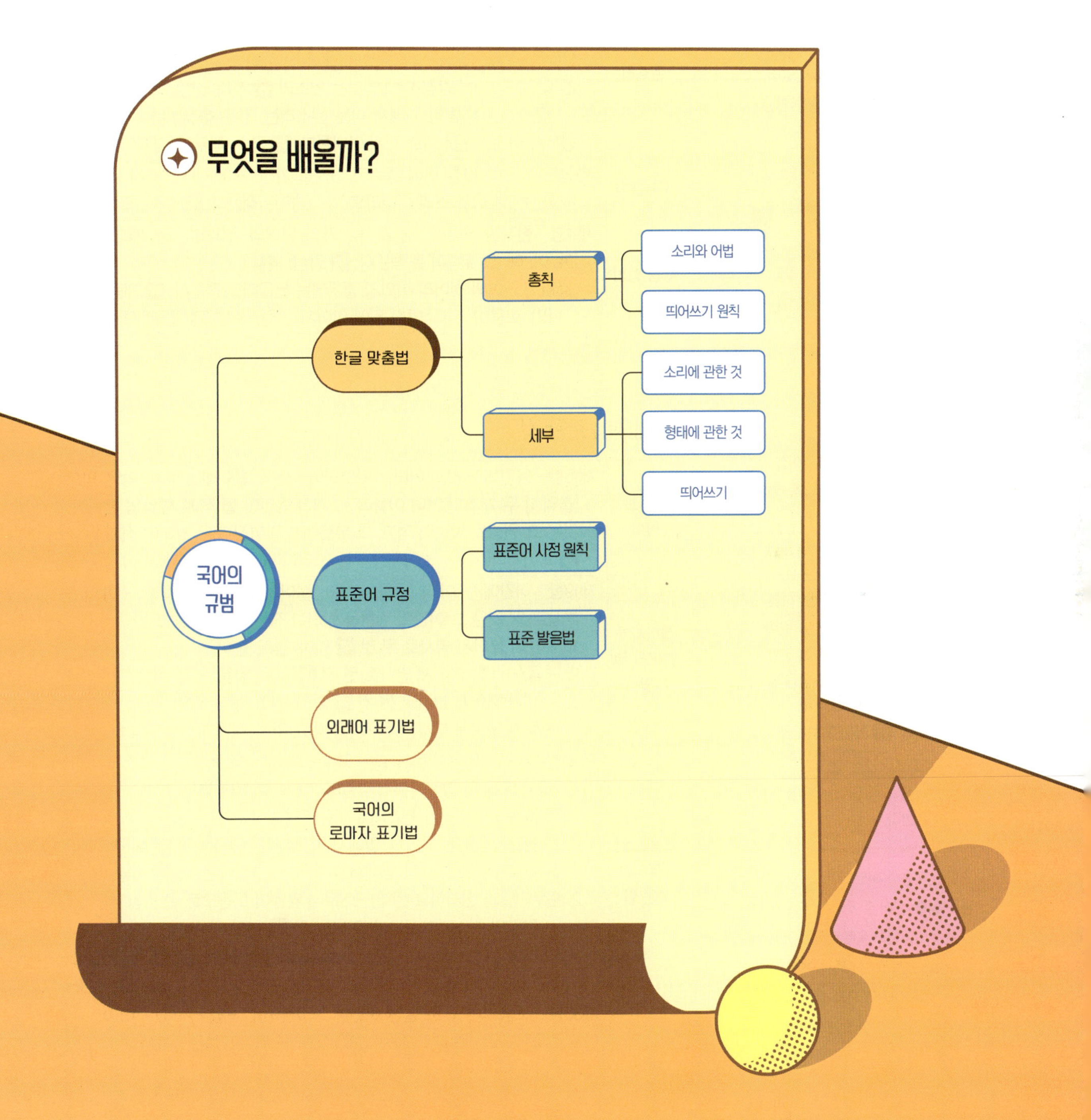
국어의
규범

한글 맞춤법

표준어 규정

외래어 표기법

국어의
로마자 표기법

총칙

세부

소리와 어법

띄어쓰기 원칙

소리에 관한 것

형태에 관한 것

띄어쓰기

표준어 사정 원칙

표준 발음법

한글 맞춤법 ① : 소리, 형태에 관한 것

개념 따라잡기

국어의 규범은 한글 맞춤법, 표준어 규정, 외래어 표기법, 국어의 로마자 표기법으로 이루어져 있어. 그중 한글 맞춤법은 우리말을 한글로 적을 때 지켜야 할 원칙과 기준을 정한 규정이야.

1 소리에 관한 것

된소리	**제5항** 한 단어 안에서 뚜렷한 까닭 없이 나는 된소리는 다음 음절의 첫소리를 된소리로 적는다. 1. 두 모음 사이에서 나는 된소리 예 소쩍새, 어깨, 기쁘다, 어떠하다 2. 'ㄴ, ㄹ, ㅁ, ㅇ' 받침 뒤에서 나는 된소리 예 잔뜩, 살짝, 움찔, 몽땅 　다만, 'ㄱ, ㅂ' 받침 뒤에서 나는 된소리는, 같은 음절이나 비슷한 음절이 겹쳐 나는 경우가 아니면 된소리로 적지 아니한다. 예 국수, 깍두기, 갑자기
구개음화	**제6항** 'ㄷ, ㅌ' 받침 뒤에 종속적 관계를 가진 '-이(-)'나 '-히-'가 올 적에는 그 'ㄷ, ㅌ'이 'ㅈ, ㅊ'으로 소리 나더라도 'ㄷ, ㅌ'으로 적는다. 예 맏이, 끝이, 걷히다
두음 법칙	**제11항** 한자음 '랴, 려, 례, 료, 류, 리'가 단어의 첫머리에 올 적에는, 두음 법칙에 따라 '야, 여, 예, 요, 유, 이'로 적는다. 예 양심, 역사 [붙임 1] 단어의 첫머리 이외의 경우에는 본음대로 적는다. 예 개량, 진리 　다만, 모음이나 'ㄴ' 받침 뒤에 이어지는 '렬, 률'은 '열, 율'로 적는다. 예 나열, 선율

2 형태에 관한 것

어간과 어미	**제15항** 용언의 어간과 어미는 구별하여 적는다. 예 먹다, 먹고, 먹어, 먹으니 [붙임 1] 두 개의 용언이 어울려 한 개의 용언이 될 적에, 앞말의 본뜻이 유지되고 있는 것은 그 원형을 밝히어 적고, 그 본뜻에서 멀어진 것은 밝히어 적지 아니한다. 예 느러지다(×) → 늘어지다(○) / 쓰러지다(○) → 쓸어지다(×)
접미사가 붙어서 된 말	**제19항** 어간에 '-이'나 '-음/-ㅁ'이 붙어서 명사로 된 것과 '-이'나 '-히'가 붙어서 부사로 된 것은 그 어간의 원형을 밝히어 적는다. 1. '-이'가 붙어서 명사로 된 것 예 길이, 깊이, 높이 2. '-음/-ㅁ'이 붙어서 명사로 된 것 예 걸음, 얼음, 웃음, 앎 3. '-이'가 붙어서 부사로 된 것 예 같이, 길이, 높이, 많이 4. '-히'가 붙어서 부사로 된 것 예 밝히, 익히, 작히
합성어 및 접두사가 붙은 말	**제30항** 사이시옷은 다음과 같은 경우에 받치어 적는다. 1. 순우리말로 된 합성어로서 앞말이 모음으로 끝난 경우 　(1) 뒷말의 첫소리가 된소리로 나는 것 예 나뭇가지, 냇가 　(2) 뒷말의 첫소리 'ㄴ, ㅁ' 앞에서 'ㄴ' 소리가 덧나는 것 예 아랫니, 빗물 　(3) 뒷말의 첫소리 모음 앞에서 'ㄴㄴ' 소리가 덧나는 것 예 뒷일, 나뭇잎 2. 순우리말과 한자어로 된 합성어로서 앞말이 모음으로 끝난 경우 　(1) 뒷말의 첫소리가 된소리로 나는 것 예 찻잔, 햇수 　(2) 뒷말의 첫소리 'ㄴ, ㅁ' 앞에서 'ㄴ' 소리가 덧나는 것 예 제삿날, 양칫물 　(3) 뒷말의 첫소리 모음 앞에서 'ㄴㄴ' 소리가 덧나는 것 예 예삿일, 훗일
준말	**제35항** 모음 'ㅗ, ㅜ'로 끝난 어간에 '-아/-어, -았-/-었-'이 어울려 'ㅘ/ㅝ, ㅘㅆ/ㅝㅆ'으로 될 적에는 준 대로 적는다. 예 두어 - 둬, 보았다 - 봤다 [붙임 1] '놓아'가 '놔'로 줄 적에는 준 대로 적는다. [붙임 2] 'ㅚ' 뒤에 '-어, -었-'이 어울려 'ㅙ, ㅙㅆ'으로 될 적에도 준 대로 적는다. 예 괴어 - 괘, 되었다 - 됐다

✦ **한글 맞춤법의 총칙**
- **제1항**: 한글 맞춤법은 표준어를 소리대로 적되, 어법에 맞도록 함을 원칙으로 한다.

표준어를 소리대로 적음	표준어를 발음에 따라 적는다는 뜻 예 너무, 마중, 하늘
어법에 맞도록 함	단어의 뜻을 파악하기 쉽도록 각 형태소의 본래 모양을 밝혀 적는다는 뜻 예 꽃이[꼬치], 꽃만[꼰만], 꽃도[꼳또]

- **제2항**: 문장의 각 단어는 띄어 씀을 원칙으로 한다.

한글 맞춤법에서 띄어쓰기의 기본 단위를 '단어'로 정한 것은 단어가 뜻을 가지면서 홀로 쓰일 수 있는 말의 최소 단위이기 때문이야. 다만 조사는 단어이지만 혼자 쓸 수 없으므로 그 앞의 단어에 붙여 써야 해.

[1~3] 다음 설명이 맞으면 ○표, 틀리면 ×표에 표시하시오.

1 한글 맞춤법은 우리말을 한글로 적을 때 지켜야 할 원칙과 기준을 정한 규정이다. (○, ×)

2 한글 맞춤법은 표준어를 소리대로 적되, 어법에 맞도록 함을 원칙으로 한다. (○, ×)

3 한글 맞춤법에서 띄어쓰기의 기본 단위는 음절이다. (○, ×)

[4~6] 다음 문장에 들어갈 알맞은 말을 고르시오.

4 한글 맞춤법 제5항에 따라 한 단어 안에서 뚜렷한 까닭 없이 나는 된소리는 다음 음절의 첫소리를 ( )(으)로 적는다.

5 한글 맞춤법 규정에 따르면 'ㄷ, ㅌ' 받침 뒤에 종속적 관계를 지닌 '-이(-)'나 '-히-'가 올 적에는 그 'ㄷ, ㅌ'이 '( )'(으)로 소리 나더라도 'ㄷ, ㅌ'으로 적어야 한다.

6 한글 맞춤법 제15항에 따라 ( )의 어간과 어미는 구별하여 적는다.

7 다음 중 두음 법칙에 따라 바르게 표기한 것은?
① 백분율
② 남여노소
③ 해외려행
④ 신흥리발관

학습 활동 다음 문장의 괄호 안에서 맞춤법이 바른 표현을 골라 ○표를 해 보자.
• 오빠는 앞마당에서 친구들과 ❶(딱지 / 딱찌)를 쳤다.
• 아이들이 ❷(법썩 / 법석)을 피우며 교실을 뛰어다닌다.
• 시의 운율은 ❸(내재률 / 내재율)과 ❹(외형률 / 외형율)로 나눌 수 있다.
• 그는 벽난로를 청소하다가 ❺(그으름 / 그을음)을 뒤집어썼다.
• 나는 친구와 ❻(같이 / 가치) 학교 도서관으로 향했다.
• 신생 업체가 해당 산업을 획기적으로 이끌 신제품을 ❼(내났다 / 내놨다).
• 친구는 올해 아나운서가 ❽(됬다 / 됐다).

01 다음 중 한글 맞춤법에 어긋난 것은?
① 몹시 ② 비율 ③ 예절
④ 갇히다 ⑤ 절둑거리다

02 다음 밑줄 친 단어의 표기가 적절하지 않은 것은?
① 우리 공원에 같이 가자.
② 그녀는 왼손으로 턱을 괬다.
③ 갑자기 수돗물이 나오지 않는다.
④ 그 수술은 성공율이 높다고 한다.
⑤ 나는 가위로 종이를 싹둑 잘랐다.

03 〈조건〉에 따라 사이시옷을 받치어 적은 예로 가장 적절한 것은?

┤ 조건 ├
• 순우리말과 한자어로 된 합성어로서 앞말이 모음으로 끝난 경우
• 뒷말의 첫소리가 된소리로 나는 것

① 냇물 ② 부싯돌 ③ 자릿세
④ 예삿일 ⑤ 툇마루

04 〈보기〉의 ㉠과 ㉡의 사례로 적절하지 않은 것은?

┤ 보기 ├
제1항 한글 맞춤법은 ㉠표준어를 소리대로 적되, ㉡어법에 맞도록 함을 원칙으로 한다.

① ㉠: 땅 ② ㉠: 겨울 ③ ㉡: 해돋이
④ ㉡: 옷나무 ⑤ ㉡: 쓰러지다

01 '한글 맞춤법'에 대한 설명으로 적절하지 <u>않은</u> 것은?

① 우리말을 한글로 적을 때 지켜야 할 원칙과 규칙이다.
② 우리말의 여러 형태나 발음 중 표준형을 정하기 위함이다.
③ 실제 소리에 따라 우리말을 어떻게 표기할지 규정해 놓은 것이다.
④ 한글로 원활하게 의사소통하기 위한 최소한의 기준으로서 역할을 한다.
⑤ 문자를 사용할 때 나타날 수 있는 언어생활의 혼란을 방지하는 역할을 한다.

02 〈보기〉는 '한글 맞춤법 총칙'이다. 이를 이해한 내용으로 가장 적절한 것은?

┤보기├
제1항 한글 맞춤법은 표준어를 소리대로 적되, 어법에 맞도록 함을 원칙으로 한다.

① 형태소의 의미를 파악하기 쉽도록 표준어를 소리대로 적도록 규정한 것이다.
② '빛이', '빛도'와 같이 적는 것은 형태소의 경계를 구분하여 소리대로 적은 것이다.
③ 표준어를 소리대로 적는다는 것은 표준어를 적을 때 말의 형태를 밝혀 적는다는 뜻이다.
④ 표준어를 어법에 맞도록 적는다는 것은 표음 문자인 한글의 특성을 충실하게 반영한 원칙이다.
⑤ 표준어를 소리대로 적는다는 원칙을 보완하기 위해서 어법에 맞도록 한다는 원칙을 함께 제시한 것이다.

03 〈보기〉의 밑줄 친 부분의 사례로 적절하지 <u>않은</u> 것은?

┤보기├
제1항 한글 맞춤법은 표준어를 <u>소리대로 적되</u>, 어법에 맞도록 함을 원칙으로 한다.

① 구름　　　② 햇살　　　③ 바위
④ 딸기　　　⑤ 민들레

04 〈보기〉의 ㉠~㉢에 해당하는 단어의 예로 적절한 것은?

┤보기├
제5항 한 단어 안에서 뚜렷한 까닭 없이 나는 된소리는 다음 음절의 첫소리를 된소리로 적는다.
　1. 두 모음 사이에서 나는 된소리 ·················· ㉠
　2. 'ㄴ, ㄹ, ㅁ, ㅇ' 받침 뒤에서 나는 된소리 ······· ㉡
　다만, 'ㄱ, ㅂ' 받침 뒤에서 나는 된소리는, 같은 음절이나 비슷한 음절이 겹쳐 나는 경우가 아니면 된소리로 적지 아니한다. ·················· ㉢

	㉠	㉡	㉢
①	살짝	가끔	법석
②	오빠	국수	쓱싹
③	움찔	몽땅	잔뜩
④	훨씬	으뜸	갑자기
⑤	어깨	번쩍	깍두기

05 〈보기〉를 참고할 때, 밑줄 친 단어의 표기가 <u>잘못된</u> 것은?

┤보기├
제15항 용언의 어간과 어미는 구별하여 적는다.
　[붙임 1] 두 개의 용언이 어울려 한 개의 용언이 될 적에, 앞말의 본뜻이 유지되고 있는 것은 그 원형을 밝히어 적고, 그 본뜻에서 멀어진 것은 밝히어 적지 아니한다.
제35항 모음 'ㅗ, ㅜ'로 끝난 어간에 '-아/-어, -았-/-었-'이 어울려 'ㅘ/ㅝ, ㅘㅆ/ㅝㅆ'으로 될 적에는 준 대로 적는다.
　[붙임 2] 'ㅚ' 뒤에 '-어, -었-'이 어울려 'ㅙ, ㅙㅆ'으로 될 적에도 준 대로 적는다.

① 갑자기 달이 구름 속으로 <u>사라졌다</u>.
② 어제는 속이 불편해 죽을 <u>쒀</u> 먹었다.
③ 구름이 걷히자 산봉우리가 <u>드러났다</u>.
④ 시간이 지날수록 그의 재산은 <u>늘어났다</u>.
⑤ 이번 명절에는 할머니를 꼭 <u>봬러</u> 가겠습니다.

06 〈보기〉는 한글 맞춤법 규정의 일부를 정리한 것이다. 이를 탐구한 내용으로 적절하지 <u>않은</u> 것은?

┌ 보기 ├

제16항 어간의 끝음절 모음이 'ㅏ, ㅗ'일 때에는 어미를 '-아'로 적고, 그 밖의 모음일 때에는 '-어'로 적는다. ·············· ㉠

제18항 다음과 같은 용언들은 어미가 바뀔 경우, 그 어간이나 어미가 원칙에 벗어나면 벗어나는 대로 적는다.
 • '하다'의 활용에서 어미 '-아'가 '-여'로 바뀔 적 ············· ㉡
 • 어간의 끝음절 'ㄹ' 뒤에 오는 어미 '-어'가 '-러'로 바뀔 적 ············· ㉢
 • 어간의 끝음절 '르'의 'ㅡ'가 줄고, 그 뒤에 오는 어미 '-아/-어'가 '-라/-러'로 바뀔 적 ········· ㉣

① '문장이 어법에 맞다.'에서 '맞다'는 어미 '-아'가 결합하면 ㉠에 따라 '맞아'로 적는다.

② '옷이 땀에 젖다.'에서 '젖다'는 어미 '-어'가 결합하면 ㉠에 따라 '젖어'로 적는다.

③ '친구가 운동장에서 달리기를 하다.'에서 '하다'는 어미 '-아'가 결합하면 ㉡에 따라 '하여'로 적는다.

④ '오늘은 하늘이 정말 푸르다.'에서 '푸르다'는 어미 '-어'가 결합하면 ㉢에 따라 '푸르러'로 적는다.

⑤ '그에게 주의하라고 이르다.'에서 '이르다'는 어미 '-어'가 결합하면 ㉣에 따라 '이르러'로 적는다.

07 〈보기〉를 참고할 때, 한글 맞춤법에 알맞은 표기가 <u>아닌</u> 것은?

┌ 보기 ├

제20항 명사 뒤에 '-이'가 붙어서 된 말은 그 명사의 원형을 밝히어 적는다.
 [붙임] '-이' 이외의 모음으로 시작된 접미사가 붙어서 된 말은 그 명사의 원형을 밝히어 적지 아니한다.

① 곳곳이　　② 바둑이　　③ 샅샅이
④ 잎파리　　⑤ 지푸라기

08 〈보기〉를 참고할 때, 다음 합성어 중 사이시옷을 표기하지 <u>않는</u> 것은?

┌ 보기 ├

　합성어에서, 앞말의 끝소리가 울림소리로 끝날 경우 뒷말의 첫소리가 된소리로 나거나, 뒷말의 첫소리 'ㄴ, ㅁ' 앞에서 'ㄴ' 소리가 덧나거나, 뒷말의 첫소리 모음 앞에서 'ㄴㄴ' 소리가 덧나는 현상을 '사잇소리 현상'이라고 한다. 사이시옷은 사잇소리 현상이 나타났을 때 쓰는 'ㅅ'의 이름이다.
　사이시옷은 '고유어+고유어'로 된 합성어 또는 '고유어+한자어', '한자어+고유어'로 된 합성어에서 앞말이 모음으로 끝나는 경우에 받치어 적는다. 두 글자로 된 한자어는 된소리로 발음되더라도 사이시옷을 적지 않으나, 예외적인 경우는 있다.

① 비+물　　② 나무+잎　　③ 바다+가
④ 전세+값　　⑤ 고래+기름

09 〈보기〉를 참고할 때, 밑줄 친 부분을 준말로 바꾼 것 중 적절하지 <u>않은</u> 것은?

┌ 보기 ├

제35항 모음 'ㅗ, ㅜ'로 끝난 어간에 '-아/-어, -았-/-었-'이 어울려 'ㅘ/ㅝ, ㅘㅆ/ㅝㅆ'으로 될 적에는 준 대로 적는다.
 [붙임 2] 'ㅚ' 뒤에 '-어, -었-'이 어울려 'ㅙ, ㅙㅆ'으로 될 적에도 준 대로 적는다.

제36항 'ㅣ' 뒤에 '-어'가 와서 'ㅕ'로 줄 적에는 준 대로 적는다.

제37항 'ㅏ, ㅕ, ㅗ, ㅜ, ㅡ'로 끝난 어간에 '-이-'가 와서 각각 'ㅐ, ㅖ, ㅚ, ㅟ, ㅢ'로 줄 적에는 준 대로 적는다.

제38항 'ㅏ, ㅗ, ㅜ, ㅡ' 뒤에 '-이어'가 어울려 줄어질 적에는 준 대로 적는다.

① 그녀의 눈에 눈물이 <u>괴었다.</u> → 괬다

② 명절을 잘 <u>쇠어</u> 피로가 풀렸다. → 쇄

③ 나는 마당에 앉아 실을 <u>꼬았다.</u> → 꽜다

④ 벌에 <u>쏘이어</u> 손가락이 많이 부었다. → 쐬어

⑤ 글씨가 볼펜으로 <u>쓰이어</u> 지워지지 않았다. → 쓰여

한글 맞춤법 ② : 띄어쓰기

개념 따라잡기 

1 띄어쓰기

- **제41항** 조사는 그 앞말에 붙여 쓴다.

> 꽃이　　　꽃마저　　　꽃밖에　　　꽃으로만　　　꽃이다

- **제42항** 의존 명사는 띄어 쓴다.

> 아는 것이 힘이다.　　　나도 할 수 있다.　　　그가 떠난 지가 오래다.

- **제43항** 단위를 나타내는 명사는 띄어 쓴다.

> 차 여섯 대　　　옷 두 벌　　　신 한 켤레

→ 다만, 순서를 나타내는 경우나 숫자와 어울리어 쓰이는 경우에는 붙여 쓸 수 있다.

- **제44항** 수를 적을 적에는 '만(萬)' 단위로 띄어 쓴다.

> 십이억 삼천사백오십육만 칠천팔백구십팔　　　12억 3456만 7898

- **제45항** 두 말을 이어 주거나 열거할 적에 쓰이는 다음의 말들은 띄어 쓴다.

> 국장 겸 과장　　　청군 대 백군　　　책상, 걸상 등이 있다

- **제46항** 단음절로 된 단어가 연이어 나타날 적에는 붙여 쓸 수 있다.

> 좀더 큰것　　　이말 저말　　　한잎 두잎

- **제47항** 보조 용언은 띄어 씀을 원칙으로 하되, 경우에 따라 붙여 씀도 허용한다.

> 〈원칙〉 불이 꺼져 간다.　　　〈허용〉 불이 꺼져간다.
> 　　　　　　본용언 보조 용언

→ 다만, 앞말에 조사가 붙거나 앞말이 합성 용언인 경우, 그리고 중간에 조사가 들어갈 적에는 그 뒤에 오는 보조 용언은 띄어 쓴다.

- **제48항** 성과 이름, 성과 호 등은 붙여 쓰고, 이에 덧붙는 호칭어, 관직명 등은 띄어 쓴다.

> 채영신 씨　　　최치원 선생　　　충무공 이순신 장군

띄어쓰기를 하지 않을 경우 정확히 무슨 뜻인지 이해하기 어렵기 때문에 우리말을 글로 적을 때에는 단어별로 띄어 쓰는 것을 원칙으로 해. 단어를 알맞게 띄어 쓰면 문장의 의미를 정확하게 파악할 수 있고, 상대방과 원활하게 소통할 수 있어.

✦ 조사와 의존 명사

조사는 단어이지만 홀로 쓰일 수 없고 앞말에 의존하는 특성이 있으므로 앞말과 붙여 쓴다. 반면 의존 명사는 자립성이 없어 다른 말에 기대어 쓰이지만 명사의 기능을 하는 단어이므로 앞말과 띄어 쓴다.

그런데 조사와 의존 명사 중에는 서로 형태가 같거나 비슷한 것들이 있으므로 띄어쓰기에 유의해야 한다.

- ㉠ 동생은 나만큼 키가 크다.
- ㉡ 먹을 만큼 먹어라.

㉠의 '만큼'은 앞말과 비슷한 정도나 한도임을 나타내는 조사이므로 앞말에 붙여 써야 한다. ㉡의 '만큼'은 앞의 내용의 수량이나 정도임을 나타내는 의존 명사이므로 띄어 써야 한다.

성명 또는 성이나 이름 뒤에 붙는 호칭어나 관직명 등은 고유 명사와 별개의 단위이므로 띄어 써. 호나 자 등이 성명 앞에 놓이는 경우도 띄어 쓰지.

한편 성과 이름, 성과 호를 분명히 구분할 필요가 있을 경우(예 남궁억/남궁 억)에는 띄어 쓸 수 있어.

[1~3] 다음 설명이 맞으면 ○표, 틀리면 ×표에 표시하시오.

1 우리말을 글로 적을 때에는 단어별로 띄어 쓰는 것을 원칙으로 한다. (○ , ×)

2 단어를 알맞게 띄어 쓰면 문장의 의미를 정확하게 파악할 수 있고 상대방과 원활하게 소통할 수 있다. (○ , ×)

3 의존 명사는 앞말에 붙여 써야 하고, 단위를 나타내는 명사는 띄어 써야 한다. (○ , ×)

[4~6] 다음 문장에 들어갈 알맞은 말을 고르시오.

4 (조사 / 의존 명사)는 단어이지만 홀로 쓰일 수 없으므로 그 앞말에 붙여 쓴다.

5 수를 적을 적에는 (백 / 천 / 만) 단위로 띄어 쓴다.

6 (본용언 / 보조 용언)은 띄어 씀을 원칙으로 하되, 경우에 따라 붙여 씀도 허용한다.

[7~8] 다음 빈칸에 들어갈 알맞은 말을 쓰시오.

7 '좀더 큰것'과 같이 (   )(으)로 된 단어가 연이어 나타날 적에는 붙여 쓰는 것도 허용한다.

8 '김철호 씨', '이순신 장군'처럼 (   )(이)나 관직명 등은 고유 명사와 별개의 단어이므로 띄어 써야 한다.

9 다음 문장을 한글 맞춤법에 따라 바르게 띄어 쓰시오.

> 믿을것은실력뿐이니계속연습할뿐이다.

> **학습 활동** 다음 문장의 괄호 안에서 맞춤법이 바른 표현을 골라 ○표를 해 보자.
>
> · 역시 ❶(너밖에 / 너 밖에) 없다.
> · 남을 ❷(따르기보다 / 따르기 보다) 앞서가자.
> · 네가 ❸(아는바 / 아는 바)가 맞다.
> · 접시에는 ❹(먹을만큼 / 먹을 만큼) 담아라.
> · 길에 꽃 ❺(한송이 / 한 송이)가 피어 있다.
> · 가게에서 과자 ❻(세봉지 / 세 봉지)만 사기로 약속했다.

01 다음 밑줄 친 부분의 띄어쓰기가 적절하지 **않은** 것은?

① 너마저 나를 떠나는구나.
② 그가 떠난지 너무 오래되었다.
③ 나는 강아지 두 마리를 기른다.
④ 아는 것이 힘이니 공부를 해라.
⑤ 그녀를 처벌하려면 법대로 해라.

02 다음 문장의 밑줄 친 부분을 한글 맞춤법에 알맞게 띄어 쓴 것은?

> 그는 그 기회가 얼마나 소중한지모른채기회를흘려보내버렸다.

① 소중한지∨모른채∨기회를∨흘려보내버렸다.
② 소중한지∨모른채∨기회를∨흘려∨보내버렸다.
③ 소중한지∨모른∨채∨기회를∨흘려보내∨버렸다.
④ 소중한∨지∨모른∨채∨기회를∨흘려보내∨버렸다.
⑤ 소중한∨지∨모른∨채∨기회를∨흘려∨보내∨버렸다.

03 〈보기〉의 ㉠~㉤ 중, 띄어쓰기가 적절하지 **않은** 것은?

> ┤ 보기 ├
>
> 안녕하세요, 영양 선생님.
> 하루 종일 ㉠공부만 하는 저희에게 매일 맛있는 음식을 만들어 주셔서 정말 감사합니다. 우리 학교의 급식은 우리 지역에서 가장 ㉡손꼽힐 만한 급식이라고 생각합니다. 그런데 최근에는 특식으로 ㉢돈가스만 나옵니다. 아침을 먹은 후 무려 ㉣네 시간만에 먹는 밥이라 기대하는데, 특정 ㉤음식만 반복해서 나오니 너무 아쉽습니다. 특식이 다양하게 나왔으면 좋겠습니다.

① ㉠   ② ㉡   ③ ㉢
④ ㉣   ⑤ ㉤

01 〈보기〉의 ㉠~㉤에 해당하는 예로 적절하지 <u>않은</u> 것은?

┌ 보기 ├

제41항 조사는 그 앞말에 붙여 쓴다. ····················· ㉠
제42항 의존 명사는 띄어 쓴다. ·························· ㉡
제43항 단위를 나타내는 명사는 띄어 쓴다. ········ ㉢
　　　　다만, 순서를 나타내는 경우나 숫자와 어울리어
　　　　쓰이는 경우에는 붙여 쓸 수 있다. ············ ㉣
제46항 단음절로 된 단어가 연이어 나타날 적에는
　　　　붙여 쓸 수 있다. ······························ ㉤

① ㉠: 나를 알아주는 사람은 너<u>밖에</u> 없다.

② ㉡: 중학생이 고등학생 <u>만큼</u> 잘 안다.

③ ㉢: 고양이 한 <u>마리</u>가 마당에서 자고 있다.

④ ㉣: 그녀는 벌써 대학교 <u>삼학년</u>이 되었다.

⑤ ㉤: 꽃잎이 <u>한잎 두잎</u> 떨어지고 있다.

02 〈보기〉의 선생님의 물음에 따라 자료를 바르게 분류한 것은?

┌ 보기 ├

선생님: 한글 맞춤법 규정에 따르면 조사는 그 앞말에
붙여 쓰고, 의존 명사는 띄어 씁니다. 다음 자료에
서 ㉠~㉤에 쓰인 '만'의 띄어쓰기를 알맞게 한 것
과 그렇지 않은 것을 분류해 볼까요?

[자료]

㉠ 그가 화를 낼<u>만</u>도 하다.
㉡ 눈<u>만</u> 감아도 잠이 올 것 같다.
㉢ 나는 세 번<u>만</u>에 그 시험에 합격했다.
㉣ 만나야 <u>만</u> 모든 문제가 해결될 수 있다.
㉤ 친구가 도착한 지 두 시간 <u>만</u>에 떠났다.

	알맞게 한 것	그렇지 않은 것
①	㉠, ㉡	㉢, ㉣, ㉤
②	㉡, ㉢	㉠, ㉣, ㉤
③	㉡, ㉤	㉠, ㉢, ㉣
④	㉢, ㉣	㉠, ㉡, ㉤
⑤	㉢, ㉤	㉠, ㉡, ㉣

03 다음 예문의 밑줄 친 부분의 띄어쓰기를 판단한 결과로 적절한 것은?

	예문	판단 결과
①	그는 <u>약해질 대로</u> 약해졌다.	×
②	큰 것은 <u>큰 것대로</u> 모아 둬라.	×
③	집에 <u>도착하는 대로</u> 전화를 해라.	○
④	나는 <u>틈나는대로</u> 사전을 찾아본다.	○
⑤	나는 <u>나 대로</u> 공부할 테니 신경 쓰지 마.	○

04 〈보기〉를 참고할 때, 밑줄 친 부분의 띄어쓰기가 적절하지 <u>않은</u> 것은?

┌ 보기 ├

데¹ 「의존 명사」
　「1」 '곳'이나 '장소'의 뜻을 나타내는 말.
　「2」 '일'이나 '것'의 뜻을 나타내는 말.
　「3」 '경우'의 뜻을 나타내는 말.

-데³ 「어미」
　(('이다'의 어간, 용언의 어간 또는 어미 '-으시-',
　'-었-', '-겠-' 뒤에 붙어)) 해할 자리에 쓰여, 과거
　어느 때에 직접 경험하여 알게 된 사실을 현재의 말
　하는 장면에 그대로 옮겨 와서 말함을 나타내는 종
　결 어미.

-는데 「어미」
　(('있다', '없다', '계시다'의 어간, 동사 어간 또는
　어미 '-으시-', '-었-', '-겠-' 뒤에 붙어)) 뒤 절에서
　어떤 일을 설명하거나 묻거나 시키거나 제안하기
　위하여 그 대상과 상관되는 상황을 미리 말할 때에
　쓰는 연결 어미.

① 지금 <u>가는 데</u>가 어디인데?

② 고향은 하나도 변하지 <u>않았데</u>.

③ 그 책을 다 <u>읽는 데</u> 삼 일이 걸렸다.

④ 그 애는 노래는 <u>잘 부르는 데</u> 춤은 잘 못 춰.

⑤ 이 그릇은 귀한 거라 손님을 <u>대접하는 데나</u> 쓴다.

05 ⟨보기⟩를 참고할 때, 밑줄 친 부분의 띄어쓰기가 적절하지 <u>않은</u> 것은?

┤보기├

선생님: 의미를 정확하게 전달하기 위해서는 띄어쓰기를 바르게 하는 것이 중요합니다. 예를 들어 '지'는 어미 '-(으)ㄴ지, -(으)ㄹ지'의 일부일 때에는 붙여 쓰지만, 시간의 경과를 나타낼 때에는 띄어 씁니다. 또한 '한번'은 어떤 일을 시험 삼아 시도함을 나타내거나 어떤 행동이나 상태를 강조하는 뜻을 나타낼 때에는 '한번'이라고 쓰지만, 차례나 일의 횟수를 나타낼 때에는 '한 번', '두 번'과 같이 띄어 씁니다.

① 그를 <u>만난 지도</u> 꽤 오래되었다.

② 제가 일단 <u>한번</u> 먹어 보겠습니다.

③ 누구나 <u>한번은</u> 겪는 일일 것이다.

④ 내가 몇 <u>등일지</u> 마음엔 걱정이 가득했다.

⑤ 그는 얼마나 <u>부지런한지</u> 세 사람 몫의 일을 한다.

06 ⟨보기⟩의 ㉠~㉤을 탐구한 내용으로 적절하지 <u>않은</u> 것은?

┤보기├

㉠ 소문으로만 <u>들었을 뿐</u>이네.

㉡ 빵이 <u>하나밖에</u> 남지 않았다.

㉢ 그는 계속 빵을 <u>먹고만</u> 있어.

㉣ 내일은 <u>아침 겸 점심</u>을 먹어야겠군.

㉤ 오늘은 <u>두 사람</u>이 같이 나를 찾아왔다.

① ㉠: '들었을'과 '뿐'을 띄어 쓴 것을 보니, '뿐'은 의존 명사로 쓰였군.

② ㉡: '하나'와 '밖에'를 붙여 쓴 것을 보니, '밖에'는 조사로 쓰였군.

③ ㉢: '먹고'와 '만'을 붙여 쓴 것을 보니, '만'은 어미로 쓰였군.

④ ㉣: '아침', '겸', '점심'을 각각 띄어 쓴 것을 보니, 두 말을 이어 줄 때에 쓰는 말은 띄어 써야 하는군.

⑤ ㉤: '두'와 '사람'을 띄어 쓴 것을 보니, 단위를 나타내는 명사는 띄어 써야 하는군.

07 ⟨보기⟩를 참고할 때, 밑줄 친 부분의 띄어쓰기가 적절하지 <u>않은</u> 것은?

┤보기├

제47항 보조 용언은 띄어 씀을 원칙으로 하되, 경우에 따라 붙여 씀도 허용한다.
　　다만, 앞말에 조사가 붙거나 앞말이 합성 용언인 경우, 그리고 중간에 조사가 들어갈 적에는 그 뒤에 오는 보조 용언은 띄어 쓴다.

① 이제 이 책은 다 <u>읽어간다</u>.

② 나는 그 책을 <u>읽어는 보았다</u>.

③ 밤에 무서워서 불을 <u>켜두었다</u>.

④ 동생은 삐쳐서 <u>돌아누워버렸다</u>.

⑤ 일단 그의 말을 자세히 <u>들어 봐라</u>.

08 ⟨보기⟩의 설명을 참고할 때, 밑줄 친 부분을 탐구한 내용으로 적절하지 <u>않은</u> 것은?

┤보기├

보조 용언은 본용언에 기대어 쓰이면서 그 말에 의미를 더해 주며, 자립성이 약해 본용언과 함께 하나의 서술어가 된다. 보조 용언은 띄어 씀을 원칙으로 하되, 경우에 따라서는 붙여 쓰는 것도 허용하는데, 앞말에 조사가 붙거나 앞말이 합성 용언인 경우 그리고 중간에 조사가 들어갈 경우에는 그 뒤에 오는 보조 용언을 띄어 써야 한다.

① 꽃이 <u>시들어 간다</u>. → 보조 용언으로 사용되어 '시들다'의 뜻을 보충한다.

② 그 음식을 <u>먹어봤다</u>. → '먹어'에 '도'가 붙는 경우에는 '먹어도'와 '봤다'를 띄어 써야 한다.

③ 그가 잘난 <u>체한다</u>. → '체한다' 사이에 '를'이 들어갈 경우에는 '체를'과 '한다'를 띄어 써야 한다.

④ 그녀가 보고 <u>싶다</u>. → '싶다'는 자립성이 약해 혼자 쓰이지 못하고 다른 본용언에 기대어 쓰인다.

⑤ 이 정도는 참을 <u>만하다</u>. → '만'과 '하다'를 띄어 쓰는 것이 원칙이지만 붙여 쓰는 것도 허용된다.

표준어 규정

개념 따라잡기

표준어 규정은 공식적인 국어 생활에서 사용되는 표준어와 표준 발음을 정리해 놓은 규정이야. 이는 지역 방언과 사회 방언에서 나타나는 여러 형태나 발음 중에서 표준형을 제시한 거야.

✦ 표준어라도 사람들이 잘 쓰지 않으면 비표준어가 되기도 하고, 비표준어였던 것도 사람들이 많이 쓰게 되면 표준어가 되기도 한다. 그리고 전에 없던 말이 표준어로 추가가 되기도 한다. 이것은 언어가 시간의 흐름에 따라 생성, 성장, 소멸하며 변화한다는 언어의 역사성과 관련이 있다.

1 표준어 사정 원칙의 총칙

> **제1항** 표준어는 교양 있는 사람들이 두루 쓰는 현대 서울말로 정함을 원칙으로 한다.
> 　　　　　　　　사회적 기준　　　　　　　　시대적 기준　지역적 기준

2 표준어 사정 원칙의 주요 규정

• **발음 변화에 따른 표준어 규정**

자음	**제5항** 어원에서 멀어진 형태로 굳어져서 널리 쓰이는 것은, 그것을 표준어로 삼는다. **제7항** 수컷을 이르는 접두사는 '수-'로 통일한다.
모음	**제9항** 'ㅣ' 역행 동화 현상에 의한 발음은 원칙적으로 표준 발음으로 인정하지 아니하되, 다만 다음 단어들은 그러한 동화가 적용된 형태를 표준어로 삼는다. **제12항** '웃-' 및 '윗-'은 명사 '위'에 맞추어 '윗-'으로 통일한다.

• **어휘 선택에 따른 표준어 규정**

한자어	**제22항** 고유어 계열의 단어가 생명력을 잃고 그에 대응되는 한자어 계열의 단어가 널리 쓰이면, 한자어 계열의 단어를 표준어로 삼는다.
방언	**제24항** 방언이던 단어가 널리 쓰이게 됨에 따라 표준어이던 단어가 안 쓰이게 된 것은, 방언이던 단어를 표준어로 삼는다.

3 표준 발음법의 총칙

> **제1항** 표준 발음법은 표준어의 실제 발음을 따르되, 국어의 전통성과 합리성을 고려하여 정함을 원칙으로 한다.
> 　　　　　　　　　　현대 서울말의 현실 발음

표준 발음법은 표준어를 발음할 때의 표준을 정해 놓은 규정이야. 같은 단어를 서로 다르게 발음함으로써 생길 수 있는 의사소통의 혼란을 없앨 수 있다는 점에서 그 의의가 있어.

4 표준 발음법의 주요 규정

자음과 모음	**제5항** 'ㅑ ㅒ ㅕ ㅖ ㅘ ㅙ ㅛ ㅝ ㅞ ㅠ ㅢ'는 이중 모음으로 발음한다. 다만 1. 용언의 활용형에 나타나는 '져, 쪄, 쳐'는 [저, 쩌, 처]로 발음한다. 다만 2. '예, 례' 이외의 'ㅖ'는 [ㅔ]로도 발음한다. 다만 3. 자음을 첫소리로 가지고 있는 음절의 'ㅢ'는 [ㅣ]로 발음한다. 다만 4. 단어의 첫음절 이외의 '의'는 [ㅣ]로, 조사 '의'는 [ㅔ]로 발음함도 허용한다.
받침의 발음	**제8항** 받침소리로는 'ㄱ, ㄴ, ㄷ, ㄹ, ㅁ, ㅂ, ㅇ'의 7개 자음만 발음한다. **제9항** 받침 'ㄲ, ㅋ', 'ㅅ, ㅆ, ㅈ, ㅊ, ㅌ', 'ㅍ'은 어말 또는 자음 앞에서 각각 대표음 [ㄱ, ㄷ, ㅂ]으로 발음한다.
음의 동화	**제18항** 받침 'ㄱ(ㄲ, ㅋ, ㄳ, ㄺ), ㄷ(ㅅ, ㅆ, ㅈ, ㅊ, ㅌ, ㅎ), ㅂ(ㅍ, ㄼ, ㄿ, ㅄ)'은 'ㄴ, ㅁ' 앞에서 [ㅇ, ㄴ, ㅁ]으로 발음한다. **제20항** 'ㄴ'은 'ㄹ'의 앞이나 뒤에서 [ㄹ]로 발음한다.

[1~3] 다음 설명이 맞으면 ○표, 틀리면 ×표에 표시하시오.

1 표준어 규정은 비공식적인 국어 생활에서 사용되는 표준어와 표준 발음을 정리해 놓은 규정이다.
(○ , ×)

2 표준 발음법은 표준어를 발음할 때의 표준을 정해 놓은 규정이다.
(○ , ×)

3 시간의 흐름에 따라 과거에는 비표준어였어도 현재 많은 사람들이 사용하면 표준어로 인정되기도 한다.
(○ , ×)

4 다음 중 표준어가 <u>아닌</u> 것은?
① 갈비
② 숫소
③ 숫양
④ 수퇘지

5 다음 중 표준어인 것은?
① 남비
② 귓머리
③ 아지랑이
④ 개다리밥상

[6~7] 다음 빈칸에 들어갈 알맞은 말을 고르시오.

6 표준 발음법 제5항에 따르면 이중 모음 'ㅖ'는 원칙적으로 [ㅔ / ㅖ]로 발음하며, '예, 례' 이외의 'ㅖ'는 [ㅔ / ㅖ]로 발음하는 것도 허용한다.

7 받침 'ㅅ, ㅆ, ㅈ, ㅊ, ㅌ'은 어말 또는 자음 앞에서 대표음 [ㄷ / ㅅ]으로 발음한다.

> **학습 활동** 다음 문장의 괄호 안에서 표준어를 골라 ○표를 해 보자.
> • ❶(강낭콩 / 강남콩)의 덩굴이 처마까지 뻗어 올라갔다.
> • 그 아이는 ❷(멋장이 / 멋쟁이)로 동네에 소문이 자자하다.
> • 그의 왼쪽 소매는 ❸(웃도리 / 윗도리) 주머니에 아무렇게나 꽂혀 있었다.

01 다음 밑줄 친 단어가 표준어인 것은?
① 어머니는 겨울밤에 <u>빈자떡</u>을 부치셨다.
② 그는 <u>윗옷</u>으로 코트 하나만 걸치고 나갔다.
③ 그는 <u>사글세</u>부터 시작하여 지금은 부자가 되었다.
④ 아버지께서는 <u>알타리무</u>를 다듬으러 큰집에 가셨다.
⑤ 병아리 장수가 아이들에게 팔고 있는 병아리는 모두 <u>숫놈</u>이었다.

> **학습 활동** 다음 문장의 괄호 안에서 모음을 올바르게 발음한 것을 모두 골라 ○표를 해 보자.
> • 청소년은 우리 ❹모두의[모두에 / 모두으 / 모두의] ❺희망[희망 / 히망]이다.
> • 이번 ❻협의의[혀브으 / 혀비에 / 혀븨의 / 혀비의 / 혀비의] 결론은 이것입니다.
> • 네 ❼차례[차레 / 차례 / 차례]도 아닌데 왜 줄을 서니?

02 다음 중 표준 발음이 <u>아닌</u> 것은?
① 계기[계:기 / 게:기]
② 무늬[무니]
③ 묻혀[무쳐]
④ 의남매[의:남매]
⑤ 띄어쓰기[띄어쓰기]

03 〈보기〉의 밑줄 친 부분을 발음할 수 있는 방법의 개수로 적절한 것은?

┌ 보기 ┐
민주주의의 의의란 무엇인가?
└────────┘

① 2가지
② 4가지
③ 6가지
④ 8가지
⑤ 10가지

01 '표준어'에 대한 설명으로 적절하지 <u>않은</u> 것은?

① 여러 사람들이 두루 쓰는 지역 방언도 표준어가 될 수 있다.

② 지역적으로는 서울말을 기준으로 삼기 때문에 모든 서울말은 표준어가 된다.

③ 서로 다른 지역어를 사용하는 사람들 간의 의사소통 문제를 방지하려고 제정한 것이다.

④ 표준어는 교양 있는 사람들이 두루 쓰는 현대 서울말로 정하는 것을 원칙으로 삼고 있다.

⑤ 표준어는 사전적으로 '전 국민이 공통적으로 쓸 수 있는 자격을 부여받은 단어'를 의미한다.

02 〈보기〉의 규정으로 보아 다음 문장의 밑줄 친 단어가 표준어가 <u>아닌</u> 것은?

┤ 보기 ├

제11항 다음 단어에서는 모음의 발음 변화를 인정하여, 발음이 바뀌어 굳어진 형태를 표준어로 삼는다.

① 나는 <u>상추</u>에 삼겹살을 싸서 먹었다.

② 심판은 <u>호루라기</u>를 불어서 경기를 중단했다.

③ 그 사람은 <u>깍쟁이</u> 같아서 쉽게 속일 수 없다.

④ 내 <u>바램</u>은 더 늦기 전에 여행을 가는 것이다.

⑤ 어머니는 <u>허드레</u> 그릇까지 세세히 챙겨 주셨다.

03 〈보기〉의 규정을 참고할 때, 표준어에 해당하지 않는 것은?

┤ 보기 ├

제12항 '웃-' 및 '윗-'은 명사 '위'에 맞추어 '윗-'으로 통일한다.

　　다만 1. 된소리나 거센소리 앞에서는 '위-'로 한다.

　　다만 2. '아래, 위'의 대립이 없는 단어는 '웃-'으로 발음되는 형태를 표준어로 삼는다.

① 위쪽　　　② 위층　　　③ 웃어른

④ 웃잇몸　　⑤ 윗입술

04 〈보기〉의 규정을 참고할 때, 표준어에 해당하지 <u>않는</u> 것은?

┤ 보기 ├

제14항 준말이 널리 쓰이고 본말이 잘 쓰이지 않는 경우에는, 준말만을 표준어로 삼는다.

제15항 준말이 쓰이고 있더라도, 본말이 널리 쓰이고 있으면 본말을 표준어로 삼는다.

제16항 준말과 본말이 다 같이 널리 쓰이면서 준말의 효용이 뚜렷이 인정되는 것은, 두 가지를 다 표준어로 삼는다.

① 막대　　　② 온갖　　　③ 돗자리

④ 또아리　　⑤ 귀이개

05 〈보기〉의 규정을 이해한 내용으로 적절하지 <u>않은</u> 것은?

┤ 보기 ├

제20항 사어(死語)가 되어 쓰이지 않게 된 단어는 고어로 처리하고, 현재 널리 사용되는 단어를 표준어로 삼는다.

제21항 고유어 계열의 단어가 널리 쓰이고 그에 대응되는 한자어 계열의 단어가 용도를 잃게 된 것은, 고유어 계열의 단어만을 표준어로 삼는다.

제22항 고유어 계열의 단어가 생명력을 잃고 그에 대응되는 한자어 계열의 단어가 널리 쓰이면, 한자어 계열의 단어를 표준어로 삼는다.

① 제20항에 따르면 요즘은 쓰이지 않는 '설겆다' 대신 '설거지하다'를 표준어로 삼은 것이겠군.

② 제20항에 따르면 '자두'의 옛말인 '오얏'은 오늘날에는 쓰이지 않으므로 고어로 처리가 되었겠군.

③ 제21항에 따르면 '흰죽'보다는 '백죽'이 널리 쓰이므로 '흰죽'은 표준어로 인정하지 않겠군.

④ 제21항에 따르면 '말약'보다는 '가루약'이 널리 쓰이므로 '말약'은 표준어로 인정하지 않겠군.

⑤ 제22항에 따르면 '잇솔'이 생명력을 잃고 그에 대응되는 '칫솔'이 널리 쓰이므로 '칫솔'을 표준어로 삼은 것이겠군.

06 〈보기〉의 표준 발음법 규정을 이해한 내용으로 적절하지 않은 것은?

┤ 보기 ├

제5항 'ㅑ ㅒ ㅕ ㅖ ㅘ ㅙ ㅛ ㅝ ㅞ ㅠ ㅢ'는 이중 모음으로 발음한다.

　다만 1. 용언의 활용형에 나타나는 '져, 쪄, 쳐'는 [저, 쩌, 처]로 발음한다.

　다만 2. '예, 례' 이외의 'ㅖ'는 [ㅔ]로도 발음한다.

　다만 3. 자음을 첫소리로 가지고 있는 음절의 'ㅢ'는 [ㅣ]로 발음한다.

　다만 4. 단어의 첫음절 이외의 '의'는 [ㅣ]로, 조사 '의'는 [ㅔ]로 발음함도 허용한다.

① '지혜'는 [지혜]로 발음해도 표준 발음에 해당하겠군.

② '다쳐'는 [다처]로 발음해야 표준 발음에 해당하겠군.

③ '의례'는 [의례]로 발음해야 표준 발음에 해당하겠군.

④ '늴리리'는 [닐리리]로 발음해야 표준 발음에 해당하겠군.

⑤ '강의의'는 [강:이이]로 발음해도 표준 발음에 해당하겠군.

07 받침의 발음에 대한 설명으로 적절하지 않은 것은?

① '넓-'은 '넓적하다', '넓둥글다'의 경우 [넙]으로 발음한다.

② 'ㅎ(ㄶ, ㅀ)' 뒤에 'ㅅ'이 결합되는 경우에는, 'ㅅ'을 [ㅆ]으로 발음한다.

③ 겹받침 'ㄺ, ㄻ, ㄿ'은 어말 또는 자음 앞에서 각각 [ㄱ, ㅁ, ㅂ]으로 발음한다.

④ '밟-'은 '밟다[밥:따], 밟고[밥:꼬], 밟지[밥:찌]'와 같이 자음 앞에서 [밥]으로 발음한다.

⑤ 받침 'ㄲ, ㅋ', 'ㅅ, ㅆ, ㅈ, ㅊ, ㅌ', 'ㅍ'은 어말 또는 자음 앞에서 각각 대표음 [ㄱ, ㄷ, ㅂ]으로 발음한다.

08 〈보기〉의 ㉠~㉢에 해당하는 단어의 예를 바르게 정리한 것은?

┤ 보기 ├

제18항 받침 'ㄱ(ㄲ, ㅋ, ㄳ, ㄺ), ㄷ(ㅅ, ㅆ, ㅈ, ㅊ, ㅌ, ㅎ), ㅂ(ㅍ, ㄼ, ㄿ, ㅄ)'은 'ㄴ, ㅁ' 앞에서 [ㅇ, ㄴ, ㅁ]으로 발음한다. ┈┈┈┈┈┈ ㉠

제19항 받침 'ㅁ, ㅇ' 뒤에 연결되는 'ㄹ'은 [ㄴ]으로 발음한다. ┈┈┈┈┈┈┈┈┈ ㉡

제20항 'ㄴ'은 'ㄹ'의 앞이나 뒤에서 [ㄹ]로 발음한다. ┈┈┈┈┈┈┈┈┈ ㉢

	㉠	㉡	㉢
①	국밥[국빱]	향리[향니]	굳이[구지]
②	발전[발쩐]	담요[담:뇨]	신라[실라]
③	입맛[임맏]	물약[물략]	종로[종노]
④	국물[궁물]	강릉[강능]	물난리[물랄리]
⑤	냇물[낸:물]	음력[음녁]	결단력[결딴녁]

09 〈보기〉의 표준 발음법 규정을 이해한 내용으로 적절하지 않은 것은?

┤ 보기 ├

제24항 어간 받침 'ㄴ(ㄵ), ㅁ(ㄻ)' 뒤에 결합되는 어미의 첫소리 'ㄱ, ㄷ, ㅅ, ㅈ'은 된소리로 발음한다. ┈┈┈┈┈┈┈┈┈ ㉠

제25항 어간 받침 'ㄼ, ㄾ' 뒤에 결합되는 어미의 첫소리 'ㄱ, ㄷ, ㅅ, ㅈ'은 된소리로 발음한다. ┈┈┈┈ ㉡

제27항 관형사형 '-(으)ㄹ' 뒤에 연결되는 'ㄱ, ㄷ, ㅂ, ㅅ, ㅈ'은 된소리로 발음한다. ┈┈┈┈┈┈ ㉢

[붙임] '-(으)ㄹ'로 시작되는 어미의 경우에도 이에 준한다. ┈┈┈┈┈┈┈┈┈ ㉣

① '삶다'는 ㉠에 따라 [삼:따]로 발음해야겠군.

② '핥고'는 ㉡에 따라 [할꼬]로 발음해야겠군.

③ '여덟도'는 ㉡에 따라 [여덜또]로 발음해야겠군.

④ '갈 길'은 ㉢에 따라 [갈낄]로 발음해야겠군.

⑤ '갈게'는 ㉣에 따라 [갈께]로 발음해야겠군.

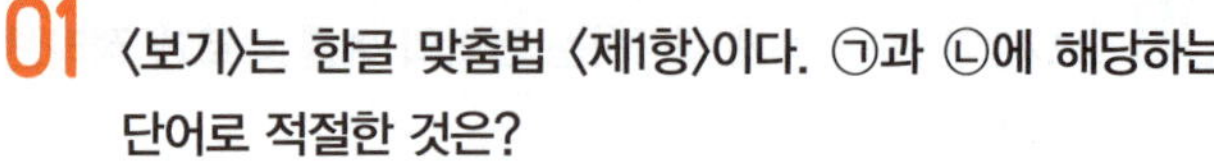

01 〈보기〉는 한글 맞춤법 〈제1항〉이다. ㉠과 ㉡에 해당하는 단어로 적절한 것은?

┤보기├

　　한글 맞춤법은 표준어를 ㉠소리대로 적되, ㉡어법에 맞도록 함을 원칙으로 한다.

	㉠	㉡
①	가위	거미
②	칼날	나무
③	콩밭	강물
④	하늘	소나기
⑤	무지개	꽃나무

02 〈보기〉는 한글 맞춤법 규정이다. ㉠~㉤에 해당하는 예로 적절하지 <u>않은</u> 것은?

┤보기├

제5항　한 단어 안에서 뚜렷한 까닭 없이 나는 된소리는 다음 음절의 첫소리를 된소리로 적는다.
　　1. 두 모음 사이에서 나는 된소리 ·····················㉠
　　2. 'ㄴ, ㄹ, ㅁ, ㅇ' 받침 뒤에서 나는 된소리
제6항　'ㄷ, ㅌ' 받침 뒤에 종속적 관계를 가진 '－이(－)'나 '－히－'가 올 적에는 그 'ㄷ, ㅌ'이 'ㅈ, ㅊ'으로 소리 나더라도 'ㄷ, ㅌ'으로 적는다. ·················㉡
제15항　용언의 어간과 어미는 구별하여 적는다. ··· ㉢
제19항　어간에 '－이'나 '－음/－ㅁ'이 붙어서 명사로 된 것과 '－이'나 '－히'가 붙어서 부사로 된 것은 그 어간의 원형을 밝히어 적는다. ·····················㉣
제35항　모음 'ㅗ, ㅜ'로 끝난 어간에 '－아/－어, －았－/－었－'이 어울려 'ㅘ/ㅝ, 왔/웠'으로 될 적에는 준 대로 적는다. ·····················㉤

① ㉠: 어찌, 거꾸로, 기쁘다
② ㉡: 굳이, 해돋이, 닫히다
③ ㉢: 웃다, 웃고, 웃어, 웃으니
④ ㉣: 먹이, 마개, 익히
⑤ ㉤: 봐, 줘, 봤다, 줬다

03 〈보기〉를 참고할 때, 본말을 준말로 바꾼 것 중 적절하지 <u>않은</u> 것은?

┤보기├

　　한글 맞춤법 제40항은 어간의 끝음절 '하'가 줄어들면 줄어드는 대로 적도록 규정하고 있다. 어간의 끝음절 '하'가 줄어드는 방식은 두 가지이다. 하나는 '하'가 통째로 줄지 않고 'ㅎ'이 남아 뒤에 오는 말의 첫소리에 어울려 거센소리가 되는 경우이고, 또 하나는 '하'가 통째로 줄어드는 경우이다. '하'가 줄어드는 기준은 '하' 앞에 오는 받침의 소리인데, '하' 앞의 받침 소리가 [ㄱ, ㄷ, ㅂ]이면 '하'가 통째로 줄고, 그 외의 경우에는 'ㅎ'이 남는다.

① 다정하다 → 다정타
② 편안하게 → 편안케
③ 생각하건대 → 생각건대
④ 연구하도록 → 연구토록
⑤ 간편하지 않다 → 간편지 않다

04 〈보기〉는 수업 중 한 장면이다. 선생님의 질문에 대한 학생의 답변으로 가장 적절한 것은?

┤보기├

선생님: '자장면'과 '짜장면' 중에서 어느 게 표준어일까요? 정답은 바로 두 단어 모두 표준어입니다. 예전부터 표준어로 사용된 '자장면'은 기본 표제어로, 추가로 허용된 '짜장면'은 복수 표준어로 실려 있지요. 그렇다면 '짜장면'을 표준어로 인정한 이유는 무엇일까요?
학생: ＿＿＿＿＿＿＿＿＿＿＿＿＿＿＿＿＿

① '자장면'은 '짜장면'의 속된 표현이기 때문이에요.
② '자장면'과 '짜장면'은 의미상 차이가 없기 때문이에요.
③ '짜장면'보다는 '자장면'으로 발음하는 사람들이 더 많기 때문이에요.
④ '자장면'과 '짜장면'은 모두 우리나라에서 쓰던 말이 아니기 때문이에요.
⑤ 사람들이 실생활에서 '짜장면'이라는 단어를 많이 사용하기 때문이에요.

05 〈보기〉를 참고할 때, 밑줄 친 부분의 발음으로 적절하지 <u>않은</u> 것은?

┤보기├

제10항 겹받침 'ㄳ', 'ㄵ', 'ㄼ, ㄽ, ㄾ', 'ㅄ'은 어말 또는 자음 앞에서 각각 [ㄱ, ㄴ, ㄹ, ㅂ]으로 발음한다.
　　다만, '밟-'은 자음 앞에서 [밥]으로 발음하고, '넓-'은 다음과 같은 경우에 [넙]으로 발음한다.
제11항 겹받침 'ㄺ, ㄻ, ㄿ'은 어말 또는 자음 앞에서 각각 [ㄱ, ㅁ, ㅂ]으로 발음한다.
　　다만, 용언의 어간 말음 'ㄺ'은 'ㄱ' 앞에서 [ㄹ]로 발음한다.

① 고양이의 넓죽한[넙쭈칸] 얼굴이 귀엽다.
② 맑게[말께] 갠 하늘에 더없이 기분이 좋다.
③ 나는 옆 사람 발을 밟고[발ː꼬] 사과를 했다.
④ 책을 읽다가[익따가] 중간에 잠이 들고 말았다.
⑤ 드디어 넓디넓은[널띠널븐] 푸른 바다에 도착했다.

06 〈보기〉의 규정으로 보아 제시된 문장 중에서 띄어쓰기가 적절하지 <u>않은</u> 것은?

┤보기├

제41항 조사는 그 앞말에 붙여 쓴다.
제42항 의존 명사는 띄어 쓴다.
제43항 단위를 나타내는 명사는 띄어 쓴다.
　　다만, 순서를 나타내는 경우나 숫자와 어울리어 쓰이는 경우에는 붙여 쓸 수 있다.
제44항 수를 적을 적에는 '만(萬)' 단위로 띄어 쓴다.

① 가진 게 없으면 몸이나마 건강해야지.
② 연필 열두 자루를 모으면 연필 한 다스가 된다.
③ 까다롭게 검사하는만큼 준비를 철저히 해야 한다.
④ 친구들과 오후 두시 삼십분에 학교 정문에서 만나기로 했다.
⑤ 그 농장에는 십이억 삼천사백오십육만 칠천팔백구십팔 마리의 닭이 있다.

★ 고난도

07 〈보기 1〉과 같은 표준어 규정을 바탕으로 〈보기 2〉를 이해할 때 그 내용으로 적절하지 <u>않은</u> 것은?

┤보기 1├

제8항 양성 모음이 음성으로 바뀌어 굳어진 단어는 음성 모음 형태를 표준어로 삼는다.
　예 오뚝이(×) → 오똑이(○), 쌍둥이(×) → 쌍동이(○)
　　다만, 어원 의식이 강하게 작용하는 다음 단어에서는 양성 모음 형태를 그대로 표준어로 삼는다. (ㄱ을 표준어로 삼고, ㄴ을 버림.)

ㄱ	ㄴ	비고
부조(扶助)	부주	~금, 부좃-술
삼촌(三寸)	삼춘	시~, 외~, 처~

┤보기 2├

㉠ 저 부부는 서로 쌍둥이처럼 닮았다.
㉡ 삼촌이 내 어깨를 토닥대며 위로해 주었다.
㉢ 할머니께 선물을 받은 아이는 좋아서 깡충깡충 뛰었다.

① ㉠의 '쌍둥이'와 같이 '막둥이'나 '흰둥이'도 예전에는 '막동이', '흰동이'였겠어.
② ㉡의 '삼촌' 대신 '삼춘'이라고 하는 사람도 있지만, 어원을 고려하면 '삼촌'으로 써야겠구나.
③ ㉢처럼 '깡충깡충' 대신 '깡총깡총'을 표준어로 정한 것은 〈보기 1〉의 규정에 따른 것이구나.
④ ㉡의 '삼촌'과 ㉢의 '깡충깡충'은 둘 다 음성 모음 형태로 발음하는 습관을 반영한 거야.
⑤ 대다수 사람들의 발음 습관이 변화되어 굳어진다면, 그 어휘들의 표준어도 달라질 수 있겠어.

2016학년도 수능 B형

01 〈보기〉는 한글 맞춤법 제1항이 파생어와 합성어에 적용된 예를 찾아본 것이다. ㉠~㉤에 들어갈 예로 적절한 것은?

┤보기├

제1항   한글 맞춤법은 표준어를 ⓐ소리대로 적되, ⓑ어법에 맞도록 함을 원칙으로 한다.

	파생어	합성어
ⓐ만 충족한 경우	㉠	㉡
ⓑ만 충족한 경우	㉢	㉣
ⓐ, ⓑ 모두 충족한 경우	㉤	줄자(줄+자), 눈물(눈+물)

① ㉠: 이파리(잎+아리), 얼음(얼+음)

② ㉡: 마소(말+소), 낮잠(낮+잠)

③ ㉢: 웃음(웃+음), 바가지(박+아지)

④ ㉣: 옷소매(옷+소매), 밥알(밥+알)

⑤ ㉤: 꿈(꾸+ㅁ), 사랑니(사랑+이)

2021학년도 7월 고3 전국연합

02 〈보기〉를 참고할 때, 밑줄 친 단어의 활용이 적절하지 않은 것은?

┤보기├

'다양한 기능을 갖은 물건이다.'에서 '갖은'은 '가진'을 잘못 쓴 예이다. '갖다'는 본말 '가지다'의 준말로, '갖다'와 '가지다'는 모두 표준어이다. 그런데 '갖다'는 '갖고', '갖지만'과 같이 활용할 수 있지만 '갖아', '갖으며'와 같이 활용할 수는 없는데, 이는 모음으로 시작하는 어미가 연결될 때에는 준말의 활용형을 인정하지 않기 때문이다. '내디디다/내딛다, 서투르다/서툴다, 머무르다/머물다, 서두르다/서둘다, 건드리다/건들다' 등도 모음으로 시작하는 어미 앞에서는 본말의 활용형만 쓴다.

① 그녀는 새로운 삶에 첫발을 <u>내딛었다</u>.

② 아저씨가 농사일에 <u>서투른</u> 줄 몰랐다.

③ 우리는 여기에 <u>머물면서</u> 쉴 생각이다.

④ <u>서두르지</u> 않으면 출발 시간에 늦겠다.

⑤ 조금만 <u>건드려도</u> 방울 소리가 잘 난다.

2015학년도 3월 고3 전국연합 B형

03 〈보기〉는 한글 맞춤법에 대한 설명이다. 한글 맞춤법 조항의 내용과 ㉠, ㉡을 적절하게 연결하지 <u>못한</u> 것은?

┤보기├

한글 맞춤법은 표준어를 ㉠소리대로 적되, ㉡어법에 맞도록 함을 원칙으로 한다. 표준어를 소리대로 적는다는 것은 표준어의 발음대로 적는다는 뜻이다. 그리고 각 형태소가 지닌 뜻이 분명히 드러나도록 하기 위하여, 그 본모양을 밝혀 어법에 맞도록 적는다는 또 하나의 원칙이 추가되었다.

①	'ㄷ, ㅌ' 받침 뒤에 종속적 관계를 가진 '-이(-)'나 '-히-'가 올 적에는, 그 'ㄷ, ㅌ'이 'ㅈ, ㅊ'으로 소리 나더라도 'ㄷ, ㅌ'으로 적음. 예 맏이, 굳이, 묻히다	㉡
②	자음을 첫소리로 가지고 있는 음절의 'ㅢ'는 'ㅣ'로 소리 나는 경우가 있더라도 'ㅢ'로 적음. 예 희망, 하늬바람	㉠
③	체언은 조사와 구별하여 적음. 예 떡이, 손이, 팔이	㉡
④	어간에 '-이'나 '-음'이 붙어서 명사로 바뀐 것이라도 그 어간의 뜻과 멀어진 것은 원형을 밝히어 적지 아니함. 예 목거리(목병), 노름(도박)	㉠
⑤	둘 이상의 단어가 어울리거나 접두사가 붙어서 이루어진 말은 각각 그 원형을 밝히어 적음. 예 꽃잎, 헛웃음, 굶주리다	㉡

04 〈보기〉를 바탕으로 ㄱ~ㅁ을 이해한 내용으로 적절하지 않은 것은?

┤보기├

한글 맞춤법 제15항 용언의 어간과 어미는 구별하여 적는다.

[붙임 2] 종결형에서 사용되는 어미 '-오'는 '요'로 소리 나는 경우가 있더라도 그 원형을 밝혀 '오'로 적는다.

〔예〕 이것은 책이오. / 이것은 책이 아니오.

[붙임 3] 연결형에서 사용되는 '이요'는 '이요'로 적는다.

〔예〕 이것은 책이요, 저것은 붓이요, 또 저것은 먹이다.

선생님의 설명: 제15항 [붙임 2]에서 설명하는 어미 '-오'는 하오체 종결 어미입니다. 이 어미 '-오'는 [오]로 발음하는 것이 원칙이지만 [요]로 발음할 수도 있습니다. 그리고 이 '-오'가 '이다', '아니다'의 어간 뒤에 붙어 '-이오'로 활용할 때, '차(車)'처럼 모음으로 끝나는 체언과 결합하는 경우 '차이오→차요'와 같이 '-이오'가 '-요'로 줄어 쓰이기도 합니다. 이때 '-이오'가 줄어든 형태인 '-요'는 청자에게 존대의 뜻을 나타내는 보조사 '요'와 그 형태나 발음이 동일하기 때문에 언어생활에서 주의가 필요합니다.

　이제 다음 제시된 자료를 분석해 봅시다. 단, ㄹ과 ㅁ은 모두 말하는 도중에 상대 높임의 등급을 바꾸지 않는다고 가정합니다.

ㄱ. 이것은 들판이요, 저것은 하늘이오.

ㄴ. 선배: 고향이 어디니? / 후배: 서울요.

ㄷ. (고향을 묻는 물음에 대한 답) 부산이오.

ㄹ. 무얼 좋아하시오? 소설이오? 아니면 영화요?

ㅁ. 무얼 좋아하세요? 소설요? 아니면 영화요?

① ㄱ의 밑줄 친 '이오'는 [이요]로 발음할 수 있다.

② ㄴ의 밑줄 친 '요'를 '이요'로 바꾸어 적을 수 있다.

③ ㄷ의 밑줄 친 '부산이오'는 하오체 문장에 해당한다.

④ ㄹ의 밑줄 친 '요'는 모음으로 끝나는 체언 뒤에서 '-이오'가 줄어든 형태에 해당한다.

⑤ ㅁ의 밑줄 친 '요'는 둘 다 청자에게 존대의 뜻을 나타내는 보조사에 해당한다.

05 〈보기〉의 [자료]를 바탕으로 할 때, ㉠~㉠ 중 띄어쓰기가 바르게 된 것만을 [예문]에서 고른 것은?

┤보기├

[자료]

보다¹ 「동사」
「1」 눈으로 대상의 존재나 형태적 특징을 알다.
「2」 눈으로 대상을 즐기거나 감상하다.
「3」 책이나 신문 따위를 읽다.
보다² 「부사」 어떤 수준에 비하여 한층 더.
보다³ 「조사」 서로 차이가 있는 것을 비교하는 경우, 비교의 대상이 되는 말에 붙어 '~에 비해서'의 뜻을 나타내는 격 조사.

[예문]

그는 그 책을 처음 보다. ·················· ㉠
그는 그 책을 처음보다. ·················· ㉡

그는 나 보다 두 살 위이다. ·················· ㉢
그는 나보다 두 살 위이다. ·················· ㉣

그는 자기부터 보다 용감해져야 한다고 생각했다.
·················· ㉤
그는 자기부터보다 용감해져야 한다고 생각했다.
·················· ㉥

① ㉠, ㉢, ㉤
② ㉠, ㉣, ㉤
③ ㉠, ㉣, ㉥
④ ㉡, ㉢, ㉥
⑤ ㉡, ㉣, ㉥

06 〈보기〉의 ㉠~㉤에 대한 수정 방안으로 적절하지 않은 것은?

┤보기├

　　결석해서 무엇을 공부해야 ㉠할 지 모르는 나에게 승호는 필기한 공책을 ㉡주고 갔다. 승호는 역시 듬직한 ㉢형같다. 이제 내가 심혈을 ㉣기울일것은 ㉤공부 뿐이다.

① ㉠: '−ㄹ지'가 하나의 어미이기 때문에 '할'과 '지'를 붙여 '할지'로 수정한다.

② ㉡: '갔다'가 본동사이기 때문에 '주고'와 '갔다'를 붙여 '주고갔다'로 수정한다.

③ ㉢: '같다'가 형용사이기 때문에 '형'과 띄어 '형 같다'로 수정한다.

④ ㉣: '것'이 의존 명사이기 때문에 '기울일'과 띄어 '기울일 것'으로 수정한다.

⑤ ㉤: '뿐'이 조사로 쓰였기 때문에 '공부'와 붙여 '공부 뿐이다'로 수정한다.

07 다음은 수업의 일부이다. 이를 참고할 때, 띄어쓰기가 바르게 된 문장은?

학생: 선생님, '뿐'은 앞말에 붙여 쓰는 경우도 있고 띄어 쓰는 경우도 있던데 어떻게 띄어 써야 하나요?
선생님: 품사에 따라 띄어쓰기가 달라져요. '나에게는 너뿐이야.'에서처럼 '너'라는 체언 뒤에 붙어서 한정의 뜻을 나타낼 때의 '뿐'은 조사이기 때문에 앞말에 붙여 써야 해요. 그런데 '그녀는 조용히 웃을 뿐이다.'에서의 '뿐'은 체언을 수식하는 관형어 '웃을' 뒤에 붙어서 '따름'이라는 뜻을 나타내는 의존 명사이기 때문에 앞말과 띄어 써야 해요.
학생: '뿐'과 같이 띄어쓰기가 달려지는 예가 더 있나요?
선생님: 대표적인 예로 '대로, 만큼'이 있어요.

① 아는대로 모두 말하여라.

② 마음이 약해질대로 약해졌다.

③ 모든 것이 자기 생각 대로 되었다.

④ 손님들은 먹을 만큼 충분히 먹었다.

⑤ 그 사람은 말 만큼은 누구보다 앞선다.

08 다음은 '윗−', '위−', '웃−'의 표기에 관한 탐구 과정이다. ㉠에 들어갈 조건으로 적절한 것은?

탐구 과제	'윗−', '위−', '웃−'을 어떻게 구분하여 표기할까?	
수집 자료	윗사람, 윗집, 위쪽, 위층, 웃어른	
자료 분석	자료에서 '윗'과 '웃'의 쓰임의 차이를 확인한다. 윗사람(○), 웃사람(×) ↔ 아랫사람(○) 윗어른(×), 웃어른(○) ↔ 아랫어른(×)	자료에서 '위'와 '윗'의 쓰임의 차이를 확인한다. 위집(×), 윗집(○) 위쪽(○), 윗쪽(×) 위층(○), 윗층(×)
탐구 결과	위아래의 대립이 존재하는가? → 예 → ㉠ → 예 → '위−' / 아니요 → '윗−'　　아니요 → '웃−'	

① 합성어인가?

② 모음 앞에 위치하는가?

③ 울림소리 앞에 위치하는가?

④ 사물의 이름을 나타내는가?

⑤ 된소리나 거센소리 앞에 위치하는가?

09 [A]에 들어갈 말로 적절한 것은?

┌ 보기 ┐

학생: 선생님, 표준 발음법 제18항을 보다가 궁금한 점이 생겼어요. 이 조항에서 'ㄱ, ㄷ, ㅂ' 옆의 괄호 안에 다른 받침들이 포함된 것은 무엇을 나타내나요?

> 제18항 받침 'ㄱ(ㄲ, ㅋ, ㄳ, ㄺ), ㄷ(ㅅ, ㅆ, ㅈ, ㅊ, ㅌ, ㅎ), ㅂ(ㅍ, ㄼ, ㄿ, ㅄ)'은 'ㄴ, ㅁ' 앞에서 [ㅇ, ㄴ, ㅁ]으로 발음한다.

선생님: 좋은 질문이에요. 그건 받침이 'ㄱ, ㄷ, ㅂ'이 아니더라도, 음운 변동의 결과로 그 발음이 [ㄱ, ㄷ, ㅂ]으로 바뀌면 비음화 현상이 적용될 수 있다는 사실을 나타낸 거예요.

학생: 아, 그렇다면 [A] 비음화 현상이 적용된 거네요?

선생님: 네, 맞아요.

① '밖만[방만]'은 자음군 단순화가 적용된 후

② '폭넓다[퐁널따]'는 자음군 단순화가 적용된 후

③ '값만[감만]'은 음절의 끝소리 규칙이 적용된 후

④ '겉늙다[건늑따]'는 음절의 끝소리 규칙이 적용된 후

⑤ '호박잎[호방닙]'은 음절의 끝소리 규칙이 적용된 후

10 〈보기〉는 표준 발음법의 된소리되기 중 일부이다. ㉠과 ㉡에 해당하는 예가 바르게 짝 지어진 것은?

┌ 보기 ┐

㉠ 받침 'ㄱ(ㄲ, ㅋ, ㄳ, ㄺ), ㄷ(ㅅ, ㅆ, ㅈ, ㅊ, ㅌ), ㅂ(ㅍ, ㄼ, ㄿ, ㅄ)' 뒤에 연결되는 'ㄱ, ㄷ, ㅂ, ㅅ, ㅈ'은 된소리로 발음한다.

㉡ 어간 받침 'ㄴ(ㄵ), ㅁ(ㄻ)' 뒤에 결합되는 어미의 첫소리 'ㄱ, ㄷ, ㅅ, ㅈ'은 된소리로 발음한다.

	㉠	㉡
①	늦게[늗께]	얹다[언따]
②	옆집[엽찝]	있고[읻꼬]
③	국수[국쑤]	늙다[늑따]
④	묶어[무꺼]	껴안다[껴안따]
⑤	앉다[안따]	머금다[머금따]

11 〈보기〉의 ㉠에 들어갈 말로 적절한 것은?

┌ 보기 ┐

선생님: 오늘은 일상생활에서 흔하게 들을 수 있는 부정확한 발음에 대해 알아볼까요? 우선 아래 표에서 부정확한 발음과 정확한 발음을 확인해 보세요.

예	찰흙이	안팎을	넋이	끝을	숲에
부정확한 발음	[찰흐기]	[안파글]	[너기]	[끄츨]	[수베]
	↓	↓	↓	↓	↓
정확한 발음	[찰흘기]	[안파끌]	[넉씨]	[끄틀]	[수페]

다 봤나요? 그럼 정확한 발음을 참고하여, 부정확한 발음을 하게 된 이유를 말해 볼까요?

학생: ㉠

선생님: 네, 맞아요. 그럼 이제 정확한 발음을 일상생활에서 실천해 보세요.

① '찰흙이'는 자음군 단순화를 적용하고 연음해야 하는데, [찰흐기]는 자음군 단순화를 적용하지 않고 연음을 했습니다.

② '안팎을'은 음절의 끝소리 규칙을 적용하지 않고 연음해야 하는데, [안파글]은 음절의 끝소리 규칙을 적용하고 연음을 했습니다.

③ '넋이'는 연음을 하고 된소리되기를 적용해야 하는데, [니기]는 음절의 끝소리 규칙을 적용하고 연음을 했습니다.

④ '끝을'은 연음을 하고 구개음화를 적용해야 하는데, [끄츨]은 구개음화를 적용하고 연음을 했습니다.

⑤ '숲에'는 거센소리되기를 적용하지 않고 연음해야 하는데, [수베]는 거센소리되기를 적용하고 연음을 했습니다.

준이기획 | 작업인 | 김명란
11/17 4교 校 | 편집인 | 김인영

국어의 역사

28 중세 국어 ❶ : 훈민정음 창제 원리

29 중세 국어 ❷ : 음운, 표기, 어휘

30 중세 국어 ❸ : 문법

무엇을 배울까?
고대 국어
중세 국어
근대 국어
현대 국어
국어의 역사
훈민정음 창제 원리
중세 국어의 특징
음운
표기
어휘
문법

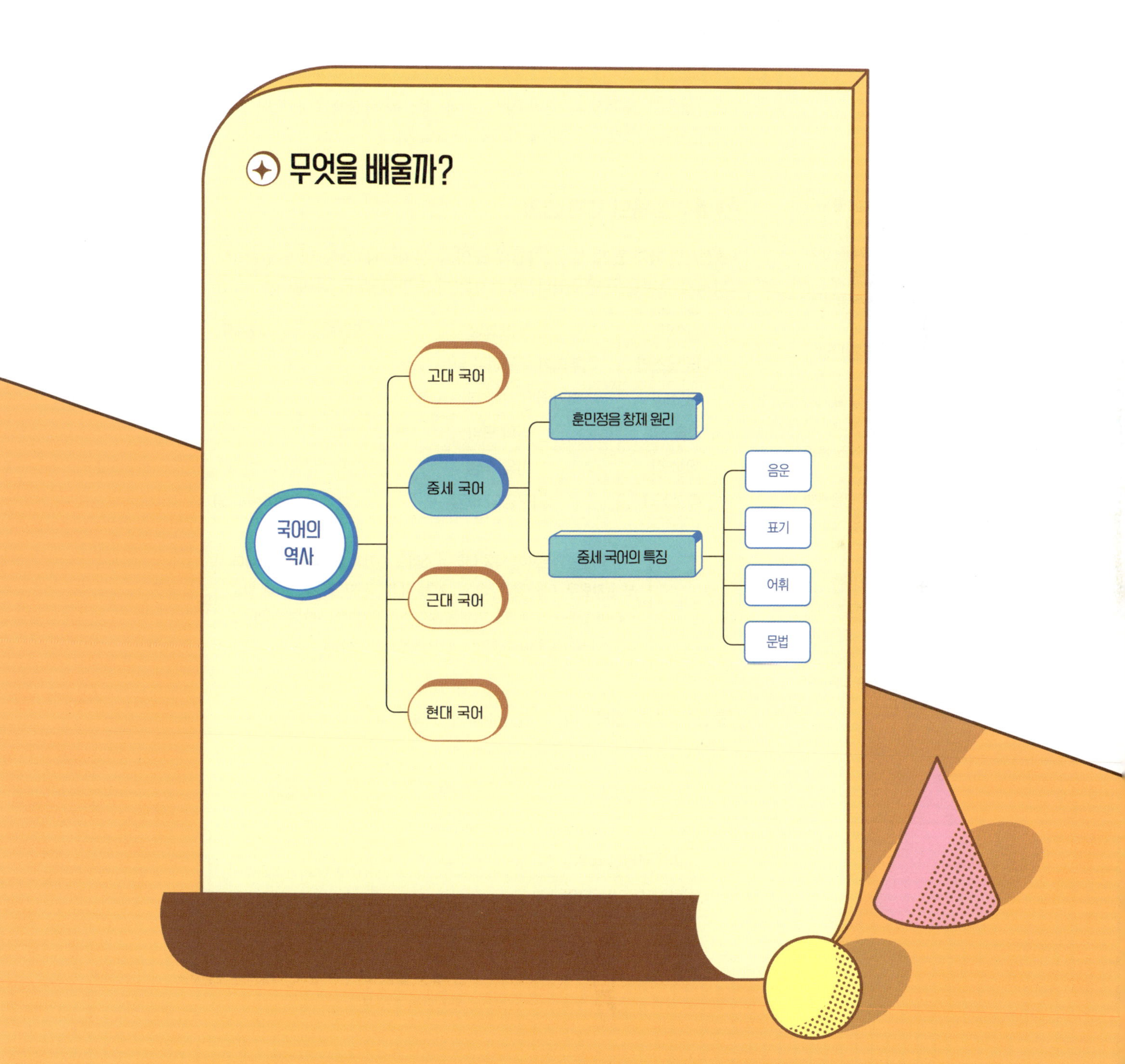

중세 국어 ① : 훈민정음 창제 원리

개념 따라잡기

1 훈민정음의 창제 정신

- 1443년에 세종 대왕이 '백성을 가르치는 바른 소리'라는 뜻의 훈민정음을 창제하면서, 우리는 비로소 우리말을 효율적으로 표기할 수 있는 고유한 문자를 가지게 되었다.
  → 훈민정음 창제 이전에는 우리말을 적을 문자가 없어 한자의 음이나 뜻을 이용하여 우리말을 표기했다.
- 훈민정음은 자주정신, 애민 정신, 실용 정신을 바탕으로 창제되었으며, 이러한 창제 정신은 「세종어제훈민정음」 서문에 자세히 나타나 있다.

2 훈민정음의 제자 원리

- **초성자의 제자 원리**: 발음 기관의 모양을 본떠 기본자를 먼저 만들고, 기본자에 획을 더하여 (상형의 원리) 나머지 글자들을 만들었다. 이체자는 따로 만들었다. → 자음자 17개 (가획의 원리)

소리	본뜬 모양	기본자	가획자	이체자
어금닛소리	혀뿌리가 목구멍을 닫는 모양	ㄱ	ㅋ	ㆁ(옛이응)
혓소리	혀가 윗잇몸에 붙는 모양	ㄴ	ㄷ, ㅌ	ㄹ(반혓소리)
입술소리	입의 모양	ㅁ	ㅂ, ㅍ	
잇소리	이의 모양	ㅅ	ㅈ, ㅊ	ㅿ(반잇소리)
목청소리	목구멍의 모양	ㅇ	ㆆ(여린히읗), ㅎ	

가획자는 기본자에 획을 더하여 소리의 세기가 세진다는 것을 나타낸 글자란다. 이와 달리 'ㆁ, ㄹ, ㅿ'는 각각 기본자 'ㅇ, ㄴ, ㅅ'에 획을 더하여 만든 글자이지만, 가획을 해도 소리의 세기가 세지지 않아. 그래서 이 글자들을 예외적으로 '이체자'라고 부르는 거야.

- **중성자의 제자 원리**: '하늘, 땅, 사람'의 모습을 본떠 기본자를 만들고, 기본자를 서로 합하여 (상형의 원리) 나머지 글자들을 만들었다. → 모음자 11개 (합성의 원리)

본뜬 모양	기본자	초출자	재출자
하늘의 둥근 모양	· (아래아)	· + ㅡ → ㅗ	ㅗ + · → ㅛ
땅의 평평한 모양	ㅡ	ㅣ + · → ㅏ	ㅏ + · → ㅑ
사람이 서 있는 모양	ㅣ	ㅡ + · → ㅜ	ㅜ + · → ㅠ
		· + ㅣ → ㅓ	ㅓ + · → ㅕ

초출자는 기본자들을 합성하여 만든 글자, 재출자는 초출자와 '· (아래아)'를 합성하여 만든 글자야.

- **종성자의 제자 원리**: 종성은 따로 만들지 않고 초성을 다시 사용하기로 하였다. 이를 종성부용 초성(終聲復用初聲)이라고 한다.

✦ 「세종어제훈민정음」 서문
세종 대왕이 한글 창제의 목적과 정신을 직접 밝힌 글로 15세기 국어의 모습을 살펴볼 수 있는 대표적인 자료이다.

✦ 한글 자음자와 모음자를 확장하는 원리
- 병서(나란히 쓰기): 자음자를 합쳐서 가로로 나란히 쓰는 방법
  - 각자 병서: 같은 자음자를 나란히 쓰는 방법 예 ㄲ, ㄸ
  - 합용 병서: 다른 자음자를 나란히 쓰는 방법 예 ㅺ, ㅴ
- 연서(이어 쓰기): 순경음을 표기하기 위해 입술소리 'ㅁ, ㅂ, ㅍ, ㅃ' 아래에 'ㅇ'을 세로로 이어 쓰는 방법 예 ㅱ, ㅸ, ㆄ, ㅹ
- 합용: 기존에 만든 11개의 모음자끼리 더하여 쓰는 방법 예 ㅐ, ㅚ

✦ 한글의 모아쓰기
모아쓰기는 '솝'과 같이 한글 자음자와 모음자를 음절 단위로 조합하여 적는 표기 방식을 말한다. 우리말을 한글로 적을 때에는 소리를 내는 단위인 음절로 모아쓴다.

[1~2] 다음 설명이 맞으면 ○표, 틀리면 ×표에 표시하시오.

1 우리말은 세종 대왕이 훈민정음을 창제할 때까지 표기할 방법이 없었다. (○ , ×)

2 「세종어제훈민정음」 서문에는 자주정신, 애민 정신, 실용 정신과 같은 훈민정음의 창제 정신이 담겨 있다. (○ , ×)

[3~6] 다음 문장에 들어갈 알맞은 말을 쓰시오.

3 훈민정음 초성의 기본자는 ( )의 모양을 본떠 만들었는데 이를 ( )의 원리라고 한다.

4 초성의 기본자에 획을 더하여 새로운 글자를 만들었는데 이를 ( )의 원리라고 한다.

5 훈민정음 중성의 기본자는 ( ), 땅, 사람의 모양을 본뜬 상형의 원리로 만들어졌다.

6 훈민정음의 종성자는 따로 만들지 않고 초성자를 다시 사용하기로 하였는데, 이를 ( ) (이)라고 한다.

[7~8] 다음 문제를 읽고, 물음에 답하시오.

7 훈민정음이 창제된 당시의 자음자 17개 중에서 현대 국어에서는 쓰이지 않는 글자를 쓰시오.
( )

8 훈민정음이 창제된 당시의 모음자 11개 중에서 현대 국어에서는 쓰이지 않는 글자를 쓰시오.
( )

학습 활동 다음 초성자 표를 완성해 보자.

소리	본뜬 모양		기본자		가획자
어금닛소리	혀뿌리가 목구멍을 닫는 모양		ㄱ		❶
혓소리	혀가 윗잇몸에 붙는 모양	상형 →	❷	가획 →	ㄷ, ㅌ
입술소리	입의 모양		❸		ㅂ, ㅍ
잇소리	이의 모양		ㅅ		❹
목청소리	목구멍의 모양		❺		ㆆ, ㅎ

01 훈민정음의 초성자에 대한 설명으로 적절하지 <u>않은</u> 것은?

① 기본자는 발음 기관의 모양을 본떠서 만들었다.

② 가획자는 기본자에 획을 더하여 만든 글자이다.

③ 가획자는 기본자와 소리의 세기가 같은 글자이다.

④ 기본자는 5자, 가획자는 9자, 이체자는 3자로 총 17자이다.

⑤ 이체자 'ㄹ'은 기본자 'ㄴ'과 모양은 비슷하지만 소리의 세기와는 관련이 없다.

02 다음 중 이체자에 해당하는 것은?

① ㄷ 　② ㅍ 　③ ㅈ 　④ ㆁ 　⑤ ㅋ

학습 활동 다음 중성자 표를 완성해 보고, 각 글자기 만들어진 원리를 말해 보자

본뜬 모양	기본자	초출자	재출자
하늘의 둥근 모양	﹒		
땅의 평평한 모양	❻	ㅗ, ㅏ, ㅜ, ㅓ	❼
사람이 서 있는 모양	ㅣ		
	↓	↓	↓
제자 원리	상형의 원리 ❽		

03 훈민정음의 중성자에 대한 설명으로 적절하지 <u>않은</u> 것은?

① 초출자는 기본자와 기본자를 합성하여 만든 글자이다.

② 재출자는 초출자와 초출자를 합성하여 만든 글자이다.

③ 'ㅗ, ㅏ, ㅜ, ㅓ'는 'ㅡ'와 'ㅣ'에 '﹒'를 합성하여 만든 글자이다.

④ 'ㅛ, ㅑ, ㅠ, ㅕ'는 초출자에 '﹒'를 다시 합성하여 만든 글자이다.

⑤ '﹒, ㅡ, ㅣ'는 각각 '하늘, 땅, 사람'의 모양을 본떠 만든 글자이다.

01 〈보기〉는 「세종어제훈민정음」의 서문이다. ㉠~㉢에 드러나는 훈민정음의 창제 정신을 바르게 짝 지은 것은?

┤보기├

　㉠나라의 말이 중국과 달라 한자와는 서로 통하지 아니하여서 어리석은 백성이 이르고자 하는 바가 있어도 마침내 제 뜻을 능히 펴지 못하는 사람이 많다. ㉡내가 이를 가엾게 여겨 새로 스물여덟 글자를 만드니, ㉢모든 사람으로 하여금 쉽게 익혀 날마다 씀에 편안하게 하고자 할 따름이다.

① ㉠ – 애민 정신　　② ㉠ – 실용 정신
③ ㉡ – 애민 정신　　④ ㉡ – 실용 정신
⑤ ㉢ – 자주정신

02 〈보기 1〉을 참고할 때, 〈보기 2〉의 ⓐ~ⓔ에 들어갈 단어로 적절하지 <u>않은</u> 것은?

┤보기1├

　『훈민정음 해례본』의 초성자 용자례에서는 초성자가 쓰인 실제 단어를 예로 들고 있다. 예컨대, 용자례에 쓰인 '글'은 어금닛소리의 기본자 'ㄱ'의 예시 단어이고, '죠ᄒᆡ'는 잇소리의 가획자 'ㅈ'의 예시 단어이다.

┤보기2├

[초성자 용자례]

	어금닛소리	혓소리	입술소리	잇소리	목청소리	반혓소리	반잇소리
기본자	글	노로	ⓒ	셤	ᄫ얌		
가획자	ⓐ	ⓑ	벌	죠ᄒᆡ			
		고티	ⓓ	ⓔ	부형		
이체자	러울					어름	아ᅀ

① ⓐ: 콩　　② ⓑ: 뒤　　③ ⓒ: 범
④ ⓓ: 파　　⑤ ⓔ: 채

03 〈보기〉의 ㉠~㉢에 대한 설명으로 적절하지 <u>않은</u> 것은?

┤보기├

㉠ ㄲ, ㄸ, ㅃ, ㅉ
㉡ ㅺ, ㅳ, ㅄ
㉢ ᄫ, ᄝ, ㅱ, ㅃ

① ㉠은 같은 자음자를 합쳐 가로로 나란히 쓰는 방법으로 만든 글자이다.
② ㉡은 다른 자음자를 합쳐 가로로 나란히 쓰는 방법으로 만든 글자이다.
③ ㉢은 자음자 둘을 위아래로 잇대어 쓰는 방법으로 만든 글자이다.
④ ㉠은 현대 국어에서도 계속 쓰이지만, ㉢은 현대 국어에서는 쓰이지 않는다.
⑤ ㉠과 ㉡의 방법으로 만든 글자들은 현대 국어에서 초성자와 종성자로 고루 쓰인다.

04 〈보기〉의 초성자, 중성자, 종성자를 분석한 내용으로 적절하지 <u>않은</u> 것은?

┤보기├

　불휘 기픈 남ᄀᆞᆫ ᄇᆞᄅᆞ매 아니 뮐씨 곶 됴코 여름 하ᄂᆞ니

－ 「용비어천가」

[현대어 풀이] 뿌리 깊은 나무는 바람에 아니 움직이므로 꽃 좋아지고 열매 많으니

① '불휘'의 초성자와 종성자는 모두 기본자에 획을 더한 글자이다.
② '기픈'의 중성자는 모두 기본자이지만, '남ᄀᆞᆫ'의 중성자에는 기본자와 초출자가 쓰였다.
③ 'ᄇᆞᄅᆞ매'의 중성자에는 기본자 한 개와 재출자 한 개가 쓰였다.
④ '곶 됴코'의 초성자와 종성자에는 기본자 한 개와 가획자 세 개가 쓰였다.
⑤ '여름 하ᄂᆞ니'의 중성자에는 기본자 세 개와 초출자 한 개, 그리고 재출자 한 개가 쓰였다.

05 다음 중 〈보기〉로 제시된 조건 ⓐ~ⓒ를 모두 충족하는 단어는?

┤ 보기 ├

ⓐ 초성자에 가획의 원리로 만든 자음자와 병서의 방법으로 만든 자음자가 있다.
ⓑ 중성자에 상형의 원리로 만든 기본자와 기본자끼리 합성하여 만든 초출자가 있다.
ⓒ 종성자에 상형의 원리로 만든 자음자가 있다.

① 빗믈   ② 외빡   ③ 요소ㅿㅣ
④ 뎌즈슴   ⑤ 힘쓰다

06 〈보기〉의 휴대 전화 문자 입력 방식을 탐구한 내용으로 적절하지 <u>않은</u> 것은?

┤ 보기 ├

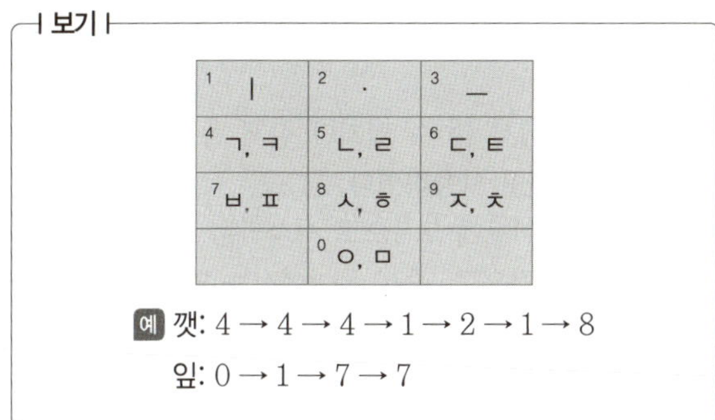

예 깻: 4 → 4 → 4 → 1 → 2 → 1 → 8
잎: 0 → 1 → 7 → 7

① 된소리를 입력하려면 같은 자음자를 세 번 눌러야겠군.
② 중성자 자판은 하늘, 땅, 사람을 본뜬 '·, ㅡ, ㅣ' 세 글자만 배열되었군.
③ 초성자, 중성자, 종성자를 조합하여 음절 단위로 모아쓰도록 고안되었군.
④ 초출자와 재출자 이외의 중성자는 '·'를 여러 번 눌러 변환하여 입력하겠군.
⑤ 'ㄴ, ㄹ', 'ㅅ, ㅎ', 'ㅇ, ㅁ'을 제외한 나머지 자음자들의 묶음은 기본자와 가획자로 이루어져 있군.

07 〈보기〉의 ㉠~㉢에 들어갈 말로 적절한 것은?

┤ 보기 ├

[탐구 과제] 아래에 제시된 1음절의 말을 일정한 기준을 바탕으로 분류해 보자.

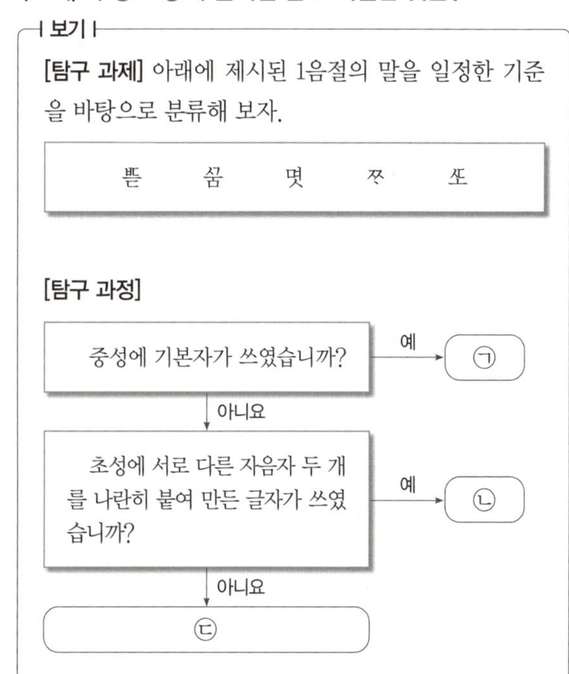

	㉠	㉡	㉢
①	쯔	쁟, 쉼	몃, 쏘
②	쯔	쉼, 쏘	쁟, 몃
③	쯔, 쏘	쉼, 쁟	몃
④	쁟, 쯔	쉼, 쏘	몃
⑤	쁟, 쯔	쉼	몃, 쏘

08 〈보기〉의 ㄱ~ㄹ 중, 이체자에 대한 설명으로 알맞은 것만을 골라 바르게 묶은 것은?

┤ 보기 ├

ㄱ. 종성에는 표기할 수 없는 글자이다.
ㄴ. 현대 국어에서도 모두 사용되고 있다.
ㄷ. 초성자의 기본자에 획을 더하여 만들었다.
ㄹ. 글자 모양에 소리의 세기가 세진다는 의미가 담겨 있지 않다.

① ㄱ, ㄴ   ② ㄱ, ㄷ   ③ ㄴ, ㄷ
④ ㄴ, ㄹ   ⑤ ㄷ, ㄹ

중세 국어 ② : 음운, 표기, 어휘

개념 따라잡기

① 중세 국어의 음운과 표기

- **현대 국어에서 쓰이지 않는 음운**: ㅸ(순경음 비읍), ㅿ(반잇소리), ㆆ(여린히읗), ㆁ(옛이응), ·(아래아)와 같이 현대 국어에서는 쓰지 않는 음운들이 존재하였다.
- **어두 자음군(語頭子音群)**: 음절의 첫소리에 자음이 연속으로 둘 이상 오는 어두 자음군이 있었다.

> 뿌메   ㄸ들   ᄡᆞᄅᆞ미니라

→ 'ㄸ, ㅄ, ㅴ' 등은 중세 국어 시기에 자음이 연달아 발음되는 어두 자음군이었으나, 지금은 된소리로 발음된다.

- **모음 조화**: 양성 모음은 양성 모음끼리, 음성 모음은 음성 모음끼리 결합하는 모음 조화가 현대 국어에 비해 잘 지켜졌다.

> ㄸ들   여듧字쭝룰

- **성조**: 소리의 높낮이인 성조로 의미를 구별하였고, 글자의 왼쪽에 '방점'을 찍어 성조를 표시하였다. 평성(낮은 소리)은 점을 찍지 않고, 거성(높은 소리)은 점 한 개, 상성(낮다가 높아지는 소리)은 점 두 개를 찍었다.

> 나
평성   ·랏
거성   :말
상성   ㅆ
평성   ·미
거성

→ 현대 국어에서는 성조를 구별하지 않지만, 중세 국어의 성조 중 '상성'은 대체로 현대 국어의 '장음(긴소리)'으로 남아 있다.

- **팔종성법**: 초성에서 쓰는 자음을 모두 종성에서 쓸 수 있지만 실제 종성 표기에는 'ㄱ, ㄴ, ㄷ, ㄹ, ㅁ, ㅂ, ㅅ, ㆁ(옛이응)'의 여덟 글자만을 사용하였다.
- **이어 적기(연철)**: 받침이 있는 체언이나 용언 어간에 모음으로 시작되는 조사나 어미가 올 때, 받침을 조사나 어미의 초성으로 이어 적는 것으로, 중세 국어에서는 연철 표기가 원칙이었다. 예 노미(놈+이), 므른(믈+은), 기픈(깊-+-은)
- **세로쓰기**: 현대 국어와 달리 세로쓰기가 일반적이었다.
- **붙여쓰기**: 중세 국어에서는 현대 국어와 달리 띄어쓰기를 하지 않았다.
  예 제ㄸ들시러펴디몯홇노미하니라(제 뜻을 능히 펴지 못하는 사람이 많다.)

② 중세 국어의 어휘

- 현대 국어에 비해 고유어가 많이 쓰였다. 하지만 한자어의 유입이 증가하면서 고유어와 한자어가 경쟁하였고, 이전에 비해 한자어가 많이 쓰이게 되었다.
- 이 시기에도 외래어가 있었는데, 중국어, 몽골어, 여진어 등이 유입되어 쓰이기도 하였다.
- 시간의 흐름에 따라 어휘의 의미나 형태가 변하는 경우도 있었다.
  예 • 중세 국어의 '서르'는 '서로'를 뜻하는데, 현대 국어와 형태만 다르고 의미는 같다.
  • '어린'은 중세 국어에서는 주로 '어리석은'이라는 의미로 쓰였으나, 현대 국어에서는 대체로 '나이가 적은'이라는 의미로 쓰인다.

'·, ㅗ, ㅏ'는 양성 모음, 'ㅡ, ㅜ, ㅓ'는 음성 모음, 'ㅣ'는 중성 모음이야.

✦ 팔종성가족용(八終聲可足用)
- 『훈민정음 해례본』에 있는 규칙으로, 종성에 'ㄱ, ㄴ, ㄷ, ㄹ, ㅁ, ㅂ, ㅅ, ㆁ(옛이응)'의 8자만 쓰도록 함.
- 'ㄷ'과 'ㅅ'의 음가를 구별함.
- 17세기 말 근대 국어에 이르러 'ㄷ'과 'ㅅ'을 구별하지 않고 'ㅅ'으로 통일하여, 받침으로 'ㄱ, ㄴ, ㄹ, ㅁ, ㅂ, ㅅ, ㅇ'만을 쓰는 '7종성법'으로 변화됨.

✦ 어휘 의미 변화의 유형
- 의미의 이동: 어휘의 의미가 다른 뜻으로 바뀌는 것
- 의미의 축소: 어휘의 의미 영역이 좁아지는 것
- 의미의 확대: 어휘의 의미 영역이 넓어지는 것

[1~3] 다음 설명이 맞으면 ○표, 틀리면 ×표에 표시하시오.

1 중세 국어에는 'ㅸ, ㅿ, ㆆ, ㆁ, ·'와 같이 현대 국어에서는 쓰이지 않는 음운들이 존재하였다.
(○ , ×)

2 중세 국어에는 음절의 첫소리에 자음이 연속으로 두 개 이상 오는 어두 자음군이 있었다. (○ , ×)

3 중세 국어에서는 양성 모음은 양성 모음끼리, 음성 모음은 음성 모음끼리 결합하는 모음 조화가 잘 지켜지지 않았다.
(○ , ×)

[4~6] 다음 문장에 들어갈 알맞은 말을 고르시오.

4 방점은 중세 국어에서 성조를 표시하기 위해 쓰였는데, 이때 (평성 / 거성 / 상성)은 점을 한 개 찍어 표시하였다.

5 중세 국어에서는 종성 표기에 총 (7 / 8)개의 글자만을 사용하였다.

6 앞 음절의 끝소리를 뒤 음절의 첫소리로 옮겨 적는 표기법을 (연철 / 분철)이라고 한다.

[7~9] 다음 문장에 들어갈 알맞은 말을 쓰시오.

7 가로로 쓰는 현대 국어와 달리 중세 국어에서는 (   )이/가 일반적이었다.

8 한자어의 유입이 증가하기 이전, 중세 국어에서는 현대 국어에 비해 (   )이/가 많이 쓰였다.

9 '서로'를 뜻하는 '서르'는 시간의 흐름에 따라 어휘의 (   )이/가 변한 예에 해당하고, '어리석은'을 뜻하는 '어린'은 시간의 흐름에 따라 어휘의 (   )이/가 변한 예에 해당한다.

학습 활동 다음 글에서 알 수 있는 중세 국어의 음운, 표기상 특징을 바탕으로, 각 특징에 해당하는 예를 〈보기〉에서 찾아 정리해 보자.

> 중세 국어는 고려 시대부터 임진왜란 이전까지 사용되던 국어를 말한다. 중세 국어에서는 단어의 첫머리에 'ㅼ', 'ㅽ'과 같이 서로 다른 둘 이상의 자음이 오는 '어두 자음군'이 있었는데, 이들은 현대 국어에서 된소리로 바뀌었다. 또한 양성 모음(·, ㅗ, ㅏ)이면 양성 모음끼리, 음성 모음(ㅡ, ㅜ, ㅓ)이면 음성 모음끼리 어울리는 모음 조화 현상은, 현대 국어에 비해 중세 국어에서 대체로 잘 지켜졌다.
>
> 종성으로는 'ㄱ, ㄴ, ㄷ, ㄹ, ㅁ, ㅂ, ㅅ, ㆁ'의 8개의 자음이 발음되었지만, 현대 국어에서는 'ㄱ, ㄴ, ㄷ, ㄹ, ㅁ, ㅂ, ㅇ'의 7개 자음만 발음된다. 또한 중세 국어는 소리의 높낮이인 성조로 의미를 구별하였고, 글자의 왼쪽에 '방점'을 찍어 성조를 표기하였다. 하지만 현대 국어에서는 성조가 거의 사라졌다.
>
> 중세 국어에는 'ㆁ(옛이응), ㆆ(여린히읗), ㅸ(순경음 비읍), ㅿ(반잇소리), ·(아래아)' 등과 같이 현대 국어에는 쓰이지 않는 글자들이 존재하였다. 표기할 때는 앞 음절의 끝소리를 뒤 음절의 첫소리로 옮겨 적는 '이어 적기'를 하였고, '세로쓰기'가 일반적이었다. 그리고 현대 국어와 달리 띄어쓰기를 하지 않았다.

—— 보기 ——

㉠ ㅅᄆᆞᆮ·디　　㉡ ·ᄠᅳ·들　　㉢ :몯ᄒᆞᆯ　　㉣ 밍·ㄱ노·니
㉤ :수·비　　㉥ ·날·로·ᄡᅮ·메　　㉦ ᄯᆞᄅᆞ·미니·라

• 이어 적기를 함. → ❶ ________________
• 띄어쓰기를 하지 않음. → ❷ ________________
• 어두 자음군이 나타남. → ❸ ________________
• 방점을 찍어 소리의 높낮이를 표시함. → ❹ ________________

01 중세 국어의 음운 및 표기상 특징으로 적절하지 <u>않은</u> 것은?

① 현대 국어에 비해 모음 조화가 잘 지켜졌다.
② 단어의 첫머리에 여러 개의 자음이 올 수 있었다.
③ 글자 오른쪽에 방점을 찍어 소리의 높낮이를 표시했다.
④ 'ㅸ'이나 '·'와 같이 현대 국어에서 쓰이지 않는 음운이 존재했다.
⑤ 받침이 있는 체언 뒤에 모음으로 시작되는 조사가 올 때 체언의 받침을 조사의 초성으로 이어 적었다.

02 다음 중 '이어 적기'의 방식으로 표기되지 <u>않은</u> 것은?

① 말ᄊᆞ미(말씀이)　　② 듕귁에(중국과)
③ 수비(쉽게)　　④ ᄡᅮ메(씀에)
⑤ ᄯᆞᄅᆞ미니라(따름이니라)

01 〈보기〉는 중세 국어의 음운 및 표기가 변천된 과정을 나타 낸 것이다. 〈보기〉를 분석한 내용으로 적절하지 <u>않은</u> 것은?

┤ 보기 ├

- ᄆᆞ술 > ᄆᆞ옼 > 마을
- ᄢᆞ다 > 짜다

① 'ㆍ'는 현대 국어에서 'ㅏ'나 'ㅡ'로 바뀌었다.

② 'ᄡ'은 현대 국어에서 된소리 'ㅉ'으로 바뀌었다.

③ 'ㅿ'은 현대 국어에서도 음가를 그대로 유지하고 있다.

④ 현대 국어와 달리 중세 국어에서는 어두 자음군이 있었다.

⑤ 현대 국어에 비해 중세 국어에서는 모음 조화가 잘 지켜지고 있다.

02 〈보기 1〉을 참고할 때, 〈보기 2〉의 ㉠~㉢에 들어갈 표기 로 적절한 것은?

┤ 보기1 ├

중세 국어에서는 현대 국어에 비해 양성 모음(ㆍ, ㅗ, ㅏ)은 양성 모음끼리, 음성 모음(ㅡ, ㅜ, ㅓ)은 음성 모음끼리 결합하는 모음 조화가 잘 지켜졌다. 예를 들어, '-아/어', '-ᄋᆞ니/으니', '-옴/움'과 같은 어미도 선행 하는 어간의 모음에 따라 규칙적으로 선택되었다.

┤ 보기2 ├

어간＼어미	-아/어	-ᄋᆞ니/으니	-옴/움
붉-	㉠		
굳-		㉡	
밧-			㉢

	㉠	㉡	㉢
①	불가	구드니	바솜
②	불가	구ᄃᆞ니	바숨
③	붉아	굳으니	밧옴
④	붉아	구ᄃᆞ니	밧움
⑤	불거	구ᄃᆞ니	바솜

03 〈보기〉에 나타난 성조를 이해한 내용으로 가장 적절한 것은?

┤ 보기 ├

내아·ᄃᆞ·ᄅᆞᆯ두·려:가·려ᄒᆞ·시ᄂᆞ·니

– 『석보상절』

[현대어 풀이] 내 아들을 데려가려 하시니

① 용언의 어간은 평성으로만 나타내었군.

② '려'는 낮다가 높아지는 소리로 발음되는군.

③ 성조에 의해 단어의 뜻이 구분되지는 않았군.

④ 성조를 나타내는 방점은 글자의 오른쪽에 표기하였군.

⑤ 하나의 단어에 평성, 거성, 상성으로 발음하는 글자 가 모두 들어 있기도 하였군.

04 〈보기〉를 바탕으로 ㉠~㉤의 어휘의 의미 변화를 탐구한 것으로 가장 적절한 것은?

┤ 보기 ├

	중세 국어	현대 국어
㉠	나·랏:말ᄊᆞ·미	우리나라의 말이
㉡	어·린百·ᄇᆡᆨ姓·셩·이	어리석은 백성이
㉢	ᄆᆞ·ᄎᆞᆷ:내	마침내
㉣	:몯홀·노·미하·니·라	못하는 사람이 많다
㉤	:어엿·비너·겨	가엾게 여겨

① ㉠: 중세 국어의 '말ᄊᆞᆷ'은 현대 국어의 '말'을 뜻하므 로 의미가 확대된 예에 해당해.

② ㉡: 중세 국어의 '어린'은 현대 국어의 '어리석은'을 뜻하므로 의미가 축소된 예에 해당해.

③ ㉢: 중세 국어의 'ᄆᆞᄎᆞᆷ내'는 현대 국어의 '마침내'를 뜻하므로 의미가 이동한 예에 해당해.

④ ㉣: 중세 국어의 '놈'은 현대 국어의 '사람'을 뜻하므 로 의미가 확대된 예에 해당해.

⑤ ㉤: 중세 국어의 '어엿비'는 현대 국어의 '가엾게'를 뜻하므로 의미가 이동한 예에 해당해.

05

〈보기〉를 바탕으로 중세 국어와 현대 국어의 특징을 비교한 내용으로 적절하지 <u>않은</u> 것은?

┤ 보기 ├

아마도福(복)이조ᅀᆞᆞ릭빗니아니심거문홀꺼시라

– 『석보상절』

[현대어 풀이] 아마도 복이 *종요로우니 (복을) 아니 심지 못할 것이라

*종요롭다: 없어서 안 될 정도로 매우 긴요하다.

① 현대 국어와 달리 중세 국어에서는 띄어쓰기를 하지 않았다.

② 중세 국어와 달리 현대 국어에서는 이어 적기를 하지 않는다.

③ 현대 국어에서는 사용하지 않는 음운이 중세 국어에는 있었다.

④ 중세 국어와 현대 국어에서는 둘 다 모음 조화 현상이 나타난다.

⑤ 현대 국어와 달리 중세 국어에서는 받침에 'ㅅ'이 쓰이지 않았다.

06

〈보기〉는 15세기 이후 우리말의 변화를 나타낸 것이다. ㉠~㉢에 대한 설명으로 적절하지 <u>않은</u> 것은?

┤ 보기 ├

㉠ 여스 → 여우 / ᄆᆞᅀᆞᆷ → ᄆᆞ음

㉡ ᄑᆞᆯ → 팔 / ᄇᆡ → 배

㉢ ᄠᅳᆮ → 뜻 / ᄡᆞᆯ → 쌀

㉣ 나모 → 나무 / 노릇노릇 → 노릇노릇

㉤ 묗 → 산 / ᄀᆞᄅᆞᆷ → 강

① ㉠을 통해 반잇소리가 소멸된 것을 확인할 수 있다.

② ㉡을 통해 'ㆍ'가 'ㅏ'로 바뀌기도 했음을 확인할 수 있다.

③ ㉢을 통해 음절의 첫소리로 두 개의 자음이 여전히 발음되고 있음을 확인할 수 있다.

④ ㉣을 통해 시간이 흐르면서 모음 조화가 약해진 것을 확인할 수 있다.

⑤ ㉤을 통해 고유어와 한자어가 경쟁하다가 한자어가 우위에 선 예를 확인할 수 있다.

07

〈보기〉의 단어에서 공통적으로 드러나는 중세 국어의 특징으로 적절한 것은?

┤ 보기 ├

:말ᄊᆞ·미   ·ᄠᅳ·들   ·ᄡᅮ·메

① 어두 자음군이 사용되었다.

② 체언의 첫음절은 상성으로 표기했다.

③ 현대 국어에서는 쓰이지 않는 자음자를 사용했다.

④ 받침을 표시할 때 일곱 자만 쓰는 것을 원칙으로 했다.

⑤ 체언의 받침을 모음으로 시작하는 조사의 초성으로 이어 적었다.

08

〈보기 1〉에 나타나는 중세 국어의 특징을 〈보기 2〉에서 모두 고른 것은?

┤ 보기 1 ├

불·휘기·픈남·ᄀᆞᆫ보·ᄅᆞ·매아·니:뮐ᄊᆡ곶:됴·코여·름·하ᄂᆞ·니

:시·미기·픈므·른·ᄀᆞ무·래아·니그·츨·ᄊᆡ:내·히이·러바·ᄅᆞ·래·가ᄂᆞ·니

– 「용비어천가」

[현대어 풀이]

뿌리 깊은 나무는 바람에 아니 움직이므로 꽃 좋아지고 열매 많아지느니.

샘이 깊은 물은 가뭄에 아니 그치므로 내[川]가 이루어져 바다에 가느니.

┤ 보기 2 ├

ⓐ 이어 적기 방식을 적용하였다.

ⓑ 구개음화를 표기에도 반영하였다.

ⓒ 방점의 개수로 성조를 표시하였다.

ⓓ 칠종성법에 따라 종성을 표기하였다.

ⓔ 현대 국어에서 쓰이지 않는 음운을 사용하였다.

① ⓐ, ⓑ, ⓒ   ② ⓐ, ⓒ, ⓔ

③ ⓑ, ⓓ, ⓔ   ④ ⓐ, ⓑ, ⓒ, ⓓ

④ ⓑ, ⓒ, ⓓ, ⓔ

중세 국어 ③ : 문법

개념 따라잡기

1 높임 표현

주체 높임 선어말 어미	주체(주어)를 높일 때 자음으로 시작하는 어미 앞에서 '-시-', 모음으로 시작하는 어미 앞에서 '-샤-'가 쓰임. 예 가시고, 노ᄑᆞ샤
객체 높임 선어말 어미	객체(부사어나 목적어)를 높이며, 어간의 끝소리가 'ㄱ, ㅂ, ㅅ, ㅎ'일 때 '-ᅀᆞᆸ-', 어간의 끝소리가 'ㄷ, ㅌ, ㅈ, ㅊ'일 때 '-ᄌᆞᆸ-', 어간의 끝소리가 모음이나 'ㄴ, ㅁ, ㄹ'일 때 '-ᅀᆞᆸ-'이 쓰임. 예 돕ᅀᆞᆸ고, 묻ᄌᆞᆸ고, 보ᅀᆞᆸ고
상대 높임 선어말 어미	청자를 높일 때 종결 어미 앞에서 실현됨. 평서형일 때 '-이-', 의문형일 때 '-잇-'이 쓰임. 예 씨돈과이다, 모ᄅᆞ시니잇고
상대 높임의 종결 어미	'ᄒᆞ라체'는 상대를 낮출 때에, 'ᄒᆞ야쎠체'는 청자를 존중하며 높일 때에, 'ᄒᆞ쇼셔체'는 청자를 아주 높일 때 쓰임. 예 ᄲᆞᆯ리 나가라, 그 ᄠᅳ들 닐어쎠, 님금하 아ᄅᆞ쇼셔

→ 높임의 호격 조사

2 시간 표현

과거 시제 선어말 어미	시제 선어말 어미를 쓰지 않거나 선어말 어미 '-더-'를 써서 과거 시제를 표현함. 예 네 아비 ᄒᆞ마 주그니라 / 그딋 ᄯᆞ롤 맛고져 ᄒᆞ더이다
현재 시제 선어말 어미	선어말 어미 '-ᄂᆞ-'를 써서 현재 시제를 표현함. 예 네 이제 ᄯᅩ 묻ᄂᆞ다
미래 시제 선어말 어미	선어말 어미 '-리-'를 써서 미래 시제를 표현함. 예 내 願(원)을 아니 從(종)ᄒᆞ면 고줄 몯 어드리라

3 격 조사

주격 조사	자음 뒤에서는 '이', 모음 'ㅣ'나 반모음 'ㅣ[j]'가 아닌 모음 뒤에서는 'ㅣ'로 나타나고, 모음 'ㅣ'나 반모음 'ㅣ[j]' 뒤에서는 영형태(∅)로 나타남. 예 ᄇᆡ셩이(ᄇᆡ셩＋이), ᄒᆞᆲ배(ᄒᆞᆲ 바＋ㅣ), 불휘(불휘＋∅)
목적격 조사	앞말이 자음으로 끝날 경우, 체언의 모음이 양성 모음이면 '올', 음성 모음이면 '을'로 나타남. 예 聖孫(성손)올, 帝業(제업)을
	앞말이 모음으로 끝날 경우, 양성 모음이면 '룰', 음성 모음이면 '를'로 나타남. 예 나롤, 부텨를
관형격 조사	유정 명사 뒤에서 앞말의 모음이 양성 모음이면 '이', 음성 모음이면 '의'로 나타남. 예 사ᄅᆞ미(사ᄅᆞᆷ＋이), 거부븨(거붑＋의)
	무정 명사나 높임의 대상 뒤에서 'ㅅ'으로 나타남. 예 나랏(나라＋ㅅ), 부텻(부텨＋ㅅ)
부사격 조사	앞말의 모음이 양성 모음일 때는 '애', 음성 모음일 때는 '에', 모음 'ㅣ'나 반모음 'ㅣ[j]'일 때는 '예'가 사용되었으며, 현대 국어의 '과/와'와 같이 비교를 나타내는 조사로 쓰이기도 함. 예 象頭山(상두산)애, 둥귁에, 서리예

4 어미

• **명사형 어미**: 현대 국어의 '-(으)ㅁ'과 같은 명사형 어미가 '-옴/움'으로 존재하였는데, 모음 조화에 따라 앞에 나오는 어간이 양성 모음이면 '-옴', 음성 모음이면 '-움'이 쓰였다. 예 효도홈(효도ᄒᆞ－＋－옴), ᄡᅮ메(ᄡᅳ－＋－움＋에)

객체 높임 선어말 어미 뒤에 모음으로 시작하는 어미가 오면 '습/줍/습-'은 각각 '-ᅀᆞᆸ/ᄌᆞᆸ/ᅀᆞᆸ-'으로 실현되었어.

과거 시제 선어말 어미 '-더-'와 현재 시제 선어말 어미 '-ᄂᆞ-'는 선어말 어미 '-오-'와 결합하여 각각 '-다-'와 '-노-'의 형태로 나타나기도 하였어.

중세 국어의 'ㅐ, ㅔ, ㅚ, ㅟ'는 반모음 'ㅣ[j]'가 결합된 이중 모음으로 발음되었기 때문에 격 조사를 분석할 때 형태소에 유의해야 해.

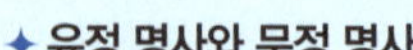

✦ 유정 명사와 무정 명사
• 유정 명사: 감정을 나타내는, 사람이나 동물을 가리키는 명사
• 무정 명사: 감정을 나타내지 못하는, 식물이나 무생물을 가리키는 명사

✦ 명사형 어미 '-기'
현대 국어에서 쓰이는 명사형 어미 '-기'는 근대 국어에 생겨난 것이기 때문에 중세 국어에서는 발견할 수 없다.

[1~3] 다음 설명이 맞으면 ○표, 틀리면 ×표에 표시하시오.

1 중세 국어에서는 주체 높임 선어말 어미로 '-시/샤-'가 쓰였다. 　　　　　　　　　　(○ , ×)

2 중세 국어에서는 현대 국어와 달리 '-ᅀᆸ/ᄌᆸ/ᄉᆸ-'과 같은 객체 높임 선어말 어미가 쓰였다. 　　　　　　　　　　　　　　　　　(○ , ×)

3 중세 국어에서는 상대 높임 선어말 어미로 의문형 종결 어미 앞에서 '-이-'를, 평서형 종결 어미 앞에서 '-잇-'을 사용하였다. 　(○ , ×)

[4~6] 다음 문장에 들어갈 알맞은 말을 쓰시오.

4 중세 국어에서는 현재 시제 선어말 어미로 '(　　　　)'을/를, 미래 시제 선어말 어미로 '(　　　　)'을/를 사용하였다.

5 중세 국어에서 (　　　　) 조사는 환경에 따라 '이/ㅣ/∅'로 실현되었다.

6 중세 국어의 (　　　　) 조사는 앞말이 자음으로 끝나면 '올/을'을, 모음으로 끝나면 '룰/를'을 사용하였다.

[7~9] 다음 문장에 들어갈 알맞은 말을 고르시오.

7 중세 국어에서는 (유정 / 무정) 명사나 높임의 대상 뒤에 붙는 관형격 조사로 'ㅅ'이 쓰였다.

8 중세 국어에서 '범' 뒤에 붙을 수 있는 관형격 조사는 '(이 / 의)'이다.

9 중세 국어의 '애/에/예'는 현대 국어의 '과/와'와 같이 비교를 나타내는 (관형격 / 부사격) 조사로 쓰이기도 하였다.

> **학습 활동** 다음 대화문에서 밑줄 친 선어말 어미가 높이는 대상이 누구인지 써 보자.
>
> **아들:** 이 우리 스ᄉ이니이다
> **아버지:** 나도 이제 너희 스ᅀᅳᆼ니믈 보ᅀᆸ고져 횐노니
>
> •'-이-'가 높이는 대상 → ❶ __________　　•'-ᅀᆸ-'이 높이는 대상 → ❷ __________

01 〈보기〉의 중세 국어의 높임 표현에 대한 이해로 적절하지 <u>않은</u> 것은?

┤ 보기 ├

그제·ᅀᅡ 善容·이 ᄆᆞᅀᆞ·미 여·러 ①王·ᄭᅴ 솔·ᄫᅩ·디 ·내 王:말ᄊᆞᆷ ② 듣:ᄌᆞᆸ고·ᅀᅡ 내 ᄆᆞᅀᆞ·미 ③ᄭᆡ돈·과이다 生老病死ㅣ 眞實·로 슬흔 ④:이리·로·소이·다 :나·ᄅᆞᆯ ·出家·ᄒᆞ·야 道理 비·호·게 ⑤·ᄒᆞ쇼·셔 – 『석보상절』

[현대어 풀이]

그제야 선용이 마음이 열려 왕께 아뢰기를 "내가 왕 말씀 듣고서야 내 마음이 깨달았습니다. 생로병사가 진실로 슬픈 일입니다. 나를 출가하여 도리 배우게 하십시오."

	현대어 풀이	높임의 종류	높임의 대상	높임의 실현 방법
①	왕께	객체 높임	왕	조사 'ᄭᅴ'
②	듣고서야	객체 높임	왕의 말씀	선어말 어미 '-ᄌᆸ-'
③	깨달았습니다	상대 높임	왕	선어말 어미 '-이-'
④	일입니다	상대 높임	왕	선어말 어미 '-소-'
⑤	하십시오	상대 높임	왕	어말 어미 '-쇼셔'

> **학습 활동** 다음에서 알 수 있는 주격 조사의 변화를 정리해 보자.

중세 국어 → 현대 국어	주격 조사의 변화
百·빅姓·셩·이 → 백성이	중세 국어에서는 주격 조사로 '이'가 쓰였고, 주격 조사 '이'는 환경에 따라 '이', ❸ __________ , 영형태(∅)로 실현되었다. 현대 국어에서는 '이'와 ❹ __________ 가 쓰인다.
홂·배이·셔·도 → 하는 바가 있어도	

02 중세 국어의 문법에 대한 설명으로 적절하지 <u>않은</u> 것은?

① 주격 조사 '가'가 사용되지 않았다.

② 명사형 어미 '-옴/움'을 사용하였다.

③ 문장의 주체를 높이는 선어말 어미는 현대 국어와 동일하다.

④ 무정 명사 뒤에 오는 관형격 조사는 현대 국어에서 사용되지 않는다.

⑤ 문장의 목적어나 부사어를 높이기 위한 선어말 어미를 사용하였다.

01 〈보기〉의 [A]에 들어갈 말로 가장 적절한 것은?

┤보기├

　　중세 국어 시기에는 현대 국어와 달리 문장의 목적어나 부사어를 높이는 객체 높임이 선어말 어미 '–습/좁/ 숩–'을 통해 실현되었다.

예 世솅尊존ㅅ 安안쭘ᄫᅳᆯ 　　　[A]

[현대어 풀이] 세존의 안부를 여쭙고

① 묻ᄉᆞᆸ고　　② 묻ᄌᆞᆸ고　　③ 묻ᄉᆞᆸ고

④ 묻ᄉᆞᆸ시고　　⑤ 묻ᄉᆞᆸ시고

02 다음 중 〈보기〉에서 설명하는 ㉠이 사용된 예가 <u>아닌</u> 것은?

┤보기├

　　상대 높임법은 화자가 청자인 상대방에 대하여 높이거나 낮추어 말하는 법을 일컫는다. 중세 국어의 경우에는 상대 높임법의 종결 어미나 ㉠상대 높임 선어말 어미를 통해 실현되었다.

① ᄒᆞ더이다　　　　② 미드니잇가

③ 듣ᄌᆞᄫᆞ리잇고　　④ 구드시리이다

⑤ 빅셩이니르고져

03 중세 국어의 시간 표현에 대한 설명으로 적절하지 <u>않은</u> 것은?

① 과거 시제는 선어말 어미를 쓰지 않기도 하였다.

② 과거 시제는 선어말 어미 '–더–'를 사용하여 표현하였다.

③ 현재 시제는 선어말 어미 '–ᄂᆞ–'를 사용하여 표현하였다.

④ 미래 시제는 선어말 어미 '–리–'를 사용하여 표현하였다.

⑤ 현재 시제 선어말 어미는 선어말 어미 '–오–'와 결합하면 생략되었다.

04 〈보기 1〉을 참고할 때, 〈보기 2〉의 ⓐ와 ⓑ에 들어갈 말로 적절한 것은?

┤보기1├

　　중세 국어 시기에는 현대 국어에는 없는 관형격 조사 'ㅅ'이 사용되었다. 관형격 조사 'ㅅ'은 선행하는 체언이 높임의 대상이거나 무정 명사일 경우 사용되었다. 이 밖에 사람이나 동물이 선행하는 체언일 경우에는 '이/의'가 모음 조화에 따라 사용되었다.

┤보기2├

• 도ᄌᆞᆨ + 관형격 조사 → 　ⓐ　 (도적의)

• 부텨 + 관형격 조사 → 　ⓑ　 (부처의)

	ⓐ	ⓑ
①	도즈긔	부텻
②	도즈긔	부텨의
③	도즈기	부텻
④	도즈기	부텨이
⑤	도ᄌᆞᆨ의	부텻

05 〈보기〉의 밑줄 친 부분에 대한 설명으로 가장 적절한 것은?

┤보기├

·날·로 <u>·뿌·메</u> 便뼌安한·킈 ᄒᆞ·고·져 ᄒᆞᇙ ᄯᆞ·ᄅᆞ·미니·라

[현대어 풀이] 날마다 씀에 편안하게 하고자 할 따름이다.

① 어간 '뿌–'에 명사형 어미 '–움'이 결합한 것이다.

② 어간 '뿌–'에 명사형 어미 '–ㅁ'이 결합한 것이다.

③ 어간 '쓰–'에 명사형 어미 '–음'이 결합한 것이다.

④ 어간 '쓰–'에 명사형 어미 '–움'이 결합한 것이다.

⑤ 어간 '쓰–'에 명사형 어미 '–ㅁ'이 결합한 것이다.

06 〈보기〉의 (가)와 (나)를 바탕으로 중세 국어의 특징을 탐구할 때, 그 내용으로 적절하지 <u>않은</u> 것은?

┌ 보기 ┐

(가)	ᄆᆞ·ᄎᆞᆷ:내 제 ·ᄠᅳ·들 시·러펴·디 :몯홇 ·노·미 하·니·라 [현대어 풀이] 마침내 제 뜻을 능히 펴지 못할 사람이 많다.
(나)	불·휘 기·픈 남·ᄀᆞᆫ ᄇᆞᄅᆞ·매 아·니 :뮐·ᄊᆡ 곶 :됴·코 여·름 ·하ᄂᆞ·니 [현대어 풀이] 뿌리가 깊은 나무는 바람에 아니 움직이므로 꽃 좋아지고 열매 많아지느니

① (가)를 통해 현대 국어의 주격 조사와 중세 국어의 주격 조사가 다르다는 것을 알 수 있다.

② (가)를 통해 현대 국어와 마찬가지로 중세 국어에서도 목적격 조사 '을'이 쓰였음을 알 수 있다.

③ (나)를 통해 중세 국어에서는 현대 국어와 다른 형태의 보조사 '은'이 쓰였음을 알 수 있다.

④ (나)를 통해 중세 국어에서는 주격 조사를 표기하지 않는 경우가 있음을 알 수 있다.

⑤ (가)와 (나)를 통해 중세 국어에서는 체언에 결합하는 조사의 형태가 모음 조화를 따른다는 것을 알 수 있다.

07 〈보기〉의 ㉠~㉤에 대한 설명으로 적절하지 <u>않은</u> 것은?

┌ 보기 ┐

• 六百年(육백년) ㉠天下(천하) ㅣ ㉡洛陽(낙양)애 ㉢올ᄆᆞ니이다
[현대어 풀이] 육백 년의 천하가 낙양으로 옮아 간 것입니다.

• ㉣古聖(고성)이 ㉤同符(동부)ᄒᆞ시니
[현대어 풀이] 옛 성인(들)과 다르지 않으시니

① ㉠의 주격 조사는 현대 국어에서 쓰이지 않는다.

② ㉡의 부사격 조사는 현대 국어에서 쓰이지 않는다.

③ ㉢의 상대 높임 선어말 어미는 현대 국어에서 쓰이지 않는다.

④ ㉣의 부사격 조사는 현대 국어에서도 쓰이고 있다.

⑤ ㉤의 주체 높임 선어말 어미는 현대 국어에서도 쓰이고 있다.

08 〈보기〉에 대한 설명으로 적절하지 <u>않은</u> 것은?

┌ 보기 ┐

·님·금·하 아·ᄅᆞ쇼·셔 洛水(낙수)·예 山行(산행) ·가 이·셔 하나·빌 미·드·니잇·가

– 「용비어천가」

[현대어 풀이] 임금이시여, 아십시오. 낙수에 산행 가 있으면서 할아버지를 믿으시겠습니까?

① '님금하'에서 존칭의 호격 조사를 확인할 수 있다.

② '아ᄅᆞ쇼셔'에서 상대 높임 종결 어미를 확인할 수 있다.

③ '洛水(낙수)예'에서 현대 국어와 형태가 다른 부사격 조사를 확인할 수 있다.

④ '하나빌'에서 목적격 조사가 사용된 것을 확인할 수 있다.

⑤ '미드니잇가'에서 문장의 목적어를 높이는 선어말 어미를 확인할 수 있다.

09 〈보기〉의 ⓐ~ⓘ에 대한 설명으로 적절하지 <u>않은</u> 것은?

┌ 보기 ┐

王(왕)이 ⓐ니ᄅᆞ샤ᄃᆡ 大師(대사) ⓑᄒᆞ샨 일 아니면 뉘 혼 거시잇고 仙人(선인)이 솔ᄫᅩ디 ⓒ大王(대왕)하 이 ⓓ南堀(남굴)ㅅ 仙人(선인)이 ᄒᆞᆫ ᄯᆞ롤 길어 내니 ⓔ양지 端正(단정)ᄒᆞ야 ⓕ世間(세간)애 쉽디 몯ᄒᆞ니 그 ᄯᆞᆯ ᄒᆞ뉿 ⓖ時節(시절)에 자최마다 ⓗ蓮花(연화) ㅣ ⓘ나ᄂᆞ니이다

– 「석보상절」

[현대어 풀이] 왕이 이르시되 "대사 하신 일 아니면 누가 한 것입니까?" 선인이 아뢰되 "대왕이시여, 이 남굴의 선인이 한 딸을 길러 내니 모습이 단정하여 세상에 (모습을 드러내기가) 쉽지 못하니 그 딸 움직일 시절에 자취마다 연꽃이 납니다."

① ⓐ와 ⓑ에는 주체를 높이는 선어말 어미가 사용됐다.

② ⓒ와 ⓓ에는 대상을 높이는 관형격 조사가 사용됐다.

③ ⓔ와 ⓗ에는 같은 모양의 주격 조사가 사용됐다.

④ ⓕ와 ⓖ에는 모음 조화에 따라 다른 형태의 부사격 조사가 사용됐다.

⑤ ⓘ에는 청자를 높이는 선어말 어미가 사용됐다.

01

㉠의 방법으로 만든 글자가 포함된 예와 ㉡의 방법으로 만든 글자가 포함된 예를 순서대로 나열한 것은?

┤ 보기 ├

| ㉠ | ㅇ롤 입시울쏘리 아래 니서쓰면 입시울가비야븐소리 ᄃᆞ외ᄂᆞ니라
[현대어 풀이] ㅇ을 입술소리 아래 이어 쓰면 입술가벼운소리(순경음)가 된다. |
| ㉡ | 첫소리롤 어울워 뿔디면 글바쓰라
[현대어 풀이] 초성자를 합하여 사용할 때에는 나란히 써라. |

① 솔바쎠 – 긄우믈　　② 묻ᄌᆞ오ᄃᆡ – ᄠᅳ들

③ 어려븗씨 – 사히　　④ 잇ᄂᆞ닛가 – 아숩고

⑤ 니르받다 – 앉거늘

02

〈보기〉를 이해한 내용으로 가장 적절한 것은?

┤ 보기 ├

[중세 국어의 '새']

ⓐ 다시 새롤 비허

ⓑ 새 기슬 一定ᄒᆞ얫도다

ⓒ 새 出家(출가)ᄒᆞᆫ 사ᄅᆞ미니

[현대 국어의 '새']

새⁶ 「관형사」

「1」 이미 있던 것이 아니라 처음 마련하거나 다시 생겨난.

예 새 기분으로 일을 시작하다.

① 중세 국어의 '새'는 다양한 활용형으로 쓰이는 용언이겠군.

② 현대 국어의 '새⁶'과 달리 중세 국어의 '새'는 관형사로 쓰이지 않는군.

③ 현대 국어의 '새⁶'과 달리 ⓐ의 '새'는 뒤에 조사가 붙은 것으로 보아 체언이겠군.

④ 현대 국어의 '새⁶'과 달리 ⓑ의 '새'는 목적어를 꾸미고 있는 것으로 보아 부사이겠군.

⑤ 현대 국어의 '새⁶'과 마찬가지로 ⓒ의 '새'도 관형어를 꾸미고 있으므로 ⓒ의 '새'는 관형사이겠군.

03

〈보기〉의 ⓐ~ⓒ에 들어갈 격 조사로 적절한 것은?

┤ 보기 ├

• 耶輸(야수) + [　ⓐ　] 부텻 使者(사자) 왯다 드르시고(야수가 부처의 사자가 왔다는 말을 들으시고)

• 사ᄉᆞᆷ + [　ⓑ　] 등(사슴의 등)

• 王業(왕업) + [　ⓒ　] 여르시니(왕업을 여시니)

	ⓐ	ⓑ	ⓒ
①	이	익	을
②	이	의	을
③	ㅣ	익	을
④	ㅣ	익	올
⑤	ㅣ	의	올

04

〈보기〉에 제시된 문장을 분석한 내용으로 적절하지 <u>않은</u> 것은?

┤ 보기 ├

• 太子ㅅ 머리예 (태자의 머리에)

• 고경명은 광쥐 사ᄅᆞᆷ이니 (고경명은 광주 사람이니)

• 닐굽 거르믈 거르샤 니ᄅᆞ샤ᄃᆡ (일곱 걸음을 걸으시며 이르시되)

• 머리셔 ᄇᆞ라매 노피 하ᄂᆞᆯ해 다핫고 (멀리서 바람에 높이 하늘에 닿았고)

① '太子ㅅ'은 체언에 'ㅅ'이 결합하여 관형어로 실현되었다.

② '사ᄅᆞᆷ이니'는 체언에 서술격 조사가 결합하여 서술어로 실현되었다.

③ '거르믈'은 체언에 '을'이 결합하여 목적어로 실현되었다.

④ '노피'는 체언에 '이'가 결합하여 주어로 실현되었다.

⑤ '하ᄂᆞᆯ해'는 체언에 '애'가 결합하여 부사어로 실현되었다.

05 〈보기〉의 ㉠~㉤에 대한 설명으로 적절하지 <u>않은</u> 것은?

┤ 보기 ├

㉠雙鵲(쌍작)이 ㉡훈 ㉢사래 디니 曠世(광세) ㉣奇事(기사)를 北人(북인)이 ㉤稱頌(칭송)ᄒᆞᆸ니

– 「용비어천가」

[현대어 풀이] 두 마리 까치가 한 살에 떨어지니, 세상에 없는 기이한 일을 북녘 사람들이 칭송하니

① ㉠에 쓰인 체언은 자음으로 끝나서 주격 조사 '이'가 결합한 것이다.

② ㉡에는 현대 국어에서 사용되지 않는 모음자가 사용되었다.

③ ㉢은 체언 '살'에 부사격 조사 '애'가 결합한 말로 이어 적기를 한 것이다.

④ ㉣은 체언이 양성 모음이어서 모음 조화를 지켜 목적격 조사 '를'을 결합한 것이다.

⑤ ㉤은 주체를 높이기 위한 선어말 어미를 사용하여 주어를 높인 것이다.

06 〈보기〉의 ⓐ와 ⓑ에 대한 설명으로 적절하지 <u>않은</u> 것은?

┤ 보기 ├

ⓐ 내 ᄯᆞᆯ 勝鬘(승만)이 聰明(총명)ᄒᆞ니 부텨옷 보ᅀᆞᄫᆞ면

[현대어 풀이] 내 딸 승만이 총명하니 부처만 뵈면

ⓑ 내 아래브터 부텻긔 이런 마를 몯 듣ᄌᆞᄫᆞ며

[현대어 풀이] 내가 예전부터 부처께 이런 말을 못 들으며

① ⓐ에서는 체언에 결합한 주격 조사를 확인할 수 있다.

② ⓐ에서는 초성에 쓰인 어두 자음군을 확인할 수 있다.

③ ⓐ와 ⓑ에서는 모두 문장의 객체를 높이는 표현이 사용되었다.

④ ⓐ와 ⓑ에서는 모두 'ㄴ'에 획을 더해 만든 이체자가 사용되었다.

⑤ ⓑ와 달리 ⓒ에서는 관형격 조사가 생략되었음을 확인할 수 있다.

★ 고난도

07 한글 자음자의 제자 원리에 대한 이해로 적절하지 <u>않은</u> 것은?

① 'ㄱ'과 'ㅋ'은 발음할 때 소리가 나는 위치가 동일하겠군.

② 'ㅈ'과 'ㆆ'은 기본자에 획을 더하여 만들었다는 점에서 공통적이겠군.

③ 'ㄹ'과 'ㅿ'은 가획자에 획을 더하여 만들었다는 점에서 공통적이겠군.

④ 'ㄷ'과 'ㄹ'은 글자를 만든 원리는 다르지만 소리가 나는 위치는 동일하겠군.

⑤ 'ㄱ, ㄴ, ㅁ, ㅅ, ㅇ'의 조음 위치를 고려할 때, 기본자는 발음 기관의 모양을 본뜬 것이겠군.

08 〈보기〉는 중세 국어 문법 수업 장면의 일부이다. 이에 대한 학생의 답변으로 가장 적절한 것은?

┤ 보기 ├

선생님: 중세 국어의 주격 조사는 이형태로 실현됩니다. 예를 들어, 자음 뒤에서는 '이', 모음 'ㅣ'나 반모음 'ㅣ[j]'를 제외한 모음 뒤에서는 'ㅣ'가 쓰이고, 모음 'ㅣ'나 반모음 'ㅣ[j]' 뒤에서는 주격 조사가 '영형태(∅)'로 실현되어 나타나지 않습니다. 이러한 점을 고려하였을 때, 아래 문장에서 주격 조사가 실현되는 양상을 어떻게 설명할 수 있을까요?

블근 <u>새</u> 그를 므러 (붉은 <u>새</u>가 글을 물어)

학생: ＿＿＿＿＿＿＿＿＿＿

① '새'가 유정 명사라서 주격 조사가 나타나지 않습니다.

② 중세 국어에서는 일반적으로 주격 조사 '가'가 생략됩니다.

③ 모음 조화에 따라 양성 모음 뒤에서 주격 조사가 나타나지 않은 것입니다.

④ 모음 뒤에서 실현된 주격 조사 'ㅣ'가 앞의 모음과 결합하여 'ㅐ'가 된 것입니다.

⑤ 중세 국어에서 'ㅐ'는 반모음이 결합된 이중 모음이어서 '새' 뒤에서 주격 조사가 나타나지 않은 것입니다.

01   `2015학년도 수능 B형`

〈보기 1〉의 학생 의견과 관련된 한글의 제자 원리를 〈보기 2〉에서 찾아 바르게 짝 지은 것은?

┤ 보기1 ├

학습 활동: 오늘날 우리가 한글을 사용하면서 생각한 바를 각자 정리하여 발표해 봅시다.

• 학생 1: 'ㄱ'의 글자 모양이 그 소리를 낼 때 혀뿌리가 목구멍을 막는 모양과 관련된다니 한글은 정말 대단해요.

• 학생 2: 휴대 전화 자판 중에는 '·, ㅡ, ㅣ'를 나타내는 3개의 자판만으로 모든 모음자를 입력하는 것도 있어서 참 편리해요.

• 학생 3: 〈예사소리〉−〈거센소리〉−〈된소리〉의 관계가 〈A〉−〈A에 획 추가〉−〈AA〉로 글자 모양에 나타나 있어서 참 체계적인 문자인 것 같아요.

• 학생 4: 'ㅁ'과 'ㅁ'에 획을 추가해서 만든 자음자들은 'ㅁ' 모양을 공통으로 포함하고 있는데, 이때 포함된 'ㅁ' 모양은 이들 자음자들의 공통된 소리 특징을 반영한 것이에요.

• 학생 5: 한글은 음절 단위로 모아쓰기를 하면서도 받침 글자를 따로 만들지 않았어요. 만약 그렇지 않았다면 지금보다 글자 수가 훨씬 많아졌을 거예요.

┤ 보기2 ├

한글의 제자 원리

가. 초성자와 중성자의 기본자는 상형의 원리로 만들었다.

나. 기본자에 가획하여 새로운 초성자를 만들었다.

다. 초성자를 나란히 써서 또 다른 초성자로 사용하였다.

라. 기본자 외의 8개 중성자는 기본자를 합하여 만들었다.

① 학생 1−가, 나   ② 학생 2−다, 라

③ 학생 3−나, 다   ④ 학생 4−나, 라

⑤ 학생 5−가, 라

02   `2017학년도 11월 고1 전국연합`

〈보기〉를 바탕으로 ⓐ∼ⓒ에 대해 이해한 내용으로 적절하지 <u>않은</u> 것은?

┤ 보기 ├

[자료]

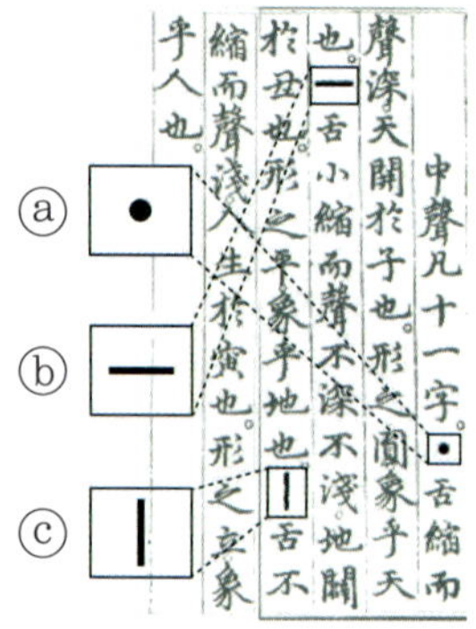

[현대어 해석]

가운뎃소리는 모두 열한 자(字)다. '·'는 혀를 오그라지게 해서 조음하고 소리는 깊으니, …… 모양이 둥근 것은 하늘을 본뜬 것이다. 'ㅡ'는 혀를 조금 오그라지게 해서 조음하고 소리는 깊지도 얕지도 않으니, …… 모양이 평평함은 땅을 본뜬 것이다. 'ㅣ'는 혀를 오그라들지 않게 조음하고 소리가 얕으니, …… 그 모양이 서 있는 꼴은 사람을 본뜬 것이다.

− 「훈민정음 제자해(訓民正音 制字解)」 −

① ⓐ는 ⓒ와 달리 발음할 때 얕은 소리가 나겠군.

② ⓑ는 ⓐ와 달리 글자 모양이 평평하게 생겼군.

③ ⓒ는 ⓐ와 달리 발음할 때 혀가 오그라들지 않겠군.

④ ⓐ, ⓑ, ⓒ는 모두 가운뎃소리 열한 자에 포함되는군.

⑤ ⓐ, ⓑ, ⓒ는 대상의 모양을 본뜬 것이라는 공통점이 있군.

03 <보기>를 참고하여 중세 국어를 이해한다고 할 때, ㉠과 ㉡의 사례로 바르게 짝 지어진 것은?

┤ 보기 ├

모음 조화는 ㉠양성 모음은 양성 모음끼리 어울리고 ㉡음성 모음은 음성 모음끼리 어울리는 현상으로, 중세 국어에서는 현대 국어보다 규칙적으로 적용되었다.

	㉠	㉡
①	ㅂᄅ매[바람에]	·뿌·메[씀에]
②	·뿌·메[씀에]	뜨·들[뜻을]
③	뜨·들[뜻을]	거부븨[거북의]
④	ᄆᅀ물[마음을]	바ᄂ롤[바늘을]
⑤	나룰[나를]	도ᄌ기[도적의]

04 <보기>에 제시된 '선생님'의 질문에 대한 답으로 적절한 것은?

┤ 보기 ├

선생님: 중세 국어에서는 각 글자의 왼편에 점을 찍어 소리의 높낮이를 표시하였습니다. 점이 없으면 낮은 소리, 점이 한 개면 높은 소리, 점이 두 개면 처음은 낮고 나중이 높은 소리를 나타냈습니다. 가령 ':말쓰·미'는 다음과 같이 소리의 높낮이를 표시할 수 있습니다.

:말쓰·미 → 말〔 쓰 〕미

자, 그럼 다음의 밑줄 친 ⓐ는 소리의 높낮이를 어떻게 표시할 수 있을까요?

불·휘기·픈남·ᄀᆞᆫᄇᆞᄅᆞ·매ⓐ아·니:뮐·씨
— 『용비어천가(龍飛御天歌)』 제2장 중에서

① 아 니 뮐 씨   ② 아 니 뮐 씨
③ 아 니 뮐 씨   ④ 아 니 뮐 씨
⑤ 아 니 뮐 씨

05 <보기>의 ㉠~㉤에 나타난 중세 국어의 특징을 설명한 내용으로 옳지 않은 것은?

┤ 보기 ├

乃냉終즁ㄱ 소리는 다시 첫소리를 ㉠ᄡᅳᄂ니라 ㅇ를 입시울 쏘리 아래 ㉡니ᅀᅥ쓰면 입시울가ᄇᆞᅣᄫᆞᆯ소리 ᄃᆞ외ᄂ니라 ㉢첫소리를 ㉣어울워 ᄡᅮ디면 ㉤글바 쓰라 냉終즁ㄱ 소리도 ᄒᆞᆫ가지라

— 『훈민정음』 언해, 세조 5년(1459) —

[현대어 풀이] 나중 소리(종성)는 다시 첫소리(초성)를 쓴다. ㅇ을 입술소리 아래 이어 쓰면 입술가벼운소리가 된다. 첫소리를 아울러 쓰려면 나란히 써야 하니 나중 소리도 마찬가지이다.

① ㉠: 첫음절 초성에 서로 다른 자음이 함께 나타난다.
② ㉡: 두음 법칙이 적용되었음을 확인할 수 있다.
③ ㉢: 'ㆍ'가 사용되었음을 확인할 수 있다.
④ ㉣: 모음 조화가 잘 지켜지고 있다.
⑤ ㉤: 현대 국어에서 쓰이지 않는 자음이 나타난다.

06 <보기>를 바탕으로 현대 국어와 중세 국어의 특징을 비교한 내용으로 적절하지 않은 것은?

┤ 보기 ├

• ㉠효도홈과 공순호물 (효도함과 공손함을)
• 兄(형)ㄱ ㉡ᄠᅳ디 일어시ᄂᆞᆯ ㉢聖孫(성손)ᄋᆞᆯ ㉣내시니이다 (형의 뜻이 이루어지시매 (하늘이) 성손을 내셨습니다.)
• 世尊(세존)ㅅ 安否(안부) ㉤묻ᄌᆞᆸ고 니르샤ᄃᆡ 므스므라 오시니잇고 (세존의 안부를 여쭙고 이르시되 무슨 까닭으로 오셨습니까?)

① ㉠을 보니 현대 국어와 달리 명사형 어미 '-옴'이 사용되었군.
② ㉡을 보니 현대 국어와 달리 어두 자음군이 사용되었군.
③ ㉢을 보니 현대 국어와 달리 목적격 조사 '올'이 사용되었군.
④ ㉣을 보니 현대 국어와 마찬가지로 주체 높임 선어말 어미 '-시-'가 사용되었군.
⑤ ㉤을 보니 현대 국어와 마찬가지로 청자를 높이는 특수 어휘가 사용되었군.

07 2019학년도 11월 고2 전국연합

〈보기〉의 '교사가 제시한 과제'에 대해 학생들이 보인 반응으로 적절하지 <u>않은</u> 것은?

┤ 보기 ├

〈교사가 알려 준 내용〉

현대 국어와 마찬가지로 중세 국어에서도 어말 어미 앞에서 문법적인 기능을 하는 어미가 있었다. 그 중 하나인 '-오-'는 현대 국어에서 쓰이지 않는 어미로 문장의 주어가 화자임을 표현하기 위해 쓰였는데, 음성 모음 뒤에서는 '-우-'로 나타났다. 또한 '-오-'는 과거 시제를 나타내는 '-더-'와 결합하면 '-다-'로, 현재 시제를 나타내는 '-ᄂᆞ-'와 결합하면 '-노-'로 나타났다.

〈교사가 제시한 과제〉

※ 다음 예문들을 보고 ㉠~㉢의 어미에 대해 탐구해 보자.

• 내 어저씌 다ᄉᆞᆺ 가짓 ᄭᅮ믈 ㉠ᄭᅮ우니
  [내가 어저께 다섯 가지의 꿈을 꾸니]
• 내 이ᄅᆞᆯ 爲윙ᄒᆞ야 … 새로 스믈여듧 字ᄍᆞᆼ롤 ㉡밍ᄀᆞ노니
  [내가 이를 위하여 … 새로 스물여덟 자를 만드니]
• 太子ㅣ 닐오디 내 ㉢롱담ᄒᆞ다라
  [태자가 말하되, "내가 농담하였다."]

① ㉠의 '-우-'는 어간 'ᄭᅮ-'에 있는 음성 모음 때문에 나타난 형태이군.

② ㉡의 '-노-'는 '-ᄂᆞ-'와 '-오-'가 결합되어 나타난 형태이군.

③ ㉢의 '-다-'는 '-더-'가 어말 어미와 결합하여 나타난 형태이군.

④ ㉡과 ㉢에는 모두 문장의 시제를 나타내는 기능을 하는 어미가 사용되었군.

⑤ ㉠, ㉡, ㉢ 모두에는 주어가 화자임을 표현하기 위한 어미가 사용되었군.

08 2020학년도 수능

〈보기 1〉의 ㉠~㉢에 해당하는 예만을 〈보기 2〉에서 고른 것은?

┤ 보기1 ├

중세 국어의 주격 조사는 음운 조건에 따라 '이', 'Ø(영형태)', 'ㅣ'로 실현되었다.

• 자음 다음에는 '이'가 나타났다. ┄┄┄┄┄┄┄ ㉠
  예 바비(밥+이) [밥이]
• 모음 '이'나 반모음 'ㅣ' 다음에는 'Ø(영형태)'로 실현되어, 나타나지 않았다. ┄┄┄┄┄ ㉡
  예 활 쏘리(활 쏠 이+Ø) [활 쏠 이가], 새(새+Ø) [새가]
• 모음 '이'와 반모음 'ㅣ' 이외의 모음 다음에는 'ㅣ'가 나타났다.
  예 쇠(쇼+ㅣ) [소가]
• 음운 조건에 관계없이 생략되기도 했다. ┄┄┄┄ ㉢
  예 곳 됴코 [꽃 좋고], 나모 셧ᄂᆞᆫ [나무 서 있는]

┤ 보기2 ├

ⓐ: 나리 져므러   [날이 저물어]
ⓑ: 太子 오ᄂᆞ다 드르시고 [태자 온다 들으시고]
ⓒ: 내해 ᄃᆞ리 업도다   [개천에 다리가 없도다]
ⓓ: 아ᄃᆞ리 孝道ᄒᆞ고   [아들이 효도하고]
ⓔ: 孔子ㅣ 드르시고   [공자가 들으시고]

① ㉠: ⓐ, ⓓ   ② ㉠: ⓐ, ⓔ
③ ㉡: ⓑ, ⓒ   ④ ㉡: ⓑ, ⓓ
⑤ ㉢: ⓒ, ⓔ

09 〈보기 1〉의 중세 국어의 특징을 바탕으로 〈보기 2〉의 ⓐ~ⓓ를 탐구하는 활동을 수행하였다. 학생들이 탐구한 내용으로 적절하지 않은 것은?

┌ 보기1 ┐

ㄱ 설명 의문문과 판정 의문문에서 쓰이는 종결 어미가 서로 달랐다.

ㄴ 체언에 결합하는 조사의 형태는 모음 조화에 따라 결정되었다.

ㄷ 높임의 호격 조사로서 현대 국어에 없는 형태가 있었다.

ㄹ 선어말 어미의 결합 순서가 현대 국어와 다른 경우가 있었다.

ㅁ 듣는 이를 높이기 위한 선어말 어미가 사용되었다.

┌ 보기2 ┐

ⓐ 므슴 마룰 니르ᄂᆞ뇨
[무슨 말을 말하느냐?]

ⓑ 져므며 늘구미 잇ᄂᆞ녀
[젊으며 늙음이 있느냐?]

ⓒ 虛空과 벼를 보더시니
[허공과 별을 보시더니]

ⓓ 世尊하 내 堂中에 이셔 몬져 如來 보ᅀᆞᆸ고
[세존이시여, 내가 집 안에서 먼저 여래 뵙고]

① ⓐ의 '니르ᄂᆞ뇨'와 ⓑ의 '잇ᄂᆞ녀'를 비교해 보면, ㄱ을 확인할 수 있군.

② ⓐ이 '마룰'과 ⓒ의 '벼를'을 비교해 보면, ㄴ을 확인할 수 있군.

③ ⓓ의 '世尊하'를 보면, ㄷ을 확인할 수 있군.

④ ⓒ의 '보더시니'를 보면, ㄹ을 확인할 수 있군.

⑤ ⓓ의 '보ᅀᆞᆸ고'를 보면, ㅁ을 확인할 수 있군.

10 〈보기〉의 ㉠과 ㉡에 들어갈 말로 바르게 짝 지어진 것은?

┌ 보기 ┐

중세 국어에서는 객체를 높이기 위해 선어말 어미를 사용했는데, 이 선어말 어미는 음운 조건에 따라 다음과 같이 다양한 형태로 실현되었다.

어간 말음 조건	형태	용례
'ㄱ, ㅂ, ㅅ, ㅎ'일 때	-ᅀᆞᆸ-	돕ᅀᆞᆸ고
'ㄷ, ㅈ, ㅊ'일 때	-ᄌᆞᆸ-	돕ᄌᆞᆸ고
모음이나 'ㄴ, ㅁ, ㄹ'일 때	-ᅀᆞᆸ-	보ᅀᆞᆸ고

객체 높임 선어말 어미 뒤에 모음으로 시작하는 어미가 오면, 객체 높임 선어말 어미는 '-ᅀᆞᇦ-, -ᄌᆞᇦ-, -ᅀᆞᇦ-'으로 실현되었다.

• 아래 문장에서 객체 높임의 대상은 (㉠)이다.
 − 王(왕)이 부텻긔 더욱 敬信(경신)ᄒᆞᆫ ᄆᆞᅀᆞ물 내ᅀᆞᄫᅡ
 [왕이 부처께 더욱 공경하고 믿는 마음을 내어]
• 어간 '듣-'과 어미 '-ᄋᆞ며' 사이에 객체 높임 선어말 어미가 결합하면 다음과 같이 활용했다.
 − 내 아래브터 부텻긔 이런 마룰 몯 (㉡)
 [내가 예전부터 부처께 이런 말을 못 들으며]

	㉠	㉡
①	王(왕)	듣ᄌᆞᄫᆞ며
②	王(왕)	듣ᅀᆞᄫᆞ며
③	부텨	듣ᄌᆞᄫᆞ며
④	부텨	듣ᄌᆞᄫᆞ며
⑤	ᄆᆞᅀᆞᆷ	듣ᅀᆞᄫᆞ며

MEMO

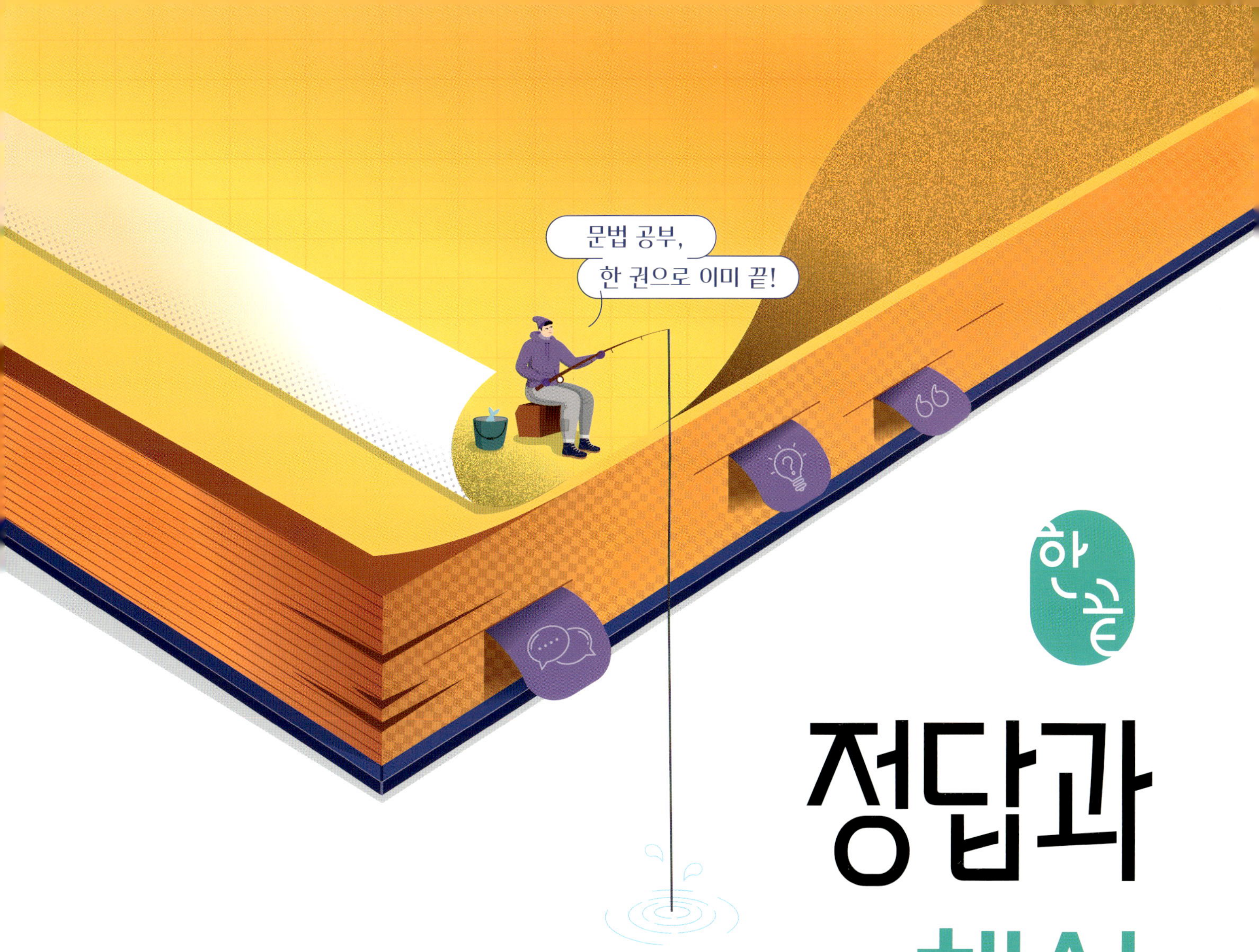

한끝

정답과 해설

문법편

고등
국어(언어)

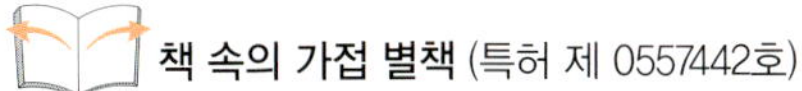
책 속의 가접 별책 (특허 제 0557442호)
'정답과 해설'은 본책에서 쉽게 분리할 수 있도록 제작되었으므로
유통 과정에서 분리될 수 있으나 파본이 아닌 정상제품입니다.

정답과 해설

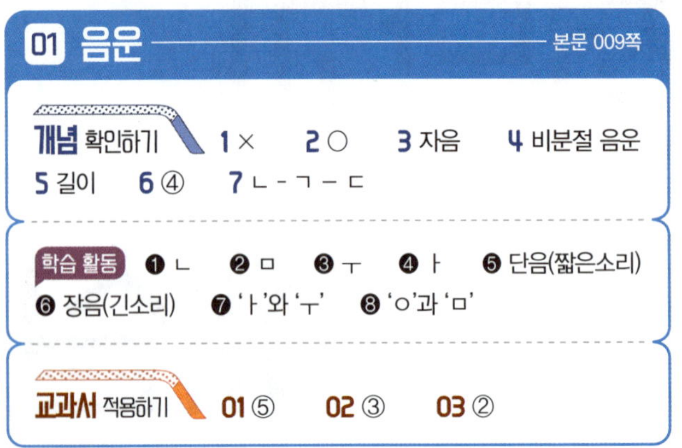

Ⅰ 음운

01 음운 ———————————— 본문 009쪽

개념 확인하기 　1 ×　2 ○　3 자음　4 비분절 음운
5 길이　6 ④　7 ㄴ-ㄱ-ㄷ

학습 활동　❶ ㄴ　❷ ㅁ　❸ ㅜ　❹ ㅏ　❺ 단음(짧은소리)
❻ 장음(긴소리)　❼ 'ㅏ'와 'ㅜ'　❽ 'ㅇ'과 'ㅁ'

교과서 적용하기　01 ⑤　02 ③　03 ②

교과서 적용하기

01 사람의 발음 기관을 통해 나오는 구체적이고 물리적인 소리는 '음성'이다. 음성은 발화자와 발화시에 따라 다르게 들린다.

오답 풀이
❶ 각 언어에 따라 음운의 수는 다르다.
→ '고기[kogi]'에서 알 수 있듯이 국어는 'ㄱ'을 동일한 음운으로 보지만, 영어는 'k'와 'g'라는 다른 음운으로 구분한다. 이는 음운이 추상적인 소리이기에 사람들의 관념에 따라 그 수가 달라지기 때문이다.
❷ 단어의 의미를 구별해 주는 기능을 한다.
→ '눈'과 '문'은 자음 'ㄴ'과 'ㅁ'에 의해 의미가 달라졌고, '눈'과 '난'은 모음 'ㅜ'와 'ㅏ'에 의해 달라졌으며, '눈'과 '눈:'은 소리의 길이에 의해 그 의미가 구별된다.
❸ 분절 음운과 비분절 음운으로 나눌 수 있다.
→ 음운은 분절 음운(음소)처럼 소리마디의 경계가 뚜렷하게 나뉘는 음운과, 비분절 음운(운소)처럼 소리마디의 경계가 잘 나뉘지 않는 음운으로 나눌 수 있다.
❹ '말[馬]'과 '말:[言]'은 소리의 길이에 의해 그 의미가 구별된다.
→ '말'을 짧게 발음하면 말과의 포유류인 '말'을, 길게 발음하면 사람의 생각이나 느낌 따위를 표현하고 전달하는 데 쓰는 음성 기호인 '말'을 의미한다.

02 '남'과 '님'은 자음에 의해서가 아니라 모음인 'ㅏ'와 'ㅣ'에 의해 의미가 달라지는 최소 대립쌍이다.

오답 풀이
❶ 감, 참 → 'ㄱ', 'ㅊ'
→ '감'과 '참'은 초성의 자음 'ㄱ'과 'ㅊ'에 의해 뜻이 달라진다.
❷ 말, 물 → 'ㅏ', 'ㅜ'
→ '말'과 '물'은 중성의 모음 'ㅏ'와 'ㅜ'에 의해 뜻이 달라진다.
❹ 담, 덤 → 'ㅏ', 'ㅓ'
→ '담'과 '덤'은 중성의 모음 'ㅏ'와 'ㅓ'에 의해 뜻이 달라진다.
❺ 공, 곰 → 'ㅇ', 'ㅁ'
→ '공'과 '곰'은 종성의 자음 'ㅇ'과 'ㅁ'에 의해 뜻이 달라진다.

03 '강낭콩[강낭콩]'은 'ㄱ, ㅏ, ㅇ, ㄴ, ㅏ, ㅇ, ㅋ, ㅗ, ㅇ'과 같이 9개의 음운으로 구성되어 있다.

오답 풀이
❶ 개구리
→ '개구리[개구리]'는 'ㄱ, ㅐ, ㄱ, ㅜ, ㄹ, ㅣ'의 6개 음운이다.
❸ 아리수
→ '아리수[아리수]'는 'ㅏ, ㄹ, ㅣ, ㅅ, ㅜ'의 5개 음운이다. 초성에 오는 'ㅇ'은 음운의 개수로 세지 않는다.
❹ 운전자
→ '운전재[운:전자]'는 'ㅜ, ㄴ, ㅈ, ㅓ, ㄴ, ㅈ, ㅏ'의 7개 음운이다.
❺ 이발소
→ '이발소[이:발쏘]'는 'ㅣ, ㅂ, ㅏ, ㄹ, ㅆ, ㅗ'의 6개 음운이다.

개념 기초 다지기 ———————— 010～011쪽

01 ⑤　02 ③　03 ③　04 ①　05 ①　06 ⑤
07 ②　08 ②　09 ④　10 ⑤　11 ④　12 ⑤

01 음운은 말의 뜻을 구별해 주는 소리의 가장 작은 단위로, 물리적으로 서로 다른 음성(말소리)에서 공통의 요소만을 뽑아 우리의 머릿속에서 하나의 소리로 인식하는 추상적인 말소리이다.

오답 풀이
❶ 뜻을 지닌 가장 작은 말의 단위이다.
→ '형태소'에 대한 설명이다.
❷ 말을 할 때 나오는 물리적인 소리이다.
→ '음성'에 대한 설명이다.
❸ 물체에서 나오는 소리와 그 울림을 말한다.
→ '음향'에 대한 설명이다.
❹ 분리하여 자립적으로 쓸 수 있는 말의 단위이다.
→ '단어'에 대한 설명이다.

02 ⓛ 모음은 '아'와 '이'처럼 단독으로 한 음절을 이룰 수 있다. ⓒ 음운은 자음, 모음과 같은 분절 음운 및 장단, 고저, 강약과 같은 비분절 음운으로 나눌 수 있다.

오답 풀이
ⓑ 자음은 단독으로 한 음절을 이룰 수 있다.
→ 자음은 '가'와 '리'처럼 반드시 모음과 결합해야만 음절을 이룰 수 있다.
ⓔ 분절 음운은 비분절 음운이 있어야만 실현될 수 있다.
→ 비분절 음운이 분절 음운에 얹혀서만 실현될 수 있다.

03 두 학생의 음성은 말하는 사람이 다르므로 물리적으로 서로 다르게 들린다. 하지만 두 학생이 한 말은 동일한 음운으로 구성된 '딸기네'라는 말로 인식된다.

오답 풀이
❶ 두 학생의 음성은 물리적으로 동일하다.
→ 여학생과 남학생은 각각의 사람이므로 물리적으로 동일할 수가 없다.
❷ 두 학생의 음성은 같은 소리로 인식된다.
→ 여학생과 남학생은 서로 다른 사람이므로 두 사람의 음성은 서로 다른 소리로 인식된다.
❹ '딸기네'는 머릿속에서 다른 소리로 인식된다.
→ 우리는 머릿속에서 서로 다른 두 소리의 공통된 요소인 음운을 뽑아 이를 추상적으로 인식하기 때문에 두 학생이 동일하게 '딸기네'라는 말을 했다고 받아들인다.

⑤ '딸기네'는 서로 다른 음운으로 구성되어 있다.
→ 두 학생이 말한 '딸기네[딸:기네]'의 음운은 'ㄸ, ㅏ, ㄹ, ㄱ, ㅣ, ㄴ, ㅔ'의 7개로 같다.

04 '말'과 '물'은 모음 'ㅏ'와 'ㅜ'로 의미가 구별되는 최소 대립쌍이고, '물'과 '굴'은 자음 'ㅁ'과 'ㄱ'으로 의미가 구별되는 최소 대립쌍이다. 그러므로 '말'과 '굴' 사이에서 이 둘을 연결하기 위해서는 '물'이 오는 것이 적절하다.

모답 풀이

② 몸
→ '말'과 음운이 2개가 다르고, '굴'과는 음운 3개가 모두 다르므로 어느 쪽과도 최소 대립쌍이 되지 못한다.

③ 골
→ '굴'과는 'ㅗ'와 'ㅜ'로 의미가 구별되는 최소 대립쌍이지만, '말'과는 음운이 2개가 다르다.

④ 국
→ '굴'과는 'ㄱ'과 'ㄹ'로 의미가 구별되는 최소 대립쌍이지만, '말'과는 음운 3개가 모두 다르다.

⑤ 발
→ '말'과는 'ㅂ'과 'ㅁ'으로 의미가 구별되는 최소 대립쌍이지만, '굴'과는 음운 2개가 다르다.

05 '수학[수:학]'의 음운은 'ㅅ, ㅜ, ㅎ, ㅏ, ㄱ'으로 총 5개이다. 음운의 개수를 셀 때에는 실제 음성 실현형을 기준으로 하고, 초성의 'ㅇ'은 세지 않는다. 또한 쌍자음은 하나의 음운으로 세고, 비분절 음운은 음운의 개수에 포함하지 않는다.

모답 풀이

② 아이 – 4개
→ [아이]는 'ㅏ, ㅣ'로 2개이다.

③ 쌍방 – 7개
→ [쌍방]은 'ㅆ, ㅏ, ㅇ, ㅂ, ㅏ, ㅇ'으로 6개이다.

④ 공놀이 – 6개
→ [공:노리]는 'ㄱ, ㅗ, ㅇ, ㄴ, ㅗ, ㄹ, ㅣ'로 7개이다.

⑤ 어제오늘 – 9개
→ [어제오늘]은 'ㅓ, ㅈ, ㅔ, ㅗ, ㄴ, ㅡ, ㄹ'로 7개이다.

06 '억'의 음운은 'ㅓ, ㄱ'으로 중성과 종성으로 이루어신 음설이나.

모답 풀이

① '에'는 중성으로만 이루어진 음절이다.
→ '에'는 중성 'ㅔ'로만 이루어진 음절이다.

② '소'는 초성과 중성으로 이루어진 음절이다.
→ '소'는 초성 'ㅅ'과 중성 'ㅗ'로 이루어진 음절이다.

③ '웅'은 중성과 종성으로 이루어진 음절이다.
→ '웅'은 중성 'ㅜ'와 종성 'ㅇ'으로 이루어진 음절이다.

④ 중성인 모음이 없으면 음절을 이룰 수 없다.
→ 중성에는 반드시 모음만 올 수 있으며, 모음이 있어야 음절을 이룬다.

07 '책걸상[책껄쌍]'은 'ㅊ, ㅐ, ㄱ, ㄲ, ㅓ, ㄹ, ㅆ, ㅏ, ㅇ'과 같이 9개의 음운으로 구성되어 있다. 나머지는 모두 8개의 음운이다.

모답 풀이

① 운동장
→ [운:동장]은 'ㅜ, ㄴ, ㄷ, ㅗ, ㅇ, ㅈ, ㅏ, ㅇ'으로 8개이다.

③ 학급비
→ [학끕삐]는 'ㅎ, ㅏ, ㄱ, ㄲ, ㅡ, ㅂ, ㅃ, ㅣ'로 8개이다.

④ 마늘빵
→ [마늘빵]은 'ㅁ, ㅏ, ㄴ, ㅡ, ㄹ, ㅃ, ㅏ, ㅇ'으로 8개이다.

⑤ 해바라기
→ [해바라기]는 'ㅎ, ㅐ, ㅂ, ㅏ, ㄹ, ㅏ, ㄱ, ㅣ'로 8개이다.

08 '하늘이 맑다.'는 '하/느/리/막/따'로 5개의 음절로 이루어져 있다.

모답 풀이

① 눈이 내린다. – 5개
→ '누/니/내/린/다'로 5개의 음절이다.

③ 길을 건너세요. – 6개
→ '기/를/건/너/세/요'로 6개의 음절이다.

④ 고양이가 나타났다. – 8개
→ '고/양/이/가/나/타/낟/따'로 8개의 음절이다.

⑤ 그대를 사랑합니다. – 8개
→ '그/대/를/사/랑/함/니/다'로 8개의 음절이다.

09 ④는 비분절 음운(운소)에 대한 설명이다. 비분절 음운은 소리의 장단, 고저, 강약 등과 같이 소리마디의 경계가 잘 나누어지지 않는 음운을 말한다.

10 두 단어는 모두 'ㅁ, ㅏ, ㄹ'의 동일한 분절 음운으로 이루어져 있지만, 비분절 음운인 소리의 길이에 따라 단어의 의미가 달라진다.

11 '눈보라'의 '눈'은 첫음절이므로 원칙대로 길게 발음해야 한다. 따라서 '눈보라'는 [눈:보라]로 발음한다.

모답 풀이

① ㄱ의 '첫눈'의 '눈'은 길게 발음한다.
→ '첫눈'의 '눈'은 둘째 음절이므로 짧게 발음해야 한다.

② ㄴ의 '알밤'의 '밤'은 길게 발음한다.
→ '알밤'의 '밤'은 둘째 음절이므로 짧게 발음한다. 하지만 '밤톨[밤:톨]'과 같이 첫째 음절에 올 때에는 길게 발음해야 한다.

③ ㄷ의 '한눈'의 '눈'은 길게 발음한다.
→ 신체의 일부분을 가리키는 '눈'은 짧게 발음한다. 그러므로 음절이 오는 위치에 상관없이 짧게 발음해야 한다.

⑤ ㅁ의 '굴속'과 '굴을'의 '굴'은 길이가 같게 밀음한다.
→ '굴속'의 '굴'은 길게 발음하지만, '굴을'의 '굴'은 먹는 음식을 의미하므로 짧게 발음한다.

12 '장미'는 자음인 'ㅈ, ㅇ, ㅁ'과 모음인 'ㅏ, ㅣ'로 이루어진 단어이다. 이때 자음은 발음할 때 공기의 흐름이 발음 기관의 방해를 받아 나는 소리이다.

모답 풀이

① '장미'에는 분절 음운만 나타난다.
→ '장미'는 [장미]로 발음하므로 비분절 음운이 나타나지 않는다.

② '장미'의 음운은 5개이고, 음절은 2개이다.
→ '장미'는 'ㅈ, ㅏ, ㅇ, ㅁ, ㅣ'의 5개 음운으로 구성되어 있고, '장/미'의 2개 음절로 구성되어 있다.

③ '장미'라고 부르는 음성은 사람마다 다르다.
→ '장미'라고 말하는 사람마다 나오는 소리는 다르게 인식된다.

④ '장미'는 자음 3개와 모음 2개로 구성된 단어이다.
→ '장미'를 구성하는 자음은 'ㅈ, ㅇ, ㅁ'의 3개이고, 모음은 'ㅏ, ㅣ'의 2개이다.

02 자음

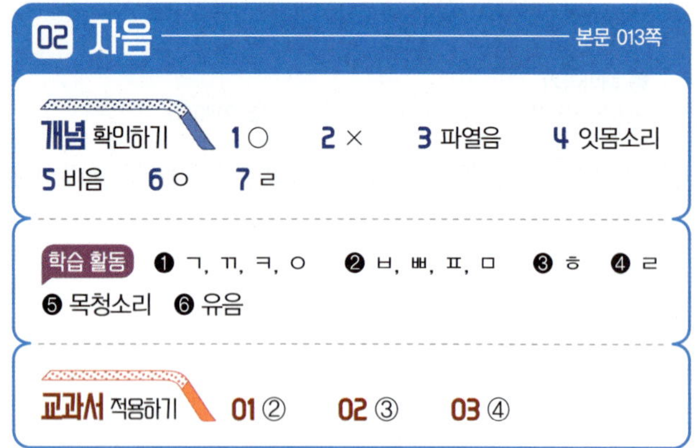

개념 확인하기
1 ○ 2 × 3 파열음 4 잇몸소리
5 비음 6 ㅇ 7 ㄹ

학습 활동 ❶ ㄱ, ㄲ, ㅋ, ㅇ ❷ ㅂ, ㅃ, ㅍ, ㅁ ❸ ㅎ ❹ ㄹ
❺ 목청소리 ❻ 유음

교과서 적용하기 01 ② 02 ③ 03 ④

교과서 적용하기

01 잇몸소리에 해당하는 자음은 'ㄷ, ㅌ, ㄸ, ㅅ, ㅆ, ㄴ, ㄹ'이다. 'ㅇ'은 혀의 뒷부분과 여린입천장 사이에서 나는 소리이다.

모답 풀이
❶ 두 입술: ㅁ
→ 두 입술 사이에서 나는 소리인 입술소리에는 'ㅂ, ㅃ, ㅍ, ㅁ'이 있다.
❸ 목청 사이: ㅎ
→ 목청 사이에서 나는 소리인 목청소리에는 'ㅎ'만 있다.
❹ 혓바닥, 센입천장: ㅊ
→ 혓바닥과 센입천장(경구개) 사이에서 나는 소리인 센입천장소리에는 'ㅈ, ㅊ, ㅉ'이 있다.
❺ 혀 뒤, 여린입천장: ㄲ
→ 혀 뒤와 여린입천장(연구개) 사이에서 나는 소리인 여린입천장소리에는 'ㄱ, ㄲ, ㅋ, ㅇ'이 있다.

02 '수수께끼'에는 예사소리인 'ㅅ'과 된소리인 'ㄲ'만 사용되었다.

모답 풀이
❶ 주차장
→ 예사소리인 'ㅈ, ㅇ'과 거센소리인 'ㅊ'이 사용되었다.
❷ 타악기
→ 예사소리인 'ㄱ'과 거센소리인 'ㅌ'이 사용되었다.
❹ 김치찌개
→ 예사소리인 'ㄱ, ㅁ'과 된소리인 'ㅉ', 거센소리인 'ㅊ'이 사용되었다.
❺ 플래카드
→ 예사소리인 'ㄹ, ㄷ'과 거센소리인 'ㅍ, ㅋ'이 사용되었다.

03 'ㅂ'과 'ㅅ'은 조음 위치와 조음 방법이 모두 다르다. 'ㅂ'은 입술소리이자 파열음이며, 'ㅅ'은 잇몸소리이자 마찰음이다.

모답 풀이
❶ '입'에 사용된 자음은 'ㅂ'이다.
→ '입'은 모음 'ㅣ'와 자음 'ㅂ'으로 구성된다.
❷ '바다'에 사용된 자음은 'ㅂ'과 'ㄷ'이다.
→ '바다'에는 자음 'ㅂ, ㄷ'과 모음 'ㅏ'가 쓰였다.
❸ '순무'에 사용된 비음은 'ㄴ'과 'ㅁ'이다.
→ '순무'에 사용된 자음은 'ㅅ, ㄴ, ㅁ'이고 이 중에서 'ㄴ'과 'ㅁ'은 비음에 해당한다.
❺ 'ㅂ'과 'ㅁ'은 조음 방법은 다르지만 조음 위치가 같다.
→ 'ㅂ'은 파열음이고, 'ㅁ'은 비음으로 조음 방법이 다르다. 그러나 조음 위치에 따라서는 둘 다 두 입술 사이에서 나는 입술소리에 해당하며, 입술소리에는 'ㅂ, ㅃ, ㅍ, ㅁ'이 있다.

개념 기초 다지기

01 ① 02 ⑤ 03 ④ 04 ② 05 ③ 06 ③
07 ① 08 ④ 09 ⑤ 10 ④ 11 ④

01 자음은 발음할 때 공기의 흐름에 방해가 일어나는 위치와 방해가 일어나는 방법에 따라 분류할 수 있다.

모답 풀이
❷ 입술소리, 잇몸소리 등은 조음 방법에 따른 분류이다.
→ 입술소리, 잇몸소리, 센입천장소리, 여린입천장소리, 목청소리는 조음 위치에 따른 분류이다.
❸ 파열음, 마찰음, 비음 등은 조음 위치에 따른 분류이다.
→ 파열음, 파찰음, 마찰음, 비음, 유음은 조음 방법에 따른 분류이다.
❹ 비음은 혀끝을 윗잇몸에 살짝 대었다가 떼면서 나는 소리이다.
→ 혀끝을 윗잇몸에 살짝 대었다가 떼면서 나는 소리는 유음이다. 비음은 공기를 코로 내보내면서 내는 소리이다.
❺ 유음은 공기의 흐름을 막았다가 터트릴 때 마찰을 일으켜 내는 소리이다.
→ 공기의 흐름을 막았다가 터트릴 때 마찰을 일으켜 내는 소리는 파찰음이다. 유음은 혀끝을 윗잇몸에 살짝 대었다가 떼거나 혀끝을 윗잇몸에 댄 채 혀의 양옆으로 공기를 내보내면서 내는 소리이다.

02 'ㅇ'은 혀의 뒷부분과 여린입천장 사이에서 나는 소리인 여린입천장소리가 맞지만, 'ㅁ'은 두 입술 사이에서 나는 소리인 입술소리이고, 'ㄴ'은 혀끝이 윗잇몸에 닿아서 나는 소리인 잇몸소리에 해당한다.

모답 풀이
❶ 'ㅎ'은 목청에서 나는 소리이다.
→ 'ㅎ'은 목청(성대)에서 나는 목청소리로, 목청소리는 'ㅎ'만 해당한다.
❷ 'ㅂ, ㅃ, ㅍ'은 두 입술 사이에서 나는 소리이다.
→ 'ㅂ, ㅃ, ㅍ'은 두 입술 사이에서 나는 입술소리로, 각각 예사소리, 된소리, 거센소리에 해당한다.
❸ 'ㅈ, ㅉ, ㅊ'은 혓바닥과 센입천장 사이에서 나는 소리이다.
→ 'ㅈ, ㅉ, ㅊ'은 혓바닥과 센입천장 사이에서 나는 센입천장소리로, 각각 예사소리, 된소리, 거센소리에 해당한다.
❹ 'ㄷ, ㄸ, ㅌ, ㅅ, ㅆ'은 혀끝과 윗잇몸 사이에서 나는 소리이다.
→ 'ㄷ, ㄸ, ㅌ, ㅅ, ㅆ, ㄴ, ㄹ'은 혀끝이 윗잇몸에 닿아서 나는 잇몸소리로 'ㄷ'과 'ㅅ'은 예사소리, 'ㄸ'과 'ㅆ'은 된소리, 'ㅌ'은 거센소리, 'ㄴ'은 비음, 'ㄹ'은 유음에 해당한다.

03 〈보기〉는 조음 방법에 따른 분류 중 유음에 대한 설명이다. 유음은 흐름소리라고도 하며 자음 'ㄹ'이 여기에 해당한다.

모답 풀이
❶ ㉠ 비음 ㉡ ㄴ
→ 비음은 공기를 코로 내보내면서 내는 소리이고 자음 'ㄴ'은 비음에 해당하지만, 이는 〈보기〉의 설명과는 관련이 없다.
❷ ㉠ 비음 ㉡ ㄹ
→ 자음 'ㄹ'은 유음(흐름소리)에 해당하는 자음으로 ㉡에 들어가기에 알맞지만, 비음은 ㉠에 들어가기에 적절하지 않다.
❸ ㉠ 유음 ㉡ ㄴ
→ 'ㄴ'은 비음이므로 ㉡에 들어가기에 적절하지 않다.
❺ ㉠ 유음 ㉡ ㅇ
→ 'ㅇ'은 비음이므로 ㉡에 들어가기에 적절하지 않다.

04 〈보기〉에 사용된 자음은 파열음 'ㅂ, ㄷ, ㄱ', 마찰음 'ㅅ', 비음 'ㅁ, ㄴ', 유음 'ㄹ'이다. ② 파찰음은 공기의 흐름을 막았다가 터뜨릴 때 마찰을 일으켜 내는 소리로 'ㅈ, ㅉ, ㅊ'이 이에 해당한다.

모답 풀이

❶ 파열음
→ 폐에서 나오는 공기의 흐름을 막았다가 즉각적으로 터뜨려 내는 소리로 'ㅂ, ㅃ, ㅍ, ㄷ, ㄸ, ㅌ, ㄱ, ㄲ, ㅋ'이 여기에 속한다.

❸ 마찰음
→ 공기가 흐르는 통로를 좁혀서 마찰을 일으켜 내는 소리로 'ㅅ, ㅆ, ㅎ'이 여기에 속한다.

❹ 비음
→ 공기를 코로 내보내면서 내는 소리로 'ㄴ, ㅁ, ㅇ'이 여기에 속한다.

❺ 유음
→ 혀끝을 윗잇몸에 살짝 대었다가 떼거나 혀끝을 윗잇몸에 댄 채 혀의 양옆으로 공기를 내보내면서 내는 소리로 'ㄹ'이 여기에 속한다.

05 공기가 흐르는 통로를 좁혀서 마찰을 일으켜 내는 소리는 마찰음으로 'ㅅ, ㅆ, ㅎ'을 말하는데, ⓑ '책'에는 사용되지 않았다.

모답 풀이

❶ ⓐ에는 공기를 코로 내보내면서 내는 소리가 있다.
→ ⓐ '도서관'의 'ㄴ'은 조음 방법에 따라 분류하면 비음이다.

❷ ⓐ에는 혀끝이 윗잇몸에 닿아서 나는 소리가 있다.
→ ⓐ '도서관'의 'ㄷ, ㅅ, ㄴ'은 조음 위치에 따라 분류하면 잇몸소리이다.

❹ ⓑ에는 공기의 흐름을 막았다가 터뜨릴 때 마찰을 일으켜 내는 소리가 있다.
→ ⓑ '책'의 'ㅊ'은 조음 방법에 따라 분류하면 파찰음이다.

❺ ⓒ에는 두 입술 사이에서 나는 소리가 있다.
→ ⓒ '봐'의 'ㅂ'은 조음 위치에 따라 분류하면 입술소리이다.

06 '얄리얄리 얄랑셩 얄라리 얄라'에는 'ㄹ, ㅇ, ㅅ'과 같이 총 3개의 자음이 사용되었다. 이때 'ㅇ'은 혀의 뒷부분과 여린입천장 사이에서 나는 '여린입천장소리'이다.

모답 풀이

❶ 'ㄹ'은 혀끝이 윗잇몸에 닿아서 나는 소리이다.
→ 'ㄹ'은 잇몸소리이므로 적절한 설명이다.

❷ 'ㅇ'은 공기를 코로 내보내면서 내는 소리이다.
→ 'ㅇ'은 비음이므로 적절한 설명이다.

❹ 'ㄹ'은 예사소리, 된소리, 거센소리로 구분되지 않는다.
→ 'ㄹ'은 조음 방법에 따른 분류로는 유음(흐름소리)에 해당하며 유음은 예사소리, 된소리, 거센소리로 구분되지 않는다.

❺ 'ㅇ'은 예사소리, 된소리, 거센소리로 구분되지 않는다.
→ 'ㅇ'은 조음 방법에 따른 분류로는 비음(콧소리)에 해당하며 비음은 예사소리, 된소리, 거센소리로 구분되지 않는다.

07 마찰음에는 'ㅅ, ㅆ, ㅎ'이 해당한다. ㉠ '햇살'에는 'ㅅ, ㅎ'이, ㉡ '수영'에는 'ㅅ'이 사용되었다.

모답 풀이

㉢ 감기
→ '감기'에는 자음 'ㄱ'과 'ㅁ'이 사용되었는데, 'ㄱ'은 파열음이고, 'ㅁ'은 비음이다.

㉣ 병원
→ '병원'에는 자음 'ㅂ, ㅇ, ㄴ'이 사용되었는데, 'ㅂ'은 파열음이고, 'ㅇ'과 'ㄴ'은 비음이다.

08 첫 번째 조건은 잇몸소리, 두 번째 조건은 마찰음, 세 번째 조건은 예사소리에 대한 설명이다. ①~⑤에 제시된 자음 중에서 잇몸소리에 해당하는 자음은 'ㄴ, ㄷ, ㅅ, ㅆ'이고, 이 중에서 마찰음에 해당하는 자음은 'ㅅ, ㅆ'이다. 두 자음 중 예사소리에 해당하는 자음은 'ㅅ'이다. 따라서 모든 조건을 충족하는 자음은 'ㅅ'이다.

모답 풀이

❶ ㄴ
→ 'ㄴ'은 잇몸소리이자 비음이며 예사소리이다.

❷ ㄷ
→ 'ㄷ'은 잇몸소리이자 파열음이며 예사소리이다.

❸ ㅂ
→ 'ㅂ'은 입술소리이자 파열음이며 예사소리이다.

❺ ㅆ
→ 'ㅆ'은 잇몸소리이자 마찰음이며 된소리이다.

09 〈보기〉의 '집'에 사용된 자음 'ㅈ'은 조음 위치에 따라서는 혓바닥과 센입천장 사이에서 소리가 나는 센입천장소리이다. 조음 방법에 따라서는 폐에서 나오는 공기의 흐름을 막았다가 터뜨릴 때 마찰을 일으켜 내는 소리인 파찰음이다.

모답 풀이

❶ 'ㄹ'은 입술소리이면서 유음이다.
→ 'ㄹ'은 조음 위치에 따른 분류로는 잇몸소리이고, 조음 방법에 따른 분류로는 유음이다.

❷ 'ㅅ'은 목청소리이면서 마찰음이다.
→ 'ㅅ'은 조음 위치에 따른 분류로는 잇몸소리이고, 조음 방법에 따른 분류로는 마찰음이다.

❸ 'ㄱ'은 잇몸소리이면서 파열음이다.
→ 'ㄱ'은 조음 위치에 따른 분류로는 여린입천장소리이고, 조음 방법에 따른 분류로는 파열음이다.

❹ 'ㄴ'은 여린입천장소리이면서 비음이다.
→ 'ㄴ'은 조음 위치에 따른 분류로는 잇몸소리이고, 조음 방법에 따른 분류로는 비음이다.

10 'ㄱ', 'ㄲ', 'ㅋ'은 모두 여린입천장소리이자 파열음이다. 이들은 동일한 조음 위치에서 같은 조음 방식으로 발음되더라도, 예사소리, 된소리, 거센소리로 나눌 수 있다. 'ㄱ'은 예사소리, 'ㄲ'은 된소리, 'ㅋ'은 거센소리이다.

모답 풀이

❶ 'ㄱ', 'ㄲ', 'ㅋ'은 모두 두 입술 사이에서 나는 소리이다.
→ 'ㄱ', 'ㄲ', 'ㅋ'은 혀의 뒷부분과 여린입천장 사이에서 소리가 나는 여린입천장소리이다.

❷ 'ㄱ', 'ㄲ', 'ㅋ'은 조음 위치는 같지만, 조음 방법이 서로 다르다.
→ 'ㄱ', 'ㄲ', 'ㅋ'은 조음 방법에 따른 분류로는 모두 파열음에 속한다.

❸ 'ㄱ', 'ㄲ', 'ㅋ'은 조음 방법은 같지만, 조음 위치가 서로 다르다.
→ 'ㄱ', 'ㄲ', 'ㅋ'의 조음 위치는 혀의 뒷부분과 여린입천장 사이로 모두 같다.

❺ 'ㄱ', 'ㄲ', 'ㅋ'은 모두 혓바닥과 센입천장 사이에서 나는 소리이다.
→ 혓바닥과 센입천장 사이에서 나는 소리는 센입천장소리로 'ㅈ, ㅉ, ㅊ'이 해당한다.

11 ⓐ 'ㄱ'은 여린입천장소리, 파열음, 예사소리에 해당하며, ⓑ 'ㅃ'은 입술소리, 파열음, 된소리에 해당한다. 따라서 ④는 된소

리에 대한 설명이므로 예사소리인 'ㄱ'에 대한 설명으로 적절하지 않다.

❶ ⓐ와 ⓑ는 모두 공기를 코로 내보내지 않는 소리이다.
→ 공기를 코로 내보내는 소리는 비음 'ㄴ, ㅁ, ㅇ'이므로 적절한 설명이다.
❷ ⓐ와 ⓑ는 모두 공기의 흐름을 막았다가 즉각적으로 터뜨려 내는 소리이다.
→ 파열음에 대한 설명이므로 'ㄱ'과 'ㅃ' 모두 적절한 설명이다.
❸ ⓐ와 ⓑ는 공기의 흐름에 방해가 일어나는 위치는 다르나 방해가 일어나는 방법은 같다.
→ 조음 위치에 따라서는 'ㄱ'이 여린입천장소리이고 'ㅃ'이 입술소리이나, 조음 방법에 따라서는 둘 다 파열음이므로 적절한 설명이다.
❺ ⓐ는 혀의 뒷부분과 입천장 뒤쪽의 연한 부분 사이에서 나는 소리인 반면에, ⓑ는 두 입술 사이에서 나는 소리이다.
→ 'ㄱ'은 여린입천장소리이고, 'ㅃ'은 입술소리이므로 적절한 설명이다.

03 모음

본문 017쪽

개념 확인하기   **1** 단모음   **2** 고모음   **3** 원순 모음
4 ③   **5** ③   **6** 반모음   **7** ㅜ

학습 활동   ❶ ㅏ, ㅐ, ㅓ, ㅔ, ㅗ, ㅚ, ㅜ, ㅟ, ㅡ, ㅣ   ❷ ㅑ, ㅒ, ㅕ, ㅖ, ㅘ, ㅙ, ㅛ, ㅝ, ㅞ, ㅠ, ㅢ   ❸ ㅗ, ㅚ, ㅜ, ㅟ   ❹ ㅏ, ㅐ, ㅓ, ㅔ, ㅡ, ㅣ

교과서 적용하기   **01** ②   **02** ④   **03** ⑤

01 단모음은 발음할 때 입술의 모양이나 혀의 위치가 달라지지 않는 모음이다. ②는 이중 모음에 대한 설명이다.

❶ 우리말의 단모음은 모두 10개이다.
→ 단모음은 'ㅏ, ㅐ, ㅓ, ㅔ, ㅗ, ㅚ, ㅜ, ㅟ, ㅡ, ㅣ'로 모두 10개이다.
❸ 입술 모양에 따라 평순 모음과 원순 모음으로 나뉜다.
→ 발음할 때 입술 모양이 평평하게 펴지면 평순 모음, 동그랗게 오므라지면 원순 모음이다.
❹ 혀의 앞뒤 위치에 따라 전설 모음과 후설 모음으로 나뉜다.
→ 발음할 때 혀의 위치가 앞쪽으로 오면 전설 모음, 뒤쪽으로 가면 후설 모음이다.
❺ 혀의 최고점의 높이에 따라 고모음, 중모음, 저모음으로 나뉜다.
→ 발음할 때 혀의 위치가 높으면 고모음, 중간이면 중모음, 낮으면 저모음이다.

02 〈보기〉의 조건인 후설 모음, 평순 모음, 중모음을 모두 만족하는 단모음은 'ㅓ'이다.

❶ ㅣ
→ 'ㅣ'는 전설 모음, 평순 모음, 고모음이다.
❷ ㅐ
→ 'ㅐ'는 전설 모음, 평순 모음, 저모음이다.
❸ ㅡ
→ 'ㅡ'는 후설 모음, 평순 모음, 고모음이다.
❺ ㅏ
→ 'ㅏ'는 후설 모음, 평순 모음, 저모음이다.

03 반모음 'ǐ[j]'와 결합하여 이루어진 이중 모음은 'ㅑ, ㅕ, ㅛ, ㅠ, ㅒ, ㅖ'이며, 'ㅞ'는 반모음 'ㅗ/ㅜ[w]'와 결합하여 이루어진 이중 모음이다.

❶ ㅑ
→ 이중 모음 'ㅑ'는 반모음 'ǐ[j]'와 단모음 'ㅏ'가 결합한 것이다.
❷ ㅒ
→ 이중 모음 'ㅒ'는 반모음 'ǐ[j]'와 단모음 'ㅐ'가 결합한 것이다.
❸ ㅠ
→ 이중 모음 'ㅠ'는 반모음 'ǐ[j]'와 단모음 'ㅜ'가 결합한 것이다.
❹ ㅛ
→ 이중 모음 'ㅛ'는 반모음 'ǐ[j]'와 단모음 'ㅗ'가 결합한 것이다.

개념 기초 다지기 018~019쪽

01 ①   **02** ④   **03** ⑤   **04** ⑤   **05** ②   **06** ②
07 ③   **08** ②   **09** ⑤   **10** ③   **11** ②   **12** ⑤
13 ⑤

01 우리말의 모음은 단모음 10개(ㅏ, ㅐ, ㅓ, ㅔ, ㅗ, ㅚ, ㅜ, ㅟ, ㅡ, ㅣ), 이중 모음 11개(ㅑ, ㅒ, ㅕ, ㅖ, ㅘ, ㅙ, ㅛ, ㅝ, ㅞ, ㅠ, ㅢ)로 총 21개이다.

❷ 이중 모음은 반모음과 반모음이 결합하여 이루어져 있다.
→ 이중 모음은 반모음과 단모음이 결합한 것이다.
❸ 단모음은 혀의 높이에 따라 전설 모음과 후설 모음으로 나뉜다.
→ 단모음은 혀의 앞뒤 위치에 따라 전설 모음과 후설 모음으로 나뉜다.
❹ 단모음은 입술 모양에 따라 고모음, 중모음, 저모음으로 나뉜다.
→ 단모음은 혀의 높이에 따라 고모음, 중모음, 저모음으로 나뉜다.
❺ 단모음은 혀의 앞뒤 위치에 따라 평순 모음과 원순 모음으로 나뉜다.
→ 단모음은 입술 모양에 따라 평순 모음과 원순 모음으로 나뉜다.

02 혀의 가장 높은 위치에서 발음되는 고모음에는 'ㅣ, ㅟ, ㅡ, ㅜ'가 있다. ④ '기구'는 고모음인 'ㅣ, ㅜ'로만 이루어진 단어이다.

❶ 추억
→ 'ㅜ'는 고모음이나, 'ㅓ'는 중모음이다.
❷ 주택
→ 'ㅜ'는 고모음이나, 'ㅐ'는 저모음이다.

❸ 냄비
→ 'ㅐ'는 저모음이고, 'ㅣ'만 고모음이다.
❺ 하늘
→ 'ㅏ'는 저모음이고, 'ㅡ'만 고모음이다.

03 발음할 때 입술의 모양이나 혀의 위치가 달라지는 모음인 이중 모음에는 'ㅑ, ㅒ, ㅕ, ㅖ, ㅘ, ㅙ, ㅛ, ㅝ, ㅞ, ㅠ, ㅢ'가 있다. ⑤ '감귤'에는 이중 모음인 'ㅠ'가 사용되었다.

[오답 풀이]
❶ 책상
→ 사용된 모음 'ㅐ'와 'ㅏ'는 모두 단모음이다.
❷ 군밤
→ 사용된 모음 'ㅜ'와 'ㅏ'는 모두 단모음이다.
❸ 우엉
→ 사용된 모음 'ㅜ'와 'ㅓ'는 모두 단모음이다.
❹ 팔찌
→ 사용된 모음 'ㅏ'와 'ㅣ'는 모두 단모음이다.

04 'ㅣ, ㅔ, ㅐ, ㅟ, ㅚ'는 혀의 최고점이 앞쪽에 있는 전설 모음, 'ㅡ, ㅓ, ㅏ, ㅜ, ㅗ'는 혀의 최고점이 뒤쪽에 있는 후설 모음이므로 혀의 앞뒤 위치에 따라 분류한 것이다.

[오답 풀이]
❶ 혀의 높이
→ 발음할 때 혀의 높이에 따라 분류하면 고모음, 중모음, 저모음으로 나눌 수 있다.
❷ 입술 모양
→ 발음할 때 입술 모양을 오므리냐 펴냐에 따라 원순 모음, 평순 모음으로 나눌 수 있다.
❸ 입의 크기
→ 입의 크기 자체는 모음의 분류 기준에 속하지 않으나, 고모음, 중모음, 저모음을 발음할 때 입의 크기가 달라진다.
❹ 혀의 움직임
→ 혀의 움직임 자체는 모음의 분류 기준에 속하지 않는다.

05 전설 모음에는 'ㅣ, ㅔ, ㅐ, ㅟ, ㅚ'가 해당한다. 따라서 'ㅣ, ㅔ'로 이루어진 ㉡ '비행기'와 'ㅟ, ㅣ'로 이루어신 ㉢ '휘리릭'은 모두 전설 모음만으로 이루어진 단어이다.

[오답 풀이]
㉠ 종이
→ 모음 'ㅗ'는 후설 모음이고, 'ㅣ'만 전설 모음이다.
㉣ 멀리멀리
→ 모음 'ㅓ'는 후설 모음이고, 'ㅣ'만 전설 모음이다.
㉤ 좋겠네
→ 모음 'ㅗ'는 후설 모음이고, 'ㅔ'만 전설 모음이다.

06 'ㅗ, ㅚ, ㅜ, ㅟ'는 모두 입술을 둥글게 오므린 상태에서 소리가 나는 원순 모음이다.

[오답 풀이]
❶ 입술이 자연스럽게 펴진다.
→ 평순 모음에 대한 설명이므로 〈보기〉의 모음과는 관련이 없다.
❸ 혀의 최고점 위치가 입안의 뒤쪽에 있다.
→ 'ㅗ, ㅜ'는 후설 모음이므로 혀의 최고점 위치가 뒤쪽에 있지만, 'ㅚ, ㅟ'는 전설 모음이므로 혀의 최고점 위치가 앞쪽에 있다.

❹ 입이 크게 열리면서 혀의 위치가 낮아진다.
→ 저모음에 대한 설명인데, 'ㅜ, ㅟ'는 고모음, 'ㅗ, ㅚ'는 중모음이라 관련이 없다.
❺ 입이 조금 열리면서 혀의 위치가 높아진다.
→ 고모음에 대한 설명으로 'ㅜ, ㅟ'에만 해당한다.

07 'ㅗ'와 'ㅜ'는 발음할 때 입술이 동그랗게 오므려지는 원순 모음이다. 발음할 때 입술이 평평하게 펴지는 모음은 평순 모음으로 'ㅡ, ㅓ, ㅏ'가 해당한다.

[오답 풀이]
❶ 'ㅏ'는 혀의 높이가 가장 낮은 저모음이다.
→ 'ㅏ'는 후설 모음이자 평순 모음, 저모음이다.
❷ 'ㅗ'와 'ㅓ'는 혀의 높이에 따라 중모음에 속한다.
→ 'ㅗ'는 후설 모음, 원순 모음, 중모음이고, 'ㅓ'는 후설 모음, 평순 모음, 중모음이다.
❹ 'ㅡ, ㅓ, ㅏ'는 발음할 때 혀의 높낮이가 서로 다르다.
→ 발음할 때 혀의 높이는 'ㅡ'가 가장 높고, 'ㅓ'가 중간, 'ㅏ'가 가장 낮다.
❺ 'ㅗ, ㅜ, ㅡ, ㅓ, ㅏ'는 모두 발음할 때 입술이나 혀가 고정된다.
→ 단모음은 발음할 때 입술의 모양이나 혀의 위치가 달라지지 않는데, 제시된 모음은 모두 단모음에 속한다.

08 모음 'ㅗ'는 후설 모음, 중모음, 원순 모음에 해당한다.

[오답 풀이]
❶ ㉠: 후설 모음
→ 'ㅗ'는 발음할 때 혀의 위치가 입안 가운데보다 뒤쪽에 오므로 후설 모음이다.
❸ ㉢: 고모음
→ 'ㅜ'는 발음할 때 입을 조금 열면서 혀의 위치가 가장 높이 있으므로 고모음이다.
❹ ㉣: 중모음
→ 'ㅚ'는 발음할 때 입을 약간 벌리고 혀의 높이는 중간쯤에 오므로 중모음이다.
❺ ㉤: 원순 모음
→ 'ㅚ'는 발음할 때 입술 모양이 동그랗게 오므라지므로 원순 모음이다.

09 'ㅐ'는 전설 모음이므로 혀의 최고점의 위치가 입안의 앞쪽에 와야 하며, 저모음이므로 입을 크게 열고 혀를 낮게 하여 발음해야 한다.

[오답 풀이]
❶ 'ㅣ'를 발음할 때 혀의 최고점은 입천장의 앞쪽에 위치한다.
→ 모음 사각도에서 'ㅣ'가 혀의 앞뒤 위치를 나타내는 표에서 가장 앞쪽에 있음을 확인할 수 있다.
❷ 'ㅜ'를 발음할 때 혀의 최고점은 입천장의 뒤쪽에 위치한다.
→ 모음 사각도에서 'ㅜ'가 혀의 앞뒤 위치를 나타내는 표에서 뒤쪽에 있음을 확인할 수 있다.
❸ 'ㅚ'를 발음할 때는 'ㅟ'를 발음할 때보다 혀를 아래로 더 낮춰야 한다.
→ 모음 사각도에서 'ㅚ'는 혀의 높낮이를 표시하는 표에서 중간에 있으며, 'ㅟ'는 그보다 위에 있으므로 'ㅟ'보다 'ㅚ'를 발음할 때 혀를 낮춰야 함을 알 수 있다.
❹ 'ㅓ'를 발음할 때는 'ㅏ'를 발음할 때보다 입은 덜 벌리고 혀를 위로 더 높여야 한다.
→ 모음 사각도에서 'ㅏ'는 혀의 높낮이를 표시하는 표에서 가장 아래쪽에 있고, 'ㅓ'는 그보다 위에 있으므로 'ㅏ'보다 혀의 높이가 높아져야 함을 알 수 있다.

10 입술을 둥글게 오므려 발음하는 원순 모음에는 'ㅗ, ㅜ, ㅚ, ㅟ'가 있다. ③ '기다림'에는 원순 모음은 사용되지 않았고, 'ㅣ, ㅏ'와 같은 평순 모음만 사용되었다.

❶ 부끄럼
→ 원순 모음 'ㅜ'와 평순 모음 'ㅡ, ㅓ'가 사용되었다.
❷ 그리움
→ 원순 모음 'ㅜ'와 평순 모음 'ㅡ, ㅣ'가 사용되었다.
❹ 고마움
→ 원순 모음 'ㅗ, ㅜ'와 평순 모음 'ㅏ'가 사용되었다.
❺ 외로움
→ 원순 모음 'ㅚ, ㅗ, ㅜ'만 사용되었다.

11 '새'를 발음할 때보다 '세'를 발음할 때 혀의 위치가 더 높아야 한다. 'ㅐ'는 저모음이고, 'ㅔ'는 중모음이기 때문이다. 그러나 실제로는 이 둘의 발음을 잘 구별하지 못하는 경향이 있다.

❶ 입술의 모양을 둥글게 해서 발음해야 해.
→ 'ㅔ'와 'ㅐ'는 둘 다 발음할 때 입술이 자연스럽게 펴지는 평순 모음이다.
❸ 공기가 입안에서 장애를 받도록 발음해야 해.
→ 공기가 입안에서 장애를 받으면서 발음되는 것은 자음에 해당하는 설명이다. '세'와 '새'에 쓰인 자음은 둘 다 'ㅅ'으로 같다.
❹ 혀의 최고점이 입천장 뒤쪽에 있도록 발음해야 해.
→ 'ㅔ'와 'ㅐ'는 둘 다 혀의 최고점이 입천장 앞쪽에 오는 전설 모음이다.
❺ 발음하는 도중에 입술이나 혀의 모양이 변하도록 발음해야 해.
→ 발음할 때 입술이나 혀의 모양이 변하는 것은 이중 모음이므로, 단모음인 'ㅔ'와 'ㅐ'에는 해당하지 않는다.

12 ⑤ 'ㅖ'는 반모음 'ㅣ[j]'와 단모음 'ㅔ'가 결합한 이중 모음이고, 나머지는 모두 반모음 'ㅗ/ㅜ[w]'와 단모음이 결합한 이중 모음이다.

❶ ㅘ
→ 이중 모음 'ㅘ'는 반모음 'ㅗ/ㅜ[w]'와 단모음 'ㅏ'가 결합한 것이다.
❷ ㅙ
→ 이중 모음 'ㅙ'는 반모음 'ㅗ/ㅜ[w]'와 단모음 'ㅐ'가 결합한 것이다.
❸ ㅝ
→ 이중 모음 'ㅝ'는 반모음 'ㅗ/ㅜ[w]'와 단모음 'ㅓ'가 결합한 것이다.
❹ ㅞ
→ 이중 모음 'ㅞ'는 반모음 'ㅗ/ㅜ[w]'와 단모음 'ㅔ'가 결합한 것이다.

13 · 첫음절: 후설 모음 'ㅡ, ㅓ, ㅏ, ㅜ, ㅗ' 중 평순 모음은 'ㅡ, ㅓ, ㅏ'이고, 이 중 고모음은 'ㅡ'이므로 첫음절에 올 수 있는 모음은 'ㅡ'이다.
· 둘째 음절: 반모음 'ㅗ/ㅜ[w]'와 단모음이 결합한 이중 모음에는 'ㅘ, ㅙ, ㅝ, ㅞ'의 4가지가 있으므로 이 중 하나가 둘째 음절에 와야 한다.
이 두 조건을 모두 충족하는 단어는 ⑤ '응원'이다.

❶ 금별
→ 첫음절은 'ㅡ'로 조건을 충족하나, 둘째 음절에 오는 'ㅕ'는 반모음 'ㅣ

---

[j]'와 단모음 'ㅓ'가 결합한 이중 모음이므로 조건을 충족하지 않는다.
❷ 인쇄
→ 첫음절의 'ㅣ'는 조건에 충족하지 않는다. 둘째 음절의 'ㅙ'는 조건을 충족한다.
❸ 키위
→ 첫음절의 'ㅣ'는 조건을 충족하지 않는다. 둘째 음절의 'ㅟ' 역시 단모음이므로 조건을 충족하지 않는다.
❹ 우화
→ 첫음절의 'ㅜ'는 조건을 충족하지 않는다. 둘째 음절의 'ㅘ'는 조건을 충족한다.

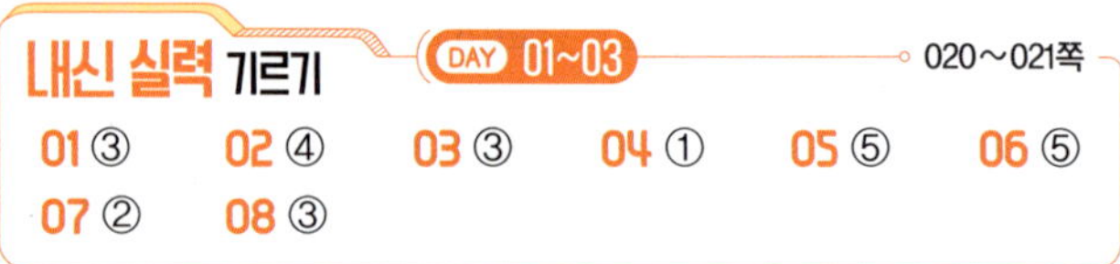

01 영어는 '고기'에서 '고'에 사용된 'ㄱ'을 무성음으로, '기'에 사용된 'ㄱ'을 유성음으로 구분한다.

❶ 국어의 음운 체계와 영어의 음운 체계는 서로 다르게 구성되어 있다.
→ 음운은 추상적이고 관념적인 것으로 나라마다 음운 체계가 다르다.
❷ 국어는 '고기'에서 '고'에 사용된 자음 'ㄱ'과 '기'에 사용된 자음 'ㄱ'을 같은 소리로 인식한다.
→ 국어는 음운을 유성음과 무성음으로 나누지 않기 때문에 'ㄱ'을 같은 자음으로 인식한다.
❹ 국어에서 외래어 표기를 할 때 'gas'를 '까스'가 아니라 '가스'로, 'bus'를 '뻐스'가 아니라 '버스'로 표기한다.
→ 영어에는 된소리가 존재하지 않기 때문에 외래어 표기법에서 된소리를 표기하지 않는다.
❺ 영어는 된소리가 음운으로 존재하지 않기 때문에, 영어권 사람들은 '빵[빵]'과 '방[방]'이라는 발음을 들었을 때 동일한 말로 인식한다.
→ 국어를 쓰는 사람들은 '불, 뿔, 풀'과 같이 예사소리, 된소리, 거센소리를 구분하여 인식하지만, 영어권 사람들은 그 차이를 쉽게 인식하지 못한다.

02 '페이크'에서 두 번째 음절의 초성 'ㅇ'은 음가가 없는 자음이므로, 음가가 있는 자음은 'ㅍ'과 'ㅋ' 두 개이다. 이 두 자음은 공기의 흐름을 막았다가 터트리며 내는 소리인 파열음(ⓒ)이자, 공기가 성대를 통과할 때 많은 양의 공기를 내보내면서 내는 소리인 거센소리(ⓜ)에 해당한다.

ⓐ 두 입술 사이에서 나는 소리
→ 입술소리에 대한 설명으로 'ㅂ, ㅃ, ㅍ, ㅁ'이 해당한다.
ⓑ 공기를 코로 내보내면서 내는 소리
→ 비음에 대한 설명으로 'ㄴ, ㅁ, ㅇ'이 해당한다. '페이크'에는 비음이 사용되지 않았다.
ⓓ 혀의 뒷부분과 여린입천장 사이에서 나는 소리
→ 여린입천장소리에 대한 설명으로 'ㄱ, ㄲ, ㅋ, ㅇ'이 해당한다.

03 ⓐ와 ⓑ에 나열된 단어들은 예사소리 – 된소리 – 거센소리의 순이며, 뒤로 갈수록 앞의 단어보다 좀 더 세거나 거센 느낌을 준다.

❶ ⓐ에 사용된 'ㅈ', 'ㅉ', 'ㅊ'은 모두 센입천장소리이면서 파찰음이다.
→ 'ㅈ, ㅉ, ㅊ'은 조음 위치에 따른 분류로는 센입천장소리이며, 조음 방법에 따른 분류로는 파찰음에 해당한다.
❷ ⓑ에 사용된 'ㄷ', 'ㄸ', 'ㅌ'은 모두 잇몸소리이면서 파열음이다.
→ 'ㄷ, ㄸ, ㅌ'은 조음 위치에 따른 분류로는 잇몸소리이며, 조음 방법에 따른 분류로는 파열음이다.
❹ ⓐ의 'ㅉ'과 ⓑ의 'ㄸ'은 성대를 긴장시켰다가 풀면서 순간적으로 적은 양의 공기를 내보내는 소리이다.
→ 'ㅉ'과 'ㄸ'은 된소리이므로 적절한 설명이다.
❺ ⓐ는 '줄렁줄렁−쭐렁쭐렁−출렁출렁'으로, ⓑ는 '든든하네−뜬뜬하네−튼튼하네'와 같이 모음을 바꾸어도 느낌의 변화는 유사하다.
→ 모음을 바꾸어도 예사소리−된소리−거센소리의 순서는 똑같으며, 이때 된소리는 예사소리보다 센 느낌을, 거센소리는 앞의 두 소리보다 거센 느낌을 준다.

04 '학교'에 사용된 'ㅎ'은 조음 위치에 따른 분류로는 목청소리이며, 조음 방법에 따른 분류로는 마찰음이다. 'ㄱ'은 조음 위치에 따른 분류로는 여린입천장소리이며, 조음 방법에 따른 분류로는 파열음이다.

❷ '땡땡땡'에는 센입천장소리이자 된소리인 'ㄸ'과, 전설 모음이자 저모음인 'ㅐ'가 사용된다.
→ '땡땡땡'에 사용된 자음은 'ㄸ'과 'ㅇ'이고, 모음은 'ㅐ'이다. 'ㄸ'은 잇몸소리이자 파열음, 된소리이고, 'ㅇ'은 여린입천장소리이자 비음이다. 모음 'ㅐ'에 대한 설명은 적절하다.
❸ '어서'의 음운 개수는 4개이며, 후설 모음이자 평순 모음인 'ㅓ'가 사용된다.
→ 초성의 'ㅇ'은 음운 개수로 세지 않으므로 '어서'의 음운 개수는 3개이다. 모음 'ㅓ'에 대한 설명은 적절하다.
❹ '선생님'에는 여린입천장소리이자 파찰음인 'ㅅ'과, 잇몸소리이자 비음인 'ㄴ'이 사용된다.
→ '선생님'에 사용된 자음은 'ㅅ, ㄴ, ㅇ, ㅁ'이다. 'ㅅ'은 잇몸소리이자 마찰음이고, 'ㄴ'은 잇몸소리이자 비음, 'ㅇ'은 여린입천장소리이자 비음, 'ㅁ'은 입술소리이자 비음이다.
❺ '우리를'에는 여린입천장소리이자 비음인 'ㅇ'과, 잇몸소리이자 유음인 'ㄹ'이 사용된다.
→ '우리를'에 사용된 자음은 'ㄹ'이다. 초성에 쓰인 'ㅇ'은 음가가 없는 것이므로 세지 않는다.

05 ㉣에 해당하는 모음은 'ㅓ'이고 ㉤에 해당하는 모음은 'ㅏ'이다. 이 두 모음이 사용된 단어는 '마법'이다.

❶ ㉠와 ㉡의 모음이 모두 사용된 단어는 '희망'이다.
→ ㉠에 해당하는 모음은 'ㅣ'이고, ㉡에 해당하는 모음은 'ㅜ'이므로 적절하지 않다.
❷ ㉠와 ㉢의 모음이 모두 사용된 단어는 '가지'이다.
→ ㉠에 해당하는 모음은 'ㅣ'이고, ㉢에 해당하는 모음은 'ㅔ'이므로 적절하지 않다.
❸ ㉡과 ㉢의 모음이 모두 사용된 단어는 '우산'이다.
→ ㉡에 해당하는 모음은 'ㅜ'이고, ㉢에 해당하는 모음은 'ㅔ'이므로 적절하지 않다.
❹ ㉡과 ㉤의 모음이 모두 사용된 단어는 '가게'이다.
→ ㉡에 해당하는 모음은 'ㅜ'이고, ㉤에 해당하는 모음은 'ㅏ'이므로 적절하지 않다.

06 ⑤ '모임의 의의'에서 '모임의'의 '의'는 조사이므로 [ㅢ / ㅔ] 모두 발음이 가능하다. '의의'의 경우 첫음절에서는 [ㅢ]로만, 둘째 음절은 [ㅢ / ㅣ]로 발음할 수 있다. 따라서 [모임에 이:의]는 올바른 발음이 아니다. [모임의 의:의 / 모임의 의:이 / 모임에 의:의 / 모임에 의:이]가 올바른 발음이다.

❶ 의장[의장]
→ 첫음절의 '의'는 [ㅢ]로만 발음하므로 적절하다.
❷ 민주주의[민주주이]
→ 첫음절 이외의 '의'는 [ㅢ / ㅣ] 모두 발음이 가능하므로 적절하다.
❸ 나의 희망[나에 히망]
→ 조사 '의'는 [ㅔ]로도 발음이 가능하며, 자음을 첫소리로 가지고 있는 '희'는 [히]로 발음이 가능하므로 적절하다.
❹ 우리의 사명[우리의 사명]
→ 조사 '의'는 [ㅢ / ㅔ] 모두 발음이 가능하므로 적절하다.

07 • 첫소리: 윗잇몸과 혀끝에서 발음되는 소리는 잇몸소리로 'ㄷ, ㅌ, ㄸ, ㅅ, ㅆ, ㄴ, ㄹ'이며, 이 중 마찰음은 'ㅅ, ㅆ'이다.
• 가운뎃소리: 입술을 평평하게 하고 발음하는 소리는 평순 모음으로, 'ㅣ, ㅔ, ㅐ, ㅡ, ㅓ, ㅏ'이다.
• 끝소리: 공기를 코로 내보내면서 내는 소리는 비음으로, 'ㅁ, ㄴ, ㅇ'이다.
위의 세 가지 조건을 모두 충족하는 것은 ② '쌈'이다.

❶ 땅
→ 가운뎃소리 'ㅏ'는 평순 모음이고, 끝소리 'ㅇ'은 비음이므로 조건에 충족하지만, 첫소리인 'ㄸ'이 잇몸소리이자 파열음이다.
❸ 손
→ 첫소리 'ㅅ'은 잇몸소리이자 마찰음이고, 끝소리 'ㄴ'이 비음이므로 조건을 충족하지만, 가운뎃소리 'ㅗ'가 원순 모음이다.
❹ 들
→ 가운뎃소리 'ㅡ'는 평순 모음이라 조건에 충족하지만, 첫소리 'ㄷ'은 잇몸소리이자 파열음이고 끝소리 'ㄹ'은 유음이다.
❺ 낫
→ 가운뎃소리 'ㅏ'는 평순 모음이라 조건에 충족하지만, 첫소리 'ㄴ'이 비음이고 끝소리 'ㅅ'이 잇몸소리이자 마찰음으로 위치가 반대이다.

08 '참외'의 '외'는 단모음이다. 단모음으로 발음하는 것이 원칙이나 이중 모음으로 발음하는 것을 허용할 뿐이다.

❶ '귤'에 사용된 이중 모음 'ㅠ'는 반모음 'ㅣ'와 단모음 'ㅜ'가 결합한 것으로 볼 수 있다.
→ '귤'에는 이중 모음 'ㅠ'만 사용되었다.
❷ '용과'에 사용된 이중 모음 'ㅛ'는 반모음 'ㅣ'와 단모음 'ㅗ'가 결합한 것으로 볼 수 있다.
→ '용과'에는 이중 모음 'ㅛ'와 'ㅘ'가 사용되었다.
❹ '사과'에 사용된 이중 모음 'ㅘ'는 반모음 'ㅗ/ㅜ'와 단모음 'ㅏ'가 결합한 것으로 볼 수 있다.
→ '사과'에는 단모음 'ㅏ'와 이중 모음 'ㅘ'가 사용되었다.
❺ '천혜향'에 사용된 이중 모음 'ㅑ'는 반모음 'ㅣ'와 단모음 'ㅏ'가 결합한 것으로 볼 수 있다.
→ '천혜향'에는 단모음 'ㅓ', 이중 모음 'ㅖ'와 'ㅑ'가 사용되었다.

개념 확인하기 1 ○ 2 × 3 음절의 끝소리 규칙
4 비음화 5 구개음화 6 [빈]

학습 활동 ❶ [멍는다] ❷ [만며느리] ❸ [밤물] ❹ 묻이
❺ [국빱] ❻ [안ː꼬] ❼ [갈뜽]

교과서 적용하기 01 ② 02 ④ 03 ⑤

교과서 적용하기

01 '능력 → [능녁]'은 앞의 자음 'ㅇ' 뒤에서 'ㄹ'이 'ㄴ'으로 바뀌어 소리 나는 비음화가 일어난 것이다.

오답 풀이
❶ 난로
→ '난로'는 [날ː로]로 발음되므로 유음화가 일어난 것이다.
❸ 설날
→ '설날'은 [설ː랄]로 발음되므로 유음화가 일어난 것이다.
❹ 실내
→ '실내'는 [실래]로 발음되므로 유음화가 일어난 것이다.
❺ 천리
→ '천리'는 [철리]로 발음되므로 유음화가 일어난 것이다.

02 '잔디'는 [잔디]로 발음되어 표기와 발음에 변화가 없으므로 구개음화가 일어났다고 할 수 없다.

오답 풀이
❶ 굳이
→ '굳이'는 [구지]로 발음되므로 구개음화가 일어난 것이다.
❷ 해돋이
→ '해돋이'는 [해도지]로 발음되므로 구개음화가 일어난 것이다.
❸ 피붙이
→ '피붙이'는 [피부치]로 발음되므로 구개음화가 일어난 것이다.
❺ 닫힌
→ '닫힌'은 [다친]으로 발음되므로 구개음화가 일어난 것이다.

03 '수상한 사람이 보이면 빨리 경찰에 신고하자.'에서 '신고'는 [신고]로 발음되어 된소리되기가 일어나지 않는다. [신ː꼬]로 발음되는 단어는 '신, 버선, 양말 따위를 발에 꿰다.'라는 뜻의 '신다'가 '신고'로 활용할 때이다.

오답 풀이
❶ 저녁으로 국수를 먹었다.
→ '국수'는 [국쑤]로 발음되어 된소리되기가 일어난다.
❷ 선을 넘지 않도록 조심해.
→ '넘지'는 [넘ː찌]로 발음되어 된소리되기가 일어난다.
❸ 이 방은 입구를 찾기 어렵다.
→ '입구'는 [입꾸]로 발음되어 된소리되기가 일어난다.
❹ 그는 연극에 엄청난 열정을 보인다.
→ '열정'은 [열쩡]으로 발음되어 된소리되기가 일어난다.

개념 기초 다지기 ────── 024~025쪽

01 ④ 02 ② 03 ⑤ 04 ③ 05 ① 06 ④
07 ④ 08 ⑤ 09 ④ 10 ② 11 ①

01 〈보기〉에서 '옷 안 → [온안] → [오단]'은 음절 끝의 'ㅅ'이 'ㄷ'으로 바뀐 후에 연음된 것이다. '부엌 → [부억]'은 음절 끝의 'ㅋ'이 'ㄱ'으로 바뀐 것이고, '앞 → [압]'은 음절 끝의 'ㅍ'이 'ㅂ'으로 바뀐 것으로 공통적인 음운 변동 현상은 음절의 끝소리 규칙이다. 이에 대한 설명으로 적절한 것은 ④이다.

오답 풀이
❶ 'ㄴ'이 'ㄹ'의 앞이나 뒤에서 'ㄹ'로 변하는 현상이다.
→ 유음화에 대한 설명이다.
❷ 음절의 끝소리 'ㄱ, ㄷ, ㅂ' 뒤에서 'ㄱ, ㄷ, ㅂ, ㅅ, ㅈ'이 된소리로 변하는 현상이다.
→ 된소리되기에 대한 설명이다.
❸ 음절의 끝소리 'ㄱ, ㄷ, ㅂ'이 뒤에 오는 음절의 첫소리로 'ㄴ, ㅁ'을 만나 비음으로 바뀌는 현상이다.
→ 비음화에 대한 설명이다.
❺ 앞말의 끝소리 'ㄷ, ㅌ'이 모음 'ㅣ'나 반모음 'ǐ'로 시작하는 형식 형태소를 만나 'ㅈ, ㅊ'으로 변하는 현상이다.
→ 구개음화에 대한 설명이다.

문법 짚고 가기

연음
앞 음절의 끝이 자음으로 끝날 때 모음으로 시작되는 형식 형태소가 이어지면 앞 음절의 끝소리가 뒤 음절의 첫소리가 되는 음운 현상이다. 음절의 경계가 달라진다.
예 봄이[보미], 겨울이[겨우리], 옷을[오슬], 낮에[나제]

문법 짚고 가기

실질 형태소, 형식 형태소
- **실질 형태소**: 형태소란 뜻을 가진 가장 작은 말의 단위로, '친구의 책'에서 '친구', '의', '책' 등을 말한다. 그중에서 실질 형태소는 구체적인 대상이나 동작, 상태를 나타내는 실질적 의미를 가진 형태소로 '철수가 책을 읽었다.'에서 '철수', '책', '읽-'이 이에 해당한다.
- **형식 형태소**: 실질 형태소에 붙어 형식적인 의미, 즉 문법적 의미만을 표시하는 형태소로, '철수가 책을 읽었다.'에서 '가', '을', '-었-', '-다'가 이에 해당한다.

02 〈보기〉는 비음화의 유형에 대해 설명한 것이다. '읍내'는 앞 음절의 'ㅂ'이 뒤에 오는 비음 'ㄴ'의 영향으로 [음내]로 발음되므로 (가)의 예로 적절하다. '염려'는 앞 음절 'ㅁ'의 영향으로 'ㄹ'이 비음화되어 [염ː녀]로 발음되므로 (나)의 예로 적절하다. '각론'은 'ㄱ' 뒤의 'ㄹ'이 비음화되어 'ㄴ'으로 변한 후 이 'ㄴ'의 영향으로 앞의 'ㄱ'이 비음화되어 [강논]으로 발음되므로 (다)의 예로 적절하다.

모답 풀이

❶ (가) 국물, (나) 백로, (다) 종로
→ '국물[궁물]'은 (가)의 예로 적절하나, '백로'는 [백노]에서 [뱅노]가 된 것이므로 (다)의 예로 적절하다. '종로[종노]'는 (나)의 예로 적절하다.
❸ (가) 삼림, (나) 산림, (다) 협력
→ '삼림[삼님]'은 (나)의 예로, '협력[협녁]'은 [협녁]에서 [혐녁]으로 바뀐 것으로 (다)의 예로 적절하다. '산림[살림]'은 유음화가 일어난 예이다.
❹ (가) 국내, (나) 밥맛, (다) 담력
→ '국내[궁내]'는 (가)의 예로 적절하고, '밥맛[밤맏]' 역시 (가)의 예로 적절하다. '담력[담:녁]'은 (나)의 예로 적절하다.
❺ (가) 신라, (나) 앞날, (다) 격려
→ '신라[실라]'는 유음화가 일어난 예이다. '앞날[암날]'은 (가)의 예로 적절하다. '격려'는 [격녀]에서 [경녀]가 된 것이므로 (다)의 예로 적절하다.

03 〈보기〉의 '한라산'은 음절의 끝소리 'ㄴ'이 뒤에 오는 'ㄹ'의 영향을 받아 'ㄹ'로 바뀐 유음화가 일어나 [할:라산]으로 발음되며, '칼날' 또한 뒤 음절의 첫소리 'ㄴ'이 앞 음절의 'ㄹ'에 영향을 받아 'ㄹ'로 바뀐 유음화가 일어나 [칼랄]로 발음된다.

모답 풀이

❶ 먹물
→ '먹물[멍물]'은 비음화가 일어난 예이다.
❷ 중력
→ '중력[중:녁]'은 비음화가 일어난 예이다.
❸ 톱밥
→ '톱밥[톱빱]'은 된소리되기가 일어난 예이다.
❹ 집념
→ '집념[짐념]'은 비음화가 일어난 예이다.

04 〈보기〉는 구개음화에 대한 설명이다. '꽃밭에'는 '꽃밭'과 모음 'ㅔ'가 연결되어 [꼳빠테]로 발음되는데, 음절의 끝소리 규칙과 된소리되기는 일어났으나 구개음화는 일어나지 않았다. 받침이 연음된 발음은 음운 변동으로 보지 않는다.

모답 풀이

❶ 내가 우리 집의 맏이다.
→ '맏이'는 받침 'ㄷ'이 모음 'ㅣ'와 결합되는 경우로 구개음화가 일어나 [마지]로 발음된다.
❷ 바닥에 구멍이 뚫려서 밑이 다 보인다.
→ '밑이'는 받침 'ㅌ'이 모음 'ㅣ'와 결합되는 경우로 구개음화가 일어나 [미치]로 발음된다.
❹ 종이 조각을 풀로 다시 붙여 보는 것이 좋겠다.
→ '붙여'는 받침 'ㅌ'과 반모음 'ㅣ'로 시작하는 모음이 결합되는 경우로 구개음화가 일어나 [부처]로 발음된다.
❺ 이 집은 모든 문이 미닫이로 되어 있어서 불편하다.
→ '미닫이'는 받침 'ㄷ'이 모음 'ㅣ'와 결합되는 경우로 구개음화가 일어나 [미:다지]로 발음된다.

05 '같이'는 구개음화가 일어나 [가치]로 발음되며, '굳이'는 구개음화가 일어나 [구지]로 발음된다.

모답 풀이

㉢ 끝인사
→ '끝인사 → [끝인사] → [끄딘사]'로 음절의 끝소리 규칙이 일어난 후 받침이 연음되었다.
㉣ 곧이어
→ '곧이어[고디어]'는 받침 'ㄷ'이 연음된 것이다.

㉤ 같은
→ '같은[가튼]'은 받침 'ㅌ'이 연음된 것이다.

06 〈보기〉는 된소리되기의 유형에 대해 설명한 것이다. '국수'는 앞 음절의 'ㄱ' 뒤에 오는 'ㅅ'이 'ㅆ'으로 발음되므로 (가)에 해당한다. '넘다'는 [넘:따]로 발음되므로 (나)의 예로 적절하고, '물질(物質)'은 [물찔]로 발음되므로 (다)의 예로 적절하다.

모답 풀이

❶ (가) 곱셈, (나) 신다, (다) 절경(絕景)
→ '곱셈[곱쎔]'은 (가)의 예로, '신다[신:따]'는 (나)의 예로 적절하나, '절경[절경]'은 음운 변동이 일어나지 않았으므로 (다)의 예로 적절하지 않다.
❷ (가) 입구, (나) 먹다, (다) 열정(熱情)
→ '입구[입꾸]'와 '먹대[먹따]'는 둘 다 (가)의 예로 적절하다. '열정[열쩡]'은 (다)의 예로 적절하다.
❸ (가) 책상, (나) 알다, (다) 집결(集結)
→ '책상[책쌍]'은 (가)의 예로 적절하나, '알대[알:다]'는 음운 변동이 일어나지 않는다. '집결[집꼃]'은 (다)의 예로 적절하지 않다.
❺ (가) 문법, (나) 안다, (다) 실수(失手)
→ '문법[문뻡]'은 (가)의 예로 적절하지 않다. '안대[안:따]'는 (나)의 예로 적절하며, '실수[실쑤]'는 (다)의 예로 적절하다.

07 ⓐ '학습자'는 [학씁짜], ⓑ '발달'은 [발딸], ⓒ '맞게'는 음절의 끝소리 규칙과 된소리되기가 일어나 [맏께], ⓓ '적절한'은 [적쩔한]으로 발음된다.

08 '덮개 → [덥개] → [덥깨]'는 음절의 끝소리 규칙에 의해 'ㅍ'이 'ㅂ'으로 바뀌었고, 된소리되기에 의해 'ㄱ'이 'ㄲ'으로 바뀌었다.

09 '꽃다발 → [꼳다발] → [꼳따발]'은 음절의 끝소리 규칙과 된소리되기가 일어났고, '꽃말 → [꼳말] → [꼰말]'은 음절의 끝소리 규칙과 비음화가 일어났다.

모답 풀이

❶ '꽃다발'은 '꽃말'과 달리 비음화가 일어났다.
→ 비음화가 일어나는 것은 '꽃다발'이 아니라 '꽃말'이다.
❷ '꽃다발'은 '꽃말'과 달리 유음화가 일어났다.
→ '꽃다발'과 '꽃말' 둘 다 유음화는 일어나지 않는다.
❸ '꽃다발'은 '꽃말'과 달리 구개음화가 일어났다.
→ '꽃다발'과 '꽃말' 둘 다 구개음화는 일어나지 않는다.
❺ '꽃다발'은 '꽃말'과 달리 음절의 끝소리 규칙에 의해 음운이 바뀌었다.
→ '꽃다발'과 '꽃말' 둘 다 음절의 끝소리 규칙에 의해 음운 'ㅊ'이 'ㄷ'으로 바뀐다.

10 '작게'는 [작:께]로 발음되는데 이는 거센소리되기(축약)가 아니라 된소리되기(교체)가 일어난 것이다.

모답 풀이

❶ ㉠: [든는]
→ '듣는'은 앞 음절의 끝소리 'ㄷ'이 뒤 음절의 첫소리인 'ㄴ'의 영향을 받아 비음화되어 [든는]으로 발음된다.
❸ ㉢: [학쌩]
→ '학생'은 받침 'ㄱ' 뒤에 오는 'ㅅ'이 된소리인 'ㅆ'으로 교체되어 [학쌩]으로 발음된다.
❹ ㉣: [농장물]
→ '농작물'은 앞 음절의 끝소리 'ㄱ'이 뒤 음절의 첫소리인 'ㅁ'의 영향을 받아 비음화되어 [농장물]로 발음된다.

⑤ ⑩ : [심니]
→ '심리'는 앞 음절의 끝소리 'ㅁ'의 영향을 받아 뒤에 오는 'ㄹ'이 'ㄴ'으로 바뀌는 비음화가 일어나 [심니]로 발음된다.

11 '맞이'는 음운의 변동이 아닌 연음이 일어나 [마지]로 발음된다.

오답 풀이
❷ '받고'는 된소리되기가 일어나 [받꼬]로 발음된다.
→ '받고'는 받침 'ㄷ' 뒤에 오는 'ㄱ'이 된소리인 'ㄲ'으로 바뀌어 [받꼬]로 발음된다.
❸ '흡수'는 된소리되기가 일어나 [흡쑤]로 발음된다.
→ '흡수'는 받침 'ㅂ' 뒤에 오는 'ㅅ'이 된소리인 'ㅆ'으로 바뀌어 [흡쑤]로 발음된다.
❹ '산란기'는 유음화가 일어나 [살:란기]로 발음된다.
→ '산란기'는 받침 'ㄴ'이 뒤에 오는 'ㄹ'의 영향을 받아 유음 'ㄹ'로 바뀌어 [살:란기]로 발음된다.
❺ '아십니까'는 비음화가 일어나 [아심니까]로 발음된다.
→ '아십니까'는 앞 음절의 끝소리 'ㅂ'이 뒤 음절의 첫소리인 'ㄴ'의 영향을 받아 비음으로 바뀌어 [아심니까]로 발음된다.

05 음운의 변동 ❷ : 탈락 ——— 본문 027쪽

개념 확인하기　1 ○　2 ○　3 몫, 없다, 앉다　4 밟다, 흙, 삶　5 'ㅎ'　6 'ㄹ'　7 'ㅡ'　8 'ㅓ'

학습 활동　❶ [시러]　❷ 'ㅎ' 탈락　❸ [우:는]　❹ 'ㄹ' 탈락　❺ [굼길]　❻ 자음군 단순화　❼ −아서　❽ ㅏ　❾ 아프−　❿ ㅡ

교과서 적용하기　01 ①　02 ②　03 ④

교과서 적용하기

01 '외곬'은 음절 끝의 겹받침 중 뒤 자음이 탈락하는 자음군 단순화가 적용되어 [외골] 또는 [웨골]로 발음된다.

오답 풀이
❷ 읊대[을따]
→ '읊다'는 자음군 단순화에 의해 앞 자음 'ㄹ'이 탈락하여 [읍따]로 발음된다.
❸ 넓대[넙따]
→ '넓다'는 자음군 단순화에 의해 뒤 자음 'ㅂ'이 탈락하여 [널따]로 발음된다.
❹ 읽고[익꼬]
→ '읽다'는 자음군 단순화에 의해 앞 자음 'ㄹ'이 탈락하여 [익따]로 발음된다. 그러나 활용형 '읽고'의 경우에는 'ㄱ'으로 시작하는 어미 '−고'가 온 것으로 겹받침 중 'ㄱ'이 탈락하여 [일꼬]로 발음된다.
❺ 맑대[말따]
→ '맑다'는 자음군 단순화에 의해 앞 자음 'ㄹ'이 탈락하여 [막따]로 발음된다.

02 '사는'은 '사다(값을 치르고 어떤 물건이나 권리를 자기 것으로 만들다.)'의 활용형이므로 'ㄹ' 탈락이 일어났다고 볼 수 없다.

오답 풀이
❶ 그 사람을 잘 안다.
→ '알− + −ㄴ다 → [안다]'에서 'ㄹ'이 탈락하였다.
❸ 하늘을 나는 비행기가 보인다.
→ '날− + −는 → [나는]'에서 'ㄹ'이 탈락하였다.
❹ 우는 아이에게 떡 하나 더 준다.
→ '울− + −는 → [우:는]'에서 'ㄹ'이 탈락하였다.
❺ 요리의 마지막에 간 마늘을 넣어라.
→ '갈− + −ㄴ → [간:]'에서 'ㄹ'이 탈락하였다.

03 '좋아'는 [조:아]로 발음되며 'ㅎ' 탈락이 일어난다. 'ㅎ' 탈락은 발음에만 반영되고 표기에는 반영되지 않으므로 발음과 표기가 달라 주의해야 한다.

오답 풀이
❶ 잠가
→ '잠그− + −아'에서 모음 'ㅡ'가 탈락하였다.
❷ 따라
→ '따르− + −아'에서 모음 'ㅡ'가 탈락하였다.
❸ 담가
→ '담그− + −아'에서 모음 'ㅡ'가 탈락하였다.
❺ 모아서
→ '모으− + −아서'에서 모음 'ㅡ'가 탈락하였다.

개념 기초 다지기 ——◦ 028〜029쪽

01 ②　02 ②　03 ⑤　04 ③　05 ④　06 ④
07 ③　08 ⑤　09 ④　10 ①

01 '났다 → [낟다] → [낟따]'는 음절의 끝소리 규칙에 따라 받침 'ㅆ'이 'ㄷ'으로 교체되고, 이어서 'ㄷ' 뒤에 오는 'ㄷ'이 'ㄸ'으로 교체되는 된소리되기가 일어난다.

오답 풀이
❶ 없다
→ '없다 → [업:다] → [업:따]'는 자음군 단순화로 받침 'ㅄ'에서 뒤 자음인 'ㅅ'이 탈락하고, 이어서 된소리되기가 일어난 것이다.
❸ 읽다
→ '읽다 → [익다] → [익따]'는 자음군 단순화로 받침 'ㄺ'에서 앞 자음인 'ㄹ'이 탈락하고, 이어서 된소리되기가 일어난 것이다.
❹ 핥다
→ '핥다 → [할다] → [할따]'는 자음군 단순화로 받침 'ㄾ'에서 뒤 자음인 'ㅌ'이 탈락하고, 이어서 된소리되기가 일어난 것이다.
❺ 앉다
→ '앉다 → [안다] → [안따]'는 자음군 단순화로 받침 'ㄵ'에서 뒤 자음인 'ㅈ'이 탈락하고, 이어서 된소리되기가 일어난 것이다.

02 ㉠ '여덟'은 자음군 단순화에 의해 받침 'ㄼ'에서 뒤 자음인 'ㅂ'이 탈락하여 [여덜]로 발음된다. ㉡ '읽고'는 받침 'ㄺ' 뒤에 'ㄱ'으로 시작하는 어미 '−고'가 와서 'ㄹ'이 아닌 'ㄱ'이 탈락하여

[일꺼]로 발음된다. ⓒ '닭'은 단독으로 발음될 때는 받침 'ㄺ'에서 앞 자음 'ㄹ'이 탈락하여 [닥]으로 발음된다. 뒤에 조사가 붙을 때는 연음되어 '닭이[달기]', '닭을[달글]'로 발음되므로 발음에 유의한다.

03 〈보기〉에서 설명하는 음운 변동 현상은 'ㅎ' 탈락이다. '놓고'는 '놓-+-고'에서 'ㅎ'과 'ㄱ'이 만나 거센소리인 'ㅋ'이 된 것이다. '놓아[노아]', '놓으니[노으니]'처럼 뒤에 모음으로 시작하는 어미나 접미사가 올 경우에는 'ㅎ' 탈락이 일어난다.

오답 풀이
❶ 손이 닿아 있다.
→ '닿-+-아 → 닿아[다아]'로 'ㅎ'이 탈락되었다.
❷ 과일이 많이 있다.
→ '많-+-이 → 많이[마ː니]'로 'ㅎ'이 탈락되었다.
❸ 하기 싫어도 해야 한다.
→ '싫-+-어도 → 싫어도[시러도]'로 'ㅎ'이 탈락되었다.
❹ 일이 쌓이기 전에 미리 해.
→ '쌓-+-이-+-기 → 쌓이기[싸이기]'로 'ㅎ'이 탈락되었다.

04 '다양한 물품을 삽니다.'에서 '삽니다'의 기본형은 '살다'가 아닌 '사다'이므로 어간에 'ㄹ'이 있는 경우가 아니다. 그러므로 'ㄹ' 탈락이 일어났다고 볼 수 없다.

오답 풀이
❶ '새가 하늘을 납니다.'에서는 '날다'의 'ㄹ'이 탈락되었다.
→ '납니다'의 기본형은 '날다'로 어간 '날-'에 종결 어미 '-ㅂ니다'가 붙어 '날-'의 'ㄹ'이 탈락한 것이다.
❷ '새가 구슬프게 웁니다.'에서는 '울다'의 'ㄹ'이 탈락되었다.
→ '웁니다'의 기본형은 '울다'로 어간 '울-'에 종결 어미 '-ㅂ니다'가 붙어 '울-'의 'ㄹ'이 탈락한 것이다.
❹ '답을 아는 사람은 손을 들렴.'에서는 '알다'의 'ㄹ'이 탈락되었다.
→ '아는'의 기본형은 '알다'로 어간 '알-'에 관형사형 어미 '-는'이 붙어 '알-'의 'ㄹ'이 탈락한 것이다.
❺ '이제 먼 길을 떠나야 한다.'에서는 '멀다'의 'ㄹ'이 탈락되었다.
→ '먼'의 기본형은 '멀다'로 어간 '멀-'에 관형사형 어미 '-ㄴ'이 붙어 '멀-'의 'ㄹ'이 탈락한 것이다.

문법 짚고 가기

용언의 어간
　용언은 문장에서 서술어의 기능을 하는 동사, 형용사를 통틀어 이르는 말이다. 용언은 활용을 하는데, 활용할 때에 변하지 않는 부분을 어간이라고 한다. '보다', '보니', '보고'에서 '보-'와 같은 것을 말한다.

05 음운 변동 중 자음이 탈락하는 것은 자음군 단순화, 'ㅎ' 탈락, 'ㄹ' 탈락이고, 모음이 탈락하는 것은 'ㅡ' 탈락, 동음 탈락이다. 이때 음운 변동의 결과가 표기에 반영되는 것은 'ㄹ' 탈락과 모음 탈락이므로 ⓐ에는 'ㄹ' 탈락의 예가 들어가야 한다. ④의 '만들-+-는 → 만드는'은 어간 '만들-'과 관형사형 어미 '-는'이 만나 어간 '만들-'의 'ㄹ'이 탈락한 것으로 ⓐ에 들어갈 예로 적절하다.

오답 풀이
❶ 쓰-+-어 → 써
→ 어간의 모음 'ㅡ'가 탈락한 모음 탈락이다.
❷ 낳-+-은 → 낳은
→ 'ㅎ' 탈락은 음운 변동 현상이 표기에 반영되지 않는다.
❸ 차-+-아서 → 차서
→ 동일한 모음 'ㅏ'가 탈락한 모음 탈락이다.
❺ 미루-+-어서 → 미뤄서
→ 모음 'ㅜ'와 모음 'ㅓ'가 만나 모음 'ㅝ'가 된 것으로 탈락이 일어나지 않았다.

06 〈보기〉의 글에서 'ㄹ' 탈락이 일어나는 단어를 찾기 위해서는 먼저 단어를 기본형으로 바꾸어 어간이 'ㄹ'로 끝나는지 확인해야 한다. 〈보기〉에서는 'ㄹ' 탈락이 일어나는 4개의 단어를 찾을 수 있다.
• 언: 기본형은 '얼다'로 '얼-+-ㄴ → 언[언ː]'에서 'ㄹ' 탈락이 일어났다.
• 노는: 기본형은 '놀다'로 '놀-+-는 → 노는[노ː는]'에서 'ㄹ' 탈락이 일어났다.
• 나는: 기본형은 '날다'로 '날-+-는 → 나는[나는]'에서 'ㄹ' 탈락이 일어났다.
• 사셨으면: 기본형은 '살다'로 '살-+-시-+-었-+-으면 → 사셨으면[사ː셔쓰면]'에서 'ㄹ' 탈락이 일어났다.

07 '따르다'가 모음으로 시작하는 어미와 결합할 때는 '따르-+-아 → 따라'처럼 어간의 모음인 'ㅡ'가 탈락한다.

오답 풀이
❶ 음절 끝에 겹받침이 올 때 두 자음 중 하나가 탈락하고 하나만 발음된다.
→ 자음군 단순화에 대한 설명이다.
❷ 용언의 어간 끝에 위치한 'ㅎ'의 뒤에 모음으로 시작하는 형식 형태소가 오면 'ㅎ'이 탈락한다.
→ 'ㅎ' 탈락에 대한 설명이다.
❹ 모음 'ㅏ/ㅓ'로 끝나는 용언의 어간 뒤에 'ㅏ/ㅓ'로 시작하는 어미가 오면 한쪽의 'ㅏ/ㅓ'가 탈락한다.
→ 모음 탈락 중 동음 탈락에 대한 설명이다.
❺ 용언의 어간 끝에 위치한 'ㄹ'이 'ㄴ, ㅅ' 따위와 같은 자음으로 시작하는 어미와 결합할 때 'ㄹ'이 탈락한다.
→ 'ㄹ' 탈락에 대한 설명이다.

08 '가다'의 어간 '가-'는 어미 '-아서'와 결합할 때 '가-'의 모음 'ㅏ'와 '-아서'의 모음 'ㅏ'가 같으므로 'ㅏ'가 탈락된 것이다.

오답 풀이
❶ 모자를 잘 써라.
→ '쓰-+-어라 → 써라'와 같이 모음 'ㅡ'가 탈락한 것이다.
❷ 김치를 담가 먹는다.
→ '담그-+-아 → 담가'와 같이 모음 'ㅡ'가 탈락한 것이다.
❸ 수도꼭지를 잘 잠가 둬.
→ '잠그-+-아 → 잠가'와 같이 모음 'ㅡ'가 탈락한 것이다.
❹ 옷이 너무 커서 안 어울린다.
→ '크-+-어서 → 커서'와 같이 모음 'ㅡ'가 탈락한 것이다.

09 ㉣ '나가서'는 어간 '나가-'와 어미 '-아서'와 결합한 것으로 동음인 모음 'ㅏ'가 탈락한 것이다.

> **오답 풀이**
> ❶ ㉠: 겹받침 중 하나가 탈락하여 [막꼬]로 발음한다.
> → 겹받침 'ㄺ'은 보통 앞 자음 'ㄹ'이 탈락하지만 뒤에 'ㄱ'으로 시작하는 어미 '-고'가 오면 뒤 자음인 'ㄱ'이 탈락한다. 그러므로 '맑고'는 [말꼬]로 발음해야 한다.
> ❷ ㉡: 어간 끝의 'ㄹ'이 모음으로 시작하는 어미를 만나 탈락한다.
> → '붑니다'의 기본형은 '불다'로 '불-+-ㅂ니다 → 붑니다[붐:니다]'에서 'ㄹ' 탈락이 일어났지만, '-ㅂ니다'는 모음으로 시작하는 어미가 아니다.
> ❸ ㉢: 어간 끝의 'ㅎ'이 자음으로 시작하는 어미를 만나 탈락한다.
> → '좋아하는'은 '좋-+-아+-하-+-는[조:아하는]'으로 어간의 'ㅎ'이 모음으로 시작하는 어미를 만나 탈락한 것이다.
> ❺ ㉢: 겹받침 중 하나가 탈락하여 [발꼬]로 발음한다.
> → 겹받침 'ㄼ'은 뒤 자음 'ㅂ'이 탈락하는 것이 원칙이지만, '밟-'과 '넓-'의 일부 단어에서 예외적으로 앞 자음 'ㄹ'이 탈락한다. '밟고'의 발음은 [밥:꼬]이다.

10 ⓐ에는 모음 탈락의 예가 들어가야 하고, ⓑ에는 'ㅎ' 탈락의 예가 들어가야 하며, ⓒ에는 'ㄹ' 탈락의 예가 들어가야 한다. '기쁘-+-어 → 기뻐'는 모음 'ㅡ'가 탈락한 것이므로 ⓐ의 예로 적절하다. '닳-+-아 → 닳아'는 'ㅎ'이 탈락한 것이므로 ⓑ의 예로 적절하다. '솔+나무 → 소나무'는 'ㄹ'이 탈락한 것이므로 ⓒ의 예로 적절하다.

> **오답 풀이**
> ❷ ⓐ 놓-+-으니 → 놓으니, ⓑ 뜨-+-어서 → 떠서, ⓒ 바늘+-질 → 바느질
> → ⓐ는 'ㅎ' 탈락, ⓑ는 'ㅡ' 탈락, ⓒ는 'ㄹ' 탈락이므로 ⓐ와 ⓑ의 예가 서로 바뀌었다.
> ❸ ⓐ 말+소 → 마소, ⓑ 가늘-+-ㄴ → 가는, ⓒ 달+달+-이 → 다달이
> → ⓐ, ⓑ, ⓒ 모두 'ㄹ' 탈락의 예이므로 적절하지 않다.
> ❹ ⓐ 멀-+-ㄴ → 먼, ⓑ 않-+-은 → 않은, ⓒ 버들+나무 → 버드나무
> → ⓐ와 ⓒ는 'ㄹ' 탈락, ⓑ는 'ㅎ' 탈락이므로, ⓐ의 예가 적절하지 않다.
> ❺ ⓐ 끓-+-어 → 끓어, ⓑ 모으-+-아 → 모아, ⓒ 열-+닫-+-이 → 여닫이
> → ⓐ는 'ㅎ' 탈락, ⓑ는 'ㅡ' 탈락, ⓒ는 'ㄹ' 탈락이므로 ⓐ와 ⓑ의 예가 서로 바뀌었다.

> **교과서 적용하기**

01 '겉옷 → [걷옫] → [거돋]'은 음절의 끝소리 규칙에 의해 받침 'ㅌ'이 'ㄷ'으로 바뀐 후 연음된 것이다. 연음은 음운 변동 현상에 속하지 않는다.

> **오답 풀이**
> ❷ 담요
> → '담요 → [담:뇨]'로 자음으로 끝나는 말 뒤에 반모음 'ㅣ'로 시작하는 모음이 오면서 'ㄴ' 첨가가 일어났다.
> ❸ 색연필
> → '색연필 → [색년필] → [생년필]'로 'ㄴ' 첨가가 일어난 후에 'ㄱ'이 뒤에 오는 'ㄴ'에 영향을 받아 비음 'ㅇ'으로 바뀌는 비음화가 일어났다.
> ❹ 영업용
> → '영업용 → [영업뇽] → [영엄뇽]'으로 'ㄴ' 첨가가 일어난 후에 'ㅂ'이 뒤에 오는 'ㄴ'에 영향을 받아 비음 'ㅁ'으로 바뀌는 비음화가 일어났다.
> ❺ 꽃잎
> → '꽃잎 → [꼳닙] → [꼰닙]'으로 음절의 끝소리 규칙과 'ㄴ' 첨가, 비음화가 모두 일어났다.

02 반모음 첨가가 표준 발음으로 인정되는 것은 어간 모음 'ㅣ(ㅚ, ㅟ)' 뒤에 오는 단모음에 반모음 'ㅣ [j]'가 덧붙는 경우이다. ③의 '개었다'는 어간의 모음이 'ㅐ'이므로, [개연따]와 같이 반모음을 첨가하여 발음하는 것은 표준 발음으로 인정하지 않는다. [개얻따]로 발음해야 한다.

> **오답 풀이**
> ❶ 당신의 평생소원은 무엇이오[무어시오]?
> → '무엇이오'는 [무어시오/무어시요] 모두 표준 발음이다. 한편, '평생소원'은 일생에 걸쳐 이루고자 하는 소원을 뜻한다.
> ❷ 봄이 되어 개나리가 활짝 피었다[피얻따].
> → '피었다'는 [피얻따/피엳따] 모두 표준 발음이다.
> ❹ 그는 차에서 내리자마자 집으로 마구 뛰었대[뛰얻따].
> → '뛰었다'는 [뛰얻따/뛰엳따] 모두 표준 발음이다.
> ❺ 보아라[보아라], 저 들판에서 익어가는 벼들의 숭고함을.
> → '보아라'는 반모음이 첨가되지 않은 [보아라]만 표준 발음이다. 반모음이 첨가된 [보와라]는 표준 발음으로 인정되지 않는다.

03 〈보기〉의 '어떻하지[어떠카지]'는 'ㄱ'과 'ㅎ'이 만나 'ㅋ'이 된 것으로, 두 음운이 하나의 음운으로 줄어드는 축약 현상인 거센소리되기가 일어난다. ④의 '꽃이다[꼬치다]'는 연음되어 발음될 뿐, 거센소리되기는 일어나지 않는다.

오답 풀이

❶ 좋다
→ '좋다[조:타]'는 'ㅎ'과 'ㄷ'이 만나 거센소리인 'ㅌ'이 된 것이다.

❷ 많고
→ '많고[만:코]'는 'ㅎ'과 'ㄱ'이 만나 거센소리인 'ㅋ'이 된 것이다.

❸ 좁히면
→ '좁히면[조피면]'은 'ㅂ'과 'ㅎ'이 만나 거센소리인 'ㅍ'이 된 것이다.

❺ 밟히다
→ '밟히다[발피다]'는 'ㅂ'과 'ㅎ'이 만나 거센소리인 'ㅍ'이 된 것이다.

개념 기초 다지기

032~033쪽

01 ①	02 ④	03 ②	04 ④	05 ④	06 ③
07 ②	08 ④	09 ⑤	10 ④	11 ③	

01 '홑이불'은 발음할 때 'ㄴ'이 첨가되어 [혼니불]로 발음된다. 표기된 음운의 수는 7개이고 발음할 때는 8개이므로 발음할 때 음운의 수가 늘어난다.

오답 풀이

❷ 추운데 난로에 불을 지펴 주세요.
→ '난로[날:로]'는 유음화(교체)가 일어난 것으로 표기와 발음에서의 음운의 개수가 5개로 같다.

❸ 병원 문이 닫히기 전에 얼른 가 보자.
→ '닫히기 → [다티기] → [다치기]'는 거센소리되기(축약)와 구개음화(교체)가 일어나 발음할 때 음운의 개수가 한 개 줄어든다.

❹ 음, 아드님이 감기 기운이 약간 있네요.
→ '아들+-님 → 아드님'이 된 것으로 'ㄹ' 탈락(탈락)이 일어나 표기에도 반영된 경우이다. '아드님[아드님]'으로 표기와 발음에서의 음운의 개수는 6개로 같다.

❺ 요즘 입맛이 없는지 밥도 잘 안 먹어요.
→ '입맛[임맏]'은 비음화(교체)와 음절의 끝소리 규칙(교체)이 일어난 것으로 표기와 발음에서의 음운의 개수는 5개로 같다.

02 '닫히다'는 축약인 거센소리되기 현상이 일어나 [다티다]로 변한 다음 구개음화가 일어나 [다치다]로 발음된다.

오답 풀이

❶ 솜사탕
→ '솜사탕[솜:사탕]'에는 음운 변동 현상이 일어나지 않는다.

❷ 굵기다
→ '굵기다[굵기다]'는 자음군 단순화(탈락)로 앞 자음인 'ㄹ'이 탈락하였다.

❸ 살피다
→ '살피다[살피다]'에는 음운 변동 현상이 일어나지 않는다.

❺ 낯설다
→ '낯설다 → [낟설다] → [낟썰다]'에는 음절의 끝소리 규칙(교체)과 된소리되기(교체)가 일어난다.

03 ⓑ '입학[이팍]'은 거센소리되기(축약)가 일어나 음운의 개수가 줄어든다. 표기의 음운 개수는 5개이고, 음운 변동 후 발음의 음운 개수는 4개이다.

오답 풀이

❶ ⓐ 무릎 → [무릅]
→ '무릎[무릅]'은 음절의 끝소리 규칙(교체)만 일어난 것이므로 음운의 개수가 5개로 동일하다.

❸ ⓒ 학생 → [학쌩]
→ '학생[학쌩]'은 된소리되기(교체)만 일어난 것이므로 음운의 개수가 6개로 동일하다.

❹ ⓓ 맨입 → [맨닙]
→ '맨입[맨닙]'은 'ㄴ' 첨가(첨가)가 일어나 음운의 개수가 늘어났다. 표기의 음운 개수는 5개이고, 음운 변동 후 발음의 음운 개수는 6개이다.

❺ ⓔ 실내 → [실래]
→ '실내[실래]'는 유음화(교체)만 일어난 것이므로 음운의 개수가 5개로 동일하다.

04 〈보기〉의 표준 발음법 제29항은 'ㄴ' 첨가에 대해 설명하고 있고, [붙임 1]은 첨가된 'ㄴ'이 유음화되는 것에 대해 설명하고 있다. 이처럼 'ㄴ' 첨가가 일어난 이후에 유음화가 된 단어를 찾으면 '할 일 → [할닐] → [할릴]'이 되는 ④이다.

오답 풀이

❶ 각하[가카]
→ '각하 → [가카]'에서 거센소리되기만 나타난다.

❷ 석류[성뉴]
→ '석류 → [석뉴] → [성뉴]'에서 비음화만 두 번 나타난다.

❸ 칼날[칼랄]
→ '칼날 → [칼랄]'에서 유음화만 나타난다.

❺ 할 바[할빠]
→ 관형사형 어미 '-ㄹ' 뒤에 오는 'ㅂ'이 'ㅃ'으로 교체된 된소리되기가 나타난다.

05 '되어'는 [되어]로 발음하는 것이 원칙이나, 반모음 첨가가 일어난 [되여]로 발음하는 것도 허용된다. 그러나 표기는 '되어'로만 써야 한다.

오답 풀이

❶ 'ㄴ' 첨가에 해당한다.
→ 'ㄴ' 첨가는 자음으로 끝나는 말 뒤에서 일어난다. '되어'의 어간 '되-'는 모음 'ㅚ'로 끝나므로 해당하지 않는다.

❷ 모음 탈락에 해당한다.
→ 모음 탈락에는 'ㅡ' 탈락이나 동음으로 'ㅏ/ㅓ'가 올 때 탈락하는 경우가 있는데, '되- + -어'에서 탈락한 모음은 없다.

❸ 거센소리되기에 해당한다.
→ 예사소리 'ㄱ, ㄷ, ㅂ, ㅈ'이 'ㅎ'과 만나 거센소리인 'ㅋ, ㅌ, ㅍ, ㅊ'이 되는 현상으로, '되어[되어]'에는 표기에도 발음에도 거센소리가 나타나지 않으므로 해당하지 않는다.

❺ 표기에 반영되는 음운 변동에 해당한다.
→ '되어'의 발음은 [되어/되여] 둘 다 가능하지만 표기는 '되어'로만 써야 한다.

06 '기어'와 같이 'ㅣ(ㅚ, ㅟ)'로 끝나는 어간에 어미 '-어', '-오'가 붙는 경우, [어], [오]로 발음하는 것이 원칙이지만, 반모음 'ㅣ[j]'가 첨가된 [여], [요]로 발음하는 것도 허용된다.

오답 풀이

❶ 그는 잠이 깨어[깨여] 눈을 떴다.
→ '깨어 ← 깨-+-어'는 어간이 모음 'ㅐ'로 끝나므로 표준 발음은 [깨어]이다.

❷ 아주 솔직히 그냥 네가 참 좋아[조:와].
→ '좋아 ← 좋−+−아'는 어간이 자음으로 끝나며, 반모음 'ㅗ/ㅜ[w]'가 덧붙는 경우는 표준 발음으로 인정하지 않으므로 [조:아]로 발음해야 한다.
❹ 목이 부어[부워] 밥을 목구멍으로 넘기지 못한다.
→ '부어 ← 부−+−어'는 어간이 모음 'ㅜ'로 끝나는 데다 반모음 'ㅗ/ㅜ[w]'가 덧붙는 경우는 표준 발음으로 인정하지 않으므로 [부어]로 발음해야 한다.
❺ 광주에[광주예] 사시는 할머니께서 우리 집에 오셨다.
→ '광주에 ← 광주+에'는 단어와 단어가 결합한 경우이므로 [광주에]로 발음해야 한다.

07 '끊기는'은 'ㅎ'과 'ㄱ'이 만나 'ㅋ'으로 바뀌는 거센소리되기(축약)가 일어나 [끈키는]으로 발음된다. '숱한 → [순한] → [수탄]'은 음절의 끝소리 규칙(교체)과 거센소리되기(축약)가 일어난다. 그러므로 공통적으로 일어난 음운 변동 현상은 거센소리되기(축약)이다.

▶ **오답 풀이**
❶ 'ㄴ'이 'ㄹ'의 앞이나 뒤에서 'ㄹ'로 변하는 현상이다.
→ 'ㄴ'이 유음 'ㄹ'로 바뀌는 유음화에 대한 설명으로 제시된 문장에서는 '전력[절:력]'을 예로 들 수 있다.
❸ 음절의 끝소리 'ㄱ, ㄷ, ㅂ' 뒤에 오는 음절의 첫소리로 'ㄴ, ㅁ'을 만나 비음으로 바뀌는 현상이다.
→ 비음화에 대한 설명으로 '끊기는'과 '숱한'에서는 일어나지 않는다. 제시된 문장에서는 'ㄹ'이 비음화된 예가 있는데 '사용량[사:용냥]'이 그 예이다.
❹ 음절의 끝에서 7개의 대표음이 발음되고, 이 외의 자음은 'ㄱ, ㄷ, ㅂ'의 대표음 중 하나로 바뀌어 발음되는 현상이다.
→ 음절의 끝소리 규칙에 대한 설명으로 '숱한'에서는 일어나나 '끊기는'에서는 일어나지 않는다.
❺ 앞말의 끝소리 'ㄷ, ㅌ'이 모음 'ㅣ'나 반모음 'ㅣ'로 시작하는 형식 형태소를 만나 구개음인 'ㅈ, ㅊ'으로 변하는 현상이다.
→ 구개음화에 대한 설명으로 '끊기는'과 '숱한'에서는 일어나지 않는다.

08 ㉠ '담요'는 '담+요'로 자음으로 끝나는 말과 반모음 'ㅣ[j]'로 시작하는 말이 결합한 것으로, 'ㄴ' 첨가가 일어나 [담:뇨]로 발음된다.
㉡ '솜이불'은 '솜+이불'로 자음으로 끝나는 말과 모음 'ㅣ'로 시작하는 말이 결합한 것으로, 'ㄴ' 첨가가 일어나 [솜:니불]로 발음된다.
㉢ '좋지요'는 'ㅎ'과 'ㅈ'이 만나 거센소리인 'ㅊ'으로 축약된 거센소리되기가 일어나 [조:치요]로 발음된다.

▶ **오답 풀이**
❶ ㉠ [다:묘], ㉡ [소:미불], ㉢ [존:찌요]
→ ㉠과 ㉡의 발음은 연음한 것인데, ㉠과 ㉡은 단어와 단어가 만나 합성어가 된 것이므로 연음이 일어나지 않는다. ㉢은 음절의 끝소리 규칙과 된소리되기로 발음한 것이다. 음운 변동은 발음을 쉽게 하기 위한 것인데, 이렇게 어렵게 발음할 필요가 없다.
❷ ㉠ [다:묘], ㉡ [솜:니불], ㉢ [조:치요]
→ ㉡과 ㉢은 적절하지만, ㉠을 연음했기에 적절하지 않다.
❸ ㉠ [담:뇨], ㉡ [소:미불], ㉢ [존:찌요]
→ ㉠은 적절하지만, ㉡과 ㉢의 발음이 적절하지 않다.
❺ ㉠ [담:뇨], ㉡ [솜:니불], ㉢ [존:찌요]
→ ㉠과 ㉡의 발음은 적절하지만, ㉢의 발음이 적절하지 않다.

09 '시야를 넓혀서 다양한 일을 경험해 보자.'에서 '넓혀서[널펴서]'는 예사소리인 'ㅂ'과 'ㅎ'이 만나서 거센소리인 'ㅍ'으로 바뀌는 거센소리되기(축약)가 일어난다. ⑤의 '숱이[수치]'는 'ㅌ'이 모음 'ㅣ'를 만나 구개음화(교체)가 일어난 경우이다. 나머지 예는 모두 거센소리되기가 일어난다.

▶ **오답 풀이**
❶ 멀지 않다면 한번 들러라.
→ '않다면[안타면]'으로 발음되어 거센소리되기가 일어난다.
❷ 같이 밥이라도 먹으면 좋지.
→ '좋지[조:치]'로 발음되어 거센소리되기가 일어난다.
❸ 어둠을 밝히는 등불이 되어라.
→ '밝히는[발키는]'으로 발음되어 거센소리되기가 일어난다.
❹ 그 많던 싱아는 어디로 갔을까.
→ '많던[만:턴]'으로 발음되어 거센소리되기가 일어난다.

10 '월요일[워료일]'은 연음된 것으로 음운 변동이 일어나지 않는다. '밭이랑 → [받니랑] → [반니랑]'은 음절의 끝소리 규칙(교체)과 'ㄴ' 첨가(첨가), 비음화(교체)가 일어난 것이다.

▶ **오답 풀이**
❶ 첨가: 한 일, 축약: 못하다
→ '한 일[한닐]'에는 'ㄴ' 첨가(첨가)가, '못하다[모:타다]'에는 거센소리되기(축약)가 일어난다.
❷ 첨가: 식용유, 축약: 잡히다
→ '식용유[시굥뉴]'에는 'ㄴ' 첨가(첨가)가, '잡히다[자피다]'에는 거센소리되기(축약)가 일어난다.
❸ 첨가: 가랑잎, 축약: 꽂히다
→ '가랑잎[가랑닙]'에는 'ㄴ' 첨가(첨가)와 음절의 끝소리 규칙(교체)이, '꽂히다[꼬치다]'에는 거센소리되기(축약)가 일어난다.
❺ 첨가: 급행열차, 축약: 깨끗하다
→ '급행열차[그팽녈차]'에는 거센소리되기(축약)와 'ㄴ' 첨가(첨가)가, '깨끗하다[깨끄타다]'에는 음절의 끝소리 규칙(교체)가 거센소리되기(축약)가 일어난다.

11 ⓐ는 '꽃잎 → [꼳닙] → [꼰닙]'으로 음절의 끝소리 규칙(교체), 'ㄴ' 첨가(첨가), 비음화(교체)가, ⓑ는 '맺힌 → [매친]'으로 거센소리되기(축약)가 일어난다.

▶ **오답 풀이**
❶ ⓐ와 ⓑ에서는 모두 음운의 첨가 현상이 일어났다.
→ ⓐ에는 음운의 첨가가 일어나지만, ⓑ에는 일어나지 않는다.
❷ ⓐ와 ⓑ에서는 모두 음운의 축약 현상이 일어났다.
→ ⓑ에는 음운의 축약이 일어나지만, ⓐ에는 일어나지 않는다.
❹ ⓐ에서는 음운의 축약, ⓑ에서는 음운의 첨가가 일어났다.
→ ⓐ와 ⓑ에 대한 설명이 서로 뒤바뀌었다.
❺ ⓐ와 ⓑ에서는 모두 음운의 교체 이후 음운의 탈락이 일어났다.
→ ⓐ에만 음운의 교체가 일어난다.

내신 실력 기르기 `DAY 04~06` · · · · · · 034~035쪽

| 01 ① | 02 ⑤ | 03 ④ | 04 ④ | 05 ④ | 06 ④ |
| 07 ① |

01 음운의 변동은 표기에 반영되기도 하고 반영되지 않기도 하므로, 표기와 발음을 일치시키기 위한 자연스러운 현상이라는 설명은 적절하지 않다.

[오답 풀이]
❷ 음운이 일정한 환경에 따라 다르게 발음되는 현상이다.
→ 교체, 탈락, 첨가, 축약은 변동이 일어나는 일정한 조건이나 환경이 있다.
❸ 음운 변동은 모든 언어에서 나타나는 보편적인 현상이다.
→ 음운 변동은 발음을 쉽게 하고 말의 의미를 정확하게 전달하기 위한 것으로 한국어뿐만 아니라 다른 언어에서도 나타난다.
❹ 음운의 변동은 크게 교체, 탈락, 첨가, 축약의 네 가지로 나뉜다.
→ 음운의 변동은 크게 교체(음절의 끝소리 규칙, 비음화, 유음화, 구개음화, 된소리되기), 탈락(자음군 단순화, 'ㅎ' 탈락, 'ㄹ' 탈락, 모음 탈락), 첨가('ㄴ' 첨가, 반모음 첨가), 축약(거센소리되기)으로 나눌 수 있다.
❺ 음운 변동의 결과로 표기와 발음할 때의 음운의 개수가 달라지기도 한다.
→ 발음할 때 음운이 첨가되면 음운의 개수가 한 개 늘어나고, 탈락이나 축약이 일어나면 음운의 개수가 한 개 줄어든다.

02 '옷 한 벌 → [온한벌] → [오탄벌]'로 'ㅅ'이 음절의 끝소리 규칙에 따라 'ㄷ'으로 교체된 후, 'ㄷ'이 'ㅎ'과 만나 'ㅌ'으로 축약되는 거센소리되기가 일어난다.

[오답 풀이]
❶ '밥물[밤물]'이 발음될 때에는 'ㅂ'이 'ㅁ'의 영향을 받아 'ㅁ'으로 교체되는 현상이 일어난다.
→ '밥물[밤물]'에는 비음화가 일어났으므로 적절한 설명이다.
❷ '대관령[대:괄령]'이 발음될 때에는 'ㄴ'이 'ㄹ'의 영향을 받아 'ㄹ'로 교체되는 현상이 일어난다.
→ '대관령[대:괄령]'에는 유음화가 일어났으므로 적절한 설명이다.
❸ '내복약[내:봉냑]'이 발음될 때에는 첨가되는 'ㄴ'으로 'ㄱ'이 'ㅇ'으로 교체되는 현상이 일어난다.
→ '내복약 → [내:복냑] → [내:봉냑]'은 'ㄴ' 첨가가 일어나고, 첨가된 'ㄴ'에 의해 앞 음절의 'ㄱ'이 'ㅇ'으로 비음화된 것이므로 적절한 설명이다.
❹ '낳아[나아]'가 발음될 때에는 모음으로 시작되는 어미와 만나 'ㅎ'이 탈락하는 현상이 일어난다.
→ '낳아[나아]'는 'ㅎ' 탈락으로 표기에는 반영되지 않지만 발음할 때에는 'ㅎ'이 탈락되므로 적절한 설명이다.

03 '밭입니다 → [바칩니다] → [바침니다]'는 받침 'ㅌ'이 뒤에 오는 모음 'ㅣ'와 만나 구개음화가 된다. 또한 음절의 끝소리 'ㅂ'이 비음 'ㄴ'을 만나 비음인 'ㅁ'으로 비음화되어 [바침니다]로 발음된다.

[오답 풀이]
❶ '대통령'은 'ㅇ' 뒤에 연결되는 'ㄹ'에 비음화가 일어나 [대:통녕]이 된다.
→ 'ㄹ'을 제외한 자음 뒤에서 'ㄹ'이 비음 'ㄴ'으로 바뀌는 현상으로 적절한 발음이다.
❷ '밭을'은 '을'이 조사이므로 모음 앞의 받침을 본음대로 연음하여 [바틀]로 발음된다.
→ '밭'은 뒤에 오는 조사에 따라 '밭이[바치]', '밭을[바틀]', '밭만[반만]'과 같이 활용한다. '밭이[바치]'는 구개음화가 일어난 것이고, '밭을[바틀]'은 연음된 것이며, '밭만[반만]'은 음절의 끝소리 규칙과 비음화가 일어난 것이다.
❸ '급류'는 'ㅂ' 뒤에서 'ㄹ'이 'ㄴ'으로 바뀌고, 바뀐 'ㄴ'의 영향으로 'ㅂ'이 비음화되어 [금뉴]로 발음된다.

→ '급류 → [급뉴] → [금뉴]'와 같이 음절의 끝소리 'ㅂ' 뒤에서 'ㄹ'이 'ㄴ'으로 비음화되고, 이 'ㄴ'의 영향으로 'ㅂ'이 다시 'ㅁ'으로 비음화되는 현상이 일어나므로 적절한 설명이다.
❺ '밭이랑'은 '이랑'이 명사일 때 음절의 끝소리 규칙에 의해 '받'이 되고 'ㄴ' 첨가 현상과 비음화 현상이 일어나므로 [반니랑]으로 발음된다.
→ '밭이랑 → [받니랑] → [반니랑]'은 '밭'과 '이랑'이 합쳐진 단어이므로 'ㄴ' 첨가가 일어난 것이다. 이때 'ㄴ'의 영향으로 앞 음절의 끝소리 'ㄷ'이 비음화된 것이므로 적절한 설명이다.

04 '흙을'의 경우, 겹받침 'ㄻ'이 모음으로 시작하는 조사 '을'과 결합하여 겹받침 중 'ㄱ'은 뒤 음절 첫소리로 옮겨 발음되므로 [흘글]로 발음된다.

[오답 풀이]
❶ '밟지'는 제10항에 의거하여 [발:찌]로 발음해야겠군.
→ '제10항'의 '다만'을 보면 '밟-'은 자음 앞에서 [밥]으로 발음한다고 하였으므로, [밥:찌]로 발음해야 한다.
❷ '읊다'는 제11항에 의거하여 [을따]로 발음해야겠군.
→ '제11항'에서 'ㄿ'은 어말 또는 자음 앞에서 'ㅂ'으로 발음한다고 하였으므로, [읍따]로 발음해야 한다.
❸ '읽다'는 제11항에 의거하여 [일따]로 발음해야겠군.
→ '제11항'에서 'ㄺ'은 어말 또는 자음 앞에서 'ㄱ'으로 발음한다고 하였으므로, [익따]로 발음해야 한다.
❺ '없어'는 제14항에 의거하여 [업:서]로 발음해야겠군.
→ '제14항'의 '붙임'을 보면 겹받침이 모음으로 시작된 조사나 어미, 접미사와 결합되는 경우에는 뒤엣것만을 뒤 음절 첫소리로 옮겨 발음하되, 이 경우, 'ㅅ'은 된소리로 발음한다고 하였다. 그러므로 [업:써]로 발음해야 한다.

05 • 미닫이 → [미:다지]: 구개음화(교체) = 2점
• 솜이불 → [솜:니불]: 'ㄴ' 첨가(첨가) = −1점
• 물약 → [물냑] → [물략]: 'ㄴ' 첨가(첨가) −1점, 유음화(교체) 2점 = 1점
• 색연필 → [색년필] → [생년필]: 'ㄴ' 첨가(첨가) −1점, 비음화(교체) 2점 = 1점
• 젊다 → [점:다] → [점:따]: 자음군 단순화(탈락) 1점, 된소리되기(교체) 2점 = 3점
• 넓죽하다 → [넙죽하다] → [넙쭈카다]: 자음군 단순화(탈락) 1점, 된소리되기(교체) 2점, 거센소리되기(축약) −2점 = 1점
민영이는 '미닫이'에서 교체가 일어났으므로 +2점, '솜이불'에서 첨가가 일어났으므로 −1점, '물약'은 첨가와 교체가 일어났으므로 +1점이다. 따라서 민영이의 최종 점수는 2점이다.
서진이는 '색연필'에서 첨가와 교체가 일어났으므로 +1점, '젊다'에서 탈락과 교체가 일어났으므로 +3점, '넓죽하다'에서 탈락, 교체, 축약이 일어났으므로 +1점이다. 따라서 서진이의 최종 점수는 5점이다.

06 '열−+−니 → 여니'는 용언의 어간 끝소리인 'ㄹ'이 몇몇 어미와 결합하면서 탈락하는 현상인 'ㄹ' 탈락의 예로 적절하다.

[오답 풀이]
❶ 철수: 자음군 단순화는 '흙[흘]', '값이[가비]'와 같이 음절 끝의 두 자음 중 하나가 탈락하고 하나만 소리 나는 현상이야.
→ 자음군 단순화는 음절의 끝에 겹받침이 올 때, 두 자음 중 하나가 탈락

하고 하나만 발음되는 현상이다. 이때 'ㄺ'은 앞의 자음인 'ㄹ'이 탈락하므로 '흙[흑]'이 된다. 'ㅄ'은 뒤의 자음인 'ㅅ'이 탈락하므로 '값[갑]'이 되는데, '값이'처럼 조사가 붙을 때에는 연음되어 '값이[갑씨]'가 된다. 이는 겹받침의 두 번째 자음이 'ㅅ'인 'ㄳ, ㄽ, ㅄ'의 경우 연음이 될 때 'ㅅ' 대신 [ㅆ]으로 발음되기 때문이다.

❷ 영희: 'ㅎ' 탈락은 용언의 어간 끝소리인 'ㅎ'이 'ㄱ, ㄷ, ㅂ, ㅈ'으로 시작하는 자음을 만나 탈락하는 현상이야.
→ 'ㅎ' 탈락은 'ㅎ'으로 끝나는 용언의 어간 뒤에 모음으로 시작하는 형식 형태소가 올 때 'ㅎ'이 탈락하는 음운 변동 현상이므로 적절하지 않은 설명이다.

❸ 영수: 'ㅎ' 탈락의 예로는 '좋고[조:코]', '놓다[노타]', '쌓지[싸치]' 등이 있어.
→ 예로 든 단어는 예사소리 'ㄱ, ㄷ, ㅂ, ㅈ'이 'ㅎ'과 만나 거센소리 'ㅋ, ㅌ, ㅍ, ㅊ'으로 바뀌어 발음되는 거센소리되기에 대한 예이므로 적절하지 않은 설명이다.

❺ 영철: '아프다', '아파서', '아팠다'는 용언의 어간 끝소리인 'ㅡ'가 모음으로 시작하는 어미 앞에서 탈락한 거야.
→ '아파서'와 '아팠다'는 '아프- + -아서 → 아파서', '아프- + -았다 → 아팠다'로 모음 'ㅡ'가 탈락한 것이다. 그러나 '아프다'는 '아프- + -다'로 모음 'ㅡ'가 탈락하지 않았으므로 적절하지 않은 설명이다.

07 • ⓐ는 '앞마당 → [압마당] → [암마당]'으로 음절의 끝소리 규칙(교체)과 비음화(교체)가 일어났으므로 ㉠에 해당한다.
• ⓑ는 '쌓이는 → [싸이는]'으로 'ㅎ' 탈락(탈락)이 일어나 음운의 수가 줄었지만, 새로운 음운이 있지는 않으므로 ㉡에 해당한다.
• ⓒ는 '흐뭇한 → [흐무탄]'으로 음절의 끝소리 규칙(교체)과 거센소리되기(축약)가 일어나 음운의 수가 8개에서 7개로 줄어들었고, 새로운 음운인 'ㅌ'이 있으므로 ㉢에 해당한다.

수능으로 실력 쌓기
○ 036~041쪽

01 ④	**02** ④	**03** ②	**04** ④	**05** ①	**06** ④
07 ③	**08** ①	**09** ②	**10** ②	**11** ①	**12** ①
13 ④	**14** ①	**15** ①	**16** ⑤		

01 '먹'의 가운뎃소리 'ㅓ'는 첫소리 'ㅁ'의 오른쪽에 쓰지만, '목'의 가운뎃소리 'ㅗ'는 첫소리 'ㅁ'의 아래쪽에 쓴다.

❶ 'ㅁ', 'ㅓ', 'ㄱ'을 차례로 사용하면 '먹'이라는 단어를 만들 수 있군.
→ '먹'은 첫소리 'ㅁ', 가운뎃소리 'ㅓ', 끝소리 'ㄱ'을 차례로 쓴 단어이다.
❷ '먹'의 가운뎃소리인 'ㅓ' 대신 'ㅗ'를 사용하면 새로운 단어가 되는군.
→ '먹'의 가운뎃소리인 'ㅓ' 대신 'ㅗ'를 쓰면 '목'이라는 단어가 된다.
❸ '목 : 곰'에서 보면 첫소리가 끝소리에, 끝소리가 첫소리에도 쓰일 수 있군.
→ '목'의 첫소리 'ㅁ'은 '곰'의 끝소리로 쓰였고, '목'의 끝소리 'ㄱ'은 '곰'의 첫소리로 쓰였다.

❺ '목/먹/곰/검'처럼 음운의 결합에 따라 의미가 다른 여러 단어를 만들 수 있군.
→ 자음과 모음을 어떻게 결합하느냐에 따라 여러 단어가 만들어지는 것을 알 수 있다.

02 ㉠ '국민 → [궁민]'은 파열음 'ㄱ'이 비음 'ㅇ'으로 바뀐 것이므로 조음 방법이 변한 것이다. ㉡ '물난리 → [물랄리]'는 비음 'ㄴ'이 유음 'ㄹ'로 바뀐 것이므로 역시 조음 방법이 변한 것이다.

❶ ㉠은 첫음절 끝의 파열음이 뒤의 자음과 결합하여 유음으로 바뀌었다.
→ ㉠ '국민 → [궁민]'은 파열음 'ㄱ'이 뒤의 자음인 'ㅁ'의 영향을 받아 비음 'ㅇ'으로 바뀐 것이다.
❷ ㉡은 유음이 앞뒤 비음의 영향을 받아 비음으로 바뀌었다.
→ ㉡ '물난리 → [물랄리]'의 비음 'ㄴ'은 유음 'ㄹ'의 영향을 받아 유음화가 일어나 유음 'ㄹ'로 바뀐 것이다.
❸ ㉢은 여린입천장소리가 뒤의 자음을 닮아 센입천장소리로 바뀌었다.
→ ㉢ '굳이 → [구지]'의 잇몸소리 'ㄷ'이 모음 'ㅣ' 앞에서 센입천장소리인 'ㅈ'으로 변하는 구개음화가 일어난 것이다.
❺ ㉡과 ㉢에서 변동된 음운은 조음 위치가 변하였다.
→ ㉡ '물난리 → [물랄리]'의 'ㄴ'과 'ㄹ'은 둘 다 잇몸소리이므로 조음 위치가 변하지 않았다. ㉢ '굳이 → [구지]'의 'ㄷ'은 잇몸소리이고, 'ㅈ'은 센입천장소리이므로 조음 위치가 변한 것이다.

03 국어의 단모음 체계표를 보면 'ㅐ'는 저모음이고 'ㅔ'는 중모음이다. 그러므로 '개'를 발음할 때는 '게'에 비해 입을 더 크게 벌려서 혀의 높이를 낮추어야 한다.

❶ '개'를 발음할 때는 '게'와 달리 입술을 동그랗게 오므려야 해.
→ '개'에 사용된 모음 'ㅐ'는 전설평순저모음이다. 입술을 동그랗게 오므리는 것은 원순 모음에 대한 설명이므로 적절하지 않다.
❸ '게'를 발음할 때는 '개'와 달리 소리 내는 동안 입술과 혀를 움직이지 말아야 해.
→ 소리 내는 동안 입술과 혀를 움직이는 모음은 이중 모음이다. '게'의 'ㅔ'와 개의 'ㅐ'는 모두 단모음이므로 적절하지 않은 설명이다.
❹ '개'를 발음할 때는 '게'에 비해 입술을 더 평평하게 하고 입을 조금만 벌려야 해.
→ '개'는 저모음(개모음)이므로 입을 가장 크게 벌려야 혀의 위치가 낮아진다.
❺ '게'를 발음할 때는 '개'와 달리 혀의 최고점이 앞쪽에 있다는 느낌으로 발음해야 해.
→ '게'의 'ㅔ'는 전설평순중모음이고, 개의 'ㅐ'는 전설평순저모음이므로 둘 다 혀의 최고점이 앞쪽에 있다.

Q '폐모음(閉母音)', '반개모음(半開母音)', '개모음(開母音)'의 차이는 뭔가요?

A 혀의 높이에 따라 고모음, 중모음, 저모음이라고 하고, 입의 개폐(열림 정도)에 따라 폐모음, 반개모음, 개모음이라고 한다. 고모음은 입을 조금만 열어서 혀의 위치가 높은 것으로 '폐모음(閉母音)'이라고도 한다. 중모음은 고모음보다 입이 더 열려서 혀의 위치가 중간인 것으로 '반개모음(半開母音)'이라고도 한다. 저모음은 입이 크게 열려서 혀의 위치가 낮은 것으로 '개모음(開母音)'이라고도 한다.

04 이중 모음은 발음 도중에 입술 모양이나 혀의 위치가 변하는 모음으로, 이중 모음 'ᅪ'는 'ᅩ'나 'ᅮ'를 짧게 발음하는 것과 유사한 반모음 '[w]'가 단모음 'ㅏ' 앞에서 결합한 것이다.

모답 풀이

❶ 'ᅲ'는 발음할 때 입술 모양이나 혀의 위치가 변한다.
→ 발음할 때 입술 모양이나 혀의 위치가 변하는 모음을 이중 모음이라고 한다. 'ᅲ'는 반모음 '[j]'와 단모음 'ᅮ'가 결합한 이중 모음이다.

❷ 'ㅐ'는 발음할 때 입술 모양이나 혀의 위치가 변하지 않는다.
→ 발음할 때 입술 모양이나 혀의 위치가 변하지 않는 모음을 단모음이라고 하며, 'ㅐ'는 '표준어 규정'에서 단모음으로 발음하도록 규정되어 있다.

❸ 'ㅖ'의 발음은 반모음 '[j]' 뒤에서 단모음 'ㅔ'가 결합한 소리이다.
→ 'ㅖ'의 발음은 'ㅣ'를 짧게 발음하는 것과 유사한 소리인 반모음 '[j]' 뒤에서 단모음 'ㅔ'가 결합한 소리이다.

❺ 반모음 '[w]'는 홀로 쓰일 수 없고 단모음과 결합하여 이중 모음을 이룬다.
→ 반모음 '[j]'와 '[w]'는 홀로 쓰일 수 없는 소리이며, 이중 모음의 발음은 모두 반모음이 단모음 앞에서 결합한 소리라고 하였다.

05 ㉠ 'ㅚ'를 이중 모음으로 발음할 경우에는 반모음 '[w]'와 단모음 'ㅔ'를 연속으로 발음한다고 하였는데, 이때의 발음은 'ㅞ'가 된다.
㉡ 'ㅟ'를 이중 모음으로 발음할 경우에는 반모음 '[w]'와 단모음 'ㅣ'를 연속으로 발음해야 하는데 제시된 모음에는 해당하는 것이 없다.

모답 풀이

② ㉠ [차웨], ㉡ 'ㅢ' 소리에 해당해
→ ㉠의 발음은 맞으나, ㉡의 'ㅢ'는 반모음 '[j]'가 결합된 소리이므로 적절하지 않다.

③ ㉠ [차왜], ㉡ 'ㅟ' 소리에 해당해
→ ㉠의 'ㅙ'는 반모음 '[w]'에 단모음 'ㅐ'가 결합된 것이므로 적절하지 않다. ㉡은 반모음 '[w]'와 단모음 'ㅓ'가 결합된 소리이므로 적절하지 않다.

④ ㉠ [차메], ㉡ 포함되어 있지 않아
→ ㉠의 'ㅔ'는 단모음이므로 적절하지 않다.

⑤ ㉠ [차메], ㉡ 'ㅢ' 소리에 해당해
→ ㉠과 ㉡ 모두 글에서 설명한 내용과 다르므로 적절하지 않다.

06 ⓐ를 보면 '꽃눈'은 음절의 끝소리 규칙에 의해 [꼳눈]이 되었다가 비음화에 의해 다시 [꼰눈]이 되는 것을 알 수 있다. ④의 '놓는' 역시 음절의 끝소리 규칙에 의해 [녿는]이 되었다가 비음화에 의해 다시 [논는]이 되는 것을 알 수 있다.

모답 풀이

❶ 끝까지[끋까지]
→ 음절의 끝소리 규칙에 의해 'ㅌ'이 'ㄷ'으로 바뀌었지만, 비음화는 일어나지 않았다.

❷ 부엌도[부억또]
→ 음절의 끝소리 규칙이 일어나 'ㅋ'이 'ㄱ'이 되었으나, 비음화가 아닌 된소리되기가 일어났다.

❸ 눈약[눈냑]
→ 'ㄴ' 첨가만 일어나고, 음절의 끝소리 규칙이나 비음화는 일어나지 않았다.

❺ 덮밥[덥빱]
→ 음절의 끝소리 규칙이 일어나 'ㅍ'이 'ㅂ'이 되었으나, 비음화가 아닌 된소리기되기가 일어났다.

07 ㉠은 'ㄴ' 첨가와 비음화 현상이 나타나는 단어의 예이다. '영업용'은 먼저 '영업용 → [영업뇽]'과 같이 '영업'과 '용'이 결합할 때 뒤 단어의 첫소리가 '요'이므로 'ㄴ'이 첨가되었다. 그다음 '[영업뇽] → [영엄뇽]'과 같이 앞 단어의 받침소리 'ㅂ'이 'ㄴ' 앞에서 'ㅁ'으로 발음되는 비음화 현상이 일어난 것이다.

모답 풀이

❶ 꽃-망울[꼰망울]
→ '꽃망울'은 '꽃'과 '망울'이 결합된 단어로 '꽃망울 → [꼳망울] → [꼰망울]'처럼 음절의 끝소리 규칙과 비음화가 일어난다.

❷ 눈-요기[눈뇨기]
→ '눈요기'는 '눈'과 '요기'가 결합된 단어로 '눈요기 → [눈뇨기]'로 'ㄴ' 첨가 현상만 일어난다.

❹ 툇-마루[퇸:마루]
→ '툇마루'는 '퇴(退)'와 '마루'가 결합된 단어로 [퇸:마루/퉨:마루]로 발음할 수 있다. '툇마루 → [퇻:마루] → [퇸:마루]'와 같이 음절의 끝소리 규칙과 비음화가 일어난다.

❺ 휘발-유[휘발류]
→ '휘발유'는 '휘발'과 '유'가 결합된 난어로 '휘발유[휘발뉴] → [휘빌류]'와 같이 'ㄴ' 첨가와 유음화가 일어난다.

08 선지로 제시된 단어는 모두 네 단어이므로 네 단어의 자음 중에서 어떤 것이 탈락되는지 찾는다.
· '값': [갑]으로 발음되므로 음절의 끝소리에 놓인 두 자음 중 뒤에 있는 자음 'ㅅ'이 탈락하였다.
· '넋': [넉]으로 발음되므로 음절의 끝소리에 놓인 두 자음 중 뒤에 있는 자음 'ㅅ'이 탈락하였다.

• '닭': [닥]으로 발음되므로 음절의 끝소리에 놓인 두 자음 중 앞
  에 있는 자음 'ㄹ'이 탈락하였다.
• '삶': [삼:]으로 발음되므로 음절의 끝소리에 놓인 두 자음 중
  앞에 있는 자음 'ㄹ'이 탈락하였다.
네 단어 중에서 조건에 충족하는 단어는 '값'과 '넋'이므로 이를
묶은 ①이 정답이다.

09 〈보기〉에 제시된 사례인 '치러'는 기본형이 '치르다'로, 어간 '치
르-'가 어미 '-어'와 결합할 때, 어간의 모음 'ㅡ'가 탈락한 것이
다. ②의 '잠가'는 기본형이 '잠그다'로, 어간 '잠그-'가 어미 '-
아'와 결합하여 활용하면서 어간의 모음 'ㅡ'가 탈락한 것이다.

오답 풀이
❶ 할머니께서 아침에 동생을 깨워 주셨다.
→ '깨우-+-어 → 깨워'가 된 것으로 규칙 활용이다.
❸ 오늘은 가족과 함께 고기를 구워 먹었다.
→ '굽-+-어 → 구워'가 된 것으로 'ㅂ' 불규칙 활용이다.
❹ 언니의 얼굴이 오늘따라 몹시 하얘 보였다.
→ '하얗-+-아 → 하얘'가 된 것으로 'ㅎ' 불규칙 활용이다.
❺ 오빠가 하는 이야기를 자세히 들어 보았다.
→ '듣-+-어 → 들어'가 된 것으로 'ㄷ' 불규칙 활용이다.

10 ㉠ '흙일'은 '흙일 → [흑일] → [흑닐] → [흥닐]'처럼 자음군 단
순화(탈락), 'ㄴ' 첨가(첨가), 비음화(교체)의 음운 변동이 총 세
번에 걸쳐 일어난다.
㉡ '닳는'은 '닳는 → [달는] → [달른]'처럼 자음군 단순화(탈락)
와 유음화(교체)의 음운 변동이 총 두 번 일어난다.
㉢ '발야구'는 '발야구 → [발냐구] → [발랴구]'처럼 'ㄴ' 첨가(첨
가)와 유음화(교체)의 음운 변동이 총 두 번 일어난다.
따라서 ㉠~㉢에서 공통적으로 일어난 음운 변동은 '첨가'가 아
니라 '교체'이다.

오답 풀이
❶ ㉠~㉢은 각각 2회 이상의 음운 변동이 일어났다.
→ ㉠은 3회, ㉡은 2회, ㉢은 2회의 음운 변동이 일어났다.
❸ 음운 변동의 결과 음운의 개수에 변화가 없는 것은 ㉠이다.
→ '흙일'의 음운 개수는 6개이고, '흥닐'의 음운 개수도 6개이다. 자음군
  단순화(탈락)와 'ㄴ' 첨가(첨가)가 각 1회씩 나타났기 때문에 결론적으로
  음운의 개수에 변화가 없다. ㉡은 자음군 단순화(탈락)가 일어났기 때
  문에 1개가 줄어들었고, ㉢은 'ㄴ' 첨가(첨가)가 일어났기 때문에 1개가
  늘어났다.
❹ ㉡과 ㉢에서 일어난 음운 변동의 횟수는 같다.
→ ㉡은 자음군 단순화(탈락)와 유음화(교체)가, ㉢은 'ㄴ' 첨가(첨가)와 유
  음화(교체)가 일어나서 횟수는 2회로 같다.
❺ ㉢에서 첨가된 음운은 ㉠에서 첨가된 음운과 같다.
→ ㉠과 ㉢에는 둘 다 'ㄴ' 첨가(첨가)가 일어나므로 첨가된 음운은 자음
  'ㄴ'으로 같다.

11 '맨입 → [맨닙]'에는 'ㄴ' 첨가가 일어나고, '국민 → [궁민]'은 비
음화가 일어나므로, ⓐ는 'ㄴ' 첨가, ⓑ는 비음화이다. 이 두 음
운 변동이 모두 일어나는 단어는 '막일'로 '막일 → [막닐] → [망
닐]'과 같이 'ㄴ' 첨가와 비음화가 일어난다.

모답 풀이
❷ 담요
→ '담요 → [담:뇨]로 발음되므로 'ㄴ' 첨가만 일어난다.
❸ 낙엽
→ '낙엽[나겹]'은 앞의 자음 'ㄱ'이 뒤 음절의 첫소리로 옮겨 발음되는 연
  음이다. 연음은 음운 변동 현상에 해당하지 않는다.
❹ 곡물
→ '곡물 → [공물]로 발음되므로 비음화만 일어난다.
❺ 강약
→ '강약[강약]'에는 음운 변동 현상이 일어나지 않는다.

헷갈리는 문법 Q&A

Q '벗이'나 '꽃을'에 왜 음절의 끝소리 규칙이 적용되지 않나요?

A 자음으로 끝나는 형태소가 모음으로 시작되는 형태소와 만날 때,
앞 음절 끝의 자음은 두 가지 방법으로 발음됩니다. 첫째, 자음으로 끝
나는 형태소가 모음으로 시작하는 형식 형태소(조사, 어미)를 만나면,
앞 음절의 끝소리에 있는 자음(받침)이 그대로 다음 음절(모음)의 첫소
리로 이어져 발음됩니다.
예 꽃을[꼬츨], 부엌에[부어케], 잎은[이픈]
  둘째, 자음으로 끝나는 형태소가 모음으로 시작하는 실질 형태소를
만나면, 음절의 끝소리 규칙이 적용되어 앞 음절의 끝소리에 있는 자음
(받침)이 대표음인 7개 자음 중 하나로 바뀐 후, 그 대표음이 다음 음절
(모음)의 첫소리로 연음되어 발음됩니다.
예 옷 안[옫안 → 오단]

12 음운 변동에서 교체가 일어나면 음운의 개수가 변하지 않고, 첨
가가 일어나면 한 개가 늘어난다. 탈락이나 축약이 일어나면 각
각 한 개씩 줄어든다. '흙하고'는 '흙하고 → [흑하고] → [흐카고]'
로 자음군 단순화에 의해 'ㄹ'이 탈락하고, 다시 거센소리되기에
의해 'ㄱ'과 'ㅎ'이 축약되어 'ㅋ'이 된다. 결국 탈락과 축약이 한
번씩 일어난 것이므로 음운의 개수는 두 개가 줄어든 것이다.

모답 풀이
❷ '저녁연기[저녕년기]'는 첨가 및 교체가 일어나 음운의 개수가 두 개 늘
  었군.
→ '저녁연기'는 '저녁연기 → [저녁년기] → [저녕년기]'로 'ㄴ' 첨가(첨가)
  와 비음화(교체)가 일어났으므로 음운의 개수가 한 개 늘어났다.
❸ '부엌문[부엉문]'과 '볶는[봉는]'은 교체가 한 번 일어나 음운의 개수가
  변하지 않았군.
→ '부엌문'은 '부엌문 → [부억문] → [부엉문]'으로 음절의 끝소리 규칙(교
  체)과 비음화(교체)가 일어나 음운의 개수가 변하지 않는다. '볶는'은
  '볶는 → [복는] → [봉는]'이 되어 마찬가지로 음절의 끝소리 규칙(교
  체), 비음화(교체)가 일어난 것으로 음운의 개수가 변하지 않는다. 둘 다
  교체가 두 번씩 일어났으므로 적절하지 않은 설명이다.
❹ '얹지[언찌]'와 '묽고[물꼬]'는 교체 및 축약이 일어나 음운의 개수가 각
  각 한 개 줄었군.
→ '얹지'는 '얹지 → [언찌]'로 자음군 단순화(탈락)와 된소리되기(교체)가
  일어나 음운의 개수가 한 개 줄어들었다. '묽고' 역시 '묽고 → [물꼬]'로
  자음군 단순화(탈락)와 된소리되기(교체)가 일어나 음운의 개수가 한
  개 줄어들었다.
❺ '넓네[널레]'와 '밝는[방는]'은 탈락 및 교체가 일어나 음운의 개수가 각
  각 두 개 줄었군.

→ '넓네'는 '넓네 → [널네] → [널레]'로 자음군 단순화(탈락)와 유음화(교체)가 일어나 음운의 개수가 한 개 줄어들었다. '밝는'은 '밝는 → [박는] → [방는]'으로 자음군 단순화(탈락)와 비음화(교체)가 일어나 음운의 개수가 한 개 줄어들었다.

13 표준 발음에서는 용언의 어간에 피·사동 접사가 결합하거나, 어미끼리 결합하거나, 체언과 조사가 결합하는 경우에 된소리되기가 일어나지 않는다고 하였다. ⓓ의 '안겨라'는 '안-+-기-+-어라'와 같이 분석되고, 이때 '안기다'는 '안다'의 피동사일 수도 있고, 사동사일 수도 있다. 즉, 용언 어간에 피·사동 접사인 '-기-'가 결합한 경우이기 때문에 'ㄱ'이 된소리로 발음되지 않는다.

모답 풀이

❶ ⓐ의 'ㄴ'과 'ㄷ'이 모두 어미에 속해 있는 소리이기
→ ⓐ의 '푼다'는 '푸-+-ㄴ다'로 분석되는데, 'ㄴ'과 'ㄷ'이 모두 어미에 속해 있는 소리이기 때문에 된소리되기가 일어나지 않는다.

❷ ⓑ의 'ㅁ'과 'ㄷ'이 체언과 조사가 결합하면서 이어진 소리이기
→ ⓑ의 '여름도'는 '여름(체언)+도(조사)'가 결합한 경우로 된소리되기가 일어나지 않는다.

❸ ⓒ의 'ㅁ'과 'ㄱ'이 모두 하나의 형태소 안에 속해 있는 소리이기
→ ⓒ의 '잠가'는 '잠그-+-아'로 분석되는데, 'ㅁ'과 'ㄱ'이 모두 '잠그-'라는 하나의 형태소 안에 속해 있는 소리이기 때문에 된소리되기가 일어나지 않는다.

❺ ⓔ의 'ㄴ'과 'ㅈ'이 어간과 어미가 결합하면서 이어진 소리가 아니기
→ ⓔ의 '큰지'는 '크-+-ㄴ지'로 분석되는데, 용언의 어간에 어미 '-ㄴ지'가 결합한 경우로 'ㄴ'과 'ㅈ'이 모두 어미에 속하는 소리이기 때문에 된소리되기가 일어나지 않는다.

14 ㉠ 긁는: 비표준 발음은 '긁는 → [글는] → [글른]'으로 자음군 단순화 이후에 유음화가 일어났다. 표준 발음은 '긁는 → [극는] → [긍는]'으로 자음군 단순화 이후에 비음화가 일어났다.
㉡ 짧네: 비표준 발음은 '짧네 → [짭네] → [짬네]'로 자음군 단순화 이후에 비음화가 일어났다. 표준 발음은 '짧네 → [짤네] → [짤레]'로 자음군 단순화 이후에 유음화가 일어났다.
㉢ 끊기고: 비표순 발음은 '끊기고 → [끈기고]'로 자음군 단순화가 일어났다. 표준 발음은 '끊기고 → [끈키고]'로 자음 'ㅎ'과 'ㄱ'이 만나 거센소리되기가 일어났다.
㉣ 뚫지: 비표준 발음은 '뚫지 → [뚤찌]'로 자음군 단순화와 된소리되기가 일어났다. 표준 발음은 '뚫지 → [뚤치]'로 자음 'ㅎ'과 'ㅈ'이 만나 거센소리되기가 일어났다.
이로 보아 ㉠의 비표준 발음과 ㉡의 표준 발음에는 자음군 단순화 후 유음화(ⓐ)가 일어나고, ㉠의 표준 발음과 ㉡의 비표준 발음에는 자음군 단순화 후 비음화(ⓑ)가 일어난다고 할 수 있다. ㉢과 ㉣의 표준 발음에는 거센소리되기(ⓒ)만 일어난다.

15 '확인된 문제'를 보면 프로그램이 발음을 듣고 원래의 표기로 출력해야 하는데, 발음대로 출력하는 문제가 있다고 하였다. 먼저 '표기된 자료'와 '출력된 자료'를 비교하여 잘못 출력된 자료를 찾아보면 다섯 개 단어 모두 잘못 출력되었음을 알 수 있다. 그러므로 각 단어의 표준 발음을 보고 어떤 음운 변동 현상이 일

어났는지를 찾으면 프로그램이 분석하지 못한 음운 변동 현상을 알아낼 수 있다.
• 끊어지다[끄너지다]: 'ㅎ' 탈락(탈락)이 일어났다.
• 없애다[업:쌔다]: 된소리되기(교체)가 일어났다.
• 피붙이[피부치]: 구개음화(교체)가 일어났다.
• 웃어른[우더른]: 음절의 끝소리 규칙이 일어났다. [운어른]에서 연음으로 [우더른]이 된 것이다.
• 암탉[암탁]: 자음군 단순화(탈락)로 'ㄺ'에서 뒤의 자음 'ㄱ'만 남았다.
따라서 프로그램이 분석하지 못한 음운 변동 현상(ⓐ)은 교체(㉠)와 탈락(㉡)이다.

16 • 버들+잎 → 버들잎 → [버들닙] → [버들립]: '버들'과 '잎' 사이에 'ㄴ' 첨가가 일어나고, 이때 'ㄴ'이 앞 음절의 끝소리인 'ㄹ'의 영향을 받아 유음화가 일어나 'ㄹ'로 교체된다. 또한 음절의 끝소리 규칙에 따라 'ㅍ'이 'ㅂ'으로 교체된다. 그러므로 '교체가 두 번, 첨가가 한 번' 일어난 예이다.
• 덧-+입어 → 덧입어 → [던니버] → [던니버]: '덧-'과 '입어' 사이에 'ㄴ' 첨가가 일어나고, 음절의 끝소리 규칙에 의해 'ㅅ'이 'ㄷ'으로 교체된다. 이때 교체된 'ㄷ'은 첨가된 'ㄴ'의 영향으로 비음화가 일어나 'ㄴ'으로 교체된다. 그러므로 '교체가 두 번, 첨가가 한 번' 일어난 예이다.

모답 풀이

❶ ㉠: 재밌는[재민는], 얽매는[엉매는]
→ • 재밌는 → [재믿는] → [재민는]: 음절의 끝소리 규칙에 의해 'ㅆ'이 'ㄷ'으로 교체되고, 'ㄷ'이 뒤에 오는 'ㄴ'의 영향을 받아 비음화가 일어나 'ㄴ'으로 교체된다. 즉 교체만 두 번 일어난다.
• 얽매는 → [억매는] → [엉매는]: 자음군 단순화로 'ㄺ'에서 'ㄹ'이 탈락하고, 'ㄱ'이 비음화로 'ㅇ'으로 바뀌면서 교체가 일어난다. 즉, '교체가 한 번, 탈락이 한 번' 일어난 예로 적절하다.

❷ ㉡: 불이익[불리익], 견인력[겨닌녁]
→ • 불이익 → [불니익] → [불리익]: '불'과 '이익' 사이에 'ㄴ' 첨가가 일어났고, 'ㄴ'이 앞의 'ㄹ'의 영향을 받아 유음화되어 'ㄹ'로 바뀌었으므로 '교체가 한 번, 첨가가 한 번' 일어난 예로 적절하다.
• 견인력 → [겨닌녁]: 연음 현상과 비음화가 일어났으므로 교체만 한 번 일어났다.

❸ ㉢: 똑같이[똑까치], 파묻힌[파무친]
→ • 똑같이 → [똑같이] → [똑까치]: 된소리되기와 구개음화가 일어났으므로 교체만 두 번 일어났다.
• 파묻힌 → [파무틴] → [파무친]: 거센소리되기와 구개음화가 일어났으므로 '교체가 한 번, 축약이 한 번' 일어난 예로 적절하다.

❹ ㉣: 읊조려[읍쪼려], 걸늙어[건늘거]
→ • 읊조려 → [읇조려] → [읇쪼려] → [읍쪼려]: 음절의 끝소리 규칙과 된소리되기가 일어났으므로 교체가 두 번 일어났다. 또한, 자음군 단순화에 의해 'ㄹ'이 탈락하였으므로, '교체가 두 번, 탈락이 한 번' 일어난 예로 적절하다.
• 걸늙어 → [건늙어] → [건늘거]: 음절의 끝소리 규칙에 의해 'ㅌ'이 'ㄷ'으로 교체되었고, 비음화로 'ㄷ'이 'ㄴ'으로 교체되었으므로, 교체만 두 번 일어났다. '늙어'는 [늘거]로 연음되었다.

07 품사 ————————————— 본문 045쪽

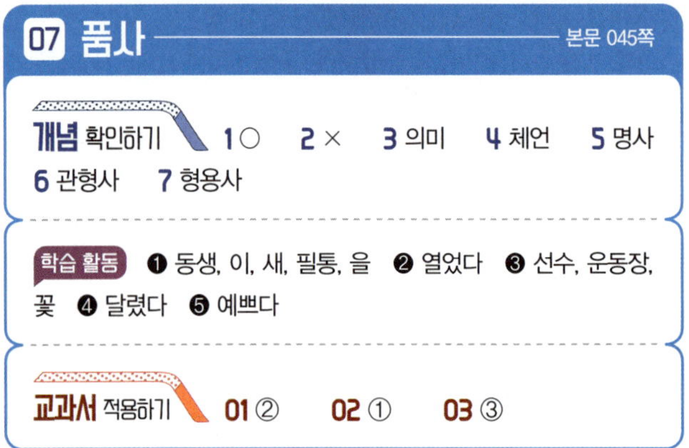

개념 확인하기 1 ○ 2 × 3 의미 4 체언 5 명사
6 관형사 7 형용사

학습 활동 ❶ 동생, 이, 새, 필통, 을 ❷ 열었다 ❸ 선수, 운동장, 꽃 ❹ 달렸다 ❺ 예쁘다

교과서 적용하기 01 ② 02 ① 03 ③

교과서 적용하기

01 품사의 분류 기준은 형태, 기능, 의미이다. 이 중 품사를 형태에 따라 분류할 때 형태가 변하지 않는 단어를 불변어, 형태가 변하는 단어를 가변어라고 한다. '헌'은 형태에 따라 분류하면 문장에서 쓰일 때 형태가 변하지 않는 불변어에 해당한다.

02 ① '가다'는 '한곳에서 다른 곳으로 장소를 이동하다.'라는 뜻으로 대상의 동작이나 작용을 나타내는 동사이다. ② '학교', ③ '책상', ④ '학생', ⑤ '교과서'는 모두 대상의 이름을 나타내는 명사이다.

03 대상의 움직임이나 작용을 나타내는 품사를 동사라고 한다. '푸르다'는 '맑은 가을 하늘이나 깊은 바다, 풀의 빛깔과 같이 밝고 선명하다.'의 의미를 나타내므로 동사가 아니라 대상의 성질이나 상태를 나타내는 형용사이다.

오답 풀이
❶ 달리다
→ '달리다'는 '달음질쳐 빨리 가거나 오다.'의 의미로 동사이다.
❷ 만들다
→ '만들다'는 '노력이나 기술 따위를 들여 목적하는 사물을 이루다.'의 의미로 동사이다.
❹ 두드리다
→ '두드리다'는 '소리가 나도록 잇따라 치거나 때리다.'의 의미로 동사이다.
❺ 흩어지다
→ '흩어지다'는 '한데 모였던 것이 따로따로 떨어지거나 사방으로 퍼지다.'의 의미로 동사이다.

개념 기초 다지기 ————— 046~047쪽

01 ② 02 ③ 03 ⑤ 04 ④ 05 ④ 06 ④
07 ⑤ 08 ② 09 ③ 10 ④ 11 ⑤ 12 ③

---

01 품사는 성질이 공통된 단어끼리 모아 분류한 것으로 형태, 기능, 의미의 세 기준에 따라 나눌 수 있다.

오답 풀이
❶ 단어를 소릿값을 기준으로 분류한 것이다.
→ 품사는 표기된 단어를 기준대로 나눈 것으로 단어의 소릿값과는 관련이 없다.
❸ 단어를 두 가지의 세부적인 기준에 따라 분류한 것이다.
→ 품사는 형태, 기능, 의미의 세 기준에 따라 분류한다.
❹ 단어를 문장에서의 기능에 따라 불변어와 가변어로 나눈 것이다.
→ 단어를 불변어와 가변어로 나누는 기준은 단어의 형태가 문장 안에서 변하는지의 여부이다. 기능에 따라서는 체언, 용언, 수식언, 관계언, 독립언으로 나눌 수 있다.
❺ 여러 단어가 이루는 구나 절을 의미가 유사한 속성끼리 묶어 놓은 것이다.
→ 품사는 여러 단어가 이루는 구나 절이 아닌, 공통된 성질을 가진 단어끼리 묶어 놓은 것이다. 그리고 품사를 분류하는 기준 중 의미를 기준으로 단어를 분류한다는 것은 같은 품사의 단어가 지닌 공통된 의미에 따라 품사를 나누는 것을 뜻한다.

02 문장에서 쓰일 때 형태가 변하는 가변어에는 용언인 동사와 형용사, 관계언인 서술격 조사가 있다. '붙다'와 '슬프다'는 모두 가변어로 기능에 따라 분류하면 용언에 해당하며, 의미에 따라 분류하면 각각 동사와 형용사에 해당한다.

오답 풀이
❶ 구름, 처음
→ '구름'과 '처음'의 품사는 불변어, 체언, 명사이다.
❷ 곧이, 바라다
→ '곧이'의 품사는 불변어, 수식언, 부사이고, '바라다'의 품사는 가변어, 용언, 동사이다.
❹ 그녀, 어이쿠
→ '그녀'의 품사는 불변어, 체언, 대명사이고, '어이쿠'의 품사는 불변어, 독립언, 감탄사이다.
❺ 게다가, 짓밟다
→ '게다가'의 품사는 불변어, 수식언, 부사이고, '짓밟다'의 품사는 가변어, 용언, 동사이다.

03 단어가 문장 안에서 어떤 기능을 하는지에 따라 체언, 용언, 수식언, 관계언, 독립언으로 나뉜다. '앗, 어머나, 여보세요'는 모두 독립언인 감탄사이다.

오답 풀이
❶ 첫, 사랑, 당신
→ '첫'은 수식언인 관형사, '사랑'은 체언인 명사, '당신'은 체언인 대명사이다.
❷ 즉, 빨리, 지나가다
→ '즉, 빨리'는 수식언인 부사, '지나가다'는 용언인 동사이다.
❸ 빛깔, 그립다, 붉히다
→ '빛깔'은 체언인 명사, '그립다'는 용언인 형용사, '붉히다'는 용언인 동사이다.
❹ 밖에, 여러, 나풀나풀
→ '밖에'는 관계언인 조사, '여러'는 수식언인 관형사, '나풀나풀'은 수식언인 부사이다.

04 〈보기〉에서 설명하는 것은 체언인 명사, 대명사, 수사이다. ④의 '첫째'는 뒤에 오는 '주'를 꾸며 주는 기능을 하는 수식언(관형사)에 해당하므로 적절하지 않다.

모답 풀이

❶ 나는 산길을 올랐다.
→ '나'는 어떤 대상의 이름을 대신하여 가리키는 대명사이므로 체언에 해당한다.

❷ 이서가 포도를 먹는다.
→ '이서'는 대상의 이름을 나타내는 명사이므로 체언에 해당한다.

❸ 집에 들어오자마자 양말을 벗었다.
→ '양말'은 대상의 이름을 나타내는 명사이므로 체언에 해당한다.

❺ 민지는 달리기 시합에서 셋째로 들어왔다.
→ '셋째'는 순서를 나타내는 수사이므로 체언에 해당한다.

05 ㉠ '먹는다'는 동사이고, ㉡ '말랑하다'는 형용사이다. 기능에 따라 분류하면 둘 다 용언에 해당한다.

06 수식언은 문장에서 다른 말을 꾸며 주는 기능을 하는 관형사와 부사를 통틀어 이르는 말이다. '벌써'와 '째깍째깍'은 부사, '온 갖'은 관형사로 모두 수식언에 해당한다.

모답 풀이

❶ 경제, 야호, 찾다
→ '경제'는 체언(명사), '야호'는 독립언(감탄사), '찾다'는 용언(동사)이다.

❷ 모든, 깊다, 하얗다
→ '모든'은 수식언(관형사)이지만, '깊다, 하얗다'는 용언(형용사)이다.

❸ 바람, 께서, 건너다
→ '바람'은 체언(명사), '께서'는 관계언(조사), '건너다'는 용언(동사)이다.

❺ 에게, 다행히, 멋지다
→ '다행히'는 수식언(부사)이지만, '에게'는 관계언(조사), '멋지다'는 용언(형용사)이다.

07 품사를 기능에 따라 분류할 때 문장에서 다른 말과의 관계를 나타내는 기능을 하는 단어를 관계언이라고 한다. 관계언을 의미에 따라 분류하면 조사가 이에 해당한다.

모답 풀이

❶ 관계언에 속하는 모든 단어는 불변어이다.
→ 서술격 조사 '이다'는 다른 조사와 달리 문장 안에서 여러 형태로 변하는 가변어에 해당하므로 적절하지 않다.

❷ 관계언에 속하는 모든 단어는 문장 내에서 독립적으로 쓰인다.
→ 문장 내에서 독립적으로 쓰이는 것은 독립언이므로 적절하지 않다.

❸ 관계언에 속하는 모든 단어는 결합한 체언이 주어임을 드러낸다.
→ 관계언은 결합한 체언이 주어 이외에도 목적어, 관형어, 부사어, 서술어 등임을 드러낸다.

❹ 관계언에 속하는 모든 단어는 특별한 뜻을 더해 주는 역할을 한다.
→ 관계언에 속하는 조사는 기능과 의미에 따라 격 조사, 접속 조사, 보조사로 나뉜다. 이 중 특별한 뜻을 더해 주는 역할을 하는 것은 보조사이며, 격 조사는 앞에 오는 체언이 문장 안에서 일정한 자격을 가지고 있음을 드러내고 접속 조사는 둘 이상의 단어를 같은 자격으로 이어 주는 역할을 한다. 따라서 관계언에 속하는 모든 단어가 특별한 뜻을 더해 준다고 보기 어려우므로 적절하지 않다.

08 체언 앞에 놓여 체언을 꾸며 주는 수식언은 관형사를 가리킨다. '새롭다'는 주로 문장의 주어를 서술하는 기능을 하는 용언(형용사)이므로 ②는 '새롭다'에 대한 설명으로 적절하지 않다.

09 〈보기〉의 문장에서 '나'는 말하는 이가 대등한 관계에 있는 사람이나 아랫사람을 상대하여 자기를 가리키는 일인칭 대명사로 쓰였다. '학교'는 대상의 이름을 나타내는 명사이다.

10 ④ '아, 옛 친구와의 추억들이 자꾸 떠올라.'에는 독립언인 감탄사 '아', 수식언인 관형사 '옛'과 부사 '자꾸', 관계언인 조사 '와', '의', '이'가 모두 포함되어 있다.

모답 풀이

❶ 한 사람밖에 오지 않았네.
→ 수식언인 관형사 '한'과 관계언인 조사 '밖에'는 포함되어 있으나, 독립언은 포함되어 있지 않다.

❷ 그래. 이제부터가 시작이야.
→ 독립언인 감탄사 '그래'와 관계언인 조사 '부터', '가', '이야(이다)'는 포함되어 있으나, 수식언은 포함되어 있지 않다.

❸ 설날에 새 옷을 선물 받았어.
→ 관계언인 조사 '에', '을'과 수식언인 관형사 '새'는 포함되어 있으나, 독립언은 포함되어 있지 않다.

❺ 이번 방학에는 꼭 한국사를 공부해야지.
→ 관계언인 조사 '에는', '를'과 수식언인 부사 '꼭'은 포함되어 있으나, 독립언은 포함되어 있지 않다.

11 ㉠의 '그'는 뒤에 오는 체언 '학생'을 꾸며 주는 관형사이므로 ㉠에 관형사가 없다는 설명은 적절하지 않다. 또한 ㉡의 '슬픈'은 용언인 형용사 '슬프다'가 활용한 관형어이므로 ㉡에 관형사가 있다는 설명은 적절하지 않다.

모답 풀이

❶ ㉠에서 체언은 총 네 개가 있다.
→ ㉠에는 체언 '학생', '필통', '볼펜', '하나' 총 네 개가 있다.

❷ ㉡에서 관계언은 총 두 개가 있다.
→ ㉡에는 관계언 '는', '을' 총 두 개가 있다.

❸ ㉢에서 가변어는 총 한 개가 있다.
→ ㉢의 '끝냈어(끝내다)'는 용언인 동사로 가변어에 해당한다. 따라서 ㉢에는 가변어가 총 한 개 있다.

❹ ㉠에는 수사가 있지만, ㉢에는 수사가 없다.
→ ㉠에는 체언인 수사 '하나'가 있지만, ㉢에는 수사가 없다. ㉢의 '세'는 뒤에 오는 '사람'을 꾸며 주는 관형사(수 관형사)이다.

12 제시된 〈조건〉을 모두 만족하는 품사는 부사이다. ③ '그것은 새 상품이 아니어서 값이 싸다.'에는 부사가 쓰이지 않았다. '새'는 뒤에 오는 체언 '상품'을 꾸며 주는 관형사이다.

모답 풀이

❶ 그가 사과를 사각사각 먹는다.
→ '사각사각'은 용언인 동사 '먹는다(먹다)'를 꾸며 주는 부사이다.

❷ 그녀가 있는 곳으로 빨리 뛰어갔다.
→ '빨리'는 용언인 동사 '뛰어갔다(뛰어가다)'를 꾸며 주는 부사이다.

❹ 어머니는 나보다 둘째를 더 걱정하신다.
→ '더'는 용언인 동사 '걱정하신다(걱정하다)'를 꾸며 주는 부사이다.

❺ 상자를 바로 열어서 선물을 넣어 두었다.
→ '바로'는 용언인 동사 '열어서(열다)'를 꾸며 주는 부사이다.

개념 확인하기 1 ○ 2 ○ 3 고유 명사 4 의존 명사
5 지시 6 3인칭 7 아무 8 제삼

학습 활동 ❶ 버리다, 낮다 ❷ 그것, 셋, 선생님 ❸ 선생님
❹ 그것 ❺ 셋 ❻ 하나, 둘 ❼ 첫째, 둘째

교과서 적용하기 01 ② 02 ④

교과서 적용하기

01 체언에는 명사, 대명사, 수사가 있다. ②의 '저'는 뒤에 오는 체언 '신발'을 꾸며 주는 관형사이므로 수식언에 해당한다.

오답 풀이
❶ 기차가 빠르게 달린다.
→ '기차'는 명사이므로 체언에 해당한다.
❸ 책상 위에 공책 한 권이 놓여 있다.
→ '권'은 의존 명사이므로 체언에 해당한다.
❹ 이것이 우리가 간절히 원하던 결과이다.
→ '이것'은 대명사이므로 체언에 해당한다.
❺ 우리 반의 규칙은 첫째도 성실, 둘째도 성실이다.
→ '첫째'는 수사이므로 체언에 해당한다. '둘째'도 수사(체언)이다.

02 다른 단어를 수식하여 의미를 더하는 단어는 수식언으로 관형사와 부사를 통틀어 가리킨다.

개념 기초 다지기 050~051쪽

01 ③ 02 ⑤ 03 ⑤ 04 ② 05 ③ 06 ②
07 ④ 08 ② 09 ① 10 ⑤ 11 ③

01 명사는 사람, 사물, 장소 등 구체적인 대상의 이름을 나타내는 단어이다(㉠, ㉡). 명사는 자립성 여부에 따라 자립 명사와 의존 명사로 나눌 수 있는데, 자립 명사는 문장에서 자립적으로 쓰일 수 있다(㉢). 이와 달리 의존 명사는 관형어나 그 밖의 수식어가 선행되어야만 쓰일 수 있는 명사로, '그럴 수 없다.'의 '수'처럼 조사와 결합하지 않고 쓰일 수 있다는 점에서 ㉣은 적절하지 않다.

02 '수도, 학자'는 어떤 속성을 지닌 일반적인 대상을 나타내는 보통 명사이고, '한강, 정약용'은 특정 대상을 다른 개체들과 구별하기 위하여 붙인 고유 명사이다.

오답 풀이
❶ 문장에서 주어, 목적어, 보어 자리에 올 수 있는 단어들이다.
→ 명사는 대명사, 수사와 함께 문장에서 주로 주어의 기능을 한다.
❷ 문장에서 주로 조사와 결합하며 형태가 변하지 않는 단어들이다.
→ 명사는 형태에 따라 분류하면 불변어에 해당하며 주로 조사와 결합한다.

---

❸ '것'과 '뿐'은 꾸며 주는 말이 있어야만 쓰일 수 있는 단어들이다.
→ '것'과 '뿐'은 관형어나 그 밖의 수식어가 선행되어야만 쓰일 수 있는 의존 명사이다.
❹ 단어가 문장에서 하는 기능에 따라 나누면 모두 체언에 해당한다.
→ 명사, 대명사, 수사는 모두 체언에 속한다.

03 ⑤ '그는 그 소식을 듣고도 아무 말이 없다.'에 쓰인 명사는 '소식'과 '말'로, 두 명사 모두 앞에서 꾸며 주는 말이 없어도 문장에서 쓰일 수 있는 자립 명사이다.

오답 풀이
❶ 머리 아픈 데 먹는 약 있니?
→ '데'는 '경우'의 뜻을 나타내는 말.'로 의존 명사이다.
❷ 거기서 주는 만큼 받아 오렴.
→ '만큼'은 '앞의 내용에 상당한 수량이나 정도임을 나타내는 말.'로 의존 명사이다.
❸ 지금 당장 네가 본 대로 말해라.
→ '대로'는 '어떤 모양이나 상태와 같이.'의 뜻으로 의존 명사이다.
❹ 항상 맡은 바에 책임을 다해야 한다.
→ '바'는 '앞에서 말한 내용 그 자체나 일 따위를 나타내는 말.'로 의존 명사이다.

04 자립성 여부에 따라 나눌 수 있는 것은 명사이다. 명사는 자립성 여부에 따라 자립 명사와 의존 명사로 나눌 수 있다. 한편 대명사는 가리키는 대상이 무엇인지에 따라 크게 지시 대명사와 인칭 대명사로 나눌 수 있다.

05 〈보기〉에서 설명하는 대명사는 재귀 대명사(재귀칭)이다. ③의 '철수는 아직 어려서 자기만 안다.'에서 '자기'는 문장 속 '철수'를 가리킨다.

오답 풀이
❶ 저에게 먼저 말씀해 주세요.
→ '저'는 말하는 이가 윗사람이나 그다지 가깝지 아니한 사람을 상대하여 자기를 낮추어 가리키는 1인칭 대명사이다.
❷ 당신은 언제 여기에 도착했나요?
→ '당신'은 듣는 이를 가리키는 2인칭 대명사이다.
❹ 그녀는 여전히 이곳으로 돌아오지 않았다.
→ '그녀'는 앞에서 이미 이야기한 여자를 가리키는 3인칭 대명사이다. 한편 '이곳'은 바로 앞에서 이야기한 장소를 가리키는 지시 대명사이다.
❺ 저희 회사에서 이번에 개발한 신제품입니다.
→ '저희'는 말하는 이가 자기보다 높지 아니한 사람을 상대하여 자기를 포함한 여러 사람을 가리키는 1인칭 대명사이다.

06 ⓐ '많은 학생이 그곳에 모여 있다.'에는 '그곳'이라는 지시 대명사가 쓰였으나, ⓒ '우리는 부산에 기차를 타고 가기로 했다.'에는 '우리'라는 인칭 대명사만 쓰였을 뿐 지시 대명사는 쓰이지 않았다.

오답 풀이
❶ ⓐ와 ⓑ에는 모두 보통 명사가 있다.
→ ⓐ에는 '학생', ⓑ에는 '색연필, 상자'라는 보통 명사가 쓰였다.
❸ ⓑ와 ⓒ에는 모두 명사가 두 개씩 있다.
→ ⓑ에는 '색연필, 상자', ⓒ에는 '부산, 기차'라는 명사가 두 개씩 쓰였다.
❹ ⓐ와 달리 ⓒ에는 고유 명사가 있다.
→ ⓒ에는 '부산'이라는 고유 명사가 쓰였다.

⑤ ⓒ와 달리 ⓑ에는 양수사가 있다.
→ ⓑ에는 '하나'라는 양수사가 쓰였다.

07 ⓓ는 '미래'가 가지고 있는 마실 것을 가리키는 말이므로 '미래'와 더 가깝다고 할 수 있다.

【오답 풀이】
❶ ⓐ가 가리키는 대상은 '미래'의 말에서 무엇인지 확인할 수 있다.
→ ⓐ '저것'은 '미래'의 말에서 '솔방울'을 가리킴을 알 수 있다.
❷ ⓑ가 가리키는 대상은 ⑨가 가리키는 대상과 다르다.
→ ⓑ '여기'는 두 사람이 현재 있는 공간 혹은 '산'을 가리키지만, ⑨ '저곳'은 두 사람이 도달하고자 하는 공간을 가리키므로 동일한 대상을 가리키고 있다고 보기 어렵다.
❸ ⓒ가 가리키는 대상은 ⓔ가 포함된다고 할 수 있다.
→ ⓒ는 '미래'와 '현재'를 포함하는 대명사이며, ⓔ는 '현재'가 자신을 가리키는 대명사이다.
⑤ ⓕ는 '현재'가 발화를 전달하고 있는 청자를 가리키는 말이다.
→ ⓕ '너'는 '현재'가 말을 건네는 상대인 청자 '미래'를 가리키는 2인칭 대명사이다.

08 '아직 ㉠아무도 오지 않았다.'에서 ㉠ '아무'는 특정 대상을 가리키지 않는 부정칭 대명사이다.

【오답 풀이】
❶ ㉠과 ㉡은 모두 지시 대명사이다.
→ ㉠과 ㉡은 모두 인칭 대명사이다.
❸ ㉡은 화자가 알고 있는 대상을 가리킨다.
→ 문장의 맥락을 고려할 때 ㉡이 잘 모르는 사람을 가리키는 미지칭 대명사임을 알 수 있다.
❹ ㉠은 ㉡과 달리 수식하는 말이 필수적으로 선행되어야 한다.
→ ㉠과 ㉡ 모두 수식하는 말이 필수로 선행되지 않아도 쓰일 수 있다. '아직 ㉠아무도 오지 않았다.'에서 부사 '아직'이 빠져도 문장은 성립한다.
⑤ ㉡은 ㉠과 달리 화자와 청자를 모두 포함하는 말이다.
→ ㉠은 부정칭 대명사, ㉡은 미지칭 대명사로 ㉠과 ㉡ 모두 화자와 청자를 포함하지 않는다.

09 ① '사과 두 개를 먹었다.'에서 '두'는 뒤에 오는 의존 명사 '개'를 꾸며 주는 관형사이지만, 나머지 밑줄 친 단어는 모두 수사에 해당한다.

10 '구름'은 명사, '일곱'은 수사, '아무개'는 대명사이므로 모두 체언에 해당한다. ①~④는 체언의 특징이지만, ⑤처럼 구체적인 대상의 이름을 나타내는 것은 명사에만 해당하는 특징이므로 적절하지 않다..

11 '시간, 우정, 두려움'은 모두 눈으로 볼 수 없거나 손으로 만질 수 없는 추상적인 대상의 이름을 나타내는 추상 명사이다.

【오답 풀이】
❶ 겁, 책상, 호박
→ '겁'은 추상 명사, '책상, 호박'은 구체 명사이다.
❷ 구리, 분노, 희망
→ '구리'는 구체 명사, '분노, 희망'은 추상 명사이다.
❹ 성실, 풍선, 자신감
→ '성실, 자신감'은 추상 명사, '풍선'은 구체 명사이다.
⑤ 안경, 정직, 머리카락
→ '안경, 머리카락'은 구체 명사, '정직'은 추상 명사이다.

---

09 품사의 종류 ❷: 용언 — 본문 053쪽

개념 확인하기 1 ○ 2 × 3 목적어 4 성상 형용사
5 본용언, 보조 용언 6 활용 7 ①

학습 활동 ❶ 갔다, 먹는다 ❷ 차갑다, 작다 ❸ 젊다(형용사), 따뜻하다(형용사)

교과서 적용하기 01 ② 02 ⑤ 03 ①

【교과서 적용하기】

01 동작이나 작용을 나타내는 단어는 동사이다. '무섭다'는 '어떤 대상에 대하여 꺼려지거나 무슨 일이 일어날까 겁나는 데가 있다.'를 의미하는 형용사로 대상의 성질이나 상태를 나타낸다.

【오답 풀이】
❶ 비다
→ '비다'는 '일정한 공간에 사람, 사물 따위가 들어 있지 아니하게 되다.'를 의미하는 동사이다.
❸ 마시다
→ '마시다'는 '물이나 술 따위의 액체를 목구멍으로 넘기다.'를 의미하는 동사이다.
❹ 작성하다
→ '작성하다'는 '서류, 원고 따위를 만들다.'를 의미하는 동사이다.
⑤ 헤엄치다
→ '헤엄치다'는 '사람이나 물고기 따위가 물속에서 나아가기 위하여 팔다리를 젓거나 지느러미를 움직이다.'를 의미하는 동사이다.

02 동사는 '먹자.'와 같이 어간에 청유형 어미 '-자'와 결합할 수 있으나, 형용사는 어간에 청유형 어미가 결합할 수 없다.

【오답 풀이】
❶ -고
→ 대등적 연결 어미 '-고'는 '오고 가는 성'과 같이 동사 어간에도 결합할 수 있고, '높고 낮은 산봉우리'와 같이 형용사 어간에도 결합할 수 있다.
❷ -게
→ 부사형 어미 '-게'는 '밖을 내다보게 커튼 좀 걷어 줘.'와 같이 동사 어간에도 결합할 수 있고, '부디 행복하게 살아.'와 같이 형용사 어간에도 결합할 수 있다.
❸ -네
→ 평서형 어미 '-네'는 '나 지금 가네.'와 같이 동사 어간에도 결합할 수 있고, '공원이 참 넓네.'와 같이 형용사 어간에도 결합할 수 있다.
❹ -었-
→ 과거 시제 선어말 어미 '-었-'은 '철수는 이미 밥을 먹었다.'와 같이 동사 어간에도 결합할 수 있고, '작년 소풍날은 날씨가 궂었다.'와 같이 형용사 어간에도 결합할 수 있다.

03 '푸다'는 어미 '-어'와 결합될 때 '퍼'의 형태로 활용하는데, 이때 어간의 'ㅜ'가 탈락한다. 이는 '푸고, 푸니'와 같은 활용형과 다르게 불규칙적으로 활용한 것이다. 그러므로 불규칙 활용에 해당한다.

❷ 용언: 같다 / 활용형: 같아 / 규칙, 불규칙 여부: 규칙
→ '같다'는 '같고, 같아, 같으니'처럼 어간과 어미의 형태가 변하지 않는 규칙 활용이다.
❸ 용언: 곱다 / 활용형: 고와 / 규칙, 불규칙 여부: 불규칙
→ '곱다'는 어간의 끝소리 'ㅂ'이 모음으로 시작하는 어미 앞에서 '오/우'로 어간이 바뀌는 'ㅂ' 불규칙 활용이다.
❹ 용언: 흐르다 / 활용형: 흘러 / 규칙, 불규칙 여부: 불규칙
→ '흐르다'는 어간의 끝음절 '르'가 어미 '-아/어' 앞에서 'ㄹㄹ'로 바뀌는 '르' 불규칙 활용이다.
❺ 용언: 차분하다 / 활용형: 차분하여 / 규칙, 불규칙 여부: 불규칙
→ '차분하다'는 어간 '하' 또는 어간의 끝음절 '하' 뒤에 오는 어미 '-아'가 '-여'로 바뀌는 '여' 불규칙 활용이다.

개념 기초 다지기

054~055쪽

| 01 ④ | 02 ⑤ | 03 ② | 04 ⑤ | 05 ③ | 06 ⑤ |
| 07 ④ | 08 ④ | 09 ③ | 10 ⑤ | 11 ④ | |

01 용언은 어간과 어미가 결합한 형태로 되어 있으며, 문장 안에서 어미가 달라지는 활용을 하는 가변어이다.

❶ 용언에 속하는 단어 중 일부는 불변어이다.
→ 용언에 속하는 단어는 문장에서 쓰일 때 형태가 변하는 가변어이다.
❷ 용언의 어간에 '-다'가 붙은 형태를 활용형이라고 한다.
→ 용언의 어간에 '-다'가 붙은 형태는 기본형이다.
❸ 형용사는 동사와 달리 주어의 동작이나 작용을 나타낸다.
→ 주어의 동작이나 작용을 나타내는 품사는 동사이다. 형용사는 주어의 성질이나 상태를 나타낸다.
❺ 동사는 형용사와 달리 문장의 주어를 서술하는 기능을 한다.
→ 용언에 속하는 동사와 형용사 모두 문장의 주어를 서술하는 기능을 한다.

02 ⑤의 '아름답다'는 주어의 성질이나 상태를 나타내는 형용사이다. 이와 달리 ①의 '걷고', ②의 '던졌다', ③의 '읽게', ④의 '흐르고'는 모두 주어의 동작이나 작용을 나타내는 동사이다.

❶ 철수가 공원을 걷고 있다.
→ '걷고(걷다)'는 '어떤 곳을 다리를 번갈아 움직여 위치를 옮기다.'를 의미하는 동사이다.
❷ 준호가 배구공을 힘차게 던졌다.
→ '던졌다(던지다)'는 '손에 든 물건을 다른 곳에 떨어지게 팔과 손목을 움직여 공중으로 내보내다.'를 의미하는 동사이다.
❸ 동생이 책을 열심히 읽게 하였다.
→ '읽게(읽다)'는 '글을 보고 거기에 담긴 뜻을 헤아려 알다.'를 의미하는 동사이다.
❹ 창문에는 얼음이 녹아 흐르고 있었다.
→ '흐르고(흐르다)'는 '액체 따위가 낮은 곳으로 내려가거나 넘쳐서 떨어지다.'를 의미하는 동사이다.

03 자동사는 동작이나 작용이 주어에만 미치는 동사를 말하는데, 이에 해당하는 단어는 '뛰다'이다. '뛰다'는 '우재가 뛰다.'처럼 움직임이 그 주어인 '우재'에만 관련이 있다. 나머지는 동작의 대상이 되는 목적어를 필요로 하는 타동사이다.

04 '저렇다'는 '성질, 모양, 상태 따위가 저와 같다.'라는 뜻의 지시 형용사이다. '어떠하다'는 '어떻다'의 본말로 '의견, 성질, 형편, 상태 따위가 어찌 되어 있다.'라는 뜻의 지시 형용사이다.

❶ 좋다, 모질다
→ '좋다(대상의 성질이나 내용 따위가 보통 이상의 수준이어서 만족할 만하다.)'와 '모질다(마음씨가 몹시 매섭고 독하다.)' 모두 성상 형용사에 해당한다.
❷ 다르다, 그러하다
→ '다르다(비교가 되는 두 대상이 서로 같지 아니하다.)'는 성상 형용사, '그러하다(상태, 모양, 성질 따위가 그와 같다.)'는 지시 형용사에 해당한다.
❸ 아프다, 달콤하다
→ '아프다(몸의 어느 부분이 다치거나 맞거나 자극을 받아 괴로움을 느끼다.)'와 '달콤하다(감칠맛이 있게 달다.)' 모두 성상 형용사에 해당한다.
❹ 이렇다, 시큼하다
→ '이렇다(상태, 모양, 성질 따위가 이와 같다.)'는 지시 형용사, '시큼하다(맛이나 냄새 따위가 조금 시다.)'는 성상 형용사에 해당한다.

05 〈보기〉에서 명령형 어미 '-아라/어라'는 동사 어간에만 결합하고 형용사 어간에는 결합할 수 없음을 알 수 있다. '닫아라'는 '닫-＋-아라'로 분석할 수 있는데, 명령형 어미와 결합할 수 있는 것으로 보아 '닫다'는 형용사가 아니라 동사이다.

❶ '씻다'는 '씻는'과 같이 어간이 어미 '-는'과 결합할 수 있는 것으로 보아 동사이다.
→ 현재 시제 선어말 어미 또는 관형사형 어미 '-는'은 동사 어간에만 결합하고 형용사 어간에는 결합할 수 없다. '씻는'은 어간 '씻-＋-는'으로 분석할 수 있는데, 현재 시제 선어말 어미 또는 관형사형 어미와 결합할 수 있는 것으로 보아 '씻다'는 동사이다.
❷ '삼키다'는 '삼킨다'와 같이 어간이 어미 '-ㄴ-'과 결합할 수 있는 것으로 보아 동사이다.
→ 현재 시제 선어말 어미 '-ㄴ-'은 동사 어간에만 결합하고 형용사 어간에는 결합할 수 없다. '삼킨다'는 '삼키-＋-ㄴ-＋-다'로 분석할 수 있는데, 현재 시제 선어말 어미와 결합할 수 있는 것으로 보아 '삼키다'는 동사이다.
❹ '뜨겁다'는 '뜨겁자'와 같이 어간이 어미 '-자'와 결합할 수 없는 것으로 보아 형용사이다.
→ 청유형 어미 '-자'는 동사 어간에만 결합하고 형용사 어간에는 결합할 수 없다. '*뜨겁자'에서 확인할 수 있듯이 청유형 어미와 결합할 수 없으므로 '뜨겁다'는 형용사이다.
❺ '푸르다'는 '푸른다'와 같이 어간이 어미 '-ㄴ-'과 결합할 수 없는 것으로 보아 형용사이다.
→ 현재 시제 선어말 어미 '-ㄴ-'은 동사 어간에만 결합하고 형용사 어간에는 결합할 수 없다. '*푸른다'에서 확인할 수 있듯이 현재 시제 선어말 어미와 결합할 수 없으므로 '푸르다'는 형용사이다.

06 〈보기〉의 밑줄 친 단어들은 모두 보조 용언이다. 보조 용언은 홀로 쓰이지 못하고 본용언 뒤에 붙어서 의미를 더해 주는 역할만 한다. '먹어 버렸다'의 '버리다'는 앞말이 나타내는 행동이 이미 끝났음을 나타낸다. '입어 보았다'의 '보다'는 어떤 행동을 시험 삼아 함을 나타낸다. '보고 싶다'의 '싶다'는 앞말이 뜻하는 행동을 하고자 하는 마음이나 욕구를 갖고 있음을 나타낸다.

❶ 문장에서 동사처럼 활용되는 보조 동사이다.
→ '그가 사과를 먹어 <u>버렸다</u>.'의 '버리다', '나는 그 옷을 입어 <u>보았다</u>.'의 '보다'만 동사처럼 활용되므로 두 단어만 보조 동사에 해당한다.

❷ 문장에서 형용사처럼 활용되는 보조 형용사이다.
→ '나는 그 친구를 보고 <u>싶다</u>.'의 '싶다'만 형용사처럼 활용되므로 이 단어만 보조 형용사에 해당한다.

❸ 문장에서 늘 기본형으로 쓰이며 활용되지 않는다.
→ 보조 용언 역시 본용언과 마찬가지로 어간과 어미로 구성되어 '먹어 버린', '입어 보는', 보고 싶은 등과 같이 활용될 수 있다.

❹ 문장에서 홀로 쓰여 단독으로 의미를 드러낼 수 있다.
→ 보조 용언은 홀로 쓰이지 못하고 본용언 뒤에 붙어서 쓰인다.

07 용언이 문장에서 쓰일 때 형태가 변하지 않고 고정된 부분을 어간이라고 하고, 그 뒤에 붙어서 변하는 부분을 어미라고 한다. '바라보면'의 경우 동사 '바라보다'의 활용형으로, 어간은 '바라보-'이고, 어미는 '-면'이다.

08 '길이 활처럼 굽다.'의 '굽다'는 '한쪽으로 휘다.'의 뜻을 나타내는 동사로, '굽어, 굽으니, 굽는' 등으로 규칙 활용을 한다. 이와 달리 '고구마를 화롯불에 굽다.'의 '굽다'는 '불에 익히다.'의 뜻을 나타내는 동사로 '구워, 구우니, 구웠다' 등으로 활용하는데, 이는 어간의 끝소리 'ㅂ'이 모음 어미 앞에서 '오/우'로 바뀌는 'ㅂ' 불규칙 활용에 해당한다.

❶ 벽지가 울다. / 아기가 울다.
→ '벽지가 울다.'의 '울다'는 '발라 놓거나 바느질한 것 따위가 반반하지 못하고 우글쭈글해지다.'의 뜻을 나타내는 동사이다. '아기가 울다.'의 '울다'는 '기쁨, 슬픔 따위의 감정을 억누르지 못하거나 아픔을 참지 못하여 눈물을 흘리다. 또는 그렇게 눈물을 흘리면서 소리를 내다.'의 뜻을 나타내는 동사이다. 두 문장의 '울다'는 모두 '울고, 울지, 울어, 우니' 등으로 활용하는데, 이때 어간의 끝소리 'ㄹ'이 'ㄴ'으로 시작하는 어미 앞에서 탈락하는 것은 음절의 끝 'ㄹ'이 있는 용언에 예외 없이 나타나므로 규칙 활용에 해당한다.

❷ 버스를 타다. / 장작이 활활 타다.
→ '버스를 타다.'의 '타다'는 '탈것이나 짐승의 등 따위에 몸을 얹다.'의 뜻을 나타내는 동사이다. '장작이 활활 타다.'의 '타다'는 '불씨나 높은 열로 불이 붙어 번지거나 불꽃이 일어나다.'의 뜻을 나타내는 동사이다. 두 문장의 '타다'는 모두 '타고, 타지, 타, 타니' 등으로 활용하는데, 이때 어간과 어미의 형태가 변하지 않으므로 규칙 활용에 해당한다.

❸ 동생의 병이 낫다. / 동생이 형보다 낫다.
→ '동생의 병이 낫다.'의 '낫다'는 '병이나 상처 따위가 고쳐져 본래대로 되다.'의 뜻을 나타내는 동사이다. '동생이 형보다 낫다.'의 '낫다'는 '보다 더 좋거나 앞서 있다.'의 뜻을 나타내는 형용사이다. 두 문장의 '낫다'는 모두 '낫고, 낫지, 나아, 나으니' 등으로 활용하는데, 이는 어간의 끝소리 'ㅅ'이 모음 어미 앞에서 탈락하는 'ㅅ' 불규칙 활용에 해당한다.

❺ 아직 포기하기에는 너무 <u>이르</u>다. / 선생님이 학생에게 주의할 점을 <u>이르다</u>.
→ '아직 포기하기에는 너무 이르다.'의 '이르다'는 '대중이나 기준을 잡은 때보다 앞서거나 빠르다.'의 뜻을 나타내는 형용사이다. '선생님이 학생에게 주의할 점을 이르다.'의 '이르다'는 '무엇이라고 말하다.'의 뜻을 나타내는 동사이다. 두 문장의 '이르다'는 모두 '이르고, 이르지, 일러, 이르니' 등으로 활용하는데, 이는 어간의 끝음절 '르'가 모음 어미 앞에서 'ㄹㄹ'로 바뀌는 '르' 불규칙 활용에 해당한다.

09 '걸어서'의 기본형은 동사 '걷다'로, '걷다'는 '걸어, 걸으니'와 같이 어간의 끝소리 'ㄷ'이 모음으로 시작하는 어미 앞에서 'ㄹ'로 바뀌는 'ㄷ' 불규칙 활용을 한다. 이때 어간의 형태만 변하고, 어미의 형태는 변하지 않는다.

❶ 주어의 성질이나 상태를 나타내는 형용사이다.
→ '걷다'는 주어의 움직임을 나타내는 동사이다.

❷ 어간에 '-으니'가 결합하는 경우 '빨래를 걷다.'의 '걷다'와 같은 활용형을 가진다.
→ '걸어서'의 경우 동사 '걷다'의 어간 '걷-'에 어미 '-으니'가 결합하면 '걸으니'로 활용하지만, '빨래를 걷다.'의 동사 '걷다'의 어간 '걷-'에 어미 '-으니'가 결합하면 '걷으니'로 활용한다.

❹ 어간에 모음으로 시작하는 어미가 붙어 활용할 때 어미의 형태만 변하는 경우이다.
→ '걸어서'는 어미의 형태가 아니라 어간의 형태가 변하는 불규칙 활용에 해당한다.

❺ 어간에 모음으로 시작하는 어미가 붙어 활용할 때 어간과 어미의 형태가 모두 변하는 경우이다.
→ '걸어서'는 어간과 어미의 형태가 모두 변하는 것이 아니라 어간의 형태만 변하는 불규칙 활용에 해당한다.

10 ㉠ '묻다'는 '물건을 흙이나 다른 물건 속에 넣어 보이지 않게 쌓아 덮다.'의 뜻을 나타내는 동사로, '묻어, 묻으니, 묻는' 등으로 규칙 활용을 한다. ㉡ '묻다'는 '무엇을 밝히거나 알아내기 위하여 상대편의 대답이나 설명을 요구하는 내용으로 말하다.'의 뜻을 나타내는 동사로, '물어, 물으니, 묻고' 등으로 어간이 변하는 'ㄷ' 불규칙 활용을 한다. 따라서 ㉡은 ㉠과 달리 활용할 때 달라진 형태를 일정한 규칙으로 설명할 수 없다.

❶ ㉠과 ㉡은 모두 형용사이다.
→ ㉠과 ㉡은 모두 주어의 움직임이나 작용을 나타내는 동사이다.

❷ ㉠은 ㉡과 달리 전성 어미가 결합하지 않는다.
→ ㉠과 ㉡은 모두 '묻는'과 같이 전성 어미가 결합하여 활용될 수 있다.

❸ ㉠은 ㉡과 달리 선어말 어미가 결합할 수 있다.
→ ㉠은 '묻었다', ㉡은 '물었디'의 같이 어간에 선어말 어미가 결합하여 활용될 수 있다.

❹ ㉡은 ㉠과 달리 주어를 서술하는 기능을 하지 않는다.
→ ㉠과 ㉡은 모두 용언으로 문장의 주어를 서술하는 기능을 한다.

11 '먹는다'는 '음식 따위를 입을 통하여 배 속에 들여보내다.'라는 뜻의 동사 '먹다'가 활용한 것이다.

❶ 소나무가 푸르다.
→ '푸르다'는 '맑은 가을 하늘이나 깊은 바다, 풀의 빛깔과 같이 밝고 선명하다.'라는 뜻의 형용사이다.

❷ 빗방울이 제법 굵다.
→ '굵다'는 '물체의 지름이 보통의 경우를 넘어 길다.'라는 뜻의 형용사이다.

❸ 호두는 껍질이 단단하다.
→ '단단하다'는 '어떤 힘을 받아도 쉽게 그 모양이 변하거나 부서지지 아니하는 상태에 있다.'라는 뜻의 형용사이다.

❺ 이번 여름은 유독 덥고 습하다.
→ '습하다'는 '메마르지 않고 물기가 많아 축축하다.'라는 뜻의 형용사이다.

개념 확인하기   1 ◯   2 ◯   3 체언   4 용언   5 수
6 접속   7 (1) 부사 (2) 관형사

학습 활동   ❶ 온(관형사), 다(부사)   ❷ 옛(관형사), 몹시(부사)   ❸
설마(부사), 무슨(관형사)   ❹ 새   ❺ 이   ❻ 한, 두   ❼ 차근차근
❽ 그리고, 과연

교과서 적용하기   01 ⑤   02 ④

교과서 적용하기

01 관형사는 뒤에 오는 체언을 꾸며 주는 역할을 하는데, ⑤ '나의
소원은 <u>첫째</u>, 대학 합격이고, 둘째, 독립이다.'의 '첫째'는 다른
체언을 꾸며 주는 역할을 하고 있지 않으므로 관형사가 아니다.
이 문장의 '첫째'는 순서가 가장 먼저인 차례를 뜻하는 수사에
해당한다. '둘째' 역시 수사이다.

오답 풀이
❶ 네가 말한 색깔이 <u>저런</u> 색깔이니?
→ '저런'은 뒤에 있는 체언 '색깔'을 꾸며 주고 있는 관형사이다.
❷ 나는 그 요리에 <u>온갖</u> 정성을 기울였다.
→ '온갖'은 뒤에 있는 체언 '정성'을 꾸며 주고 있는 관형사이다.
❸ 이번 엑스포는 <u>여러</u> 나라에서 참가했다.
→ '여러'는 뒤에 있는 체언 '나라'를 꾸며 주고 있는 관형사이다.
❹ <u>그</u> 그림은 대한민국의 화가가 그린 것이다.
→ '그'는 뒤에 있는 체언 '그림'을 꾸며 주고 있는 관형사이다.

02 〈보기〉는 성분 부사이자 성상 부사에 대한 설명이다. ④ '지난
달에 심은 화초가 <u>무럭무럭</u> 자란다.'의 '무럭무럭'은 '자란다'를
꾸며 주고 있으며 그것의 상태를 한정하여 꾸미고 있으므로 성
분 부사이자 성상 부사에 해당한다.

오답 풀이
❶ 지금은 밖에 비가 <u>안</u> 와.
→ '안'은 뒤에 있는 '와'를 꾸며 주는 성분 부사이다. 그러나 성상 부사가
아니라 부정의 뜻을 나타내는 부정 부사이다.
❷ 학교에 간다. <u>그리고</u> 공부를 한다.
→ '그리고'는 문장 전체를 꾸며 주는 문장 부사이며, 앞 문장과 뒤 문장을
이어 주는 접속 부사이다.
❸ <u>설마</u> 그걸 전부 먹겠다는 건 아니지?
→ '설마'는 문장 전체를 꾸며 주는 문장 부사이며, 말하는 이의 태도를 나
타내는 양태 부사이다.
❺ 주문하신 물건을 즉시 <u>그리</u> 보내겠습니다.
→ '그리'는 뒤에 있는 '보내겠습니다'를 꾸며 주는 성분 부사이다. 그러나
성상 부사가 아니라 처소를 가리켜 한정하는 지시 부사이다.

개념 기초 다지기   058~059쪽

01 ③	02 ②	03 ①	04 ④	05 ③	06 ②
07 ②	08 ⑤	09 ③	10 ②	11 ③	

01 단어가 문장 안에서 하는 기능에 따라 품사를 분류하면 체언,
용언, 수식언, 관계언, 독립언으로 나눌 수 있다. 그중 수식언
은 문장에서 다른 말을 꾸며 주는 기능을 하며 수식언에는 관형
사와 부사가 있다.

02 〈보기〉는 관형사에 대한 설명이다. ②의 '그녀는 무슨 일이든
이루어 냈다.'의 '무슨'은 뒤에 있는 체언 '일'을 꾸며 주는 관형
사이다. 나머지는 모두 관형사가 쓰이지 않았다.

03 〈보기〉는 수 관형사에 대한 설명이다. ① '일곱에서 셋을 빼면
넷이 된다.'의 '일곱', '셋', '넷'은 모두 수량을 나타내는 수사로
관형사는 쓰이지 않았다.

오답 풀이
❷ 학생 세 명이 모여서 팀을 이루었다.
→ '세'는 뒤에 있는 체언 '명'을 꾸미는 수 관형사이다.
❸ 식당에 가서 국밥을 한 그릇씩 먹었다.
→ '한'은 뒤에 있는 체언 '그릇'을 꾸미는 수 관형사이다.
❹ 연필 두 자루를 가방 하나에 넣어 두었다.
→ '두'는 뒤에 있는 체언 '자루'를 꾸미는 수 관형사이다.
❺ 우리 동네 목욕탕은 매월 둘째 주 화요일에 쉰다.
→ '둘째'는 뒤에 있는 체언 '주'를 꾸미는 수 관형사이다.

04 〈보기〉의 문장에서 '이'는 지시 관형사로 뒤에 있는 체언 '책'을
가리키는 역할을 한다.

오답 풀이
❶ 수 관형사 1개가 사용되었다.
→ 수 관형사가 사용되지 않았다.
❷ 지시 관형사 1개가 사용되었다.
→ 〈보기〉의 문장에 사용된 지시 관형사는 '이'와 '저'로 모두 2개이다.
❸ 성상 관형사 2개가 사용되었다.
→ 성상 관형사가 사용되지 않았다.
❺ '저는 문장 전체를 꾸며 주는 역할을 한다.
→ '저'는 체언을 꾸며 주는 역할을 하는 관형사로, 관형사 중 지시 관형사
에 해당한다. 이 문장에서는 뒤에 있는 체언 '도서관'을 가리키는 역할
을 한다.

05 ③ '그는 매우 멀리 떠났다.'에서 부사는 '매우'와 '멀리'이다. '매
우'는 다른 부사 '멀리'를 꾸며 주고, '멀리'는 용언 '떠났다'를 꾸
며 주고 있다. 나머지는 모두 부사가 쓰이지 않았다.

오답 풀이
❶ 새 학기가 시작되었다.
→ 수식언 중 관형사 '새'가 쓰였으며, '새'는 뒤에 있는 체언 '학기'를 꾸며
주고 있다.
❷ 행복이란 이런 것이다.
→ 수식언 중 관형사 '이런'이 쓰였으며, '이런'은 뒤에 있는 체언 '것'을 꾸
며 주고 있다.

❹ 세상의 모든 어머니는 위대하다.
→ 수식언 중 관형사 '모든'이 쓰였으며, '모든'은 뒤에 있는 체언 '어머니'를 꾸며 주고 있다.
❺ 네 사람이 모여 서로의 생각을 나누었다.
→ 수식언 중 관형사 '네'가 쓰였으며, '네'는 뒤에 있는 체언 '사람'을 꾸며 주고 있다.

06 ㉠ '과연, 이번 여름에는 비가 정말 많이 오는구나.'의 '정말'은 뒤에 있는 다른 부사 '많이'를 수식하고 있으므로 용언을 수식하고 있다는 설명은 적절하지 않다.

07 관형사에는 어떤 대상을 가리키는 지시 관형사, 사물의 성질이나 상태를 나타내는 성상 관형사, 수량 및 순서와 같은 수 개념을 나타내는 수 관형사가 있다. ⓐ '이 사과가 맛있게 생겼다.'의 '이'는 지시 관형사이고, ⓓ '책 한 권이 책상에 놓여 있었다.'의 '한'은 수 관형사이다. 따라서 ⓐ의 '이'와 ⓓ의 '한' 모두 사물의 성질이나 상태를 나타내는 성상 관형사가 아니다.

모답 풀이
❶ ⓐ의 '이'는 ⓑ의 '이'와 달리 체언을 꾸며 주는 기능을 한다.
→ ⓐ의 '이'는 관형사로 뒤에 있는 체언 '사과'를 꾸며 주는 기능을 한다. 이와 달리 ⓑ의 '이'는 대명사로 문장에서 주어의 기능을 한다.
❸ ⓒ의 '하나'는 ⓓ의 '한'과 달리 조사가 결합할 수 있다.
→ ⓒ의 '하나'는 수사로 뒤에 조사가 결합할 수 있다. 이와 달리 ⓓ의 '한'은 관형사로 조사와 결합할 수 없다.
❹ ⓓ의 '한'과 ⓕ의 '여덟'은 모두 의존 명사를 꾸미고 있다.
→ ⓓ의 '한'과 ⓕ의 '여덟'은 모두 관형사로 각각 뒤에 있는 의존 명사 '권'과 '명'을 꾸며 주고 있다.
❺ ⓔ의 '여덟'과 ⓕ의 '여덟'은 형태가 같지만 품사가 다르다.
→ ⓔ의 '여덟'은 수사, ⓕ의 '여덟'은 관형사로 형태가 같지만 품사가 다르다. '여덟'은 품사의 통용 중 수사와 관형사로 쓰이는 경우에 해당한다.

08 '꼭'은 '1. 어떤 일이 있어도 틀림없이. 2. 조금도 어김없이. 3. 아주 잘. 4. 매우 흡족하게. 5. 아주 비슷하게.'의 뜻을 지닌 부사로 〈보기〉의 ㄴ에서는 4의 뜻으로 쓰였다. '꼭'은 뒤에 오는 용언(동사) '들었다'를 꾸며 주고 있는 성분 부사이자 성상 부사이다.

모답 풀이
❶ ㄱ에는 수식언이 사용되지 않았고, ㄴ에는 수식언이 네 개 사용되었다.
→ ㄱ에는 수식언인 관형사나 부사가 사용되지 않았다. ㄴ에 사용된 수식언은 관형사 '그'와 '모든', 부사 '솔직히'와 '꼭'으로 모두 네 개이다.
❷ ㄱ에 비해 ㄴ이 상황을 더 구체적이고 분명하게 전달한다.
→ 수식언을 사용하면 문장의 표현을 더 분명하게 하거나 아름답고 효과적으로 전달할 수 있다.
❸ ㄴ에서 '그'와 '모든'은 각각 '가게'와 '물건'을 꾸며 주는 관형사이다.
→ '그'는 뒤에 나오는 체언 '가게'를, '모든'은 뒤에 나오는 체언 '물건'을 꾸미고 있다.
❹ ㄴ에서 '솔직히'는 문장 전체를 꾸며 주는 문장 부사이다.
→ '솔직히'는 '거짓이나 숨김이 없이 바르고 곧게.'라는 뜻의 문장 부사이자 양태 부사이다.

09 ③ '민혜는 새 옷을 백화점에서 잔뜩 샀다.'에는 관형사 '새'와 부사 '잔뜩'이 쓰였다. 관형사 '새'는 뒤에 있는 체언 '옷'을 꾸며 주

고 있고, 부사 '잔뜩'은 뒤에 있는 용언 '샀다'를 꾸며 주고 있다.

모답 풀이
❶ 그녀는 항상 웃는다.
→ 부사 '항상'이 뒤에 있는 용언 '웃는다'를 꾸며 주고 있다. 관형사는 쓰이지 않았다.
❷ 그 사람은 밥을 먹고 있다.
→ 관형사 '그'가 뒤에 있는 체언 '사람'을 꾸며 주고 있다. 부사는 쓰이지 않았다.
❹ 영서는 동생과 할머니 댁에 방문하였다.
→ 관형사와 부사 모두 쓰이지 않았다.
❺ 나는 헌 옷을 버리기 위해 밖으로 나갔다.
→ 관형사 '헌'이 뒤에 있는 체언 '옷'을 꾸며 주고 있다. 부사는 쓰이지 않았다.

10 〈보기〉의 ㉠ '하루빨리'는 부사로 용언 '가고 싶었지만'을 꾸며 주고 있고, ㉡ '온갖'은 관형사로 체언 '핑계'를 꾸며 주고 있다. ②에서 ㉠ '강아지가 멀리 뛰어갔다.'의 '멀리'는 부사로 용언 '뛰어갔다'를 꾸며 주고 있고, ㉡ '하루에 한 가지 소원을 들어주지.'의 '한'은 관형사로 체언 '가지'를 꾸며 주고 있다.

모답 풀이
❶ ㉠: 내가 몹시 잘못했다.
   ㉡: 나는 축구를 아주 열심히 했다.
→ ㉠의 '몹시'는 부사로 용언 '잘못했다'를 꾸며 주고 있고, ㉡의 '아주'는 부사 '열심히'를 꾸며 주고 있다. 따라서 둘 다 부사이다.
❸ ㉠: 그녀는 책을 천천히 읽었다.
   ㉡: 친구가 그 소식을 듣고 매우 기뻐했다.
→ ㉠의 '천천히'는 부사로 용언 '읽었다'를 꾸며 주고 있고, ㉡의 '매우'는 용언 '기뻐했다'를 꾸며 주고 있다. 따라서 둘 다 부사이다.
❹ ㉠: 오늘 하루도 조용히 지나갔다.
   ㉡: 오늘은 아침부터 날씨가 정말 춥구나.
→ ㉠의 '조용히'는 부사로 용언 '지나갔다'를 꾸며 주고 있고, ㉡의 '정말'은 용언 '춥구나'를 꾸며 주고 있다. 따라서 둘 다 부사이다.
❺ ㉠: 그가 어느 날 갑자기 나에게 말을 걸었다.
   ㉡: 몇몇 친구는 아직도 내 별명을 부르곤 한다.
→ ㉠의 '어느'는 관형사로 체언 '날'을 꾸며 주고 있고, ㉡의 '몇몇'은 관형사로 체언 '친구'를 꾸며 주고 있다. 따라서 둘 다 관형사이다.

11 〈보기〉의 첫 번째 조건은 지시 관형사에 대한 설명이고, 두 번째 조건은 성상 부사에 대한 설명이다. 이 두 조건을 모두 충족하는 문장은 ③이다. ③ '그녀는 저 사람을 보자마자 엄청 화냈다.'에서 '저'는 지시 관형사로 체언 '사람'을 가리키고 있고, '엄청'은 성상 부사로 용언 '화냈다'를 정도가 아주 지나친 상태로 한정하여 꾸며 주고 있다.

모답 풀이
❶ 나는 옷 두 벌을 세탁해야 한다.
→ 수 관형사인 '두'만 쓰였다.
❷ 그는 앞으로 실수를 안 한다고 약속했다.
→ 부정 부사 '안'만 쓰였다.
❹ 그 사람이 여기에 도착하는 시간을 모른다.
→ 지시 관형사인 '그'만 쓰였다.
❺ 우리가 빨리 출발한다면 30분 만에 도착할 것이다.
→ 성상 부사인 '빨리'만 쓰였다.

개념 확인하기　1 ×　2 ○　3 격 조사　4 한정
5 부사격　6 느낌　7 (1) 을, 이 (2) 와, 이런, 아이고

학습 활동　❶ 가, 에서, 를　❷ 은, 이고, 는, 이다　❸ 앗, 오
❹ 여보세요, 야　❺ 아니, 그래

교과서 적용하기　01 ⑤　02 ⑤　03 ③

교과서 적용하기

01 ⓐ의 '가'는 주격 조사, ⓑ의 '에서'는 부사격 조사, ⓒ의 '의'는 관형격 조사, ⓓ의 '을'은 목적격 조사이다. 그러나 ⓔ '열심히'는 부사로 한 단어이다.

02 '하루 종일 먹기만 하는구나.'는 앞말에 특별한 뜻을 덧붙여 주는 보조사로, '다른 것으로부터 제한하여 어느 것을 한정함.'이라는 뜻을 덧붙여 주고 있다.

03 ③ '저 바다는 정말 푸르구나!'의 '정말'은 용언 '푸르구나'를 꾸며 주는 부사이다.

모답 풀이
❶ 아, 그렇게 하면 되겠구나.
→ '아'는 모르던 것을 깨달을 때 내는 소리로 감탄사이다.
❷ 예끼, 고얀 놈 같으니라고!
→ '예끼'는 나무라거나 화가 났을 때 내는 소리로 감탄사이다.
❹ 여보, 딸 생일이니 일찍 오세요.
→ '여보'는 부부 사이에 서로 상대편을 부르는 말로 감탄사이다.
❺ 세상이 불안해서 어디 살겠어요.
→ '어디'는 마음대로 되지 아니하여 딱한 사정이 있는 형편을 강조할 때 쓰는 말로 감탄사이다.

개념 기초 다지기　○ 062~063쪽

01 ④　02 ②　03 ③　04 ④　05 ②　06 ②
07 ②　08 ①　09 ⑤　10 ①　11 ④　12 ②

01 조사는 주로 체언에 붙어서 사용되지만, '많이는', '만져도'와 같이 부사나 용언에도 붙어서 사용될 수 있다.

02 '상희와 희재는 학교에 일찍 가서 수업이 시작하기 전까지 교실 청소를 깨끗이 했다.'의 '는'은 문장 속에서 어떤 대상이 화제임을 나타내는 보조사로 쓰였다.

모답 풀이
❶ '와'는 접속 조사로 쓰였다.
→ '와'는 두 사람을 같은 자격으로 이어 주는 접속 조사로 쓰였다.
❸ '에'는 부사격 조사로 쓰였다.
→ '에'는 앞말이 처소의 부사어임을 나타내는 부사격 조사로 쓰였다.

❹ '까지'는 보조사로 쓰였다.
→ '까지'는 어떤 일이나 상태 따위에 관련되는 범위의 끝임을 나타내는 보조사로 쓰였다.
❺ '를'은 목적격 조사로 쓰였다.
→ '를'은 그 행동의 목적이 되는 일을 나타내는 목적격 조사로 쓰였다.

03 〈보기〉의 첫 번째 조건은 격 조사 중 관형격 조사에 대한 설명이고, 두 번째 조건은 보조사에 대한 설명이다. 이 두 조건을 모두 충족하는 문장은 ③이다. ③ '우리는 그의 상황이 어려움을 알고 있다.'에서 '는'은 보조사, '의'는 관형격 조사, '이'는 주격 조사, '을'은 목적격 조사로 관형격 조사와 보조사를 모두 포함하고 있다.

모답 풀이
❶ 비가 어제부터 계속 내리고 있었다.
→ '가'는 주격 조사, '부터'는 보조사로 관형격 조사를 포함하고 있지 않다.
❷ 은호의 도움이 나에게 큰 힘이 되었다.
→ '의'는 관형격 조사, '에게'는 부사격 조사이다. '도움이'의 '이'는 주격 조사, '힘이'의 '이'는 보격 조사로 보조사를 포함하고 있지 않다.
❹ 민주는 매일 운동장 열 바퀴씩 달리고 있다.
→ '는'은 보조사, '을'은 목적격 조사로 관형격 조사를 포함하고 있지 않다.
❺ 그녀가 다시 우리 동네에 온다는 소식을 들었다.
→ '가'는 주격 조사, '에'는 부사격 조사, '을'은 목적격 조사로 관형격 조사와 보조사를 포함하고 있지 않다.

04 ④ '정부에서 실시한 조사 결과가 발표되었다.'의 '에서'는 단체를 나타내는 명사 뒤에 붙어 앞말이 주어임을 나타내는 주격 조사로 쓰였다. 나머지는 모두 부사격 조사로 쓰였다.

모답 풀이
❶ 이 물건은 시장에서 사 왔다.
→ 앞말이 행동이 이루어지고 있는 처소임을 나타내는 부사격 조사로 쓰였다.
❷ 너는 서울에서 언제 출발할 예정이니?
→ 앞말이 출발점임을 나타내는 부사격 조사로 쓰였다.
❸ 그는 모 기업에서 장학금을 받고 있다.
→ 앞말이 어떤 일의 출처임을 나타내는 부사격 조사로 쓰였다.
❺ 우리는 아침에 도서관에서 만나기로 하였다.
→ 앞말이 행동이 이루어지고 있는 처소임을 나타내는 부사격 조사로 쓰였다.

05 ② '현준이는 언제나 밝게 웃고 있다.'에는 서술격 조사 '이다'의 기본형이나 활용형이 쓰이지 않았다. '현준이는'의 '이'는 받침 있는 사람의 이름 뒤에 붙어 어조를 고르는 접미사 '-이'이고, '는'은 보조사이다. 그리고 '웃고 있다'의 '있다'는 보조 동사이다.

06 [A]에는 보격 조사와 접속 조사가 포함되어 있지만, 보조사는 포함되어 있지 않은 문장이 들어가야 한다. ② '너와 내가 아니면 우리 조국을 누가 지키랴.'에서 '너와 내가'의 '와'는 접속 조사, '가'는 보격 조사, '을'은 목적격 조사, '누구가'의 준말인 '누가'의 '가'는 주격 조사이다. 보격 조사와 접속 조사가 포함되어 있고, 보조사는 포함되어 있지 않으므로 [A]에 해당한다.

모답 풀이
❶ 수호는 이제 아이가 아니라 어른이다.
→ '는'은 보조사, '가'는 보격 조사, '이다'는 서술격 조사이다. 보격 조사는

포함되어 있지만, 접속 조사가 포함되어 있지 않고 보조사가 포함되어 있어 적절하지 않다.
❸ 나와 너는 곧 그 동아리의 구성원이 될 것이다.
→ '와'는 접속 조사, '는'은 보조사, '의'는 관형격 조사, '이'는 보격 조사, '이다'는 서술격 조사이다. 보격 조사와 접속 조사가 모두 포함되어 있지만, 보조사가 포함되어 있어 적절하지 않다.
❹ 올해 고등학생이 된 주희가 우리 집에 놀러 왔다.
→ '이'는 보격 조사, '가'는 주격 조사, '에'는 부사격 조사이다. 보격 조사는 포함되어 있지만, 접속 조사가 포함되어 있지 않아 적절하지 않다.
❺ 지수도 편의점에서 과자와 음료수를 샀다고 했다.
→ '도'는 보조사, '에서'는 부사격 조사, '와'는 접속 조사, '를'은 목적격 조사이다. 보조사가 포함되어 있고, 보격 조사가 포함되어 있지 않아 적절하지 않다.

07 접속 조사는 둘 이상의 단어를 같은 자격으로 이어 주는 조사이다. 그러나 ② '나의 취미는 동생의 취미와 다르다.'의 '와'는 접속 조사의 기능이 아니라 다른 것과 비교하거나 기준으로 삼는 대상임을 나타내는 부사격 조사로 기능한다.

08 ① '이것은 그것보다 크다.'의 '보다'는 보조사가 아니라, 서로 차이가 있는 것을 비교하는 경우 비교의 대상이 되는 말에 붙어 '~에 비해서'의 뜻을 나타내는 부사격 조사이다.

[모답 풀이]
❷ 너도 결국 나를 떠나는구나.
→ '도'는 이미 어떤 것이 포함되고 그 위에 더함의 뜻을 나타내는 보조사이다.
❸ 형님조차 시험에 떨어지고 말았다.
→ '조차'는 이미 어떤 것이 포함되고 그 위에 더함의 뜻을 나타내는 보조사이다.
❹ 이 작은 시골에서 장관까지 나오다니.
→ '까지'는 그것이 극단적인 경우임을 나타내는 보조사이다.
❺ 소설만 읽지 말고 다른 책도 읽어 보아라.
→ '만'은 다른 것으로부터 제한하여 어느 것을 한정함을 나타내는 보조사이다.

09 ㉠ '랑'은 '장미'와 '튤립'을 같은 자격으로 이어 주는 접속 조사이고, ㉡ '이'는 앞말이 주어의 자격을 갖게 해 주는 격 조사이며, ㉢ '도'는 놀라움이나 감탄의 감정을 강조하는 데 쓰이는 보조사이다.

10 '아차'는 무엇이 잘못된 것을 갑자기 깨달았을 때 하는 감탄사로, 문장 속의 다른 성분에 얽매이지 않고 독립적으로 쓰이는 독립언에 해당한다. 감탄사는 문장 속의 다른 성분들과 직접 관련이 없으므로 생략해도 문장이 성립한다.

11 ④ '아, 세월이 정말 빠르구나.'의 '아'는 말하는 사람의 느낌을 나타내는 감탄사로, 기쁘거나, 슬프거나, 뉘우치거나, 칭찬할 때 가볍게 내는 소리이다.

[모답 풀이]
❶ 예, 알겠습니다.
→ '예'는 윗사람이 부탁하거나 명령하는 말에 동의하여 대답할 때 쓰는 감탄사이다.
❷ 그래, 알아들었어.
→ '그래'는 긍정하는 뜻으로 대답할 때 쓰는 감탄사이다.

❸ 야, 빨리 일어나라.
→ '야'는 어른이 아이를 부르거나 같은 또래끼리 서로 부르는 감탄사이다.
❺ 여보게, 이게 얼마 만인가?
→ '여보게'는 가까이 있는 사람을 부를 때 쓰는 감탄사이다.

12 ② '민결아, 학교 가자.'의 '민결아'는 체언 '민결'과 호격 조사 '아'가 결합한 말로 감탄사가 아니다.

[모답 풀이]
❶ 네, 좋습니다.
→ '네'는 윗사람의 부름에 대답하거나 묻는 말에 긍정하여 대답할 때 쓰는 감탄사이다.
❸ 어머나, 벌써 꽃이 피었네.
→ '어머나'는 예상하지 못한 일로 깜짝 놀랐을 때 내는 소리인 '어머'를 강조하여 내는 감탄사이다.
❹ 어, 이러다가 버스 놓치겠다.
→ '어'는 놀라거나, 당황하거나, 초조하거나, 다급할 때 나오는 감탄사이다.
❺ 아이고, 우리 조금만 쉬었다 가자.
→ '아이고'는 아프거나 힘들 때 내는 감탄사이다.

내신 실력 기르기 | DAY 07~11 | 064~065쪽
01 ⑤	02 ⑤	03 ⑤	04 ④	05 ④	06 ①
07 ⑤	08 ②	09 ①			

01 품사를 기능에 따라 분류하면 체언, 용언, 수식언, 관계언, 독립언으로 나눌 수 있는데, 그중 관계언은 문장에서 여러 성분 간의 관계를 나타내는 단어들을 말한다. 이러한 관계언은 품사를 의미에 따라 분류할 때 조사에 해당하는 말들이다. 감탄사는 기능에 따른 품사의 분류에서 독립언에 해당한다.

02 ㉤ '당신'은 앞서 언급한 '할아버지'를 도로 가리키는 재귀 대명사로서 3인칭 대명사이다.

[모답 풀이]
❶ ㉠은 장소의 이름을 대신하여 가리키는 지시 대명사이다.
→ ㉠ '여기'는 화자에게 가까운 곳을 가리키는 지시 대명사이다.
❷ ㉡은 사물의 이름을 대신하여 가리키는 지시 대명사이다.
→ ㉡ '그거'는 '그것'을 구어적으로 이르는 말로, 청자가 생각하고 있는 사물을 가리키는 지시 대명사이다. 여기에서는 '상자'를 가리킨다.
❸ ㉢은 화자가 자신과 청자를 포함하는 대상을 가리키는 1인칭 대명사이다.
→ ㉢ '우리'는 화자가 자신과 청자, 또는 자신과 청자를 포함한 여러 사람을 가리키는 1인칭 대명사이다. 여기에서는 '민하'와 '아빠'를 포함하는 대상을 가리킨다.
❹ ㉣은 화자가 청자를 가리키는 2인칭 대명사이다.
→ ㉣ '너'는 청자가 아랫사람일 때, 그 사람을 가리키는 이인칭 대명사이다. 여기에서는 '민하'를 가리킨다.

03 '도우며'는 동사 '돕다'의 활용형으로, 어간의 끝소리 'ㅂ'이 모음 어미 앞에서 '오 / 우'로 변하는 'ㅂ' 불규칙 활용을 한다.

[모답 풀이]
❶ '뽑았다'는 어간과 어미의 형태가 변하지 않는 규칙 활용을 한다.
→ '뽑았다'는 동사 '뽑다'의 활용형으로 '뽑아, 뽑으니'와 같이 활용할 때 어간과 어미의 형태가 일정한 형태로 규칙적으로 나타난다.

❷ '파래서'는 어간과 어미의 형태가 모두 변하는 불규칙 활용을 한다.
→ '파래서'는 형용사 '파랗다'의 활용형으로 'ㅎ'으로 끝나는 어간에 어미 '-아/어'가 오면 어간의 'ㅎ'이 탈락하고 어미도 변하는 'ㅎ' 불규칙 활용을 한다.
❸ '지어'는 어간의 형태가 변하는 불규칙 활용을 한다.
→ '지어'는 동사 '짓다'의 활용형으로 어간의 끝소리 'ㅅ'이 모음 어미 앞에서 탈락하는 'ㅅ' 불규칙 활용을 한다.
❹ '하여라'는 어미의 형태가 변하는 불규칙 활용을 한다.
→ '하여라'는 동사 '하다'의 활용형으로 어간이 '하-'로 끝나는 용언 뒤에서 모음 어미 '-아'가 '-여'로 바뀌는 '여' 불규칙 활용을 한다.

04 ⓓ '그 사람은 아주 헌 가방을 메고 다녔다.'에 쓰인 부사는 '아주'로, '아주'는 부사가 아니라 관형사 '헌'을 수식하고 있다.

ㅤ**모답 풀이**
❶ ⓐ에 쓰인 부사는 보조사를 취하고 있다.
→ ⓐ '어휴, 빨리도 온다.'에 쓰인 부사는 '빨리'로 뒤에 보조사 '도'를 취하고 있다. 부사는 관형사와 달리 보조사를 취할 수 있다.
❷ ⓑ에 쓰인 부사는 형용사를 수식하고 있다.
→ ⓑ '그녀는 너무 착하다.'에 쓰인 부사는 '너무'로 형용사 '착하다'를 수식하고 있다.
❸ ⓒ에 쓰인 부사는 동사를 수식하고 있다.
→ ⓒ '비행기가 높이 날았다.'에 쓰인 부사는 '높이'로 동사 '날았대(날다)'를 수식하고 있다.
❺ ⓔ에 쓰인 부사는 문장 전체를 수식하고 있다.
→ ⓔ '과연 그가 그 시험에 합격할 수 있을까?'에 쓰인 부사는 '과연'으로 문장 전체를 수식하고 있다.

05 '응, 그 일은 영하랑 지후가 맡아서 하기로 했어.'에서 주격 조사는 '가'로 1개가 쓰였다. '은'은 주격 조사가 아니라 보조사이다.

ㅤ**모답 풀이**
❶ 감탄사는 1개이다.
→ 제시된 문장에서 감탄사는 '응'으로 1개가 쓰였다.
❷ 보조사는 1개이다.
→ 제시된 문장에서 보조사는 '은'으로 1개가 쓰였다.
❸ 접속 조사는 1개이다.
→ 제시된 문장에서 접속 조사는 '랑'으로 1개가 쓰였다.
❺ 부사격 조사는 1개이다.
→ 제시된 문장에서 부사격 조사는 '로'로 1개가 쓰였다.

06 ① '미운 아이 떡 하나 더 준다.'라는 속담은 미운 사람일수록 잘해 주고 감정을 쌓지 않아야 한다는 뜻이다. 여기에는 수사 '하나'와 형용사 '미운'이 쓰였으므로 조건을 만족하는 속담이다.

ㅤ**모답 풀이**
❷ 셋이 먹다가 둘이 죽어도 모른다.
→ 음식이 아주 맛있음을 뜻하는 속담이다. 여기에는 수사 '셋'과 '둘'만 쓰이고 형용사는 쓰이지 않았다.
❸ 평안 감사도 저 싫으면 그만이다.
→ 아무리 좋은 일이라도 당사자의 마음이 내키지 않으면 억지로 시킬 수 없음을 비유적으로 이르는 말이다. 여기에는 형용사 '싫으면'만 쓰이고 수사는 쓰이지 않았다.
❹ 가는 말이 고와야 오는 말이 곱다.
→ 자기가 남에게 말이나 행동을 좋게 하여야 남도 자기에게 좋게 한다는 말이다. 여기에는 형용사 '고와야'와 '곱다'만 쓰이고 수사는 쓰이지 않았다.

❺ 열 손가락 깨물어 안 아픈 손가락 없다.
→ 혈육은 다 귀하고 소중함을 비유적으로 이르는 말이다. 여기에는 형용사 '아픈'과 '없다'만 쓰이고 수사는 쓰이지 않았다. 여기에 쓰인 '열'은 뒤에 오는 '손가락'을 꾸며 주는 관형사이다.

07 ⓑ '한 사람만 더 오면 경기를 바로 시작하자.'에 쓰인 수식언은 관형사 '한', 부사 '더'와 '바로'로 총 3개가 쓰였다. ⓒ '우아, 산에 올라와서 보니 경치가 매우 아름다워.'에 쓰인 수식언은 부사 '매우'로 총 1개가 쓰였다.

ㅤ**모답 풀이**
❶ ⓐ의 '그림'은 자립 명사이자 보통 명사이다.
→ ⓐ의 '그림'은 자립 명사이자 보통 명사로 체언에 해당한다.
❷ ⓑ의 '시작하자'는 문장에서 서술어의 기능을 하는 동사이다.
→ ⓑ의 '시작하자(시작하다)'는 동사로 용언에 해당한다.
❸ ⓒ의 '우아'는 말하는 사람의 느낌을 나타내는 감탄사이다.
→ ⓒ의 '우아'는 감탄사로 독립언에 해당한다.
❹ ⓐ와 ⓑ에서 관계언은 각각 2개씩이다.
→ 관계언은 조사를 이르는데, ⓐ에 쓰인 조사는 '을'과 '가'로 총 2개가 쓰였다. ⓑ에 쓰인 조사는 '만'과 '를'로 총 2개가 쓰였다.

08 ⓛ '전해 줘'는 '전해 빨리 줘'와 같이 두 용언 사이에 다른 문장 성분이 들어갈 수 없고, 뒤의 용언만으로는 문장이 성립되지 않으므로 본용언과 보조 용언이 결합한 형태로 볼 수 있다.

ㅤ**모답 풀이**
❶ ㉠은 본용언과 본용언이 결합한 형태이다.
→ ㉠ '들고 갔다'는 동사 '들다'와 동사 '가다'가 결합한 것이다.
❸ ㉢은 본용언과 보조 용언이 결합한 형태이다.
→ ㉢ '듣고 나서'는 동사 '듣다'와 보조 동사 '나다'가 결합한 것이다.
❹ ㉣은 본용언과 보조 용언이 결합한 형태이다.
→ ㉣ '나가 버렸다'는 동사 '나가다'와 보조 동사 '버리다'가 결합한 것이다.
❺ ㉤은 본용언과 보조 용언이 결합한 형태이다.
→ ㉤ '먹어 두었다'는 동사 '먹다'와 보조 동사 '두다'가 결합한 것이다.

09 하나의 단어가 둘 이상의 품사로 사용되는 경우를 품사의 통용이라고 하며, 이에 해당하는 경우는 ①이다. '나는 소설을 정말 좋아해.'의 '정말'은 부사이고, '내가 지금 한 말은 정말이야.'의 '정말'은 명사이다.

ㅤ**모답 풀이**
❷ 그에겐 오직 그녀뿐이다. / 나는 오직 성공을 위해 달린다.
→ 두 문장의 '오직'은 모두 부사로 쓰였으므로 품사의 통용에 해당하지 않는다.
❸ 햇살이 밝게 비추었다. / 새로 설치한 조명이 아주 밝다.
→ 두 문장의 '밝다(밝게)'는 모두 형용사로 쓰였으므로 품사의 통용에 해당하지 않는다.
❹ 연필 다섯 자루만 빌려 줘. / 미호가 사과를 다섯 개나 먹었다.
→ 두 문장의 '다섯'은 모두 관형사로 쓰였으므로 품사의 통용에 해당하지 않는다.
❺ 노력한 만큼 대가를 얻을 거야. / 내 숨소리가 들릴 만큼 사방이 조용했다.
→ 두 문장의 '만큼'은 모두 의존 명사로 쓰였으므로 품사의 통용에 해당하지 않는다.

12 단어의 형성 ❶: 단어와 형태소 —— 본문 067쪽

개념 확인하기 1 ○ 2 × 3 자립성 유무 4 실질 형태소 5 조사 6 의존, 형식 7 나, 어머니, 밥

학습 활동 ❶ 나무 ❷ 는 ❸ 덕 ❹ 을 ❺ 지니− ❻ −었− ❼ −다 ❽ 실질 형태소 ❾ 형식 형태소 ❿ 자립 형태소 ⓫ 의존 형태소

교과서 적용하기 01 ③ 02 ⑤

교과서 적용하기

01 '모두'는 하나의 형태소이며, 이를 자립성의 유무에 따라 분류하면 다른 말에 의존하지 않고 혼자 쓰일 수 있으므로 자립 형태소에 해당하고, 의미의 유형에 따라 분류하면 실질적인 의미를 나타내므로 실질 형태소에 해당한다.

02 ⓔ '떠났다'는 '떠나− + −았− + −다'로 분석할 수 있으며, 의존 형태소만으로 이루어진 단어이다.

개념 기초 다지기 —— 068~069쪽

01 ⑤ 02 ③ 03 ② 04 ④ 05 ④ 06 ⑤
07 ④ 08 ④ 09 ② 10 ⑤ 11 ⑤

01 형태소는 자립성 유무에 따라 자립 형태소와 의존 형태소로 나눌 수 있는데, 그중 혼자 쓰일 수 있는 형태소를 가리켜 자립 형태소라고 한다. 실질 형태소는 실질적인 의미를 나타내는 형태소를 말한다.

02 '피었다'는 하나의 단어이지만, 형태소는 '피− + −었− + −다'로 총 3개이다. 이때, '피−'는 실질 형태소이자 의존 형태소, '−었−'과 '−다'는 형식 형태소이자 의존 형태소이다.

모답 풀이
❶ 총 5개의 단어로 이루어진 문장이다.
→ 제시된 문장은 '산, 에, 꽃, 이, 피었다'와 같이 5개의 단어로 이루어져 있다.
❷ 총 7개의 형태소로 이루어진 문장이다.
→ 제시된 문장은 '산, 에, 꽃, 이, 피−, −었−, −다'와 같이 7개의 형태소로 이루어져 있다.
❹ '산'과 '꽃'은 자립 형태소이자 실질 형태소이다.
→ '산'과 '꽃'은 혼자 쓰일 수 있는 자립 형태소이자 실질적인 의미를 나타내는 실질 형태소이다.
❺ '에'와 '이'는 자립할 수 있는 형태소에 붙어 쉽게 분리할 수 있는 단어이다.
→ '에'와 '이'는 각각 자립할 수 있는 형태소인 '산'과 '꽃'에 붙어서 쉽게 분리할 수 있는 조사이다.

03 〈보기〉의 문장을 형태소로 분석하면 '그, 는, 그녀, 를, 만나−, −아서, 책, 을, 주−, −었−, −다'이다. 이 중 의존 형태소는 '는', '를', '만나−', '−아서', '을', '주−', '−었−', '−다'로 총 8개이다.

모답 풀이
❶ 총 4개의 자립 형태소가 있다.
→ 〈보기〉의 문장을 구성하는 자립 형태소는 '그', '그녀', '책'으로 총 3개이다.
❸ 총 7개의 실질 형태소가 있다.
→ 〈보기〉의 문장을 구성하는 실질 형태소는 '그', '그녀', '만나−', '책', '주−'로 총 5개이다.
❹ 총 5개의 형식 형태소가 있다.
→ 〈보기〉의 문장을 구성하는 형식 형태소는 '는', '를', '−아서', '을', '−었−', '−다'로 총 6개이다.
❺ 총 7개의 단어로 이루어져 있다.
→ 〈보기〉의 문장은 '그, 는, 그녀, 를, 만나서, 책, 을, 주었다'와 같이 총 8개의 단어로 이루어져 있다.

04 ⓔ '아버지의 말씀이 나에게 힘이 되었다.'를 형태소로 분석하면 '아버지, 의, 말씀, 이, 나, 에게, 힘, 이, 되−, −었−, −다'이다. 이를 의미의 유형에 따라 분류하면 실질 형태소는 '아버지, 말씀, 나, 힘, 되−'이고, 나머지는 모두 형식 형태소이다.

모답 풀이
❶ ㉠: 벌써, 새벽, 이, −네
→ ㉠ '벌써 새벽이 밝아 오네.'를 형태소로 분석하면 '벌써, 새벽, 이, 밝−, −아, 오−, −네'이다. 이 중 실질 형태소는 '벌써, 새벽, 밝−, 오−'이고, 나머지는 모두 형식 형태소이다.
❷ ㉡: 그, 는, 물, 로, 그릇
→ ㉡ '그는 물로 그릇을 헹궜다.'를 형태소로 분석하면 '그, 는, 물, 로, 그릇, 을, 헹구−, −었−, −다'이다. 이 중 실질 형태소는 '그, 물, 그릇, 헹구−'이고, 나머지는 모두 형식 형태소이다.
❸ ㉢: 며칠, −째, 고기, 먹−
→ ㉢ '며칠째 고기 한 점 못 먹었다.'를 형태소로 분석하면 '며칠, −째, 고기, 한, 점, 못, 먹−, −었−, −다'이다. 이 중 실질 형태소는 '며칠, 고기, 한, 점, 못, 먹−'이고, 나머지는 모두 형식 형태소이다.
❺ ㉤: 그녀, 먼지, 묻−, 손, 에, 쓱, 닦−
→ ㉤ '그녀는 먼지 묻은 손을 바지에 쓱 닦았다.'를 형태소로 분석하면 '그녀, 는, 먼지, 묻−, −은, 손, 을, 바지, 에, 쓱, 닦−, −았−, −다'이다. 이 중 실질 형태소는 '그녀, 먼지, 묻−, 손, 바지, 쓱, 닦−'이고, 나머지는 모두 형식 형태소이다.

05 '하늘에 구름이 잔뜩 끼었다.'를 형태소로 분석하면 '하늘, 에, 구름, 이, 잔뜩, 끼−, −었−, −다'이다. 이 중 의존 형태소이자 형식 형태소는 '에', '이', '−었−', '−다'이다.

06 '동생과 함께 시골에 갔다.'를 형태소로 분석하면 '동생, 과, 함께, 시골, 에, 가−, −았−, −다'이다. 이 중 의존 형태소이자 실질 형태소는 '가−'이다.

07 '길었던 여름이 끝났다.'를 형태소로 분석하면 '길−, −었−, −던, 여름, 이, 끝, 나−, −았−, −다'이다. 이 중 실질 형태소는 '길−', '여름', '끝', '나−'이다.

모답 풀이
❶ 단위: 단어, 분석: 길었던, 여름이, 끝났다
→ 〈보기〉의 문장을 단어 단위로 분석하면 '길었던, 여름, 이, 끝났다'이다.

❷ 단위: 자립 형태소, 분석: 여름, 이, 끝
→ 〈보기〉의 문장을 구성하는 자립 형태소는 '여름', '끝'이다.
❸ 단위: 형식 형태소, 분석: 길−, −었−, −던, −다
→ 〈보기〉의 문장을 구성하는 형식 형태소는 '−었−', '−던', '이', '−았−', '−다'이다.
❺ 단위: 의존 형태소, 분석: −었−, −던, 끝, −았−
→ 〈보기〉의 문장을 구성하는 의존 형태소는 '길−', '−었−', '−던', '이', '나−', '−았−', '−다'이다.

08 '해가 솟을 때 그의 얼굴을 봤다.'를 형태소로 분석하면 '해, 가, 솟−, −을, 때, 그, 의, 얼굴, 을, 보−, −았−, −다'이다. '솟을 때'를 자립성 유무에 따라 분류하면 '솟−'과 '−을'은 의존 형태소, '때'는 자립 형태소이다. 따라서 '솟을 때'는 1개의 자립 형태소와 2개의 의존 형태소로 구성되어 있다.

❶ '해가'는 3개의 형태소로 구성되어 있다.
→ '해가'는 '해', '가'로 2개의 형태소로 구성되어 있다.
❷ '봤다'는 2개의 형태소로 구성되어 있다.
→ '봤다'는 '보−', '−았−', '−다'로 3개의 형태소로 구성되어 있다.
❸ '가'와 '을'은 모두 의존 형태소이자 실질 형태소이다.
→ '가'와 '을'은 모두 조사로 의존 형태소이자 형식 형태소이다.
❺ '그의 얼굴'은 1개의 실질 형태소와 2개의 형식 형태소로 구성되어 있다.
→ '그의 얼굴'을 의미의 유형에 따라 분류하면 '그'와 '얼굴'은 실질 형태소, '의'는 형식 형태소이다. 따라서 '그의 얼굴'은 2개의 실질 형태소와 1개의 형식 형태소로 구성되어 있다.

09 ①의 '여기', ③의 '제발', ④의 '노래', ⑤의 '그녀'는 자립 형태소이자 실질 형태소이다. 그러나 ②의 '작은'은 용언의 어간 '작−'과 어미 '−은'이 결합한 것으로, '작−'은 의존 형태소이자 실질 형태소, '−은'은 의존 형태소이자 형식 형태소이다.

10 첫 번째 질문은 형태소를 의미의 유형에 따라 분류하는 기준이고, 두 번째 질문은 형태소를 자립성 유무에 따라 분류하는 기준이다. 이 기준에 따라 (가)에는 실질 형태소이면서 의존 형태소, (나)에는 실질 형태소이면서 자립 형태소가 들어가야 한다. 따라서 (가)에는 ㉡ '웃−', ㉣ '예쁘−', ㉤ '뜨겁−'이 해당하고, (나)에는 ㉠ '시'와 ㉢ '새'가 해당한다.

11 '꽃나무에 잎이 돋았다.'를 형태소로 분석하면 '꽃, 나무, 에, 잎, 이, 돋−, −았−, −다'이다. 이 중 실질 형태소이자 의존 형태소는 '돋−'으로 1개이다.

❶ 자립 형태소는 모두 3개이다.
→ 〈보기〉의 문장을 구성하는 자립 형태소는 '꽃', '나무', '잎'으로 총 3개이다.
❷ 형식 형태소는 모두 5개이다.
→ 〈보기〉의 문장을 구성하는 형식 형태소는 '에', '이', '돋−', '−았−', '−다'로 총 5개이다.
❸ 의존 형태소는 모두 5개이다.
→ 〈보기〉의 문장을 구성하는 의존 형태소는 '에', '이', '돋−', '−았−', '−다'로 총 5개이다.
❹ 실질 형태소이자 자립 형태소는 모두 3개이다.
→ 〈보기〉의 문장을 구성하는 실질 형태소이자 자립 형태소는 '꽃', '나무', '잎'으로 총 3개이다.

01 접미사도 기본적으로 어근의 뒤에 붙어서 특정한 뜻을 더하는 역할을 한다.

02 제시된 '밥, 꽃잎, 민낯, 얼음, 헛소문' 중 접두사가 결합한 단어는 '민낯(민 − + 낯)'과 '헛소문(헛 − + 소문)'으로 총 2개이다.

❷ 접미사가 결합한 단어는 1개이다.
→ 접미사가 결합한 단어는 '얼음(얼− + −음)'으로 1개이다.
❸ 하나의 어근으로만 이루어진 단어는 1개이다.
→ 하나의 어근으로만 이루어진 단어는 '밥'으로 1개이다.
❹ 둘 이상의 어근으로 이루어진 단어는 1개이다.
→ 둘 이상의 어근으로 이루어진 단어는 '꽃잎(꽃 + 잎)'으로 1개이다.
❺ 품사를 바꾸는 접사가 결합한 단어는 1개이다.
→ 품사를 바꾸는 접사가 결합한 단어는 '얼음(얼− + −음)'으로 1개이다. 접미사 '−음'은 어근 '얼−'의 품사를 다른 품사인 명사로 바꾸었다.

03 '햇사과'에서 '햇−'은 '당해에 난'의 뜻을 더하는 접두사이고, '사과'는 어근이다.

❶ 날개: 날−(어근) + −개(접사)
→ '날개'의 '날−'은 어근이고, '−개'는 '그러한 행위를 하는 간단한 도구'의 뜻을 더하고 명사를 만드는 접미사이다.
❸ 생고생: 생−(접사) + 고생(어근)
→ '생고생'의 '생−'은 '억지스러운' 또는 '공연한'의 뜻을 더하는 접두사이고, '고생'은 어근이다.
❹ 욕심쟁이: 욕심(어근) + −쟁이(접사)
→ '욕심쟁이'의 '욕심'은 어근이고, '−쟁이'는 '그것이 나타내는 속성을 많이 가진 사람'의 뜻을 더하는 접미사이다.
❺ 말썽꾸러기: 말썽(어근) + −꾸러기(접사)
→ '말썽꾸러기'의 '말썽'은 어근이고, '−꾸러기'는 '그것이 심하거나 많은 사람'의 뜻을 더하는 접미사이다.

개념 기초 다지기
072~073쪽

| 01 ② | 02 ② | 03 ④ | 04 ① | 05 ④ | 06 ④ |
| 07 ④ | 08 ⑤ | 09 ④ | 10 ③ | 11 ③ | 12 ④ |

01 '돌다리'는 '돌'과 '다리' 각각의 실질적인 의미가 합쳐진 '돌로 만든 다리'라는 뜻이므로 둘 다 어근이라 할 수 있다. 즉, '돌(어근)'과 '다리(어근)'의 결합으로 구성된 단어이다.

오답 풀이
① 개꿈
→ '개-(접사) + 꿈(어근)'으로 구성된 단어로 '개-'는 '헛된', '쓸데없는'의 뜻을 더한다.
③ 녹음기
→ '녹음(어근) + -기(접사)'로 구성된 단어로 '-기'는 '도구' 또는 '기구'의 뜻을 더한다.
④ 슬기롭다
→ '슬기(어근) + -롭다(접사)'로 구성된 단어로 '-롭다'는 '그러함' 또는 '그럴 만함'의 뜻을 더하고 형용사를 만든다.
⑤ 사랑하다
→ '사랑(어근) + -하다(접사)'로 구성된 단어로 '-하다'는 동사를 만드는 접사이다.

02 '낚시질'은 어근 '낚시'와 '그 도구를 가지고 하는 일'의 뜻을 더하는 접미사 '-질'이 결합한 단어이므로, 접두사가 포함되어 있지 않다.

오답 풀이
① 덧신
→ '덧-(접두사) + 신(어근)'으로 구성된 단어로 '덧-'은 '겹쳐 신거나 입는'의 뜻을 더한다.
③ 설익다
→ '설-(접두사) + 익-(어근)'으로 구성된 단어로 '설-'은 '충분하지 못하게'의 뜻을 더한다.
④ 들쑤시다
→ '들-(접두사) + 쑤시-(어근)'로 구성된 단어로 '들-'은 '충분하지 못하게'의 뜻을 더한다.
⑤ 햇병아리
→ '햇-(접두사) + 병아리(어근)'로 구성된 단어로 '햇-'은 '얼마 되지 않은'의 뜻을 더한다.

03 '참사랑'은 '진짜' 또는 '진실하고 올바른'의 뜻을 더하는 접두사 '참-'과 어근 '사랑'이 결합한 단어이므로, 접미사가 포함되어 있지 않다.

오답 풀이
① 놀이
→ 어근 '놀-'에 명사를 만드는 접미사 '-이'가 결합한 말이다.
② 달님
→ 어근 '달'에 '그 대상을 인격화하여 높임'의 뜻을 더하는 접미사 '-님'이 결합한 말이다.
③ 정성껏
→ 어근 '정성'에 '그것이 닿는 데까지'의 뜻을 더하고 부사를 만드는 접미사 '-껏'이 결합한 말이다.
⑤ 걱정스럽다
→ 어근 '걱정'에 '그러한 성질이 있음'의 뜻을 더하고 형용사를 만드는 접미사 '-스럽다'가 결합한 말이다.

04 접두사는 어근과 결합할 때 원래 어근의 품사를 바꾸지 못하지만, 접미사는 원래 어근의 품사를 바꾸는 경우가 있다. '넓이'는 형용사 '넓다'의 어근 '넓-'에 접미사 '-이'가 결합하여 만들어진 단어로 품사가 명사로 바뀌었다.

오답 풀이
② 맨다리
→ 접두사 '맨-'과 어근 '다리'(명사)가 결합한 말로 품사는 명사 그대로이다.
③ 날달걀
→ 접두사 '날-'과 어근 '달걀'(명사)이 결합한 말로 품사는 명사 그대로이다.
④ 풋사랑
→ 접두사 '풋-'과 어근 '사랑'(명사)이 결합한 말로 품사는 명사 그대로이다.
⑤ 옹기장이
→ 어근 '옹기'(명사)와 접미사 '-장이'가 결합한 말로 품사는 명사 그대로이다.

05 어근은 형태소상 실질적인 의미를 나타내는 중심 부분이며, 어간은 용언이 활용할 때에 변하지 않는 부분이다. 어근과 어간은 같은 형태일 수도 그렇지 않을 수도 있다. '밟히다'의 경우 어근은 '밟-'이고, 어간은 '밟히-'로 어근과 어간이 같지 않다.

오답 풀이
① '노랗다'는 어간과 어미로 이루어진 단어이다.
→ '노랗다'는 어간 '노랗-'과 어미 '-다'가 결합하여 이루어진 단어이다.
② '뒤섞다'의 어간은 '뒤섞-'이다.
→ '뒤섞다'의 어간은 '뒤섞-'이고, 어근은 '섞-'이다. '뒤-'는 접사이다.
③ '뒤섞다'는 접사가 어근 앞에 붙어서 이루어진 단어이다.
→ '뒤섞다'는 '뒤-(접사) + 섞-(어근)'으로 구성된 단어로, '뒤-'는 '몹시, 마구, 온통'의 뜻을 더한다.
⑤ '밟히다'의 '-히-'는 접사이다.
→ '밟히다'는 '밟-(어근) + -히-(접사)'로 구성된 단어로, '-히-'는 '피동'의 뜻을 더한다.

06 ㉠에는 어근으로만 이루어진 단어가, ㉡에는 접두사가 결합한 단어가, ㉢에는 접미사가 결합한 단어가 들어가야 한다. '책가방'은 어근 '책'과 어근 '가방'이 결합한 단어, '풋사과'는 접두사 '풋-'과 어근 '사과'가 결합한 단어, '무사히'는 어근 '무사'와 접미사 '-히'가 결합한 단어이다.

오답 풀이
① ㉠ 먹보, ㉡ 한여름, ㉢ 햇과일
→ '먹보'는 '먹-(어근) + -보(접미사)'로 구성된 단어로 '-보'는 '그러한 행위를 특성으로 지닌 사람'의 뜻을 더하고 품사를 명사로 만든다. '한여름'은 '한-(접두사) + 여름(어근)'으로 구성된 단어로 '한-'은 '정확한' 또는 '한창인'의 뜻을 더한다. '햇과일'은 '햇-(접두사) + 과일(어근)'로 구성된 단어로 '햇-'은 '당해에 난'의 뜻을 더한다.
② ㉠ 좋다, ㉡ 구경꾼, ㉢ 눈물
→ '좋다'는 어근 '좋-' 하나만으로 이루어진 단어이다. '구경꾼'은 '구경(어근) + -꾼(접미사)'으로 구성된 단어로 '-꾼'은 '어떤 일 때문에 모인 사람'의 뜻을 더한다. '눈물'은 '눈(어근) + 물(어근)'로 구성된 단어로 어근으로만 이루어진 단어이다.
③ ㉠ 호시절, ㉡ 새해, ㉢ 밤낮
→ '호시절'은 '호-(접두사) + 시절(어근)'로 구성된 단어로, '호-'는 '좋은'의 뜻을 더한다. '새해'는 '새(어근) + 해(어근)', '밤낮'은 '밤(어근) + 낮(어근)'으로 구성된 단어로 둘 다 어근으로만 이루어진 단어이다.
⑤ ㉠ 알밤, ㉡ 사랑, ㉢ 맨손
→ '알밤'은 '알-(접두사) + 밤(어근)'으로 구성된 단어로, '알-'은 '겉을 덮어 싼 것이나 딸린 것을 다 제거한'의 뜻을 더한다. '사랑'은 어근 하나만으로 이루어진 단어이다. '맨손'은 '맨-(접두사) + 손(어근)'으로 구성된 단어로 '맨-'은 '다른 것이 없는'의 뜻을 더한다.

07 '들오리'에 결합된 접두사 '들-'은 '야생으로 자라는'의 뜻을 더한다. 따라서 '들오리'는 '야생의 오리'라는 뜻이다.

08 '잠꾸러기'에 결합된 접미사 '-꾸러기'는 '그것이 심하거나 많은 사람'의 뜻을 더한다. 따라서 '잠꾸러기'는 '잠이 아주 많은 사람'이라는 뜻이다.

09 〈보기〉는 '접두사와 어근이 결합한 단어'와 '어근과 접미사가 결합한 단어'의 순으로 연결된 것이다. 이와 같은 순서로 연결된 것은 '개살구 – 조용히'이다. '개살구'는 접두사 '개-'와 어근 '살구'가, '조용히'는 어근 '조용-'과 접미사 '-히'가 결합한 것이다. 접두사 '개-'는 '야생 상태의' 또는 '질이 떨어지는', '흡사하지만 다른'의 뜻을 더하는 접두사이고, 접미사 '-히'는 (일부 명사나 부사, 형용사 어근 뒤에 붙어) 부사를 만드는 접미사이다.

> **모답 풀이**
>
> **❶ 숲속 – 홀몸**
> → '숲속'은 '숲(어근) + 속(어근)'으로 구성된 단어로 접사가 포함되어 있지 않다. '홀몸'은 '홀-(접두사) + 몸(어근)'으로 구성된 단어이다.
> **❷ 봄볕 – 헛수고**
> → '봄볕'은 '봄(어근) + 볕(어근)'으로 구성된 단어로 접사가 포함되어 있지 않다. '헛수고'는 '헛-(접두사) + 수고(어근)'로 구성된 단어이다.
> **❸ 단벌 – 알부자**
> → '단벌'은 '단-(접두사) + 벌(어근)'로 구성된 단어이고, '알부자' 역시 '알-(접두사) + 부자(어근)'로 구성된 단어이다.
> **❺ 아름답다 – 가느다랗다**
> → '아름답다'는 '아름-(어근) + -답다(접사)'로 구성된 단어이고, '가느다랗다' 역시 '가늘-(어근) + -다랗다(접사)'로 구성된 단어이다.

10 '군소리'는 '쓸데없는'의 뜻을 더하는 접두사 '군-'에 어근 '소리'가 결합한 단어이다.

> **모답 풀이**
>
> **❶ 믿음: 믿-(어근) + -음(접미사)**
> → '-음'은 명사를 만드는 접미사이다.
> **❷ 햇밤: 햇-(접두사) + 밤(어근)**
> → '햇-'은 '당해에 난'의 뜻을 더하는 접두사이다.
> **❹ 짓찧다: 짓-(접두사) + 찧-(어근) + -다(어미)**
> → '짓찧다'는 '마구', '함부로', '몹시'의 뜻을 더하는 접두사이다.
> **❺ 헛살다: 헛-(접두사) + 살-(어근) + -다(어미)**
> → '헛살다'는 '보람 없이', '잘못'의 뜻을 더하는 접두사이다.

11 '날개, 덮개, 병따개, 지우개'의 '-개'는 '간단한 도구'의 뜻을 더하고 명사를 만드는 접미사이지만, '물개'의 '개'는 어근이다. '물개'는 '물(어근) + 개(어근)'와 같이 어근과 어근의 결합으로 이루어진 단어이다.

12 '고집쟁이'는 명사 어근 '고집'에 '그것이 나타내는 속성을 많이 가진 사람'의 뜻을 더하는 접미사 '-쟁이'가 결합한 단어로 품사는 명사이다. 따라서 품사가 바뀌지 않았다.

---

14 단어의 형성 ❸: 단어의 유형 —— 본문 075쪽

개념 확인하기 1 ○ 2 ○ 3 접두, 접미 4 합성어
5 (1) 눈사람 (2) 헛디디다 (3) 영원히 6 (1) 곧잘, 논밭 (2) 부슬비, 먹거리

학습 활동 ❶ 들끓다, 참뜻, 새파랗다 ❷ 선생님, 일꾼, 멋쟁이
❸ 젊은이, 잡아먹다, 작은아버지 ❹ 뛰놀다, 굳세다, 오르내리다

교과서 적용하기 01 ④ 02 ② 03 ④

교과서 적용하기

01 '새빨갛다'는 '매우 짙고 선명하게'의 뜻을 더하는 접두사 '새-'와 어근 '빨갛-'이 결합한 접두 파생어이다. '-다'와 같은 용언의 어미는 단어의 종류를 판단할 때 생각하지 않는다. 나머지는 모두 접미 파생어이다.

> **모답 풀이**
>
> **❶ 망치질**
> → '망치(어근) + -질(접사)'로 구성된 단어로 '-질'은 '그 도구를 가지고 하는 일'의 뜻을 더한다.
> **❷ 딸랑이**
> → '딸랑(어근) + -이(접사)'로 구성된 단어로 '-이'는 '사람' 또는 '사물'의 뜻을 더하고 품사를 명사로 만든다.
> **❸ 명예롭다**
> → '명예(어근) + -롭다(접사)'로 구성된 단어로 '-롭다'는 '그러함' 또는 '그럴 만함'의 뜻을 더하고 품사를 형용사로 만든다.
> **❺ 까불거리다**
> → '까불-(어근) + -거리다(접사)'로 구성된 단어로 '-거리다'는 '그런 상태가 잇따라 계속됨'의 뜻을 더하고 품사를 동사로 만든다.

02 '나무꾼'은 어근 '나무'와 '어떤 일을 전문적으로 하는 사람' 또는 '어떤 일을 잘하는 사람'의 뜻을 더하는 접미사 '-꾼'이 결합한 접미 파생어이다. 나머지는 모두 접두 파생어이다.

> **모답 풀이**
>
> **❶ 참말**
> → '참-(접두사) + 말(어근)'로 구성된 단어로 '참-'은 '진짜' 또는 '진실하고 올바른'의 뜻을 더한다.
> **❸ 되묻다**
> → '되-(접두사) + 묻-(어근)'으로 구성된 단어로 '되-'는 '도리어' 또는 '다시'의 뜻을 더한다.
> **❹ 한시름**
> → '한-(접두사) + 시름(어근)'으로 구성된 단어로 '한-'은 '큰'의 뜻을 더한다.
> **❺ 샛노랗다**
> → '샛-(접두사) + 노랗-(어근)'으로 구성된 단어로 '샛-'은 '매우 짙고 선명하게'의 뜻을 더한다.

03 '선보다'는 '목적어 + 서술어'의 구성 방식으로 형성된 통사적 합성어로 '선을 보다'에서 조사가 생략된 경우이다.

오답 풀이

❶ '별자리'는 명사와 명사가 결합하여 만들어진 통사적 합성어이다.
→ '별자리'는 명사 '별'과 명사 '자리'가 결합하여 만들어졌다.

❷ '주름살'은 명사와 명사가 결합하여 만들어진 통사적 합성어이다.
→ '주름살'은 명사 '주름'과 명사 '살'이 결합하여 만들어졌다.

❸ '날뛰다'는 어간과 어간이 직접 결합하여 만들어진 비통사적 합성어이다.
→ '날뛰다'는 어간 '날-'과 어간 '뛰-'가 연결 어미 없이 결합하여 만들어졌다.

❺ '굶주리다'는 어간과 어간이 직접 결합하여 만들어진 비통사적 합성어이다.
→ '굶주리다'는 어간 '굶-'과 어간 '주리-'가 연결 어미 없이 결합하여 만들어졌다.

개념 기초 다지기

076~077쪽

01 ③	02 ③	03 ⑤	04 ③	05 ③	06 ②
07 ①	08 ②	09 ①	10 ④	11 ③	

01 합성어에는 어근들의 원래 의미가 대등하게 유지되는 대등 합성어, 한쪽의 어근이 다른 한쪽을 수식하는 종속 합성어, 어근들의 본래 의미가 아닌 새로운 의미를 나타내는 융합 합성어 등이 있다.

02 '되감다'는 '도로'나 '다시'의 뜻을 더하는 접두사 '되-'와 어근 '감-'이 결합한 파생어이다.

오답 풀이

❶ 단일어 – 읽다
→ 어근 '읽-' 하나로 이루어진 단일어이다.

❷ 합성어 – 찬밥
→ 어근 '차-'와 관형사형 어미 '-ㄴ', 어근 '밥'이 결합한 합성어이다.

❹ 파생어 – 군침
→ '쓸데없는'의 뜻을 더하는 접두사 '군-'과 어근 '침'이 결합한 파생어이다.

❺ 파생어 – 자랑스럽다
→ 어근 '자랑'과 '그러한 성질이 있음'의 뜻을 더하고 형용사를 만드는 접미사 '-스럽다'가 결합한 파생어이다.

03 '학교'는 단일어, '시꺼멓다'는 접두사 '시-'와 어근 '꺼멓-'이 결합한 파생어, '산들바람'은 어근 '산들'과 어근 '바람'이 결합한 합성어이다.

오답 풀이

❶ 단일어: 춤, 파생어: 맨땅, 합성어: 물렁뼈
→ '춤'은 어근 '추-'에 접미사 '-ㅁ'이 결합한 파생어, '맨땅'은 접두사 '맨-'과 어근 '땅'이 결합한 파생어, '물렁뼈'은 어근 '물렁-'과 어근 '뼈'가 결합한 합성어이다.

❷ 단일어: 많이, 파생어: 군말, 합성어: 마소
→ '많이'는 어근 '많-'에 접미사 '-이'가 결합한 파생어, '군말'은 접두사 '군-'과 어근 '말'이 결합한 파생어, '마소'는 어근 '말'과 어근 '소'가 결합한 합성어이다.

❸ 단일어: 구석, 파생어: 헐뜯다, 합성어: 풋나물
→ '구석'은 단일어, '헐뜯다'는 접두사 '헐-'과 어근 '뜯-'이 결합한 파생어, '풋나물'은 접두사 '풋-'과 어근 '나물'이 결합한 파생어이다.

❹ 단일어: 기쁘다, 파생어: 날고기, 합성어: 드넓다
→ '기쁘다'는 단일어, '날고기'는 접두사 '날-'과 어근 '고기'가 결합한 파생어, '드넓다'는 접두사 '드-'와 어근 '넓-'이 결합한 파생어이다.

04 '돌배'는 '품질이 떨어지는' 또는 '야생으로 자라는'이라는 뜻의 접두사 '돌-'과 어근 '배'가 결합한 접두 파생어이다. 나머지는 모두 접미 파생어이다.

오답 풀이

❶ 기쁨
→ 어근 '기쁘-'에 명사를 만드는 접미사 '-ㅁ'이 결합한 접미 파생어이다.

❷ 덮개
→ 어근 '덮-'에 '그러한 행위를 하는 간단한 도구'의 뜻을 더하고 명사를 만드는 접미사 '-개'가 결합한 접미 파생어이다.

❹ 손님
→ 어근 '손'에 '높임'의 뜻을 더하는 접미사 '-님'이 결합한 접미 파생어이다.

❺ 겁쟁이
→ 어근 '겁'에 '그것이 나타내는 속성을 많이 가진 사람'의 뜻을 더하는 접미사 '-쟁이'가 결합한 접미 파생어이다.

05 ⓑ '덧대다'는 접두사 '덧-'과 어근 '대-'가 결합한 접두 파생어이고, ⓒ '달리기'는 어근 '달리-'에 접미사 '-기'가 결합한 접미 파생어이다. ⓒ의 접미사는 '달리다'라는 동사 어근에 붙어 품사를 명사로 바꾸었으나, ⓑ의 접두사는 품사를 바꾸지 못한다.

오답 풀이

❶ ⓐ와 ⓑ는 접두사와 어근이 결합한 접두 파생어이다.
→ ⓐ '날강도'는 접두사 '날-'과 어근 '강도'가, ⓑ '덧대다'는 접두사 '덧-'과 어근 '대-'가 결합하여 만들어진 접두 파생어이다.

❷ ⓐ의 '날-'과 ⓓ의 '-롭다'는 어근에 일정한 뜻을 더해 준다.
→ ⓐ '날강도'에 결합된 접두사 '날-'은 '지독한'의 뜻을 더하고, ⓓ의 '신비롭다'에 결합된 접미사 '-롭다'는 '그러함' 또는 '그럴 만함'의 뜻을 더한다.

❹ ⓒ와 ⓔ는 어근과 접미사가 결합한 접미 파생어이다.
→ ⓒ '달리기'는 어근 '달리-'에 접미사 '-기'가, ⓔ '고요히'는 어근 '고요'에 접미사 '-히'가 결합하여 만들어진 접미 파생어이다.

❺ ⓓ의 '-롭다'는 형용사, ⓔ의 '-히'는 부사를 만드는 접사이다.
→ ⓓ '신비롭다'의 '-롭다'는 모음으로 끝나는 일부 어근 뒤에 붙어 형용사를 만드는 접미사이고, ⓔ '고요히'의 '-히'는 일부 명사나 부사, 형용사 어근 뒤에 붙어 부사를 만드는 접미사이다.

06 '군식구'에 결합된 접두사 '군-'은 '가외로 더한, 덧붙은'의 뜻을 더한다. 따라서 '군식구'는 '원래 식구 외에 덧붙어서 얻어먹고 있는 식구.'라는 뜻이다.

07 '접칼(접을 수 있게 만든 칼)'은 동사 어간 '접-'과 명사 '칼'이 결합한 합성어이다. 이 과정에서 어간 '접-'에 관형사형 어미 '-는'이 없이 바로 명사가 연결되었으므로 비통사적 합성어이다.

오답 풀이

❷ 큰집
→ '크-(형용사 어간) + -ㄴ(관형사형 어미) + 집(명사)'의 구성이므로 통사적 합성어이다.

❸ 길바닥
→ '길의 바닥'에서 조사 '의'가 생략된 형태이므로 통사적 합성어이다.
❹ 작은형
→ '작-(형용사 어간) + -은(관형사형 어미) + 형(명사)'의 구성이므로 통사적 합성어이다.
❺ 알아듣다
→ '알-(동사 어간) + -아(연결 어미) + 듣-(동사 어간) + -다(종결 어미)'의 구성이므로 통사적 합성어이다.

08 '굳은살'은 용언 '굳다'의 관형사형인 '굳은'과 명사 '살'이, '큰아버지'는 용언 '크다'의 관형사형인 '큰'과 명사 '아버지'가 결합한 통사적 합성어이다.

모답 풀이
❶ 나팔꽃, 어린이
→ '나팔꽃'은 명사 '나팔'과 명사 '꽃'이, '어린이'는 용언 '어리다'의 관형사형인 '어린'과 명사 '이'가 결합한 통사적 합성어이다.
❸ 빛나다, 걸어가다
→ '빛나다'는 명사 '빛'과 용언 '나다' 사이의 조사가 생략된 채 결합한 통사적 합성어이다. '걸어가다'는 걷-(용언 어간) + -어(연결 어미) + 가-(용언 어간) + -다(종결 어미)'의 구성이므로 통사적 합성어이다.
❹ 뜬소문, 강아지풀
→ '뜬소문'은 용언 '뜨다'의 관형사형인 '뜬'과 명사 '소문'이, '강아지풀'은 명사 '강아지'와 명사 '풀'이 결합한 통사적 합성어이다.
❺ 바로잡다, 높푸르다
→ '바로잡다'는 부사 '바로'와 용언 '잡다'가 결합한 통사적 합성어이다. '높푸르다'는 용언 어간 '높-'과 용언 어간 '푸르-'가 연결 어미 없이 결합되었으므로 비통사적 합성어이다.

09 '꺾쇠'는 동사 어간 '꺾-'에 어미 없이 바로 명사인 '쇠'가 결합된 구성의 비통사적 합성어이므로 '검버섯'과 구성 방식이 같다.

모답 풀이
❷ 새집
→ '새집'은 관형사 '새'와 명사 '집'이 결합한 통사적 합성어이다.
❸ 첫사랑
→ '첫사랑'은 관형사 '첫'과 명사 '사랑'이 결합한 통사적 합성어이다.
❹ 가시방석
→ '가시방석'은 명사 '가시'와 명사 '방석'이 결합한 통사적 합성어이다.
❺ 쫓아가다
→ '쫓아가다'는 '쫓-(동사 어간) + -아(연결 어미) + 가-(동사 어간) + -다(종결 어미)'의 구성이므로 통사적 합성어이다.

10 ⓓ의 '흑백'은 검은색과 흰색을 아울러 이르는 말이다. 어근 '흑'과 어근 '백'이 본래의 의미를 잃어버리지 않고 대등한 관계를 이루고 있으므로 대등 합성어에 해당한다.

모답 풀이
❶ ⓐ의 '산길'은 '산'이 '길'을 수식하므로 종속 합성어이다.
→ '산길'은 '산에 나 있는 길'을 뜻하는 종속 합성어이다.
❷ ⓑ의 '돌다리'는 '돌'이 '다리'를 수식하므로 종속 합성어이다.
→ '돌다리'는 '돌로 만든 다리'를 뜻하는 종속 합성어이다.
❸ ⓒ의 '피땀'은 각각의 어근이 가진 본래의 의미와는 다른 의미로 쓰였으므로 융합 합성어이다.
→ '피땀'의 경우 피와 땀을 아울러 이르는 말로 쓰일 때에는 대등 합성어이지만, ⓒ에서는 '무엇을 이루기 위하여 애쓰는 노력과 정성을 비유적으로 이르는 말'이라는 새로운 의미로 쓰였으므로 융합 합성어이다.

❺ ⓔ의 '앞뒤'는 두 어근이 본래의 의미를 가지고 대등한 자격으로 연결되므로 대등 합성어이다.
→ '앞뒤'는 앞과 뒤를 아울러 이르는 말로, 어근 '앞'과 어근 '뒤'가 본래의 의미를 가지고 대등한 자격으로 연결되었으므로 대등 합성어이다.

11 ⓒ '공부하다, 생각하다'는 명사 어근인 '공부'와 '생각'에 각각 동사를 만드는 접미사 '-하다'가 결합하여 '공부하다'와 '생각하다'라는 동사인 파생어를 형성한 경우이다. 그러나 '건강하다'는 명사 어근인 '건강'에 형용사를 만드는 접미사 '-하다'가 결합하여 형용사인 파생어를 형성한 경우이므로 ⓒ에 추가할 수 없다.

모답 풀이
❶ ㉠: 어근의 앞에 접사가 결합한 파생어로 '짓이기다'를 추가할 수 있다.
→ ㉠ '짓밟다, 짓누르다'는 어근 '밟-'과 '누르-' 앞에 각각 접두사 '짓-'이 결합한 파생어이다. '짓이기다' 또한 접두사 '짓-'이 어근 '이기-'에 결합한 파생어이므로 ㉠에 추가할 수 있다.
❷ ㉡: 접미사가 결합하여 어근의 품사를 바꾼 경우로 '삶'을 추가할 수 있다.
→ ㉡ '잠, 슬픔'은 어근 '자-'와 '슬프-'에 각각 명사를 만드는 접미사 '-ㅁ'이 결합한 파생어이다. '삶' 또한 어근 '살-'에 접미사 '-ㅁ'이 결합한 파생어이므로 ㉡에 추가할 수 있다.
❹ ㉣: 용언의 연결형과 용언이 결합한 합성어로 '들어가다'를 추가할 수 있다.
→ ㉣의 '갈고닦다'는 갈-(동사 어간) + -고(연결 어미) + 닦-(동사 어간) + -다(종결 어미)'의 구성, '뛰어가다'는 '뛰-(동사 어간) + -어(연결 어미) + 가-(동사 어간) + -다(종결 어미)'의 구성으로 모두 통사적 합성어이다. '들어가다' 또한 '들-(동사 어간) + -어(연결 어미) + 가-(동사 어간) + -다(종결 어미)'의 구성으로 통사적 합성어에 해당하므로 ㉣에 추가할 수 있다.
❺ ㉤: 용언의 어간과 어간이 결합한 합성어로 '여닫다'를 추가할 수 있다.
→ ㉤의 '감싸다'는 동사 어간 '감-'과 동사 어간 '싸-'가 연결 어미 없이 결합하였고, '검푸르다'는 형용사 어간 '검-'과 형용사 어간 '푸르-'가 연결 어미 없이 결합하였으므로 모두 비통사적 합성어이다. '여닫다' 또한 동사 어간 '열-'과 동사 어간 '닫-'이 연결 어미 없이 결합한 구성으로 비통사적 합성어에 해당하므로 ㉤에 추가할 수 있다.

01 유의 관계란 비슷한 의미를 가진 둘 이상의 단어가 맺는 의미 관계를 말한다. 그러나 ②의 '생물'은 '식물'의 의미를 포함하고, '식물'은 '생물'에 포함되므로 '생물'과 '식물'은 상하 관계이다.

02 〈보기〉의 '날'과 '장날'은 상하 관계에 있는 단어들이다. 이와 유사한 것은 '걷다'가 '이동하다'에 포함되는 관계를 보이는 ④이다.

03 '발'의 중심적 의미는 '사람이나 동물의 다리 맨 끝부분.'이다. 이러한 뜻으로 '발'이 쓰인 문장은 ③ '혜수가 축구공을 발로 찼다.'이다.

> **오답 풀이**
> ❶ 재희는 발이 참 넓다.
> → '발이 넓다'는 관용구로 사귀어 아는 사람이 많아 활동하는 범위가 넓다는 뜻이다.
> ❷ 이것은 장롱의 발이다.
> → 가구 따위의 밑을 받쳐 균형을 잡고 있는, 짧게 도드라진 부분을 뜻하는 말로 쓰였다.
> ❹ 그는 발이 매우 빠른 선수이다.
> → '걸음'을 비유적으로 이르는 말로 쓰였다.
> ❺ 순미는 너무 놀라 한 발 뒤로 물러섰다.
> → (수량을 나타내는 말 뒤에 쓰여) 걸음을 세는 단위로 쓰였다.

개념 기초 다지기

080~081쪽

01 ②	02 ②	03 ③	04 ④	05 ③	06 ④
07 ⑤	08 ②	09 ⑤	10 ④		

01 동음이의 관계에 있는 단어를 동음이의어라고 하는데, 동음이의어는 소리만 같을 뿐 서로 다른 단어이므로 사전에 각각 등재된다.

02 단어의 뜻은 문맥에 따라 달라지므로 한 단어에 대한 유의어는 여럿이 될 수 있다. 제시된 단어 중 ① '성립됐다', ② '정지했다', ③ '곧추섰다', ⑤ '곤두섰다'는 '서다'의 유의어가 될 수 있지만, ㉠ '섰다'는 '어떤 곳에서 다른 곳으로 가던 대상이 어느 한곳에서 멈추다.'라는 의미이므로, 이와 가장 유사한 '정지했다'로 대체하는 것이 적절하다.

> **오답 풀이**
> ❶ 성립됐다
> → '성립되다'는 '일이나 관계 따위가 제대로 이루어지다.'라는 의미이다. 이것은 '서다'가 '질서나 체계, 규율 따위가 올바르게 있게 되거나 짜이다.'의 의미로 쓰였을 때 대체할 수 있는 유의어이다.
> ❸ 곧추섰다
> → '곧추서다'는 '꼿꼿이 서다.'라는 의미이다. 이것은 '서다'가 '처져 있던 것이 똑바로 위를 향하여 곧게 되다.'라는 의미로 쓰였을 때 대체할 수 있는 유의어이다.
> ❹ 무뎌졌다
> → '무디어지다'는 '칼이나 송곳 따위의 끝이나 날이 날카롭지 못하게 되다.'라는 의미이다. 이것은 '서다'가 '무딘 것이 날카롭게 되다.'라는 의미로 쓰였을 때, 그것과 반의 관계에 있는 단어라고 할 수 있다.
> ❺ 곤두섰다
> → '곤두서다'는 '거꾸로 꼿꼿이 서다.'라는 의미이다. 이것은 '서다'가 '처져 있던 것이 똑바로 위를 향하여 곧게 되다.'라는 의미로 쓰였을 때 대체할 수 있는 유의어이다.

03 반의 관계란 둘 이상의 단어가 서로 짝을 이루어 대립하는 의미 관계를 말한다. 반의 관계에 있는 단어의 쌍은 ㉡ '참 − 거짓', ㉢ '길다 − 짧다', ㉣ '사다 − 팔다'이다. ㉠ '속 − 안'과 ㉤ '견디다 − 참다'는 유의 관계에 있는 단어의 쌍이다.

04 '가방을 벗다.'에서 '벗다'는 '메거나 진 배낭이나 가방 따위를 몸에서 내려놓다.'의 뜻이므로 '없애다'와 유의 관계에 있지 않다.

05 '좋다'와 '싫다'는 좋지도 싫지도 않은 상태가 있으므로 등급 반의어에 해당한다.

> **오답 풀이**
> ❶ ⓐ: 덥다 − 춥다
> → '덥다'와 '춥다'는 덥지도 춥지도 않은 상태가 있으므로 등급 반의어에 해당한다.
> ❷ ⓐ: 가다 − 오다
> → '가다'와 '오다'는 방향상의 대립 관계를 나타내므로 방향 반의어에 해당한다.
> ❹ ⓑ: 주다 − 받다
> → '주다'와 '받다'는 방향상의 대립 관계를 나타내므로 방향 반의어에 해당한다.
> ❺ ⓒ: 여성 − 남성
> → '여성'과 '남성'은 개념적 영역이 서로 배타적이어서 중립 상태가 없으므로 상보 반의어에 해당한다.

06 '비빔밥'은 '음식'의 하의어이면서 '한식'의 하의어이다. 이때 '한식'은 '비빔밥'의 상의어이면서 '음식'의 하의어이다.

07 유의 관계에 있는 단어라고 하더라도 항상 바꾸어 쓸 수 있는 것은 아니다. '복용하다'는 '약을 먹다.'라는 의미를 지니므로 '사과'와 같은 일반적인 음식물과 함께 쓰면 문장이 어색해진다.

08 ②의 '한 수만 물러 주게.'에서 '물러(무르다)'는 '이미 행한 일을 그 전의 상태로 돌리다.'를 의미하고, '단감이 물러 연시처럼 되었다.'에서 '물러(무르다)'는 '굳은 것이 물렁거리게 되다.'를 의미한다. 따라서 두 문장의 '물러(무르다)'는 소리는 같지만 의미는 서로 다른 동음이의 관계이다.

09 '너무 피곤하여 밤 열 시에 잠이 들었다.'의 '밤'은 '해가 져서 어두워진 때부터 다음 날 해가 떠서 밝아지기 전까지의 동안.', '아버지는 제사상에 올릴 밤을 까고 계셨다.'의 '밤'은 '밤나무의 열매.'를 의미한다. 따라서 두 단어는 동음이의 관계이다.

10 '그의 사정을 보니 딱하게 되었다.'에 쓰인 '보니(보다)'는 '상대편의 형편 따위를 헤아리다.'의 의미를 지닌다. ㉣에 들어갈 예문으로는 '나 좀 잠깐 볼 수 있을까?' 정도가 적절하다.

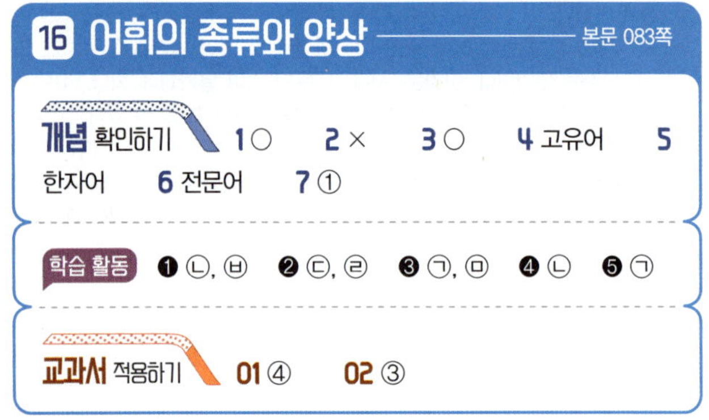

01 '우리 중에서 그녀가 피아노 연주를 제일 잘한다.'에는 한자어 '중(中)', '연주(演奏)', '제일(第一)'과 외래어 '피아노(piano)'가 쓰였다. 따라서 한자어와 외래어가 모두 쓰인 문장은 ④이다.

02 전문어는 특정 집단에서 효과적인 의사소통을 위해 사용하는 말로, 이에 대응하는 일반 어휘가 없어 일반인에게 사용할 경우 의사소통에 어려움이 있을 수 있다.

01 고유어는 우리말에 본디부터 있던 말이나 그것에 기초하여 새로 만들어진 말로 '김, 나물'이 해당한다. 한자어는 한자를 바탕으로 만들어진 말로 '두유(豆乳), 필통(筆筒)'이 해당한다. 외래어는 다른 나라에서 들어와 우리말처럼 쓰이는 말로 '볼펜(ball pen), 주스(juice)'가 해당한다.

02 〈보기〉를 살펴보면 고유어인 '고치다'와 '말'은 여러 한자어와 유의 관계에 있음을 확인할 수 있다. 이처럼 고유어는 하나의 낱말이 지닌 의미의 폭이 넓기 때문에 고유어 하나에 대응하는 한자어가 다양하다.

03 〈보기〉의 문장에서 '마음'은 '사람이 어떤 일에 대하여 가지는 관심'을 뜻한다. 따라서 '마음이 향하는 바. 또는 무엇을 하려는 생각'을 뜻하는 '의향(意向)'으로 대체할 수 있다.

04 외래어는 다른 나라에서 들어와 우리말처럼 쓰이는 말로 기존에 우리 문화에는 없던 새로운 사물이나 제도 등을 나타낼 때 사용한다. 그러므로 고유어나 한자어로 쉽게 바꾸어 쓸 수 없다.

05 '아침', '소리'는 본래부터 우리말인 고유어이고, '일요일(日曜日)', '친구(親舊)'는 한자어이다. '게임(game)', '샤워(shower)'는 다른 나라에서 들어온 외래어이다. 따라서 바르게 분류한 것은 ①이다.

06 한자어와 외래어는 고유어로는 나타내지 못하는 다양한 의미들을 표현할 수 있게 도와준다는 점에서 우리말 어휘를 풍부하게 해 준다는 공통점이 있다.

07 지역 방언은 같은 지역의 사람들이 오랫동안 사용한 어휘들이고 대부분 고유어에 해당하기 때문에 의미의 폭이 넓다고 할 수 있다. 의미가 매우 정밀하여 일반적인 표현으로 바꾸어 쓰기 어려운 것은 전문어이다.

08 '겁나게'는 전남과 충남 지역에서 쓰이는 '매우'의 방언이고, '매우'는 '보통 정도보다 훨씬 더'를 뜻하는 표준어이므로 '방언 – 표준어'의 순서이다.

09 지역 방언을 살려 작품을 쓰면 문학 작품의 배경이 되는 지역의 고유한 정서를 잘 담아내어 작품의 내용과 분위기를 더욱 섬세하고 풍부하게 표현할 수 있다.

10 사회 방언은 사회적 요인에 따라 다르게 쓰는 말로 사회 방언에 영향을 미치는 요인은 성별, 세대, 직업, 계층 등이다. 지역에 따라 다르게 쓰는 말은 지역 방언이다.

11 '인강(인터넷 강의)', '생선(생일 선물)'은 젊은 세대에서 자주 사용하는 줄임말이다. 할아버지와 손자의 대화가 원활하지 않은 까닭은 손자가 자기 또래 사이에서 쓰는 줄임말을 사용하여 할아버지가 손자의 말을 이해하지 못했기 때문이다.

12 제시된 단어들은 음악 분야에서 흔히 사용되는 전문어이다. 전문어는 다의성이 적어 같은 분야의 사람들끼리 효율적으로 의사소통할 수 있게 도와주지만, 그에 대응하는 일반 어휘가 거의 없고, 그 의미가 매우 정밀하여 일반적인 표현으로 바꾸어 쓰기 어렵다.

01 '세 사람은 길을 찾아 나섰다.'를 구성하는 형태소 중 실질 형태소는 '세, 사람, 길, 찾–, 나–, 서–'로 모두 6개이다.

❶ 단어는 모두 7개이다.
→ 〈보기〉의 문장을 단어 단위로 분석하면 '세, 사람, 은, 길, 을, 찾아, 나섰다'로 모두 7개이다.

❷ 조사는 모두 2개이다.
→ 〈보기〉의 문장을 구성하는 조사는 '은, 을'로 모두 2개이다.

❸ 형태소는 모두 11개이다.
→ 〈보기〉의 문장을 형태소 단위로 분석하면 '세, 사람, 은, 길, 을, 찾–, –아, 나–, 서–, –었–, –다'로 모두 11개이다.

❺ 의존 형태소는 모두 8개이다.
→ 〈보기〉의 문장을 구성하는 의존 형태소는 '은, 을, 찾–, –아, 나–, 서–, –었–, –다'로 모두 8개이다.

02 '하늘'은 하나의 어근으로 이루어진 단일어, '힘들다'는 어근 '힘'과 어근 '들-'이 결합한 합성어, '풋고추'는 접두사 '풋-'과 어근 '고추'가 결합한 접두 파생어, '소리꾼'은 어근 '소리'에 접미사 '-꾼'이 결합하여 이루어진 접미 파생어이다.

[오답 풀이]

❶ ㉠ 흙, ㉡ 꽃밭, ㉢ 눈빛, ㉣ 맨발
→ '흙'은 단일어, '꽃밭'은 어근 '꽃'과 어근 '밭'이 결합한 합성어, '눈빛'은 어근 '눈'과 어근 '빛'이 결합한 합성어, '맨발'은 접두사 '맨-'과 어근 '발'이 결합한 접두 파생어이다.
❷ ㉠ 봄비, ㉡ 달리기, ㉢ 검붉다, ㉣ 옛날
→ '봄비'는 어근 '봄'과 어근 '비'가 결합한 합성어, '달리기'는 어근 '달리-'와 접미사 '-기'가 결합한 접미 파생어, '검붉다'는 어근 '검-'과 어근 '붉-'이 결합한 합성어, '옛날'은 어근 '옛'과 어근 '날'이 결합한 합성어이다.
❸ ㉠ 오리, ㉡ 치솟다, ㉢ 걸레질, ㉣ 많이
→ '오리'는 단일어, '치솟다'는 접두사 '치-'와 어근 '솟-'이 결합한 접두 파생어, '걸레질'은 어근 '걸레'와 접미사 '-질'이 결합한 접미 파생어, '많이'는 어근 '많-'과 접미사 '-이'가 결합한 접미 파생어이다.
❺ ㉠ 바라다, ㉡ 짙푸르다, ㉢ 그만두다, ㉣ 싯누렇다
→ '바라다'는 단일어, '짙푸르다'는 어근 '짙-'과 어근 '푸르-'가 결합한 합성어, '그만두다'는 어근 '그만'과 어근 '두-'가 결합한 합성어, '싯누렇다'는 접두사 '싯-'과 어근 '누렇-'이 결합한 접두 파생어이다.

03 '들것'과 '늦더위' 모두 용언의 어간에 결합하는 관형사형 어미가 생략된 채 바로 명사와 결합된 구성의 비통사적 합성어이다.

[오답 풀이]

❶ 새집, 손수건
→ '새집'은 관형사 '새'와 명사 '집'이 결합한 통사적 합성어이고, '손수건'은 명사 '손'과 명사 '수건'이 결합한 통사적 합성어이다.
❸ 군밤, 더욱더
→ '군밤'은 용언의 관형사형과 명사가 결합한 통사적 합성어이다. 어간 '굽-'에 관형사형 어미 '-은'이 결합하면 'ㅂ' 불규칙 활용으로 '구운'이 되는데 이것이 '군'으로 변형되어 굳어진 것이다. '더욱더'는 부사 '더욱'과 부사 '더'가 결합한 통사적 합성어이다.
❹ 팥죽, 딱성냥
→ '팥죽'은 명사 '팥'과 명사 '죽'이 결합한 통사적 합성어이고, '딱성냥'은 부사 '딱'과 명사 '성냥'이 결합한 비통사적 합성어이다.
❺ 작은집, 낯설다
→ '작은집'은 용언의 관형사형인 '작은'과 명사 '집'이 결합한 통사적 합성어이고, '낯설다'는 어근 '낯'과 어근 '설-'이 결합한 합성어로서 '주어 + 서술어'의 구성이므로 통사적 합성어이다.

04 '총각'과 '아주머니'의 의미 요소를 살펴보면 '성별' 이외에 '결혼 여부'도 대립하므로 두 단어는 반의 관계라고 보기 어렵다.

[오답 풀이]

❶ 신사 ↔ 숙녀
→ 두 단어는 '성별'의 의미 요소만 다르므로 반의 관계라고 할 수 있다.
❷ 소년 ↔ 소녀
→ 두 단어는 '성별'의 의미 요소만 다르므로 반의 관계라고 할 수 있다.
❸ 쉽다 ↔ 어렵다
→ 두 단어는 '무엇을 하기가 까다롭고 힘이 든지의 여부'에 대한 의미 요소만 다르므로 반의 관계라고 할 수 있다.
❺ 올라가다 ↔ 내려가다
→ 두 단어는 '방향성'의 의미 요소만 다르므로 반의 관계라고 할 수 있다.

05 '식품'은 '사람이 일상적으로 섭취하는 음식물을 통틀어 이르는 말'이고, '유제품'은 '우유를 가공하여 만든 식품을 통틀어 이르는 말'이므로 '식품'은 '유제품'의 상의어, '유제품'은 '식품'의 하의어이다. 그리고 '버터'는 '우유의 지방을 분리하여 응고시킨 식품'으로 유제품의 한 종류이므로 '유제품'은 '버터'의 상의어, '버터'는 '유제품'의 하의어이다. 따라서 세 단어는 상하 관계에 있다고 할 수 있다.

06 〈보기〉의 두 단어는 동음이의 관계이다. 그러나 ⑤의 밑줄 친 두 단어는 다의 관계로, '진수는 오늘 멋있는 모자를 쓰고 왔다.'의 '쓰고(쓰다)'는 '모자 따위를 머리에 얹어 덮다.'라는 중심적 의미로 쓰였고, '광부들이 온몸에 석탄가루를 까맣게 쓰고 있었다.'의 '쓰고(쓰다)'는 '먼지나 가루 따위를 몸이나 물체 따위에 덮은 상태가 되다.'라는 주변적 의미로 쓰였다.

07 〈보기〉에서 고유어 '마음'과 유의 관계에 있는 한자어가 '심정(心情), 기분(氣分), 호감(好感), 의향(意向)' 등으로 다양함을 확인할 수 있다. 이를 통해 고유어는 하나의 낱말이 여러 뜻으로 쓰이지만, 한자어는 고유어보다 분화된 뜻을 지니고 있어서 고유어를 보완하는 역할을 한다는 것을 알 수 있다.

08 ⓐ '그래픽 카드'는 컴퓨터에서 만들어진 이미지를 모니터에 필요한 전자 신호로 변환시켜 주는 역할을 하는 하드웨어이고, ⓑ '메모리'는 데이터나 명령을 비롯하여 컴퓨터 내부에서 계산 처리한 결과를 기억하는 장치를 말한다. ⓒ '바이오스'는 컴퓨터에서, 전원을 켜면 맨 처음 컴퓨터의 제어를 맡아 가장 기본적인 기능을 처리해 주는 프로그램이고, ⓓ '윈도'는 컴퓨터의 화면에서, 워드 프로세서, 데이터베이스, 기타 응용 프로그램을 표시하는 직사각형의 화면 구조이다. ⓐ~ⓓ는 모두 정보·통신 분야에서 사용하는 전문어이다.

09 '덮밥'은 어근 '덮-'과 어근 '밥'이 결합한 합성어이므로 파생어라는 설명은 적절하지 않다.

[오답 풀이]

❶ '바다'와 '맑다'는 각각 하나의 어근으로 이루어진 단일어이다.
→ '바다'는 '바다', '맑다'는 '맑-'이라는 하나의 어근으로 이루어져 있는 단어이므로 단일어이다.
❷ '낮잠'은 통사적 합성어이고, '누비옷'은 비통사적 합성어이다.
→ '낮잠'은 명사 '낮'과 명사 '잠'이 결합한 통사적 합성어이고, '누비옷'은 '누빈＋옷'이 되지 않고 동사 어간 '누비-'가 관형사형 어미 없이 바로 명사와 결합하였으므로 비통사적 합성어이다.
❸ '곁눈질'은 합성어 '곁눈'에 접미사 '-질'이 결합된 파생어이다.
→ '곁눈질'은 먼저 어근 '곁'과 어근 '눈'이 결합한 합성어 '곁눈'에 접미사 '-질'이 붙어 파생어 '곁눈질'이 된 것이다.
❹ '겁나다'는 어근 '겁'과 어근 '나-'가 결합한 통사적 합성어이다.
→ '겁나다'는 어근 '겁'과 어근 '나-'가 결합한 합성어로서 '주어 + 서술어'의 구성이므로 통사적 합성어이다.

10 '곰곰이'는 표면상 1음절 단어가 반복된 것처럼 보이지만, '곰곰'이라는 부사에 접사 '-이'가 결합하여 만들어진 파생어이다. 따라서 '-이³⁰「2」'가 아니라 '-이³⁰「1」'의 예로 적절하다.

수능으로 실력 쌓기

01 ④	02 ①	03 ⑤	04 ④	05 ④	06 ③
07 ⑤	08 ③	09 ⑤	10 ③	11 ④	12 ⑤

01 ㉠은 형태, ㉡은 기능, ㉢은 의미이다. '밝은(밝다)'은 ㉡에 따라 분류하면 용언, ㉢에 따라 분류하면 형용사이다. 그리고 '잡았어(잡다)'는 ㉡에 따라 분류하면 용언, ㉢에 따라 분류하면 동사이다. 따라서 두 단어는 기능 기준에 따라 분류하면 같은 부류에 속하기 때문에 제시된 설명은 적절하지 않다.

[모답 풀이]

❶ '나비 하나를 또 잡았어'는 ㉠에 따라 분류하면 가변어 한 개, 불변어 네 개를 포함합니다.

→ 가변어는 '잡았어(잡다)' 한 개이고, 불변어는 '나비', '하나', '를', '또'로 네 개이다.

❷ '나비 하나를'은 ㉡에 따라 분류하면 체언 두 개, 관계언 한 개를 포함합니다.

→ 체언은 '나비'와 '하나'로 두 개이고, 관계언은 '를' 한 개이다.

❸ '음, 우리가 밝은 곳에서 그 나비 하나를 또 잡았어'는 ㉢에 따라 분류하면 아홉 개의 품사를 모두 포함합니다.

→ '음(감탄사), 우리(대명사), 가(조사), 밝은(형용사), 곳(명사), 에서(조사), 그(관형사), 나비(명사), 하나(수사), 를(조사), 또(부사), 잡았어(동사)'와 같이 아홉 개의 품사를 모두 포함한다.

❺ '그'와 '또'는 ㉡에 따라 분류하면 수식언이고, ㉢에 따라 분류하면 각각 관형사, 부사입니다.

→ '그'는 관형사로 체언 '나비'를 수식하고, '또'는 부사로 용언 '잡았어'를 수식한다. 이들은 모두 수식언에 해당한다.

02 ㄱ의 '그곳'은 어떤 처소를 대신하여 가리키는 지시 대명사에 해당하지만, ㄴ의 '그'는 어떤 대상을 가리키는 지시 관형사에 해당한다.

[모답 풀이]

❷ ㄱ의 '아주'와 ㄴ의 '잘'은 용언 앞에 놓여서 그 뜻을 한정하는 부사이다.

→ ㄱ의 '아주'는 '보통 정도보다 훨씬 더 넘어선 상태'라는 뜻으로, ㄴ의 '잘'은 '아주 만족스럽게'라는 뜻으로 뒤에 오는 용언의 뜻을 한정한다.

❸ ㄱ의 '구울'과 ㄷ의 '지어'는 용언의 어간이 불규칙적으로 활용되는 동사이다.

→ ㄱ의 '구울'의 기본형은 '굽다'로 활용할 때 어간이 바뀌는 'ㅂ' 불규칙 활용에 해당한다. ㄴ의 '지어'의 기본형은 '짓다'로 활용할 때 어간이 바뀌는 'ㅅ' 불규칙 활용에 해당한다.

❹ ㄱ의 '쉽게'와 ㄷ의 '멋진'은 어떤 대상의 성질이나 상태를 나타내는 형용사이다.

→ ㄱ의 '쉽게'는 '하기가 까다롭거나 힘들지 않게'의 뜻이고, ㄴ의 '멋진'은 '보기에 썩 좋은'의 뜻으로 둘 다 사물의 성질이나 상태를 나타내는 성상 형용사이다.

❺ ㄴ의 '가'와 ㄷ의 '에서'는 앞말과 다른 말과의 문법적인 관계를 나타내는 조사이다.

→ ㄴ의 '가'는 주격 조사이고, '에서'는 부사격 조사이다.

03 ㄴ의 '새로'는 형태가 변하지 않는 성상 부사로, 뒤에 있는 용언 '산(사다)'을 꾸며 주고 있다.

[모답 풀이]

❶ ㄱ에서 '이'는 '상점'을 꾸며 주는 지시 관형사이다.

→ '이'는 체언 '상점'을 꾸며 주는 지시 관형사이다.

❷ ㄱ에서 '헌'은 체언인 '물건'의 상태를 드러내 준다.

→ '헌'은 성상 관형사로 체언 '물건'이 오래되어 성하지 아니하고 낡은 상태임을 드러내 준다.

❸ ㄴ의 '다섯'은 조사와 결합하는 것을 보니 관형사가 아니다.

→ '다섯'은 수사이며, 수사는 관형사와 달리 조사와 결합할 수 있다.

❹ ㄱ의 '두'와 ㄷ의 '한'은 수량을 나타내는 수 관형사이다.

→ '두'는 체언 '곳'을 꾸며 주는 수 관형사, '한'은 체언 '벌'을 꾸며 주는 수 관형사이다.

04 '묻었다(묻다)'는 활용될 때 어간과 어미의 기본 형태가 바뀌지 않는 용언이고, '우러러(우러르다)'는 활용될 때 어간이나 어미의 기본 형태가 바뀌는 모습을 일정한 규칙으로 설명할 수 있는 용언이므로 ㉠에 해당한다. '일러(이르다)'는 활용될 때 어간이 불규칙적으로 바뀌는 용언이므로 ㉡에 해당한다('르' 불규칙 활용). '이르러(이르다)'는 활용될 때 어미가 불규칙적으로 바뀌는 용언이므로 ㉢에 해당한다('러' 불규칙 활용). '파래(파랗다)'는 활용될 때 어간과 어미가 모두 불규칙적으로 바뀌는 용언이므로 ㉣에 해당한다('ㅎ' 불규칙 활용).

05 ⓓ '가셨겠구나'는 '가시- + -었- + -겠- + -구나'로 분석할 수 있다. '-었-'과 '-겠-'은 선어말 어미이고, '-구나'는 종결 어미이다. 따라서 ⓓ에는 선어말 어미 두 개와 종결 어미가 사용되었다.

[모답 풀이]

❶ ⓐ: 선어말 어미 두 개와 연결 어미가 사용되었다.

→ '즐거우셨길'은 '즐겁- + -(으)시- + -었- + -기 + ㄹ'로 분석할 수 있다. '-(으)시-'와 '-었-'은 선어말 어미, '-기'는 전성 어미, 'ㄹ'은 목적격 조사로 '를'보다 구어적이다.

❷ ⓑ: 선어말 어미 없이 전성 어미가 사용되었다.

→ '샜을'은 '새- + -었- + -을'로 분석할 수 있다. '-었-'은 선어말 어미이고, '-을'은 전성 어미이다.

❸ ⓒ: 선어말 어미 세 개와 연결 어미가 사용되었다.

→ '번거로우시겠지만'은 '번거롭- + -(으)시- + -겠- + -지만'으로 분석할 수 있다. '-(으)시-'와 '-겠-'은 선어말 어미이고, '-지만'은 연결 어미이다.

❺ ⓔ: 선어말 어미 한 개와 전성 어미가 사용되었다.

→ '다다른'은 '다다르- + -ㄴ'으로 분석할 수 있다. '-ㄴ'은 전성 어미이다.

06 '겹겹이'는 두 어근 '겹'과 '겹'이 결합한 것에 접미사 '-이'가 결합하였으며(㉠), 명사에서 부사로 품사가 바뀌었다(㉡).

[모답 풀이]

❶ 군것질

→ '군것질'은 어근 '것'에 접두사 '군-'이 결합된 파생어 '군것'에 접미사 '-질'이 결합된 단어이며 명사였던 품사가 다른 품사로 변하지 않았으므로 ㉠과 ㉡ 모두에 해당하지 않는다.

❷ 바느질

→ '바느질'은 어근 '바늘'에 접미사 '-질'이 결합된 것이며 명사였던 품사가 다른 품사로 변하지 않았으므로 ㉠과 ㉡ 모두에 해당하지 않는다.

❹ 다듬이
→ '다듬이'는 '다듬다'라는 동사의 어근 '다듬-'에 접미사 '-이'가 결합된 단어로, 동사에서 명사로 품사가 바뀌었다. 따라서 ⓛ에는 해당되지만 ㉠에는 해당되지 않는다.

❺ 헛웃음
→ '헛웃음'은 '웃다'라는 동사의 어근 '웃-'에 접미사 '-음'이 결합되어 동사에서 명사로 품사가 바뀐 후, 접두사 '헛-'이 결합된 단어이다. 이때는 품사가 여전히 명사로, 다른 품사로 변하지 않았다. 따라서 ⓛ에 해당되지만 ㉠에는 해당되지 않는다.

07 '찾아냈다'는 '찾- + -아 + 내- + -었- + -다'로 분석할 수 있다. '찾-'과 '내-'는 의존 형태소이자 실질 형태소인 ⓛ에 속하고 '-아', '-었-', '-다'는 의존 형태소이자 형식 형태소인 ⓒ에 속한다.

> [모답 풀이]

❶ '우리는'의 '우리'와 '드디어'는 ⓛ에 속한다.
→ '우리'와 '드디어'는 자립 형태소이자 실질 형태소이므로 ㉠에 속한다.
❷ '비를'과 '길을'에는 ㉠과 ⓛ에 속하는 형태소만 있다.
→ '비'와 '길'은 자립 형태소이자 실질 형태소이므로 ㉠에, '를'과 '을'은 의존 형태소이자 형식 형태소이므로 ⓒ에 속한다.
❸ '맞고'의 '맞-'과 '맞서다가'의 '맞-'은 모두 ⓒ에 속한다.
→ '맞고'의 '맞-'은 어근으로, 의존 형태소이자 실질 형태소이므로 ⓛ에 속한다. 이와 달리 '맞서다가'의 '맞-'은 접두사로 의존 형태소이자 형식 형태소이므로 ⓒ에 속한다.
❹ '바람에'에는 ⓛ과 ⓒ에 속하는 형태소만 있다.
→ '바람'은 자립 형태소이자 실질 형태소이므로 ㉠에, '에'는 의존 형태소이자 실질 형태소이므로 ⓒ에 속한다.

08 '놀이터'는 어근 '놀이'와 어근 '터'로 먼저 나뉜다. '놀이'는 다시 어근 '놀-'과 접미사 '-이'로 나뉜다. 따라서 '놀이터'는 '(어근 + 접미사) + 어근'의 구조로 된 합성어이다.

> [모답 풀이]

❶ 집안일
→ '집안일'은 먼저 '집안'과 '일'로 나뉜다. '집안'은 다시 '집'과 '안'으로 나뉜다. 따라서 '(어근 + 어근) + 어근'의 구조로 된 합성어이다.
❷ 내리막
→ '내리막'은 어근 '내리-'와 접미사 '-막'이 결합된 파생어이다. 따라서 (어근 + 접미사)의 구조로 된 파생어이다.
❹ 코웃음
→ '코웃음'은 먼저 '코'와 '웃음'으로 나뉜다. '웃음'은 다시 '웃-'과 '-음'으로 나뉜다. 따라서 '어근 + (어근 + 접미사)'의 구조로 된 합성어이다.
❺ 울음보
→ '울음보'는 먼저 '울음'과 '-보'로 나뉜다. '울음'은 다시 '울-'과 '-음'으로 나뉜다. 따라서 '(어근 + 접미사) + 접미사'의 구조로 된 파생어이다.

09 ⓒ '딸꾹질'은 '딸꾹'이라는 부사에 접미사 '-질'이 결합하여 명사가 된 것으로 품사가 바뀌는 경우인 [A]로 구분할 수 있다. ⓔ '일찍이'는 '일찍'이라는 부사에 접미사 '-이'가 결합하여 부사가 된 것으로 품사가 바뀌지 않는 경우인 [B]로 구분할 수 있다. 한편, ㉠ '높이다'는 형용사 어근 '높-'에 접미사 '-이-'가 결합하여 동사가 된 것이고, ⓛ '깊이'는 형용사 어근 '깊-'에 접미사 '-이'가 결합하여 부사가 된 것이므로 ㉠과 ⓛ은 모두

10 ㉠ '이른바'는 동사 '이르다'의 관형사형 '이른'과 의존 명사 '바'가 결합하여 이루어진 합성어로 품사는 부사이므로 뒤 어근의 품사와 일치하지 않는다.
ⓛ '감싼(감싸다)'은 동사 어간 '감-'에 동사 '싸다'가 결합하여 이루어진 합성어로 우리말의 일반적인 문장 구성 방식에 맞지 않는다.
ⓒ '바로잡을(바로잡다)'은 부사 '바로'에 동사 '잡다'가 결합하여 이루어진 합성어로, 우리말의 일반적인 구성 방식에 맞는다. 품사는 동사이므로 뒤 어근의 품사와 일치한다.
ⓔ '건널목'은 동사 '건너다'의 관형사형 '건널'에 명사 '목'이 결합하여 이루어진 합성어로 품사는 명사이므로 뒤 어근의 품사와 일치한다.

11 ⓔ에서 '살리다'에 쓰인 접사 '-리-'와 '입히다'에 쓰인 접사 '-히-'는 주동사에 결합하여 사동사를 만든다는 공통점이 있다. 그러나 '밀치다'에 쓰인 접사 '-치-'와 '깨뜨리다'에 쓰인 접사 '-뜨리다'는 강조의 뜻을 더한다는 공통점이 있을 뿐 사동사를 만들지는 않는다.

> [모답 풀이]

❶ ㉠에서는 용언에 결합하여 명사를 만든다
→ ㉠ '넓이, 믿음, 믿음, 크기, 지우개'에 쓰인 접사는 각각 '-이', '-음', '-기', '-개'로 이들은 용언에 결합하여 품사를 명사로 만들고 있다.
❷ ⓛ에서는 부사에 결합하여 동사를 만든다
→ ⓛ '끄덕이다, 출렁대다, 반짝거리다'에 쓰인 접사는 각각 '-이다', '-대다', '-거리다'로 이들은 부사에 결합하여 품사를 동사로 만들고 있다.
❸ ⓒ에서는 사람을 가리키는 의미의 단어를 만든다
→ ⓒ '울보, 낚시꾼, 멋쟁이, 장난꾸러기'에 쓰인 접사는 각각 '-보', '-꾼', '-쟁이', '-꾸러기'로 이들은 모두 앞의 말과 관련된 사람을 가리키는 의미를 만들고 있다.
❺ ⓜ에서는 어근과 품사가 동일한 단어를 만든다
→ ⓜ '부채질, 풋나물, 휘감다, 빼앗기다'에 쓰인 접사는 각각 '-질', '풋-', '휘-', '-기-'로 결합한 후에도 어근의 품사는 그대로이다.

12 '코'의 첫 번째 의미는 ㉠에 해당하고, 두 번째 의미는 ⓛ에 해당하므로 다의 관계이다. 그리고 '코²'는 ⓒ에 해당하므로 '코¹'과 '코²'는 소리는 같지만 의미가 서로 다른 동음이의 관계이다. '어머니께서 목도리를 한 코씩 떠 나가셨다.'의 '코'는 '그물이나 뜨개질한 물건의 눈마다의 매듭'의 의미로 쓰였으므로 ⓒ에 해당한다.

> [모답 풀이]

❶ ㉠: 묽은 코가 옷에 묻어 휴지로 닦았다.
→ 코¹의 주변 의미이므로 ⓛ에 해당하는 예이다.
❷ ㉠: 어부가 쳐 놓은 어망의 코가 끊어졌다.
→ 코²의 의미이므로 ⓒ에 해당하는 예이다.
❸ ⓛ: 코끼리는 긴 코를 자유자재로 사용한다.
→ 코¹의 중심 의미이므로 ㉠에 해당하는 예이다.
❹ ⓛ: 동생이 갑자기 코를 다쳐서 병원에 갔다.
→ 코¹의 중심 의미이므로 ㉠에 해당하는 예이다.

Ⅲ 문장

17 문장 성분 —————————— 본문 095쪽

개념 확인하기　1 ○　2 ×　3 주체　4 서술어
5 관형어　6 부사어　7 독립어

학습 활동　❶ 주성분　❷ 서술어　❸ 관형어　❹ 독립 성분
❺ 주어, 목적어　❻ 두 자리 서술어　❼ 주어　❽ 한 자리 서술어

교과서 적용하기　01 ④　02 ③　03 ①

교과서 적용하기

01 문장의 주성분에는 주어, 서술어, 목적어, 보어가 있으며, 관형어는 이를 꾸며 주는 부속 성분에 해당한다.

02 '되다'는 주어 이외에 보어를 필요로 하는 두 자리 서술어로 ③의 '경찰관이'는 체언에 조사 '이'가 붙어 서술어 '되다'의 의미를 보충하는 보어이다.

> **모답 풀이**
> ❶ 미소가 학교에 간다.
> → '미소가'는 명사에 주격 조사 '가'가 결합해 실현된 주어로 '간다'라는 동작의 주체가 되는 말이다.
> ❷ 정윤아, 너 밥 먹었니?
> → '정윤아, 너(는) 밥(을) 먹었니?'에서 '너'는 조사가 생략된 형태로 성립된 주어로 '먹다'라는 동작의 주체를 나타낸다.
> ❹ 할머니께서는 귀가 밝으시다.
> → '할머니께서는'은 명사에 주격 조사 '께서'와 보조사 '는'이 결합해 실현된 것으로 서술절 '귀가 밝으시다'의 주어 역할을 한다.
> ❺ 며칠이 지나자 아이의 볼에 발진이 생겼다.
> → '발진이'는 명사에 주격 조사 '이'가 결합해 실현된 주어로 동사 '생겼다'의 주체가 되는 말이다.

03 ①의 '운다'는 주어만을 필요로 하는 한 자리 서술어이다.

> **모답 풀이**
> ❷ 나는 바보가 아니다.
> → '아니다'는 주어와 보어를 필요로 하는 두 자리 서술어이다.
> ❸ 그녀는 간식을 먹는다.
> → '먹는다'는 주어와 목적어를 필요로 하는 두 자리 서술어이다.
> ❹ 민지는 나에게 선물을 주었다.
> → '주었다'는 주어와 목적어, 필수적 부사어를 필요로 하는 세 자리 서술어이다.
> ❺ 영식이는 어머니와 매우 닮았다.
> → '닮았다'는 주어와 필수적 부사어를 필요로 하는 두 자리 서술어이다.

01 ⑤　02 ④　03 ③　04 ③　05 ②　06 ①
07 ②　08 ③　09 ①　10 ⑤　11 ②　12 ④
13 ⑤

01 문장 성분은 문장 안에서 일정한 문법적 기능을 하는 각각의 부분들을 의미한다.

> **모답 풀이**
> ❶ 우리말의 문장 성분에는 총 6가지가 있다.
> → 우리말의 문장 성분은 주어, 서술어, 목적어, 보어, 관형어, 부사어, 독립어의 7가지가 있다.
> ❷ 주성분에는 주어, 서술어, 목적어가 있다.
> → 주성분에는 주어, 서술어, 목적어, 보어가 있다.
> ❸ 부속 성분에는 관형어, 부사어, 보어가 있다.
> → 부속 성분에는 관형어, 부사어가 있다. 보어는 주성분이다.
> ❹ 독립 성분은 문장을 이루는 데 꼭 필요한 문장 성분이다.
> → 문장을 구성하는 데 필수적인 성분은 '주성분'이며, 독립 성분은 다른 문장 성분과 문법적 관계를 맺지 않아 문장을 이루는 데 반드시 필요한 성분은 아니다.

02 주성분에는 주어, 서술어, 목적어, 보어가 있으며, ④의 '그녀와'는 필수적 부사어로 주성분이 아닌 부속 성분에 해당한다.

> **모답 풀이**
> ❶ 그는 학교에 간다.
> → '간다'는 서술어로 주성분에 해당한다.
> ❷ 아름다운 꽃이 피었다.
> → '꽃이'는 주어로 주성분에 해당한다.
> ❸ 동생은 떡볶이를 좋아한다.
> → '떡볶이를'은 목적어로, 주성분에 해당한다.
> ❺ 겨울이 오고 날씨가 추워진다.
> → '겨울이'는 주어로 주성분에 해당한다.

03 〈보기〉에 사용된 주성분은 주어 '너는', 목적어 '도움을', 서술어 '주었다'로 총 3개이다. '항상'과 '나에게'는 부사어, '많은'은 관형어로 모두 부속 성분에 해당한다.

04 〈보기〉에서 설명하는 문장 성분은 서술어이다. 서술어에 해당하는 것은 체언에 서술격 조사 '이다'가 결합해 실현된 ③의 '사람이다'이다.

> **모답 풀이**
> ❶ 철수는 노래를 잘한다.
> → '철수는'은 명사에 보조사 '는'이 결합해 실현된 주어이다.
> ❷ 민규는 선생님이 되었다.
> → '선생님이'는 명사에 보격 조사 '이'가 결합해 실현된 보어이다.
> ❹ 그는 왔던 길로 다시 돌아갔다.
> → '다시'는 부사가 그대로 쓰인 부사어이다.
> ❺ 앞으로도 많은 도움을 주십시오.
> → '많은'은 용언의 어간 '많-'에 관형사형 어미 '-은'이 결합해 실현된 관형어로 체언 '도움'을 꾸미고 있다.

05 ②의 '영웅이십니다'는 체언인 '영웅'에 서술격 조사 '이다'의 활용형 '이십니다(이- + -시- + -ㅂ니다)'가 결합한 형태로

㉠에 해당한다.

❶ 오랜 열애 끝에 그들은 <u>결혼했다</u>.
→ '결혼했다'는 동사 '결혼하다'의 활용형으로 동사가 그대로 서술어로 쓰인 경우이다.
❸ 그는 나에게 숨기고 있던 비밀을 <u>말했다</u>.
→ '말했다'는 동사 '말하다'의 활용형으로 동사가 그대로 서술어로 쓰인 경우이다.
❹ 그녀는 아무리 봐도 평범한 인물이 <u>아니다</u>.
→ '아니다'는 형용사 '아니다'가 그대로 서술어로 쓰인 경우이다.
❺ 비가 갠 후의 밤하늘은 유난히 <u>아름답습니다</u>.
→ '아름답습니다'는 형용사 '아름답다'의 활용형으로 형용사가 그대로 서술어로 쓰인 경우이다.

06 ①의 서술어 '피었다'는 주어 '꽃이'만을 필요로 하는 한 자리 서술어이다.

❷ '내가 신발을 산다.'의 서술어는 목적어만을 필요로 한다.
→ '산다'는 주어(내가)와 목적어(신발을)를 필요로 하는 두 자리 서술어이다.
❸ '그는 의사가 되었다.'의 서술어는 보어만을 필요로 한다.
→ '되었다'는 주어(그는)와 보어(의사가)를 필요로 하는 두 자리 서술어이다.
❹ '학교의 건물이 멋있다.'의 서술어는 주어와 보어를 필요로 한다.
→ '멋있다'는 주어(건물이)만을 필요로 하는 한 자리 서술어이다.
❺ '그녀는 어머니와 꽤 닮았다.'의 서술어는 주어와 목적어를 필요로 한다.
→ '닮았다'는 주어(그녀는)와 필수적 부사어(어머니와)를 필요로 하는 두 자리 서술어이다.

07 〈보기〉에 사용된 부속 성분은 관형어 '당신의', 부사어 '정말'과 '모두'로 총 3개이다. '아'는 독립어로 독립 성분에 속하며, '저는'은 주어, '말을'은 목적어, '기억합니다'는 서술어로 모두 주성분에 속한다.

08 〈보기〉는 부속 성분인 관형어와 부사어가 수식하는 대상에 대한 설명이다. ③의 '깨끗이'는 관형어가 아니라 서술어 '정리하다'를 수식하는 부사어이다.

❶ '철수가 새 옷을 입었다.'의 '새'는 체언을 수식하는 관형어이다.
→ '새'는 '옷'이라는 체언을 수식하는 관형어이다.
❷ '음식이 엄청나게 맛있다.'의 '엄청나게'는 용언을 수식하는 부사어이다.
→ '엄청나게'는 '맛있다'라는 용언을 수식하는 부사어이다.
❹ '드디어 그가 한국에 돌아왔다.'의 '드디어'는 문장 전체를 수식하는 부사어이다.
→ '드디어'는 문장 전체를 수식하는 부사어로 생략해도 의미가 성립한다.
❺ '육상 선수가 매우 높이 뛰어 올랐다.'의 '매우'는 부사어를 수식하는 부사어이다.
→ '매우'는 '높이'라는 부사어를 수식하는 부사어이다.

09 ①의 '아'는 감탄사가 독립어로 쓰인 것으로 독립 성분에 해당한다.

❷ 그녀는 드디어 도착했다.
→ '드디어'는 부사어로 부속 성분에 해당한다.
❸ 멋지구나, 서울이란 곳은.
→ '멋지구나'는 서술어로 주성분에 해당한다.
❹ 나도 그 영화를 보고 싶었어.
→ '영화를'은 목적어로 주성분에 해당한다.
❺ 아무리 강조해도 지나치지 않는다.
→ '아무리'는 부사어로 부속 성분에 해당한다.

10 ⑤의 '공무원이'는 체언에 조사 '이'가 붙어 서술어 '되다'를 보충하는 보어이다. 나머지는 모두 부사어이다.

11 '나는 간식을 좋아한다.'는 '주어(나) + 목적어(간식을) + 서술어(좋아한다)'로 구성된 문장이다.

❶ 꽃이 활짝 피었다. → 주어, 관형어, 서술어
→ '주어(꽃이) + 부사어(활짝) + 서술어(피었다)'로 구성된 문장이다.
❸ 어머나, 하늘이 파랗네! → 관형어, 주어, 서술어
→ '독립어(어머나) + 주어(하늘이) + 서술어(파랗네)'로 구성된 문장이다.
❹ 그는 패션모델이 되었다. → 주어, 부사어, 서술어
→ '주어(그는) + 보어(패션모델이) + 서술어(되었다)'로 구성된 문장이다.
❺ 운동장에서 학생들이 운동한다. → 주어, 보어, 독립어
→ '부사어(운동장에서) + 주어(학생들이) + 서술어(운동한다)'로 구성된 문장이다.

12 〈보기〉의 '노을이'는 체언에 주격 조사 '이'가 결합한 형태의 주어로 문장의 주성분에 해당한다.

❶ ㉠: 문장의 주성분인 목적어이다.
→ '하늘을'은 체언에 목적격 조사 '을'이 결합한 형태의 목적어로 문장의 주성분에 해당한다.
❷ ㉡: 문장의 주성분인 서술어이다.
→ '바라보니'는 동사 '바라보다'의 활용형인 서술어로 문장의 주성분에 해당한다.
❸ ㉢: 문장의 부속 성분인 관형어이다.
→ '붉은'은 형용사 '붉다'의 어간에 관형사형 어미 '-은'이 결합한 형태의 관형어로 문장의 부속 성분에 해당한다.
❺ ㉤: 문장의 주성분인 서술어이다.
→ 형용사 '아름답다'는 서술어로 문장의 주성분에 해당한다.

13 '물러가고'와 '되었다'는 각각 동사 '물러가다'와 '되다'의 활용형인 서술어이므로 문장의 주성분에 해당한다.

❶ ⓐ는 문장의 부속 성분인 부사어이다.
→ '찬'은 형용사 '차다'의 어간에 관형사형 어미 '-ㄴ'이 결합한 형태의 관형어로 문장의 부속 성분에 해당한다.
❷ ⓐ와 ⓑ는 문장의 주성분인 보어이다.
→ '찬'은 관형어이므로 부속 성분이다. '공기가'는 체언에 주격 조사 '가'가 결합한 형태의 주어이므로 주성분에 해당한다.
❸ ⓑ와 ⓓ는 문장의 주성분인 주어이다.
→ '공기가'는 주어, '봄이'는 체언에 보격 조사 '이'가 결합한 형태의 보어이다. 둘 다 문장의 주성분에 해당한다.
❹ ⓒ와 ⓓ는 문장의 부속 성분인 관형어이다.
→ '물러가고'는 동사 '물러가다'의 활용형인 서술어이고, '봄이'는 보어이다. 둘 다 문장의 주성분에 해당한다.

개념 확인하기　1 ○　2 ×　3 대등하게 이어진문장
4 안긴문장　5 명사절　6 체언　7 ㉠: 관형어, ㉡: 주어,
㉢: 부사어, ㉣: 목적어

학습 활동　❶ ㉢, ㉣　❷ ㉠, ㉡　❸ 코가 길다 – ㉣　❹ 너무
춥다 – ㉤　❺ 그림 그리기 – ㉠　❻ 발에 땀이 나도록 – ㉢
❼ 내가 어제 읽은 – ㉡

교과서 적용하기　01 ③　02 ④

교과서 적용하기

01 이어진문장은 둘 이상의 홑문장이 대등하거나 종속적으로 이어지는 문장이다. '우리의 소원은 합격뿐이다.'는 주어와 서술어의 관계가 한 번만 나타나는 홑문장에 해당한다.

모답 풀이
❶ 식사를 하며 대화를 했다.
→ '(우리는) 식사를 하다.'와 '(우리는) 대화를 했다.'라는 두 개의 홑문장이 대등적 연결 어미 '–며'에 의해 연결된 대등하게 이어진문장이다.
❷ 인생은 짧고 예술은 길다.
→ '인생은 짧다.'와 '예술은 길다.'라는 두 개의 홑문장이 대등적 연결 어미 '–고'에 의해 연결된 대등하게 이어진문장이다.
❹ 너는 가더라도 나는 남는다.
→ '너는 간다.'와 '나는 남는다.'라는 두 개의 홑문장이 종속적 연결 어미 '–더라도'에 의해 연결된 종속적으로 이어진문장이다.
❺ 착한 사람이면 복을 받는다.
→ '착한 사람이다.'와 '복을 받는다.'라는 두 개의 홑문장이 종속적 연결 어미 '–면'에 의해 연결된 종속적으로 이어진문장이다.

02 〈보기〉는 문장에서 서술어의 기능을 하는 서술절 '눈이 참 예쁘다'를 안고 있는 문장으로, '너는(주어) 눈이(주어) 참(부사어) 예쁘구나(서술어).'의 구조로 이루어져 있다.

개념 기초 다지기　○—— 100~101쪽
01 ④　02 ②　03 ⑤　04 ⑤　05 ④　06 ④
07 ④　08 ③　09 ②　10 ③　11 ④　12 ⑤
13 ②

01 둘 이상의 홑문장이 종속적으로 연결된 문장은 종속적으로 이어진문장이다. 안긴문장은 다른 문장 속에서 하나의 문장 성분처럼 기능하는 홑문장이다.

02 홑문장은 주어와 서술어의 관계가 한 번만 나타나는 문장이다. ② '고양이와 호랑이는 다르다.'는 주어(호랑이는), 필수적 부사어(고양이와), 서술어(다르다)로 이루어진 홑문장이다.

모답 풀이
❶ 토끼는 귀가 길다.
→ '귀가 길다.'라는 홑문장이 서술절로 안겨 안은문장의 주어인 '토끼는'의 서술어 역할을 하는 서술절을 가진 안은문장이다.
❸ 얼룩말을 보려고 동물원에 갔다.
→ '얼룩말을 보다.'와 '(나는) 동물원에 갔다.'의 두 개의 홑문장이 연결 어미 '–려고'를 통해 '의도'의 의미 관계로 연결된 종속적으로 이어진문장이다.
❹ 원숭이가 귀엽다는 소문을 들었다.
→ '원숭이가 귀엽다.'라는 홑문장에 관형사형 어미 '–는'이 붙은 관형사절이 뒤에 오는 체언 '소문'을 수식하는 관형사절을 가진 안은문장이다.
❺ 기린은 목이 길고 코끼리는 코가 길다.
→ '기린은 목이 길다.'와 '코끼리는 코가 길다.'의 두 개의 겹문장이 다시 연결 어미 '–고'를 통해 '나열'의 의미 관계로 연결된 대등하게 이어진문장이다.

03 '내일 소풍을 가든지 영화를 보든지 하자.'는 '내일 소풍을 가자.'와 '(내일) 영화를 보자.'의 두 개의 홑문장이 연결 어미 '–든지'를 통해 '선택'의 의미 관계로 연결된 대등하게 이어진문장이다.

모답 풀이
❶ 비가 와서 늦게 왔다.
→ '비가 오다.'와 '(나는) 늦게 왔다.'의 두 개의 홑문장이 연결 어미 '–아서'를 통해 '원인'의 의미 관계로 연결된 종속적으로 이어진문장이다.
❷ 운동을 하니까 건강해졌다.
→ '(나는) 운동을 하다.'와 '(나는) 건강해졌다.'의 두 개의 홑문장이 연결 어미 '–니까'를 통해 '원인'의 의미 관계로 연결된 종속적으로 이어진문장이다.
❸ 등산을 하려고 아침 일찍 일어났다.
→ '(나는) 등산을 하다.'와 '(나는) 아침 일찍 일어났다.'의 두 개의 홑문장이 연결 어미 '–려고'를 통해 '의도'의 의미 관계로 연결된 종속적으로 이어진문장이다.
❹ 집에 가는데 누군가가 나를 불렀다.
→ '(나는) 집에 가다.'와 '누군가가 나를 불렀다.'의 두 개의 홑문장이 연결 어미 '–는데'를 통해 '배경'의 의미 관계로 연결된 종속적으로 이어진문장이다.

04 〈보기〉는 '나는 오늘 동생과 싸웠다.'와 '(나는 오늘) 어머니께 혼났다.'의 두 개의 홑문장이 연결 어미 '–어서'를 통해 '원인'의 의미 관계로 연결된 종속적으로 이어진문장이다.

05 ④는 '선택'의 의미를 지니는 연결 어미 '–거나'에 의해 연결된 대등하게 이어진문장이며, 나머지는 모두 종속적으로 이어진문장이다.

모답 풀이
❶ 집에 가거든 먼저 손부터 씻어라.
→ '조건'의 의미를 지니는 연결 어미 '–거든'에 의해 연결된 종속적으로 이어진문장이다.
❷ 언니는 공부를 하려고 주말마다 도서관에 간다.
→ '의도'의 의미를 지니는 연결 어미 '–려고'에 의해 연결된 종속적으로 이어진문장이다.
❸ 친구들이 전학을 가서 내 마음이 매우 허전하다.
→ '원인'의 의미를 지니는 연결 어미 '–아서'에 의해 연결된 종속적으로 이어진문장이다.

⑤ 물건을 팔지 못하는 한이 있더라도 가격은 깎아 줄 수 없다.
→ '양보'의 의미를 지니는 연결 어미 '−더라도'에 의해 연결된 종속적으로 이어진문장이다.

06 〈보기〉에 따르면 대등하게 이어진문장에서 앞 절과 뒤 절의 서술어가 다를 경우 서술어를 생략할 수 없다. 따라서 ④의 '꽃이 피고 새가 지저귄다.'는 앞 절의 서술어 '피고'와 뒤 절의 서술어 '지저귄다'가 서로 다르므로 서술어를 생략할 수 없다.

오답 풀이

❶ '날씨가 춥고 바람이 분다.'는 앞 절과 뒤 절의 순서를 바꾸면 의미가 변한다.
→ 대등하게 이어진문장이므로 '바람이 불고 날씨가 춥다.'처럼 앞 절과 뒤 절의 순서를 바꾸어도 의미가 변하지 않는다.

❷ '그녀는 책을 읽고 그는 신문을 읽는다.'는 앞 절과 뒤 절의 서술어를 생략할 수 없다.
→ 대등하게 이어진문장이므로 '그녀는 책을, 그는 신문을 읽는다.'처럼 겹치는 서술어를 생략할 수 있다.

❸ '눈이 와서 길이 미끄럽다.'는 앞 절과 뒤 절의 순서를 바꾸어도 의미가 변하지 않는다.
→ 종속적으로 이어진문장이므로 '*길이 미끄러워서 눈이 왔다.'처럼 앞 절과 뒤 절의 순서를 바꾸면 의미가 통하지 않는다.

❺ '시험에 합격하려고 열심히 공부한다.'는 앞 절과 뒤 절의 순서를 바꾸어도 의미가 변하지 않는다.
→ 종속적으로 이어진문장이므로 '*열심히 공부하려고 시험에 합격한다.'처럼 앞 절과 뒤 절의 순서를 바꾸면 의미가 통하지 않는다.

07 ④는 '민지가 도착했다.'라는 홑문장에 관형사형 어미 '−는'이 붙어 뒤에 오는 체언 '소식'을 수식하는 관형사절을 가진 안은문장이다.

오답 풀이

❶ 계획을 세우기가 복잡하다.
→ '계획을 세우다.'라는 홑문장에 명사형 어미 '−기'가 붙어 주어의 기능을 하는 명사절을 가진 안은문장이다.

❷ 우리는 그가 도착했음을 알았다.
→ '그가 도착했다.'라는 홑문장에 명사형 어미 '−음'이 붙어 목적어의 기능을 하는 명사절을 가진 안은문장이다.

❸ 그 책은 아이들이 읽기에 어렵다.
→ '아이들이 (책을) 읽다.'라는 홑문장에 명사형 어미 '−기'가 붙어 부사어의 기능을 하는 명사절을 가진 안은문장이다.

❺ 선생님께서는 우리가 공부하기를 바라셨다.
→ '우리가 공부하다.'라는 홑문장에 명사형 어미 '−기'가 붙어 목적어의 기능을 하는 명사절을 가진 안은문장이다.

08 ㉢의 '그가 말하기'는 '그가 말하다.'라는 홑문장에 명사형 어미 '−기'가 붙어 실현된 명사절이다. 조사와 결합하지 않고 바로 뒤의 체언을 꾸미는 관형어로 쓰였다.

오답 풀이

❶ ㉠의 '침대 없이 자기'는 조사와 결합하여 주어로 쓰였다.
→ '침대 없이 자기'는 '(나는) 침대 없이 자다.'라는 홑문장에 명사형 어미 '−기'가 붙어 실현된 명사절이다. 주격 조사 '가'와 결합하여 문장에서 주어로 쓰였다.

❷ ㉡의 '그가 옳았음'은 조사와 결합하여 목적어로 쓰였다.
→ '그가 옳았음'은 '그가 옳았다.'라는 홑문장에 명사형 어미 '−음'이 붙어 실현된 명사절이다. 목적격 조사 '을'과 결합하여 목적어로 쓰였다.

❹ ㉣의 '아이들이 놀기'는 조사와 결합하여 부사어로 쓰였다.
→ '아이들이 놀기'는 '아이들이 (놀이터에서) 놀다.'라는 홑문장에 명사형 어미 '−기'가 붙어 실현된 명사절이다. 조사 '에'와 결합하여 문장에서 부사어로 쓰였다.

❺ ㉤의 '운동을 꾸준히 실천하기'는 조사와 결합하지 않고 목적어로 쓰였다.
→ '운동을 꾸준히 실천하기'는 '(당신이) 운동을 꾸준히 실천하다.'라는 홑문장에 명사형 어미 '−기'가 붙어 실현된 명사절이다. 조사와 결합하지 않고 문장에서 목적어로 쓰였다.

09 ②는 '철수가 지각하다.'라는 홑문장이 관형사형 어미 '−ㄴ'과 결합해 뒤에 오는 체언 '사실'을 꾸며 주는 관형사절을 가진 안은문장이다.

오답 풀이

❶ 나는 그가 도착하기를 기다렸다.
→ '그가 도착하다.'라는 홑문장에 명사형 어미 '−기'가 결합한 뒤 목적격 조사 '를'이 붙어 문장에서 목적어 기능을 하는 명사절을 가진 안은문장이다.

❸ 우리는 기약이 없이 헤어지고 말았다.
→ '기약이 없다.'라는 홑문장이 접사 '−이'와 결합한 부사절을 가진 안은문장이다.

❹ 민수는 여름을, 현아는 겨울을 좋아한다.
→ '민수는 여름을 좋아한다.'와 '현아는 겨울을 좋아한다.'라는 두 홑문장이 대등하게 이어진문장이다. 동일한 서술어인 '좋아하다'가 앞의 절에서 하나 생략된 형태이다.

❺ 요즘 우리나라 여름이 길어지고 있다고 한다.
→ '우리나라 여름이 길어지고 있다.'라는 홑문장에 인용격 조사 '고'가 붙어 실현된 간접 인용절을 가진 안은문장이다.

10 '생각이 매우 특이하다.'라는 홑문장이 서술절로 안겨 안은문장의 주어 '그는'의 서술어 역할을 하고 있다.

오답 풀이

❶ 그가 범인이 아니다.
→ '그가(주어) 범인이(보어) 아니다(서술어).'와 같이 주어와 서술어의 관계가 한 번만 나타나므로 홑문장이다.

❷ 너의 생각을 말해 보거라.
→ '(너가)(주어 생략) 너의(관형어) 생각을(목적어) 말해 보거라(서술어).'와 같이 주어와 서술어의 관계가 한 번만 나타나므로 홑문장이다.

❹ 의견이 달라서 회의가 어렵다.
→ '의견이 다르다.'와 '회의가 어렵다.'라는 두 개의 홑문장이 연결 어미 '−아서'를 통해 '원인'의 의미 관계로 연결된 종속적으로 이어진문장이다.

❺ 생각을 바꿔야 한다는 의견이 있다.
→ '(우리가) 생각을 바꿔야 한다.'라는 홑문장이 관형사형 어미 '−는'과 결합해 뒤에 오는 체언 '의견'을 꾸며 주는 관형사절을 가진 안은문장이다.

11 ④의 '눈이 부시도록'은 '눈이 부시다.'라는 홑문장에 부사형 어미 '−도록'이 붙어 실현된 부사절로 서술어 '아름다웠다'를 수식하는 기능을 하고 있다.

오답 풀이

❶ 그런 일을 하기란 쉽지 않다.
→ '그런 일을 하기'는 '(내가) 그런 일을 하다.'라는 홑문장에 명사형 어미 '−기'가 붙어 실현된 명사절이다.

❷ 밥을 먹는 아이의 모습이 정말 귀엽다.
→ '밥을 먹는'은 '(아이가) 밥을 먹다.'라는 홑문장에 관형사형 어미 '−는'이 붙어 체언인 '아이'를 수식하는 관형사절이다.

❸ 언니는 반드시 신념을 지키겠다고 말했다.
→ '반드시 신념을 지키겠다'는 간접 인용절로 인용격 조사 '고'가 붙어 다른 사람의 말을 인용하는 기능을 하고 있다.
❺ 나는 민수가 준 편지를 아직도 가지고 있다.
→ '민수가 준'은 '민수가 (편지를) 주다.'라는 홑문장에 관형사형 어미 '−ㄴ'이 붙어 체언 '편지'를 수식하는 관형사절이다.

12 〈보기〉의 (가)와 (나) 모두 인용절을 가진 안은문장으로, 주어와 서술어의 관계가 두 번 나타나는 겹문장이다.

오답 풀이
❶ (가)에는 직접 인용절이 안겨 있다.
→ (가)는 '도서관에 가자.'라는 언니의 말이 큰따옴표와 인용격 조사 '라고'에 의해 직접 인용된 인용절을 가진 안은문장이다.
❷ (나)에는 간접 인용절이 안겨 있다.
→ (나)는 '도서관에 가자.'라는 언니의 말이 인용격 조사 '고'에 의해 간접 인용된 인용절을 가진 안은문장이다.
❸ (가)의 인용절에는 조사 '라고'가 붙어 있다.
→ (가)는 인용절에 큰따옴표를 하여 표시하고, 큰따옴표 뒤에 조사 '라고'를 썼다.
❹ (나)의 인용절에는 조사 '고'가 붙어 있다.
→ (나)는 인용절에 따옴표를 쓰지 않고, 해당 인용절 뒤에 조사 '고'를 썼다.

13 〈보기〉의 (ㄴ)은 '그가 떠났다.'라는 홑문장에 관형사형 어미 '−는'이 붙어 뒤에 오는 체언 '소식'을 수식하는 관형사절을 가진 안은문장이다.

오답 풀이
❶ (ㄱ)은 대등하게 이어진문장이다.
→ 연결 어미 '−고'에 의해 '봄이 가다.'와 '여름이 왔다.'라는 두 홑문장이 연결된 대등하게 이어진문장이다.
❸ (ㄷ)은 관형사절을 가진 안은문장이다.
→ '내가 어제 (책을) 읽다.'라는 홑문장에 관형사형 어미 '−은'이 붙어 뒤에 오는 체언 '책'을 수식하는 관형사절을 가진 안은문장이다.
❹ (ㄹ)은 종속적으로 이어진문장이다.
→ '배가 부르다.'와 '(나는) 더 이상은 못 먹겠다.'라는 두 홑문장이 연결 어미 '−어서'에 의해 연결된 종속적으로 이어진문장이다.
❺ (ㅁ)은 종속적으로 이어진문장이다.
→ '봄이 오다.'와 '산에는 온갖 나물이 자란다.'라는 두 홑문장이 연결 어미 '−면'에 의해 연결된 종속적으로 이어진문장이다.

연결 어미의 종류

대등적 연결 어미	'−고', '−지만' 등
종속적 연결 어미	'−아서/어서', '−(으)면', '−(으)려고' 등
보조적 연결 어미	'−아/어', '−게', '−지', '−고' 등

대등적 연결 어미와 종속적 연결 어미는 절을 연결하여 겹문장을 이루고, 보조적 연결 어미는 본용언과 보조 용언을 연결하여 홑문장을 이룬다.

| 01 ④ | 02 ③ | 03 ⑤ | 04 ① | 05 ① | 06 ③ |
| 07 ⑤ | 08 ③ | 09 ⑤ | 10 ④ | | |

01 〈보기〉의 서술어 '덥다'는 주어 '날씨가' 하나만을 필수적으로 요구하는 한 자리 서술어이다.

오답 풀이
❶ '여름이'와 '날씨가'는 주성분이다.
→ '여름이'는 명사 '여름'에 주격 조사 '이'가 결합한 주어, '날씨가'는 명사 '날씨'에 주격 조사 '가'가 결합한 주어이므로 주성분에 해당한다.
❷ '여전히'를 생략해도 문장은 성립한다.
→ '여전히'는 부사어로 부속 성분에 해당하며, 이를 생략해도 문장은 성립한다.
❸ '지났지만'은 한 자리 서술어이다.
→ '지났지만'은 주어 '여름이' 하나만을 필요로 하는 한 자리 서술어이다.
❺ 앞 절과 뒤 절이 이어진 문장에 해당한다.
→ '여름이 지났다.'와 '여전히 날씨가 덥다.'라는 두 개의 홑문장이 연결 어미 '−지만'에 의해 '대조'의 의미 관계로 연결된 대등하게 이어진문장이다.

02 '그녀의'는 관형어, '민수에게'는 부사어로 둘 다 부속 성분에 해당한다. 부속 성분은 문장에서 반드시 필요한 성분은 아니지만, '민수에게'는 서술어 '주다'가 필요로 하는 필수적 부사어로 문장 성립에 필수적이다.

오답 풀이
❶ ㉡의 '민수에게'와 ㉢의 '다행히'는 부사어에 해당한다.
→ '민수에게'는 체언에 부사격 조사 '에게'가 붙은 부사어, '다행히'는 부사로 둘 다 부사어에 해당한다.
❷ ㉠의 '믿었다'는 주어와 목적어를 필요로 하는 서술어이다.
→ '믿었다'는 주어(나는)와 목적어(말을)를 필요로 하는 두 자리 서술어이다.
❹ ㉠의 '그녀의'와 ㉢의 '다행히', '크게'는 모두 문장의 부속 성분에 해당한다.
→ '그녀의'는 체언에 관형격 조사 '의'가 붙은 관형어, '다행히'는 부사가 그대로 쓰인 부사어, '크게'는 형용사 어간 '크−'에 부사격 조사 '−게'가 붙은 부사어로 모두 부속 성분에 해당한다.
❺ ㉠의 '나는'과 ㉡의 '지혜가', 그리고 ㉢의 '사람은'은 모두 문장의 주성분에 해당한다.
→ '나는'과 '지혜가', 그리고 '사람은'은 체언에 주격 조사가 결합한 주어로 모두 주성분에 해당한다.

03 '열렸다'는 주어 이외에 목적어를 필요로 하는 두 자리 서술어이다. ⓑ는 '나는'과 같은 주어가 생략된 것이다.

오답 풀이
❶ ⓐ의 '되었다'는 두 자리 서술어이다.
→ '되었다'는 주어 이외에 보어를 필요로 하는 두 자리 서술어이다.
❷ ⓐ는 종속적으로 이어진문장이다.
→ 연결 어미 '−아서'를 사용하여 '얼음이 녹았다.'와 '얼음이 물이 되었다.'라는 두 개의 홑문장을 '원인'의 의미 관계로 연결한 종속적으로 이어진문장이다.
❸ ⓐ의 '얼음이'는 주어, '물이'는 보어에 해당한다.
→ '얼음이'는 명사 '얼음'에 주격 조사 '이'가 결합한 주어, '물이'는 서술어 '되다'가 필수적으로 요구하는 문장 성분인 보어이다.

❹ ⓑ의 '녹은'은 관형사절에 해당한다.
→ '(물이) 녹은'은 '물이 녹았다.'라는 홑문장에 관형사형 어미 '-은'이 붙어 뒤에 오는 체언 '물'을 수식하는 기능을 하는 관형사절이다.

04 (가)의 '내'는 관형어, '동생이'는 주어, '아버지와'는 필수적 부사어, '많이'는 부사어, '닮았다'는 서술어로 (가)는 주어와 서술어의 관계가 한 번만 나타나는 홑문장이다. 또한 (나)는 '동생이 (떡볶이를) 만들었다.'라는 홑문장에 관형사형 어미 '-ㄴ'이 결합하여 실현된 관형사절(동생이 만든)을 가진 안은문장으로 겹문장에 해당한다.

05 ①에서 만들어지는 이어진문장은 '비가 오고 번개가 친다.'로, '비가 오다.'와 '번개가 친다.'의 두 개의 홑문장이 연결 어미 '-고'에 의해 '나열'의 의미 관계로 연결된 대등하게 이어진문장이다. 나머지는 모두 두 개의 홑문장이 종속적 연결 어미에 의해 연결되는 종속적으로 이어진문장에 해당한다.

❷ 배가 아프다.(홑문장) + -(아)서(연결 어미) + 병원에 간다.(홑문장)
→ ②에서 만들어지는 문장은 '배가 아파서 병원에 간다.'로 '원인'의 의미 관계로 연결된 종속적으로 이어진문장이다.
❸ 국민이 없다.(홑문장) + -(으)면(연결 어미) + 나라가 없다.(홑문장)
→ ③에서 만들어지는 문장은 '국민이 없으면 나라가 없다.'로 '조건'의 의미 관계로 연결된 종속적으로 이어진문장이다.
❹ 까마귀가 날다.(홑문장) + -자(연결 어미) + 배가 떨어진다.(홑문장)
→ ④에서 만들어지는 문장은 '까마귀가 날자 배가 떨어진다.'로 '동시(시간 관계)'의 의미 관계로 연결된 종속적으로 이어진문장이다.
❺ 화장실을 닦는다.(홑문장) + -아도(연결 어미) + 악취가 난다.(홑문장)
→ ⑤에서 만들어지는 문장은 '화장실을 닦아도 악취가 난다.'로 '양보'의 의미 관계로 연결된 종속적으로 이어진문장이다.

06 '아이가 옷이 젖도록 즐겁게 놀았다.'에서 안긴문장은 '옷이 젖도록'이다. '-도록'은 부사절을 만들어 주는 어미이며 '놀았다'를 꾸며 주고 있으므로 이 문장은 부사절을 가진 안은문장이다.

❶ 안은문장: 서술절을 가진 안은문장, 예문: 토끼가 앞발이 짧다.
→ '(토끼가) 앞발이 짧다.'가 서술어의 역할을 하고 있으므로 적절하다.
❷ 안은문장: 관형사절을 가진 안은문장, 예문: 저곳이 내가 선물을 산 상점이다.
→ '내가 선물을 사다.'에 관형사형 어미 '-ㄴ'이 붙어 체언 '상점'을 꾸미는 관형어의 역할을 하고 있으므로 적절하다.
❹ 안은문장: 부사절을 가진 안은문장, 예문: 승미가 버스를 눈이 빠지게 기다렸다.
→ '(승미가) 눈이 빠지다.'라는 홑문장에 부사형 어미 '-게'가 붙어 용언 '기다렸다'를 꾸미고 있으므로 적절하다.
❺ 안은문장: 인용절을 가진 안은문장, 예문: 학생들은 "선생님, 안녕하세요?"라고 인사했다.
→ '선생님, 안녕하세요.'가 큰따옴표와 조사 '라고'를 사용하여 직접 인용되어 있으므로 적절하다.

07 직접 인용절은 인용격 조사 '라고'가 붙어 만들어지지만, 간접 인용절은 조사 '고'가 붙어 실현된다. 따라서 ⑤는 인용한 문장에 큰따옴표를 붙이거나 '에머슨은 위대한 사람은 기회가 없다고 원망하지 않는다고 말했다.'로 고쳐야 한다.

❶ 꽃이 피었다. 꽃이 예쁘다. → 예쁜 꽃이 피었다.(관형사절을 가진 안은문장)
→ '꽃이 예쁘다.'라는 홑문장에 관형사형 어미 '-ㄴ'이 붙어 실현된 '예쁜'이라는 관형사절을 가진 안은문장이다.
❷ 나는 무섭다. 나는 공포 영화를 본다. → 나는 공포 영화를 보기가 무섭다.(명사절을 가진 안은문장)
→ 명사형 어미 '-기'가 붙어 실현된 명사절 '나는 공포 영화를 보기'를 가진 안은문장이다.
❸ 너는 군대를 가라. 너는 유학을 가라. → 너는 군대를 가거나 유학을 가라.(대등하게 이어진문장)
→ 두 홑문장이 연결 어미 '-거나'에 의해 '선택'의 의미 관계로 연결된 대등하게 이어진문장이다.
❹ 호랑이는 죽어서 가죽을 남긴다. 사람은 죽어서 이름을 남긴다. → 호랑이는 죽어서 가죽을 남기지만 사람은 죽어서 이름을 남긴다.(대등하게 이어진문장)
→ 두 홑문장이 연결 어미 '-지만'에 의해 '대조'의 의미 관계로 연결된 대등하게 이어진문장이다.

08 〈보기〉의 ㉠은 서술절을 가진 안은문장, ㉡은 주어의 기능을 하는 명사절을 가진 안은문장, ㉢은 관형사절을 가진 안은문장이다. ④의 '그 사람이 범인임이 밝혀졌다.'는 '그 사람이 범인임'이라는 명사절에 주격 조사 '이'가 붙어 주어로 기능하므로 ㉡에 해당한다.

❶ ㉠: 그는 바보가 아니다.
→ 주어와 서술어의 관계가 한 번만 나타나는 홑문장이므로 ㉠에 해당하지 않는다.
❷ ㉠: 비가 소리도 없이 내린다.
→ '소리도 없이'라는 부사절을 가진 안은문장이므로 ㉠에 해당하지 않는다.
❹ ㉡: 모두가 시험에 합격하기를 바랍니다.
→ '모두가 시험에 합격하기'라는 명사절에 목적격 조사 '를'이 붙어 목적어로 기능하므로 ㉡에 해당하지 않는다.
❺ ㉢: 할머니께서 집에 누가 오느냐고 물으셨다.
→ '집에 누가 오느냐'라는 다른 사람(할머니)의 말을 간접적으로 인용한 절을 가진 안은문장이므로 ㉢에 해당하지 않는다.

09 〈보기〉의 빈칸에 들어갈 문장 성분은 보어이다. 보어는 서술어 '되다, 아니다' 앞에서 체언에 조사 '이/가'가 붙은 형태로 나타난다.

❶ 고래는 포유류이다.
→ '고래는(주어) 포유류이다(서술어).'는 주어와 서술어가 한 번만 나오는 홑문장이며, 보어는 쓰이지 않았다.
❷ 동생이 과자를 먹는다.
→ '동생이(주어) 과자를(목적어) 먹는다(서술어).'와 같이 주어, 목적어, 서술어만 사용된 문장이다.
❸ 나는 공책을 가방에 넣었다.
→ '나는(주어) 공책을(목적어) 가방에(부사어) 넣었다(서술어).'로 분석되며, 여기에 사용된 '가방에'는 필수적 부사어이다.
❹ 아, 까만 눈동자가 초롱초롱 빛난다.
→ '아(독립어), 까만(관형어) 눈동자가(주어) 초롱초롱(부사어) 빛난다(서술어).'와 같이 보어는 사용되지 않았다.

10 ⓓ는 '그가 착한 사람이다.'라는 언니의 말이 인용격 조사 '고'에 의해 간접 인용된 인용절을 가진 안은문장이다.

❶ ⓐ: '공을 차다.'라는 홑문장에 어미 '-는'이 붙어 뒤에 오는 체언을 꾸며 주고 있다.
→ '공을 차는'은 '(내 동생이) 공을 차다.'라는 홑문장에 어미 '-는'이 붙은 관형사절이다. 뒤에 오는 체언인 '아이'를 꾸며 주는 관형어로 쓰이고 있다.
❷ ⓑ: 명사절에 목적격 조사 '을'이 결합하여 안은문장의 목적어로 쓰이고 있다.
→ '그가 정당했음'은 '그가 정당했다.'라는 홑문장에 명사형 어미 '-음'이 붙은 명사절이다. 목적격 조사 '을'이 결합하여 문장에서 목적어로 쓰이고 있다.
❸ ⓒ: 명사절에 부사격 조사 '에'가 결합하여 안은문장의 부사어로 쓰이고 있다.
→ '집에 가기'는 '집에 가다.'라는 홑문장에 명사형 어미 '-기'가 붙은 명사절이다. 여기에 부사격 조사 '에'가 결합하여 문장에서 부사어로 쓰이고 있다.
❺ ⓔ: '감이 탐스럽다.'라는 홑문장에 어미 '-게'가 붙어 뒤에 오는 용언을 꾸며 주고 있다.
→ '감이 탐스럽게'는 '감이 탐스럽다.'라는 홑문장에 어미 '-게'가 붙은 부사절이다. 뒤에 오는 용언인 '열려 있었다'를 꾸며 주는 부사어로 쓰이고 있다.

---

19 문법 요소 ❶: 종결 표현 ——— 본문 105쪽

개념 확인하기 1 ○ 2 ○ 3 수사 4 명령문
5 청유문 6 감탄문 7 (1) 평서문 (2) 의문문 (3) 감탄문

학습 활동 ❶ 먹니? / 먹느냐? / 먹는가? / 먹습니까? 등 ❷ 먹어라. / 먹게. / 먹으십시오. / 먹으시오. 등 ❸ 먹자. / 먹세. / 먹읍시다. / 먹으시지요. 등 ❹ 먹는구나! / 먹는군! / 먹는구먼! / 먹는구례! 등 ❺ 의문문 ❻ 약속 ❼ 의문문 ❽ 요청 또는 명령

교과서 적용하기 01 ④ 02 ① 03 형식: 의문문, 기능: 요청 또는 명령

01 '우리 함께 집에 가자.'는 청유형 어미 '-자'가 붙어 만들어진 청유문으로 화자가 청자에게 어떤 행동을 함께하도록 요청하는 문장이다.

02 '-느냐', '-는가', '-(으)ㅂ니까', '-(으)ㄹ까'는 모두 의문형 종결 어미이고, '-다'는 평서형 종결 어미이다.

03 문장의 형식은 의문문이지만 상황 맥락에 따라 아들에게 설거지를 하라는 요청 또는 명령의 기능을 수행한다고 볼 수 있다.

개념 기초 다지기

01 ② 02 ① 03 ④ 04 ② 05 ② 06 ①
07 ④ 08 ⑤ 09 ② 10 ⑤ 11 ④

01 '이번 주에 제출해야 할 수행 평가가 많아.'는 평서형 종결 어미 '-아'가 붙어 만들어진 평서문에 해당한다.

❶ 학생들이 정말 열심히 공부하는구나!
→ 감탄형 종결 어미 '-는구나'가 쓰인 감탄문이다.
❸ 시험 기간이니 조용히 해 주면 안 되겠니?
→ 의문형 종결 어미 '-니'가 쓰인 의문문이다.
❹ 몸이 아프면 이따가 병원에 다녀오십시오.
→ 명령형 종결 어미 '-십시오'가 쓰인 명령문이다.
❺ 함께 토의해서 체험 학습 장소를 결정해 보자.
→ 청유형 종결 어미 '-자'가 쓰인 청유문이다.

02 〈보기〉는 평서형 종결 어미 '-다'가 붙어 만들어진 평서문이다. 평서형 종결 어미 '-어'가 쓰인 ①의 '준호가 교실에서 책을 읽고 있어.'가 평서문에 해당한다.

❷ 영호는 지금 도서관에 가고 있니?
→ 의문형 종결 어미 '-니'가 쓰인 의문문이다.
❸ 민서가 운동장에서 산책을 하고 있구나.
→ 감탄형 종결 어미 '-구나'가 쓰인 감탄문이다.
❹ 선미야, 지금 교실에 가서 빨리 책을 갖고 와라.
→ 명령형 종결 어미 '-아라'가 쓰인 명령문이다.
❺ 희주야, 힘들더라도 조금만 참고 같이 걸어가 보자.
→ 청유형 종결 어미 '-자'가 쓰인 청유문이다.

03 〈보기〉는 의문문의 유형인 설명 의문문, 판정 의문문, 수사 의문문에 대해 설명하고 있다. ④의 '교실에서 시끄럽게 떠든 사람이 현희니?'는 화자가 청자에게 긍정이나 부정의 대답을 요구하는 판정 의문문에 해당한다.

❶ '혜미가 언제 온다고 했지요?'는 수사 의문문에 해당한다.
→ '언제'라는 의문사가 쓰여 일정한 설명을 요구하는 설명 의문문이다.
❷ '오늘 급식 메뉴는 무엇이니?'는 판정 의문문에 해당한다.
→ '무엇'이라는 의문사가 쓰여 일정한 설명을 요구하는 설명 의문문이다.
❸ '정원의 장미가 얼마나 아름답니?'는 설명 의문문에 해당한다.
→ 청자의 대답을 요구하지 않는 수사 의문문으로 '정원의 장미가 정말 아름답다.'라는 감탄의 의미를 담고 있다.
❺ '앞으로는 좀 더 조용히 해 주면 안 되겠니?'는 설명 의문문에 해당한다.
→ 청자의 대답을 요구하지 않는 수사 의문문으로 '조용히 해 주라.'라는 명령의 의미를 담고 있다.

04 '하늘이 참 아름답구나.'는 감탄형 종결 어미 '-구나'가 붙어 만들어진 감탄문에 해당한다.

❶ 자네, 이리로 오게.
→ 명령형 종결 어미 '-게'가 쓰인 명령문이다.

❸ 빨리 준비하고 나와라.
→ 명령형 종결 어미 '-아라'가 쓰인 명령문이다.
❹ 준비물을 꼭 챙기십시오.
→ 명령형 종결 어미 '-십시오'가 쓰인 명령문이다.
❺ 앞으로는 늦지 않도록 하시오.
→ 명령형 종결 어미 '-시오'가 쓰인 명령문이다.

05 ②의 '맛있는 음식을 먹으니 좋아라.'는 형용사 어간 '좋-'에 감탄형 종결 어미 '-아라'가 붙어 만들어진 문장이다. 서술어가 형용사이므로 명령문이 아닌 감탄문에 해당한다.

모답 풀이
❶ 여기에서 잠시 쉬어라.
→ 동사 어간 '쉬-'에 명령형 종결 어미 '-어라'가 붙어 만들어진 명령문이다.
❸ 일이 끝나면 바로 집으로 와라.
→ 동사 어간 '오-'에 명령형 종결 어미 '-아라'가 붙어 만들어진 명령문이다.
❹ 대출한 책은 기한 내에 반납하시오.
→ 동사 어간 '반납하-'에 명령형 종결 어미 '-시오'가 붙어 만들어진 명령문이다.
❺ 좋은 일이 생기면 반드시 내게도 말하게.
→ 동사 어간 '말하-'에 명령형 종결 어미 '-게'가 붙어 만들어진 명령문이다.

06 '우리 다 같이 춤을 추자.'는 청유형 종결 어미 '-자'가 붙어 만들어진 청유문에 해당한다.

모답 풀이
❷ 식사를 할 때는 잡담을 삼가시오.
→ 명령형 종결 어미 '-시오'가 쓰인 명령문이다.
❸ 이제 교실로 들어가는 게 어떨까?
→ 의문형 종결 어미 '-ㄹ까'가 쓰인 의문문이다.
❹ 조금만 더 이야기를 나누어 보고 싶다.
→ 평서형 종결 어미 '-다'가 쓰인 평서문이다.
❺ 그동안 네 능력을 몰라봐서 너무 미안하구나!
→ 감탄형 종결 어미 '-구나'가 쓰인 감탄문이다.

07 '사양 말고 마음껏 먹고 가시구려.'는 명령형 종결 어미 '-구려'가 쓰인 명령문이다.

모답 풀이
❶ 정말로 아름답구나.
→ 감탄형 종결 어미 '-구나'가 쓰인 감탄문이다.
❷ 꽃이 아름답게도 지는군.
→ 감탄형 종결 어미 '-는군'이 쓰인 감탄문이다.
❸ 기쁨을 말로 표현할 수 없도다.
→ 감탄형 종결 어미 '-도다'가 쓰인 감탄문이다.
❺ 구름 한 점 없는 하늘이 참 예뻐라.
→ 감탄형 종결 어미 '-어라'가 쓰인 감탄문이다.

08 〈보기〉는 감탄형 종결 어미 '-는구면'이 붙어 만들어진 감탄문이다. 화자가 청자를 별로 의식하지 않거나 거의 독백하는 상태에서 자신의 느낌을 표현하는 문장이다.

모답 풀이

❶ 화자가 청자에게 질문하여 대답을 요구하는 문장이다.
→ 의문문에 대한 설명이다.
❷ 화자가 청자에게 어떤 행동을 함께하도록 요청하는 문장이다.
→ 청유문에 대한 설명이다.
❸ 화자가 청자에게 어떤 행동을 하도록 강하게 요구하는 문장이다.
→ 명령문에 대한 설명이다.
❹ 화자가 청자에게 특별히 요구하는 바 없이 하고 싶은 말을 단순히 진술하는 문장이다.
→ 평서문에 대한 설명이다.

09 '빨리 일어나지 못하겠니?'는 청자의 대답을 요구하지 않는 수사 의문문으로 '빨리 일어나라.'라는 명령의 의미를 담고 있다.

모답 풀이
❶ ㉠: 평서문이지만 명령의 의미를 담고 있다.
→ 평서형 종결 어미 '-다'가 쓰인 평서문이지만 그만 자고 일어나라는 명령의 의미를 담고 있다.
❸ ㉢: 판정 의문문으로 청자에게 긍정 혹은 부정의 대답을 요구한다.
→ 의문형 종결 어미 '-어요'가 쓰인 의문문으로 화자가 청자에게 긍정이나 부정의 대답을 요구하는 판정 의문문에 해당한다.
❹ ㉣: 평서문으로 청자에게 특별히 요구하는 바 없이 하고 싶은 말을 단순하게 진술한다.
→ 평서형 종결 어미 '-어요'가 쓰인 평서문에 해당한다.
❺ ㉤: 청유문으로 화자가 청자에게 어떤 행동을 함께하도록 요청한다.
→ 청유형 종결 어미 '-자'가 쓰인 청유문에 해당한다.

10 '-(는)구나'는 감탄형 종결 어미이므로 적절하다. 그러나 '-세'는 청유형 종결 어미이므로 적절하지 않다.

11 〈보기〉는 종결 표현과 화자의 의도가 일치하는 직접적 표현과 일치하지 않는 간접적 표현에 대해 설명하고 있다. ④의 "이 버스, 시청 쪽으로 가나요?"는 의문형 종결 어미를 사용한 의문문이면서, 청자에게 질문하여 답변을 요구하는 기능을 하기 때문에 직접적 표현에 해당한다. 나머지는 모두 간접적 표현에 해당한다.

모답 풀이
❶ (귀가한 후 어머니에게)
아들: 어머니, 저 배고파요.
엄마: 조금만 기다려. 저녁 금방 줄게.
→ 평서형 종결 어미를 사용한 평서문이지만, 청자에게 음식을 요청하는 명령의 기능을 하므로 간접적 표현이 사용되었다고 볼 수 있다.
❷ (추운 교실에 창문이 열려 있을 때)
학생 1: 너무 춥지 않니?
학생 2: 알았어, 지금 닫을게.
→ 의문형 종결 어미를 사용한 의문문이지만, 청자에게 창문을 닫기를 요청하는 명령의 기능을 하므로 간접적 표현에 해당한다.
❸ (손님을 맞이하며 다과를 대접하는 상황)
주인: 여기 따뜻한 차입니다.
손님: 잘 마시겠습니다.
→ 평서형 종결 어미 '-다'를 사용한 평서문이지만, 청자에게 차를 마시기를 요청하는 기능을 하므로 간접적 표현에 해당한다.
❺ (매일 지각하는 학생에게)
선생님: 어이구, 오늘도 늦었구나!
학생: 죄송해요. 내일은 일찍 올게요.
→ 감탄형 종결 어미 '-구나'를 사용한 감탄문이지만, 청자에게 지각을 하지 말 것을 요청하는 기능을 하므로 간접적 표현에 해당한다.

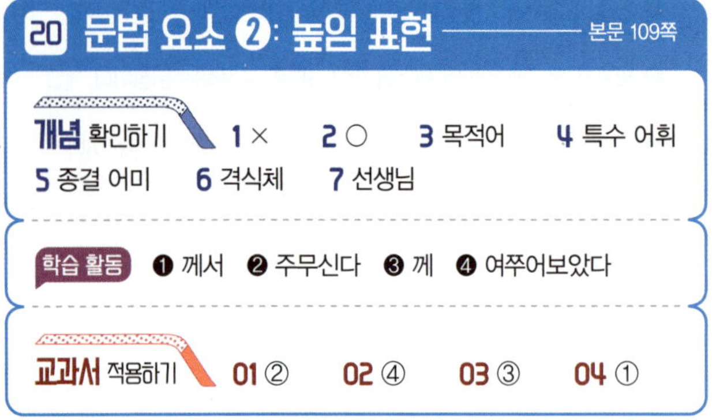

01 '그 일은 아버님께 여쭙겠습니다.'는 부사격 조사 '께'와 특수 어휘 '여쭈다', 그리고 '아버지'의 높임말을 사용하여 서술의 객체인 '아버님'을 높이는 객체 높임을 실현하고 있다.

오답 풀이

❶ 할머니께서는 감을 좋아하신다.
→ 주격 조사 '께서'와 선어말 어미 '-시-'를 통해 서술의 주체인 '할머니'를 높이는 주체 높임을 실현하고 있다.
❸ 아버지께서 걱정거리가 있으시다.
→ 선어말 어미 '-으시-'를 통해 아버지와 관련된 대상인 '걱정거리'를 간접적으로 높이는 주체 높임을 실현하고 있다.
❹ 선생님께서는 학생들을 아끼십니다.
→ 높임의 뜻을 더하는 접미사 '-님'과 주격 조사 '께서', 그리고 선어말 어미 '-시-'를 통해 서술의 주체인 '선생'을 높이는 주체 높임을 실현하고 있다.
❺ 어머니께서는 안방에서 주무십니다.
→ 주격 조사 '께서'와 특수 어휘 '주무시다'를 통해 서술의 주체인 '어머니'를 높이는 주체 높임을 실현하고 있다.

02 '할머니를 모시고 빨리 병원에 가 보자.'는 특수 어휘 '모시다'를 통해 서술의 객체인 '할머니'를 높이는 객체 높임을 실현하고 있다.

오답 풀이

❶ 지금 할머니 댁에 계시니?
→ 특수 어휘 '댁'과 '계시다'를 통해 서술의 주체인 '할머니'를 높이는 주체 높임을 실현하고 있다.
❷ 할머니께서는 방에 계십니다.
→ 주격 조사 '께서'와 특수 어휘 '계시다'를 통해 서술의 주체인 '할머니'를 높이는 주체 높임을 실현하고 있다.
❸ 할머니께서는 다리가 아프시다.
→ 주격 조사 '께서'를 사용하고, 선어말 어미 '-시-'를 통해 주체와 관련된 대상인 '다리'를 높임으로써 서술의 주체인 '할머니'를 직간접적으로 높이고 있다.
❺ 할머니께서 일어나시면 바로 연락할게요.
→ 주격 조사 '-께서'와 선어말 어미 '-시-'를 통해 서술의 주체인 '할머니'를 높이는 주체 높임을 실현하고 있다.

03 빈칸에 들어갈 대상 중 최상위자가 누구인지는 서술어에 쓰인 종결 어미를 통해 확인할 수 있다. ③의 '몸은 좀 괜찮으십니까?'는 '하십시오체(아주높임)'로 상대 높임의 등급 중 높임의 정도가 가장 높다.

오답 풀이

❶ □□, 밥 먹어.

→ '먹어'의 '-어'는 명령문에 쓰인 '해체'의 종결 어미로 상대 높임의 등급 중 두루낮춤에 해당한다.
❷ □□, 건강하게 지내라.
→ '지내라'의 '-라'는 명령문에 쓰인 '해라체'의 종결 어미로 상대 높임의 등급 중 아주낮춤에 해당한다.
❹ □□, 저기 비행기가 날아간다.
→ '날아간다'의 '-ㄴ다'는 평서문에 쓰인 '해라체'의 종결 어미로 상대 높임의 등급 중 아주낮춤에 해당한다.
❺ □□, 앞으로 친하게 지냅시다.
→ '지냅시다'의 '-ㅂ시다'는 청유문에 쓰인 하오체의 종결 어미로 상대 높임의 등급 중 예사 높임에 해당한다.

04 상대 높임법은 격식체와 비격식체로 나뉜다. 격식체는 의례적인 용법으로 심리적인 거리감을 드러내는 반면, 비격식체는 격식체에 비해 격식을 덜 차리는 표현으로 친밀감을 드러낸다. '해요체'는 '해체'와 함께 비격식체에 속한다.

01 객체 높임법은 주로 '뵈다, 드리다, 모시다, 여쭈다' 등의 특수 어휘를 통해 실현된다. '주무시다, 계시다'는 서술의 주체를 높이는 주체 높임에 해당하는 특수 어휘이다.

오답 풀이

❶ 주체 높임법은 문장의 주어가 지시하는 대상을 높이는 방법이다.
→ 주체 높임법은 서술의 주체, 즉 문장의 주어가 지시하는 대상을 높이는 방법이다.
❷ 주체 높임법은 주로 선어말 어미 '-(으)시-'를 통해 높임이 실현된다.
→ 주체 높임법은 기본적으로 용언의 어간에 높임의 선어말 어미 '-(으)시-'를 붙여 표현한다.
❹ 객체 높임법은 문장의 목적어나 부사어가 지시하는 대상을 높이는 방법이다.
→ 객체 높임법은 서술의 객체, 즉 문장의 목적어나 부사어가 지시하는 대상을 높이는 방법이다.
❺ 상대 높임법은 대화의 상대를 높이는 방법으로 크게 격식체와 비격식체로 나뉜다.
→ 상대 높임법은 청자, 즉 말을 듣는 상대를 높이는 방법으로 종결 어미의 실현에 따라 크게 격식체와 비격식체로 나뉜다.

02 주체 높임법에는 직접 높임과 간접 높임이 있다. '할머니께서는 근심거리가 생기셨다.'는 선어말 어미 '-시-'를 통해 주체와 관련된 대상인 '근심거리'를 높임으로써 서술의 주체인 '할머니'를 간접적으로 높이고 있다. 나머지는 모두 주체를 직접적으로 높이고 있다.

오답 풀이

❶ 곧 아버지께서 오실 거다.
→ 주격 조사 '께서'와 '오실'에 주체 높임 선어말 어미 '-시-'를 사용하여 서술의 주체인 '아버지'를 직접 높이고 있다.
❷ 큰형수님, 친정에 다녀오셨어요?
→ 높임의 접미사 '-님'과 '다녀오셨어요'에 주체 높임 선어말 어미 '-시-'를 사용하여 서술의 주체인 '큰형수'를 직접 높이고 있다.

❸ 선생님은 우리를 무척 사랑하신다.
→ 높임의 접미사 '-님'과 '사랑하신다'에 주체 높임 선어말 어미 '-시-'를 사용하여 서술의 주체인 '선생'을 직접 높이고 있다.
❺ 어머니께서는 늘 정직하라고 말씀하셨다.
→ 주격 조사 '께서'와 '말씀하셨다'에 주체 높임 선어말 어미 '-시-'를 사용하여 서술의 주체인 '어머니'를 직접 높이고 있다.

03 ③은 부사격 조사 '께'와 특수 어휘 '드리다'를 통해 서술의 객체인 '할아버지'를 높이는 객체 높임의 예에 해당한다. 나머지는 모두 주체 높임의 예에 해당한다.

<오답 풀이>
❶ 아버지께서는 댁에 계십니다.
→ 주격 조사 '께서'와 특수 어휘인 '댁, 계시다'를 통해 서술의 주체인 '아버지'를 높이는 주체 높임의 예이다.
❷ 어머니께서는 눈이 밝으시다.
→ 주격 조사 '께서'를 통해 서술의 주체인 '어머니'를 직접 높이고, 선어말 어미 '-으시-'를 통해 어머니와 관련된 대상인 '눈'을 간접적으로 높이는 주체 높임의 예이다.
❹ 할머니께서는 올해 팔순이 되셨다.
→ 주격 조사 '께서'와 선어말 어미 '-시-'를 통해 서술의 주체인 '할머니'를 높이는 주체 높임의 예이다.
❺ 선생님께서 국어 숙제를 내 주셨다.
→ 높임의 접미사 '-님'과 주격 조사 '께서', 선어말 어미 '-시-'를 통해 서술의 주체인 '선생'을 높이는 주체 높임의 예이다.

04 상대 높임법은 주로 종결 어미로 실현되어 하십시오체, 하오체, 하게체, 해라체 같은 격식체와 해요체, 해체 같은 비격식체로 나뉜다. 선어말 어미로 나타나는 높임 표현은 주체 높임법이다.

05 '풀어 봐라'의 '-아라'는 명령문에 쓰인 '해라체'의 종결 어미로 격식체 중 아주낮춤 등급에 해당한다.

<오답 풀이>
❶ ㉠: 비격식체 중 '하십시오체'를 사용하였다.
→ '계십니까'의 '-ㅂ니까'는 의문문에 쓰인 '하십시오체'의 종결 어미로 격식체(아주높임)에 해당한다.
❷ ㉡: 비격식체 중 '하게체'를 사용하였다.
→ '앉게'의 '-게'는 명령문에 쓰인 '하게체'의 종결 어미로 격식체(예사 낮춤)에 해당한다.
❸ ㉢: 비격식체 중 '하오체'를 사용하였다.
→ '둘러보오'의 '-오'는 명령문에 쓰인 '하오체'의 종결 어미로 격식체(예사 높임)에 해당한다.
❹ ㉣: 격식체 중 '해요체'를 사용하였다.
→ '하셨어요'의 '-어요'는 의문문에 쓰인 '해요체'의 종결 어미로 비격식체(두루높임)에 해당한다.

06 <보기>는 주격 조사 '께서'와 선어말 어미 '-시-'를 통해 서술의 주체인 '어머니'를 높이고 있다. 또한 '-습니다'의 종결 어미를 통해 청자인 '아버지'에 대한 상대 높임(아주높임)도 실현하고 있다. ④의 '출근하시다'는 주체 높임의 특수 어휘가 아니라, 서술어에 주체 높임 선어말 어미 '-시-'가 결합한 것이다.

07 ①은 주격 조사 '께서'와 특수 어휘 '주무시다'를 통해 서술의 주체인 '할머니'를 높이는 주체 높임이 쓰였다. 나머지는 모두 객체 높임이 쓰인 표현이다.

<오답 풀이>
❷ 외할머니를 모시고 공원에 갔다.
→ 특수 어휘 '모시다'를 통해 서술의 객체인 '외할머니'를 높이는 객체 높임이 쓰인 표현이다.
❸ 선생님께 감사의 카드를 드렸다.
→ 높임의 접미사 '-님'과 부사격 조사 '께', 그리고 특수 어휘 '드리다'를 통해 서술의 객체인 '선생'을 높이는 객체 높임이 쓰인 표현이다.
❹ 궁금한 것을 교수님께 여쭈어보았다.
→ 부사격 조사 '께'와 특수 어휘 '여쭈어보다', 그리고 높임의 접미사 '-님'을 통해 서술의 객체인 '교수'를 높이는 객체 높임이 쓰인 표현이다.
❺ 아버지를 뵙길 청하는 사람들이 많다.
→ 특수 어휘 '뵙다'를 통해 서술의 객체인 '아버지'를 높이는 객체 높임이 쓰인 표현이다.

08 ㉠은 주격 조사 '께서'와 선어말 어미 '-시-'를 통해 서술의 주체인 '할아버지'를, 하십시오체의 종결 어미 '-습니까'를 통해 청자인 '아버지'를 높이고 있다. ㉡은 조사 '께'와 특수 어휘 '아뢰다'를 통해 서술의 객체인 '스승'을 높이고 있다. ㉢은 특수 어휘 '모시다'를 통해 서술의 객체인 '할머니'를, 해요체의 종결 어미 '-어요'를 통해 청자를 높이고 있다.

09 <보기>의 '할머니께서는 연세가 많으셔서'는 선어말 어미 '-으시-'를 사용하여 주체와 밀접하게 관련이 있는 대상인 '연세'를 높임으로써 주체인 '할머니'를 간접적으로 높이고 있다. 또한 '제가 대신 당신을 뵈러 왔습니다'는 특수 어휘 '뵈다'를 통해 서술의 객체인 '당신'을 높이고 있으며, '-습니다'의 종결 어미를 통해 청자에 대한 상대 높임(아주높임)도 실현하고 있다.

10 <보기 2>에는 주체 높임 선어말 어미 '-(으)시-'나 주격 조사 '께서' 등이 쓰이지 않았으므로 [주체 높임 -]로, 특수 어휘 '모시다'를 통해 문장의 객체인 '할머니'를 높이고 있으므로 [객체 높임 +]로, 격식체 중 아주높임 등급에 해당하는 종결 어미 '-습니다'를 통해 청자를 높이고 있으므로 [상대 높임 +]로 분석할 수 있다.

11 '할아버지께서 편찮으셔서'는 주격 조사 '께서'와 특수 어휘 '편찮다', 그리고 선어말 어미 '-으시-'를 통해 서술의 주체인 '할아버지'를 높이는 주체 높임법이 실현되었다.

<오답 풀이>
❶ ⓐ: 비격식체인 '해체'가 사용되었다.
→ '지금 어디 가는 길이니?'는 격식체인 '해라체'의 종결 어미 '-니'가 사용되었다.
❷ ⓑ: 특수 어휘를 사용한 주체 높임법이 실현되었다.
→ '담임 선생님께'는 높임의 접미사 '-님'과 부사격 조사 '께'를 통해 서술의 객체인 '선생'을 높이는 객체 높임법이 실현되었다.
❸ ⓒ: 선어말 어미를 사용한 객체 높임법이 실현되었다.
→ '선생님께서 너를 찾으시더라.'는 높임의 접미사 '-님'과 주격 조사 '께서', 그리고 선어말 어미 '-으시-'를 통해 서술의 주체인 '선생'을 높이는 주체 높임법이 실현되었다.
❺ ⓔ: 격식체인 '하게체'가 사용되었다.
→ '같이 가도록 하자'는 격식체인 '해라체'의 종결 어미 '-자'가 사용되었다.

개념 확인하기　1 ×　2 ×　3 선어말 어미　4 -겠-
5 진행상　6 현재, 진행상　7 (1) ㉡ (2) ㉢ (3) ㉠

학습 활동　❶ 읽었다　❷ 읽는다　❸ 읽을 것이다/읽겠다　❹ 윤서가 노래를 부르고 있다.　❺ 민호가 일어서 있다.

교과서 적용하기　01 ④　02 ②　03 ①

01 ④의 '의사이다'는 서술격 조사 '이다'가 선어말 어미 없이 쓰였으므로 현재 시제를 나타낸다.

오답 풀이
❶ 그는 반장이었었다.
→ '반장이었었다'는 선어말 어미 '-었었-'을 사용하여 과거 시제를 나타낸다.
❷ 나는 운동장을 달렸다.
→ '달렸다'는 선어말 어미 '-었-'을 사용하여 과거 시제를 나타낸다.
❸ 정원에서 꽃을 보았다.
→ '보았다'는 선어말 어미 '-았-'을 사용하여 과거 시제를 나타낸다.
❺ 민지가 혼자 공원에 있더라.
→ '있더라'는 회상 선어말 어미 '-더-'를 사용해 과거 시제를 나타낸다.

02 ②의 '볼'은 동사 어간 '보-'에 관형사형 어미 '-ㄹ'이 붙어 미래 시제를 나타낸다.

오답 풀이
❶ 본 영화
→ '본'의 '-ㄴ'은 과거를 나타내는 관형사형 어미에 해당한다.
❸ 보는 영화
→ '보는'의 '는'은 현재를 나타내는 관형사형 어미에 해당한다.
❹ 보던 영화
→ '보던'의 '던'은 과거를 나타내는 관형사형 어미에 해당한다.
❺ 보고 있는 영화
→ '보고 있는'의 '-는'은 현재를 나타내는 관형사형 어미에 해당하며, 본용언에 결합한 '-고 있-'은 동작의 진행을 나타낸다.

문법 짚고 가기

시제	실현 방법	
	동사와 결합하는 관형사형 어미	형용사, 서술격 조사와 결합하는 관형사형 어미
과거 시제	-(으)ㄴ, -던	-던
현재 시제	-는	-(으)ㄴ
미래 시제	-(으)ㄹ	-(으)ㄹ

03 ①의 '내리고 있다'는 동사 어간 '내리-'에 보조적 연결 어미 '-고'와 보조 용언 '있다'가 결합한 것으로 동작이 진행되고 있음을 나타내는 표현이다.

오답 풀이
❷ 차를 타고서 떠났다.
→ '타고서'는 동사 어간 '타-'에 연결 어미 '-고서'가 결합하여 동작이 완료되었음을 나타내는 표현이다.
❸ 물을 다 마셔 버렸다.
→ '마셔 버렸다'는 동사 어간 '마시-'에 '-어 버렸다'가 결합하여 동작이 완료되었음을 나타내는 표현이다.
❹ 동생은 학원에 가 있다.
→ '가 있다'는 동사 어간 '가-'에 보조적 연결 어미 '-아'와 보조 용언 '있다'가 결합한 것으로 동작이 완료되었음을 나타내는 표현이다.
❺ 현호는 소파에 앉아 있다.
→ '앉아 있다'는 동사 어간 '앉-'에 보조적 연결 어미 '-아'와 보조 용언 '있다'가 결합한 것으로 동작이 완료되었음을 나타내는 표현이다.

개념 기초 다지기　○─── 114~115쪽
01 ④　02 ⑤　03 ④　04 ②　05 ②　06 ⑤
07 ①　08 ④　09 ②　10 ⑤　11 ⑤　12 ①

01 사건시가 발화시보다 앞서는 시제는 과거 시제이고, 미래 시제는 사건시가 발화시보다 나중인 시제이다.

오답 풀이
❶ 시간 표현에는 시제와 동작상이 있다.
→ 시간을 나타내는 언어 표현에는 시제와 동작상이 있다.
❷ 국어의 동작상에는 완료상, 진행상이 있다.
→ 국어의 동작상에는 '-고 있다', '-어 가다'와 같이 동작이 진행되고 있음을 표시하는 진행상, '-어 있다', '-어 버리다'와 같이 동작이 완료되었음을 표시하는 완료상이 있다.
❸ 시제는 사건시와 발화시의 선후 관계로 구분한다.
→ 시제는 사건시와 발화시의 선후 관계가 어떠하냐에 따라 과거 시제, 현재 시제, 미래 시제로 나뉜다.
❺ 시제는 선어말 어미, 관형사형 어미, 시간 부사어를 통해 실현된다.
→ 시제는 선어말 어미 '-았/었-'(과거), '-ㄴ/는-'(현재), '-겠-'(미래), 관형사형 어미 '-(으)ㄴ, -던'(과거), '-는, -(으)ㄴ'(현재), '-(으)ㄹ'(미래), 시간 부사어 '어제, 아까'(과거), '오늘, 지금'(현재), '내일, 장차'(미래) 등을 통해 실현된다.

02 ⑤는 선어말 어미 '-겠-'을 사용해 미래 시제를 나타내고 있다.

오답 풀이
❶ 그는 머리를 짧게 잘랐다.
→ 과거 시제 선어말 어미 '-았-'이 쓰였다.
❷ 하던 일을 아까 다 마쳤다.
→ 관형사형 어미 '-던'과 과거 시제 선어말 어미 '-었-'이 쓰였다.
❸ 나는 도서실에서 숙제를 했다.
→ 과거 시제 선어말 '-았-'이 쓰였다.
❹ 이미 그 사람은 떠나고 없더라.
→ 과거 시제 선어말 어미 '-더-'와 시간 부사어 '이미'가 쓰였다.

03 '예쁜'은 형용사 어간 '예쁘-'에 관형사형 어미 '-ㄴ'이 결합한 것이다. 형용사에 결합한 '-ㄴ'은 현재 시제를 나타낸다.

오답 풀이

❶ ㉠: 어제 시험을 봤다.
→ '봤다'는 동사 어간 '보-'에 선어말 어미 '-았-'이 결합해 과거 시제를 나타낸다.

❷ ㉡: 저 선수는 금메달을 땄었다.
→ '땄었다'는 동사 어간 '따-'에 선어말 어미 '-았었-'이 결합해 현재와 단절된 과거의 사건을 나타낸다.

❸ ㉢: 민서는 카페에서 책을 읽더라.
→ '읽더라'는 동사 어간 '읽-'에 회상 선어말 어미 '-더-'가 결합해 과거 시제를 드러낸다.

❺ ㉤: 매우 친절하던 친구였는데 많이 변했어.
→ '친절하던'은 형용사 어간 '친절하-'에 관형사형 어미 '-던'이 결합해 과거 시제를 나타낸다.

헷갈리는 문법 Q&A

Q 관형사형 어미 '-(으)ㄴ'이 과거 시제를 나타내는지, 현재 시제를 나타내는지를 어떻게 구분하나요?

A 관형사형 어미 '-(으)ㄴ'과 결합한 것이 동사인지 형용사인지 파악해야 합니다. 관형사형 어미 '-(으)ㄴ'이 동사에 결합하면 과거 시제를 나타내고, 형용사나 서술격 조사에 결합하면 현재 시제를 나타냅니다. 또한, 시간 부사어나 다른 선어말 어미 등을 통해 문맥을 파악하는 것도 중요합니다.

---

04 '감기에 걸려서 아직도 목이 잠겼다.'는 과거에 감기로 인해 목이 잠겼고, 그 상태가 현재까지 지속되고 있음을 의미한다. 이때 '-었-'은 말하는 시점에서 볼 때 과거의 사건이 현재까지 지속되고 있음을 나타낸다.

오답 풀이

❶ 어제는 하루 종일 친구와 놀았다.
→ '놀았다'는 선어말 어미 '-았-'이 쓰여 과거 시제를 나타낸다.

❸ 지난주 소풍날에는 날씨가 매우 나빴다.
→ '나빴다'는 선어말 어미 '-았-'이 쓰여 과거 시제를 나타낸다.

❹ 내일 있을 과제를 준비하려면 오늘 잠은 다 잤다.
→ '잤다'는 내일 있을 과제를 준비하려면 잠을 자지 못할 것임을 의미한다. 이때 선어말 어미 '-았-'은 말하는 시점에서 볼 때 미래의 사건을 이미 정해진 사실인 양 나타내는 것이다.

❺ 다음 주에 있을 할머니 생신을 위해 선물을 사러 갔다.
→ '갔다'는 선어말 어미 '-았-'이 쓰여 과거 시제를 나타낸다.

05 관형사형 어미를 통해 현재 시제를 나타낼 때는 형용사와 서술격 조사의 경우 '-(으)ㄴ'을 사용한다. '-던'은 과거 시제를 나타내는 관형사형 어미로 동사, 형용사와 서술격 조사에 쓰인다.

06 〈보기〉의 밑줄 친 부분은 보편적인 사실을 진술할 때 사건시와 발화시가 일치하지 않더라도 예외적으로 현재 시제가 사용될 수 있음을 설명하고 있다. ⑤의 '떠오른다'는 해가 언제나 동쪽에서 떠오르는 보편적인 사실을 진술하는 서술어이므로 밑줄 친 부분의 예로 적절하다.

오답 풀이

❶ 민규는 사진을 잘 찍는다.
→ '찍는다'는 동사 어간 '찍-'에 선어말 어미 '-는-'이 결합해 현재 시제를 나타낸다.

❷ 광장이 시민들로 꽉 찬다.
→ '찬다'는 동사 어간 '차-'에 선어말 어미 '-ㄴ-'이 결합해 현재 시제를 나타낸다.

❸ 내일이면 그녀가 도착한다.
→ '도착한다'에 쓰인 현재 시제 선어말 어미 '-ㄴ-'은 '내일이면'과 함께 쓰여 가까운 미래의 사건을 나타낸다.

❹ 그녀는 꽃을 매우 좋아한다.
→ '좋아한다'는 동사 어간 '좋아하-'에 선어말 어미 '-ㄴ-'이 결합해 현재 시제를 나타낸다.

07 ①의 '올 거야'는 동사 어간 '오-'에 '-ㄹ 것'이 결합한 '올 것이야'를 구어적으로 표현한 것으로 미래 시제에 해당한다.

오답 풀이

❷ 내 둘째 동생은 중학생이다.
→ '중학생이다'는 서술격 조사 '이다'가 선어말 어미 없이 쓰였으므로 현재 시제를 나타낸다.

❸ 얼룩말이 사자에게 잡아먹혔다.
→ '잡아먹혔다'는 동사 어간 '잡아먹히-'에 선어말 어미 '-었-'이 붙어 과거 시제를 나타낸다.

❹ 유리는 어제 도서관에서 공부하더라.
→ '공부하더라'는 동사 어간 '공부하-'에 회상 선어말 어미 '-더-'가 붙어 과거 시제를 나타낸다.

❺ 나는 언제나 정직한 사람을 존경한다.
→ '정직한'은 형용사 어간 '정직하-'에 관형사형 어미 '-ㄴ'이 붙고, '존경한다'는 동사 어간 '존경하-'에 선어말 어미 '-ㄴ-'이 붙어 현재 시제를 나타낸다.

08 ④의 '풀겠어요'는 어린아이도 해당 문제를 풀 수 있을 것이라는 가능성을 내포하고 있다.

오답 풀이

❶ 이 일은 제가 꼭 해내겠습니다.
→ '해내겠습니다'의 '-겠-'은 화자의 의지를 나타낸다.

❷ 지금쯤은 고향에 도착했겠네요.
→ '도착했겠네요'의 '-겠-'은 화자의 추측을 나타낸다.

❸ 사장님의 말씀이 있으시겠습니다.
→ '있으시겠습니다'의 '-겠-'은 미래 시제를 나타낸다.

❺ 앞으로 제가 문제를 처리하겠습니다.
→ '처리하겠습니다'의 '-겠-'은 화자의 의지를 나타낸다.

09 '읽은(㉠)'은 동사 어간 '읽-'에 관형사형 어미 '-은'이 결합하여 과거 시제를 나타낸다. '반납할 것이다(㉡)'는 '-ㄹ'에 의존 명사 '것'이 결합한 '-ㄹ 것'을 사용하여 미래 시제를 나타낸다.

10 '기쁘다'는 형용사로 형용사는 선어말 어미를 쓰지 않고 현재 시제를 나타낸다.

오답 풀이

❶ ㉠: 과거 시제를 나타내는 관형사형 어미가 사용되었다.
→ '반이었던'은 과거 시제를 나타내는 선어말 어미 '-었-'과 관형사형 어미 '-던'이 사용되었다.

❷ ㉡: 과거 시제를 나타내는 선어말 어미가 사용되었다.

→ '닿았다'는 과거 시제를 나타내는 선어말 어미 '-았-'이 사용되었다.
❸ ⓒ: 미래 시제를 나타내는 시간 부사어가 사용되었다.
→ '내일'은 미래 시제를 나타내는 시간 부사어이다.
❹ ⓓ: 미래 시제를 나타내는 관형사형 어미가 사용되었다.
→ '만날'은 미래 시제를 나타내는 관형사형 어미 '-ㄹ'이 사용되었다.

11 ⑤의 '앉아 있다'는 동사 어간 '앉-'에 보조적 연결 어미 '-아'와 보조 용언 '있다'가 결합한 것으로 동작이 완료되었음을 나타내는 표현이다. 나머지는 모두 진행상을 나타내는 문장이다.

오답 풀이

❶ 거의 끝나 가.
→ '끝나 가'는 동사 어간 '끝나-'에 보조적 연결 어미 '-아'와 보조 용언 '가(다)'가 결합한 것으로 동작이 진행되고 있음을 나타내는 표현이다.
❷ 지금 가고 있어.
→ '가고 있다'는 동사 어간 '가-'에 보조적 연결 어미 '-고'와 보조 용언 '있다'가 결합한 것으로 동작이 진행되고 있음을 나타내는 표현이다.
❸ 옷이 다 말라 간다.
→ '말라 간다'는 동사 어간 '마르-'에 보조적 연결 어미 '-아'와 보조 용언 '간다'가 결합한 것으로 동작이 진행되고 있음을 나타내는 표현이다.
❹ 그녀는 뒷산을 걷는 중이다.
→ '걷는 중이다'는 동사 어간 '걷-'에 '-는 중이다'가 결합하여 동작이 진행되고 있음을 나타내는 표현이다.

헷갈리는 문법 Q&A

Q '나는 울고 있다.'는 자연스러운 표현인데, '나는 슬프고 있다.'는 왜 어색한 표현일까요?

A 동작상은 발화시를 기준으로 동작이 일어나는 모습을 나타내는 표현입니다. 따라서 동작상은 반드시 동작을 나타내는 동사에서 실현됩니다. 그래서 동사와 어울린 '울고 있다'는 자연스럽지만, 형용사와 어울린 '슬프고 있다'는 어색한 표현이 되는 것입니다.

12 '밥을 먹고 있다.'는 시간의 흐름 속에서 동작이 진행되고 있음을 나타내는 진행상이고, '꽃이 피어 있다.'는 시간의 흐름 속에서 동작이 완료되었음을 나타내는 완료상이다.

오답 풀이

❷ ㉠ 집에 다 와 간다. ㉡ 비가 내리고 있다.
→ ㉠의 '와 간다'는 동사 어간 '오-'에 보조적 연결 어미 '-아'와 보조 용언 '간다'가 결합한 진행상, ㉡의 '내리고 있다'는 동사 어간 '내리-'에 보조적 연결 어미 '-고'와 보조 용언 '있다'가 결합한 진행상이다.
❸ ㉠ 옷을 벗고서 나갔다. ㉡ 눈이 쌓이고 있다.
→ ㉠의 '벗고서'는 동사 '벗-'에 연결 어미 '-고서'가 결합한 완료상이다. ㉡의 '쌓이고 있다'는 동사 어간 '쌓이-'에 보조적 연결 어미 '-고'와 보조 용언 '있다'가 결합한 진행상이다.
❹ ㉠ 의자에 앉아 있다. ㉡ 서류를 태워 버렸다.
→ ㉠의 '앉아 있다'는 동사 어간 '앉-'에 보조적 연결 어미 '-아'와 보조 용언 '있다'가 결합한 완료상, ㉡의 '태워 버렸다'는 동사 어간 '태우-'에 보조적 연결 어미 '-어'와 보조 용언 '버리다'가 결합한 완료상이다.
❺ ㉠ 밥을 다 먹어 버렸다. ㉡ 책을 거의 읽어 간다.
→ ㉠의 '먹어 버렸다'는 동사 어간 '먹-'에 보조적 연결 어미 '-어'와 보조 용언 '버리다'가 결합한 완료상이다. ㉡의 '읽어 간다'는 동사 어간 '읽-'에 보조적 연결 어미 '-어'와 보조 용언 '간다'가 결합한 진행상이다.

---

22 문법 요소 ❹ : 피동 표현 ——— 본문 117쪽

개념 확인하기 1 × 2 ○ 3 -이- 4 통사적 피동문
5 목적어 6 이중 피동 7 ㉡

학습 활동 ❶ 형이 모기에게 물렸다. ❷ 새로운 유물이 발굴됐다. ❸ 꽃병이 동생에 의해 깨졌다. ❹ 생각되어집니다 ❺ 생각됩니다 ❻ 모여진 ❼ 모인

교과서 적용하기 01 ⑤ 02 ①

01 ①의 '쫓긴다', ②의 '쓰였다', ③의 '물렸다', ④의 '훼손되고'는 모두 피동 접미사가 붙어 파생적으로 만들어진 피동 표현이다. ⑤의 '잊어진다'는 능동사의 어간 '잊-'에 '-어지다'가 붙어 통사적으로 만들어진 피동 표현이다.

02 피동 접미사가 결합한 동사에 다시 '-아지다/어지다'를 결합하여 피동 표현을 중복으로 사용한 것을 이중 피동이라 하며, 이는 잘못된 피동 표현이다. '닫혀졌다'는 '닫-＋-히-＋-어지-＋-었-＋-다'로 분석되는데, 능동사의 어근에 피동 접미사 '-히-'가 붙어 피동사가 된 것에 다시 피동문을 만드는 '-어지다'가 붙어 만들어진 이중 피동 표현이다.

오답 풀이

❷ 땅에 웅덩이가 파였다.
→ '파였다'는 능동사의 어근 '파-'에 피동 접미사 '-이-'가 붙은 피동사로 ②는 파생적 피동문이다.
❸ 아이스크림이 잘 팔린다.
→ '팔린다'는 능동사의 어근 '팔-'에 피동 접미사 '-리-'가 붙어 만들어진 피동사로 ③은 파생적 피동문이다.
❹ 그의 말이 옳다고 여겨졌다.
→ '여겨졌다'는 능동사의 어간 '여기-'에 '-어지다'가 붙어 만들어진 피동 표현으로 ④는 통사적 피동문이다.
❺ 그녀의 작품이 널리 읽힌다.
→ '읽힌다'는 능동사의 어근 '읽-'에 피동 접미사 '-히-'가 붙어 만들어진 피동사로 ⑤는 파생적 피동문이다.

개념 기초 다지기 ——— 118～119쪽

01 ① 02 ④ 03 ① 04 ① 05 ⑤ 06 ①
07 ⑤ 08 ② 09 ③ 10 그 옷감은 쉽게 찢기지 않는다.

01 피동 표현은 동작이나 행위의 주체가 아니라 동작이나 행위를 당하는 대상을 강조할 때 사용한다.

02 ④의 '믿어지지'는 능동사의 어간 '믿-'에 '-어지다'가 붙어 만들어진 피동 표현으로 ④는 통사적 피동문이다.

❶ 바람에 꽃이 꺾였다.
→ '꺾였다'는 능동사의 어근 '꺾-'에 피동 접미사 '-이-'가 붙어 만들어진 피동사로 ①은 파생적 피동문이다.
❷ 도둑이 경찰에게 잡혔다.
→ '잡혔다'는 능동사의 어근 '잡-'에 피동 접미사 '-히-'가 붙어 만들어진 피동사로 ②는 파생적 피동문이다.
❸ 그의 능력이 잘 쓰이고 있다.
→ '쓰이고'는 능동사의 어근 '쓰-'에 피동 접미사 '-이-'가 붙어 만들어진 피동사로 ③은 파생적 피동문이다.
❺ 연락이 끊긴 친구에게 연락했다.
→ '끊긴'은 능동사의 어근 '끊-'에 피동 접미사 '-기-'가 붙어 만들어진 피동사로 ⑤는 파생적 피동문이다.

03 ㉠ '버려진'은 '버리- + -어지- + -ㄴ'의 구성으로 능동사의 어간에 '-어지다'가 붙어 통사적으로 만들어진 피동 표현이다. 나머지는 모두 능동사의 어근이나 명사에 접미사가 붙어 파생적으로 만들어진 피동 표현이다.

❷ ㉡
→ '보이더라고요'는 능동사의 어근 '보-'에 피동 접미사 '-이-'가 붙어 만들어진 파생적 피동 표현이다.
❸ ㉢
→ '준비된'은 명사 '준비'에 피동 접미사 '-되다'가 붙어 만들어진 파생적 피동 표현이다.
❹ ㉣
→ '담긴'은 능동사의 어근 '담-'에 피동 접미사 '-기-'가 붙어 만들어진 파생적 피동 표현이다.
❺ ㉤
→ '열려요'는 능동사의 어근 '열-'에 피동 접미사 '-리-'가 붙어 만들어진 파생적 피동 표현이다.

04 파생적 피동문은 능동사의 어근에 피동 접미사가 붙어 실현된 피동문을 말하며, 통사적 피동문은 능동사의 어간에 '-아지다/어지다'가 붙어 실현된 피동문을 말한다. ⓐ~ⓒ의 서술어와 달리 ⓓ의 '풀어지다'는 능동사의 어간 '풀-'에 '-어지다'가 붙어 만들어진 피동 표현이므로, ⓓ는 통사적 피동문이다.

05 '태풍에 건물이 마구 흔들린다.'는 능동사의 어근 '흔들-'에 피동 접미사 '-리-'가 붙어 만들어진 파생적 피동문이다. 또한 '그녀는 운명의 소용돌이에 던져졌다.'는 능동사의 어간 '던지-'에 '-어지다'가 붙어 만들어진 통사적 피동문이다.

❶ ㉠ 숨겨진 보물을 찾아보자. ㉡ 들판이 눈에 덮인다.
→ ㉠의 '숨겨진'은 능동사의 어간 '숨기-'에 '-어지다'가 붙어 실현된 통사적 피동 표현이다. ㉡의 '덮인다'는 능동사의 어근 '덮-'에 피동 접미사 '-이-'가 붙어 실현된 파생적 피동 표현이다.
❷ ㉠ 내일은 비가 올 것으로 예상된다. ㉡ 구들장이 일꾼에게 뜯겼다.
→ ㉠의 '예상된다'는 명사 '예상'에 피동 접미사 '-되다'가 붙어 실현된 파생적 피동 표현이다. ㉡의 '뜯겼다'는 능동사의 어근 '뜯-'에 피동 접미사 '-기-'가 붙어 실현된 파생적 피동 표현이다.
❸ ㉠ 매우 기쁜 소식이 전해졌다. ㉡ 장학금은 좋은 일에 사용된다.
→ ㉠의 '전해졌다'는 능동사의 어간 '전하-'에 '-아지다'가 붙어 실현된 통사적 피동 표현이다. ㉡의 '사용된다'는 명사 '사용'에 피동 접미사

'-되다'가 붙어 실현된 파생적 피동 표현이다.
❹ ㉠ 동생에게 사탕을 빼앗겼다. ㉡ 동생이 갑자기 나에게 안겼다.
→ ㉠의 '빼앗겼다'는 능동사의 어근 '빼앗-'에 피동 접미사 '-기-'가 붙어 실현된 파생적 피동 표현이다. ㉡의 '안겼다'는 능동사의 어근 '안-'에 피동 접미사 '-기-'가 붙어 실현된 파생적 피동 표현이다.

헷갈리는 문법 Q&A

Q '숨겨진'을 이중 피동 표현으로 볼 수 있나요?

A 이중 피동은 피동 접미사가 결합된 동사에 다시 '-아지다/어지다'를 결합하여 피동 표현을 중복으로 사용한 것을 의미합니다. '숨겨진'은 능동사의 어근 '숨-'에 사동 접미사 '-기-'가 결합해 만들어진 사동사에 '-어지다'가 붙은 피동 표현에 해당하므로 이중 피동 표현으로는 볼 수 없습니다. 이와 같은 예로는 '밝혀지다', '알려지다' 등이 있습니다.

06 ㉠은 능동문이고, ㉡은 피동문이다. 능동문을 피동문으로 바꿀 때 능동문의 목적어는 생략되는 것이 아니라 피동문의 주어가 된다.

07 능동문의 주어 '적군이'는 피동문의 부사어 '적군에게'로, 능동문의 목적어 '아군을'은 피동문의 주어 '아군이'로 적절하게 바꾸었다. 그러나 능동문의 서술어 '포위했다'를 피동문의 서술어로 바꿀 때는 명사 '포위'에 피동 접미사 '-되다'를 붙여 '포위됐다'로 바꾸어야 한다. '포위되어지다'는 '포위되다'에 '-어지다'를 붙인 이중 피동이다.

❶ 고양이가 쥐를 물었다. → 쥐가 고양이에게 물렸다.
→ 능동문의 주어 '고양이가'는 피동문의 부사어 '고양이에게'로, 능동문의 목적어인 '쥐를'은 피동문의 주어 '쥐가'로 바뀌었다. 또한 능동문의 서술어 '물었다'는 피동 접미사 '-리-'가 붙어 피동문의 서술어 '물렸다'로 바뀌었다.
❷ 폭풍이 마을을 휩쓸었다. → 마을이 폭풍에 휩쓸렸다.
→ 능동문의 주어 '폭풍이'는 피동문의 부사어 '폭풍에'로, 능동문의 목적어인 '마을을'은 피동문의 주어 '마을이'로 바뀌었다. 또한 능동문의 서술어 '휩쓸었다'는 피동 접미사 '-리-'가 붙어 피동문의 서술어 '휩쓸렸다'로 바뀌었다.
❸ 어부가 물고기를 잡았다. → 물고기가 어부에게 잡혔다.
→ 능동문의 주어 '어부가'는 피동문의 부사어 '어부에게'로, 능동문의 목적어인 '물고기를'은 피동문의 주어 '물고기가'로 바뀌었다. 또한 능동문의 서술어 '잡았다'는 피동 접미사 '-히-'가 붙어 피동문의 서술어 '잡혔다'로 바뀌었다.
❹ 제비뽑기로 당번을 정했다. → 제비뽑기로 당번이 정해졌다.
→ 능동문의 목적어인 '당번을'은 피동문의 주어 '당번이'로 바뀌었다. 또한 능동문의 서술어 '정했다'는 '-아지다'가 붙어 피동문의 서술어 '정해졌다'로 바뀌었다.

08 피동문은 행위의 주체가 아닌 행위의 대상이 주어인 문장이다. 반면 ②의 '(엄마가) 아이를 재운다.'는 주어가 남에게 동작을 하도록 시키는 것을 나타내는 문장(사동문)이기 때문에 ②는 능동문을 피동문으로 바꾼 것에 해당하지 않는다.

❶ 컵을 깼다. → 컵이 깨졌다.
→ 능동문의 목적어 '컵을'은 피동문의 주어 '컵이'로, 능동문의 서술어 '깼다'는 '-어지다'가 붙어 피동문의 서술어 '깨졌다'로 바뀌었다.
❸ 개가 닭을 쫓는다. → 닭이 개에게 쫓긴다.
→ 능동문의 목적어 '닭을'은 피동문의 주어 '닭이'로, 능동문의 주어 '개가'는 피동문의 부사어 '개에게'로 바뀌었다. 또한 능동문의 서술어 '쫓는다'는 피동 접미사 '-기-'가 붙어 피동문의 서술어 '쫓긴다'로 바뀌었다.
❹ 그가 소식을 끊었다. → 그에게서 소식이 끊겼다.
→ 능동문의 목적어 '소식을'은 피동문의 주어 '소식이'로, 능동문의 주어 '그가'는 피동문의 부사어 '그에게서'로 바뀌었다. 또한 능동문의 서술어 '끊었다'는 피동 접미사 '-기-'가 붙어 피동문의 서술어 '끊겼다'로 바뀌었다.
❺ 농장에서 소를 사육한다. → 농장에서 소가 사육된다.
→ 능동문의 목적어 '소를'은 피동문의 주어 '소가'로 바뀌었다. 또한 능동문의 서술어 '사육한다'는 명사 '사육'에 피동 접미사 '-되다'가 붙어 '사육된다'로 바뀌었다.

09 '풀리지'는 능동사의 어근 '풀-'에 피동 접미사 '-리-'가 붙어 만들어진 피동 표현이므로, 이중 피동 표현의 예로 적절하지 않다.

오답 풀이

❶ 운동장 한가운데 놓여진 의자.
→ '놓여진'은 '놓-＋-이-＋-어지-＋-ㄴ'처럼 능동사의 어근에 피동 접미사 '-이-'가 붙어 피동사가 된 것에 다시 피동문을 만드는 '-어지다'가 붙어 만들어진 이중 피동 표현이다. '놓인' 또는 '놓아진'으로 써야 한다.
❷ 그 일은 오랫동안 잊혀지지 않을 거야.
→ '잊혀지지'는 '잊-＋-히-＋-어지-＋-지'처럼 능동사의 어근에 피동 접미사 '-히-'가 붙어 피동사가 된 것에 다시 피동문을 만드는 '-어지다'가 붙어 만들어진 이중 피동 표현이다. '잊히지' 또는 '잊어지지'로 써야 한다.
❹ 이 종이는 얼마나 질긴지 잘려지지 않는다.
→ '잘려지지'는 '자르-＋-이-＋-어지-＋-지'처럼 능동사의 어근에 피동 접미사 '-이-'가 붙어 피동사가 된 것에 다시 피동문을 만드는 '-어지다'가 붙어 만들어진 이중 피동 표현이다. '잘리지' 또는 '잘라지지'로 써야 한다.
❺ 돈이 좀 모여지면 작은 가게라도 차리면 어떨까?
→ '모여지면'은 '모으-＋-이-＋-어지-＋-면'처럼 능동사의 어근에 피동 접미사 '-이-'가 붙어 피동사가 된 것에 다시 피동문을 만드는 '-어지다'가 붙어 만들어진 이중 피동 표현이다. '모이면' 또는 '모아지면'으로 써야 한다.

10 '찢겨지지'는 '찢-＋-기-＋-어지-＋-지'로 분석되는 이중 피동 표현이다. 따라서 올바른 피동 표현인 '찢기지' 또는 '찢어지지'로 바꾸어 쓸 수 있으나 〈조건〉에 따라 〈보기〉를 파생적 피동문으로 바꾸어야 하므로, 능동사의 어근에 피동 접미사 '-기-'가 결합한 '찢기지'로 바꾸어 써야 한다.

---

23 문법 요소 ❺ : 사동 표현 ──── 본문 121쪽

개념 확인하기 1 × 2 ○ **3** 주동문 **4** 사동문 **5** 사동문 **6** 파생적 사동문 **7** 파생적 사동문 **8** 간접 사동

학습 활동 ❶ (난롯불이) 얼음을 녹인다. ❷ (선생님께서) 다툰 친구들을 화해시켰다. ❸ (아버지가) 연주에게 짐을 지게 하였다. ❹ ㉠, ㉡ ❺ ㉡ ❻ 간접 ❼ 직접

교과서 적용하기 01 ② 02 ⑤

01 ②는 주동사의 어간 '씻-'에 '-게 하다'가 붙어 실현된 통사적 사동문이다. 나머지는 모두 주동사의 어근에 사동 접미사가 붙어 실현된 파생적 사동문이다.

오답 풀이

❶ 연을 날리다.
→ '날리다'는 '날-＋-리-＋-다'로 주동사의 어근에 사동 접미사 '-리-'가 붙어 만들어진 사동사이다. 따라서 ①은 사동 접미사에 의해 실현된 파생적 사동문이다.
❸ 적군을 항복시키다.
→ '항복시키다'는 '항복＋-시키다'로 명사 '항복'에 사동 접미사 '-시키다'가 붙어 만들어진 사동사이다. 따라서 ③은 사동 접미사에 의해 실현된 파생적 사동문이다.
❹ 어두운 방을 밝히다.
→ '밝히다'는 '밝-＋-히-＋-다'로 주동사의 어근에 사동 접미사 '-히-'가 붙어 만들어진 사동사이다. 따라서 ④는 사동 접미사에 의해 실현된 파생적 사동문이다.
❺ 약속 시간을 늦추다.
→ '늦추다'는 '늦-＋-추-＋-다'로 주동사의 어근에 사동 접미사 '-추-'가 붙어 만들어진 사동사이다. 따라서 ⑤는 사동 접미사에 의해 실현된 파생적 사동문이다.

02 파생적 사동문은 직접 사동과 간접 사동의 의미를 동시에 나타낼 수 있으나 통사적 사동문은 간접 사동의 의미만을 나타낸다. ⑤는 통사적 사동문으로 동생이 스스로 책을 읽도록 시켰다는 간접 사동의 의미로만 해석된다.

개념 기초 다지기 ──── 122~123쪽

01 ⑤ **02** ④ **03** ④ **04** ① **05** ② **06** ②
07 ① **08** 엄마가 진희에게 책을 읽힌다. **09** ③ **10** ⑤

01 주동문을 사동문으로 바꿀 때 주동문의 목적어는 사동문에서 그대로 목적어가 된다.

오답 풀이

❶ 주동사의 어근에 사동 접미사를 결합하여 만들 수 있다.
→ 주동사의 어근에 사동 접미사 '-이-', '-히-', '-리-', '-기-', '-우-', '-구-', '-추-'를 결합하여 파생적 사동문을 만들 수 있다.

❷ 주어가 남에게 동작이나 행위를 시키는 표현을 말한다.
→ 주어가 동작이나 행위를 직접 하는 것을 주동, 주어가 남에게 동작이나 행위를 시키는 것을 사동이라 한다.
❸ 일부 명사에 사동 접미사 '-시키다'를 붙여 만들기도 한다.
→ 일부 명사에 사동 접미사 '-시키다'를 붙여 파생적 사동문을 만들 수 있다.
❹ 주동문을 사동문으로 바꿀 때 새로운 주어가 생기기도 한다.
→ 주동문을 사동문으로 바꿀 때 주동문의 주어는 주로 '에, 에게, 로 하여금' 등이 붙어 사동문에서 부사어가 되고, 이때 사동문에는 새로운 주어가 생기기도 한다.

02 ④의 '밀렸다'는 '밀- + -리- + -었- + -다'로 분석되는데, 이는 능동사의 어근 '밀-'에 피동 접미사 '-리-'가 결합해 만들어진 피동사이다. 따라서 ④는 사동 표현이 아니라 피동 표현이 쓰인 문장이다.

[오답 풀이]
❶ 3월의 햇살이 남아 있는 눈을 녹인다.
→ '녹인다'는 주동사의 어근 '녹-'에 사동 접미사 '-이-'가 붙어 만들어진 사동 표현이다.
❷ 나는 아픈 동생에게 죽과 약을 먹였다.
→ '먹였다'는 주동사의 어근 '먹-'에 사동 접미사 '-이-'가 붙어 만들어진 사동 표현이다.
❸ 어머니께서 날뛰는 강아지를 진정시키셨다.
→ '진정시키셨다'는 명사 '진정'에 사동 접미사 '-시키다'가 붙어 만들어진 사동 표현이다.
❺ 수업이 시작하자 선생님이 돌아다니는 아이들을 자리에 앉게 하셨다.
→ '앉게 하셨다'는 주동사의 어간 '앉-'에 '-게 하다'가 붙어 만들어진 사동 표현이다.

[문법] 짚고 가기

접미사에 의한 피동사와 사동사의 형태
접미사에 의한 피동사와 사동사가 둘 다 존재할 때, 형태가 다른 경우도 있지만 대부분 동일한 형태로 나타난다. 예를 들어, '먹히다'와 '먹이다'와 같은 경우처럼 피동사와 사동사의 형태가 다를 수 있지만, '보이다, 잡히다, 업히다, 끌리다, 읽히다'와 같은 경우는 접미사에 의한 피동사와 사동사가 동일한 형태를 가진다.

03 '-되다'는 일부 명사에 붙어 '피동'의 뜻을 더하고 동사를 만드는 접미사에 해당한다.

04 ①은 능동문을 피동문으로 바꾼 것이다. 사동문으로 바꾸려면 '모기를 잡게 하다.' 정도가 적절하다.

05 '청소시키다'는 명사 '청소'에 접미사 '-시키다'를 붙인 것으로 '방을 청소시키다.'는 파생적 사동문에 해당한다. '정지하게 하다'는 주동사의 어간 '정지하-'에 '-게 하다'를 붙인 것으로 '차를 정지하게 하다.'는 통사적 사동문에 해당한다.

[오답 풀이]
❶ ㉠ 손을 들게 하다. ㉡ 꽃을 피우다.
→ '들게 하다'는 주동사의 어간 '들-'에 '-게 하다'를 붙인 것으로 '손을 들게 하다.'는 통사적 사동문이다. '피우다'는 주동사의 어근 '피-'에 사동 접미사 '-우-'를 붙인 것으로 '꽃을 피우다.'는 파생적 사동문이다.

❸ ㉠ 질문자를 이해시키다. ㉡ 딸에게 주사를 맞히다.
→ '이해시키다'는 명사 '이해'에 피동 접미사 '-시키다'를 붙인 것으로 '질문자를 이해시키다.'는 파생적 사동문이다. '맞히다'는 주동사의 어근 '맞-'에 사동 접미사 '-히-'를 붙인 것으로 '딸에게 주사를 맞히다.'는 파생적 사동문이다.
❹ ㉠ 그에게 기쁜 소식을 알리다. ㉡ 호롱불의 심지를 돋우다.
→ '알리다'는 주동사의 어근 '알-'에 사동 접미사 '-리-'를 붙인 것으로 '그에게 기쁜 소식을 알리다.'는 파생적 사동문이다. '피우다'는 주동사의 어근 '피-'에 사동 접미사 '-우-'를 붙인 것으로 '호롱불의 심지를 돋우다.'는 파생적 사동문이다.
❺ ㉠ 사람들 사이의 벽을 낮추다. ㉡ 저금통을 한가득 채우다.
→ '낮추다'는 주동사의 어근 '낮-'에 사동 접미사 '-추-'를 붙인 것으로 '사람들 사이의 벽을 낮추다.'는 파생적 사동문이다. '채우다'는 주동사의 어근 '차-'에 사동 접미사 '-이우-'를 붙인 것으로 '저금통을 한가득 채우다.'는 파생적 사동문이다.

헷갈리는 문법 Q&A

Q '채우다'에 결합된 사동 접미사는 한 개인가요? 두 개인가요?
A '채우다'를 어원적으로 분석하면 '차- + -이- + -우- + -다'가 되므로 사동 접미사 '-이-'와 '-우-'가 연속 결합된 것으로 볼 수 있습니다. 그러나 「표준 국어 대사전」에서는 일부 동사 어근 뒤에 붙어 '사동'의 뜻을 더하는 접미사 '-이우-'를 하나의 접사로 인정하고 있습니다. 이와 같은 관점에서 본다면 '채우다'에 결합된 사동 접미사의 개수를 하나로 볼 수 있습니다. 참고로 '채우다'와 같이 형성된 사동사에는 '재우다, 태우다, 씌우다, 세우다' 등이 있습니다.

06 ⓑ, ⓒ와 같은 파생적 사동문은 대체로 직접 사동의 의미를 지니지만, 간접 사동의 의미를 지니기도 한다. ⓑ는 아빠가 삼촌에게 직접 나무 한 짐을 지웠다는 직접 사동과 삼촌이 나무 한 짐을 지도록 했다는 간접 사동의 두 가지 의미로 해석이 가능하다. 하지만, ⓒ는 갓난아기가 스스로 씻을 수는 없으므로 직접 사동의 의미로만 해석된다.

[오답 풀이]
❶ ⓐ는 주동문, ⓑ는 사동문이다.
→ ⓐ는 주어가 동작이나 행위를 직접 하는 것을 나타내는 주동문이고, ⓑ는 주어가 동작이나 행위를 다른 대상에게 하도록 시키는 것을 나타내는 사동문이다.
❸ ⓑ, ⓒ, ⓓ는 접미사를 활용한 사동 표현이지만, ⓔ는 그렇지 않다.
→ ⓑ의 '지운다'는 주동사의 어근에 사동 접미사 '-우-'가, ⓒ의 '씻기셨다'는 주동사의 어근에 사동 접미사 '-기-'가, ⓓ의 '운동시켰다'는 명사에 사동 접미사 '-시키다'가 붙어 만들어진 사동사(파생적 사동 표현)이다. 반면, ⓔ는 주동사의 어간에 '-게 하다'가 결합해 실현된 통사적 사동 표현이다.
❹ ⓓ와 같이 일부 명사에 '-시키다'를 결합하면 '입원시키다, 오염시키다'와 같은 사동사를 만들 수 있다.
→ ⓓ의 '운동시켰다'와 같이 일부 명사에 사동 접미사 '-시키다'를 결합하면 '이해시키다' 등과 같은 사동사를 만들 수 있다.
❺ ⓔ는 '어머니가 딸이 스스로 설거지를 하도록 시켰다.'라는 뜻으로 이해된다.
→ ⓔ는 '-게 하다'에 의한 통사적 사동문으로 주어가 객체에게 간접적으로 행위를 한 것을 나타내는 간접 사동의 의미로만 해석된다.

07 〈보기〉의 ㉠에는 주동사의 어근에 사동 접미사 '-이-, -히-, -리-, -기-, -우-, -구-, -추-'가 결합한 파생적 사동문이, ㉡에는 주동사의 어간에 '-게 하다'가 결합한 통사적 사동문이, ㉢에는 일부 명사에 사동 접미사 '-시키다'가 결합한 파생적 사동문이 들어가야 한다. 이때 ①의 '소식을 알리다(㉠).'는 주동사의 어간 '알-'에 사동 접미사 '-리-'가 결합한 파생적 사동문이며, '천장을 높게 하다(㉡).'는 주동사의 어간 '높-'에 '-게 하다'가 결합한 통사적 사동문이다. 또한 '학생을 교육시키다(㉢).'는 명사 '교육'에 사동 접미사 '-시키다'가 결합한 파생적 사동문이다.

❷ ㉠ 양말을 신기다. ㉡ 장소를 옮기다. ㉢ 연을 날리다.
→ ㉠~㉢은 주동사의 어근에 사동 접미사가 결합한 파생적 사동문이다.
❸ ㉠ 몸을 낮추다. ㉡ 팽이를 돌리다. ㉢ 빨래를 말리다.
→ ㉠~㉢은 주동사의 어근에 사동 접미사가 결합한 파생적 사동문이다.
❹ ㉠ 적군을 항복시키다. ㉡ 아이를 집에 오게 하다. ㉢ 손을 녹이다.
→ ㉠은 명사에 사동 접미사 '-시키다'가 결합한 파생적 사동문이고, ㉡은 주동사의 어간에 '-게 하다'가 결합한 통사적 사동문이며, ㉢은 주동사의 어근에 사동 접미사가 결합한 파생적 사동문이다.
❺ ㉠ 겉옷을 입게 하다. ㉡ 연탄불을 피우다. ㉢ 손을 녹이다.
→ ㉠은 주동사의 어간에 '-게 하다'가 결합한 통사적 사동문이며, ㉡과 ㉢은 주동사의 어근에 사동 접미사가 결합한 파생적 사동문이다.

08 〈보기〉의 주동문을 사동문으로 바꿀 때 주동문의 주어(진희가)는 사동문의 부사어(진희에게)가 되고, 주동문의 목적어(책을)는 사동문에서 그대로 목적어(책을)가 된다. 이때 〈조건〉에 따라 새로운 주어(엄마가)가 도입되며, 주동사의 어근에 사동 접미사 '-히-'를 붙여 직접 사동의 의미를 지니는 파생적 사동문을 만든다. 〈조건〉을 충족하는 문장으로 바꾸어 쓰면 '엄마가 진희에게 책을 읽힌다.'와 같은 문장이 된다.

09 '개가 간식을 먹었다.'를 사동문으로 바꾼 결과를 보면 주어 '개가'는 부사어 '개에게'가 되고, 목적어 '간식을'은 그대로 목적어가 되며 주어 '딸이'가 새로 도입되었다. 이로 보아 서술어 '먹었다'는 타동사이므로 ⓐ의 사례로 적절하지 않다.

❶ 주동문: 담장이 낮다. / 사동문: 사람들이 담장을 낮추었다.
→ 주동문의 주어 '담장이'가 사동문의 목적어 '담장을'이 되고, 사동문의 주어 '사람들이'가 새로 생겨났다. '낮다'는 형용사로 ⓐ의 예로 적절하다.
❷ 주동문: 내 방이 더럽다. / 사동문: 동생이 내 방을 더럽혔다.
→ 주동문의 주어 '방이'가 사동문의 목적어 '방을'이 되고, 사동문의 주어 '동생이'가 새로 생겨났다. '더럽다'는 형용사로 ⓐ의 예로 적절하다.
❹ 주동문: 뜨거운 찌개가 식는다. / 사동문: 형이 뜨거운 찌개를 식힌다.
→ 주동문의 주어 '찌개가'가 사동문의 목적어 '찌개를'이 되고, 사동문의 주어 '형이'가 새로 생겨났다. '식는다'는 자동사로 ⓐ의 예로 적절하다.
❺ 주동문: 학생들이 교실에 남았다. / 사동문: 선생님이 학생들을 교실에 남겼다.
→ 주동문의 주어 '학생들이'가 사동문의 목적어 '학생들을'이 되고, 사동문의 주어 '선생님이'가 새로 생겨났다. '남았다'는 자동사로 ⓐ의 예로 적절하다.

10 〈보기〉의 (가)는 서술어가 타동사인 주동문을 사동문으로 바꾼 경우, (나)는 서술어가 자동사인 주동문을 사동문으로 바꾼 경우에 해당한다. 즉 (가)와 (나)의 주동사의 성격이 다르기 때문에 사동문의 형성 과정에 차이가 발생한 것이다.

❶ (가)와 (나) 모두 사동문에 새로운 주어가 도입되었다.
→ (가)에는 새로운 주어 '나는'이, (나)에는 새로운 주어 '사기꾼이'가 도입되었다.
❷ (가)는 주동문의 주어가 사동문의 부사어로 바뀌었다.
→ (가)는 주동문의 주어 '동호가'가 사동문의 목적어 '동호에게'로 바뀌었다.
❸ (나)는 주동문의 주어가 사동문의 목적어로 바뀌었다.
→ (나)는 주동문의 주어 '사람들이'가 사동문의 목적어 '사람들을'로 바뀌었다.
❹ (가)는 주동문의 목적어가 사동문에서 그대로 유지되었다.
→ (가)는 주동문의 목적어 '시계를'이 사동문에서도 그대로 유지되었다.

개념 확인하기   **1** ○   **2** ○   **3** 못   **4** 단순 부정
5 직접 인용   **6** 간접 인용   **7** 간   **8** 직

학습 활동   ❶ ㉡   ❷ ㉠   ❸ ㉢   ❹ ㉣   ❺ 영서가 경호에게 "나도 같이 가고 싶어."라고 말했다.   ❻ 선생님께서 우리에게 거기에 앉으라고 말씀하셨다.

교과서 적용하기   **01** ④   **02** 철호는 선생님께 먼저 들어간다고 했다.   **03** ④

01 ④는 부정 용언 '않다'가 사용된 긴 부정문이다. ①과 ②는 부정 부사 '안'이 사용된 짧은 부정문, ③과 ⑤는 부정 부사 '못'이 사용된 짧은 부정문이다.

02 직접 인용 표현을 간접 인용 표현으로 바꿀 때는 큰따옴표를 없애고, 조사 '라고'를 '고'로 고치는 것이 일반적이다. 따라서 철호가 선생님께 높임 표현을 써서 한 말이라도 간접 인용 표현에서는 '먼저 들어간다.'와 같이 높임 표현 없이 바꾸어야 한다.

03 직접 인용 표현은 인용절에 큰따옴표를 하고 인용격 조사 '라고'를 붙여 표시한다. ④는 인용절에 큰따옴표를 하고 인용격 조사 '라고'를 붙여 표시한 직접 인용 표현이 쓰였으며, 나머지는 모두 인용절 뒤에 인용격 조사 '고'를 사용한 간접 인용 표현이 쓰였다.

126~127쪽

개념 기초 다지기

01 ②	02 ②	03 ③	04 ③	05 ⑤	06 ③
07 ⑤	08 ③	09 ③			

01 청유문의 부정 표현은 '-지 말자' 형태로 실현되며, 이는 긴 부정문에 해당한다.

02 일반적으로 주체의 능력 부족 또는 상황에 의한 부정을 표현할 때 '못' 부정문을 사용하나, 파생어나 합성어는 짧은 부정문이 어울리지 않으므로 '학생답지 못하다.'처럼 긴 부정문으로 표현해야 한다.

오답 풀이

❶ '문제를 풀지 못하다.'와 같이 부정 용언 '못하다'를 사용한다.
→ '못' 부정문은 '부정 부사 '못'과 부정 용언 '못하다'를 사용하는 부정문이다.

❸ '나는 언제나 영수를 이기지 못했다.'와 같이 능력 부정을 표현한다.
→ 주체의 능력 부족으로 인해 영수를 이길 수 없었다는 것을 부정 부사 '못'을 사용하여 표현한 '못' 부정문이다.

❹ '배고파서 수업에 집중을 못했다.'와 같이 상황에 의한 부정을 표현한다.
→ 상황의 제약에 따라 수업에 집중할 수 없었다는 것을 부정 부사 '못'을 사용하여 표현한 못 부정문이다.

❺ '공을 못 던졌다.'는 짧은 부정문이고, '공을 던지지 못했다.'는 긴 부정문이다.
→ '공을 못 던졌다.'는 부정 부사 '못'을 사용한 짧은 부정문이고, '공을 던지지 못했다'는 부정 용언 '않다'가 사용된 긴 부정문이다.

03 ㉠의 앞에는 '안' 부정문이 쓰였으므로 ㉠에는 주체의 의지에 따라 그 행동을 하지 않았다는 내용이 들어가야 한다. 또한 ㉡의 앞에는 '못' 부정문이 쓰였으므로 ㉡에는 주체의 능력 부족 또는 상황의 제약에 따라 그 행동을 하지 못했다는 내용이 들어가야 한다. ③에 제시된 '어제 할머니 댁에 갔다가 너무 늦게 와서요.'는 자신의 의지에 따른 것이 아니라 상황의 제약에 따라 그 행동을 할 수 없었다는 의미이므로 ㉠가 아니라 ㉡에 들어가야 적절하다.

오답 풀이

❶ ㉠: 아무것도 하기가 싫은 날이었어요.
→ 숙제를 하기가 싫었다는 것은 본인의 의지에 따른 것이므로 ㉠에 들어갈 문장으로 적절하다.

❷ ㉠: 숙제를 하는 대신 잠을 자기로 했거든요.
→ 숙제를 하는 대신 잠을 자기로 했다는 것은 본인의 의지에 따른 것이므로 ㉠에 들어갈 문장으로 적절하다.

❹ ㉡: 깜빡하고 책을 학교에 두고 갔거든요.
→ 책을 학교에 두고 간 것은 숙제를 할 수 없었던 상황을 나타내는 것이므로 ㉡에 들어갈 문장으로 적절하다.

❺ ㉡: 어제 갑자기 배가 많이 아파서 약을 먹고 일찍 잤거든요.
→ 배가 아파서 숙제를 할 수 없었던 것은 외부적 요인, 즉 상황에 따른 것이므로 ㉡에 들어갈 문장으로 적절하다

04 '이 요리는 그렇게 맛있지 않다.'는 능력이나 의지라는 표현 자체를 사용할 수 없는 형용사 '맛있다'를 부정 용언 '않다'를 사용하여 단순 부정한 긴 부정문이다.

오답 풀이

❶ ㄱ은 주체의 능력 부족을 드러내는 '안' 부정문이자 긴 부정문이다.
→ '하늘이 파랗지 않다.'는 능력이나 의지라는 표현 자체를 사용할 수 없는 형용사 '파랗다'를 부정 용언 '않다'를 사용하여 단순 부정한 긴 부정문이다.

❷ ㄴ은 상황에 의한 부정을 표현하는 '안' 부정문이자 짧은 부정문이다.
→ '그녀는 노래를 안 불렀다.'는 그녀가 자신의 의지에 따라 그 행동을 하지 않았다는 것을 부정 부사 '안'을 사용하여 표현한 짧은 부정문이다.

❹ ㄹ은 주체의 의지를 드러내는 '못' 부정문이자 짧은 부정문이다.
→ '영수는 늦잠을 자서 학교에 일찍 못 갔다.'는 영수가 상황의 제약에 따라 학교에 일찍 갈 수 없었다는 것을 부정 부사 '못'을 사용하여 표현한 짧은 부정문이다.

❺ ㅁ은 부정 부사 '안'이나 '못'을 사용하지 않는 긴 부정문이다.
→ '기자의 질문은 사건의 핵심을 찌르지 못했다.'는 주체의 능력 부족에 의한 부정을 부정 용언 '못하다'를 사용하여 표현한 긴 부정문이다.

05 부정문은 문장에서 부정의 대상이 무엇이냐에 따라 그 의미가 다양하게 해석될 수 있다. 이러한 중의성을 해결할 수 있는 가장 좋은 방법은 부정하고자 하는 대상에 보조사를 붙이는 것이다. 예를 들어 '영호가 버스를 타지 않았다.'에서 부정 대상이 '영호(ⓐ)'인 경우 '영호는 버스를 타지 않았다.'로 쓸 수 있다. 또한 부정 대상이 '버스(ⓑ)'인 경우 '영호가 버스는 타지 않았다.'로 쓸 수 있으며, 부정 대상이 서술어 '타다(ⓒ)'인 경우 '영호가 버스를 타지는 않았다.'로 쓸 수 있다.

06 ③은 '시험이 끝났다'라는 홑문장에 관형사형 어미 '-는'이 붙어 뒤에 오는 체언 '사실'을 수식하는 관형사절을 가진 안은문장이다.

오답 풀이

❶ 상미가 같이 밥을 먹자고 말했다.
→ 인용절 다음에 인용격 조사 '고'를 사용한 간접 인용 표현이 쓰인 문장이다.

❷ 정무는 혼자 집에 가고 싶다고 중얼거렸다.
→ 인용절 다음에 인용격 조사 '고'를 사용한 간접 인용 표현이 쓰인 문장이다.

❹ 승호는 나에게 "하늘이 정말 파래!"라고 소리쳤다.
→ 큰따옴표를 붙인 인용절 다음에 인용격 조사 '라고'를 사용한 직접 인용 표현이 쓰인 문장이다.

❺ 민서는 어머니와 함께 공원에 갔느냐고 물어보았다.
→ 인용절 다음에 인용격 조사 '고'를 사용한 간접 인용 표현이 쓰인 문장이다.

07 딸은 어제 '내일'이라고 말했으나 화자의 현재 관점에서는 그것이 '오늘'에 해당하므로, 간접 인용절 속 시간 부사어를 '오늘은 (ⓐ)'으로 수정해야 한다. 또한 '계세요'는 딸이 주체인 화자를 높이기 위해 특수 어휘 '계시다'를 사용한 서술어인데, 딸의 말이 간접 인용될 경우 화자가 자기 자신을 높이는 표현을 사용할 수 없으므로 간접 인용절의 서술어를 '있으라(ⓑ)'로 고쳐야 한다.

08 간접 인용 표현은 인용을 하는 화자가 자신의 관점에서 말하는 것이므로 지시 표현에서 직접 인용 표현과 차이가 난다. ⑤는 인용을 하는 화자의 관점에서 '영국'은 이곳이 아닌 '그곳'에 해당하므로, '영국에 간 진희가 자기는 그곳이 좋다고 했다.'라고

바꾸는 것이 적절하다.

❶ 주애가 "잘 먹었다."라고 말했다.
→ 주애가 잘 먹었다고 말했다.
→ 직접 인용 표현을 간접 인용 표현으로 바꿀 때는 큰따옴표를 없애고, 조사 '라고'를 '고'로 고치는 것이 일반적이다. 따라서 ①은 간접 인용 표현으로 적절하게 고친 것이다.

❷ 그가 "잘 다녀왔니?"라고 말했다.
→ 그가 잘 다녀왔느냐고 말했다.
→ 직접 인용 표현에서의 의문문은 간접 인용 표현에서 보통 '-(으/느)냐'로 바뀐다. 따라서 ②는 간접 인용 표현으로 적절하게 고친 것이다.

❹ 나는 지혜에게 "철호가 너를 좋아해."라고 말했다.
→ 나는 지혜에게 철호가 그녀를 좋아한다고 말했다.
→ 간접 인용 표현은 인용을 하는 화자가 자신의 관점에서 말하는 것이므로 인칭 대명사에서 직접 인용 표현과 차이가 있다. 따라서 ④는 직접 인용 표현에서 쓰인 2인칭 대명사를 간접 인용 표현에서 적절히 3인칭 대명사로 고친 것이다.

❺ 민주가 어제 주혜에게 "내일 놀래?"라고 물었습니다.
→ 민주가 어제 주혜에게 오늘 놀 거냐고 물었습니다.
→ 간접 인용 표현은 인용을 하는 화자가 자신의 관점에서 말하는 것이므로 시간 표현에서 직접 인용 표현과 차이가 있다. 민주가 '내일'이라고 말했지만, 그것은 화자의 입장에서 '오늘'에 해당하므로, 간접 인용 표현으로 바꿀 때에는 '오늘'이라고 고쳐야 한다.

09 (가)를 간접 인용 표현으로 바꿀 때, '그 사람은 자기가 잘못했다고 사과했다.'로 바꿀 수 있으며, (나)를 간접 인용 표현으로 바꿀 때, '현지는 나에게 자기도 청소를 해야 하냐고 물었다.'로 바꿀 수 있다. 즉, (가)와 (나)를 간접 인용 표현으로 바꿀 때, (가)와 (나)에 붙은 인용격 조사 '라고'는 '고'로 바뀌며, (나)의 인용절의 의문형 종결 어미를 '-냐'로 바꿀 수 있다. 따라서 〈보기 1〉의 (가)와 (나)에 대한 설명으로 적절한 것은 ㉡과 ㉣이다.

내신 실력 기르기 DAY 19~24 128~129쪽

01 ⑤	**02** ②	**03** 철수는 내일 미국에 갑니까?	**04** ④
05 ⑤	**06** ①	**07** ③	**08** ③

01 〈보기〉는 감탄형 어미 '-구나'가 붙어 만들어진 감탄문이다. ①은 평서문, ②는 청유문, ③은 의문문, ④는 명령문에 대한 설명이다.

02 ②는 상대 높임의 등급 중 아주높임에 해당하는 하십시오체의 평서형 종결 어미 '-습니다'를 통해 상대(청자)를 높이고, 특수 어휘 '모시다'를 통해 객체인 '할머니'도 높이고 있다.

❶ 영미는 외할머니를 뵈러 시골에 갔다.
→ 상대 높임의 등급 중 아주낮춤에 해당하는 해라체의 평서형 종결 어미 '-다'를 통해 상대(청자)는 낮추고 있으며, 특수 어휘 '뵈다'를 통해 객체인 '할머니'는 높이고 있다.

❸ 이 목도리와 장갑을 할아버지께 얼른 갖다드려.
→ 상대 높임의 등급 중 두루낮춤에 해당하는 해체의 명령형 종결 어미 '-어'를 통해 상대(청자)는 낮추고 있으며, 부사격 조사 '께'와 특수 어휘 '가져다드리다'의 준말인 '갖다드리다'를 통해 객체인 '할아버지'는 높이고 있다.

❹ 어머니께서 아버지께 따뜻한 바지를 만들어 드렸다.
→ 상대 높임의 등급 중 아주낮춤에 해당하는 해라체 평서형 종결 어미 '-다'를 통해 상대(청자)는 낮추고 있으며, 부사격 조사 '께'를 통해 객체인 '아버지'는 높이고 있다.

❺ 경수가 수희를 데리고 가까운 병원에 입원시켰습니다.
→ 상대 높임 등급 중 아주높임에 해당하는 하십시오체의 평서형 종결 어미 '-습니다'를 통해 상대(청자)를 높이고 있으나, 객체인 '수희'를 높이고 있지는 않다.

03 '철수는 내일 미국에 갑니까?'의 종결 어미 '-ㅂ니까'는 '하십시오체(아주높임)'의 의문형 종결 어미로, 상대 높임의 등급 중 높임의 정도가 가장 높다.

04 관형사형 어미 '-는'은 동사의 어간에 붙으면 현재 시제를 나타낸다. '지속되다'는 동사이므로 여기에 결합한 ⓓ의 '-는'은 현재 시제를 나타낸다.

❶ ⓐ: 선어말 어미 '-겠-'을 사용해 사건이 아직 일어나지 않았음을 표현하고 있다.
→ '계속되겠습니다'는 동사 어간 '계속되-'에 미래 시제 선어말 어미 '-겠-'이 결합해 미래 시제를 나타낸다. 발화시를 기준으로 사건이 아직 일어나지 않았음을 표현하고 있다.

❷ ⓑ: 선어말 어미 '-었-'과 관형사형 어미 '-던'을 사용해 과거의 일을 표현하고 있다.
→ '추웠던'은 형용사 어간 '춥-'에 선어말 어미 '-었-'과 관형사형 어미 '-던'이 결합해 과거 시제를 나타내고 있다.

❸ ⓒ: 선어말 어미 '-ㄹ'에 의존 명사 '것'이 결합한 '-ㄹ 것'을 사용해 미래 시제를 나타내고 있다.
→ '이어질 것'은 동사 어간 '이어지-'에 관형사형 어미 '-ㄹ'과 의존 명사 '것'이 결합한 '-ㄹ 것'을 사용하여 미래 시제를 나타내고 있다.

❺ ⓔ: 선어말 어미 '-었-'을 사용해 과거 시제를 나타내고 있다.
→ '드렸습니다'는 동사 어간 '드리-'에 과거 시제 선어말 어미 '-었-'이 결합해 과거 시제를 나타내고 있다.

05 ⑤는 격식체인 하십시오체의 '-습니다'라는 종결 어미를 통해 평서문으로 문장을 끝맺으면서 청자를 높이고 있다. 또한 본용언에 '-고 있다'가 결합해 동작이 계속 일어나고 있음을 나타내고 있다.

❶ 동생이 빵을 다 먹어 버렸어.
→ '-어'는 비격식체인 해체의 평서형 종결 어미이고, '-어 버렸어'는 일이 끝났음을 의미하는 완료상을 표현한다. 따라서 ①은 '평서문으로 종결할 것'이라는 하나의 조건만을 충족하는 문장이다.

❷ 흰 구름이 하늘에 떠가는구려.
→ '-구려'는 격식체인 하오체의 감탄형 종결 어미이며, ②의 문장에는 동작상이 나타나 있지 않다. 따라서 ②는 '격식체를 사용해 청자를 높일 것'이라는 하나의 조건만을 충족하는 문장이다.

❸ 아이가 지금 책을 읽고 있어요.
→ '-어요'는 비격식체인 해요체의 평서형 종결 어미이고, '-고 있어요'는 동작의 진행을 표현한다. 따라서 ③은 '평서문으로 종결할 것, 동작상

중 진행상이 나타날 것'이라는 두 개의 조건만을 충족하는 문장이다.

❹ 학생들은 강당에 모여 있습니다.

→ '-습니다'는 격식체인 하십시오체의 평서형 종결 어미이고, '-어 있습니다'는 일이 끝난 후 결과가 지속됨을 의미하는 완료상을 표현한다. 따라서 ④는 '평서문으로 종결할 것, 격식체를 사용해 청자를 높일 것'이라는 두 개의 조건만을 충족하는 문장이다.

06 '들린다'는 능동사의 어근 '듣-'에 피동 접미사 '-이-'가 붙어서 만들어진 피동사이다. '듣다'는 어간 다음에 모음이 오면 어간의 'ㄷ'이 'ㄹ'로 바뀐다.

[모답 풀이]

❷ ㉡: '새끼 새가 제힘으로 날아갔다.'라는 주동문을 통사적 사동문으로 바꾼 것이다.

→ '어미 새는 새끼 새가 제힘으로 날아가게 하였다.'는 주동사 어간에 '-게 하다'가 붙어 실현된 통사적 사동문이다. 이를 다시 주동문으로 바꾸면 '새끼 새가 제힘으로 날아갔다.'가 된다.

❸ ㉢: '먹- + -이- + -었- + -다'로 분석되는데, '-이-'는 사동 접미사이다.

→ '먹였다'는 '먹-(주동사의 어근) + -이-(사동 접미사) + -었-(과거 시제 선어말 어미) + -다(평서형 종결 어미)'로, 사동 접미사가 붙어 만들어진 사동사이다.

❹ ㉣: '쓰- + -이- + -어'로 분석되는데, '-이-'는 피동 접미사이다.

→ '쓰여'는 '쓰-(능동사의 어근) + -이-(피동 접미사) + -어(연결 어미)'로 분석되므로, 피동 접미사가 붙어 만들어진 피동사이다.

❺ ㉤: '잊- + -히- + -어지- + -지'로 분석되며, 이중 피동 표현에 해당한다.

→ '잊혀지지'는 '잊-(능동사의 어근) + -히-(피동 접미사) + -어지-(-어지다) + -지(연결 어미)'로 분석된다. 능동사 어근에 피동 접미사 '-히-'가 붙어 피동사가 된 것에 다시 피동문을 만드는 '-어지다'가 붙어 만들어진 이중 피동 표현이다.

07 '너무 늦게까지는 공부하지 마라.'는 명령문의 부정을 표현하며, '-지 마라'를 사용한 긴 부정문에 해당한다.

[모답 풀이]

❶ ⓐ는 주체의 의지에 의한 부정을 표현하는군.

→ '오늘 학교에 안 가니?'는 부정 부사 '안'을 사용하여 성연이에게 성연이 자신의 의지에 따라 학교에 가지 않을 것이냐고 묻는 부정 의문문이다.

❷ ⓑ는 상황에 의한 부정을 표현하는군.

→ '새벽까지 공부하다 잤더니 일찍 못 일어났어요.'는 성연이가 상황의 제약으로 인해 일찍 일어날 수 없었음을 부정 부사 '못'을 사용하여 표현한 부정문이다.

❹ ⓓ는 현장감과 생동감을 주는 인용 표현이 쓰였군.

→ '이틀 전에는 누나가 "공부 좀 해라."라고 했어요.'는 큰따옴표와 인용격 조사 '라고'를 사용한 직접 인용 표현이 쓰인 문장이다. 직접 인용 표현은 간접 인용 표현보다 직접 말을 하는 듯한 현장감과 생동감을 줄 수 있다.

❺ ⓔ는 매끄럽고 간결한 느낌을 주는 인용 표현이 쓰였군.

→ '누나가 공부 좀 하라고 한 건 맞아.'는 인용격 조사 '고'를 사용한 간접 인용 표현이 쓰인 문장이다. 간접 인용 표현은 직접 인용 표현보다 매끄럽고 간결한 느낌을 줄 수 있다.

08 (다)의 '보인다'는 능동사 어근 '보-'에 피동 접미사 '-이-'가 결합한 서술어이다. 주어가 남에게 동작이나 행위를 시키는 것을 나타내는 접미사는 사동 접미사이다.

[모답 풀이]

❶ (가)의 서술어에는 주체인 아버지를 높이는 선어말 어미인 '-으시-'와 현재 시제를 나타내는 선어말 어미 '-ㄴ-'이 결합하였다.

→ (가)의 '읽으신다'는 용언의 어간 '읽-'에 주체 높임 선어말 어미 '-으시'와 현재 시제를 나타내는 선어말 어미 '-ㄴ-'과 어말 어미 '-다'가 합쳐진 종결 어미 '-ㄴ다'가 결합한 서술어이다.

❷ (나)의 서술어에는 주어가 다른 주체에 의해 어떤 동작이나 행위를 당함을 나타내는 접미사 '-리-'가 결합하였다.

→ (나)의 '열렸다'는 능동사 어근 '열-'에 주어가 다른 주체에 의해 어떤 동작이나 행위를 당함을 나타내는 피동 접미사 '-리-'가 결합한 서술어이다.

❹ (라)의 서술어에는 과거 시제를 나타내는 선어말 어미 '-았-'과 추측이라는 심리적인 태도를 나타내는 선어말 어미 '-겠-'이 결합하였다.

→ (라)의 '좋았겠구나'는 용언의 어간 '좋-'에 과거 시제를 나타내는 선어말 어미 '-았-'과 추측의 의미를 나타내는 선어말 어미 '-겠-'이 결합한 서술어이다.

❺ (마)의 서술어에는 사동 접미사 '-리-'와 사건시가 발화시보다 앞서는 것을 나타내는 선어말 어미 '-었-'이 결합하였다.

→ (마)의 '말렸다'는 주동사 어근 '열-'에 사동 접미사 '-리-'와 추측 또는 추정의 의미를 나타내는 선어말 어미 '-겠-'이 결합한 서술어이다.

수능으로 실력 쌓기 ○ 130~135쪽

01 ②	02 ②	03 ①	04 ①	05 ②	06 ⑤
07 ③	08 ③	09 ③	10 ①	11 ①	12 ⑤
13 ③	14 ①	15 ③	16 ⑤		

01 ㄴ '언니는 올해 대학생이 되었다.'에서 '올해'는 서술어 '되었다'를 꾸며 주는 부사어이므로, 문장에서 꼭 필요로 하는 주성분이 아니다. 일반적으로 부사어는 관형어와 함께 부속 성분으로서 다른 말을 꾸며 주는 역할을 하므로, 필수적인 성분이 아니라 수의적인 성분에 해당한다.

[모답 풀이]

❶ ㄱ의 '찍었다'는 '동생'의 동작을 풀이하는 서술어입니다.

→ '사진을 찍었다'의 찍었다'는 '어떤 대상을 촬영기로 비추어 그 모양을 옮기다.'라는 뜻으로 주어인 '동생이'의 동작을 풀이하는 서술어이다.

❸ ㄱ에는 목적어가 있지만, ㄴ에는 목적어가 없습니다.

→ 〈보기〉에서는 서술어의 동작 대상이 되는 문장 성분을 목적어라고 하였다. 그러므로 ㄱ에서 서술어 '찍었다'의 동작 대상인 '사진을'이 목적어이다. ㄴ의 서술어 '되었다'는 주어와 보어만을 필요로 하며 목적어는 필요로 하지 않는다.

❹ ㄱ과 ㄴ에는 주어가 하나씩 있습니다.
→ 주어는 문장에서 동작 또는 상태나 성질의 주체를 나타내는 것이라고
하였다. ㄱ에서 '찍었다'라는 동작을 행하는 주체가 '동생'이므로, '동생
이'가 주어에 해당한다. ㄴ에서는 '되었다'의 주체가 '언니'이므로 '언니
는'이 주어에 해당한다.
❺ ㄱ과 ㄴ에는 주성분의 종류가 세 가지씩 있습니다.
→ ㄱ에서 주성분은 주어(동생이), 목적어(사진을), 서술어(찍었다)로 세 가
지이고, ㄴ에는 주어(언니는), 보어(대학생이), 서술어(되었다)로 세 가
지이다.

02 〈보기〉는 관형어를 실현하는 방법에 대해 설명하고 있다. 그러
나 '그녀는 겨우 작품을 완성했다.'의 '겨우'는 바로 뒤에 오는
체언인 '작품을'을 꾸며 주는 것이 아니라, 서술어인 '완성했다'
를 꾸며 주는 부사어이다.

❶ 그는 새 운동화를 신었다.
→ '새'는 조사나 어미의 결합 없이 체언인 '운동화'를 꾸며 주고 있으므로,
관형사가 그대로 관형어가 된 경우이다.
❸ 소녀는 시골 풍경을 좋아한다.
→ '시골'은 '시골의 풍경'에서 관형격 조사 '의'가 생략되어 '체언 + 체언'의
구성이 된 경우로 앞의 체언이 관형어 역할을 한다.
❹ 이곳은 내가 다니던 학교이다.
→ '다니던'은 '다니-'라는 용언 어간에 관형사형 어미 '-던'이 결합되어
('내가 학교에 다녔다.'라는 문장이 관형절로 안김.) 관형어가 된 경우이
다.
❺ 지도자는 국민의 단결을 호소했다.
→ '국민의'는 체언 '국민'에 관형격 조사 '의'가 결합되어 관형어가 된 경우
이다.

03 〈보기〉에 쓰인 '유리하다'는 '이익이 있다.'라는 뜻을 지니며, 주
어 외에 부사격 조사 '에/에게'가 붙은 필수적 부사어를 필요로
하는 두 자리 서술어이다. ①의 '속했다'는 '관계되어 딸리다.'라
는 뜻을 지니며, 마찬가지로 주어 외에 부사격 조사 '에'가 붙은
필수적 부사어를 요구하는 두 자리 서술어이다.

❷ 그는 바람이 불기에 옷깃을 여몄다.
→ ②의 '여몄다'는 '벌어진 옷깃이나 장막 따위를 바로 합쳐 단정하게 하
다.'라는 뜻을 지니며, 주어와 목적어를 필요로 하는 두 자리 서술어이
다.
❸ 우리는 원두막을 하루 만에 지었다.
→ ③의 '지었다'는 '재료를 들여 밥, 옷, 집 따위를 만들다.'라는 뜻을 지니
며, 주어와 목적어를 필요로 하는 두 자리 서술어이다.
❹ 나는 시간이 남았기에 그와 걸었다.
→ ④의 '걸었다'는 '다리를 움직여 바닥에서 발을 번갈아 떼어 옮기다.'라
는 뜻을 지니며, 주어만을 필요로 하는 한 자리 서술어이다.
❺ 나는 구호품을 수해 지역에 보냈다.
→ ⑤의 '보냈다'는 '사람이나 물건 따위를 다른 곳으로 가게 하다.'라는 뜻
을 지니며, 주어, 목적어, 필수적 부사어를 필요로 하는 세 자리 서술어
이다.

04 ㉠의 '엄마와'는 문장 전체가 아닌 서술어 '닮았다'를 수식하는
부사어이다. 이는 두 자리 서술어인 '닮았다'가 요구하는 필수적
부사어이므로 생략할 수 없다.

❷ ㉡을 보니 부정의 의미를 갖는 부사어는 수식하는 문장 성분 앞으로
위치가 고정되는군.
→ ㉡의 부정 부사 '안'은 서술어 '먹었다'를 수식하는 부사어로 부정 대상
인 서술어 '먹었다'의 앞으로 그 위치가 고정된다.
❸ ㉢을 보니 서술어의 행위가 미치는 대상을 가리키는 부사어는 문장을
구성하는 데 꼭 필요한 성분이 되기도 하는군.
→ ㉢의 '아이에게'는 세 자리 서술어 '주었다'의 행위가 미치는 대상을 가
리키는 필수적 부사어이다.
❹ ㉣을 보니 체언을 꾸며 주던 부사어가 위치를 이동하면 수식하는 성분
이 바뀌는 경우도 있군.
→ ㉣의 '겨우 하나를 만들었다는 거야?'에서 '겨우'는 체언 '하나'를 수식
하지만, '하나를 겨우 만들었다는 거야?'에서 '겨우'는 서술어 '만들었다
는'을 수식한다.
❺ ㉤을 보니 단어를 이어 주는 부사어는 위치를 자유롭게 이동할 수 없
군.
→ ㉤의 '및'은 단어를 이어 주는 부사어로 문장에서 동일한 종류의 성분
을 연결할 때 사용되므로 위치를 자유롭게 옮길 수 없다.

05 ㉡ '자신이 돌아왔음'은 명사형 어미 '-음'이 붙어 실현된 명사
절이다. 목적격 조사 '을'과 결합하여 문장에서 목적어의 역할을
하고 있다.

❶ ㉠은 뒤에 오는 명사 '친구'를 수식하므로 관형절로 안긴문장으로 볼
수 있군.
→ '오랫동안 여행을 떠났던'은 뒤에 오는 체언 '친구'를 수식하므로 관형
사절에 해당한다.
❸ ㉢은 '고'를 사용하여 친구의 말을 인용하고 있으므로 인용절로 안긴문
장으로 볼 수 있군.
→ '곧장 나를 만나러 오겠다'는 친구의 말을 인용한 것으로 인용격 조사
'고'가 붙은 간접 인용절에 해당한다.
❹ ㉣은 서술어 '약속해서'를 수식하고 있으므로 부사절로 안긴문장으로
볼 수 있군.
→ '기분 좋게'는 '기분이 좋다.'라는 문장이 서술어 '약속해서'를 수식하는
부사어로 쓰였으므로 부사절에 해당한다.
❺ ㉤은 주어 '나'의 상태를 서술하는 역할을 하므로 서술절로 안긴문장으
로 볼 수 있군.
→ '마음이 설렜다'는 문장에서 주어 '나'의 상태를 서술하며, '주어 + 서술
어'의 구조를 지니므로 서술절에 해당한다.

06 ⑤의 '갑자기 문이 열려서 사람들이 놀랐다.'는 '갑자기 문이 열
리다.'와 '사람들이 놀랐다.'라는 두 홑문장이 연결 어미 '-어서'
에 의해 '원인'의 의미 관계로 연결된 종속적으로 이어진문장이
다.

❶ 예문: 무쇠도 갈면 바늘이 된다. / 종류: 종속 / 의미 관계: 목적
→ ①의 예문은 '무쇠도 갈다.'와 '바늘이 된다.'라는 두 홑문장이 연결 어미
'-면'에 의해 '조건'의 의미 관계로 연결된 종속적으로 이어진문장이
다.
❷ 예문: 하늘도 맑고, 바람도 잠잠하다. / 종류: 대등 / 의미 관계: 대조
→ ②의 예문은 '하늘도 맑다.'와 '바람도 잠잠하다.'라는 두 홑문장이 연결
어미 '-고'에 의해 '나열'의 의미 관계로 연결된 대등하게 이어진문장
이다.
❸ 예문: 나는 시험공부를 하러 학교에 간다. / 종류: 종속 / 의미 관계: 조
건

→ ③의 예문은 '나는 시험공부를 하다.'와 '(나는) 학교에 간다.'라는 두 홑
문장이 연결 어미 '-러'에 의해 '목적'의 의미 관계로 연결된 대등하게
이어진문장이다.
❹ 예문: 함박눈이 내렸지만 날씨가 따뜻하다. / 종류: 대등 / 의미 관계:
나열
→ ④의 예문은 '함박눈이 내렸다.'와 '날씨가 따뜻하다.'라는 두 홑문장이
연결 어미 '-지만'에 의해 '대조'의 의미 관계로 연결된 대등하게 이어
진문장이다.

07 ㉢은 의문 대명사 '무엇'이 포함된 의문문으로 청자의 대답에
따라 판정 의문문이나 설명 의문문으로 볼 수 있다. ㉢의 경우,
청자 B의 대답 '아니'를 고려할 때 긍정이나 부정의 대답을 요구
하는 판정 의문문에 해당하며, 이때의 '무엇'은 부정칭 대명사에
해당한다. 따라서 ㉢이 의문사가 가리키는 내용을 설명해 달라
는 의도를 드러냈다는 설명은 적절하지 않다.

❶ ㉠: 청자의 반응으로 보아 청자에게 긍정이나 부정의 대답을 요구하는
것으로 볼 수 있다.
→ 청자인 B가 '응'이라고 긍정의 대답을 한 것으로 보아 ㉠은 부정문으로
된 판정 의문문임을 알 수 있다.
❷ ㉡: 자신이 믿고 있는 사실을 청자에게 확인하려는 것으로 볼 수 있다.
→ ㉡은 어미 '-지'를 활용하고 있으므로 화자가 청자의 동의를 구하거나
아침을 먹지 못했다는 사실을 확인하려고 하는 판정 의문문임을 알 수
있다.
❹ ㉣: 청자가 긍정이나 부정의 대답을 하면 의문사를 부정칭 대명사로 사
용한 것으로 볼 수 있다.
→ 만약 A가 B의 질문에 '응'이나 '아니'로 대답한다면, ㉣의 질문에 사용
된 의문 대명사 '무엇'은 부정칭 대명사로 볼 수 있다. 만약 A가 '공부를
한다.'와 같은 대답을 한다면 이때의 ㉣은 설명 의문문이 된다.
❺ ㉤: 청자의 반응으로 보아 화자는 의문의 초점에 대해 구체적인 설명을
요청하는 것으로 볼 수 있다.
→ B가 A의 물음에 대해 구체적인 대답을 하고 있으므로 ㉤은 청자에게
구체적으로 설명해 주기를 요구하는 설명 의문문임을 알 수 있다.

08 ㉡의 '말씀'은 서술의 주체인 '부모님'을 높이는 특수 어휘이다.
㉡에서 객체인 '할머니'를 높이는 특수 어휘는 '모시다'이다.

❶ ㉠은 종결 어미 '-어라'를 사용하여 대화 상대인 '채윤'을 낮추고 있다.
→ '-어라'는 상대 높임 등급 중 아주낮춤에 해당하는 '해라체'의 명령형
종결 어미이다. 즉 ㉠은 종결 어미를 통해 대화 상대인 '채윤'을 낮추고
있다.
❷ ㉠은 부사격 조사 '께'를 사용하여 서술의 객체인 '할아버지'를 높이고
있다.
→ ㉠은 부사격 조사 '께'와 특수 어휘 '드리다'를 사용하여 서술의 객체인
'할아버지'를 높이고 있다.
❹ ㉡은 종결 어미 '-습니다'를 사용하여 대화 상대인 '선생님'을 높이고
있다.
→ '-습니다'는 상대 높임 등급 중 아주높임에 해당하는 '하십시오체'의
평서형 종결 어미이다. 즉 ㉡은 종결 어미를 통해 대화 상대인 '선생님'
을 높이고 있다.
❺ ㉡은 주격 조사 '께서'와 선어말 어미 '-시-'를 사용하여 서술의 주체
인 '부모님'을 높이고 있다.
→ ㉡은 주격 조사 '께서'와 선어말 어미 '-시-', 그리고 특수 어휘 '말씀'
을 통해 서술의 주체인 '부모님'을 높이고 있다.

09 ③의 높임을 표현하는 어휘는 '잡수신다'와 '연세'이다. 이때 '잡
수신다'는 주체(할머니)를 높이는 용언(㉠)이며, '연세'는 높여야
할 인물과 관련된 것(할머니의 나이)을 높이는 명사(㉡)이다.

❶ 나는 아직 그분의 성함을 기억하고 있다.
→ ①의 높임을 표현하는 어휘는 '그분'과 '성함'이다. 이때 '그분'은 높여야
할 인물(그 사람)을 직접 높이는 명사이며, '성함'은 높여야 할 인물과
관련된 것(그 사람의 이름)을 높이는 명사(㉡)이다.
❷ 누나는 여쭐 것이 있다며 할머니 댁에 갔다.
→ ②의 높임을 표현하는 어휘는 '여쭐'과 '댁'이다. 이때 '여쭐'은 객체(할머
니)를 높이는 용언이며, '댁'은 높여야 할 인물과 관련된 것(할머니의
집)을 높이는 명사(㉡)이다.
❹ 우리는 부모님을 모시고 바닷가로 여행을 떠났다.
→ ④의 높임을 표현하는 어휘는 '부모님'과 '모시고'이다. 이때 '부모님'은
높여야 할 인물(부모)을 직접 높이는 명사이고, '모시고'는 객체(부모님)
를 높이는 용언이다.
❺ 어머니께서는 몹시 피곤하셨는지 거실에서 주무신다.
→ ⑤의 높임을 표현하는 어휘는 '주무신다'로, 이는 주체(어머니)를 높이
는 용언(㉠)이다.

10 ㄱ의 '혼났다'에서 '-았-'은 미래 일에 대한 확신을 표현하는
역할을 한다. 선어말 어미 '-았/었-'은 일반적으로 과거 시제
를 나타내지만, 미래의 일의 실현에 대한 확신이 있거나 완결된
상황이 지속될 때에도 사용된다.

❷ ㄴ: 나는 예전에 그 집에 살았었다.
→ ㄴ의 '살았었다'는 '살-＋-았었-＋-다'로 분석되는데, 이때의 '-았
었-'은 발화시보다 전에 발생하여 현재와는 단절된 사건을 표현한다.
❸ ㄷ: 지난여름에는 정말 덥더라.
→ ㄷ의 '덥더라'는 '덥-＋-더-＋-라'로 분석되는데, 이때의 '-더-'는
과거 어느 때의 일이나 경험을 회상하는 것을 표현한다.
❹ ㄹ: 방학 동안 읽은 책이 제법 여러 권이다.
→ ㄹ의 '읽은'은 '읽-＋-은'으로 분석되는데, 이때의 '-은'은 동사 어간
에 붙어 과거 시제를 표현하는 관형사형 어미에 해당한다.
❺ ㅁ: 여름에 푸르던 산이 붉게 물들었다.
→ ㅁ의 '푸르던'은 '푸르-＋-던'으로 분석되는데, 이때의 '-던'은 형용
사 어간에 붙어 과거 시제를 표현하는 관형사형 어미에 해당한다.

11 ㉠을 보면, '거기에는 눈이 왔겠다.'의 '왔겠다'는 과거 시제를
나타내는 '-았-'과 추측을 나타내는 '-겠-'이 쓰여 미래 사
건이 아닌 과거의 사건을 추측하고 있다. '지금 거기에는 눈이
오겠지.'는 현재 시간을 나타내는 '지금'과 추측을 나타내는 '-
겠-'이 쓰인 '오겠지'로 미래의 사건이 아닌 현재의 사건을 추
측하고 있다. 따라서 ㉠의 선어말 어미 '-겠-'은 모두 미래의
사건을 추측하는 데 쓰인 것이 아니라, 과거나 현재의 사건을
추측하는 데 쓰이고 있다.

❷ ㉡을 보니, 선어말 어미 '-았-'이 과거 시제를 나타내지 않는 경우도
있군.
→ '그가 집에 갔다.'에서 '갔다'에 쓰인 '-았-'은 과거 시제를 나타낸다.
그러나 '막차를 놓쳤으니 나는 집에 다 갔다.'에서 '갔다'에 쓰인 '-
았-'은 아직 이루어지지 않은 일에 대해 정해진 사실인 양 확신을 나
타내므로 과거 시제를 나타내는 데 쓰였다고 볼 수 없다.

❸ ㉢을 보니, 관형사형 어미 '-ㄹ'이 붙을 때 미래의 사건을 나타내지 않
   는 경우도 있군.
 → '내가 떠날 때 비가 올 것이다.'에서 '떠날'에 붙은 관형사형 어미 '-ㄹ'
   은 '올 것이다'와 함께 쓰여 미래의 사건을 나타낸다. 그러나 '내가 떠날
   때 비가 왔다.'는 내가 떠난 과거의 시간에서 비가 온 것으로 '떠날'에
   붙은 관형사형 어미 '-ㄹ'은 미래의 사건을 나타낸다고 보기 어렵다.
❹ ㉣을 보니, 현재 시제 선어말 어미 '-ㄴ-'이 미래의 사건을 나타낼 때
   도 쓰이고 있군.
 → '그는 지금 학교에 간다.'에서 '간다'에 붙은 현재 시제 선어말 어미 '-
   ㄴ-'은 현재를 나타내는 '지금'과 함께 쓰여 현재의 사건을 나타낸다.
   그러나 '그는 내년에 진학한다고 한다.'에서 '진학한다고'에 쓰인 현재
   시제 선어말 어미 '-ㄴ-'은 '내년에'와 함께 쓰여 미래의 사건을 나타
   낸다.
❺ ㉤을 보니, 형용사에서 현재 시제를 나타낼 때 시제 선어말 어미가 나
   타나지 않고 있군.
 → ㉤은 형용사가 시제를 나타내는 경우이다. '작년에 그는 키가 작았다.'
   에서 '작았다'는 선어말 어미 '-았-'이 쓰여 과거 시제를 나타낸다. 그
   러나 '오늘 보니 그는 키가 작다.'에서 형용사 '작다'는 '오늘'과 함께 쓰
   여 현재 시제를 나타낸다. 이때 현재 시제 선어말 어미인 '-ㄴ-'이나
   '-는-'과 결합하지 않고 기본형 '작다' 그대로 사용되고 있음을 알 수
   있다.

12 ⑤는 관형사절 '그가 못 읽은'이 안긴절로 한 번 나타나며, 안긴
절에는 짧은 부정문을 표현하는 부정 부사 '못'이 포함되어 있
다. 또한 안은문장의 서술어 '읽었다'는 동사의 어간에 선어말
어미 '-었-'이 결합하여 사건시가 발화시보다 앞서는 과거 시
제를 나타낸다. 따라서 ⑤는 〈보기〉의 [조건]을 모두 실현한다.

13 ㉠에서 주동문의 주어인 '철수가'는 사동문의 '철수를'이라는 목
적어로 바뀌었지만, ㉡에서 주동문의 주어인 '동생이'는 사동문
의 '동생에게'라는 부사어로 바뀌었다.

❶ ㉠의 주동문은 ㉡과 달리 사동 접미사를 활용하여 사동문을 만들 수
   없다.
 → ㉡은 주동문의 서술어 '먹다'에 사동 접미사 '-이-'를 붙여 '먹이다'의
   형태로 사동문을 만들 수 있다. 반면 ㉠은 주동문의 서술어 '가다'에 사
   동 접미사를 활용하여 사동문을 만들 수 없고, '-게 하다'를 결합한 통
   사적 사동문만 만들 수 있다.
❷ ㉢의 사동문에서 사동 접미사 대신 '-게 하다'를 활용할 경우 어색한
   문장이 된다.
 → ㉢의 사동문에서 사동 접미사 '-기-' 대신 '-게 하다'를 활용하여 사
   동문을 만들면 '*인부들이 이삿짐을 방으로 옮게 하다.'와 같이 어색한
   문장이 된다.
❹ ㉠과 ㉡은 모두 주동문이 사동문이 될 때, 사동문에는 새로운 주어가
   생겼다.
 → ㉠은 주동문의 주어 '철수가'가 사동문의 목적어 '철수를'이 되면서 '내
   가'라는 새로운 주어가 생겨났다. ㉡은 주동문의 주어 '동생이'가 사동
   문의 부사어 '동생에게'가 되면서 '누나가'라는 새로운 주어가 생겨났다.
❺ ㉠, ㉡과 달리 ㉢은 사동문에 대응하는 주동문이 없는 경우이다.
 → ㉠, ㉡은 사동문에 대응하는 주동문이 있으나, ㉢은 사동문에 대응하
   는 주동문을 만들어 보면 '이삿짐이 방으로 옮다.'와 같이 문장이 성립
   될 수 없는 비문이 된다.

14 ①의 '가려진'은 기본형 '가리다'에 '-어지다'가 붙은 것으로 이
중 피동 표현이 아니다.

❷ 칠판에 쓰여진 글씨가 잘 보이지 않는다.
 → '쓰여진'은 '쓰-+-이-+-어지-+-ㄴ'으로 분석되므로 피동 접
   미사 '-이-'와 피동 표현을 만드는 '-어지-'가 둘 다 쓰인 이중 피동
   표현이다. '쓰인'이나 '써진'으로 바꾸어야 한다.
❸ 예쁜 그릇에 담겨진 음식이 먹음직스럽다.
 → '담겨진'은 '담-+-기-+-어지-+-ㄴ'으로 분석되므로 피동 접
   미사 '-기-'와 피동 표현을 만드는 '-어지-'가 둘 다 쓰인 이중 피동
   표현이다. '담긴'이나 '담가진'으로 바꾸어야 한다.
❹ 아이는 살짝 열려진 문틈에 바짝 다가섰다.
 → '열려진'은 '열-+-리-+-어지-+-ㄴ'으로 분석되므로 피동 접
   미사 '-리-'와 피동을 표현하는 '-어지-'가 둘 다 쓰인 이중 피동 표
   현이다. '열린'이나 '열어진'으로 바꾸어야 한다.
❺ 스크린을 통해 보여진 그 풍경은 아름다웠다.
 → '보여진'은 '보-+-이-+-어지-+-ㄴ'으로 분석되므로 피동 접
   미사 '-이-'와 피동을 표현하는 '-어지-'가 둘 다 쓰인 이중 피동 표
   현이다. '보인'이나 '보아진'으로 바꾸어야 한다. 이때 '보아진'보다는
   '보인'이 자연스럽다.

15 ㉡의 직접 인용문에 사용된 주체 높임의 특수 어휘 '계시다'가
간접 인용문에서는 '있다'로 바뀌었기 때문에 주체 높임 표현과
객체 높임 표현 모두 실현되지 않았다.

16 ⑤의 ㉠은 형용사 '고요하다'가 서술어로 쓰이므로 '-지 않다'
가 단순 부정을 나타낸다. ㉡은 동사 '오다'가 서술어로 쓰이지
만 무정물 '비'가 주어이므로 '안'이 단순 부정을 나타낸다.

❶ ㉠: 옛날엔 통신 기술이 발달하지 않았다. / ㉡: 주문한 옷이 아직도 도
   착하지 않았다.
 → ㉠은 동사 '발달하다'가 서술어로 쓰이므로 단순 부정을 나타내지 않는
   다. ㉡은 동사 '도착하다'가 서술어로 쓰였지만 무정물 '옷'이 주어이므
   로 단순 부정을 나타낸다.
❷ ㉠: 이 문제집은 별로 어렵지 않더라. / ㉡: 저는 이 은혜를 잊지 않겠
   습니다.
 → ㉠은 형용사 '어렵다'가 서술어로 쓰이므로 단순 부정을 나타낸다. ㉡
   은 동사 '잊다'가 서술어로 쓰이며 유정물 '저'가 주어이므로 단순 부정
   을 나타내지 않는다.
❸ ㉠: 나는 그 이야기가 궁금하지 않아. / ㉡: 동생이 오늘 우산을 안 가
   져갔어.
 → ㉠은 형용사 '궁금하다'가 서술어로 쓰이므로 단순 부정을 나타낸다.
   ㉡은 동사 '가져가다'가 서술어로 쓰이며 유정물 '동생'이 주어이므로
   단순 부정을 나타내지 않는다.
❹ ㉠: 내 얘기에 고모는 놀라지 않았다. / ㉡: 이 물질은 전기가 통하지
   않는다.
 → ㉠은 동사 '놀라다'가 서술어로 쓰이므로 단순 부정을 나타내지 않는
   다. ㉡은 동사 '통하다'가 서술어로 쓰였지만 무정물 '전기'가 주어이므
   로 단순 부정을 나타낸다.

Ⅳ 국어의 규범

25 한글 맞춤법 ❶: 소리, 형태에 관한 것 - 본문 139쪽

개념 확인하기   1 ○   2 ○   3 ×   4 된소리   5 ㅈ, ㅊ   6 용언   7 ①

학습 활동   ❶ 딱지   ❷ 법석   ❸ 내재율   ❹ 외형률   ❺ 그을음   ❻ 같이   ❼ 내놨다   ❽ 됐다

교과서 적용하기   01 ⑤   02 ④   03 ③   04 ⑤

교과서 적용하기

01 한글 맞춤법 규정 제5항에 따르면 'ㄴ, ㄹ, ㅁ, ㅇ' 받침 뒤에서 뚜렷한 까닭 없이 나는 된소리는 다음 음절의 첫소리를 된소리로 적어야 한다. 따라서 '절뚝거리다'는 '절'의 받침 'ㄹ' 뒤에서 뚜렷한 까닭 없이 된소리가 나는 경우이므로, '절뚝거리다'로 적어야 한다.

모답 풀이

❶ 몹시
→ 'ㄱ, ㅂ' 받침 뒤에서 나는 된소리는 같은 음절이나 비슷한 음절이 겹쳐 나는 경우가 아니면 된소리로 적지 않으므로 '몹시'로 적는다.

❷ 비율
→ 모음이나 'ㄴ' 받침 뒤에 이어지는 '렬, 률'은 '열, 율'로 적어야 하므로 '비율'로 적는다.

❸ 예절
→ 두음 법칙에 따라 '례절'이 아니라 '예절'로 적는다.

❹ 갇히다
→ 어간 '갇–'에 종속적 관계를 가진 피동 접미사 '–히–'가 결합된 것이므로 [가치다]로 소리 난다 하더라도 표기는 '갇히다'로 적는다.

02 한자음 '랴, 려, 례, 료, 류, 리'가 단어의 첫머리에 올 적에는 두음 법칙에 따라 '야, 여, 예, 요, 유, 이'로 적어야 한다. 그러나 단어의 첫머리 이외의 경우에는 본음대로 적어야 하므로 '성공율'은 '성공률'로 적어야 한다.

모답 풀이

❶ 우리 공원에 같이 가자.
→ '같이'는 어간 '같–'에 부사를 만드는 접미사 '–이'가 결합한 것으로 [가치]로 소리 난다 하더라도 '같이'로 적어야 한다.

❷ 그녀는 왼손으로 턱을 괬다.
→ '괬다'는 '괴었다'의 준말이다. '괴–＋–었–＋다'는 'ㅚ' 뒤에 '–었–'이 어울려 'ㅙ'으로 줄어든 것이다.

❸ 갑자기 수돗물이 나오지 않는다.
→ '수돗물'은 한자어 '수도(水道)'와 순우리말 '물'이 결합한 합성어로 뒷말의 첫소리 'ㅁ' 앞에서 'ㄴ' 소리가 덧나 [수돈물]로 소리 난다. 따라서 사이시옷을 받치어 '수돗물'로 적는 것이 적절하다.

❺ 나는 가위로 종이를 싹둑 잘랐다.
→ 한글 맞춤법 제5항의 다만에서 'ㄱ, ㅂ' 받침 뒤에서 나는 된소리는, 같은 음절이나 비슷한 음절이 겹쳐 나는 경우가 아니면 된소리로 적지 아니한다고 규정하고 있다. 이에 따라 '싹둑'은 [싹뚝]으로 소리 나지만 '싹둑'으로 적는다.

03 '자릿세[자릳쎄 / 자리쎄]'는 순우리말 '자리'와 한자어 '세(貰)'가 결합한 합성어이며, 앞말이 모음으로 끝난다. 또한 뒷말의 첫소리가 된소리로 소리 나므로 두 조건을 모두 만족하고 있다.

모답 풀이

❶ 냇물
→ '냇물[낸:물]'은 순우리말 '내'와 '물'이 결합한 합성어이고, 뒷말의 첫소리 'ㅁ' 앞에서 'ㄴ' 소리가 덧나므로 두 조건을 모두 만족하지 못한다.

❷ 부싯돌
→ '부싯돌[부시똘/부싣똘]'은 순우리말 '부시'와 '돌'이 결합한 합성어이므로 첫 번째 조건을 만족하지 못한다. 다만 뒷말의 첫소리가 된소리로 소리 나므로 두 번째 조건은 만족하고 있다.

❹ 예삿일
→ '예삿일[예:산닐]'은 한자어 '예사(例事)'와 순우리말 '일'이 결합한 합성어라는 점에서 첫 번째 조건은 만족하지만, 뒷말의 첫소리 모음 앞에서 'ㄴㄴ' 소리가 덧나므로 두 번째 조건은 만족하지 못한다.

❺ 툇마루
→ '툇마루[퇸:마루/퇻:마루]'는 한자어 '퇴(退)'와 순우리말 '마루'가 결합한 합성어라는 점에서 첫 번째 조건은 만족하지만, 뒷말의 첫소리 'ㅁ' 앞에서 'ㄴ' 소리가 덧나므로 두 번째 조건은 만족하지 못한다.

04 ⑤ '쓰러지다'는 [쓰러지다]로 소리 난다. 즉, 표기와 소리가 일치하는 단어로, 표준어를 소리대로 적은 사례에 해당한다.

모답 풀이

❶ ㉠: 땅
→ '땅[땅]'은 표기와 소리가 일치하므로 소리대로 적은 것이다.

❷ ㉠: 겨울
→ '겨울[겨울]'은 표기와 소리가 일치하므로 소리대로 적은 것이다.

❸ ㉡: 해돋이
→ '해돋이[해도지]'는 한글 맞춤법 제6항에 따라 [해도지]로 소리 나더라도 '해돋이'로 적어야 한다. 즉, 어법에 맞도록 적은 사례에 해당한다.

❹ ㉡: 옻나무
→ '옻나무[온나무]'는 단어의 뜻을 파악하기 쉽도록 [온나무]로 소리 나더라도 '옻'의 본래 모양을 밝혀 적은 것이다. 즉, 어법에 맞도록 적은 사례에 해당한다.

개념 기초 다지기 — 140~141쪽

01 ②   02 ⑤   03 ②   04 ⑤   05 ⑤   06 ⑤
07 ④   08 ⑤   09 ④

01 국어 화자가 하는 말은 지역적으로나 사회적으로 여러 가지가 있기에 이 중 하나 혹은 둘을 표준형으로 제시하고자 하는 표준어 규정의 목적과 관련한 설명이다.

모답 풀이

❶ 우리말을 한글로 적을 때 지켜야 할 원칙과 규칙이다.
→ 한글 맞춤법은 음성 언어인 표준어를 표음 문자인 한글로 올바르게 적
는 방법을 정해 놓은 규정이다.
❸ 실제 소리에 따라 우리말을 어떻게 표기할지 규정해 놓은 것이다.
→ 실제 소리에 따라 소리대로 적을 것인지 어법에 맞도록 적을 것인지 규
정하고 있다.
❹ 한글로 원활하게 의사소통하기 위한 최소한의 기준으로서 역할을 한다.
→ 우리말인 한글을 대상으로 한 규정으로 국어를 사용하는 화자 사이의
의사소통을 원활하게 하기 위한 것이다.
❺ 문자를 사용할 때 나타날 수 있는 언어생활의 혼란을 방지하는 역할을
한다.
→ 표기에 대한 규정을 정해 놓음으로써 의사소통에서 생길 수 있는 혼란
을 방지할 수 있다.

02 '꽃'의 경우 '꽃이[꼬치]', '꽃만[꼰만]', '꽃과[꼳꽈]'처럼 소리대로
만 적을 경우 '꽃'이라는 하나의 말이 여러 형태로 적히게 된다.
의미가 같은 말은 하나의 형태로 고정하여 일관되게 적어야 의
미를 파악하기 쉬우므로 어법에 맞게 적게 하는 것이다.

❶ 형태소의 의미를 파악하기 쉽도록 표준어를 소리대로 적도록 규정한
것이다.
→ 형태소의 본모양을 밝혀 적는다는 말은 소리대로 적는 것이 아니라 어
법에 맞도록 한다는 말이다.
❷ '빛이', '빛도'와 같이 적는 것은 형태소의 경계를 구분하여 소리대로 적
은 것이다.
→ '빛이', '빛도'를 소리대로 적으면 '비치', '빋또'가 되어 형태소의 경계가
구분되지 않는다.
❸ 표준어를 소리대로 적는다는 것은 표준어를 적을 때 말의 형태를 밝혀
적는다는 뜻이다.
→ 표준어를 소리대로 적는다는 것은 말 그대로 소리가 나는 그대로 적는
다는 뜻이다. 말의 형태를 밝혀 적는 것은 어법에 맞게 적는 것을 말한다.
❹ 표준어를 어법에 맞도록 적는다는 것은 표음 문자인 한글의 특성을 충
실하게 반영한 원칙이다.
→ 표음 문자인 한글의 특성은 '표준어를 소리대로 적는다.'라는 원칙에 반
영되어 있다.

03 '햇살'은 '해에서 나오는 빛의 줄기. 또는 그 기운.'을 뜻하는 말
로 [해쌀] 또는 [핻쌀]로 소리 난다. 이는 소리와 표기가 일치하
지 않아 어법에 맞도록 적은 사례에 해당한다.

❶ 구름
→ '구름'은 [구름]으로 소리 나므로 소리대로 적은 것이다.
❸ 바위
→ '바위'는 [바위]로 소리 나므로 소리대로 적은 것이다.
❹ 딸기
→ '딸기'는 [딸:기]로 소리 나므로 소리대로 적은 것이다.
❺ 민들레
→ '민들레'는 [민들레]로 소리 나므로 소리대로 적은 것이다.

04 '어깨'는 모음 'ㅓ'와 'ㅐ' 사이에서 된소리가 나므로 ㉠의 사례에
해당한다. '번쩍'은 'ㄴ' 받침 뒤에서 된소리가 나므로 ㉡의 사례
에 해당한다. '깍두기'는 'ㄱ' 받침 뒤에서 된소리가 나와 [깍뚜
기]로 소리 나지만, 같은 음절이나 비슷한 음절이 겹쳐 나는 경
우가 아니므로 ㉢의 사례에 해당한다.

❶ ㉠ 살짝, ㉡ 가끔, ㉢ 법석
→ '살짝'은 'ㄹ' 받침 뒤에서 된소리가 나므로 ㉡의 사례로 적절하고, '가
끔'은 모음 'ㅏ'와 'ㅡ' 사이에서 된소리가 나므로 ㉠의 사례로 적절하
다. '법석'은 ㉢의 사례로 적절하다.
❷ ㉠ 오빠, ㉡ 국수, ㉢ 쓱싹
→ '오빠'는 모음 'ㅗ'와 'ㅏ' 사이에서 된소리가 나므로 ㉠의 사례로 적절
하지만, '국수'는 ㉢의 사례에 해당한다. 한편 '쓱싹'은 한글 맞춤법 제
13항 '한 단어 안에서 같은 음절이나 비슷한 음절이 겹쳐 나는 부분은
같은 글자로 적는다.'에 따른 것으로 ㉢의 사례로 적절하지 않다.
❸ ㉠ 움찔, ㉡ 몽땅, ㉢ 잔뜩
→ '움찔'은 'ㅁ' 받침 뒤에서 된소리가 나고, '몽땅'은 'ㅇ' 받침 뒤에서 된소
리가 나며, '잔뜩'은 'ㄴ' 받침 뒤에서 된소리가 난다. 즉, 세 단어 모두
㉡의 사례로 적절하다.
❹ ㉠ 훨씬, ㉡ 으뜸, ㉢ 갑자기
→ '훨씬'은 'ㄹ' 받침 뒤에서 된소리가 나므로 ㉡의 사례로 적절하고, '으
뜸'은 모음 'ㅡ'와 'ㅡ' 사이에서 된소리가 나므로 ㉠의 사례에 해당한
다. '갑자기'는 ㉢의 사례로 적절하다.

05 '봬'는 동사 '뵈다'의 어간 '뵈−' 뒤에 어미 '−어'가 붙은 '뵈어'의
준말로 '이래 봬도(뵈어도)', '나중에 봬요(뵈어요).'와 같이 쓸
수 있다. 그러나 '봬러'는 '뵈어러'의 준말로 어법에 맞지 않으므
로 '뵈러'와 같이 써야 한다.

❶ 갑자기 달이 구름 속으로 사라졌다.
→ '사라지다'는 한글 맞춤법 제15항 [붙임 1]−⑵에 따라 두 개의 용언이
어울려 한 개의 용언이 될 때 앞말이 본뜻에서 멀어진 것은 원형을 밝
히어 적지 않으므로 '사라지다'로 적는다.
❷ 어제는 속이 불편해 죽을 쒀 먹었다.
→ '쒀'는 어간 '쑤−'에 '−어'가 결합한 것으로 본말은 '쑤어', 준말은 '쒀'로
한글 맞춤법 제35항의 규정에 따라 올바르게 표기한 것이다.
❸ 구름이 걷히자 산봉우리가 드러났다.
→ '드러나다'는 '들다'와 '나다'가 결합한 말이지만, '들다'와 의미적으로 유
연성이 없기에 소리대로 적는다.
❹ 시간이 지날수록 그의 재산은 늘어났다.
→ '늘어나다'는 '늘다'와 '나다'가 결합한 말로, 한글 맞춤법 제15항의 [붙
임 1]−⑴의 규정에 따라 앞말인 '늘다'의 본뜻이 유지되어 그 원형을
밝혀 적은 것이다.

06 '그에게 주의하라고 이르다.'에서 '이르다'는 '무엇이라고 말하
다.'라는 뜻을 지니고 있다. '이르다'의 어간 '이르−'에 어미 '−
어'가 결합하면 어간의 끝음절 '르'의 'ㅡ'가 줄어 '일러'로 적어야
한다. 다만 '어떤 장소나 시간에 닿다.'라는 뜻의 동음이의어 '이
르다'의 어간 '이르−'에 어미 '−어'가 결합하면 어미 '−어'가 '−
러'로 바뀌게 되어 '이르러'로 적어야 한다.

❶ '문장이 어법에 맞다.'에서 '맞다'는 어미 '−아'가 결합하면 ㉠에 따라
'맞아'로 적는다.
→ '맞다'의 어간 '맞−'은 모음 'ㅏ'로 끝나므로 어미를 '−아'로 적어야 한
다. 즉, ㉠의 사례로 적절하다.
❷ '옷이 땀에 젖다.'에서 '젖다'는 어미 '−어'가 결합하면 ㉠에 따라 '젖어'
로 적는다.
→ '젖다'의 어간 '젖−'은 모음 'ㅓ'로 끝나므로 어미를 '−어'로 적어야 한
다. 즉, ㉠의 사례로 적절하다.

❸ '친구가 운동장에서 달리기를 하다.'에서 '하다'는 어미 '-아'가 결합하면 ㉡에 따라 '하여'로 적는다.
→ '하다'의 어간 '하-'에 어미 '-아'가 결합하여 어미 '-여'로 바뀐 경우이므로 ㉡의 사례로 적절하다.
❹ '오늘은 하늘이 정말 푸르다.'에서 '푸르다'는 어미 '-어'가 결합하면 ㉢에 따라 '푸르러'로 적는다.
→ '푸르다'의 어간 '푸르-'에서 어간의 끝음절 '르' 뒤에 어미 '-어'가 결합하는 경우이므로 ㉢의 사례로 적절하다.

07 '이파리'는 명사 '잎'에 '-아리'가 붙어서 된 말이다. 한글 맞춤법 제20항의 [붙임] 규정에 따르면 '-이' 이외의 모음으로 시작된 접미사가 붙어서 된 말은 그 명사의 원형을 밝히어 적지 않고 소리 나는 대로 적어야 하므로, '잎파리'는 '이파리'로 적어야 한다.

모답 풀이
❶ 곳곳이
→ '곳곳이'는 명사 '곳곳'에 접미사 '-이'가 붙어서 된 말로, 한글 맞춤법 제20항의 규정에 따라 명사의 원형을 밝혀 적는 것이 적절하다.
❷ 바둑이
→ '바둑이'는 명사 '바둑'에 접미사 '-이'가 붙어서 된 말로, 한글 맞춤법 제20항의 규정에 따라 명사의 원형을 밝혀 적는 것이 적절하다.
❸ 샅샅이
→ '샅샅이'는 명사 '샅'이 반복된 말에 접미사 '-이'가 붙어서 된 말로, 한글 맞춤법 제20항의 규정에 따라 명사의 원형을 밝혀 적는 것이 적절하다.
❺ 지푸라기
→ '지푸라기'는 명사 '짚'에 '-우라기'가 결합한 말로, 한글 맞춤법 제20항의 [붙임] 규정에 따라 '-이' 이외의 모음으로 시작된 접미사가 붙어서 된 말이므로 원형을 밝혀 적지 않는 것이 적절하다.

08 '고래기름'은 고유어 '고래'와 고유어 '기름'이 결합한 말이다. '고래기름'은 [고래기름]으로 소리 나므로, 뒷말의 첫소리가 된소리가 나거나 'ㄴ' 소리가 덧나는 경우에 해당하지 않는다. 따라서 '고래기름'은 사이시옷을 표기하지 않는 합성어이다.

모답 풀이
❶ 비+물
→ '고유어 + 고유어'로 된 합성어로 뒷말의 첫소리 'ㅁ' 앞에서 'ㄴ' 소리가 덧나 [빈물]로 소리 나므로 사이시옷을 표기하여 '빗물'로 적어야 한다.
❷ 나무+잎
→ '고유어 + 고유어'로 된 합성어로 뒷말의 첫소리 모음 앞에서 'ㄴㄴ' 소리가 덧나 [나문닙]으로 소리 나므로 사이시옷을 표기하여 '나뭇잎'으로 적어야 한다.
❸ 바다+가
→ '고유어 + 고유어'로 된 합성어로 [바다까/바닫까]로 소리 난다. 뒷말의 첫소리가 된소리로 나므로 사이시옷을 표기하여 '바닷가'로 적어야 한다.
❹ 전세+값
→ '한자어 + 고유어'로 된 합성어로 [전세깝/전섿깝]으로 소리 난다. 뒷말의 첫소리가 된소리로 나므로 사이시옷을 표기하여 '전셋값'으로 적어야 한다.

09 '쏘이어'는 어간 '쏘-'에 어미 '-이어'가 붙은 말로, 준말로 바꿀 때에는 한글 맞춤법 제37항의 규정에 따라 '쐬어'로 적거나 제36항의 규정에 따라 '쏘여'로 적어야 한다. 따라서 '쐐어'로 바꾼 것은 적절하지 않다.

모답 풀이
❶ 그녀의 눈에 눈물이 괴었다. → 괬다
→ '괬다'는 '괴-＋-었-＋-다'에서 'ㅚ-' 뒤에 '-었-'이 어울려 '쌨'이 된 것으로 한글 맞춤법 제35항 [붙임 2] 규정에 따른 적절한 표기이다.
❷ 명절을 잘 쇠어 피로가 풀렸다. → 쇄
→ '쇄'는 '쇠-＋-어'에서 'ㅚ' 뒤에 '-어'가 어울려 '내'가 된 것으로 한글 맞춤법 제35항 [붙임 2] 규정에 따른 적절한 표기이다.
❸ 나는 마당에 앉아 실을 꼬았다. → 꽜다
→ '꽜다'는 '꼬-＋-았-＋-다'에서 모음 'ㅗ'로 끝난 어간에 '-았-'이 어울려 '꽜'이 된 것으로 한글 맞춤법 제35항의 규정에 따른 적절한 표기이다.
❺ 글씨가 볼펜으로 쓰이어 지워지지 않았다. → 쓰여
→ '쓰여'는 '쓰-＋-이-＋-어'에서 'ㅣ' 뒤에 '-어'가 와서 'ㅕ'로 준 것이므로 한글 맞춤법 제36항의 규정에 따른 적절한 표현이다. '쓰이어'는 제37항의 규정에 따라 '씌어'로 적을 수도 있다.

---

26 한글 맞춤법 ❷: 띄어쓰기 —————— 본문 143쪽

개념 확인하기 1 ○ 2 ○ 3 × 4 조사 5 만
6 보조 용언 7 단음절 8 호칭어 9 믿을∨것은∨실력뿐이니∨계속∨연습할∨뿐이다.

학습 활동 ❶ 너밖에 ❷ 따르기보다 ❸ 아는 바 ❹ 먹을 만큼
❺ 한 송이 ❻ 세 봉지

교과서 적용하기 01 ② 02 ③ 03 ④

교과서 적용하기

01 '떠난지'에서 '지'는 어떤 일이 있었던 때로부터 지금까지의 동안을 나타내는 의존 명사이다. 따라서 관형어인 '떠난'과 의존 명사인 '지'는 띄어 쓰는 것이 적절하다.

모답 풀이
❶ 너마저 나를 떠나는구나.
→ '너마저'에서 '마저'는 '이미 어떤 것이 포함되고 그 위에 더함의 뜻을 나타내는 보조사'이므로 앞말에 붙여 쓴다.
❸ 나는 강아지 두 마리를 기른다.
→ '두 마리'에서 '마리'는 '짐승이나 물고기, 벌레 따위를 세는 단위'로 의존 명사이므로 관형어인 '두'와 띄어 쓴다.
❹ 아는 것이 힘이니 공부를 해라.
→ '아는 것이'에서 '것'은 '사물, 일, 현상 따위를 추상적으로 이르는 말'로 의존 명사이므로 관형어인 '아는'과 띄어 쓴다.
❺ 그녀를 처벌하려면 법대로 해라.
→ '법대로'에서 '대로'는 '앞에 오는 말에 근거하거나 달라짐이 없음을 나타내는 보조사'이므로 앞말에 붙여 쓴다.

02 '소중한지'에서 '-ㄴ지'는 어미이므로 용언의 어간에 붙여 써야 하고, '채'는 의존 명사이므로 관형어와 띄어 써야 한다. '흘려보내버렸다'는 합성 용언 '흘려보내다'와 보조 용언 '버리다'가 이어진 말이므로 보조 용언인 '버리다'를 띄어 써야 한다. 따라서 밑줄 친 부분은 '소중한지∨모른∨채∨기회를∨흘려보내∨버렸다.'로 띄어 써야 한다.

헷갈리는 문법 Q&A

Q 어미 '-(으)ㄴ지/-는지'와 의존 명사 '지'는 어떻게 구분해야 하나요?

A 어미 '-(으)ㄴ지/-는지'와 의존 명사 '지'는 문장에서 쓰이는 의미로 구분해야 합니다. 어미 '-(으)ㄴ지/-는지'는 막연한 의문이 있는 채로 그것을 뒤 절의 사실이나 판단과 관련시키는 데 쓰는 연결 어미나 해할 자리나 간접 인용절에 쓰여, 막연한 의문을 나타내는 종결 어미로 쓰입니다. 이와 달리 의존 명사 '지'는 어떤 일이 있었던 때로부터 지금까지의 동안을 나타내는 말로 쓰이죠. 쉽게 구분하기 위해서는 '지' 뒤에 조사 '가'를 붙여 보면 됩니다. 조사가 붙을 수 있으면 의존 명사, 붙을 수 없으면 어미로 생각하면 쉽죠.

03 ㉣ '네 시간만에'에서 '만'은 앞말이 가리키는 동안이나 거리를 나타내는 의존 명사이다. 따라서 '시간'과 띄어 쓰는 것이 적절하다. 한편 '에'는 조사이므로 앞말에 붙여 써야 한다.

<u>모답 풀이</u>
① ㉠
→ '공부만'의 '만'은 '다른 것으로부터 제한하여 어느 것을 한정함을 나타내는 보조사'이므로 앞말에 붙여 쓴다.
② ㉡
→ '손꼽힐 만한'의 '만한(만하다)'은 '어떤 대상이 앞말이 뜻하는 행동을 할 타당한 이유를 가질 정도로 가치가 있음을 나타내는 보조 형용사'이다. 보조 용언은 띄어 씀을 원칙으로 하되, 경우에 따라 붙여 씀도 허용한다. 다만 앞말이 합성 용언인 경우 그 뒤에 오는 보조 용언은 띄어 쓰므로 '손꼽힐 만한'으로 띄어 써야 한다.
③ ㉢
→ '돈가스만'의 '만'은 조사이므로 앞말에 붙여 쓴다.
⑤ ㉤
→ '음식만'의 '만'은 조사이므로 앞말에 붙여 쓴다.

개념 기초 다지기   ○─ 144~145쪽

01 ②   **02** ③   **03** ③   **04** ④   **05** ③   **06** ③
07 ④   **08** ⑤

01 '만큼'은 용언 뒤에 붙을 때에는 의존 명사로 쓰이지만, 체언 뒤에 붙을 때에는 앞말과 비슷한 정도나 한도임을 나타내는 조사로 쓰인다. 따라서 한글 맞춤법 제41항 규정에 따라 '고등학생만큼'처럼 앞말에 붙여 써야 하므로 ㉡의 예로 적절하지 않다.

<u>모답 풀이</u>
❶ ㉠: 나를 알아주는 사람은 너밖에 없다.
→ '밖에'는 '그것 말고는', '그것 이외에는'의 뜻을 나타내는 조사이므로 ㉠의 예로 적절하다.
❸ ㉢: 고양이 한 마리가 마당에서 자고 있다.
→ '마리'는 '짐승이나 물고기, 벌레 따위를 세는 단위'라는 뜻의 의존 명사이므로 ㉢의 예로 적절하다.
❹ ㉣: 그녀는 벌써 대학교 삼학년이 되었다.
→ '삼학년'에서 '삼'은 수 관형사이고 '학년'은 단위를 나타내므로 띄어 쓰는 것이 원칙이다. 하지만 '학년'은 '수업하는 과목의 정도에 따라 일 년을 단위로 구분한 학교 교육의 단계'로 순서를 나타내는 경우 붙여 쓸 수 있다는 ㉣의 예로 적절하다.
❺ ㉤: 꽃잎이 한잎 두잎 떨어지고 있다.
→ '한잎 두잎'에서 '잎'은 이파리를 세는 단위이므로 '한 잎 두 잎'처럼 띄어 쓰는 것이 원칙이지만, 단음절로 된 단어가 연이어 나타날 경우 붙여 쓰는 것도 허용하므로 ㉤의 예로 적절하다.

02 ㉠ '그가 화를 낼만도 하다.'에서 '만'은 '앞말이 뜻하는 동작이나 행동에 타당한 이유가 있음을 나타내는 말'로 의존 명사이므로 '낼∨만도'와 같이 띄어 써야 한다.
㉡ '눈만 감아도 잠이 올 것 같다.'의 '만'은 '어떤 것이 이루어지거나 어떤 상태가 되기 위한 조건을 나타내는 보조사'이므로 앞말에 붙여 써야 한다.
㉢ '나는 세 번만에 그 시험에 합격했다.'에서 '만'은 '앞말이 가리키는 횟수를 끝으로'의 뜻을 나타내는 말로 의존 명사이므로 '번∨만에'와 같이 띄어 써야 한다.
㉣ '만나야 만 모든 문제가 해결될 수 있다.'의 '만'은 '무엇을 강조하는 뜻을 나타내는 보조사'이므로 '만나야만'처럼 붙여 써야 한다.
㉤ '친구가 도착한 지 두 시간 만에 떠났다.'의 '만'은 '앞말이 가리키는 동안이나 거리'를 나타내는 의존 명사이므로 앞말과 띄어 써야 한다.
정리하면 ㉠, ㉢, ㉤의 '만'은 의존 명사이므로 앞말과 띄어 써야 하고, ㉡, ㉣의 '만'은 조사이므로 앞말과 붙여 써야 한다. 따라서 알맞게 한 것은 ㉡, ㉤이고, 그렇지 않은 것은 ㉠, ㉢, ㉣이다.

03 '집에 도착하는 대로'에서 '대로'는 '어떤 상태나 행동이 나타나는 그 즉시.'를 뜻하는 의존 명사이므로 앞말과 띄어 써야 한다. 따라서 알맞다고 판단한 것은 적절하다.

<u>모답 풀이</u>
❶ 예문: 그는 약해질 대로 약해졌다. / 판단 결과: ×
→ '약해질 대로'의 '대로'는 '어떤 상태가 매우 심하다는 뜻을 나타내는 말'로 의존 명사이므로 앞말과 띄어 쓰는 것이 맞다. 그러므로 판단 결과는 ○가 되어야 한다.
❷ 예문: 큰 것은 큰 것대로 모아 둬라. / 판단 결과: ×
→ '것대로'의 '대로'는 '따로따로 구별됨을 나타내는 보조사'이므로 앞말에 붙여 쓰는 것이 맞다. 그러므로 판단 결과는 ○가 되어야 한다.
❹ 예문: 나는 틈나는대로 사전을 찾아본다. / 판단 결과: ○
→ '틈나는대로'의 '대로'는 '어떤 상태나 행동이 나타나는 족족'을 뜻하는 의존 명사이므로 앞말과 띄어 써야 한다. 그러므로 판단 결과는 ×가 되어야 한다.

❺ 예문: 나는 나 대로 공부할 테니 신경 쓰지 마. / 판단 결과: ○
→ '나 대로'의 '대로'는 '따로따로 구별됨을 나타내는 보조사'이므로 앞말과 붙여 써야 한다. 그러므로 판단 결과는 ×가 되어야 한다.

04 '잘 부르는 데'의 '데'는 뒤 절에서 어떤 일을 설명하기 위하여 그 대상과 상관되는 상황을 미리 말할 때에 쓰는 연결 어미로 쓰였다. 즉, '-는데'의 형태로 용언에 붙은 어미이므로 '부르는데'처럼 앞말에 붙여 써야 한다.

모답 풀이
❶ 지금 가는 데가 어디인데?
→ '가는 데'의 '데'는 맥락상 '데'-「1」의 미로 쓰였다. 의존 명사는 앞말과 띄어 쓴다.
❷ 고향은 하나도 변하지 않았데.
→ '않았데'의 '데'는 맥락상 '-데³'의 의미로 쓰였다. 어미는 앞말에 붙여 쓴다.
❸ 그 책을 다 읽는 데 삼 일이 걸렸다.
→ '읽는 데'의 '데'는 맥락상 '데'-「2」의 의미로 쓰였다. 의존 명사는 앞말과 띄어 쓴다.
❺ 이 그릇은 귀한 거라 손님을 대접하는 데나 쓴다.
→ '대접하는 데'의 '데'는 맥락상 '데'-「3」의 의미로 쓰였다. 의존 명사는 앞말과 띄어 쓴다.

05 '누구나 한번은 겪는 일일 것이다.'에 쓰인 '한번'은 일의 횟수를 나타내므로, '한∨번'으로 띄어 써야 한다.

모답 풀이
❶ 그를 만난 지도 꽤 오래되었다.
→ '지'는 '어떤 일이 있었던 때로부터 지금까지의 동안을 나타내는 말'로 의존 명사이다. 즉, 시간의 경과를 나타내는 의존 명사이므로 앞말과 띄어 쓰는 것이 적절하다.
❷ 제가 일단 한번 먹어 보겠습니다.
→ '어떤 일을 시험 삼아 시도함을 나타내는 말'이라는 의미로 쓰였으므로, '한번'으로 붙여 쓰는 것이 적절하다.
❹ 내가 몇 등일지 마음엔 걱정이 가득했다.
→ '-ㄹ지'는 '추측에 대한 막연한 의문이 있는 채로 그것을 뒤 절의 사실이나 판단과 관련시키는 데 쓰는 연결 어미'이므로 앞말에 붙여 쓰는 것이 적절하다.
❺ 그는 얼마나 부지런한지 세 사람 몫의 일을 한다.
→ '-ㄴ지'는 '막연한 의문이 있는 채로 그것을 뒤 절의 시실이니 판단과 관련시키는 데 쓰는 연결 어미'이므로 앞말에 붙여 쓰는 것이 적절하다.

06 '먹고만'은 '먹다'의 활용 '먹고'에 '만'이 붙은 것으로, 이때의 '만'은 '다른 것으로부터 제한하여 어느 것을 한정함을 나타내는 보조사'로 앞말에 붙여 쓴다.

모답 풀이
❶ ㉠: '들었을'과 '뿐'을 띄어 쓴 것을 보니, '뿐'은 의존 명사로 쓰였군.
→ 한글 맞춤법 제42항 규정에 따라 의존 명사는 그 앞에 꾸며 주는 말과 띄어 써야 한다. '뿐'을 띄어 쓴 것에서 '뿐'이 의존 명사임을 알 수 있다.
❷ ㉡: '하나'와 '밖에'를 붙여 쓴 것을 보니, '밖에'는 조사로 쓰였군.
→ 한글 맞춤법 제41항 규정에 따라 조사는 그 앞말에 붙여 써야 한다. 따라서 '하나'와 '밖에'를 붙여 쓴 것에서 '밖에'가 조사임을 알 수 있다.
❹ ㉣: '아침', '겸', '점심'을 각각 띄어 쓴 것을 보니, 두 말을 이어 줄 때에 쓰는 말은 띄어 써야 하는군.
→ 한글 맞춤법 제45항에서 '겸'처럼 두 말을 이어 주거나 열거할 적에 쓰이는 말들은 띄어 쓰도록 규정하고 있다.

❺ ㉤: '두'와 '사람'을 띄어 쓴 것을 보니, 단위를 나타내는 명사는 띄어 써야 하는군.
→ 한글 맞춤법 제43항에서 단위를 나타내는 명사는 띄어 쓰도록 규정하고 있다. 여기에서 '사람'은 '생각을 하고 언어를 사용하며, 도구를 만들어 쓰고 사회를 이루어 사는 동물'을 세는 단위로 쓰였다.

07 '돌아누워버렸다'에서 '돌아눕다'는 합성 용언이므로 그 뒤에 오는 보조 용언인 '버리다'는 띄어 써야 한다. 따라서 적절한 표기는 '돌아누워 버렸다'이다.

모답 풀이
❶ 이제 이 책은 다 읽어간다.
→ '읽어간다'에서 본용언 '읽어'와 보조 용언 '간다'는 띄어 써야 원칙이지만 붙여 씀도 허용하므로 적절하다.
❷ 나는 그 책을 읽어는 보았다.
→ '읽어는'은 본용언 '읽어'에 조사 '는'이 붙은 경우로 뒤에 오는 보조 용언 '보았다'는 띄어 써야 하므로 적절하다.
❸ 밤에 무서워서 불을 켜두었다.
→ '켜두었다'에서 본용언 '켜'와 보조 용언 '두었다'는 띄어 써야 원칙이지만 붙여 씀도 허용하므로 적절하다.
❺ 일단 그의 말을 자세히 들어 봐라.
→ '들어 봐라'에서 본용언 '들어'와 보조 용언 '봐라'는 띄어 쓰는 것이 원칙이므로 적절하다. '들어봐라'라고 붙이는 것도 허용한다.

08 '참을 만하다'에서 '만하다'는 앞말이 뜻하는 행동을 하는 것이 가능함을 나타내는 보조 형용사로, 어근인 의존 명사 '만'과 동사나 형용사를 만드는 접미사 '-하다'가 결합된 말로 하나의 단어이다. 따라서 '만하다'의 '만'과 '하다'를 띄어 쓰는 것이 원칙이라고 이해하는 것은 적절하지 않다.

모답 풀이
❶ 꽃이 시들어 간다. → 보조 용언으로 사용되어 '시들다'의 뜻을 보충한다.
→ '시들어 간다'에서 '간다'는 보조 용언으로 사용되어 '시드는' 상태가 계속 진행되고 있다는 뜻을 보충해 주고 있다.
❷ 그 음식을 먹어봤다. → '먹어'에 '도'가 붙는 경우에는 '먹어도'와 '봤다'를 띄어 써야 한다.
→ '먹어봤다'는 본용언 '먹어'와 보조 용언 '봤다'로 구성된 것이므로 원칙적으로는 띄어 써야 하고 붙여 쓰는 것은 허용이다. 그러나 본용언에 소사가 붙으면 '믹어도 뵀다'처럼 무조건 띄어 써야 한다.
❸ 그가 잘난 체한다. → '체한다' 사이에 '를'이 들어갈 경우에는 '체를'과 '한다'를 띄어 써야 한다.
→ '체하다'는 의존 명사 '체'와 접미사 '-하다'가 결합된 말로 '앞말이 뜻하는 행동이나 상태를 거짓으로 그럴듯하게 꾸밈을 나타내는 말'을 나타내는 보조 동사이다. 이때 중간에 조사가 들어가면 뒤의 보조 용언은 '잘난 체를 한다'처럼 띄어 써야 한다.
❹ 그녀가 보고 싶다. → '싶다'는 자립성이 약해 혼자 쓰이지 못하고 다른 본용언에 기대어 쓰인다.
→ '싶다'는 '앞말이 뜻하는 행동을 하고자 하는 마음이나 욕구를 갖고 있음을 나타내는 말'로 보조 형용사이다. 보조 형용사는 자립성이 약해 혼자 쓰이지 못하고 다른 본용언에 기대어 쓰인다.

개념 확인하기
1 × 2 ○ 3 ○ 4 ② 5 ③
6 ㅞ, ㅔ 7 ㄷ

학습 활동
❶ 강낭콩 ❷ 멋쟁이 ❸ 윗도리 ❹ 모두에, 모두의
❺ 희망 ❻ 혀비에, 혀비의, 혀비에, 혀비의 ❼ 차례

교과서 적용하기 01 ③ 02 ⑤ 03 ④

교과서 적용하기

01 '사글세'는 어원인 '삭월세'에서 멀어진 형태로 굳어진 말이다. 이는 '어원에서 멀어진 형태로 굳어져서 널리 쓰이는 것은, 그 것을 표준어로 삼는다.'라는 표준어 규정 제5항에 따라 '사글세' 를 '집이나 방을 다달이 빌려 쓰는 일. 또는 그 돈'을 의미하는 표준어로 삼은 것이다.

모답 풀이
❶ 어머니는 겨울밤에 빈자떡을 부치셨다.
→ 표준어 규정 제24항에 따라 표준어이던 '빈자떡'이 쓰이지 않게 되자 방언이던 '빈대떡'을 표준어로 삼은 경우이다.
❷ 그는 윗옷으로 코트 하나만 걸치고 나갔다.
→ '웃옷'은 '맨 겉에 입는 옷'을 뜻하며 아래, 위의 대립이 없으므로 '웃-' 으로 적어야 한다. '윗옷'은 '위에 입는 옷'이다.
❹ 아버지께서는 알타리무를 다듬으러 큰집에 가셨다.
→ 표준어 규정 제22항에 따라 고유어인 '알타리무'가 생명력을 잃고 그에 대응되는 한자어가 널리 쓰이면서 '총각무'를 표준어로 삼은 경우이다.
❺ 병아리 장수가 아이들에게 팔고 있는 병아리는 모두 숫놈이었다.
→ 표준어 규정 제7항에 따라 수컷을 이르는 접두사는 '수-'로 통일하였으므로, '수놈'이 표준어이다.

02 '띄어쓰기'에서 '띄'는 자음을 첫소리로 가지고 있는 음절의 'ㅢ' 는 [ㅣ]로 발음한다는 규정에 따라 [띠]로 발음해야 하므로, '띄 어쓰기'는 [띠어쓰기 / 띠여쓰기]로 발음해야 한다.

모답 풀이
❶ 계기[계:기/게:기]
→ '계기'의 '계'는 '예, 례' 이외의 'ㅖ'는 [ㅔ]로도 발음할 수 있으므로 [계:기] 또는 [게:기]로 발음할 수 있다.
❷ 무늬[무니]
→ '무늬'는 자음을 첫소리로 가지고 있는 음절의 'ㅢ'는 [ㅣ]로 발음한다는 규정에 따라 [무니]로 발음해야 한다.
❸ 묻혀[무처]
→ '묻혀'는 음운 변동 현상으로 [무쳐]로 발음되지만, 용언의 활용형에 나타나는 '쳐'는 [처]로 발음한다는 규정에 따라 [무처]로 발음해야 한다.
❹ 의남매[의:남매]
→ '의남매'의 '의'는 자음을 첫소리로 가지고 있는 음절이 아니므로, '의남 매'는 [의:남매]로 발음해야 한다.

03 표준 발음법 제5항의 '다만 4' 규정은 단어의 첫음절 이외의 '의' 는 [ㅣ]로, 조사 '의'는 [ㅔ]로 발음하는 것을 허용하고 있다. 따

라서 '민주주의'의 '의'는 [ㅢ] 또는 [ㅣ]로, 조사 '의'는 [ㅢ] 또는 [ㅔ]로, '의의'의 첫음절 '의'는 [의]로, '의의'의 끝음절 '의'는 [ㅢ] 또는 [ㅣ]로 발음할 수 있다. 이를 조합하면 [민주주의의 의: 의], [민주주의의 의:이], [민주주의에 의:의], [민주주의에 의: 이], [민주주이의 의:의], [민주주이의 의:이], [민주주이에 의: 의], [민주주이에 의:이]와 같이 총 8가지의 방법으로 발음할 수 있다.

개념 기초 다지기 ————— 148~149쪽
01 ② 02 ④ 03 ④ 04 ④ 05 ③ 06 ⑤
07 ④ 08 ④ 09 ③

01 표준어 사정 원칙 제1항에서 표준어는 '교양 있는 사람들이 두루 쓰는 현대 서울말'로 정하는 것을 원칙으로 한다고 밝히고 있다. 그러나 '나두 간다.'의 '두'처럼 서울말이지만 표준어가 아닌 경우도 있다.

모답 풀이
❶ 여러 사람들이 두루 쓰는 지역 방언도 표준어가 될 수 있다.
→ 표준어 규정 제24항처럼 방언이 표준어보다 널리 쓰일 경우 표준어의 지위를 갖게 되는 경우도 있다.
❸ 서로 다른 지역어를 사용하는 사람들 간의 의사소통 문제를 방지하려고 제정한 것이다.
→ 국민들의 효율적이고 통일된 의사소통을 위해 여러 형태로 쓰이는 말을 단수 혹은 복수의 표준형으로 제시한 것이다.
❹ 표준어는 교양 있는 사람들이 두루 쓰는 현대 서울말로 정하는 것을 원칙으로 삼고 있다.
→ 표준어 규정 제항의 내용으로 표준어를 사정한 원칙을 밝히고 있다.
❺ 표준어는 사전적으로 '전 국민이 공통적으로 쓸 수 있는 자격을 부여받은 단어'를 의미한다.
→ '표준어'의 또 다른 사전적 의미는 '한 나라에서 공용어로 쓰는 규범으로서의 언어'를 말한다.

02 표준어 사정 원칙 제11항 규정에 따라 모음의 발음이 바뀌어 굳어진 '바라다'를 표준어로 삼고 '바래다'를 비표준어로 정하였다. 따라서 '바램'은 비표준어이고, '바라다'의 어간 '바라-'에 명사를 만드는 접미사 '-ㅁ'이 결합된 '바람'이 표준어이다.

모답 풀이
❶ 나는 상추에 삼겹살을 싸서 먹었다.
→ '상추'는 '상치'에서 모음의 발음이 바뀌어 굳어진 경우로 그 변화를 인정하여 표준어로 삼은 것이다.
❷ 심판은 호루라기를 불어서 경기를 중단했다.
→ '호루라기'는 '호루루기'에서 모음의 발음이 바뀌어 굳어진 경우이다.
❸ 그 사람은 깍쟁이 같아서 쉽게 속일 수 없다.
→ '깍쟁이'는 원래 '깍정이'였던 말이 'ㅣ' 역행 동화가 일어나 '깍젱이'가 되어야 하지만, 현실적으로 'ㅖ'와 'ㅐ' 발음이 뚜렷하게 구분되지 않고 사람들이 'ㅐ'를 선호한다는 점을 근거로 하여 '깍쟁이'를 표준어로 삼은 것이다.
❺ 어머니는 허드레 그릇까지 세세히 챙겨 주셨다.
→ '허드레'는 '허드래'에서 모음의 발음이 바뀌어 굳어진 경우이다.

03 '잇몸'은 '이뿌리를 둘러싸고 있는 살'을 가리키는 말로, 위와 아래의 대립이 있는 단어이다. 따라서 표준어 사정 원칙 제12항에 따라 '윗잇몸'이 표준어이다.

모답 풀이

❶ 위쪽
→ 방향을 가리키는 말인 '쪽'은 위와 아래의 대립이 있는 단어이므로 '위쪽'이 표준어이다.

❷ 위층
→ '층'은 위와 아래의 대립이 있는 단어이므로 '위층'이 표준어이다.

❸ 웃어른
→ '어른'은 위와 아래의 대립이 없는 단어이므로 '웃어른'이 표준어이다.

❺ 윗입술
→ 사람의 '입술'은 위와 아래의 대립이 있는 단어이므로 '윗입술'이 표준어이다.

04 '또아리'는 '짐을 머리에 일 때 머리에 받치는 고리 모양의 물건'을 뜻하는 말로, 준말은 '똬리'이다. 그러나 준말이 널리 쓰이고 본말이 잘 쓰이지 않는 경우에는, 준말만을 표준어로 삼는다는 제14항의 규정에 따라 본말인 '또아리'가 아니라 '똬리'를 표준어로 삼고 있다.

모답 풀이

❶ 막대
→ '막대'는 '막대기'의 준말로 둘 다 널리 쓰이고 있어 표준어 규정 제16항에 따라 두 말을 모두 표준어로 삼고 있다.

❷ 온갖
→ '온갖'은 '온가지'의 준말인데 준말이 널리 쓰이고 본말이 잘 쓰이지 않아 표준어 규정 제14항에 따라 준말을 표준어로 삼은 경우이다.

❸ 돗자리
→ '돗자리'의 준말은 '돗'인데 준말인 '돗'은 거의 쓰이지 않으므로 표준어 규정 제15항에 따라 본말을 표준어로 삼은 경우이다.

❺ 귀이개
→ '귀이개'의 준말은 '귀개'인데 준말인 '귀개'는 거의 쓰이지 않으므로 표준어 규정 제15항에 따라 본말을 표준어로 삼은 경우이다.

05 '흰죽'은 고유어 계열의 단어이고, 그에 대응하는 한자어는 '백죽(白粥)'이다. 고유어 계열인 '흰죽'이 한자어 계열인 '백죽'보다 널리 쓰이면서 '백죽'이 그 용도를 잃게 되어 제21항 규정에 따라 '흰죽'을 표준어로 삼고 있다.

모답 풀이

❶ 제20항에 따르면 요즘은 쓰이지 않는 '설겆다' 대신 '설거지하다'를 표준어로 삼은 것이겠군.
→ '설겆다'는 '설거지하다'의 옛말로 거의 쓰이지 않으므로 제20항에 대한 이해로 적절하다.

❷ 제20항에 따르면 '자두'의 옛말인 '오얏'은 오늘날에는 쓰이지 않으므로 고어로 처리가 되었겠군.
→ 자두의 옛말인 '오얏' 역시 사어가 되어 거의 쓰이지 않으므로 제20항에 대한 이해로 적절하다.

❹ 제21항에 따르면 '말약'보다는 '가루약'이 널리 쓰이므로 '말약'은 표준어로 인정하지 않겠군.
→ 고유어 계열의 '가루약(藥)'이 한자어인 '말약(末藥)'보다 널리 쓰이면서 표준어로 삼은 것으로 제21항에 대한 이해로 적절하다.

❺ 제22항에 따르면 '잇솔'이 생명력을 잃고 그에 대응되는 '칫솔'이 널리 쓰이므로 '칫솔'을 표준어로 삼은 것이겠군.

→ 고유어 계열의 '잇솔'이 생명력을 잃고 한자어 계열의 '칫솔(齒솔)'이 널리 쓰이고 있으므로 제22항에 대한 이해로 적절하다.

06 '강의의'에서 두 번째 음절인 '의'는 [ㅢ]나 [ㅣ]로, 조사 '의'는 [ㅢ]나 [ㅔ]로 발음해야 한다. 즉, '강의의'는 [강:의의], [강:의에], [강:이의], [강:이에]로 발음할 수 있으므로, 조사를 [ㅣ]로 발음하여 [강:이이]로 발음해도 표준 발음에 해당한다고 한 ⑤는 적절하지 않다.

모답 풀이

❶ '지혜'는 [지헤]로 발음해도 표준 발음에 해당하겠군.
→ 표준 발음법 제5항의 '다만 2'에서 '예, 례' 이외의 'ㅖ'는 [ㅔ]로 발음하는 것도 허용하고 있으므로 [지혜]나 [지헤]로 발음해야 한다.

❷ '다쳐'는 [다처]로 발음해야 표준 발음에 해당하겠군.
→ 표준 발음법 제5항의 '다만 1'에서 용언의 활용형에 나타나는 '쳐'는 [처]로 발음한다고 했으므로 [다처]로 발음해야 한다.

❸ '의례'는 [의례]로 발음해야 표준 발음에 해당하겠군.
→ '의례'의 '례'는 표준 발음법 제5항의 '다만 2'에 적용되는 경우가 아니므로 이중 모음인 [례]로 발음해야 한다.

❹ '닐리리'는 [닐리리]로 발음해야 표준 발음에 해당하겠군.
→ 표준 발음법 제5항의 '다만 3'에서 자음을 첫소리로 가지고 있는 음절의 'ㅢ'는 [ㅣ]로 발음한다고 했으므로 [닐리리]로 발음해야 한다.

07 표준 발음법 제10항의 '다만'에서 어간 '밟-'은 '밟다[밥:따], 밟고[밥:꼬], 밟지[밥:찌]'와 같이 자음 앞에서 [밥]으로 발음한다고 규정하고 있다.

모답 풀이

❶ '넓-'은 '넓적하다', '넓둥글다'의 경우 [넙]으로 발음한다.
→ 표준 발음법 제10항의 '다만'에서 어간 '넓-'은 '넓죽하다[넙쭈카다], 넓둥글다[넙뚱글다]와 같은 경우에 [넙]으로 발음한다고 규정하고 있다.

❷ 'ㅎ(ㄶ, ㅀ)' 뒤에 'ㅅ'이 결합되는 경우에는, 'ㅅ'을 [ㅆ]으로 발음한다.
→ 표준 발음법 제12항의 2번 조항에서 'ㅎ(ㄶ, ㅀ)' 뒤에 'ㅅ'이 결합되는 경우에는, '닿소[다:쏘], 많소[만:쏘], 싫소[실쏘]'와 같이 'ㅅ'을 [ㅆ]으로 발음한다고 규정하고 있다.

❸ 겹받침 'ㄲ, ㄲ, ㄲ'은 어말 또는 자음 앞에서 각각 [ㄱ, ㅁ, ㅂ]으로 발음한다.
→ 표준 발음법 제11항은 겹받침 'ㄲ, ㄲ, ㄲ'은 '닭[닥], 맑다[막따], 삶[삼:], 읊다[읍따]'와 같이 어말 또는 자음 앞에서 각각 [ㄱ, ㅁ, ㅂ]으로 발음한다고 규정하고 있나.

❺ 받침 'ㄲ, ㅋ', 'ㅅ, ㅆ, ㅈ, ㅊ, ㅌ', 'ㅍ'은 어말 또는 자음 앞에서 각각 대표음 [ㄱ, ㄷ, ㅂ]으로 발음한다.
→ 표준 발음법 제9항은 받침 'ㄲ, ㅋ', 'ㅅ, ㅆ, ㅈ, ㅊ, ㅌ', 'ㅍ'은 '닦다[닥따], 키읔[키윽], 옷[옫], 있다[읻따], 솥[솓]'과 같이 어말 또는 자음 앞에서 각각 대표음 [ㄱ, ㄷ, ㅂ]으로 발음한다고 규정하고 있다.

08 ㉠ '국물[궁물]'은 받침 'ㄱ'을 'ㅁ' 앞에서 [ㅇ]으로 발음하는 경우이고, ㉡ '강릉[강능]'은 받침 'ㅇ' 뒤에 연결되는 'ㄹ'을 [ㄴ]으로 발음하는 경우이다. ㉢ '물난리[물랄리]'는 'ㄹ'의 뒤에 나오는 'ㄴ'을 [ㄹ]로 발음하는 경우이므로 모두 적절한 예이다.

모답 풀이

❶ ㉠ 국밥[국빱], ㉡ 향리[향니], ㉢ 굳이[구지]
→ ㉠ '국밥[국빱]'은 받침 'ㄱ' 뒤에 이어지는 'ㅂ'이 된소리로 발음되는 경우이고, ㉢ '굳이[구지]'는 받침 'ㄷ' 뒤에 이어지는 모음 '이'가 [지]로 바뀌어 발음되는 경우이므로 예로 적절하지 않다. ㉡ '향리[향니]'는 예로 적절하다.

❷ ㉠ 발전[발쩐], ㉡ 담요[담:뇨], ㉢ 신라[실라]
→ ㉠ '발전[발쩐]'은 받침 'ㄹ' 뒤에 이어지는 'ㅈ'이 된소리로 발음되는 경우이고, ㉡ '담요[담:뇨]'는 받침 'ㅁ' 뒤에 'ㄹ'이 연결되는 경우가 아니므로 예로 적절하지 않다. ㉢ '신라[실라]'는 예로 적절하다.

❸ ㉠ 입맛[임맏], ㉡ 물약[물략], ㉢ 종로[종노]
→ ㉡ '물약[물략]'은 받침 'ㄹ' 뒤에 모음이 이어지는 경우이고, ㉢ '종로[종노]'는 ㉡에 해당하므로 예로 적절하지 않다. ㉠ '입맛[임맏]'은 예로 적절하다.

❺ ㉠ 냇물[낸:물], ㉡ 음력[음녁], ㉢ 결단력[결딴녁]
→ ㉠ '냇물[낸:물]'과 ㉡ '음력[음녁]'은 각각의 예로 적절하지만, ㉢ '결단력[결딴녁]'은 받침 'ㄴ' 뒤에 연결되는 'ㄹ'이 [ㄴ]으로 발음된 경우이므로 예로 적절하지 않다.

09 표준 발음법 제25항은 어간 받침 'ㄼ, ㄾ' 뒤에 결합되는 어미의 첫소리에 관하여 규정하고 있지만, '여덟도'에서 '여덟'은 체언에 해당하고 '여덟'에 결합한 '도'는 조사에 해당하기 때문에 위의 사례에 해당하지 않는다. 따라서 '여덟도'는 위의 규정을 적용받지 않아 [여덜도]로 발음한다.

[오답 풀이]
❶ '삶다'는 ㉠에 따라 [삼:따]로 발음해야겠군.
→ '삶다'의 어간 '삶-'의 받침 'ㄻ' 뒤에 첫소리가 'ㄷ'인 어미 '-다'가 결합된 것으로 [삼:따]로 발음해야 한다.
❷ '핥고'는 ㉡에 따라 [할꼬]로 발음해야겠군.
→ '핥고'의 어간 '핥-'의 받침 'ㄾ' 뒤에 결합되는 어미 '-고'의 첫소리 'ㄱ'은 된소리로 발음하므로 [할꼬]로 발음해야 한다.
❹ '갈 길'은 ㉢에 따라 [갈낄]로 발음해야겠군.
→ '갈 길'에서 '갈'은 '가- + -ㄹ'로, 관형사형 '-ㄹ' 뒤에 연결되는 'ㄱ'은 된소리로 발음하므로 [갈낄]로 발음해야 한다.
❺ '갈게'는 ㉣에 따라 [갈께]로 발음해야겠군.
→ '갈게'는 '가- + -ㄹ게'로 '-ㄹ'로 시작되는 어미의 경우에도 연결되는 'ㄱ'은 된소리로 발음하므로 [갈께]로 발음해야 한다.

내신 실력 기르기 　DAY 25~27　　150~151쪽

01 ⑤　　02 ④　　03 ⑤　　04 ⑤　　05 ③　　06 ③
07 ④

01 '무지개'는 [무지개]로 발음되어 표기와 소리가 일치하므로 표준어를 소리대로 적은 사례에 해당한다(㉠). '꽃나무'는 [꼰나무]로 발음되어 표기와 소리가 일치하지 않는 사례이므로 '꽃'의 본모양을 밝혀 적은 사례에 해당한다(㉡).

[오답 풀이]
❶ ㉠ 가위, ㉡ 거미
→ '가위'는 [가위]로, '거미'는 [거미]로 발음하므로 둘 다 표준어를 소리대로 적은 사례(㉠)에 해당한다.
❷ ㉠ 칼날, ㉡ 나무
→ '칼날'은 [칼랄]로 발음하므로 '칼'과 '날'의 본모양을 밝혀 적은 사례(㉡)에 해당한다. '나무'는 [나무]로 발음하므로 표준어를 소리대로 적은 사례(㉠)에 해당한다.
❸ ㉠ 콩밭, ㉡ 강물
→ '콩밭'은 [콩받]으로 발음하므로 '콩'과 '밭'의 본모양을 밝혀 적은 사례(㉡)에 해당한다. '강물'은 [강물]로 발음하므로 표준어를 소리대로 적은 사례(㉠)에 해당한다.

❹ ㉠ 하늘, ㉡ 소나기
→ '하늘'은 [하늘]로, '소나기'는 [소나기]로 발음하므로 둘 다 표준어를 소리대로 적은 사례(㉠)에 해당한다.

02 '먹이'는 어간 '먹-'에 '-이'가 붙어서 명사가 된 말이고, '익히'는 어간 '익-'에 '-히'가 붙어서 부사가 된 말이다. 두 단어는 모두 어간의 원형을 밝혀 적고 있으므로 ㉣의 예로 적절하다. 하지만 '마개'는 어간 '막-'에 '-애'가 붙어서 명사가 된 말로, 어간에 '-이'나 '-음' 이외의 모음으로 시작된 접미사가 붙어서 다른 품사로 바뀐 것은 그 어간의 원형을 밝혀 적지 않는다는 규정에 따라 원형을 밝혀 적지 않은 것이다.

[오답 풀이]
❶ ㉠: 어찌, 거꾸로, 기쁘다
→ '어찌'는 모음 'ㅓ'와 'ㅣ' 사이에서, '거꾸로'는 모음 'ㅓ'와 'ㅜ' 사이에서, '기쁘다'는 모음 'ㅣ'와 'ㅡ' 사이에서 뚜렷한 까닭 없이 된소리가 나는 단어들로 모두 ㉠의 예로 적절하다.
❷ ㉡: 굳이, 해돋이, 닫히다
→ '굳이', '해돋이', '닫히다'는 'ㄷ, ㅌ' 받침 뒤에 종속적 관계를 가진 '-이(-)'나 '-히-'가 붙으면서 각각 [구지], [해도지], [다치다]로 소리 나지만 'ㄷ, ㅌ' 받침을 그대로 적고 있으므로 ㉡의 예로 적절하다.
❸ ㉢: 웃다, 웃고, 웃어, 웃으니
→ '웃다, 웃고, 웃어, 웃으니'는 각각 [욷:따], [욷:꼬], [우:서], [우:스니]로 발음되지만, 용언의 어간 '웃-'과 어미 '-다, -고, -어, -으니'를 구별하여 원형을 밝혀 적은 것으로 ㉢의 예로 적절하다.
❺ ㉤: 봐, 줘, 봤다, 줬다
→ '봐', '줘', '봤다', '줬다'는 각각 '보아', '주어', '보았다', '주었다'의 준말이다. 모음 'ㅗ, ㅜ'로 끝난 어간에 '-아/-어, -았-/-었-'이 어울려 'ㅘ/ㅝ, ㅙ/ㅞ'으로 될 적에 준 대로 적은 것으로 모두 ㉤의 예로 적절하다.

03 '간편하지 않다'에서 '간편하지'는 '하' 앞의 받침소리가 [ㄴ]이므로 '하'가 통째로 줄지 않고 'ㅎ'이 남는다. 따라서 '간편하지'는 '간편치'로 적어야 한다.

[오답 풀이]
❶ 다정하다 → 다정타
→ '다정하다'는 '하' 앞의 받침소리가 [ㅇ]이라서 'ㅎ'이 남으므로 '다정타'로 적어야 한다.
❷ 편안하게 → 편안케
→ '편안하게'는 '하' 앞의 받침소리가 [ㄴ]이라서 'ㅎ'이 남으므로 '편안케'로 적어야 한다.
❸ 생각하건대 → 생각건대
→ '생각하건대'는 '하' 앞의 받침소리가 [ㄱ]이므로 '하'가 통째로 줄어들어 '생각건대'로 적어야 한다.
❹ 연구하도록 → 연구토록
→ '연구하도록'은 '하' 앞의 받침소리가 없어 'ㅎ'이 남으므로 '연구토록'으로 적어야 한다.

04 '짜장면'은 예전에는 비표준어였지만, 사람들이 표준어인 '자장면'보다 '짜장면'을 더 많이 사용하면서 복수 표준어로 인정받게 되었다.

[오답 풀이]
❶ '자장면'은 '짜장면'의 속된 표현이기 때문이에요.
→ 속된 표현은 고상하지 못하고 천한 표현을 말하는데, '자장면'과 '짜장면' 둘 다 속된 표현이라고 볼 수 없다.

❷ '자장면'과 '짜장면'은 의미상 차이가 없기 때문이에요.
→ 표준어는 효율적이고 통일된 의사소통을 위해서 의미가 같더라도 여러 형태나 발음 중 하나 혹은 둘을 표준형으로 제시한다.
❸ '짜장면'보다는 '자장면'으로 발음하는 사람들이 더 많기 때문이에요.
→ '짜장면'이라고 발음하는 사람들이 더 많아서 표준어가 된 것이다.
❹ '자장면'과 '짜장면'은 모두 우리나라에서 쓰던 말이 아니기 때문이에요.
→ '자장면'과 '짜장면' 둘 다 우리나라에서 쓰던 말이다.

문법 짚고 가기

복수 표준어의 예
- 대답하는 말로 쓰이는 '네'와 '예'는 두 형태가 비슷한 정도로 많이 쓰이고 있으므로 과거 '예'만을 표준으로 삼았던 것에서 '네'와 '예'의 복수 형태를 표준어로 삼았다.
- '쇠-/소-'에서 '쇠'는 전통적 표현이나, '소-'도 우세해져 두 가지를 다 쓰게 하였다. '쇠-'는 단순히 '소'를 대치할 수 있는 말이 아니라 '소의'라는 뜻의 옛말 형태가 그대로 남아 있는 것이다. 그러므로 '소의'라는 뜻의 '쇠-'는 '쇠뼈'와 같은 곳에서 쓰이고 이때 '소뼈'와 같은 복수 표준어가 인정된다.

05 표준 발음법 제10항의 '다만'에 따라 '밟-'은 자음 앞에서 [밥]으로 발음하므로, '밟고'의 '밟-'은 [밥]으로 발음해야 한다. 따라서 '밟고'는 [밥:꼬]로 발음해야 한다.

모답 풀이
❶ 고양이의 넓죽한[넙쭈칸] 얼굴이 귀엽다.
→ 표준 발음법 제10항의 '다만'에 따르면 '넓-'은 '넓죽하다', '넓둥글다'의 경우에는 [넙]으로 발음하므로, '넓죽한'은 [넙쭈칸]으로 발음해야 한다.
❷ 맑게[말께] 갠 하늘에 더없이 기분이 좋다.
→ 표준 발음법 제11항의 '다만'에 따라 어간 '맑-'의 'ㄹㄱ'은 'ㄱ' 앞에서 [ㄹ]로 발음하므로, '맑게'는 [말께]로 발음해야 한다.
❹ 책을 읽다가[익따가] 중간에 잠이 들고 말았다.
→ 표준 발음법 제11항에서 겹받침 'ㄹㄱ'은 어말 또는 자음 앞에서 [ㄱ]으로 발음하므로, '읽다가'는 [익따가]로 발음해야 한다.
❺ 드디어 넓디넓은[널띠널븐] 넓은 푸른 바다에 도착했다.
→ 표준 발음법 제10항에 따라 겹받침 'ㄹㅂ'은 어말 또는 자음 앞에서 [ㄹ]로 발음해야 하므로 '넓디넓은'은 [널띠널븐]으로 발음해야 한다.

06 '검사하는만큼'에서 '만큼'은 뒤에 나오는 내용의 원인이나 근거가 됨을 나타내는 의존 명사이다. 의존 명사는 띄어 쓴다는 제42항의 규정에 따라 '검사하는∨만큼'처럼 띄어 써야 한다.

모답 풀이
❶ 가진 게 없으면 몸이나마 건강해야지.
→ 의존 명사 '게'는 앞말과 띄어 써야 하므로 '가진∨게'처럼 띄어 쓰며, 조사 '이나마'는 그 앞말에 붙여 써야 하므로 '몸이나마'와 같이 붙여 쓰는 것이 적절하다.
❷ 연필 열두 자루를 모으면 연필 한 다스가 된다.
→ 단위를 나타내는 명사는 띄어 써야 하므로 '연필∨열두∨자루', '연필∨한∨다스'와 같이 띄어 쓰는 것이 적절하다.
❹ 친구들과 오후 두시 삼십분에 학교 정문에서 만나기로 했다.
→ 단위를 나타내는 명사는 '두∨시 삼십∨분'처럼 띄어 써야 하지만, 순서를 나타내는 경우에는 붙여 쓰는 것도 허용하므로 '두시 삼십분'과 같이 붙여 쓰는 것도 적절하다.

❺ 그 농장에는 십이억 삼천사백오십육만 칠천팔백구십팔 마리의 닭이 있다.
→ 수는 '만' 단위로 띄어 써야 하므로, '십이억∨삼천사백오십육만∨칠천팔백구십팔'로 띄어 쓰는 것이 적절하고, 단위를 나타내는 명사는 띄어 써야 하므로 '칠천팔백구십팔∨마리'와 같이 띄어 쓰는 것이 적절하다.

07 '삼촌'에서 '삼'의 'ㅏ'와 '촌'의 'ㅗ'는 모두 양성 모음이다. 그리고 '깡충깡충'에서 '깡'의 'ㅏ'는 양성 모음, '충'의 'ㅜ'는 음성 모음이다. 따라서 '깡충깡충'만이 음성 모음 형태로 발음하는 습관을 반영한 것이다.

모답 풀이
❶ ㉠의 '쌍둥이'와 같이 '막둥이'나 '흰둥이'도 예전에는 '막동이', '흰동이'였겠어.
→ '쌍둥이'는 양성 모음끼리 어울리는 모음 조화에 따라 '쌍동이'였던 것이 음성 모음으로 바뀌어 굳어진 단어에 해당한다. 따라서 이와 비슷한 형태인 '막둥이'나 '흰둥이'도 예전에는 '막동이', '흰동이'였음을 추측할 수 있다.
❷ ㉡의 '삼촌' 대신 '삼춘'이라고 하는 사람도 있지만, 어원을 고려하면 '삼촌'으로 써야겠구나.
→ '다만' 조항에서는 어원 의식이 강하게 작용하는 단어에서는 양성 모음 형태를 그대로 표준으로 삼는다고 하면서, 그 예로 '삼촌'을 들고 있다. 따라서 어원을 고려하여 '삼촌'으로 써야 한다는 것을 알 수 있다.
❸ ㉢처럼 '깡총깡총' 대신 '깡충깡충'을 표준어로 정한 것은 〈보기 1〉의 규정에 따른 것이구나.
→ '깡총깡총'은 양성 모음끼리 어울린 것인데, 〈보기 1〉의 규정에 따라 양성 모음 'ㅗ'가 음성 모음 'ㅜ'로 바뀌어 굳어진 '깡충깡충'을 표준어로 삼은 것이다.
❺ 대다수 사람들의 발음 습관이 변화되어 굳어진다면, 그 어휘들의 표준어도 달라질 수 있겠어.
→ 대다수 사람들의 발음 습관이 양성 모음에서 음성 모음으로 바뀌어 굳어진 경우 그것을 표준어로 삼는다는 것에서, 표준어가 달라질 수 있음을 확인할 수 있다.

수능으로 실력 쌓기 ○—152~155쪽

| 01 ④ | 02 ① | 03 ② | 04 ② | 05 ② | 06 ② |
| 07 ④ | 08 ⑤ | 09 ④ | 10 ① | 11 ② | |

01 '옷소매'는 '옷'과 '소매'가 결합한 합성어이고, '밥알'은 '밥'과 '알'이 결합한 합성어이다. '옷소매'와 '밥알'은 각각 [온쏘매], [바발]로 소리 나지만 '온쏘매', '바발'로 적지 않고 어법에 맞도록 적고 있다. 따라서 '옷소매'와 '밥알'은 ⓑ만 충족하는 합성어의 예(㉣)로 적절하다.

모답 풀이
❶ ㉠: 이파리(잎 + 아리), 얼음(얼 + 음)
→ '이파리'는 어근 '잎'에 '-아리'가 결합한 파생어로 소리대로 적으므로 ㉠의 예로 적절하다. 하지만 '얼음'은 어근 '얼-'에 접사 '-음'이 결합한 파생어로 어법에 맞게 적은 것이므로 ㉢의 예로 적절하다.
❷ ㉡: 마소(말 + 소), 낮잠(낮 + 잠)
→ '마소'는 '말'과 '소'가 결합한 합성어로 어법에 맞게 적으면 '말소'라고 적어야 하지만 소리대로 '마소'로 적으므로 ㉡의 예로 적절하다. 하지만 '낮잠'은 '낮'과 '잠'이 결합한 합성어로 [낟짬]으로 소리 나지만 어법에 맞게 '낮잠'으로 적으므로 ㉣의 예로 적절하다.

❸ ⓒ: 웃음(웃 + 음), 바가지(박 + 아지)
→ '웃음'은 어근 '웃-'에 접사 '-음'이 결합한 파생어로 [우슴]으로 소리
나지만 어법에 맞게 '웃음'으로 적으므로 ⓒ의 예로 적절하다. 하지만
'바가지'는 어근 '박'에 '-아지'가 결합한 파생어로 소리대로 적으므로
㉠의 예로 적절하다.
❺ ⓜ: 꿈(꾸 + ㅁ), 사랑니(사랑 + 이)
→ '꿈'은 어근 '꾸-'에 접사 '-ㅁ'이 결합한 파생어로 소리와 표기가 일치
하여 ⓜ의 예로 적절하다. 하지만 '사랑니'는 '사랑'과 '이'가 결합한 합
성어로 소리대로 적으므로 ⓛ의 예로 적절하다.

02 〈보기〉에서 '내디디다/내딛다'의 경우 모음으로 시작하는 어미
가 연결될 때에는 준말의 활용형을 인정하지 않는다고 하였다.
그런데 '내딛었다'는 준말의 어간 '내딛-'에 모음으로 시작하는
어미 '-었-'이 결합한 것이므로, 용언을 잘못 활용한 것이라
할 수 있다. '내디디었다(내디뎠다)'처럼 활용해야 한다.

❷ 아저씨가 농사일에 <u>서투른</u> 줄 몰랐다.
→ '서투르다'는 본말이므로 어미 '-ㄴ'이 결합한 '서투른'으로 활용할 수
있다. 이때 준말의 활용형 '서툰'도 가능하다.
❸ 우리는 여기에 <u>머물면서</u> 쉴 생각이다.
→ '머물다'는 '머무르다'의 준말로 어미 '-면서'와 결합하여 '머물면서'로
활용할 수 있다.
❹ <u>서두르지</u> 않으면 출발 시간에 늦겠다.
→ '서두르다'는 본말로 어미 '-지'가 결합하여 '서두르지'로 활용할 수 있
다. 이때 준말의 활용형 '서둘지'도 가능하다.
❺ 조금만 <u>건드려도</u> 방울 소리가 잘 난다.
→ '건드리다'는 본말로 어미 '-어도'가 결합하여 '건드려도(건드리어도)'로
활용할 수 있다. 이때 어미가 모음으로 시작하는 어미이므로 준말의 활
용형 '건들여(×)'는 사용할 수 없다.

03 자음을 첫소리로 가지고 있는 음절의 'ㅢ'가 'ㅣ'로 소리 나더라
도 소리 나는 대로 적지 않고 'ㅢ'를 밝혀 적도록 규정한 것은,
형태소의 본모양을 밝히어 적도록 한 ⓛ의 원칙을 따른 것이라
할 수 있다.

❶ 'ㄷ, ㅌ' 받침 뒤에 종속적 관계를 가진 '-이(-)'나 '-히-'가 올 적에
는, 그 'ㄷ, ㅌ'이 'ㅈ, ㅊ'으로 소리 나더라도 'ㄷ, ㅌ'으로 적음. 맏이, 굳
이, 묻히다 – ⓛ
→ 'ㄷ, ㅌ'이 'ㅈ, ㅊ'으로 소리 나더라도 'ㄷ, ㅌ'으로 적으라고 하였으므로
어법에 맞도록 한 것이다.
❸ 체언은 조사와 구별하여 적음. 떡이, 손이, 팔이 – ⓛ
→ 체언과 조사를 소리대로 적을 경우 '떠기', '소니', '파리'처럼 원래의 형
태를 알 수 없게 되므로 어법에 맞도록 한 것이다.
❹ 어간에 '-이'나 '-음'이 붙어서 명사로 바뀐 것이라도 그 어간의 뜻과
멀어진 것은 원형을 밝히어 적지 아니함. 목거리(목병), 노름(도박) – ㉠
→ '목거리'는 '목이 붓고 아픈 병'을 뜻하는 말로 '목 + 걸 - + -이'의 구성
이나 원뜻에서 멀어졌기에 원형을 밝히지 않고 소리대로 적는다. 도박
의 의미인 '노름' 역시 '놀- + -음'의 구성이나 어간의 의미가 본뜻에
서 멀어졌으므로 소리대로 적는다.
❺ 둘 이상의 단어가 어울리거나 접두사가 붙어서 이루어진 말은 각각 그
원형을 밝히어 적음. 꽃잎, 헛웃음, 굶주리다 – ⓛ
→ '꽃잎'의 경우 소리 나는 '꼰닙'으로 적으면 본뜻을 알기 어려워지기 때
문에 둘 이상의 단어가 어울린 합성어나 접두사가 붙은 파생어의 경우
그 원형을 밝혀 적도록 규정한 것이다.

04 '서울요.'의 '요'는 '서울'이라는 체언과 결합하고 있으며, 선배의
질문에 대답하며 사용한 것이라는 점을 미루어 볼 때, '-이오'
가 줄어든 형태의 '-요'가 아니라 청자에게 존대의 뜻을 나타
낼 때 쓰이는 보조사 '요'라고 할 수 있다. 따라서 밑줄 친 '요'를
'이요'로 바꾸어 적을 수 있다고 한 ②는 적절하지 않다.

❶ ㄱ의 밑줄 친 '이오'는 [이요]로 발음할 수 있다.
→ ㄱ의 밑줄 친 '이오'는 하오체 종결 어미 '-오'가 '이다'의 어간 뒤에 붙
어 '-이오'로 활용한 것으로, [이오]로 발음하는 것이 원칙이나 [이요]
로 발음할 수도 있다.
❸ ㄷ의 밑줄 친 '부산이오'는 하오체 문장에 해당한다.
→ '-오'는 하오체의 종결 어미로 '부산이오.'는 하오체 문장에 해당한다.
❹ ㄹ의 밑줄 친 '요'는 모음으로 끝나는 체언 뒤에서 '-이오'가 줄어든 형
태에 해당한다.
→ '-이오'는 모음으로 끝나는 체언과 결합할 때 '-요'로 줄여 쓸 수 있다.
따라서 '영화요?'에 쓰인 '-요'는 '-이오'가 줄어든 형태라고 할 수 있다.
❺ ㅁ의 밑줄 친 '요'는 둘 다 청자에게 존대의 뜻을 나타내는 보조사에 해
당한다.
→ '소설요?'와 '영화요?'는 둘 다 청자에게 존대의 뜻으로 묻는 말이고,
'요' 앞의 말이 체언이라는 점을 고려할 때, 이때 쓰인 '요'는 보조사임
을 알 수 있다.

05 ㉠/ⓛ: '보다'가 '책이나 신문 따위를 읽다.'라는 뜻의 동사로
쓰인 것이므로 띄어 써야 한다.
ⓒ/ⓔ: '보다'가 서로 차이가 있는 것을 비교하는 경우, 비교의
대상이 되는 말에 붙어 '~에 비해서'의 뜻을 나타내는 격 조사
이므로 체언에 붙여 써야 한다.
ⓜ/ⓗ: '보다'가 '어떤 수준에 비하여 한층 더'라는 뜻의 부사로
쓰인 것이므로 띄어 써야 한다.
그러므로 띄어쓰기가 바르게 된 것만을 고르면 ㉠, ⓔ, ⓜ이다.

06 ⓛ '주고 갔다'에서 '가다'가 보조 용언(보조 동사)으로서 역할을
하려면 본동사와 연결되어 그 풀이를 보충하여야 하지만, ⓛ에
서 '가다'는 '주다'와 연결되지 않고 '어떤 대상이 다른 곳으로 이
동하여 사라지다.'라는 뜻을 나타내고 있다. 즉 '주고 갔다'는 본
동사와 본동사가 이어진 것이므로 띄어 쓰는 것이 적절하다.

❶ ㉠: '-ㄹ지'가 하나의 어미이기 때문에 '할'과 '지'를 붙여 '할지'로 수정
한다.
→ ㉠에 쓰인 '-ㄹ지'는 '추측에 대한 막연한 의문이 있는 채로 그것을 뒤
절의 사실이나 판단과 관련시키는 데 쓰는 연결 어미'이므로 '할지'로
붙여 써야 한다.
❸ ⓒ: '같다'가 형용사이기 때문에 '형'과 띄어 '형 같다'로 수정한다.
→ ⓒ에 쓰인 '같다'는 '그런 부류에 속한다는 뜻을 나타내는 말'을 나타내
는 형용사이므로 '형 같다'로 띄어 써야 한다.
❹ ⓔ: '것'이 의존 명사이기 때문에 '기울일'과 띄어 '기울일 것'으로 수정
한다.
→ ⓔ의 '것'은 '사물, 일, 현상 따위를 추상적으로 이르는 말'을 나태는 의
존 명사이므로 '기울일 것'으로 띄어 써야 한다.
❺ ⓜ: '뿐'이 조사로 쓰였기 때문에 '공부'와 붙여 '공부뿐이다'로 수정한다.
→ ⓜ의 '뿐'은 '그것만이고 더는 없음' 또는 '오직 그렇게 하거나 그러하
는 것'을 나타내는 보조사이므로 '공부뿐이다'로 붙여 써야 한다.

07 '먹을 만큼'의 '만큼'은 관형어 '먹을' 뒤에서 앞의 내용에 상당한 수량이나 정도임을 나타내는 의존 명사로 쓰였다. 따라서 앞말과 띄어 쓰는 것이 적절하다.

오답 풀이

❶ 아는대로 모두 말하여라.
→ '대로'가 관형어 '아는' 뒤에서 '어떤 모양이나 상태와 같이'라는 뜻의 의존 명사로 쓰였으므로 '아는 대로'로 띄어 써야 한다.

❷ 마음이 약해질대로 약해졌다.
→ '대로'가 관형어 '약해질' 뒤에서 '어떤 상태가 매우 심하다는 뜻을 나타내는 말'의 의존 명사로 쓰였으므로 '약해질 대로'로 띄어 써야 한다.

❸ 모든 것이 자기 생각 대로 되었다.
→ '대로'가 체언 뒤에 붙어서 '앞에 오는 말에 근거하거나 달라짐이 없음을 나타내는 보조사'로 쓰였으므로 '생각대로'로 붙여 써야 한다.

❺ 그 사람은 말 만큼은 누구보다 앞선다.
→ '만큼'이 체언 뒤에서 붙어서 '앞말과 비슷한 정도나 한도임을 나타내는 격 조사'로 쓰였으므로 '말만큼은'으로 붙여 써야 한다.

08 ㉠의 여부에 따라 '위쪽, 위층', '윗사람, 윗집'으로 구분하였음을 알 수 있다. 그런데 '위-'나 '윗-'의 다음 첫소리를 살펴보면 '위-' 다음에는 된소리나 거센소리를, '윗-' 다음에는 예사소리를 확인할 수 있다. 따라서 ㉠에는 ⑤가 들어가야 한다.

오답 풀이

❶ 합성어인가?
→ '윗사람(위+사람), 윗집(위+집), 위쪽(위+쪽), 위층(위+층)은 모두 합성어이므로 ㉠에 들어갈 기준으로 적절하지 않다.

❷ 모음 앞에 위치하는가?
→ '윗사람, 윗집, 위쪽, 위층'은 모두 자음 앞에 '위-'나 '윗-'이 위치하고 있으므로 ㉠에 들어갈 기준으로 적절하지 않다.

❸ 울림소리 앞에 위치하는가?
→ '위-'나 '윗-' 다음에 울림소리 'ㄴ', 'ㄹ', 'ㅁ', 'ㅇ'이 나오지 않으므로 ㉠에 들어갈 기준으로 적절하지 않다.

❹ 사물의 이름을 나타내는가?
→ '윗사람, 윗집, 위쪽, 위층'은 모두 명사이므로 ㉠에 들어갈 기준으로 적절하지 않다.

09 '겉늙다[건늑따]'는 '겉'의 받침 'ㅌ'이 음절의 끝소리 규칙에 따라 'ㄷ'으로 바뀐 후에 비음화 현상이 일어나면서 [ㄴ]으로 소리 나게 된 것이므로 [A]에 들어갈 예로 적절하다.

오답 풀이

❶ '밖만[방만]'은 자음군 단순화가 적용된 후
→ '밖만 → [박만](음절의 끝소리 규칙) → [방만](비음화)에서 자음군 단순화는 적용되지 않았다.

❷ '폭넓대[퐁널때]'는 자음군 단순화가 적용된 후
→ '폭넓다 → [폭널따](자음군 단순화, 된소리되기) → [퐁널따](비음화)에서 자음군 단순화는 '넓다'에서 일어난 것이고, 비음화는 '폭'의 'ㄱ'이 'ㄴ'의 영향을 받아 [ㅇ]으로 바뀐 것이다.

❸ '값만[감만]'은 음절의 끝소리 규칙이 적용된 후
→ '값만 → [갑만](자음군 단순화) → [감만](비음화)에서 음절의 끝소리 규칙은 적용되지 않았다.

❺ '호박잎[호방닙]'은 음절의 끝소리 규칙이 적용된 후
→ '호박잎 → [호박닙]('ㄴ' 첨가) → [호방닙](비음화)에서 음절의 끝소리 규칙은 적용되지 않았다.

10 '늦게[늗께]'는 〈보기〉의 ㉠에서 받침 'ㅈ' 뒤에 연결되는 'ㄱ'이 된소리로 발음되는 경우에, '얹다[언따]'는 〈보기〉의 ㉡에서 어간 받침 'ㄵ' 뒤에 결합되는 어미의 첫소리 'ㄷ'이 된소리로 발음되는 경우에 해당된다.

오답 풀이

❷ ㉠ 옆집[엽찝], ㉡ 있고[읻꼬]
→ '옆집[엽찝]'은 받침 'ㅍ' 뒤에 연결되는 'ㅈ'이 된소리로 발음되는 경우이므로 ㉠의 예로 적절하다. 그러나 '있고[읻꼬]'는 받침 'ㅆ' 뒤에 연결되는 'ㄱ'이 된소리로 발음되는 경우이므로 ㉠의 예에 해당한다.

❸ ㉠ 국수[국쑤], ㉡ 늙다[늑따]
→ '국수[국쑤]'는 받침 'ㄱ' 뒤에 연결되는 'ㅅ'이 된소리로 발음되는 경우이므로 ㉠의 예로 적절하다. 그러나 '늙다[늑따]'는 받침 'ㄺ' 뒤에 연결되는 'ㄷ'이 된소리로 발음되는 경우이므로 ㉠의 예에 해당한다.

❹ ㉠ 묶어[무꺼], ㉡ 껴안대[껴안따]
→ '묶어[무꺼]'는 어간 '묶-'의 받침 'ㄲ'이 어미 '-어'에 연음되어 발음되는 경우이므로 ㉠의 예로 적절하지 않다. '껴안대[껴안따]'의 어간 받침은 'ㄴ'이고, 뒤에 결합되는 어미의 첫소리인 'ㄷ'이 된소리로 발음되는 경우이므로 ㉡의 예로 적절하다.

❺ ㉠ 앉대[안따], ㉡ 머금대[머금따]
→ '앉대[안따]'의 어간 받침은 'ㄵ'이고, 뒤에 결합되는 어미의 첫소리인 'ㄷ'이 된소리로 발음되는 경우이므로 ㉡의 예에 해당한다. '머금대[머금따]'의 어간 받침은 'ㅁ'이고, 어미의 첫소리인 'ㄷ'이 된소리로 발음되는 경우이므로 ㉡의 예로 적절하다.

11 표준 발음법 제13항 규정에 따라 홑받침이나 쌍받침이 모음으로 시작된 조사나 어미, 접미사와 결합되는 경우에는 제 음가대로 뒤 음절 첫소리로 옮겨 발음해야 한다. 따라서 '안팎을'은 '팎'의 받침 'ㄲ'을 제 음가대로 조사 '을'의 첫소리로 옮겨 발음해야 하므로 [안파끌]로 발음해야 한다. '안팎을[안파끌]'을 [안파글]로 발음한 것은 음절의 끝소리 규칙을 적용한 뒤([안팍을])에 연음한 것으로 적절한 발음이 아니다.

오답 풀이

❶ '찰흙이'는 자음군 단순화를 적용하고 연음해야 하는데, [찰흐기]는 자음군 단순화를 적용하지 않고 연음을 했습니다.
→ 겹받침이 모음으로 시작된 조사나 어미, 접미사와 결합되는 경우에는 뒤엣것만을 뒤 음절 첫소리로 옮겨 발음해야 하므로 '찰흙이'에는 자음군 단순화를 적용하면 안 된다.

❸ '넋이'는 연음을 하고 된소리되기를 적용해야 하는데, [너기]는 음절의 끝소리 규칙을 적용하고 연음을 했습니다.
→ '넋이'를 [너기]로 잘못 발음한 것은 '넋이'를 연음하지 않고 [넉이]로 자음군 단순화를 잘못 적용한 후 연음했기 때문이다.

❹ '끝을'은 연음을 하고 구개음화를 적용해야 하는데, [끄츨]은 구개음화를 적용하고 연음을 했습니다.
→ '끝을'에는 연음은 일어나지만 구개음화는 일어나지 않는다. 또한 [끄츨]에는 구개음화만 나타날 뿐 연음은 일어나지 않는다.

❺ '숲에'는 거센소리되기를 적용하지 않고 연음해야 하는데, [수베]는 거센소리되기를 적용하고 연음을 했습니다.
→ '숲에'는 연음하여 [수페]로 발음해야 한다. '숲에'를 [수베]로 잘못 발음한 것은 [숩에]로 음절의 끝소리 규칙을 잘못 적용한 후 연음한 것이다.

28 중세 국어 ❶ : 훈민정음 창제 원리 - 본문 159쪽

개념 확인하기   **1** ×   **2** ○   **3** 발음 기관, 상형   **4** 가획   **5** 하늘   **6** 종성부용초성   **7** ㅿ(반잇소리), ㆆ(여린히읗), ㆁ(옛이응)   **8** ·(아래아)

학습 활동   ❶ ㅋ   ❷ ㄴ   ❸ ㅁ   ❹ ㅈ, ㅊ   ❺ ㅇ   ❻ ㅡ   ❼ ㅛ, ㅑ, ㅠ, ㅕ   ❽ 합성의 원리

교과서 적용하기   **01** ③   **02** ④   **03** ②

교과서 적용하기

01 훈민정음의 초성자 중 가획자는 기본자에 획을 추가하여 만든 글자이며, 기본자보다 소리의 세기가 세다는 특징을 지닌다.

모답 풀이

❶ 기본자는 발음 기관의 모양을 본떠서 만들었다.
→ 기본자 'ㄱ'은 발음할 때 혀뿌리가 목구멍을 닫는 모양을, 'ㄴ'은 혀가 윗잇몸에 붙는 모양을, 'ㅁ'은 입의 모양을, 'ㅅ'은 이의 모양을, 'ㅇ'은 목구멍의 모양을 본떠 만들었다.

❷ 가획자는 기본자에 획을 더하여 만든 글자이다.
→ 가획자는 기본자 'ㄱ, ㄴ, ㅁ, ㅅ, ㅇ'에 획을 더하여 만든 글자이다.

❹ 기본자는 5자, 가획자는 9자, 이체자는 3자로 총 17자이다.
→ 기본자는 'ㄱ, ㄴ, ㅁ, ㅅ, ㅇ'으로 5개, 가획자는 'ㅋ, ㄷ, ㅌ, ㅂ, ㅍ, ㅈ, ㅊ, ㆆ, ㅎ'으로 9개, 이체자는 'ㄹ, ㅿ, ㆁ'으로 3개이다.

❺ 이체자 'ㄹ'은 기본자 'ㄴ'과 모양은 비슷하지만 소리의 세기와는 관련이 없다.
→ 기본자 'ㄴ'과 이에 획을 더하여 만든 'ㄹ'은 모양은 비슷하지만, 획을 더해도 소리의 세기가 강해지지 않는 이체자다.

02 'ㄷ, ㅍ, ㅈ, ㆁ, ㅋ'은 각각 기본자 'ㄴ, ㅁ, ㅅ, ㅇ, ㄱ'에 획을 더하여 만든 글자이다. 이 중 'ㄷ, ㅍ, ㅈ, ㅋ'은 기본자에 획을 더해 소리의 세기가 세진다는 것을 나타낸 가획자에 해당하지만, 'ㆁ'은 소리의 세기와는 관련이 없는 이체자에 해당한다.

문법 짚고 가기

이체자 'ㆁ(옛이응)'

이체자 중 'ㆁ(옛이응)'은 어금닛소리이지만 목청소리의 기본자에 획을 더해 만들었다는 점에서 예외적인 모습을 보인다. 『훈민정음 해례본』에서는 이러한 예외성에 대해, 'ㆁ(옛이응)'은 비록 혀뿌리가 목구멍을 닫고 소리의 기운이 코로 나오지만 그 소리가 'ㅇ'가 비슷하다고 말하면서 'ㆁ(옛이응)'의 모양을 어금니가 아니라 목구멍에서 본떠 만들었다고 밝히고 있다. 즉, 'ㆁ(옛이응)'은 음성적 유사성을 바탕으로 'ㅇ'에 획을 더하여 글자 모양을 만든 것이라고 할 수 있다.

---

03 재출자는 합성의 원리에 따라 초출자와 기본자 '·'를 결합하여 만든 글자이다.

모답 풀이

❶ 초출자는 기본자와 기본자를 합성하여 만든 글자이다.
→ 초출자는 기본자 '·, ㅡ, ㅣ'에서 '·'에 'ㅡ' 또는 'ㅣ'를 합성하여 만든 글자이다.

❸ 'ㅗ, ㅏ, ㅜ, ㅓ'는 'ㅡ'와 'ㅣ'에 '·'를 합성하여 만든 글자이다.
→ 초출자 'ㅗ, ㅜ'는 기본자 'ㅡ'와 '·'를 합성하여, 초출자 'ㅏ, ㅓ'는 기본자 'ㅣ'와 '·'를 합성하여 만든 글자이다.

❹ 'ㅛ, ㅑ, ㅠ, ㅕ'는 초출자에 '·'를 다시 합성하여 만든 글자이다.
→ 재출자 'ㅛ, ㅑ, ㅠ, ㅕ'는 초출자 'ㅗ, ㅏ, ㅜ, ㅓ'에 기본자 '·'를 다시 합성하여 만든 글자이다.

❺ '·, ㅡ, ㅣ'는 각각 '하늘, 땅, 사람'의 모양을 본떠 만든 글자이다.
→ 기본자 '·'는 하늘의 둥근 모양을, 'ㅡ'는 땅의 평평한 모양을, 'ㅣ'는 사람이 서 있는 모양을 각각 본떠 만든 글자이다.

개념 기초 다지기   ○ 160~161쪽

01 ③   **02** ③   **03** ⑤   **04** ③   **05** ⑤   **06** ④   **07** ④   **08** ⑤

01 한자를 빌려 우리말을 표기하는 데에 한계가 있음을 인식한 것(㉠)은 자주정신을, 백성을 가엾게 여긴 것(㉡)은 애민 정신을, 누구나 쉽게 배우고 쓰기 편한 글자를 만들기로 한 것(㉢)은 실용 정신을 드러낸다.

02 ㉢에는 입술소리의 기본자 'ㅁ'이 초성자로 쓰인 '뫼'나 '마'와 같은 단어가 들어가야 한다. '범'에 쓰인 초성자 'ㅂ'은 입술소리의 가획자이므로 ㉢에 들어갈 단어로 적절하지 않다.

모답 풀이

❶ ⓐ: 콩
→ ⓐ에는 어금닛소리의 가획자 'ㅋ'이 초성자로 쓰인 단어가 들어가야 한다. 가획자 'ㅋ'이 초성자로 쓰인 '콩'은 ⓐ에 들어갈 단어로 적절하다.

❷ ⓑ: 뒤
→ ⓑ에는 혓소리의 가획자인 'ㄷ'이 초성자로 쓰인 단어가 들어가야 한다. 가획자 'ㄷ'이 초성자로 쓰인 '뒤'는 ⓑ에 들어갈 단어로 적절하다.

❹ ⓓ: 파
→ ⓓ에는 입술소리의 가획자인 'ㅍ'이 초성자로 쓰인 단어가 들어가야 한다. 가획자 'ㅍ'이 초성자로 쓰인 '파'는 ⓓ에 들어갈 단어로 적절하다.

❺ ⓔ: 채
→ ⓔ에는 잇소리의 가획자인 'ㅊ'이 초성자로 쓰인 단어가 들어가야 한다. 가획자 'ㅊ'이 초성자로 쓰인 '채'는 ⓔ에 들어갈 단어로 적절하다.

03 ㉡의 방법으로 만든 글자 중 일부는 현대 국어에서 '삶'의 'ㄻ'이나 '넋'의 'ㄳ'처럼 종성자로는 계속 쓰이고 있지만, 초성자로는 더 이상 쓰이지 않는다.

모답 풀이

❶ ㉠은 같은 자음자를 합쳐 가로로 나란히 쓰는 방법으로 만든 글자이다.
→ ㉠은 같은 자음자를 나란히 쓰는 '각자 병서'의 방법으로 만든 글자이다.
❷ ㉡은 다른 자음자를 합쳐 가로로 나란히 쓰는 방법으로 만든 글자이다.
→ ㉡은 다른 자음자를 나란히 쓰는 '합용 병서'의 방법으로 만든 글자이다.
❸ ㉢은 자음자 둘을 위아래로 잇대어 쓰는 방법으로 만든 글자이다.
→ ㉢은 순경음으로, 입술소리 'ㅁ, ㅂ, ㅍ, ㅃ' 아래에 'ㅇ'을 세로로 이어 쓰는 '연서'의 방법으로 만든 글자이다.
❹ ㉠은 현대 국어에서도 계속 쓰이지만, ㉢은 현대 국어에서는 쓰이지 않는다.
→ ㉠은 현대 국어에서도 여전히 된소리를 나타내는 자음자로 쓰이지만, ㉢은 현대 국어 자음 체계에서 사라져 쓰이지 않는다.

문법 짚고 가기

'ㅸ(순경음 비읍)'과 현대 국어의 'ㅂ' 불규칙 활용
　중세 국어 문헌에는 현대 국어에 없는 'ㅸ(순경음 비읍)'이 사용되었는데 이를 통해 현대 국어의 'ㅂ' 불규칙 활용이 형성되었다.

04 'ㅂㄹ매'에 쓰인 중성자는 'ㆍ, ㅐ'이며, 이 중 'ㆍ'는 중성자의 기본자에 해당한다. 그러나 'ㅐ'는 초출자 'ㅏ'에 기본자 'ㅣ'를 더하여 만들어진 중성자로 재출자에 해당하지 않는다.

모답 풀이

❶ '불휘'의 초성자와 종성자는 모두 기본자에 획을 더한 글자이다.
→ '불휘'에 쓰인 초성자와 종성자는 'ㅂ, ㄹ, ㅎ'으로, 각각 기본자 'ㅁ, ㄴ, ㅇ'에 획을 더하여 만든 글자이다.
❷ '기픈'의 중성자는 모두 기본자이지만, '남ㄱㄴ'의 중성자에는 기본자와 초출자가 쓰였다.
→ '기픈'에 쓰인 중성자는 'ㅣ, ㅡ'로 모두 기본자에 해당한다. 또한 '남ㄱㄴ'에 쓰인 중성자는 'ㅏ, ㆍ'로 'ㅏ'는 초출자, 'ㆍ'는 기본자에 해당한다.
❹ '곶 됴코'의 초성자와 종성자에는 기본자 한 개와 가획자 세 개가 쓰였다.
→ '곶 됴코'의 초성자와 종성자는 'ㄱ, ㅈ, ㄷ, ㅋ'으로, 이 중 'ㄱ'은 기본자, 'ㅈ, ㄷ, ㅋ'은 가획자에 해당한다.
❺ '여름 하ㄴ니'의 중성자에는 기본자 세 개와 초출자 한 개, 재출자 한 개가 쓰였다.
→ '여름 하ㄴ니'의 중성자는 'ㅕ, ㅡ, ㅏ, ㆍ, ㅣ'로, 이 중 'ㅡ, ㆍ, ㅣ'는 기본자, 'ㅏ'는 초출자, 'ㅕ'는 재출자에 해당한다.

05 '힘'의 초성자 'ㅎ'과 '다'의 초성자 'ㄷ'은 각각 기본자 'ㅇ'과 'ㄴ'의 가획자이며, '쁘'의 초성자 'ㅄ'은 합용 병서의 방법에 따라 'ㅂ'과 'ㅅ'을 나란히 쓴 자음자이다(ⓐ). '힘'의 중성자 'ㅣ'와 '쁘'의 중성자 'ㅡ'는 각각 사람과 땅의 모습을 상형하여 만든 기본자이며, '다'의 중성자 'ㅏ'는 기본자 'ㆍ'와 'ㅣ'를 합성하여 만든 초출자이다(ⓑ). '힘'의 종성자 'ㅁ'은 입의 모양을 상형하여 만든 자음자이다(ⓒ).

모답 풀이

❶ 빗믈
→ '빗믈'의 초성자 'ㅂ, ㅁ'에는 가획자는 있으나 병서의 방법으로 만든 자음자가 쓰이지 않았다. 또한 중성자는 'ㅣ, ㅡ'로 초출자가 쓰이지 않았다. 따라서 '빗믈'은 조건 ⓐ와 ⓑ를 충족하지 않는다.

❷ 외빡
→ '외빡'의 초성자 'ㅇ, ㅃ'에는 병서는 있으나 가획자가 쓰이지 않았다. 또한 중성자 'ㅚ, ㅏ'에는 상형의 원리로 만든 기본자가 쓰이지 않았다. 따라서 '외빡'은 조건 ⓐ와 ⓑ를 충족하지 않는다.
❸ 요ㅅㅢ
→ '요ㅅㅢ'의 초성자 'ㅇ, ㅅ, ㅿ'에는 이체자는 있으나 병서의 방법으로 만든 자음자가 쓰이지 않았다. 또한 중성자 'ㅛ, ㆍ, ㅣ'에는 초출자가 쓰이지 않았으며, 종성자인 받침이 쓰이지 않았다. 따라서 '요ㅅㅢ'는 조건 ⓐ~ⓒ를 충족하지 않는다.
❹ 뎌즈슴
→ '뎌즈슴'의 초성자 'ㄷ, ㅈ, ㅿ'에는 이체자는 있으나 병서의 방법으로 만든 자음자가 쓰이지 않았다. 또한 중성자 'ㅕ, ㅡ'에는 초출자가 쓰이지 않았다. 따라서 '뎌즈슴'은 조건 ⓐ와 ⓑ를 충족하지 않는다.

06 '깻'의 중성자 'ㅒ'를 입력하기 위해 'ㅣ'와 'ㆍ'를 조합한 뒤 다시 'ㅣ'를 조합한 것으로 보아(1 → 2 → 1), 초출자와 재출자 이외의 중성자도 'ㆍ, ㅡ, ㅣ'를 조합하면 입력할 수 있을 것이다.

모답 풀이

❶ 된소리를 입력하려면 같은 자음자를 세 번 눌러야겠군.
→ '깻'의 초성자 'ㄲ'을 입력하기 위해 'ㄱ'을 세 번 누른 것으로 보아, 된소리를 표기할 때는 같은 자음자를 세 번 눌러야 한다.
❷ 중성자 자판은 하늘, 땅, 사람을 본뜬 'ㆍ, ㅡ, ㅣ' 세 글자만 배열되었군.
→ 중성자로 기본자인 'ㆍ, ㅡ, ㅣ' 세 글자만 배열된 것으로 보아, 이 세 글자의 조합으로 나머지 중성자를 모두 입력할 수 있음을 알 수 있다.
❸ 초성자, 중성자, 종성자를 조합하여 음절 단위로 모아쓰도록 고안되었군.
→ 음절 '깻'과 '잎'을 입력하기 위해 초성자, 중성자, 종성자를 순서대로 입력한 것으로 보아, 〈보기〉의 휴대 전화 문자 입력 방식은 초성자, 중성자, 종성자를 조합하여 모아쓰도록 고안된 것임을 알 수 있다.
❺ 'ㄴ, ㄹ, ㅅ, ㅎ, ㅇ, ㅁ'을 제외한 나머지 자음자들의 묶음은 기본자와 가획자로 이루어져 있군.
→ 'ㄴ, ㄹ, ㅅ, ㅎ, ㅇ, ㅁ'을 제외한 나머지 자음자들의 묶음은 'ㄱ, ㅋ', 'ㄷ, ㅌ', 'ㅂ, ㅍ', 'ㅈ, ㅊ'이다. 이 중 'ㅋ'은 'ㄱ'에 'ㅌ'은 'ㄷ'에, 'ㅍ'은 'ㅂ'에, 'ㅊ'은 'ㅈ'에 획을 더하여 만들어졌다.

07 ㉠에는 중성에 기본자가 쓰인 단어가 들어가야 한다. 이에 해당하는 단어는 '쁠'과 '짜'이다. ㉡에는 중성에 기본자가 쓰이지 않으며, 초성에 합용 병서의 방법으로 만든 자음자가 쓰인 단어가 들어가야 한다. 이에 해당하는 단어는 '꿈'과 '쪼'이다. ㉢에는 ㉠과 ㉡에 해당하지 않는 단어인 '몃'이 들어가야 한다.

08 이체자 'ㄹ, ㅿ, ㆁ'은 각각 기본자 'ㄴ, ㅅ, ㅇ'에 획을 더하여 만든 글자이지만(ㄷ), 글자 모양에 획을 더할수록 소리의 세기가 세진다는 가획의 의미는 담겨 있지 않다(ㄹ). 이러한 특성으로 인해 이 글자들은 예외적으로 '이체자'로 불린다.

모답 풀이

ㄱ. 종성에는 표기할 수 없는 글자이다.
→ '칼날'의 종성자 'ㄹ'처럼 이체자도 종성에 표기할 수 있다.
ㄴ. 현대 국어에서도 모두 사용되고 있다.
→ 이체자 중 'ㄹ'만 현대 국어에서도 여전히 사용하고 있다.

교과서 적용하기

01 중세 국어에서는 소리의 높낮이를 나타내는 성조를 이용하여 단어의 뜻을 구별하였으며, 글자의 왼쪽에 '방점'을 찍어 성조를 표시하였다.

오답 풀이

❶ 현대 국어에 비해 모음 조화가 잘 지켜졌다.
→ 중세 국어에서는 현대 국어에 비해 양성 모음은 양성 모음끼리, 음성 모음은 음성 모음끼리 결합하는 모음 조화가 잘 지켜졌다.

❷ 단어의 첫머리에 여러 개의 자음이 올 수 있었다.
→ 중세 국어에서는 '·뜨·들'처럼 음절의 첫소리에 둘 이상의 자음이 오는 어두 자음군이 쓰였다.

❹ 'ㅸ'이나 '·'와 같이 현대 국어에서 쓰이지 않는 음운이 존재했다.
→ 중세 국어에서는 'ㅸ(순경음 비읍)', '·(아래아)', 'ㅿ(반치음)', 'ㆆ(여린히읗)', 'ㆁ(옛이응)' 등 현대 국어에서 쓰이지 않는 음운이 존재했다.

❺ 받침이 있는 체언 뒤에 모음으로 시작되는 조사가 올 때 받침을 조사의 초성으로 이어 적었다.
→ 중세 국어에서는 받침이 있는 체언이나 용언 어간에 모음으로 시작되는 조사나 어미가 올 때, 받침을 조사나 어미의 초성으로 이어 적는 '이어 적기(연철)'가 원칙이었다.

문법 짚고 가기

이어 적기, 거듭 적기[중철(中綴)], 끊어 적기[분철(分綴)]

이어 적기 (연철)	받침 있는 체언이나 용언의 어간에 모음으로 시작되는 조사나 어미가 붙을 때, 그 받침을 조사나 어미의 초성으로 이어 적는 것 예 말씀 + 이 → 말씀미
거듭 적기 (중철)	받침 있는 체언이나 용언의 어간에 모음으로 시작되는 조사나 어미가 붙을 때, 앞말의 종성을 그대로 두면서 뒷말의 초성에도 적는 것 예 말씀 + 이 → 말씀미
끊어 적기 (분철)	받침 있는 체언이나 용언의 어간에 모음으로 시작되는 조사나 어미가 오더라도 앞말의 종성을 앞말에 그대로 두고 뒷말의 초성에는 'ㅇ'을 적는 것. 형태소의 원형을 밝혀 적는 방식임. 예 말씀 + 이 → 말씀이

02 '듕귁에'는 체언 '듕귁'과 조사 '에'가 결합한 것으로 체언의 받침 'ㄱ'을 조사 '에'의 초성으로 이어 적지 않았다.

오답 풀이

❶ 말쓰미(말씀이)
→ '말쓰미'는 체언 '말씀'에 조사 '이'가 결합한 것으로 '씀'의 받침 'ㅁ'을 조사 '이'의 초성으로 이어 적은 것이다.

❸ 수비(쉽게)
→ '수비'는 어근 '숩-'에 접사 '-이'가 결합한 것으로 '숩'의 받침 'ㅸ'을 접사 '-이'의 초성으로 이어 적은 것이다.

❹ 뿌메(씀에)
→ '뿌메'는 어간 '쓰-'에 명사형 어미 '-움'이 결합한 '뿜'에 조사 '에'가 붙은 것으로 체언 '뿜'의 받침 'ㅁ'을 조사 '에'의 초성으로 이어 적은 것이다.

❺ 쏘루미니라(따름이니라)
→ '쏘루미니라'의 '쏘루미'는 체언 '쏘룸'에 서술격 조사 '이(다)'가 결합한 것으로 '룸'의 받침 'ㅁ'을 조사 '이(다)'의 초성으로 이어 적은 것이다.

01 중세 국어에서 'ᄆᆞᅀᆞᆯ'은 'ᄆᆞᄋᆞᆯ'로 바뀌었다가 현대 국어에서는 '마을'로 바뀌었다. 이 과정에서 'ㅿ'은 음가를 잃고 소멸했음을 알 수 있다.

오답 풀이

❶ '·'는 현대 국어에서 'ㅏ'나 'ㅡ'로 바뀌었다.
→ 현대 국어에서 'ᄆᆞᅀᆞᆯ'과 '쁘다'의 첫음절 중성자 '·'는 'ㅏ'로 바뀌었음을, 'ᄆᆞᅀᆞᆯ'의 끝음절 중성자 '·'는 'ㅡ'로 바뀌었음을 확인할 수 있다.

❷ 'ㅄ'은 현대 국어에서 된소리 'ㅉ'으로 바뀌었다.
→ 현대 국어에서 쁘다의 첫음절 초성자 'ㅄ'이 된소리 'ㅉ'으로 바뀌었음을 확인할 수 있다.

❹ 현대 국어와 달리 중세 국어에서는 어두 자음군이 있었다.
→ '쁘다'의 첫음절 초성자 'ㅄ'은 음절의 첫소리에 자음이 연속으로 둘 이상 오는 어두 자음군에 해당한다.

❺ 현대 국어에 비해 중세 국어에서는 모음 조화가 잘 지켜지고 있다.
→ 현대 국어의 '마을'은 첫음절의 중성에는 양성 모음인 'ㅏ'를 사용하지만, 끝음절의 중성에는 음성 모음인 'ㅡ'를 사용하고 있다. 반면 중세 국어의 'ᄆᆞᅀᆞᆯ'은 첫음절의 중성과 끝음절의 중성에 모두 '·'를 사용하고 있다. 즉 중세 국어에서 현대 국어에 비해 모음 조화가 더 잘 지켜졌음을 알 수 있다.

02 어간 '붉-'과 '밧-'의 '·'와 'ㅏ'는 양성 모음이므로 양성 모음으로 된 어미와 결합해야 하고, 어간 '굳-'의 'ㅜ'는 음성 모음이므로 음성 모음으로 된 어미와 결합해야 한다. 또한 중세 국어에서는 이어 적기가 이루어졌기 때문에 ㉠에는 '불가', ㉡에는 '구드니', ㉢에는 '바솜'이 들어가야 한다.

오답 풀이

❷ ㉠ 불가, ㉡ 구두니, ㉢ 바숨
→ ㉡ '굳-'에 양성 모음으로 된 어미 '-우니'가 붙었으므로 모음 조화가 지켜지지 않았다. ㉢ '밧-'에 음성 모음으로 된 어미 '-움'이 붙었으므로 모음 조화가 지켜지지 않았다.

❸ ㉠ 붉아, ㉡ 굳으니, ㉢ 밧옴
→ ㉠, ㉡, ㉢ 모두 어미를 맞게 선택했으나 이어 적기를 하지 않았다.

❹ ㉠ 붉아, ㉡ 구드니, ㉢ 밧움
→ ㉠은 이어 적기를 하지 않았다. ㉢은 어미를 잘못 선택하였고 이어 적기도 하지 않았다.

❺ ㉠ 볼거, ㉡ 구두니, ㉢ 바솜
→ ㉠ '붉-'에 음성 모음으로 된 어미 '-어'가 붙었으므로 모음 조화가 지켜지지 않았다. ㉡은 어미를 잘못 선택하였다.

03 성조를 나타내는 방점은 글자 왼쪽에 찍으며, 평성은 점을 찍지 않고, 거성은 점 한 개, 상성은 점 두 개를 찍는다. 〈보기〉에서 평성이 쓰인 음절은 '내, 아, 듀(듀·려:가·려), 노'로 총 4개이며, 거성이 쓰인 음절은 '두(아·두·롤), 룰, 려, 려, 후, 시, 니'로 총 7개이다. 또한 상성이 쓰인 음절은 '가'로 1개이다. 이때 '듀·려:가·려'에는 평성인 글자 '듀', 거성인 글자 '·려', 상성인 글자 ':가'가 모두 들어 있다.

오답 풀이

❶ 용언의 어간은 평성으로만 나타내었군.
→ 용언 '·후·시ᄂ·니'의 어간 '하'가 거성인 것으로 보아, 용언의 어간이 항상 평성으로만 나타난다고 할 수 없다.

❷ '려'는 낮다가 높아지는 소리로 발음되는군.
→ 듀·려:가·려'의 '려'는 거성으로 높은 소리로 발음된다. 낮다가 높아지는 소리는 상성에 해당한다.

❸ 성조에 의해 단어의 뜻이 구분되지는 않았군.
→ 동일한 음절인 '아·두·롤'의 '두'는 거성이고, '두·려'의 '두'는 평성이다. 이를 통해 성조에 따라 단어의 뜻이 구분될 수 있음을 알 수 있다.

❹ 성조를 나타내는 방점은 글자의 오른쪽에 표기하였군.
→ 성조를 나타내는 방점은 글자의 왼쪽에 표기하였다.

문법 짚고 가기

단어의 의미 변화

의미의 확대	단어가 의미하는 영역이 원래보다 넓어짐. 예 영감(당상관에 해당하는 벼슬을 지낸 사람 → 남자 노인)
의미의 축소	단어가 의미하는 영역이 원래보다 좁아짐. 예 얼굴(사람의 형체 → 낯)
의미의 이동	단어의 의미가 다른 의미로 변화함. 예 싁싁ᄒ다>씩씩하다(엄하다 → 굳세고 위엄스럽다)

---

04 중세 국어의 '어엿비'는 '가엾게'라는 뜻으로 쓰인 반면, 현내 국어의 '어여삐'는 '보기에 사랑스럽고 귀엽게'라는 뜻으로 쓰인다. 따라서 ㉢은 어휘의 의미가 이동한 예에 해당한다.

오답 풀이

❶ ㉠: 중세 국어의 '말씀'은 현대 국어의 '말'을 뜻하므로 의미가 확대된 예에 해당해.
→ 중세 국어의 '말씀'은 '사람의 생각이나 느낌 따위를 표현하고 전달하는 데 쓰는 음성 기호를 뜻하는 말'이라는 뜻으로 쓰인 반면, 현대 국어의 '말씀'은 '다른 사람의 말을 높여 이르거나 자신의 말을 낮추어 이르는 말'로 쓰인다. 따라서 ㉠은 어휘의 의미가 축소된 예에 해당한다.

❷ ㉡: 중세 국어의 '어린'은 현대 국어의 '어리석은'을 뜻하므로 의미가 축소된 예에 해당해.
→ 중세 국어의 '어린'은 '어리석은'이라는 뜻으로 쓰인 반면, 현대 국어의 '어린'은 '나이가 적은'이라는 뜻으로 쓰인다. 따라서 ㉡은 어휘의 의미가 이동한 예에 해당한다.

❸ ㉢: 중세 국어의 '무춤내'는 현대 국어의 '마침내'를 뜻하므로 의미가 이동한 예에 해당해.

→ 중세 국어의 '무춤내'는 현대 국어의 '마침내'라는 뜻으로 쓰인다. 따라서 ㉢은 어휘의 의미가 이동하지 않은 예에 해당한다.

❹ ㉣: 중세 국어의 '놈'은 현대 국어의 '사람'을 뜻하므로 의미가 확대된 예에 해당해.
→ 중세 국어의 '놈'은 '사람'이라는 뜻으로 쓰인 반면, 현대 국어의 '놈'은 '남자를 낮잡아 이르는 말'로 쓰인다. 따라서 ㉣은 어휘의 의미가 축소된 예에 해당한다.

05 중세 국어의 '꺼시라'는 체언 '껏'의 받침 'ㅅ'을 모음으로 시작하는 서술격 조사 '이라'의 초성으로 이어 적은 것이다. 이를 통해 중세 국어에서도 받침에 'ㅅ'이 사용되었음을 알 수 있다.

오답 풀이

❶ 현대 국어와 달리 중세 국어에서는 띄어쓰기를 하지 않았다.
→ 중세 국어에서는 '아마도福(복)이조ᄉᆞ로ᄫᆞ니'와 같이 띄어쓰기를 하지 않았다. 반면 현대 국어에서는 '아마도 복이 종요로우니'와 같이 띄어쓰기를 하여 단어와 단어를 구분하고 있다.

❷ 중세 국어와 달리 현대 국어에서는 이어 적기를 하지 않는다.
→ 중세 국어의 '꺼시라'는 의존 명사 '껏'과 서술격 조사 '이라'가 결합한 형태로 이를 이어 적기로 표기한 것이다. 반면 현대 국어의 '것이라'는 단어의 원형을 그대로 적고 있으므로 이어 적기를 하지 않음을 알 수 있다.

❸ 현대 국어에서는 사용하지 않는 음운이 중세 국어에는 있었다.
→ 중세 국어의 '조ᄉᆞ로ᄫᆞ니'에 사용된 'ᆞ', 'ㅿ', 'ㅸ'은 현대 국어에서는 사용하지 않는 음운이다.

❹ 중세 국어와 현대 국어에서는 둘 다 모음 조화 현상이 나타난다.
→ 중세 국어의 '몯홀'은 양성 모음끼리 어울린 것이며, 현대 국어에서도 '못할'처럼 양성 모음끼리 어울리는 모음 조화 현상을 살펴볼 수 있다.

06 ㉢의 '뜯'이 '뜻'으로, '발'이 '쌀'로 바뀐 것을 통해 'ㅳ, ㅄ'은 중세 국어 시기에 자음이 연달아 발음되는 어두 자음군이었으나 현대에 와서는 된소리로 발음된다는 것을 확인할 수 있다. 현대 국어에서의 'ㄸ'이나 'ㅆ'은 하나의 음운이므로 여전히 두 개의 자음이 발음된다고 한 설명은 적절하지 않다.

오답 풀이

❶ ㉠을 통해 반잇소리가 탈락한 것을 확인할 수 있다.
→ '여스'의 끝음절이 '우'로 바뀐 것과 '무숨'의 끝음절이 '음'으로 바뀐 것에서 15세기 이후 'ㅿ(반잇소리)'가 탈락한 것을 확인할 수 있다.

❷ ㉡을 통해 'ᆞ'가 'ㅏ'로 바뀌기도 했음을 확인할 수 있다.
→ 'ᄑᆞᆯ'의 모음자 'ᆞ'가 'ㅏ'로 바뀌어 '팔'로 변하였으며, 'ᄇᆡ'는 모음자 'ᆞ'가 'ㅏ'로 바뀐 후 모음 'ㅣ'와 결합하여 'ㅐ'가 되면서 '배'로 변하였다. 이를 통해 모음 'ᆞ'가 모음 'ㅏ'로 바뀌기도 했음을 알 수 있다.

❹ ㉣을 통해 시간이 흐르면서 모음 조화가 약해진 것을 확인할 수 있다.
→ 모음 조화에 따라 '나모'는 양성 모음 'ㅏ' 뒤에 양성 모음 'ㅗ'가, '노릇노릇'은 양성 모음 'ㅗ' 뒤에 양성 모음 'ᆞ'가 이어졌다. 그러나 '나무'는 양성 모음 'ㅏ' 뒤에 음성 모음 'ㅜ'가, '노릇노릇'은 양성 모음 'ㅗ' 뒤에 음성 모음 'ㅡ'가 이어지고 있다. 이를 통해 시간이 흐르면서 모음 조화가 약해진 것을 확인할 수 있다.

❺ ㉤을 통해 고유어와 한자어가 경쟁하다가 한자어가 우위에 선 예를 확인할 수 있다.
→ '뫼'는 '산(山)'을 뜻하는 고유어이고, 'ᄀᆞ롬'은 '강(江)'을 뜻하는 고유어이다. '뫼'과 'ᄀᆞ롬'은 그 말을 뜻하는 한자어와 경쟁하다가 사람들이 한자어를 더 많이 사용하게 되면서, 한자어가 우위를 점한 예라고 할 수 있다.

07 ':말쓰·미'는 체언 ':말씀'의 받침 'ㅁ'을 조사 '이'의 초성으로 이어 적은 것이고, '·뜨·들'은 체언 '·뜯'의 받침 'ㄷ'을 조사 '을'의

초성으로 이어 적은 것이다. 또한 '·뿌·메'는 체언 '·뿜'의 받침 'ㅁ'을 조사 '에'의 초성으로 이어 적은 것이다.

❶ 어두 자음군이 사용되었다.
→ '·뜨·들'의 첫음절 초성은 'ㅄ'이고, '·뿌·메'의 첫음절 초성은 'ㅄ'으로 모두 어두 자음군에 해당한다. 하지만 ':말쓰·미'에는 어두 자음군이 사용되지 않았으므로, ①은 공통점으로 적절하지 않다.

❷ 체언의 첫음절은 상성으로 표기했다.
→ 제시된 단어에 포함된 체언은 ':말쓰·미'의 '말쏨'과 '·뜨·들'의 '뜯'이고, '·뿌·메'는 용언의 어간 '쓰-'에 명사형 어미 '-움'이 결합한 것에 조사 '에'가 붙은 말이다. ':말쓰미'의 첫음절 '말'은 상성으로 표기한 반면 '·뜨·들'의 첫음절 '뜯'과 '·뿌·메'의 첫음절 '뿌'는 거성으로 표기하였다. 따라서 ②는 공통점으로 적절하지 않다.

❸ 현대 국어에서는 쓰이지 않는 자음자를 사용했다.
→ '·뜨·들'의 첫음절 초성과 '·뿌·메'의 첫음절 초성자는 어두 자음군으로 현대 국어에서는 사용되지 않고 있다. 하지만 ':말쓰·미'에 사용된 자음자는 모두 현대 국어에서도 그대로 사용하고 있으므로 ③은 공통점으로 적절하지 않다.

❹ 받침을 표시할 때 일곱 자만 쓰는 것을 원칙으로 했다.
→ 중세 국어에서는 종성 표기에 'ㄱ, ㄴ, ㄷ, ㄹ, ㅁ, ㅂ, ㅅ, ㆁ(옛이응)'의 여덟 글자를 사용하였으므로 ④는 공통점으로 적절하지 않다.

08 '부르·매'와 '·ㄱ무·래'는 각각 체언의 받침을 조사 '애'의 초성에 이어 적은 것이다(ⓐ). 글자 왼쪽에 찍은 방점은 개수에 따라 평성(점이 없는 것), 거성(점이 한 개인 것), 상성(점이 두 개인 것)을 나타낸 것이다(ⓒ). 또한 '낢근' 등에서 현대 국어에서는 쓰이지 않는 모음자 '·'를 확인할 수 있다(ⓔ).

ⓑ 구개음화를 표기에도 반영하였다.
→ 현대어 풀이를 통해 ':됴·코'가 '좋고'를 뜻한다는 것을 알 수 있다. 그런데 현대 국어에서는 센입천장소리(경구개음)인 'ㅈ'을 첫음절의 초성으로 표기한 반면, ':됴·코'에서는 잇몸소리(치조음)인 'ㄷ'을 그대로 표기하고 있다. 따라서 중세 국어에서 구개음화를 표기에도 반영하였다는 설명은 적절하지 않다.

ⓓ 칠종성법에 따라 종성을 표기하였다.
→ 중세 국어에서는 팔종성가족용법에 따라 종성에 'ㄱ, ㄴ, ㄷ, ㄹ, ㅁ, ㅂ, ㅅ, ㆁ(옛이응)'의 8자만 표기하였다.

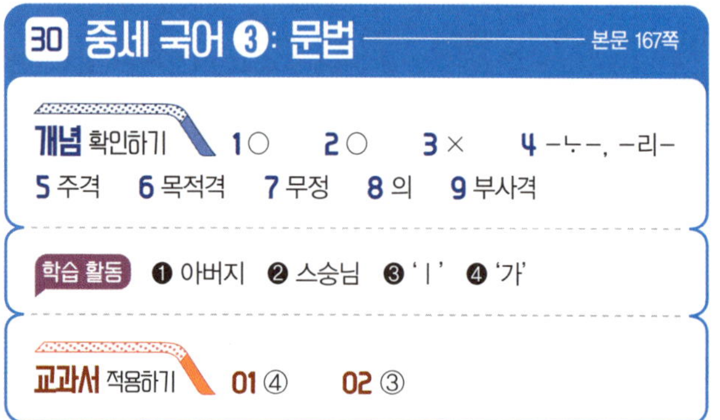

01 중세 국어에서는 청자를 높이기 위해 상대 높임 선어말 어미를 사용하였는데 평서형 종결 어미 앞에서는 선어말 어미 '-이-'를, 의문형 종결 어미 앞에서는 '-잇-'을 사용하였다. 즉 '이리 오소이다'는 상대 높임 선어말 어미 '-이-'를 사용하여 청자인 '왕'을 높인 것이다.

❶ 현대어 풀이: 왕께 / 높임의 종류: 객체 높임 / 높임의 대상: 왕 / 높임의 실현 방법: 조사 '끠'
→ '王끠'는 현대 국어의 조사 '께'와 같은 역할을 하는 조사 '끠'를 통해 객체인 '왕'을 높인 것이다.

❷ 현대어 풀이: 듣고서야 / 높임의 종류: 객체 높임 / 높임의 대상: 왕의 말씀 / 높임의 실현 방법: 선어말 어미 '-쫍-'
→ '듣쫍고사'는 어간 '듣-'의 끝소리가 'ㄷ'이므로, 선어말 어미 '-쫍-'을 사용하여 객체인 '왕의 말씀'을 높인 것이다.

❸ 현대어 풀이: 깨달았습니다 / 높임의 종류: 상대 높임 / 높임의 대상: 왕 / 높임의 실현 방법: 선어말 어미 '-이-'
→ '끼돋과이다'는 선어말 어미 '-이-'를 사용하여 청자인 '왕'을 높인 것이다.

❺ 현대어 풀이: 하십시오 / 높임의 종류: 상대 높임 / 높임의 대상: 왕 / 높임의 실현 방법: 어말 어미 '-쇼셔'
→ 'ᄒ쇼셔'는 'ᄒ쇼셔체'의 어말 어미 '-쇼셔'를 사용하여 청자인 '왕'을 아주 높인 것이다.

02 중세 국어에서는 문장의 주체를 높일 때 사용하는 선어말 어미로 '-시/샤-'가 쓰였다. 자음으로 시작하는 어미 앞에 올 때는 선어말 어미 '-시-'가, 모음으로 시작하는 어미 앞에 올 때는 선어말 어미 '-샤-'가 쓰였다. '-시-'는 현대 국어에서도 동일하게 사용하는 주체 높임 선어말 어미이지만, '-샤-'는 현대 국어에서 사용되지 않는다.

❶ 주격 조사 '가'가 사용되지 않았다.
→ 중세 국어에서 주격 조사는 '이, ㅣ, Ø(영형태)'가 사용되었으며, 현대 국어에서 사용되는 주격 조사 '가'는 존재하지 않았다.

❷ 명사형 어미 '-옴/움'을 사용하였다.
→ 중세 국어에서는 현대 국어의 '-(으)ㅁ'과 같은 명사형 어미로 '-옴'과 '-움'을 사용하였다. 모음 조화에 따라 앞에 나오는 어간이 양성 모음이면 '-옴'이, 음성 모음이면 '-움'이 쓰였다.

❹ 무정 명사 뒤에 오는 관형격 조사는 현대 국어에서 사용되지 않는다.
→ 중세 국어에서 관형격 조사는 '이, 의, ㅅ'이 사용되었으며, 이 중 관형격 조사 '이'와 '의'는 현대 국어에서 '의'로 통합되었다. 그러나 '나랏', '부텻'처럼 무정 명사나 높임의 대상 뒤에 오는 관형격 조사 'ㅅ'은 현대 국어에서 더 이상 사용되지 않는다.

❺ 문장의 목적어나 부사어를 높이기 위한 선어말 어미를 사용하였다.
→ 중세 국어에서는 문장의 목적어나 부사어와 같은 객체를 높이기 위해 선어말 어미 '-숩/쫍/숩-'을 사용하였다. 어간의 끝소리가 'ㄱ, ㅂ, ㅅ, ㅎ'일 때는 '-숩-', 어간의 끝소리가 'ㄷ, ㅌ, ㅈ, ㅊ'일 때는 '-쫍-', 어간의 끝소리가 모음이나 'ㄴ, ㅁ, ㄹ'일 때 '-숩-'이 쓰였다.

개념 기초 다지기

○─ 168~169쪽

01 ②　**02** ⑤　**03** ⑤　**04** ③　**05** ④　**06** ①
07 ④　**08** ⑤　**09** ②

01 중세 국어에서는 어간의 끝소리에 따라 객체 높임 선어말 어미가 달리 쓰였는데, 어간의 끝소리가 'ㄱ, ㅂ, ㅅ, ㅎ'일 때는 '-습-'이, 'ㄷ, ㅌ, ㅈ, ㅊ'일 때는 '-줍-'이, 모음이나 'ㄴ, ㅁ, ㄹ'일 때는 '-숩-'이 쓰였다. 현대어 풀이로 보아 [A]에는 '묻다'의 높임말이 들어가야 하는데, 어간 '묻-'의 끝소리가 'ㄷ'이므로 [A]에는 객체 높임 선어말 어미 '-줍-'이 결합한 '묻줍고'가 들어가는 것이 적절하다.

02 중세 국어에서 상대 높임 선어말 어미는 평서형 종결 어미 앞에서는 '-이-'로, 의문형 종결 어미 앞에서는 '-잇-'으로 쓰였다. ⑤ '빅셩이니르고져'의 '이'는 주격 조사이므로 상대 높임 선어말 어미(㉠)에 해당하지 않는다.

오답 풀이
❶ 후더이다
→ 평서형 종결 어미 앞에서 선어말 어미 '-이-'를 사용하여 상대 높임을 실현하고 있다.
❷ 미드니잇가
→ 의문형 종결 어미 앞에서 선어말 어미 '-잇-'을 사용하여 상대 높임을 실현하고 있다.
❸ 듣즈보리잇고
→ 의문형 종결 어미 앞에서 선어말 어미 '-잇-'을 사용하여 상대 높임을 실현하고 있다.
❹ 구드시리이다
→ 평서형 종결 어미 앞에서 선어말 어미 '-이-'를 사용하여 상대 높임을 실현하고 있다.

03 중세 국어의 현재 시제 선어말 어미 '-ᄂᆞ-'는 선어말 어미 '-오-'와 결합하여 '-노-' 형태로 나타나기도 하였다. 따라서 현재 시제 선어말 어미가 선어말 어미 '-오-'와 결합하면 생략되었다고 설명한 ⑤는 적절하지 않다.

04 체언 '노쪽'은 '도적'을 뜻하는 유정 명사로 끝음절의 모음이 양성 모음이므로 관형격 조사 '이'가 결합한다. 이때 체언 뒤에 모음으로 시작하는 조사가 붙기 때문에 ⓐ에는 '도적이'를 이어 적기로 표기한 '도즈기'가 들어가야 한다. 또한 체언 '부텨'는 '부처'를 뜻하는 말로 높임의 대상에 해당하므로 관형격 조사 'ㅅ'이 결합한다. 따라서 ⓑ에는 '부텻'이 들어가야 한다.

05 '뿌메'는 '쓰- + -움 + 에'로 분석된다. 즉 모음 조화에 따라 어간 '쓰-'와 명사형 어미 '-움'이 결합한 '뿜'의 받침을 뒤에 오는 조사 '에'의 초성으로 이어 적은 것이다.

06 (가)의 '노미(놈 + 이)'는 체언 '놈'의 받침을 모음으로 시작하는 주격 조사 '이'의 초성으로 이어 적은 것이다. 주격 조사 '이'는 현대 국어에서도 사용되고 있다는 점에서 ①은 적절하지 않다.

오답 풀이
❷ (가)를 통해 현대 국어와 마찬가지로 중세 국어에서도 목적격 조사 '을'

이 쓰였음을 알 수 있다.
→ (가)의 '뜨들(뜯 + 을)'은 체언 '뜯'의 받침을 모음으로 시작하는 목적격 조사 '을'의 초성으로 이어 적은 것이다. 목적격 조사 '을'은 현대 국어에서도 사용되고 있다.
❸ (나)를 통해 중세 국어에서는 현대 국어와 다른 형태의 보조사 '은'이 쓰였음을 알 수 있다.
→ (나)의 '남ᄀᆞᆫ(ᄂᆞᆰ + 온)'은 체언 'ᄂᆞᆰ'의 겹받침 중 두 번째 자음을 모음으로 시작하는 보조사 '온'의 초성으로 이어 적은 것이다. '온'은 현대 국어의 보조사 '은'과 같은 역할을 하지만, 현대 국어에서는 사용되지 않는다.
❹ (나)를 통해 중세 국어에서는 주격 조사를 표기하지 않는 경우가 있음을 알 수 있다.
→ (나)의 '불휘(불휘 + Ø)'가 '뿌리가'를 뜻하는 것으로 보아 주격 조사 표기가 생략되었음을 알 수 있다. 중세 국어에서는 모음 'ㅣ'나 반모음 'ㅣ[j]' 뒤에 주격 조사는 영형태(Ø)로 실현되었다.
❺ (가)와 (나)를 통해 중세 국어에서는 체언에 결합하는 조사의 형태가 모음 조화를 따른다는 것을 알 수 있다.
→ (가)의 '뜨들(뜯 + 을)'은 음성 모음이 쓰인 체언의 뒤에 음성 모음으로 된 조사 '을'이 붙은 것이며, (나)의 '부루매(부람 + 애)'는 양성 모음이 쓰인 체언의 뒤에 양성 모음으로 된 조사 '애'가 붙은 것이다.

07 현대어 풀이를 참고할 때 '古聖(고성)이'는 체언 '고성' 뒤에 비교의 의미를 나타내는 부사격 조사 '이'가 붙은 것이다. 현대 국어에서 부사격 조사 '이'는 쓰이지 않으며, 그 기능을 부사격 조사인 '과/와'가 담당하고 있다.

오답 풀이
❶ ㉠의 주격 조사는 현대 국어에서 쓰이지 않는다.
→ '天下(천하)ㅣ'는 체언 '천하' 뒤에 주격 조사 'ㅣ'가 붙은 것이다. 중세 국어의 주격 조사 'ㅣ'는 현대 국어에서는 쓰이지 않는다.
❷ ㉡의 부사격 조사는 현대 국어에서 쓰이지 않는다.
→ '洛陽(낙양)애'는 체언 '낙양'에 부사격 조사 '애'가 붙은 것이다. 현대 국어에는 부사격 조사 '에'의 이형태가 존재하지 않으므로, 중세 국어의 부사격 조사 '애'는 현대 국어에서는 쓰이지 않는다.
❸ ㉢의 상대 높임 선어말 어미는 현대 국어에서 쓰이지 않는다.
→ '올ᄆᆞ니이다'는 평서형 종결 어미 앞에 상대 높임 선어말 어미 '-이-'가 붙은 것이다. 현대 국어에서는 상대 높임이 선어말 어미가 아닌 종결 어미로만 실현되므로 상대 높임 선어말 어미 '-이-'는 현대 국어에서 쓰이지 않는다.
❺ ㉤의 주체 높임 선어말 어미는 현대 국어에서도 쓰이고 있다.
→ '同符(동부)ᄒᆞ시니ㅣ'에 붙은 주체 높임 선어말 어미 '-시-'는 현대 국어에서도 어떤 동작이나 상태의 주체를 높이는 선어말 어미로서의 기능을 한다.

08 중세 국어에서 객체 높임은 선어말 어미 '-습/줍/숩-'으로 실현되는데, '미드니잇가'에서는 이러한 선어말 어미를 찾을 수 없다. '미드니잇가'는 상대 높임 선어말 어미 '-잇-'을 사용하여 청자인 '님금'을 높이고 있다.

오답 풀이
❶ '님·금·하'에서 존칭의 호격 조사를 확인할 수 있다.
→ '님금하'가 '임금이시여'를 뜻하는 것으로 보아, '님금하'의 '하'가 존칭의 의미를 담은 호격 조사로 쓰인다는 것을 알 수 있다.
❷ '아르쇼셔'에서 상대 높임 종결 어미를 확인할 수 있다.
→ '아르쇼셔'에서 '-쇼셔'는 '하쇼셔체'이며, 중세 국어에서 청자를 아주 높일 때 사용한 상대 높임 종결 어미이다.
❸ '洛水(낙수)예'에서 현대 국어와 형태가 다른 부사격 조사를 확인할 수 있다.

→ '洛水(낙수)예'에서 '예'는 처소를 나타내는 부사격 조사로, 현대 국어의 부사격 조사 '에'와 형태는 다르나 같은 기능을 한다.

❹ '하나빌'에서 목적격 조사가 사용된 것을 확인할 수 있다.
→ '하나빌'이 '할아버지를'을 뜻하는 것으로 보아, '하나빌'의 'ㄹ'이 목적격 조사의 역할을 한다는 것을 알 수 있다. 중세 국어에서는 'ㅣ' 모음 뒤에 오는 목적격 조사로 'ㄹ'이 사용되기도 하였다.

중세 국어의 호격 조사

'호격 조사'란 문장 안에서, 체언이나 체언 구실을 하는 말 뒤에 붙어 독립어 자격을 가지게 하는 격 조사를 말한다. '영숙아'의 '아', '철수야'의 '야' 따위가 있다. 중세 국어에서는 다음과 같은 호격 조사가 사용되었다.

호격 조사	쓰이는 방식	예
하	높임의 대상 뒤에 붙는 경우	님금하, 世尊(세존)하
아, 야	일반 명사 뒤에 붙는 경우	阿難(아난)아, 長子(장자)야
(이)여	감탄의 의미를 나타내는 경우	觀世音(관세음)이여

09 ⓒ '大王(대왕)하'가 '대왕이시여'를 뜻하는 것으로 보아 '하'는 관형격 조사가 아닌 높임의 호격 조사이다. ⓓ '南堀(남굴)ㅅ'이 '남굴의'를 뜻하는 것으로 보아 'ㅅ'은 무정 명사 '남굴' 뒤에 붙은 관형격 조사이다. 그러나 무정 명사 뒤에 오는 관형격 조사 'ㅅ'은 앞말을 높이는 역할을 하지 않으므로, ⓒ와 ⓓ 모두 대상을 높이는 관형격 조사는 사용되지 않았다.

❶ ⓐ와 ⓑ에는 주체를 높이는 선어말 어미가 사용됐다.
→ ⓐ '니르샤ᄃᆡ'는 주체 높임 선어말 어미 '-샤-'를 사용하여 서술어 '니르샤ᄃᆡ'의 주체인 '왕'을 높이고 있고, ⓑ 'ᄒᆞ샨'은 주체 높임 선어말 어미 '-샤-'를 사용하여 서술어 'ᄒᆞ샨'의 주체인 '대사'를 높이고 있다.
❸ ⓔ와 ⓗ에는 같은 모양의 주격 조사가 사용됐다.
→ ⓔ '양지'는 체언 '양주'에 주격 조사 'ㅣ'가, ⓗ '蓮花(연화)ㅣ'는 체언 '연화'에 주격 조사 'ㅣ'가 사용되었다. ⓔ와 ⓗ의 체언 둘 다 모음 'ㅣ'나 반모음 'ㅣ[j]' 이외의 모음으로 끝나므로 동일한 주격 조사 'ㅣ'가 사용된 것이다.
❹ ⓕ와 ⓖ에는 모음 조화에 따라 다른 형태의 부사격 조사가 사용됐다.
→ ⓕ '世間(세간)애'는 체언 '세간'에 양성 모음에 붙는 부사격 조사 '애'가, ⓖ '時節(시절)에'는 체언 '시절'에 음성 모음에 붙는 부사격 조사 '에'가 사용되었다.
❺ ⓘ에는 청자를 높이는 선어말 어미가 사용됐다.
→ ⓘ '나ᄂᆞ니이다'는 상대 높임 선어말 어미 '-이-'를 사용하여 청자인 '대왕'을 높이고 있다.

내신 실력 기르기 DAY 28~30 170~171쪽

01 ③　　02 ③　　03 ③　　04 ④　　05 ⑤　　06 ⑤
07 ③　　08 ⑤

01 ㉠은 입술소리인 'ㅁ, ㅂ, ㅍ, ㅃ' 아래에 'ㅇ'을 이어 쓰는 연서의 원리로 순경음을 만드는 방법을 설명하고 있으며, ㉡은 두 개 이상의 자음을 나란히 이어 쓰는 병서의 원리로 초성에 어두 자음군을 표기하는 방법을 설명하고 있다. '어려ᄫᅳᆯ씨'의 세 번째 음절 초성에 순경음 'ㅸ'이 포함되므로 ㉠의 예에 해당하고, '싸히'의 첫 번째 음절 초성에 어두 자음군 'ㅆ'이 포함되므로 ㉡의 예에 해당한다.

❶ 솔ᄫᅡ쎠 – ᄀᆞᆯ우믈
→ '솔ᄫᅡ쎠'는 두 번째 음절의 초성에 순경음 'ㅸ'을 포함하므로 ㉠의 예로 적절하지만, 'ᄀᆞᆯ우믈'은 음절의 초성에 어두 자음군을 포함하지 않으므로 ㉡의 예로 적절하지 않다.
❷ 묻ᄌᆞᄫᅩᄃᆡ – ᄠᅳ들
→ 'ᄠᅳ들'은 첫 번째 음절의 초성에 어두 자음군 'ㅲ'을 포함하므로 ㉡의 예로 적절하지만, '묻ᄌᆞᄫᅩᄃᆡ'는 음절의 초성이나 종성에 순경음을 포함하지 않으므로 ㉠의 예로 적절하지 않다.
❹ 잇ᄂᆞ닛가 – 아ᅀᆞᆸ고
→ '잇ᄂᆞ닛가'는 음절의 초성이나 종성에 순경음을 포함하지 않으므로 ㉠의 예로 적절하지 않으며, '아ᅀᆞᆸ고' 역시 음절의 초성에 어두 자음군을 포함하지 않으므로 ㉡의 예로 적절하지 않다.
❺ 니르받다 – 앉거늘
→ '니르받다'는 세 번째 음절의 초성에 순경음 'ㅸ'을 포함하므로 ㉠의 예로 적절하지만, '앉거늘'은 음절의 초성에 어두 자음군을 포함하지 않으므로 ㉡의 예로 적절하지 않다. 어두 자음군은 초성에 오는 소리이므로 '앉'의 종성에 쓰인 'ㄵ'은 어두 자음군이라고 볼 수 없다.

02 ⓐ의 '새' 뒤에 붙은 'ᄅᆞᆯ'은 목적격 조사로 현대 국어와 마찬가지로 체언 뒤에 붙어서 그 체언이 목적어로서 기능하게 하는 역할을 한다. 따라서 ⓐ의 '새'는 수식언으로 쓰인 현대 국어의 '새6'와 달리 체언으로 쓰이고 있다.

❶ 중세 국어의 '새'는 다양한 활용형으로 쓰이는 용언이겠군.
→ ⓐ의 '새'는 체언으로 쓰였으며, ⓑ와 ⓒ의 '새'는 수식언으로 쓰였다. 따라서 〈보기〉에서 중세 국어의 '새'가 용언으로 쓰인 모습은 확인할 수 없다.
❷ 현대 국어의 '새6'과 달리 중세 국어의 '새'는 관형사로 쓰이지 않는군.
→ ⓑ의 '새'는 현대 국어의 '새6'과 마찬가지로 '깃'이라는 체언을 꾸미는 관형사로 쓰이고 있다.
❹ 현대 국어의 '새6'과 달리 ⓑ의 '새'는 목적어를 꾸미고 있는 것으로 보아 부사이겠군.
→ ⓑ의 '새'는 체언에 목적격 조사가 결합한 목적어를 꾸미고 있으며, 체언 앞에서 그 체언의 내용을 자세히 꾸며 주는 품사는 관형사이다.
❺ 현대 국어의 '새6'과 마찬가지로 ⓒ의 '새'도 관형어를 꾸미고 있으므로 ⓒ의 '새'는 관형사이겠군.
→ ⓒ의 '새'는 용언의 활용형이자 관형어인 '출가혼'을 꾸미고 있으며, 용언 또는 다른 말 앞에 놓여 그 뜻을 분명하게 하는 품사는 부사이다.

03 현대어 풀이를 고려했을 때 ⓐ에는 주격 조사가, ⓑ에는 관형격 조사가, ⓒ에는 목적격 조사가 들어가야 한다. 체언 '耶輸(야수)'는 모음 'ㅣ'나 반모음 'ㅣ[j]' 이외의 모음으로 끝나기 때문에 ⓐ에는 주격 조사 'ㅣ'가 들어가야 한다. 체언 '사ᄉᆞᆷ'은 유정 명사이며 끝음절의 모음이 양성 모음이기 때문에 ⓑ에는 양성 모음이 쓰인 관형격 조사 'ᄋᆞ'가 들어가야 한다. 체언 '王業

(왕업)'은 끝음절의 모음이 음성 모음이기 때문에 ⓒ에는 목적격 조사 '을'이 들어가야 한다.

04 '노피(높- + -이)'는 어근 '높-'에 접사 '-이'가 결합한 형태를 이어 적기로 표기한 것이다. '노피'는 '하늘해 다핫고'를 꾸며 주므로 부사어에 해당한다.

오답 풀이

❶ '太子ㅅ'은 체언에 'ㅅ'이 결합하여 관형어로 실현되었다.
→ '太子(태자)ㅅ'은 높임의 대상인 체언 '태자'에 관형격 조사 'ㅅ'이 결합하여 관형어로 실현된 것이다.

❷ '사룸이니'는 체언에 서술격 조사가 결합하여 서술어로 실현되었다.
→ '사룸이니'의 '이니'는 현대 국어에서 사용되는 서술격 조사 '이다'의 활용형과 형태가 동일하다는 것을 알 수 있다. 따라서 '사룸이니'는 체언에 서술격 조사 '이니'가 결합하여 서술어로 실현된 것이다.

❸ '거르믈'은 체언에 '을'이 결합하여 목적어로 실현되었다.
→ '거르믈(거름 + 을)'은 체언 '거름'에 목적격 조사 '을'이 결합한 목적어를 이어 적기로 표기한 것이다.

❺ '하눌해'는 체언에 '애'가 결합하여 부사어로 실현되었다.
→ '하눌해(하눓 + 애)'는 체언 '하눓'에 부사격 조사 '애'가 결합한 부사어를 이어 적기로 표기한 것이다.

문법 짚고 가기

중세 국어의 서술격 조사

중세 국어에서는 앞에 결합하는 체언의 끝소리에 따라 서술격 조사의 어간이 달리 실현되었다.
- 체언의 끝소리가 자음일 때, '이-'로 실현되었다.
  예 일후미라(일훔 + 이라)
- 체언의 끝소리가 모음 'ㅣ' 또는 반모음 'ㅣ[j]'일 때, 영형태(Ø)로 실현되었다.
  예 머리라(머리 + 라)
- 체언의 끝소리가 모음 'ㅣ' 또는 반모음 'ㅣ[j]'가 아닌 모음일 때, 'ㅣ-'로 실현되었다.
  예 부톄시니라(부텨 + ㅣ시니라)

---

05 ⓜ '稱頌(칭숭)ㅎㅅㅸ\ㅓ'는 어간이 끝소리가 모음으로 끝나고 있으므로 객체 높임 선어말 어미 '-ㅅ-'을 사용하여 서술의 객체인 '奇事(기사)'를 높이고 있다.

오답 풀이

❶ ㉠에 쓰인 체언은 자음으로 끝나서 주격 조사 '이'가 결합한 것이다.
→ ㉠ '雙鵲(쌍작)이'는 체언 '쌍작'이 자음 'ㄱ'으로 끝나기에 주격 조사로 '이'가 온 것이다.

❷ ㉡에는 현대 국어에서 사용되지 않는 모음자가 사용되었다.
→ ㉡ '훈'에는 현대 국어에서 사용되지 않는 모음자 'ㆍ(아래아)'가 사용되었다.

❸ ㉢은 체언 '살'에 부사격 조사 '애'가 결합한 말로 이어 적기를 한 것이다.
→ ㉢ '사래'는 체언 '살'에 부사격 조사 '애'가 결합한 말인데, '살'의 받침을 모음으로 시작하는 조사의 초성으로 이어 적은 것이다.

❹ ㉣은 체언이 양성 모음이어서 모음 조화를 지켜 목적격 조사 '룰'을 결합한 것이다.
→ ㉣ '奇事(기사)룰'은 체언 '기사'의 끝음절이 양성 모음으로 끝나기 때문에 모음 조화에 따라 목적격 조사 '룰'이 결합한 것이다.

06 ⓑ의 '부텻긔'에서 높임의 대상 뒤에 쓰이는 관형격 조사 'ㅅ'을 확인할 수 있다.

오답 풀이

❶ ⓐ에서는 체언에 결합한 주격 조사를 확인할 수 있다.
→ ⓐ의 '勝鬘(승만)이'에서 자음으로 끝나는 체언에 결합한 주격 조사 '이'를 확인할 수 있다.

❷ ⓐ에서는 초성에 쓰인 어두 자음군을 확인할 수 있다.
→ ⓐ의 '쭐'에서 초성에 쓰인 어두 자음군 'ㅾ'을 확인할 수 있다.

❸ ⓐ와 ⓑ에는 모두 문장의 객체를 높이는 표현이 사용되었다.
→ ⓐ의 '보ㅅㅸ면'과 ⓑ의 '듣ㅈㅸ며'는 각각 어간에 객체 높임 선어말 어미 '-ㅅ-'와 '-ㅈ-'이 결합한 형태이며, 모음으로 시작하는 어미가 붙어 이어 적기한 것이다.

❹ ⓐ와 ⓑ에는 모두 'ㄴ'에 획을 더해 만든 이체자가 사용되었다.
→ ⓐ와 ⓑ에는 모두 'ㄴ'에 획을 더해 만든 이체자 'ㄹ(반혓소리)'이 사용되었다.

문법 짚고 가기

객체 높임 선어말 어미

객체 높임 선어말 어미 뒤에 모음으로 시작하는 어미가 오면 '-ㅅㅂ/ㅈㅂ/ㅅㅂ-' 대신에 각각 '-ㅅㅸ/ㅈㅸ/ㅅㅸ-'으로 실현되었다.
예 • 來(여내) 머리 ㅁ니샤믄 부톄 便安(편안)케 ㅎ샤ㅁ 닙ㅅㅸ보미라
  • 아바님 命(명)엣 절을 天神(천신)이 말이ㅅㅸ볼씨
  • 텻긔 이런 마룰 몯 듣ㅈㅸ며

---

07 'ㄹ'과 'ㅿ'은 이체자이다. 이체자는 기본자에 가획을 하여 만들었으나 가획의 의미는 없는(글자의 음이 더 세다는 의미가 없는) 글자이다.

08 현대 국어에서 'ㅐ'는 단모음으로 발음하지만, 중세 국어에서는 모음 'ㅏ'와 반모음 'ㅣ[j]'가 결합된 이중 모음으로 발음하였다. 중세 국어에서 주격 조사는 반모음 'ㅣ[j]'뒤에서 영형태(Ø)로 실현되므로, '새' 뒤에서 주격 조사가 생략된 것이라고 답변해야 한다.

오답 풀이

❶ '새'기 유정 명사이리서 **주격** 조사기 나타나지 않습니다.
→ '새'가 유정 명사에 해당하는 단어이기는 하지만, 주격 조사가 생략된 것은 '새'가 유정 명사이기 때문이 아니다. 중세 국어에서 명사가 유정 명사인지 무정 명사인지에 따라 다른 형태의 조사를 사용했던 것은 관형격 조사이다.

❷ 중세 국어에서는 일반적으로 주격 조사 '가'가 생략됩니다.
→ 현대 국어에서는 주격 조사로 앞말이 받침이 있는지 여부에 따라 '이'와 '가'를 구분하여 사용하지만, 중세 국어에서는 환경에 따라 '이' 또는 'ㅣ'가 쓰이거나 생략되었을 뿐, 주격 조사 '가'는 사용되지 않았다.

❸ 모음 조화에 따라 양성 모음 뒤에서 주격 조사가 나타나지 않는 것입니다.
→ '새'에 쓰인 'ㅐ'는 양성 모음이지만, 주격 조사가 생략된 것은 'ㅐ'가 중세 국어에서 반모음 'ㅣ[j]'와 결합된 이중 모음이었기 때문이지, 'ㅐ'가 양성 모음이라서 생략된 것이 아니다.

❹ 모음 뒤에서 실현된 주격 조사 'ㅣ'가 앞의 모음과 결합하여 'ㅐ'가 된 것입니다.
→ '새'의 원형은 '새'이므로 주격 조사 'ㅣ'가 앞말의 모음과 결합한 것이라고 설명하는 것은 적절하지 않다.

수능으로 실력 쌓기

172~175쪽

01 ③	02 ①	03 ①	04 ②	05 ②	06 ⑤
07 ③	08 ①	09 ⑤	10 ③		

01 '학생 3'은 한글의 자음자의 〈예사소리〉-〈거센소리〉-〈된소리〉의 관계에 대해 설명하고 있다. 〈예사소리〉-〈거센소리〉의 관계를 〈A〉-〈A에 획 추가〉로 설명한 것은 '나'의 '가획의 원리'에 해당한다. 그리고 〈예사소리〉-〈된소리〉를 〈A〉-〈AA〉로 설명한 것은 '다'의 '병서의 원리'에 해당한다.

오답 풀이

❶ 학생 1 - 가, 나
→ 'ㄱ'의 글자 모양을 'ㄱ'을 소리 낼 때의 발음 기관의 모양과 관련지어 설명한 것은 '가'의 '상형의 원리'에만 해당한다.

❷ 학생 2 - 다, 라
→ 모음자 'ㆍ, ㅡ, ㅣ'만으로 모든 모음자를 입력할 수 있다고 설명한 것은 모음자의 제자 원리인 '합성의 원리'에 해당한다. 따라서 기본자 외의 초출자와 재출자를 만드는 원리를 제시한 '라'에만 해당한다.

❹ 학생 4 - 나, 라
→ 'ㅁ'과 'ㅁ'에 획을 추가해서 만든 자음자들이 공통된 모양을 지니고 있다고 설명한 것은 '가'의 '상형의 원리'와 '나'의 '가획의 원리'에 해당한다.

❺ 학생 5 - 가, 라
→ 한글은 음절 단위로 모아쓰기를 하면서도 받침 글자를 따로 만들지 않았다는 것은 '종성부용초성'과 관련된 설명이다. 하지만 〈보기 2〉에는 '종성부용초성'과 관련 있는 원리가 제시되어 있지 않다.

02 「훈민정음 제자해」에서 ⓐ 'ㆍ'는 발음할 때 소리가 깊다고 한 반면에 ⓒ 'ㅣ'는 소리가 얕다고 하였으므로 ①의 설명은 적절하지 않다.

오답 풀이

❷ ⓑ는 ⓐ와 달리 글자 모양이 평평하게 생겼군.
→ ⓑ 'ㅡ'는 땅을 본떠서 모양이 평평하다고 한 반면에, ⓐ 'ㆍ'는 하늘을 본떠서 모양이 둥글다고 하였다.

❸ ⓒ는 ⓐ와 달리 발음할 때 혀가 오그라들지 않겠군.
→ ⓒ 'ㅣ'는 혀를 오그라들지 않게 하여 소리를 낸다고 하였고, ⓐ 'ㆍ'는 혀를 오그라지게 해서 소리를 낸다고 하였다.

❹ ⓐ, ⓑ, ⓒ는 모두 가운뎃소리 열한 자에 포함되는군.
→ ⓐ, ⓑ, ⓒ는 모두 가운뎃소리(중성자, 모음자) 열한 자에 포함된다. 가운뎃소리 11자는 기본자 'ㆍ, ㅡ, ㅣ'와 초출자 'ㅗ, ㅏ, ㅜ, ㅓ', 그리고 재출자 'ㅛ, ㅑ, ㅠ, ㅕ'이다.

❺ ⓐ, ⓑ, ⓒ는 대상의 모양을 본뜬 것이라는 공통점이 있군.
→ ⓐ는 하늘을, ⓑ는 땅을, ⓒ는 사람을 본떠 만들었다.

03 'ᄇᆞᄅᆞ매'는 체언 'ᄇᆞᄅᆞᆷ'의 모음 'ㆍ'와 부사격 조사 '애'의 모음 'ㅐ'가 모두 양성 모음에 해당하므로 ㉠의 사례로 적절하다. 또한 '·ᄡᅮ·메'는 체언 'ᄡᅮᆷ'의 모음 'ㅜ'와 부사격 조사 '에'의 모음 'ㅔ'가 모두 음성 모음에 해당하므로 ㉡의 사례로 적절하다.

오답 풀이

❷ ㉠ ·ᄡᅮ·메[씀에], ㉡ ᄠᅳ·들[뜻을]
→ '·ᄡᅮ·메'는 ㉠이 아닌 ㉡의 사례에 해당한다. 다만 'ᄠᅳ·들'은 체언 'ᄠᅳᆮ'의 모음 'ㅡ'와 목적격 조사 '을'의 모음 'ㅡ'가 모두 음성 모음에 해당하므로 ㉡의 사례로 적절하다.

❸ ㉠ ᄠᅳ·들[뜻을], ㉡ 거부븨[거북의]
→ 'ᄠᅳ·들'은 ㉠이 아닌 ㉡의 사례에 해당한다. 다만 '거부븨'는 체언 '거붑'의 모음 'ㅜ'와 관형격 조사 '의'의 모음 'ㅢ'가 모두 음성 모음에 해당하므로 ㉡의 사례로 적절하다.

❹ ㉠ ᄆᆞᅀᆞ몰[마음을], ㉡ 바ᄂᆞᄅᆞᆯ[바늘을]
→ 'ᄆᆞᅀᆞ몰'은 체언 'ᄆᆞᅀᆞᆷ'의 모음 'ㆍ'와 목적격 조사 'ᄋᆞᆯ'의 모음 'ㆍ'가 모두 양성 모음에 해당하므로 ㉠의 사례로 적절하다. 그러나 '바ᄂᆞᄅᆞᆯ'은 체언 '바ᄂᆞᆯ'과 목적격 조사 'ᄋᆞᆯ'의 모음 'ㆍ'가 양성 모음에 해당하므로 ㉡이 아닌 ㉠의 사례에 해당한다.

❺ ㉠ 나ᄅᆞᆯ[나를], ㉡ 도ᄌᆞᄀᆡ[도적의]
→ '나ᄅᆞᆯ'은 체언 '나'의 모음 'ㅏ'와 목적격 조사 'ᄅᆞᆯ'의 모음 'ㆍ'가 모두 양성 모음에 해당하므로 ㉠의 사례로 적절하다. 그러나 '도ᄌᆞᄀᆡ'는 체언 '도ᄌᆞᆨ'의 모음 'ㆍ'와 관형격 조사 'ᄋᆡ'의 모음 'ㆎ'가 모두 양성 모음에 해당하므로 ㉡이 아닌 ㉠의 사례에 해당한다.

04 '아·니:뮐ᄊᆡ'에서 '아'는 글자 왼편에 점이 없으므로 낮은 소리(평성), '니'와 'ᄊᆡ'는 점이 한 개이므로 높은 소리(거성), '뮐'은 점이 두 개이므로 처음은 낮고 나중이 높은 소리(상성)에 해당한다. 따라서 ⓐ의 소리의 높낮이는 ②와 같이 '평성-거성-상성-거성'으로 표시할 수 있다.

05 두음 법칙을 적용하면 'ㅣ, ㅑ, ㅕ, ㅛ, ㅠ' 앞에서의 'ㄹ'과 'ㄴ'이 없어지거나 'ㅏ, ㅗ, ㅜ, ㅡ, ㅐ, ㅔ, ㅚ' 앞의 'ㄹ'이 'ㄴ'으로 바뀌어야 한다. 그러나 '니ᅀᅥ쓰면'의 첫음절 초성에는 'ㄴ'이 그대로 살아 있으므로 두음 법칙이 적용되었다고 보기 어렵다.

오답 풀이

❶ ㉠: 첫음절 초성에 서로 다른 자음이 함께 나타난다.
→ ㉠ ᄡᅳᄂᆞ니라'의 첫음절 'ᄡᅳ'의 초성인 'ᄡ'은 서로 다른 자음이 나란히 쓰인 어두 자음군에 해당한다.

❸ ㉢: 'ㆍ'가 사용되었음을 확인할 수 있다.
→ ㉢ '첫소리ᄅᆞᆯ'의 끝음절 'ᄅᆞᆯ'에는 모음자 'ㆍ'가 사용되었다.

❹ ㉣: 모음 조화가 잘 지켜지고 있다.
→ '어울워'에 쓰인 'ㅓ, ㅜ, ㅝ'는 모두 음성 모음에 해당한다. 음성 모음과 음성 모음이 어울려 나타나는 것으로 보아 모음 조화가 잘 지켜졌음을 알 수 있다.

❺ ㉤: 현대 국어에서 쓰이지 않는 자음이 나타난다.
→ 'ᄀᆞᆯᄫᅡ쓰라'의 두 번째 음절 'ᄫᅡ'의 초성인 순경음 'ᄫ'은 현대 국어에서는 쓰이지 않는 자음에 해당한다.

06 현대 국어에서는 '여쭙다'와 같은 특수 어휘를 사용하여 객체 높임을 실현하지만, ⓜ '묻ᄌᆞᆸ고'는 선어말 어미 '-ᄌᆞᆸ-'을 활용하여 객체 높임을 실현하고 있을 뿐 특수 어휘는 사용하지 않았다.

오답 풀이

❶ ㉠을 보니 현대 국어와 달리 명사형 어미 '-옴'이 사용되었군.
→ 현대 국어에서는 명사형 어미로 '-(으)ㅁ'이 사용되지만, ㉠ '효도홈'에는 어간 '효도ᄒᆞ'에 명사형 어미 '-옴'이 사용되었다.

❷ ㉡을 보니 현대 국어와 달리 어두 자음군이 사용되었군.
→ 현대 국어에서는 어두 자음군이 사용되지 않지만, ㉡ 'ᄠᅳ디'에는 어두 자음군 'ᄠ'이 사용되었다.

❸ ㉢을 보니 현대 국어와 달리 목적격 조사 'ᄋᆞᆯ'이 사용되었군.
→ 현대 국어에서는 목적격 조사로 '을/를'이 사용되지만, ㉢ '聖孫(성손)ᄋᆞᆯ'에는 목적격 조사 'ᄋᆞᆯ'이 사용되었다.

❹ ㉣을 보니 현대 국어와 마찬가지로 주체 높임 선어말 어미 '-시-'가 사용되었군.

→ ㉣ '내시니이다'에는 서술어의 주체인 '하늘'을 높이기 위한 선어말 어미 '-시-'가 사용되었다. 선어말 어미 '-시-'는 현대 국어에서도 주체를 높이기 위한 선어말 어미로 사용된다.

07 〈보기〉에서 선어말 어미 '-오-'와 과거 시제를 나타내는 '-더-'가 결합하면 '-다-'로 나타난다고 하였다. 따라서 ㉢ '롱담ㅎ다라'의 '-다-'를 '-더-'와 어말 어미가 결합하여 나타난 형태라고 설명하는 것은 적절하지 않다.

오답 풀이

❶ ㉠의 '-우-'는 어간 '쑤-'에 있는 음성 모음 때문에 나타난 형태이군.
→ 〈보기〉에서 선어말 어미 '-오-'가 음성 모음 뒤에서 '-우-'로 나타난다고 하였다. 즉 ㉠ '쑤우니'의 '-우-'는 '쑤-'의 음성 모음 뒤에서 '-오-'가 나타난 형태이다.

❷ ㉡의 '-노-'는 '-ㄴ-'와 '-오-'가 결합되어 나타난 형태이군.
→ 〈보기〉에서 선어말 어미 '-오-'가 현재 시제를 나타내는 '-ㄴ-'와 결합하면 '-노-'로 나타난다고 하였다. 즉 ㉡ '밍ㄱ노니'의 '-노-'는 '-오-'가 '-ㄴ-'와 결합하여 나타난 형태이다.

❹ ㉡과 ㉢에는 모두 문장의 시제를 나타내는 기능을 하는 어미가 사용되었군.
→ ㉡ '밍ㄱ노니'에는 선어말 어미 '-오-'가 현재 시제를 나타내는 '-ㄴ-'와 결합하여 '-노-'로 나타났고, ㉢ '롱담ㅎ다라'에는 선어말 어미 '-오-'가 과거 시제를 나타내는 '-더-'와 결합하여 '-다-'로 나타났다. 따라서 ㉡과 ㉢에는 모두 문장의 시제를 나타내는 기능을 하는 어미가 사용되었다.

❺ ㉠, ㉡, ㉢ 모두에는 주어가 화자임을 표현하기 위한 어미가 사용되었군.
→ 〈보기〉에서 선어말 어미 '-오-'가 문장의 주어가 화자임을 표현하기 위해 사용되었다고 하였다. ㉠~㉢에는 각각 선어말 어미 '-오-'의 이형태인 '-우-', '-노-', '-다-'가 실현되었으므로, ㉠~㉢ 모두에는 주어가 화자임을 표현하기 위한 어미가 사용되었다고 볼 수 있다.

08 ⓐ의 '나리'는 '날 + 이'로 분석되며, 자음 다음에 주격 조사 '이'가 나타나는 ㉠의 예에 해당한다. ⓓ의 '아두리'는 '아둘 + 이'로 분석되며, 마찬가지로 자음 다음에 주격 조사 '이'가 나타나는 ㉠의 예에 해당한다.

오답 풀이

ⓑ: 太子 오ᄂ다 드르시고 [태자 온다 들으시고]
→ ⓑ '太子(태자)'의 끝소리는 모음 'ㅣ'나 반모음 'ㅣ[j]' 이외의 모음인 'ㅏ'이다. 따라서 '太子(태자)' 다음에 주격 조사 'ㅣ'가 나타나야 하지만 음운 조건과 관계없이 주격 조사가 생략되었으므로 ⓑ는 ㉢의 예에 해당한다.

ⓒ: 내해 두리 업도다 [개천에 다리가 없도다]
→ ⓒ '두리'의 끝소리는 모음 'ㅣ'에 해당한다. 따라서 '두리' 다음에 주격 조사가 'Ø(영형태)'로 실현되었으므로 ⓒ는 ㉡의 예에 해당한다.

ⓔ: 孔子ㅣ 드르시고 [공자가 들으시고]
→ ⓔ '孔子ㅣ'에서 '공자(孔子)'의 끝소리는 모음 'ㅣ'나 반모음 'ㅣ[j]' 이외의 모음인 'ㅏ'이다. 따라서 '공자(孔子)' 다음에 주격 조사가 'ㅣ'로 실현되었으며 ⓔ는 ㉠~㉢의 예에 해당하지 않는다.

09 ⓓ의 '보ᄉ고'에 쓰인 선어말 어미는 '-ᄉ-'인데, 이는 듣는 이인 '世尊(세존)'을 높이기 위한 것이 아니라 문장의 객체인 '如來(여래)'를 높이기 위한 것이다. 중세 국어에서 듣는 이를 높일 때 사용한 선어말 어미는 '-이/잇-'이므로 ⑤의 내용은 적절하지 않다.

오답 풀이

❶ ⓐ의 '니루ᄂ뇨'와 ⓑ의 '잇ᄂ녀'를 비교해 보면, ㉠을 확인할 수 있군.
→ ⓐ는 의문사 '므슴'을 포함하는 설명 의문문으로 종결 어미 '-ᄂ뇨'가 쓰였고, ⓑ는 '예, 아니요'의 대답을 요구하는 판정 의문문으로 종결 어미 '-ᄂ녀'가 쓰였다. 따라서 ⓐ의 '니루ᄂ뇨'와 ⓑ의 '잇ᄂ녀'를 비교해 보면, 중세 국어에서 설명 의문문과 판정 의문문에서 쓰는 종결 어미가 서로 다르다는 것(㉠)을 확인할 수 있다.

❷ ⓐ의 '마롤'과 ⓒ의 '벼를'을 비교해 보면, ㉡을 확인할 수 있군.
→ ⓐ의 '마롤'은 말 + 올로 분석되며, 체언의 모음이 양성 모음이므로 목적격 조사 '올'이 결합한 것이다. 반면에 ⓒ의 '벼를'은 '별 + 을'로 분석되며, 체언의 모음이 음성 모음이므로 목적격 조사 '을'이 결합한 것이다. 따라서 ⓐ의 '마롤'과 ⓒ의 '벼를'을 비교해 보면, 중세 국어에서는 체언에 결합하는 조사의 형태는 모음 조화에 따라 결정되었음(㉡)을 확인할 수 있다.

❸ ⓓ의 '世尊하'를 보면, ㉢을 확인할 수 있군.
→ ⓓ의 '世尊하'에 쓰인 '하'는 현대 국어에서는 사용되지 않는 존칭의 호격 조사이다(㉢). '世尊하'를 '세존이시여'로 풀이한 것에서 알 수 있듯이 현대 국어에서는 '(이)여'와 '-시-'가 결합한 형태인 '(이)시여'를 존칭의 호격 조사로 사용한다.

❹ ⓒ의 '보더시니'를 보면, ㉣을 확인할 수 있군.
→ ⓒ의 '보더시니'는 어간 '보-'에 과거 시제 선어말 어미 '-더-'와 상대 높임 선어말 어미 '-시-'가 결합한 형태이다. 그러나 현대 국어에서는 '보시더니'처럼 어간 '보-'에 주체 높임 선어말 어미 '-시-'와 과거 시제 선어말 어미 '-더-'가 결합한다. 이를 통해 중세 국어와 현대 국어는 선어말 어미가 결합하는 순서에서 차이가 있음을 알 수 있다(㉣).

문법 짚고 가기

중세 국어의 의문문

판정 의문문	상대에게 '예, 아니요'의 대답을 요구하는 의문문으로, '-가, -녀, -려, -ㄴ가, -ㄴ다' 등의 의문형 어미가 쓰임. 예 이 ᄯ리 너희 죵가
설명 의문문	의문사에 대한 대답을 요구하는 의문문으로, '-고, -뇨, -료' 등의 의문형 어미가 쓰임. 예 大王(대왕)하 엇뎨 나롤 모루시ᄂ니잇고
2인칭 주어가 쓰인 의문문	주어가 2인칭인 경우는 의문문의 유형과 상관없이 '-ㄴ다'를 사용하였는데, 시제에 따라 '-ㄴ다(과거), -던다(과거), -눈다(현재), -ᄚ다/-ㄹ다(미래)'를 씀. 예 네 겨집 그려 가던다

10 ㉠에 들어갈 말은 예문의 객체 높임 대상인 '부텨'이다. '부텨'는 관형격 조사 'ㅅ'과 결합하여 부사어 '부텻'으로 나타나며, '내ᄉ바'는 객체 높임 선어말 어미 '-ᄉ-'을 통해 객체인 '부텨'를 높이고 있다. 또한 ㉡에 들어갈 말은 어간 '듣-'과 어미 '-ᄋ며'에 결합하는 객체 높임 선어말 어미이다. 어간의 끝소리가 'ㄷ'이고, 뒤에 모음으로 시작하는 어미가 오기 때문에 객체 높임 선어말 어미는 '-줍-'으로 실현된다. 이때 ㉡에는 '듣줍ᄋ며'를 이어 적기로 표기한 '듣ᄌᆞ며'가 들어가야 한다.

MEMO

visang